〈개정판〉

자바 프로그래밍

양재형 지음

21세기사

PREFACE

이 책은 컴퓨터 및 IT 관련 학과의 저학년에 개설되는 자바 프로그래밍 과목을 위한 교재로 집필되었다. 그러나 자바를 처음 공부하려고 하는 누구라도 이 책을 사용할 수 있을 것이다. 이 책을 공부하기 위해 다른 프로그래밍 언어에 대한 지식이 필요하지는 않다. 물론 C나 다른 프로그래밍 언어를 공부해 본 경험이 있으면 자바 언어의 이해에 큰 도움이 되는 것은 사실이다. 그렇지만 프로그래밍 언어에 대한 지식이 전혀 없더라도 인내심을 가지고 이 책을 학습한다면 충분히 자바 프로그래머로서의 첫 발을 내디딜 수 있을 것으로 확신한다.

자바 언어는 1990년대 중반에 처음 공개된 이후 꾸준히 발전과 개량을 거듭하여 왔으며, 현재 다양한 분야에서 가장 널리 사용되는 프로그래밍 언어 가운데 하나이다. 이 책의 특징을 소개하면 다음과 같다.

첫째, 이 책은 자바 학습서이지 참고서나 매뉴얼이 아니다. 즉, 자바의 기능을 남김 없이 설명하고자 노력한 것이 아니라, 자바의 핵심적인 기능을 효과적으로 배울 수 있도록 책을 구성하는 데 집중하였다는 것이다. 따라서 저자가 판단하기에 초심자에게 필수적이지 않은 기능은 설명이 축소되거나 생략된 경우도 있다. 또한 어떤 주제는 여러 곳에 내용이 나누어 설명되기도 한다. 즉, 같은 주제에 대한 내용이더라도 책의 앞 부분에서는 그 단계에서 이해할 수 있는 기본적인 부분만 다루고 뒷부분에서 보다 포괄적으로 다루는 경우가 있다. 이런 과정에서 다소간 설명이 반복되기도 하나, 구성의 간결함을 목표로 하기보다는 책을 순서대로 읽어가는 데 큰 어려움이 없도록 하는 데 주력하였다.

둘째, 객체 지향 개념을 가능한 한 빨리 소개하도록 노력하였다. 클래스의 작성은 4장에서 나오지만 클래스와 객체의 개념은 책의 첫 부분부터 소개하여 독자가 이른 시기에 객체 지향 개념에 익숙해 지도록 하였다. 즉, 자바 프로그램의 문장들을 처음부터 객체와 객체에 대한 메소드 호출로 이해하면 클래스에 대한 내용을 배울 즈음에는 객체 지향 개념에 대한 보다 깊은 이해를 가지게 되고, 이것이 클래스를 학습하는 데 유익하다고 보았다.

셋째, 책의 첫 부분부터 그래픽 및 그래픽 사용자 인터페이스(GUI)에 대한 내용을 다루었다. 독자는 1장부터 그래픽 및 GUI에 대한 내용을 꾸준히 점진적으로 공부하게 된다. 이는 많은 자바 학습서들이 책의 후반부에 몇 개의 장을 할애하여 GUI 및 그래픽에 대해 설명하는 것과는 차이가 있다. 저자의 경험으로는 학생들이 처음부터 GUI 프로그래밍을 경험하는 것이 프로그래밍에 대한 흥미와 관심을 지속시키는 데 유익하였다. 더구나 GUI 프로그래밍은 객체 개념이 잘 적용된 사례이기도 하므로 객체 지향 프로그래밍을 이해하고 적용하는 데에도 훌륭한 도구가 된다.

물론 자바를 익히는 데 있어서 책의 구성이나 특징보다 중요한 것은 독자의 인내심과 의지일 것이다. 저자는 이 책이 자바 프로그래밍에 도전하는 독자들의 열정에 작은 도움이 되기를 희망할 뿐이다.

책을 출판해 주신 21세기사에 감사 드린다.

2022년 12월

양재형

CONTENTS

CHAPTER 4   **클래스의 기초**

CHAPTER 5   클래스 자세히 보기

CHAPTER 6   배열과 패키지

CHAPTER 7   상속과 다형성

CHAPTER 8   **추상 클래스와 인터페이스**

CHAPTER 9 예외 처리와 디버깅

CHAPTER **1**

자바 시작하기

1.1 자바의 소개

프로그램, 프로그래밍 언어

우리가 컴퓨터로 어떤 작업을 수행할 때에는 항상 **프로그램**(program)을 사용하게 된다. 예를 들어 문서를 편집하기 위해서는 한컴오피스의 '한/글'이나 마이크로소프트의 '워드'와 같은 문서편집기 프로그램을 사용하고, 인터넷에서 정보를 찾기 위해서는 구글의 '크롬' 같은 웹 브라우저 프로그램을 사용한다. 작업을 실행하는 것은 같은 컴퓨터지만 용도에 따라 다른 프로그램을 사용하는 것이다. 여기서 프로그램이란 컴퓨터에게 시킬 명령을 담은 작업 지시서와 같은 것이다. 문서편집기는 문서를 편집하기 위한 작업 지시를 담고 있고, 브라우저는 웹 서핑을 위한 작업 지시를 담고 있을 것이다. 그리고 **프로그래밍 언어**(programming language)는 프로그램을 작성할 때 사용하는 언어를 말한다.

우리가 배울 자바(Java)와 같은 프로그래밍 언어를 **고급 언어**(high-level language)라고 하는데, 이런 언어들은 사람들이 이해하고 사용하기 쉽게 설계된 언어들이다. C, C++, 파이썬(Python) 등 우리가 배우는 대부분의 언어가 여기에 속한다. 그런데 컴퓨터 하드웨어는 이렇게 고급 언어로 작성된 프로그램을 이해하지 못한다. 컴퓨터가 직접 이해할 수 있는 언어는 **기계어**(machine language) 뿐이다. 기계어는 이진수로 작성되는 가장 '낮은' 수준의 프로그래밍 언어이다. 그러므로 고급 언어로 작성된 모든 프로그램은 컴퓨터가 이해할 수 있는 기계어로 번역되어야만 실행이 가능하다.

고급 언어로 작성된 프로그램을 기계어와 같은 저급 언어(low-level language)로 번역하는 것은 별도의 프로그램에 의해 이루어진다. **컴파일러**(compiler)가 이와 같은 번역 프로그램의 일종이다. 컴파일러는 고급 언어로 작성된 프로그램을 기계어와 같은 저급 언어로 번역하는 역할을 하는데, 특히 컴파일러는 실행하기 전에 프로그램 전체를 한 번에 번역하는 방식을 취한다.

한편 어떤 고급 언어는 컴파일러가 아니라 **인터프리터**(interpreter)라는 다른 종류의 프로그램에 의해 번역되기도 한다. 인터프리터는 프로그램 전체를 한 번에 미리 번역하는 것이 아니라 코드의 한 부분을 번역한 즉시 실행하고 나서 다음 부분으로 넘어가는 방식으로 동작한다. 즉, 번역과 실행이 교대된다. 혹시 파이썬 언어를 공부해 본 적이 있다면 이런 방식을 쉽게 이해할 수 있을 것이다. 파이썬을 대화형 모드로 실행하면 한 문장씩 명령을 입력할 때마다 실행 결과가 나오고 그 다음 문장을 입력하게 되는데, 이와 같은 동작은 파이썬

이 인터프리터에 의한 번역 방식을 택하고 있음을 보여주는 것이다.

컴파일러 방식에서는 프로그램을 한번 번역해 두면 기계어 프로그램을 몇 번이고 반복 실행할 수 있는 데 비해, 인터프리터 방식에서는 실행할 때마다 다시 번역해야 한다. 일반적으로 컴파일러 방식이 인터프리터 방식보다 실행 속도가 빠르다. 대신 인터프리터 방식은 컴파일러 방식에 비해 몇 가지 구현 상의 유연성(flexibility)를 제공한다. 예를 들어 하드웨어나 운영체제의 차이에 영향을 받지 않는 소프트웨어를 작성하는 데는 인터프리터 방식이 유리하다. 즉, 인터프리터 방식은 이른 바 플랫폼 독립성(platform independence)을 구현하기가 상대적으로 용이하다. 요컨대, 컴파일러 방식과 인터프리터 방식은 서로 다른 장점을 가지고 있다. 그래서 어떤 언어들은 이 두 가지를 결합한 방식으로 동작하기도 하는데, 우리가 배울 자바 언어도 그러하다.

자바의 간단한 역사

자바(Java)는 현재 가장 널리 사용되고 있는 프로그래밍 언어 가운데 하나이다. 자바는 일반적인 데스크탑 응용프로그램을 작성할 수 있는 범용 프로그래밍 언어이지만, 웹프로그래밍(web programming)에도 사용되고 안드로이드(Android) 운영체제를 갖춘 스마트기기의 프로그래밍을 위해서도 사용된다. 자바가 이렇게 다양한 용도로 폭넓게 사용되어 온 역사를 간단히 살펴 보자.

1991년 선 마이크로시스템즈(Sun Microsystems)라는 회사에서 일하던 James Gosling과 그의 팀이 디지털 TV와 같은 가전제품을 프로그래밍하기 위한 언어의 설계를 시작했는데, 이것이 자바 언어의 시초였다. 이 프로젝트는 당시로서는 혁신적인 아이디어를 포함하고 있었지만 제조회사들의 호응이 없어 성공적이지 못했다. 그러나 그 즈음에 웹(World-Wide Web)이 등장함으로써 새로운 계기가 마련되는데, 웹 브라우저에 의해 인터넷에서 실행되는 프로그램을 작성하는 데 이 새로운 언어가 사용될 수 있었다. 1994년 HotJava라고 불렸던 최초의 웹 브라우저를 시작으로 여러 회사들이 앞다투어 내놓은 웹 브라우저들이 모두 자바를 지원하게 되어 자바는 짧은 시간에 급격한 인기를 누리게 되었다.

자바 플랫폼의 최초 버전이 일반에 공개된 1995년부터 현재까지 꾸준히 자바의 새로운 버전이 발표되어 왔다. 2014년에 Java 8이, 2017년에 Java 9가 발표된 이후 2018년부터는 발표 주기가 더욱 단축되어 연2회 새로운 버전이 출시되고 있으며, 이 책을 집필하는 시점의 최신 버전은 2022년 9월의 Java 19이다. 자바 버전들 가운데 Java 8, Java 11(2018년) 및

Java 17(2021년)이 소위 LTS(Long Term Support) 버전인데, LTS가 아닌 다른 버전들에 비해 기술 지원 기간이 길다는 장점이 있다. 물론 사용자의 관점에서는 어떤 버전을 사용하더라도 별다른 문제가 없다.

자바의 특징

자바 설계자들이 목표로 했던 중요한 몇 가지 특징을 열거하면 다음과 같다. 이 내용을 지금은 완전히 이해할 수 없더라도 걱정할 필요는 없다. 대부분의 내용은 자바 언어를 실제로 배워 가다 보면 알게 될 것이고, 이 내용을 지금 몰라도 자바를 배우는 데는 아무런 지장이 없다.

- 자바는 단순한(simple) 언어이다. C/C++ 언어와 유사한 표기법을 사용하지만 C/C++의 복잡한 특성들을 과감히 생략하였고 자동적인 메모리 관리 등을 도입하여 프로그램 작성을 단순화했다.

- 자바는 플랫폼 독립적(platform-independent 혹은 architecture-neutral)이고 이식성(portability)이 뛰어나다. 어떤 플랫폼에서도 동일하게 동작할 수 있도록, 초기부터 "Write once, run anywhere"(WORA: 한 번만 작성하고 어디서나 실행한다)라는 철학을 목표로 하였다.

- 자바는 객체지향적(object-oriented)이다. 클래스를 통해 캡슐화, 상속, 다형성 등을 지원하여 객체지향 패러다임을 충실히 구현하였다.

- 자바는 강건하고(robust) 보안성이 우수한(secure) 언어이다. 프로그램이 강건하다는 것은 오류나 예외 상황에 잘 대응하며 신뢰성이 높다는 뜻이다. 자바는 강력한 타입 검사 및 예외 처리 기능, 자동적인 메모리 관리 등을 제공함으로써 이를 달성한다.

- 자바는 멀티 쓰레딩을 지원한다(multi-threaded). 하나의 프로세스 내에서 다수의 쓰레드를 통한 동시 실행을 지원하여 실행 효율을 향상시킬 수 있다.

바이트코드

앞에서 고급 언어 프로그램을 기계어로 번역할 때 컴파일러 방식과 인터프리터 방식이 있다고 했는데, 자바의 경우는 이 두 가지를 결합한 방식으로 동작한다. 즉, 자바 컴파일러는 자바 프로그램을 기계어로 번역하지 않고 **바이트코드**(bytecode)라고 부르는 중간 단계의 언어로 번역한다. 이 바이트코드는 가상적인 컴퓨터인 **자바 가상기계**(virtual machine)의 기계어라고 보면 된다. 여기서 가상기계라는 것은 하드웨어를 가지지 않는, 소프트웨어로 구현되는 가상적인 컴퓨터를 말한다. 바이트코드는 다시 특정 하드웨어에 맞는 기계어로 번역하여 실행해야 하는데 이 과정은 인터프리터 방식으로 이루어지며 우리가 흔히 JVM(Java virtual machine)이라고 부르는 자바 가상기계가 담당한다.

MyExample.java　　　　　　　　MyExample.class

그림 1.1 자바 프로그램의 실행 과정

그림 **1.1**과 같이 MyExample.java라는 자바 프로그램을 작성했다면, 먼저 자바 컴파일러가 이를 번역하여 바이트코드 프로그램인 MyExample.class를 얻는다. 이 바이트코드 프로그램이 JVM에 의해 기계어로 번역, 실행되는 것이다.

이와 같이 자바는 바이트코드라는 중간 단계를 채택하고 있다. 이에 비해 C/C++를 포함한 많은 프로그래밍 언어들은 컴파일러가 직접 기계어로 번역하는 방식을 취한다. 자바에서는 단계가 하나 늘어나니 당연히 실행 속도 면에서 손해를 볼 것이다. 그러면 자바는 왜 이러한 번거로운 방식을 택했을까? 그 이유는 이와 같이 함으로써 **이식성**(portability)이라는 장점을 얻게 되기 때문이다. 그림 **1.2**에서 보는 바와 같이 일단 자바 프로그램을 컴파일하여 바이트코드를 얻게 되면 어떤 컴퓨터에서도 다시 컴파일할 필요가 없이 그대로 실행이 가능하다. 물론 이는 자바 가상기계가 다양한 종류의 컴퓨터에 설치되기 때문이다. 예를 들어 인터넷을 통해 바이트코드를 다른 컴퓨터에 보내더라도 거기서도 그대로 실행할 수 있다. 그 컴퓨터가 어떤 하드웨어/운영체제인지에 상관없이 그대로 실행되어 동일한 결과를 낼 수 있다는 말이다. 이런 점이 자바가 인터넷 응용에 적합한 것으로 평가되었던 이유 가운데 하나이다.

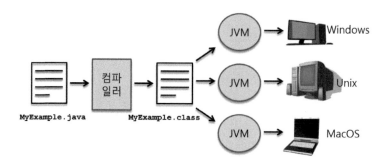

그림 1.2 다양한 플랫폼에서 자바 프로그램의 실행

뿐만 아니라 새로운 컴퓨터 시스템이 출시되더라도 자바 컴파일러를 새로 만들 필요가 없다. 하나의 자바 컴파일러가 모든 종류의 컴퓨터에서 동작한다는 말이다. 물론 바이트코드를 실제 기계어로 번역하는 바이트코드 인터프리터는 컴퓨터 시스템의 종류마다 새로 작성되어야 하지만 이는 자바 컴파일러에 비하면 매우 간단한 프로그램이다.

자바 플랫폼

플랫폼(platform)은 프로그램이 실행되는 컴퓨터 환경을 뜻하는데, 보통은 운영체제와 그 운영체제가 얹혀져 있는 하드웨어의 조합을 말한다. **자바 플랫폼**도 자바 프로그램이 실행되는 환경을 의미하는데, 다음의 두 요소로 이루어진다.

- 자바 가상기계(JVM)

- 자바 API(Application Programming Interface)

바이트코드 프로그램을 번역, 실행하는 자바 가상기계에 대해서는 앞에서 설명하였다. **자바 API**는 미리 만들어져 제공되는 방대한 자바 클래스 라이브러리와 그 명세를 의미한다. 간단히 설명한다면 자바 프로그램에서 불러다 쓸 수 있는 기능들의 집합체가 자바 API이다.

그림 1.3에서 보듯이 자바 플랫폼은 여타 플랫폼과 달리 순전히 소프트웨어적인 플랫폼이고, 하드웨어 기반 플랫폼 위에서 실행된다. 자바 플랫폼은 하드웨어로부터 자바 프로그램을 분리하는 역할을 한다. 즉, 자바 프로그램은 그 기반 하드웨어가 어떤 것이든 무관하게 실행된다.

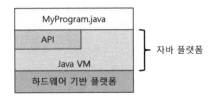

그림 1.3 자바 플랫폼

가상기계에 의해 인터프리터 방식으로 번역 및 실행되는 자바의 바이트코드와 달리, 특정 하드웨어의 기계어로 컴파일되어 CPU에 의해 직접 실행되는 코드를 **네이티브 코드**(native code)라고 한다. 예를 들어 C/C++ 프로그램은 네이티브 코드 방식으로 실행된다. 자바 플랫폼 상에서 실행되는 바이트코드는 당연히 네이티브 코드에 비해 실행속도가 느리다. 그러나 이식성과 하드웨어 독립성이 제공하는 장점이 이러한 단점을 상쇄하며, 최근에는 지속적인 자바 처리 기술의 진보로 인해 실행속도 면에서도 상당히 개선되고 있다.

1.2 자바 개발 환경의 구축

Java SE, JDK, JRE

자바 프로그램을 작성하고 실행하려면 우선 자바 컴파일러가 있어야 하겠고, 또한 자바 프로그램을 실행할 수 있는 환경도 갖추어야 할 것이다. 오라클 사의 웹사이트에 가 보면 자바 제품이 다양한 형태의 묶음으로 제공되는데 그 중 우리에게 필요한 것은 **Java SE**(Standard Edition)라는 것이다. **Java SE**는 자바 언어의 핵심 기능을 제공하는 표준 플랫폼으로 데스크탑 애플리케이션(desktop application)을 개발하기 위한 도구와 기술을 포함한다.[1] 데스크탑 애플리케이션이란 일반 PC에서 단독으로 실행되는 프로그램을 말한다. 이 책에서 공부하는 모든 내용이 **Java SE**를 기준으로 한다. 그림 **1.4**는 오라클사 웹사이트에 있는 **Java SE**의 구성도인데, 자세한 사항을 알 필요는 없지만 대충 훑어 봐도 수많은 구성요소를 포함하는 방대한 플랫폼임을 알 수 있다.

---

1) 자바의 플랫폼으로는 Java SE이외에도 기업용 애플리케이션을 개발하기 위한 Java EE(Enterprise Edition)나 모바일 기기나 임베디드 기기용 애플리케이션을 개발하기 위한 Java ME(Micro Edition) 등이 있다.

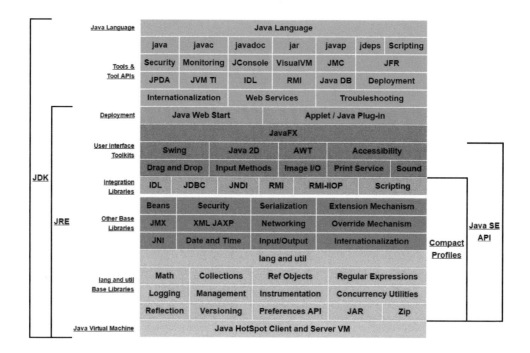

그림 1.4 Java SE 플랫폼의 구성
(출처: https://www.oracle.com/java/technologies/platform-glance.html)

자바 컴파일러를 포함하여 자바 프로그램 개발에 필요한 각종 도구와 유틸리티를 묶어서 JDK(Java Development Kit)라고 한다. 그림 1.4에서 보듯이 JDK에는 JRE가 포함되어 있다. JRE(Java Runtime Environment)는 JVM과 라이브러리들을 포함하며, 자바 프로그램을 실행하기 위해 필요한 환경이다. 즉, 자바 프로그램을 개발하지는 않고 실행만 하면 되는 일반 사용자들은 JRE만 필요하다. JDK는 JRE에 더하여 자바 컴파일러와 디버거 등의 개발 도구를 포함한다. 그러므로 자바를 공부하기 위해서는 Java SE JDK가 필요하다.

JDK 설치

이 책을 집필하고 있는 시점의 최신 버전은 Java 19이며 최신 LTS 버전은 Java 17이므로 이들 가운데 하나를 설치하면 된다. 사실 처음 자바를 배우는 입장에서는 너무 오래되지 않은 버전이라면 아무 버전이나 설치해도 무방하다. 오라클 사의 웹사이트에서 자바 다운로드 페이지를 찾아보면 그림 1.5와 같이 실행 환경에 따라 JDK 설치 파일을 다운로드 할 수 있게 되어 있다. 여기서는 윈도즈 운영체제 환경에서 Java 19를 설치하여 진행하겠지만, 실행 환경이나 JDK 버전이 다르더라도 설치 및 사용방법은 대동소이하다.

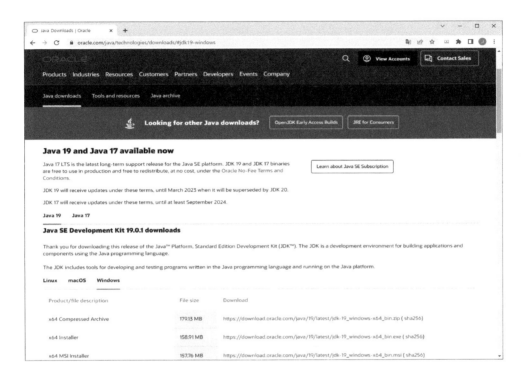

그림 1.5 Oracle JDK 다운로드 페이지

이클립스 설치

다음으로 대표적인 통합 개발 환경의 하나인 이클립스(eclipse)를 설치한다. 통합 개발 환경(IDE: integrated development environment)이란 에디터, 컴파일러, 디버거 등의 여러 기능이 결합된 GUI 기반의 개발 도구를 말하며, 하나의 환경에서 프로그램의 편집, 컴파일, 실행 및 디버깅까지 모든 개발 과정을 편리하게 진행할 수 있게 해 준다. 따라서 통합 개발 환경을 사용하면 매우 편리하게 프로그램을 개발할 수 있는데, 여기서는 무료로 제공되면서 강력한 기능을 가지고 있어 자바 프로그래밍에 널리 사용되고 있는 이클립스를 사용한다. 이클립스는 이클립스 웹사이트(https://www.eclipse.org/)에서 다운로드 할 수 있다 (그림 1.6).

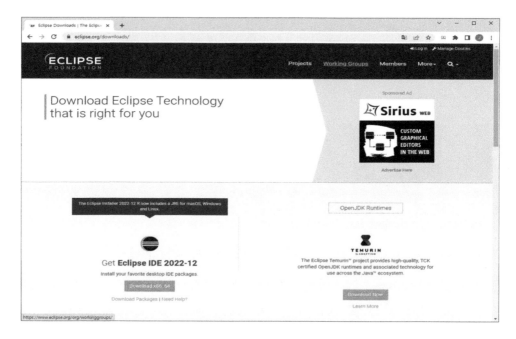

그림 1.6 이클립스 다운로드 페이지

필자가 책을 집필하는 시점의 최신 버전은 Eclipse IDE 2022-12이었다. 설치 파일을 다운로드하고 설치를 시작하면 먼저 설치 유형을 물어보는데, 우리는 자바 프로그램의 개발을 공부하고자 하므로 Eclipse IDE for Java Developers라는 버전을 선택하면 된다(그림 1.7).

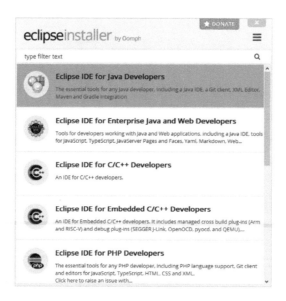

그림 1.7 이클립스 설치 유형

다음 화면에서 JDK 폴더의 위치가 제대로 지정되어 있는지 확인하고 필요에 따라 설치 폴더를 변경하고 설치를 진행하면 된다(그림 1.8).

그림 1.8 이클립스 설치 대화상자

설치가 끝나면 바탕화면에 바로가기가 생성된다. 바로가기를 누르거나 설치 폴더 아래의 eclipse 폴더에 있는 eclipse.exe라는 파일을 더블클릭하여 이클립스를 실행하면 이클립스 초기 화면이 잠시 나타나고 나서 그림 1.9와 같이 워크스페이스(workspace)의 위치를 묻는 대화창이 열리는데, 워크스페이스란 프로그램을 개발하는 작업 공간으로서 사용자가 작성한 자바 프로그램을 비롯하여 프로젝트들이 저장되는 폴더를 말한다. Browse 버튼을 사용하여 원하는 폴더로 작업공간을 지정하면 된다.

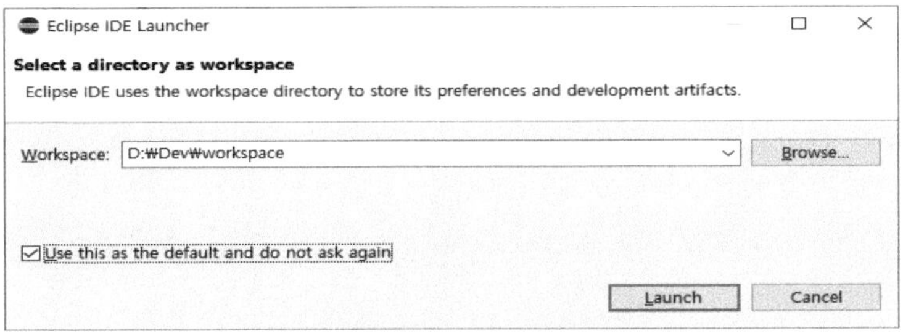

그림 1.9 workspace 지정 대화창

워크스페이스를 지정하고 Launch 버튼을 누르면 그림 1.10과 같은 Welcome 창이 나타난다.

그림 1.10 이클립스 Welcome 창

이 창에서 Review IDE configuration settings를 눌러 몇 가지 중요한 설정을 해 주는 것도 좋다. Welcome 창을 닫으면 그림 1.11과 같은 이클립스 화면이 나타난다. 화면 오른쪽 윗부분의 아이콘으로 마우스를 옮겨 보면 Java라고 나타날 것이다. 이것은 Perspective라고 하는 것인데, 다른 것으로 지정되어 있다면 Perspective 표시 바로 좌측의 Open Perspective 버튼을 눌러 Java로 지정해야 한다. 만약 Perspective 중에 Java가 나타나지 않는다면 이클립스 설치가 잘못된 것이므로 설치과정을 다시 확인해 보아야 한다.

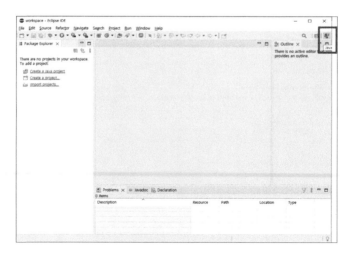

그림 1.11 이클립스 화면과 Perspective

1.3 자바 프로그램의 작성

자바 프로그램의 종류

자바 언어로 작성할 수 있는 프로그램의 종류는 어떤 것들이 있을까?

- 애플리케이션(application): 애플리케이션은 데스크탑 PC에서 독립적으로(standa-lone) 실행되는 일반적인 형태의 자바 프로그램이다. 애플리케이션의 실행을 위해서는 JVM 이외에 다른 소프트웨어가 필요하지 않다.

- 애플릿(applet): 애플릿은 HTML로 작성되는 웹 페이지에 삽입되어 그 페이지가 웹 브라우저에 의해 브라우징 될 때 실행되는 형태의 자바 프로그램을 말한다. 애플릿은 웹 서버로부터 인터넷을 통해 사용자 컴퓨터에 보내져서 사용자 컴퓨터의 웹 브라우저에 의해 실행되므로 브라우저가 자바 가상기계를 내장해야 한다. 그래픽이나 사용자 인터페이스 처리를 위해 주로 사용되었으나 최근에는 보안상의 문제로 인해 사용이 축소되고 있다.

- 서블릿(servlet): 자바 서블릿은 웹 서버에서 실행되는 서버용 자바 프로그램을 말한다.

- 안드로이드 애플리케이션(Android application): 안드로이드는 구글(Google) 사의 주도로 개발된 스마트폰 운영체제인데, 안드로이드 기기에서 실행되는 응용프로그램도 주로 자바로 개발된다. 안드로이드 애플리케이션은 일부 패키지를 제외한 자바의 거의 모든 기능을 그대로 사용할 수 있다. 안드로이드는 자바 실행을 위해 표준 JVM이 아닌 자체적인 가상기계를 개발해서 사용하고 있다.

이와 같이 자바를 사용해 여러 종류의 프로그램을 작성할 수 있지만, 이 책은 오직 독립적으로 실행되는 애플리케이션의 개발을 다룰 것이다. 나머지 종류의 프로그램은 먼저 이 책을 통해 자바 언어를 잘 익히고 나서 차근차근 공부하면 된다.

첫 번째 자바 프로그램

그러면 이클립스를 사용해 첫 번째의 자바 프로그램을 작성해 보자. 이클립스에서 자바 프로그램은 프로젝트(project)로 관리되므로 먼저 새로운 프로젝트를 생성하여야 한다. 이클립스 상단 메뉴에서 File – New – Java Project를 선택하면 그림 1.12와 같이 프로젝트 생성을 위한 대화창이 나오게 된다.

그림 1.12 프로젝트 생성 대화창

프로젝트의 JRE 환경이 앞에서 설치한 자바버전으로 자동 지정되어 있는 것을 확인할 수 있다. 프로젝트의 이름을 HelloProject라고 지정한다. 그리고 하단의 "Create module-info.java file"이라고 표시된 체크박스를 반드시 해제한다.

주의

Java 9부터 모듈화의 개념이 새로 도입되었는데, 그림 1.12에 포함된 "Create module-info.java file" 체크박스는 이와 관련된 설정이다. 모듈 프로그래밍은 본서의 범위를 넘어서는 내용이라서 다루지 않을 것이다. 이 책의 모든 예제는 위의 체크박스를 체크 해제해야 정상적으로 실행되니 프로젝트를 생성할 때 주의하자.

Finish를 눌러 프로젝트가 생성되면 이클립스 화면의 좌측 Package Explorer라는 창에 방금 생성된 프로젝트가 나올 것이다. 프로젝트 이름을 눌러 펼쳐 보면 그림 1.13과 같다.

그림 1.13 HelloProject 생성

다음으로 자바 프로그램을 작성하기 위해 클래스를 생성한다. 메뉴에서 File – New – Class를 선택하거나, 프로젝트 이름을 마우스 오른쪽 버튼으로 누르고 New – Class를 선택하면 프로젝트 내에 클래스를 생성할 수 있도록 그림 1.14와 같은 클래스 생성 대화창이 나타난다. 여기서는 Name이라는 항목에 Hello라고 입력하고 아래쪽에 public static void main(String[] args)라는 체크박스을 선택하고 Finish를 누른다.

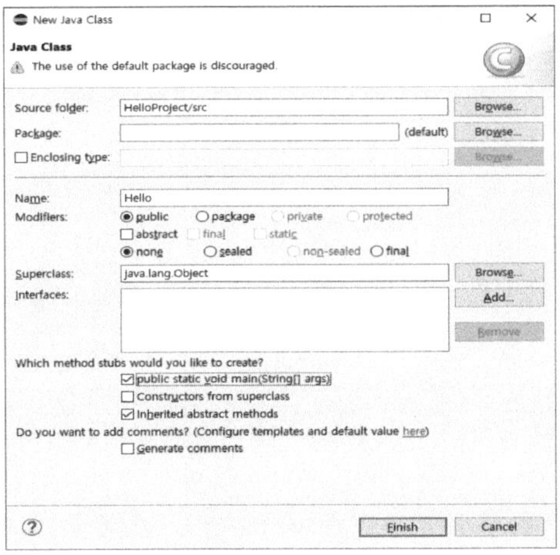

그림 1.14 클래스 생성 대화창

그림 1.14의 클래스 생성 대화창 상단에 Source folder라고 표시된 항목은 지금 만드는 클래스가 HelloProject 내의 src 폴더에 들어감을 뜻한다. 그 위에 나오는 경고 표시(노란색 삼각형 내에 느낌표)는 '패키지'를 지정하지 않아서 나온 것인데, 당분간은 패키지를 사용하지 않을 것이므로 Package 항목은 비워둔 채로 넘어간다. 패키지에 대해서는 추후 학습한다.

Finish 버튼을 누르고 나면 그림 1.15와 같이 Hello.java 파일이 이클립스의 편집창에 열리게 된다. 아직 공부하지는 않았지만 자바에서 모든 프로그램은 클래스(class)로 만들어진다. 그러므로 이클립스에서 Hello라는 클래스를 생성하면 Hello.java라는 파일이 만들어져서 Hello 클래스의 내용을 편집할 수 있도록 열어 주는 것이다.

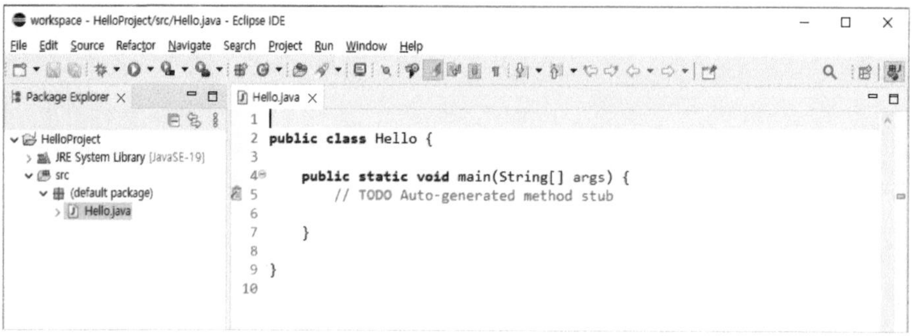

그림 1.15 이클립스 편집창

클래스를 생성할 때 체크박스를 선택했으므로 4행 이하에 소스의 일부가 작성되어 있다. 이제 그림 1.16과 같이 프로그램을 완성해 보자. 자바는 대소문자를 구별하므로 'System'을 'system'으로 잘못 쓴다든가 하면 에러가 나니 주의하자.

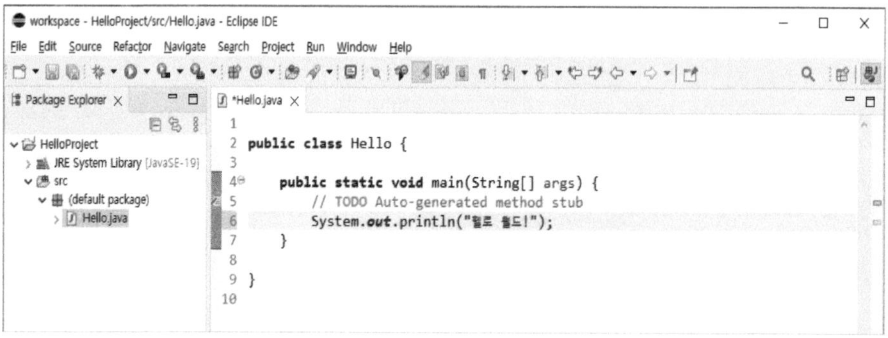

그림 1.16 자바 프로그램의 작성

//로 시작하는 5행은 주석문(comment)이라고 하며, 프로그램에 설명을 첨가하기 위한 용도로 사용하는 것이다. 다시 말해 프로그램의 일부가 아니므로 지워도 상관 없고 그대로 두더라도 실행에 영향을 미치지 않는다.

입력이 완료되면 File - Save 메뉴를 선택하거나 툴바의 저장(Save) 버튼을 눌러 저장한다. 그 다음으로는 컴파일을 해야 하겠지만 컴파일을 하기 위한 메뉴는 따로 제공되지 않는다. 왜냐 하면 이클립스에서는 소스의 입력과 동시에 자동으로 컴파일이 진행되기 때문이다. 사용자는 입력이 끝나고 에러가 없으면 바로 실행 명령을 눌러 프로그램을 실행해 볼 수 있다. 메뉴바의 Run - Run을 선택하거나 툴바의 실행 아이콘(초록 바탕에 흰 삼각형 버튼)을 클릭하면 된다. 아니면 편집창에 마우스 오른쪽 버튼을 눌러 나오는 팝업 메뉴에서 Run As - Java Application을 선택해도 마찬가지다. 혹시 저장되지 않은 내용이 있다면 저장을 위한 대화창이 먼저 나타나므로 필요에 따라 OK 버튼을 눌러 저장하면 된다. 실행 결과는 그림 1.17과 같이 이클립스 하단의 콘솔 창에 출력된다.

그림 1.17 자바 프로그램의 실행

혹시 프로그램에 문법적인 오류가 있다면 컴파일 에러가 발생하게 된다. 예를 들어 6행 마지막 부분의 세미콜론을 빼먹었다면 그림 1.18과 같이 이클립스의 편집창에 에러가 표시된다. 즉, 에러가 있는 것으로 추정되는 행의 왼쪽 편 행 번호 옆에 빨간 바탕에 흰 X가 표시되고 에러 위치에도 빨간 밑줄이 나타나게 된다.

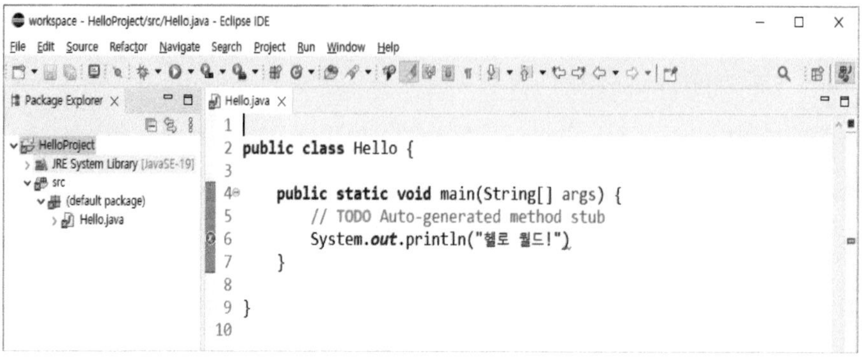

그림 1.18 컴파일 에러

이 상태에서 실행 아이콘을 눌러 강제로 실행시키면 에러가 발생하고 콘솔 창에 에러 메시지가 에러의 추정 위치와 함께 나타나게 된다. 그림 1.19를 보면 Hello.java 프로그램의 6행에 에러가 있다는 메시지가 나온 것을 확인할 수 있다.

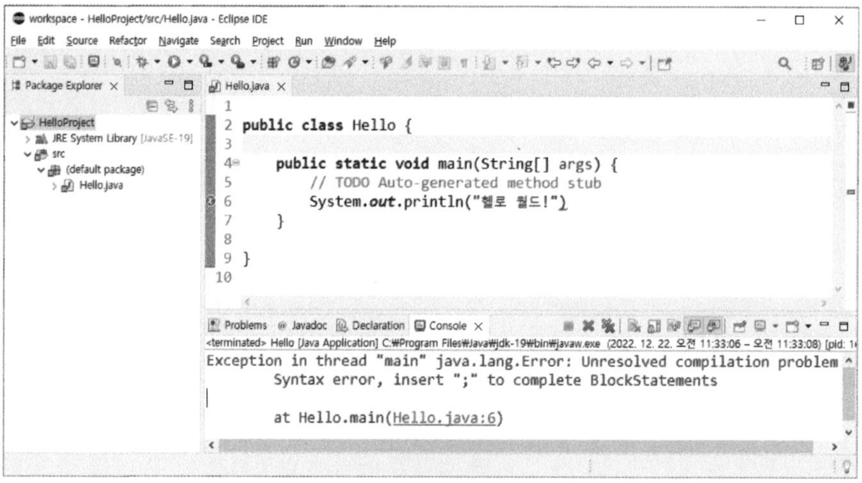

그림 1.19 에러 메시지

이때 다시 세미콜론을 입력하고 저장하면 당연히 이러한 에러 표시는 사라지고 정상적으로 컴파일과 실행이 진행될 수 있다.

이클립스는 오류의 수정 방법을 보여주는 퀵 픽스(quick fix) 창을 보여주기도 하므로 이를 편리하게 이용할 수 있다. 예를 들어 앞의 프로그램에서 'println'의 영문자 'l'을 숫자 '1'로 잘못 입력하면 그림 1.20에서 보듯이 오류가 발생한다.

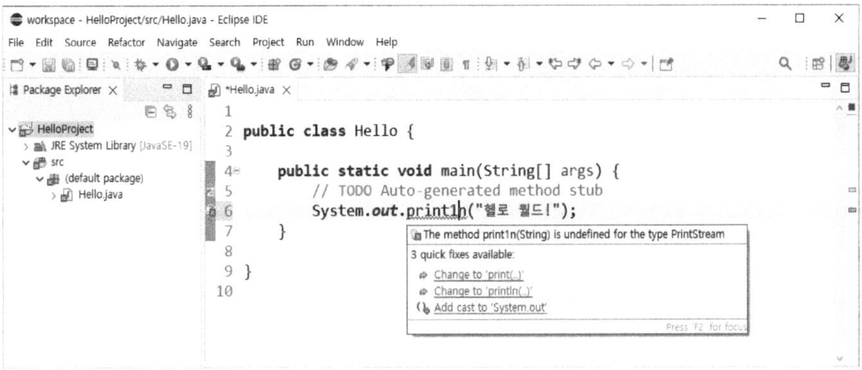

그림 1.20 에러와 퀵 픽스

소스에서 에러가 발생해 빨간색 밑줄이 표시된 부분에 마우스를 가져다 대면 그림 **1.20**과 같이 퀵 픽스 창이 열리고 에러 메시지와 오류의 처리 방법들이 표시된다. 여기서 적당한 처리 방법을 선택하여 클릭하면 소스가 이에 따라 자동적으로 수정된다. 이 기능을 활용하면 프로그램 작성에 도움을 받을 수 있으니 잘 익혀 두자.

Hello.java 프로그램의 설명

자바 프로그램은 하나 혹은 그 이상의 클래스들로 이루어진다. 방금 작성한 Hello.java는 Hello라는 이름의 클래스 하나를 정의하고 있다. 클래스의 시작 부분은 다음과 같다.

```
public class Hello {
```

이 부분의 열린 중괄호('{')에서 짝이 되는 닫힌 중괄호('}')까지가 클래스의 내용이다. 그림 1.17에서 보자면 짝을 이루는 중괄호가 2행과 9행에 있으므로 3행에서 8행까지가 Hello 클래스의 내용이 된다. 클래스의 내용물은 여러 가지가 있고 그에 대해서는 추후에 자세히 배우게 되지만, 여기서는 메소드(method)라고 부르는 것이 하나 이상 나올 수 있다는 점만 알아 두자. 이 예제에서는 main이라는 이름의 메소드가 하나 나왔다. 메소드의 정의도 다음과 같이 중괄호로 둘러 싸여 있다.

```
public static void main(String[] args) {
    ...
}
```

main이라는 이름의 메소드는 사실 조금 특별한 것으로, 모든 데스크탑 애플리케이션이 하나의 main 메소드를 가진다. public static void는 반드시 그대로 써야 하는 내용이고, 이에 대해서도 나중에 자세히 공부하게 된다.

main 메소드의 몸체에는 다음과 같이 하나의 문장이 들어 있다.

```
System.out.println("헬로 월드!");
```

문장(statement)이란 프로그램에서 수행할 하나의 작업을 나타내며, 보통은 여러 개의 문장이 모여 메소드의 몸체(body)를 이룬다. 우리가 작성한 위의 메소드는 단 하나의 문장을 갖고 있다. 자바에서 모든 문장은 끝에 세미콜론(;)을 붙인다.

그러면 이 문장이 하는 일은 무엇일까? 앞의 실행 결과를 살펴 보면 이 문장은 따옴표 내의 내용을 화면에 출력해 준다는 것을 알 수 있다. 지금으로서는 이 정도만 이해해도 충분하지만, 앞으로 공부할 용어를 미리 조금만 소개하도록 하자. 이 내용은 추후에 다시 자세히 다루게 되므로 지금 완전히 이해가 되지 않더라도 괜찮다. 용어에 익숙해 질 만큼만 이해하면 된다.

자바 언어는 객체지향(object-oriented) 언어이고, 프로그램의 동작을 위해 '객체'(object)라는 것을 사용한다. 객체는 다른 객체에게 서비스를 요청하고, 요청을 받은 객체는 미리 정해진 동작에 의해 서비스를 제공한다. 위의 예제에서 System.out이 바로 객체인데, 이것은 화면에 출력을 보낼 때 사용하는 객체이다. (엄밀히 말하면 System이라는 클래스가 있고 그 내부에 출력을 담당하는 out이라는 이름의 객체가 있다.)

객체에게 서비스를 요청한다는 것은 객체를 대상으로 하여 특정한 메소드를 호출하는 것이라고 할 수 있다. 요청을 받은 객체는 메소드를 실행함으로써 서비스를 제공한다. 위의 예에서 System.out 다음에 쓰여진 println이 바로 메소드인데, 이 메소드는 괄호 내에 주어진 내용을 화면에 출력하는 동작을 실행한다. 그러므로 화면에 어떤 내용을 출력하고자 할 때는 System.out 객체에게 println 메소드를 호출함으로써 서비스를 요청하면 된다. 그리고 출력할 내용은 println 메소드의 인자(argument)로 넘겨준다.

객체는 자신이 실행할 수 있는 메소드의 목록을 가지고 있는데, 그 메소드 가운데 하나가 호출되면 동작을 실행한다. 객체의 메소드를 호출하는 방법이 앞의 예처럼 객체 이름, 마침표(.), 메소드 이름, 괄호와 인자들을 차례로 쓰는 것이다. 즉, 다음의 자바 문장은 System.out이라는 객체에 대해 메소드를 호출하고 있는데, 그 메소드의 이름이 println이며 이 메소드 호출에 넘겨지는 인자가 "헬로 월드!"라는 문자열이다.

```
System.out.println("헬로 월드!");
```

이 메소드 호출에 의해 실행되는 동작은 앞에서도 살펴 본 바와 같이 인자로 넘겨 받은 문자열을 화면에 출력하는 것이다. 그러므로 위의 문장은 System.out이라는 객체에게 화면에 문자열을 출력하도록 서비스를 요청하는 것으로 해석할 수 있고, 이때 출력할 문자열이 인자로 함께 넘겨지는 것이다.

두 번째 자바 프로그램 – 그래픽 프로그램

이번에는 간단한 그래픽을 출력하는 자바 프로그램을 작성해 보자. 새로운 프로젝트를 만들지 않고 앞에서 만든 HelloProject에 새 클래스를 추가해 보자. 이클립스 좌측 Package Explorer에서 HelloProject에 마우스 오른쪽 버튼을 누르고 New – Class를 선택하면 다음과 같은 클래스 생성 대화창이 나온다. 클래스 이름을 FishFrame으로 입력하고 하단의 체크박스는 그대로 둔다(그림 1.21).

그림 1.21 FishFrame 클래스 생성

그리고 Superclass라는 항목의 오른편에 있는 Browse 버튼을 눌러 Superclass 생성 대화
창을 열고 윗부분에 JFrame이라 입력하기 시작하면 아래에 JFrame 클래스가 보일 것이다
(그림 1.22).

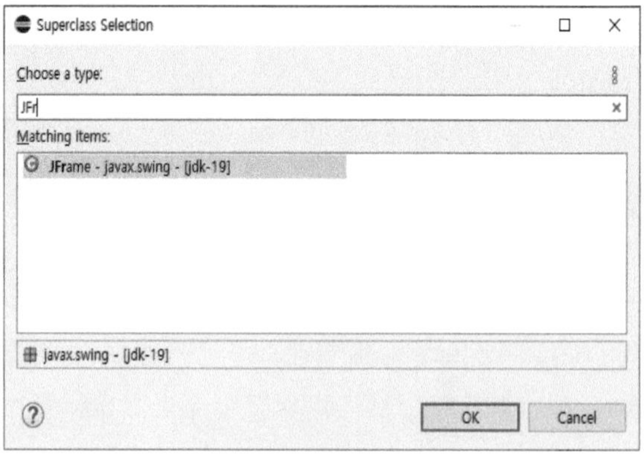

그림 1.22 Superclass 선택

JFrame이 선택된 상태에서 OK 버튼을 눌러 Superclass 선택을 마치면 그림 1.23 처럼 클래
스 생성 대화창에 Superclass가 javax.swing.JFrame으로 지정된다.

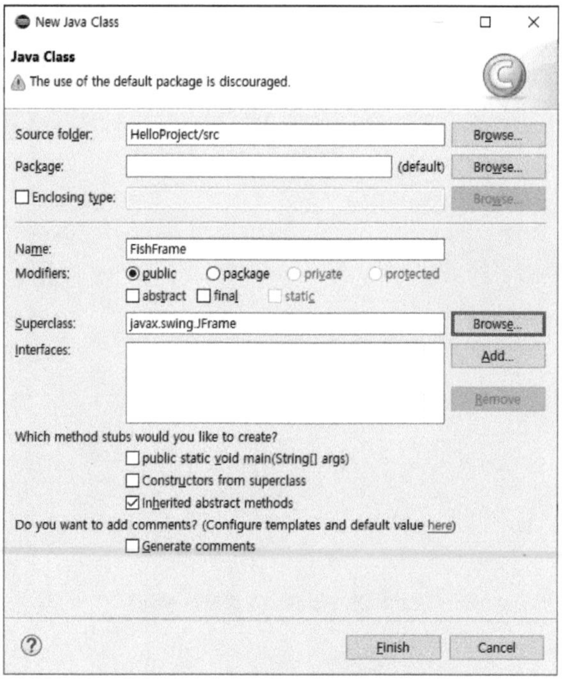

그림 1.23 Superclass가 지정된 대화창

Finish 버튼을 눌러 클래스 생성을 마치면 그림 1.24와 같이 FishFrame.java가 생성되고 편집창이 열린다.

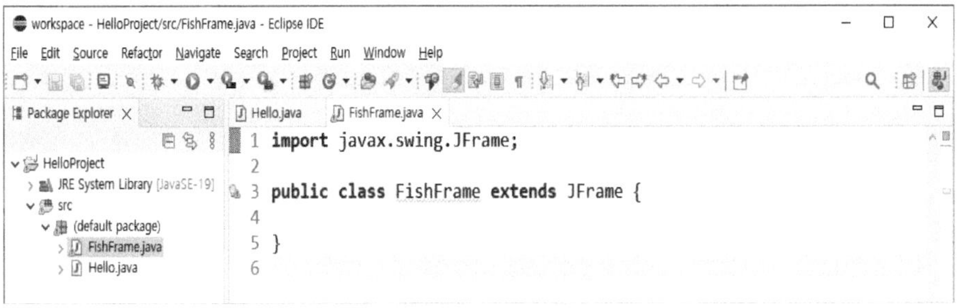

그림 1.24 FishFrame 클래스

클래스 FishFrame을 정의하는 3행에 "extends JFrame"이라는 구절이 붙어 있음을 눈 여겨 보자. 이것은 앞에서 클래스를 생성할 때 Superclass를 JFrame으로 지정해 주었기 때문에 포함된 구절이다. 만약 클래스 생성 대화창에서 지정하지 않았다면 편집창이 열린 후에 직 접 작성해도 된다. 미리 지정하든 나중에 코드에서 추가하든 그래픽 프로그램을 작성하기 위해서는 이 구절이 필요하다.

"extends JFrame" 구절은 지금 작성하는 FishFrame이라는 클래스가 JFrame과 비슷한 종 류가 된다는 뜻으로 이해하자. (정확한 의미는 나중에 다시 공부할 것이다.) JFrame은 그래 픽을 처리할 수 있는 클래스이므로 우리가 작성하는 FishFrame에서도 그래픽을 사용할 수 있게 되는 것이다. 앞에서 Hello 클래스를 작성할 때는 이런 구절이 필요하지 않았다. 지금 으로서는 이런 구절이 필요한 경우가 있다는 점만 기억하고 넘어가면 된다.

그러면 import라는 단어로 시작되는 1행은 무슨 뜻일까? 이것은 이 프로그램이 JFrame이 라는 클래스를 사용한다는 사실을 컴파일러에게 알려주기 위한 것이다. 자바는 방대한 양 의 미리 정의된 클래스를 제공하는데, 이 클래스들은 종류에 따라 패키지(package)로 묶여 져 있다. 패키지란 연관된 클래스들을 모아둔 라이브러리를 말한다. javax.swing이라는 것 이 하나의 패키지이고 그 안에 JFrame이라는 클래스가 들어 있다. 그러므로 코드의 1행은 javax.swing 패키지에 속한 JFrame이라는 클래스를 사용하겠다고 컴파일러에게 알리는 것이다. 클래스를 생성할 때 이 클래스가 JFrame을 사용한다고 지정했으므로 이클립스가 import로 시작하는 이 문장을 자동으로 추가해 준 것이다. (패키지와 import에 대한 이 모 든 내용들도 나중에 다시 자세히 설명된다.)

일단 그림 1.25와 같이 소스를 입력해 보자. 앞에서와 마찬가지로 대소문자의 구별에 주의하자.

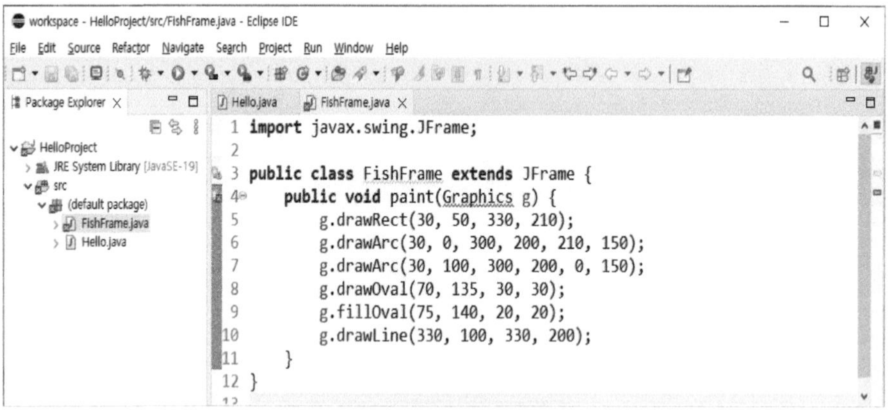

그림 1.25 FishFrame 클래스 작성

FishFrame 클래스 안에 paint라는 이름의 메소드 하나를 추가하였다. 그런데 4행의 Graphics라는 부분에 에러가 표시되어 있다. 에러 표시는 에러가 발생한 줄 뿐만 아니라 에러가 포함된 소스 파일, 그리고 좌측 Package Explorer에서 그 파일이 포함된 모든 경로에 표시된다.

이 에러는 컴파일러가 Graphics가 무엇인지 모르기 때문에 발생한 것이다. 즉, Graphics도 자바가 미리 제공하는 클래스 중의 하나인데, 이 클래스를 사용하려면 앞서 JFrame 클래스의 경우와 마찬가지로 컴파일러에게 이 클래스를 사용한다는 사실을 import 문을 사용해 알려야 한다.

앞에서 했던 것처럼 마우스를 Graphics라는 단어 위로 가져가면 quick fix가 나타나는데, 거기서 import하라는 줄을 선택해서 1행과 비슷한 문장을 자동적으로 삽입할 수 있다. 아니면 Ctrl+Shift+O(Ctrl 키와 Shift 키와 영문 'O' 키를 함께 누르는 것)로 import 문을 삽입할 수 있다. Ctrl+Shift+O를 누르면 편리하게도 편집 중인 자바 프로그램이 필요로 하는 모든 import 문이 한꺼번에 삽입된다. 만약 같은 이름으로 된 클래스가 둘 이상 있다면 어느 것을 import할 것인지 프로그래머에게 물어 본다. (어쩌면 편집 중에 import 문이 자동적으로 삽입되었을 수도 있다. 그런 경우라도 추가된 import 문을 지우고 Ctrl+Shift+O를 눌러 자동으로 삽입해 보기를 권한다.)

자바 프로그램은 미리 정의된 클래스를 이용하는 경우가 매우 많으므로 이클립스가 제공하는 이러한 편집 기능을 잘 이용하는 것이 편리하다. 물론 import문을 직접 작성해도 문제는 없지만 각 클래스가 어느 패키지에 속했는지 다 외우기도 어렵고 편집 도중에 실수가 발생할 수도 있으니 위의 자동 입력 기능을 이용하는 것이 여러 모로 유익하다. 이제 그림 1.26과 같이 1행에 새로운 import 문이 삽입되면 에러 표시가 사라진다.

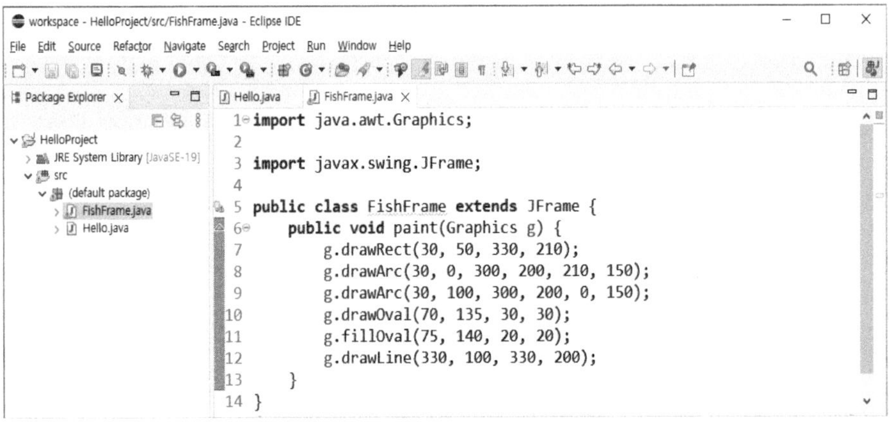

그림 1.26 FishFrame 클래스 작성

Graphics는 이름 그대로 그래픽을 담당하는 자바 클래스인데, 수정된 코드의 1행을 살펴보면 이 클래스가 java.awt라는 패키지에 포함되어 있음을 알 수 있다. 이제 오류가 하나도 표시되지 않으니 FishFrame 클래스는 완성되었다. 하지만 이 프로그램은 실행되지 않는다. 편집창에 마우스 오른쪽 버튼을 눌러 Run As 메뉴를 선택해도 Java Application 항목이 나타나지 않는다. 이유가 무엇일까?

모든 자바 애플리케이션은 하나의 main 메소드를 가지고 있어서 거기서 실행이 시작된다. 앞서 작성한 Hello.java 프로그램에는 main 메소드가 있었기 때문에 그 메소드의 내용이 실행되었다. 지금 작성한 FishFrame 클래스는 main 메소드가 없으니까 실행이 되지 않는다. 그래서 main 메소드를 가지는 새로운 클래스가 추가로 필요하다.

다시 HelloProject를 마우스 오른쪽 버튼으로 클릭하고 New - Class를 선택하여 새로운 클래스를 생성하자. 클래스의 이름을 FishFrameDemo라고 하고 이번에는 public static void main(String args[])를 체크하자(그림 1.27).

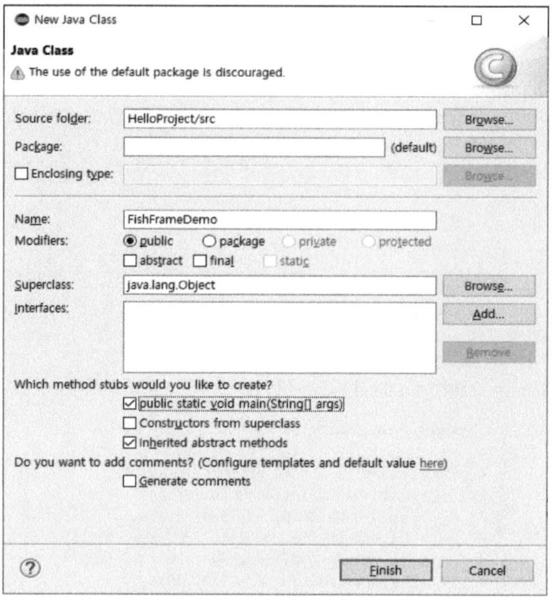

그림 1.27 FishFrameDemo 클래스 생성창

Finish를 누르고 같이 그림 **1.28**과 같이 새로운 클래스의 main 메소드를 작성한다.

그림 1.28 FishFrameDemo 클래스 작성

8행의 JFrame에서 오류가 나면 import 문이 필요한 것이므로 Ctrl+Shift+O를 눌러 포함시킨다. 오류가 없으면 이제 FishFrameDemo 클래스를 실행시켜 보자. 이 클래스는 main 메소드를 가지기 때문에 실행이 가능하고, 그림 **1.29**와 같이 새로운 윈도우가 생성되고 우리가 작성한 프로그램의 실행 결과가 그려 진다.

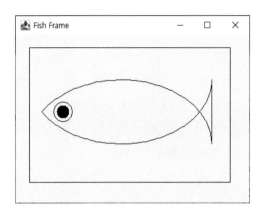

그림 1.29 FishFrameDemo 클래스의 실행 결과

클래스와 객체

클래스와 객체에 대해 조금 더 생각해 보자. 이 부분도 나중에 자세히 공부할 내용의 맛보기에 해당하므로 지금은 조금 어려울 수 있겠다. 하지만 이렇게 기본적인 개념과 용어를 대략이나마 미리 짚어 보게 되면 앞으로 예제를 다룰 때 객체 지향의 관점에서 볼 수 있게 되고, 이런 훈련이 나중에 본격적으로 자바의 객체 지향 특성을 공부할 때 큰 도움이 된다.

그림 1.26의 FishFrame 클래스에는 paint라는 하나의 메소드가 들어 있는데, 이 메소드는 그 이름에서 짐작할 수 있듯이 출력 윈도우에 그래픽을 그리는 역할을 한다. 즉, 그림 1.29에 표시된 물고기 모양의 그래픽을 그린 것이 FishFrame 클래스였다. 그런데 이 클래스는 실행시킬 수 없었다. main 메소드를 가지지 않기 때문이다. 그러면 FishFrame의 용도는 무엇일까?

원래 클래스의 용도는 객체를 만드는 것이다. 클래스란 객체를 만들기 위한 설계도라고 생각할 수 있다. 앞에서 자바 프로그램은 객체를 통해 메소드를 호출하는 방식으로 동작한다고 했는데, 이를 위해서는 먼저 객체가 있어야 한다. System.out은 자바 시스템이 미리 만들어서 제공하는 객체였기 때문에 객체를 만들 필요 없이 그냥 메소드를 호출할 수 있었다. 그런 경우가 아니라면 어떤 기능을 하는 클래스를 작성하고, 그 클래스의 객체를 만든 다음, 그 객체를 통해 메소드를 호출하는 것이 자바 프로그래밍의 본질적인 성격이다.

그림 1.26에서 FishFrame 클래스를 작성했지만, 실제로 화면에 그림이 표시되도록 하기 위

해서는 우선 FishFrame의 객체를 만들어야 한다. 그래서 그림 1.28의 FishFrameDemo 클래스가 필요했다. FishFrameDemo 클래스는 main 메소드를 가지므로 실행시킬 수 있는데, 그 첫 번째 문장(그림 1.28의 5행)이 바로 new 연산자를 이용하여 FishFrame 클래스의 객체를 생성하는 부분이다. 일단 객체가 생성되면 이 객체에 대해 메소드를 호출할 수 있다(6–9행). 6행은 출력 윈도우의 상단의 제목을 설정하고, 7행은 출력 윈도우의 크기를 가로 400 픽셀, 세로 300픽셀로 지정한다. 8행은 윈도우를 닫으면 프로그램이 종료되도록 하며, 9행은 그래픽이 화면에 표시되도록 설정한다.

참고   FishFrame 클래스와 FishFrameDemo 클래스의 위치

FishFrameDemo 클래스의 5행에서 FishFrame 클래스의 객체를 만들고 있으므로 이 예제는 Fish-Frame과 FishFrameDemo라는 두 개의 자바 클래스로 이루어져 있는 셈이다. 이 경우에 두 클래스는 동일한 '패키지' 내에 존재해야 한다. 이클립스로 클래스를 만들 때 따로 패키지를 지정하지 않으면 자동적으로 '디폴트' 패키지 내에 들어가므로, 다음 그림의 좌측 Package Explorer에서 보듯이 두 클래스가 동일한 '디폴트' 패키지 내에 들어가 있다. 이에 대한 보다 자세한 사항은 나중에 패키지에 대해 설명할 때 다루도록 하자.

FishFrame 클래스

그림 1.26을 보면 FishFrame 클래스의 paint 메소드는 6행에서 11행까지의 6개 문장으로 이루어져 있다. 다음에 보인 6행의 첫 번째 문장이 외곽의 직사각형을 그린다.

```
g.drawRect(30, 50, 330, 210);
```

이 문장도 객체를 통해 메소드를 호출하는 자바 프로그램의 동작 방식으로 설명하자면 새로울 게 없다. 즉, g라는 이름의 객체를 대상으로 drawRect라는 메소드를 호출하는 것이다. 여기서 g는 Graphics라는 자바 클래스의 객체이다. 이러한 사실은 paint 메소드를 정의하는 첫 줄인 다음 문장에서 알 수 있다. 즉, g 앞에 Graphics라고 작성되어 있기 때문에 g는 Graphics 클래스의 객체이다.

```
public void paint(Graphics g) {
```

그런데 이 g라는 이름은 정해진 것이 아니라 프로그래머가 선택할 수 있는 이름이다. 이 예제에서는 5행에서 g라는 이름을 썼기 때문에 거기에 맞추어 6~11행에서도 같은 g라는 이름을 쓰고 있는 것이다. 다른 이름으로 바꿔도 일관성 있게 모두 바꾸기만 한다면 아무런 문제가 없다. 예를 들어 메소드 정의에서 g를 graphics라고 바꾸어 다음과 같이 작성해도 동일한 동작을 한다.

```
public void paint(Graphics graphics) {
    graphics.drawRect(30, 50, 330, 210);
    graphics.drawArc(30, 0, 300, 200, 210, 150);
    graphics.drawArc(30, 100, 300, 200, 0, 150);
    graphics.drawOval(70, 135, 30, 30);
    graphics.fillOval(75, 140, 20, 20);
    graphics.drawLine(330, 100, 330, 200);
}
```

Graphics와 graphics는 철자가 거의 같지만 첫 문자가 대문자와 소문자로 서로 다르고, 자바가 대소문자를 구별하므로 별다른 문제 없이 컴파일 및 실행이 된다. 여기서 g나 graphics는 paint 메소드의 매개변수(parameter)로 선언된 것인데, 이에 대해서는 나중에 메소드에 대해 공부할 때 다시 자세히 설명될 것이다. 지금으로서는 Graphics가 윈도우에 도형을 그리는 여러 가지 메소드를 제공하는 클래스이고, 그 다음에 작성한 g나 graphics는 Graphics 객체를 가리키는 이름이라는 점만 기억하면 된다.

다시 6행의 문장으로 돌아가 보자.

```
g.drawRect(30, 50, 330, 210);
```

drawRect는 이름으로 추측할 수 있듯이 직사각형(rectangle)을 그려주는 메소드이다. 또한 위 문장은 메소드를 호출하면서 4개의 정수를 인자로 넘기고 있다. 객체 g가 이 요청을 받으면 자신의 메소드 중의 하나인 drawRect를 실행해서 화면에 직사각형을 그리는데, 어떤 위치와 크기로 직사각형을 그릴지는 인자로 넘겨 받은 4개의 정수에 의해 결정된다. 여기에 대해서는 잠시 후에 자세히 살펴보기로 하자.

두 번째와 세 번째 문장은 호(arc, 원호 혹은 타원호)를 그리는 drawArc라는 메소드를 사용하는데, 물고기 모양의 몸체를 두 개의 호로 그려 낸 것이다.

```
g.drawArc(30, 0, 300, 200, 210, 150);
g.drawArc(30, 100, 300, 200, 0, 150);
```

drawArc는 6개의 인자를 사용한다. 이 6개의 인자들이 어떻게 호를 정의하는지도 잠시 후에 살펴 보도록 하자.

그 다음 두 문장은 물고기의 눈을 그린다.

```
g.drawOval(70, 135, 30, 30);
g.fillOval(75, 140, 20, 20);
```

drawOval 메소드는 타원을 그리는 메소드이다. 이 때 넘겨지는 4개의 인자가 타원의 위치와 크기를 지정한다. 물론 타원을 그릴 때 너비와 높이를 같게 지정하면 여기서 그리는 물고기의 눈처럼 타원이 아니라 원이 그려진다. drawOval 메소드는 눈을 구성하는 바깥쪽 원을 그린다. 이와 달리 fillOval 메소드는 타원을 그리되 그 내부를 색칠한다. 즉, 10행의 fillOval 메소드 호출은 검게 칠해진 눈동자 부분을 그리는 것이다. 일반적으로 draw-로 시작하는 그래픽 메소드는 도형의 외곽선을 그리고, fill-로 시작하는 그래픽 메소드는 내부를 색칠한 도형을 그린다.

마지막 문장은 물고기 꼬리의 수직선 부분을 그린다.

```
g.drawLine(330, 100, 330, 200);
```

추측대로 drawLine 메소드는 두 점의 좌표를 받아 두 점을 잇는 선을 그리는 메소드이다.

화면 좌표계

앞에서 그래픽 객체의 메소드들을 호출할 때 넘겨 준 인자 값들은 그 단위가 **픽셀**(pixel)이
다. 픽셀은 화면의 기본 단위로 사용된다. 즉, 화면이 색깔을 나타내는 조그마한 정사각형
들로 빈틈없이 가득 차 있다고 생각하면, 그 조그마한 정사각형이 바로 픽셀이다. (픽셀이
반드시 정사각형이어야 할 필요는 없지만 편의상 그렇게 가정하였다.) 가령 여러분이 지금
사용하고 있는 모니터의 해상도가 1920x1080이라면 스크린의 가로로 한 줄에 1920개의 픽
셀이 들어가고 세로로 한 줄에 1080개의 픽셀이 들어간다는 뜻이다. 그러면 1920 × 1080
= 대략 200만 개의 픽셀이 스크린을 구성하는 것이다. 컴퓨터가 이 200만 개의 픽셀을 제어
하여 각각의 픽셀에 적당한 색깔을 지정함으로 여러분이 보는 화면이 구성된다.

앞의 그래픽 예제를 실행하면 화면 전체가 아니라 조그만 출력 윈도우가 생겨나는데, 이 경
우에도 그 크기와 위치는 픽셀 단위로 지정한다. 출력 윈도우의 좌표계는 그림 1.30과 같으
며 x 좌표가 왼쪽에서 오른쪽으로, y 좌표가 위에서 아래로 증가한다. 수학에서 배웠던 좌
표계와 다른 점은 y 좌표의 방향이 반대라는 점과 화면의 픽셀을 지정하기 위한 것이므로
양수 값만 가능하다는 점 등이다. 예를 들어 좌표가 (100, 50)인 점은 출력 윈도우의 왼쪽
끝에서 오른쪽으로 100픽셀 떨어져 있고 출력 윈도우의 상단에서 아래로 50픽셀 떨어져 있
는 위치를 말한다.

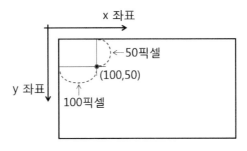

그림 1.30 화면의 좌표

Graphics 메소드들

이제 예를 들어 다음과 같이 직사각형을 그리는 메소드를 생각해 보자.

```
g.drawRect(100, 50, 80, 30);
```

drawRect 메소드는 4개의 인자를 가지는데, 첫 번째와 두 번째 값은 직사각형이 그려지는 기준 위치의 x, y 좌표를 각각 나타낸다. 즉, 직사각형의 왼쪽 상단 꼭지점의 x, y 좌표 값이다. 세 번째와 네 번째의 값은 각각 너비와 높이를 나타낸다. 따라서 위의 문장은 그림 1.31과 같이 왼쪽 상단이 윈도우의 (100, 50) 위치에 맞춰지고 가로로 80픽셀, 세로로 30픽셀인 직사각형을 그린다.

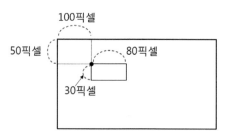

그림 1.31 g.drawRect(100, 50, 80, 30)의 출력

drawRect가 아니라 **fillRect** 메소드를 사용했다면 같은 위치와 크기의 직사각형이 내부가 칠해져서 그려질 것이다. 앞의 FishFrame 예제에서 물고기 바깥쪽의 직사각형이 drawRect 메소드 호출을 이용하여 그려졌다.

이제 **drawOval**과 **fillOval** 메소드를 살펴 보자. 타원을 그릴 때에도 위의 **drawRect/fillRect**와 마찬가지로 4개의 정수가 인자로 넘겨지며, 이 인자들은 각각 왼쪽 상단 기준 위치의 x, y 좌표값, 그리고 너비와 높이를 나타낸다. 즉, 네 개의 값으로 직사각형이 정의되는데, 이 직사각형 내부에 직사각형에 인접한 타원이 그려진다. 정의된 직사각형을 최대한 가득 채우는 타원이 그려진다는 말이다. 다음과 같이 세 번째와 네 번째 인자의 값이 같다면, 즉 너비와 높이가 같아서 정사각형이 정의된다면 그려지는 것은 타원이 아니라 원이 될 것이다.

```
g.drawOval(70, 135, 30, 30);
```

따라서 FishFrame.java 9행이었던 위의 **drawOval** 메소드 호출은 그림 1.32와 같은 원을 그리게 된다.

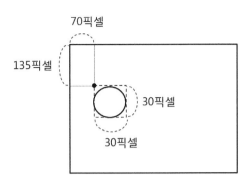

그림 1.32 g.drawOval(70, 135, 30, 30)의 출력

그림 1.32에 그려진 원의 내부에 중심점이 같으면서 내부가 칠해진 작은 원을 하나 더 그려서 물고기의 눈 부분이 완성된다. FishFrame.java 10행의 fillOval 메소드가 이것을 담당한다.

두 점의 좌표를 받아 선을 그리는 drawLine 메소드는 더욱 간단하다. drawLine 메소드가 다음과 같이 호출된다면

    g.drawLine(x1, y1, x2, y2);

시작점의 좌표는 (x1, y1)이고 도착점의 좌표는 (x2, y2)가 되는 것이다. 따라서 FishFrame 예제의 마지막 그리기 문장인 다음 메소드 호출은 시작점과 도착점의 x 좌표가 동일하므로 물고기의 꼬리 부분에 위치한 수직선이 된다.

    g.drawLine(330, 100, 330, 200);

마지막으로 두 개의 호를 사용하여 물고기의 몸체를 표시한 부분을 살펴 보자.

    g.drawArc(30, 0, 300, 200, 210, 150);
    g.drawArc(30, 100, 300, 200, 0, 150);

drawArc는 호를 그리는 메소드인데 6개의 정수를 인자로 받는다. 호는 원이나 타원의 일부분을 나타내는데, 6개의 인자 중 첫 번째 4개의 인자로 호가 포함된 원이나 타원을 정의한다. 즉, 첫 번째 4개의 인자는 drawOval의 인자와 마찬가지로 원이나 타원을 둘러싸는 직사각형을 정의하게 된다. 그러므로 위의 첫 번째 drawArc 호출은 첫 4개의 인자에 의해 좌상단의 좌표가 (30, 0)이고 너비가 300, 높이가 200픽셀인 가상의 직사각형을 그리고 그 내부에 인접한 타원을 정의하게 된다(그림 1.33a).

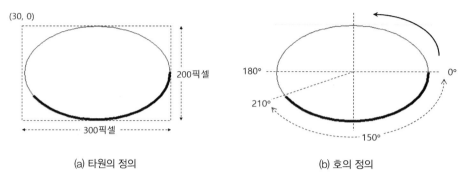

(a) 타원의 정의   (b) 호의 정의

그림 1.33 drawArc 메소드

이제 나머지 2개의 인자가 타원의 일부인 호를 정의한다. 타원 전체가 0°에서 360°까지 한 바퀴 돌면서 정의된다면 호는 그 일부로 볼 수 있는데, 5번째 인자가 시작 각도를 뜻하고 마지막 6번째 인자가 호가 차지하는 각도를 뜻한다. 예를 들어 위의 첫 번째 drawArc 정의에서 마지막 2개의 인자는 210과 150으로 되어 있으므로 시작 각도가 210°이고 호가 차지하는 각도가 150°라는 뜻이다. 각도는 타원의 오른쪽 중간점에서 시작하고 시계 반대 방향으로 돈다. 각도가 음수로 주어진다면 시계 방향으로 돈다. 위의 첫 번째 drawArc에 의해 정의된 호는 그림 1.33b와 같이 그려져서 물고기 몸체의 아래쪽 둘레를 표시한다.

물고기 몸체의 위쪽 둘레를 표시하는 그 다음의 drawArc도 마찬가지로 이해하면 된다.

```
g.drawArc(30, 100, 300, 200, 0, 150);
```

타원의 크기는 너비가 300픽셀, 높이가 200픽셀이므로 동일한 크기의 타원이지만 두 번째 인자를 보면 기준 위치가 y축으로 100 픽셀만큼 내려와 있다. 그리고 시작 각도가 0°, 호가 차지하는 각도가 150°이므로 오른쪽 중간점에서 시작하는 150°만큼의 호가 정의된다. 이렇게 그려진 두 개의 호를 결합하면 그림 1.34와 같이 물고기의 몸체 둘레가 완성된다. 즉, 아까 그린 아래쪽 호가 그림 1.34a이고 다음에 그려진 두 번째 호가 그림 1.34b이므로, 이 두 개를 합치면 그림 1.34c와 같은 모양이 나와서 물고기 몸통을 구성한다.

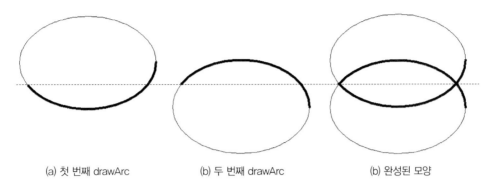

(a) 첫 번째 drawArc   (b) 두 번째 drawArc   (b) 완성된 모양

그림 1.34 물고기 몸체의 둘레 그리기

지금까지 살펴본 **Graphics** 메소드들을 정리하면 그림 **1.35**와 같다.

메소드	설명
drawLine(x1,y1,x2,y2)	두 개의 점 (x1,y1)과 (x2,y2) 사이를 잇는 직선을 그린다.
drawRect(x, y, w, h) fillRect(x, y, w, h)	좌상단 꼭지점의 좌표가 (x,y)이고 너비가 w 픽셀, 높이가 h 픽셀인 직사각형을 그린다. 즉, 직사각형 좌상단 꼭지점을 출력창의 왼쪽 끝에서 x 픽셀만큼 오른쪽으로, 출력창의 위쪽 끝에서 y 픽셀만큼 아래 쪽으로 맞춘다. drawRect는 직사각형의 윤곽선을 그리고 fillRect는 직사각형의 내부를 칠한다.
drawOval(x, y, w, h) fillOval(x, y, w, h)	좌상단 모서리의 좌표가 (x,y)이고 너비가 w 픽셀, 높이가 h 픽셀인 직사각형을 정의하고, 이 직사각형 내부에 직사각형에 인접한 타원을 그린다. drawOval 메소드는 타원의 윤곽선을 그리고 fillOval 메소드는 타원의 내부를 칠한다.
drawArc(x, y, w, h, a1, a2)	타원의 일부인 호(arc)를 그린다. 타원을 둘러싸는 직사각형의 좌상단 모서리의 좌표가 (x,y)이고 타원의 너비가 w 픽셀, 높이가 h 픽셀로 정의된다. 그려지는 원 호 부분은 시작각도 a1과 표시각도 a2에 의해 정의된다. 타원의 오른쪽 중간점이 0°이고 시계 반대 방향으로 양의 각도, 시계 방향으로 음의 각도가 된다. 표시되는 호는 a1에서 시작하여 타원을 따라 a2만큼 진행하는 부분이다.

그림 1.35 Graphics 메소드들

1. 다음과 같은 출력을 만들어 내는 자바 애플리케이션을 작성하라.

2. 자신의 학과, 학번, 이름을 한 줄에 한 항목씩 출력하는 자바 애플리케이션을 작성하라. 즉, 실행 결과는 3줄이 되어야 한다.

3. 본문의 FishFrame 클래스를 수정하여 그려지는 물고기 모양이 가로, 세로 각각 두 배의 크기가 되도록 작성하라.

4. 다음과 같은 같은 출력을 생성하는 그래픽 애플리케이션을 작성하라.

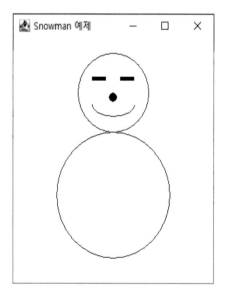

CHAPTER **2**

자바 문법의 기초

2.1 이름, 변수와 타입

나이 계산 예제 프로그램

자바 문법에 대해 알아보기 전에 먼저 몇 가지의 기본적인 개념을 이해하기 위해 다음의 자바 프로그램을 살펴 보자. 이 예제는 앞 장에서 살펴본 것들보다는 조금 더 복잡하다.

예제 2.1 AgeCalculation1 클래스

```java
01   import java.util.Scanner;
02
03   public class AgeCalculation1 {
04      public static void main(String[] args) {
05          Scanner input = new Scanner(System.in);
06
07          System.out.print("올해 연도는? ");
08          int thisYear = input.nextInt();
09
10          System.out.print("당신이 태어난 연도는? ");
11          int birthYear = input.nextInt();
12
13          int age = thisYear - birthYear;
14          System.out.print("당신은 ");
15          System.out.print(age);
16          System.out.println("살입니다.");
17      }
18   }
```

코드의 내용은 잠시 후 살펴보도록 하고, 우선은 앞 장에서 했던 것처럼 이클립스를 열어 AgeCalculation1이라는 이름의 클래스를 생성하여 내용을 편집하고 실행시켜 보자. 실행하면 그림 2.1과 같이 이클립스의 편집창 하단 콘솔 윈도우에 실행 결과가 출력되는데, 흑색으로 표시된 부분은 프로그램이 출력한 내용이고 녹색으로 표시된 부분은 여러분이 키보드로 입력해야 하는 내용이다.

그림 2.1 예제 2.1의 실행 결과

실행 결과를 살펴 보면 짐작할 수 있듯이 이 프로그램은 사용자에게 올해가 몇 년인지, 그리고 사용자가 태어난 해가 몇 년인지를 물어 보고, 이렇게 입력 받은 데이터를 이용해 사용자의 나이를 계산해 출력한다. 먼저 이 프로그램은 사용자에게 태어난 해가 몇 년인지 묻기 위해 7행에서 다음 문장을 사용했다.

```
System.out.print("올해 연도는?  ");
```

이 문장은 사실 앞 장에서 이미 살펴 본 것과 거의 동일하다. 잠시 기억을 되살려 보면 이 문장은 System.out이라는 객체에게 print라는 메소드의 실행을 요청하는 것이라고 했다. 물론 앞 장에서는 메소드의 이름이 println 이었고 여기서는 print이다. print와 println 은 거의 동일하게 동작한다. 객체가 이 두 메소드 중의 하나를 실행하면 인자로 받은 내용을 화면에 출력하게 된다. 이때 println은 내용을 출력하고 줄바꿈을 하지만 print는 줄바꿈을 하지 않는다는 차이가 있을 뿐이다. 여기서 인자로 넘겨준 내용은 "올해 연도는? " 이라는 문자열이었고 실행되는 메소드는 print이므로 콘솔 윈도우에 이 문자열이 표시되고 줄바꿈은 일어나지 않는다. 그림 2.1의 실행 결과를 보면 문자열이 표시되고 줄바꿈을 하지 않았기 때문에 사용자가 입력한 연도가 프로그램이 표시한 문자열과 같은 줄에 표시되었음을 확인할 수 있다.

이 프로그램이 하는 일은 사용자에게 올해 연도와 태어난 연도를 물어 보고, 그 데이터를 가지고 사용자의 나이를 계산해서 출력하는 것이라고 했다. 그런데 이를 위해서는 사용자에게서 데이터를 입력 받는 방법을 알아야 한다. 키보드로부터 간단한 입력을 받아 프로그램에서 읽어 들이기 위해서는 자바가 제공하는 Scanner라는 이름의 클래스를 사용하면 된다. 우리는 아직 클래스를 제대로 공부하기 전이므로 여기서는 이 프로그램을 이해하는 데 필요한 만큼만 살펴보고 넘어갈 것이다.

화면 출력을 위해 System.out 객체를 대상으로 print나 println 메소드를 호출했던 것을 기억할 것이다. 그렇다면 키보드로부터 데이터를 입력 받기 위해서도 어떤 메소드가 있어서 적당한 객체를 대상으로 호출하면 되리라고 예상할 수 있을 것이다. 그렇다. 실제로 키보드를 통해 연도와 같은 정수 하나를 입력 받기 위해서는 nextInt라는 이름의 메소드를 사용하면 된다. 그런데 이 메소드는 Scanner라는 클래스가 제공하고 있다. 정수 값을 입력 받기 위해서는 nextInt라는 메소드를 호출하면 되지만, 이러한 메소드의 호출은 반드시 객체를 대상으로 하여 이루어져야 하므로 객체가 필요하다. 앞장에서 클래스는 객체를 만들기 위한 설계도와 같은 것이라고 했었다. 그러므로 먼저 Scanner 클래스로부터 객체를 만들어야 한다.

예제 2.1의 5행이 Scanner 클래스로부터 new 연산자를 사용하여 우리가 필요로 하는 객체를 만들어 내는 문장이다. 이렇게 만들어진 input이라는 이름의 객체는 Scanner 클래스라는 설계도를 사용하여 만든 것이므로 Scanner라는 종류에 속하는 객체이다. 이때 input을 Scanner 타입(type)의 객체라고 말한다. 타입과 관련된 사항도 이 장 뒷부분에서 다시 다룰 것이다.

```
Scanner input = new Scanner(System.in);
```

이 문장이 정확히 어떻게 동작하는지에 대한 자세한 사항은 아직 알 필요가 없다. 키보드 입력을 요청할 수 있는 input이라는 이름의 객체를 Scanner 클래스로부터 만들어 내었다는 점만 기억하면 된다. 그런데 객체를 생성하는 위 문장만 입력해서는 컴파일러가 Scanner가 무엇인지 모르기 때문에 에러가 발생한다. 앞장의 그래픽 예제에서 JFrame이나 Graphics 클래스를 사용했을 때 프로그램 첫 머리에 import 문을 사용해야만 했었던 것을 기억할 것이다. 즉, 이런 클래스들은 미리 만들어져 자바가 제공하는 방대한 클래스 라이브러리의 일부이지만, 프로그램에서 사용할 때에는 컴파일러에게 알려야 한다. 그 알리는 방법이 예제 2.1의 1행의 import 문으로, Scanner 클래스는 java.util이라는 패키지에 속해 있고 이를 프로그램에서 사용하고 있다는 사실을 컴파일러에게 알리고 있는 것이다. (이클

참고 **System 클래스는 왜 import를 하지 않았을까?**

프로그램에서 Scanner나 Graphics 클래스를 사용할 때에는 import를 해 주지 않으면 에러가 발생했었다. 그러나 System과 같은 기본적인 클래스들은 자바 프로그램이 실행될 때 자동으로 import가 이루어지기 때문에 프로그램에서 import를 해 주지 않아도 된다.

립스를 사용하고 있다면 Ctrl+Shift+O를 사용하여 자동으로 import 문을 포함시킬 수 있음은 앞장에서 이미 설명했다.)

```
import java.util.Scanner;
```

일단 객체를 얻었으면 프로그램의 8행과 같이 이 객체를 대상으로 nextInt 메소드를 불러 정수 값을 입력 받을 수 있다.

```
int thisYear = input.nextInt();
```

이 문장은 input이라는 객체에게 nextInt라는 메소드의 실행을 요청하는 것이다. 이 메소드가 실행되면 사용자가 키보드로 입력한 정수 값 하나가 프로그램으로 넘어온다. 이 예제에서는 입력된 정수 값이 올해 연도를 의미할 것이다. 프로그램은 입력 받은 값을 가지고 계산에 사용해야 하므로 우선 어딘가에 이 값을 저장해 둘 필요가 있다. 프로그램에서 데이터를 저장하기 위해 사용하는 것이 **변수**(variable)이다. 즉, 변수는 데이터를 저장하기 위한 저장소로 생각하면 된다. 위 문장은 입력 받은 값을 thisYear라는 이름의 변수에 저장하고 있다. thisYear 앞에 붙은 int는 이 변수에 저장되는 데이터가 정수라는 것을 나타낸다. 이와 같이 변수에 저장되는 값의 종류를 지정하는 역할을 하는 int와 같은 것을 **데이터 타입**(data type) 혹은 간단히 **타입**(type)이라고 한다. 변수와 타입에 대해서는 잠시 후에 더 자세히 공부하기로 하고 우선은 예제 프로그램의 동작을 끝까지 살펴 보자.

이제 올해 연도를 받아서 thisYear라는 변수에 저장했다. 다음으로 프로그램의 10-11행에서 비슷한 방법으로 사용자가 태어난 연도를 입력 받아 birthYear라는 변수에 저장했다. 그러면 thisYear에는 올해 연도가 저장되어 있고 birthYear에는 태어난 연도가 저장되어 있으니 thisYear에서 birthYear를 빼면 나이가 얻어질 것이다. 13행에서 이와 같이 뺄셈을 하여 나이를 얻고 그 값을 이번에는 age라는 변수에 저장하였다.

```
int age = thisYear - birthYear;
```

= 기호의 오른편을 보면 뺄셈을 하기 위해 우리가 수학에서 사용하는 것과 동일한 기호 -를 사용했는데, 그 의미는 thisYear라는 변수의 값에서 birthYear라는 변수의 값을 뺀다는 뜻이다. 이때 사용한 -를 **연산자**(operator)라고 부른다. 자바 언어에는 많은 연산자들이 있는데, 예를 들어 사칙연산인 더하기, 빼기, 곱하기, 나누기에 대해서는 각각 +, -, *, / 등의 기호를 사용한다. 자바 언어가 제공하는 연산자의 종류와 목록에 대해서도 이 장의 뒷부분에서 자세히 공부하게 된다.

13행에서 뺄셈의 결과로 얻어진 값은 다시 age라는 이름의 변수에 저장된다. int라고 표시된 것에서 알 수 있듯이 age도 정수 값을 저장하는 변수이다. 마지막으로 14−16행에서 "당신은 " 이라는 문자열, 변수 age의 값, 그리고 "살입니다" 라는 문자열을 차례로 화면에 출력하였다. 앞의 두 문장은 print를 사용했고 마지막 문장은 println을 사용했으므로 이 세 가지는 줄바꿈 없이 한 줄에 출력되고 마지막에 줄바꿈이 이루어진다. 그 결과는 그림 2.1에서 본 바와 같다.

자바 문법의 기초에 대한 설명으로 넘어가기 전에 예제 2.1과 관련하여 한 가지만 생각해 보자. 이 프로그램을 사용하는 사용자는 매번 올해가 몇 년인지 입력해 줘야 하는데 이것은 아무래도 불편하다. 자바가 올해 연도나 현재 날짜와 시간을 스스로 알아내지 못할 리가 없지 않을까? 그렇다. 자바에는 시간의 처리와 관련해 제공되는 클래스들이 있다. 자바 클래스 라이브러리에 속한 클래스들을 효과적으로 사용한다면 좀더 편리한 프로그램을 작성할 수 있을 것이다. 여기서는 LocalDate라는 클래스를 사용하여 앞의 프로그램을 수정해 보자.

예제 2.2 AgeCalculation2 클래스

```
01  import java.time.LocalDate;
02  import java.util.Scanner;
03
04  public class AgeCalculation2 {
05      public static void main(String[] args) {
06          Scanner input = new Scanner(System.in);
07
08          System.out.print("당신이 태어난 연도는?  ");
09          int birthYear = input.nextInt();
10
11          LocalDate date = LocalDate.now();
12          int thisYear = date.getYear();
13
14          int age = thisYear - birthYear;
15          System.out.println("당신은 " + age + "살입니다.");
16      }
17  }
```

수정된 프로그램을 실행하면 다음과 같은 결과를 얻는다. 이제는 사용자가 자신이 태어난 연도만 입력하면 된다. 올해 연도는 사용자가 일일이 입력할 필요 없이 프로그램이

LocalDate라는 클래스를 사용하여 자동적으로 알아내게 되는 것이다.

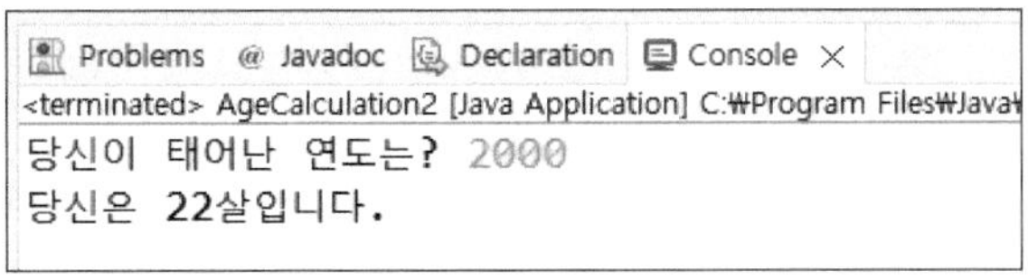

그림 2.2 예제 2.2의 실행 결과

LocalDate 클래스는 java.time이라는 패키지에 들어 있고 이를 사용하려면 예제 2.2의 1행과 같이 자바 컴파일러에게 import 문으로 알려줘야 한다. 11행에서 LocalDate 클래스에 now라는 이름의 메소드를 사용하여 현재 날짜에 해당하는 LocalDate 객체를 하나 생성하고 그 이름을 date라고 하였다. now라는 조금 특별한 메소드에 대한 자세한 설명도 지금은 생략하도록 하자. 일단 객체가 만들어지면 그 객체에 getYear라는 메소드를 호출하여 현재, 즉 프로그램이 실행되는 시점의 연도를 얻을 수 있다.

또 한 가지 주목할 것은 예제 2.1의 14-16행에서 세 개의 문장에 걸쳐 결과를 출력했던 것을 여기서는 15행의 한 번의 println 호출로 처리했다는 점이다. 대신 println의 인자로 다음과 같이 + 연산자로 결합된 식을 사용하고 있다.

"당신은 " + age + "살입니다."

첫 번째와 세 번째 항목은 문자들로 이루어진 문자열이고 두 번째 항목은 정수 값을 가지는 변수이다. 이와 같이 문자열과 문자열, 혹은 문자열과 정수 값을 + 연산자로 결합하면 그 값을 연결하여 하나의 문자열을 만들어 내게 된다. 예를 들어 변수 age의 값이 22였다면 위의 식에서 첫 번째 + 연산자는 첫 번째와 두 번째 항목을 결합하여 "당신은 22" 이라는 문자열을 만들게 된다. 그러면 위 식은 다음의 식으로 바뀌게 된다.

"당신은 22" + "살입니다."

이제 두 개의 문자열이 다시 + 연산자로 결합되면 다음과 같은 하나의 문자열로 바뀌게 된다.

"당신은 22살입니다."

이제 이 하나의 문자열이 println의 인자로 넘겨지게 되어 콘솔 윈도우에 표시되는 것이다.

식별자

식별자(identifier)는 프로그래밍 언어에서 사용되는 이름을 말한다. 앞의 예제에서 thisYear나 birthYear 같은 변수의 이름은 프로그래머가 정하는 것이다. AgeCalculation1과 같은 클래스 이름이나, 클래스에 포함되는 메소드의 이름도 마찬가지다. (물론 아직까지는 우리가 메소드의 이름을 정한 적은 없었다.) 이와 같이 프로그램을 구성하는 요소들의 이름을 전문적인 용어로 식별자라고 부른다. 자바에서 이름을 만드는 데도 규칙이 있으므로 이 규칙에 따라 이름을 정해야 한다.

자바의 식별자는 문자와 숫자를 조합하여 만들 수 있고 첫 글자는 숫자가 아니어야 한다. 문자와 숫자 외에 $와 _을 포함할 수도 있지만 $는 특수한 용도로 사용되니 피해야 한다. 식별자의 길이에는 제한이 없다. 물론 현실적으로는 변수의 이름을 무한히 길게 할 수는 없을 것이다. 대소문자가 구별되므로 thisyear와 thisYear, Thisyear, ThisYear 등은 모두 다른 이름으로 간주된다.

abstract	assert	boolean	break	byte
case	catch	char	class	const
continue	default	do	double	else
enum	extends	final	finally	float
for	goto	if	implements	import
instanceof	int	interface	long	native
new	package	private	protected	public
return	short	static	strictfp	super
switch	synchronized	this	throw	throws
transient	try	void	volatile	while

그림 2.3 자바의 예약어

예약어(reserved word 혹은 keyword)에 속하는 단어는 식별자로 사용할 수 없다. 예약어란 예제 2.1에서 사용했던 int와 같은 단어를 말하는 것으로, 자바 언어에서 이미 그 의미가 정해져 있어서 식별자로 사용할 수 없는 단어들을 말한다. 그림 2.3에 자바의 예약어를 열거해 놓았다. 이 단어들의 의미를 지금 다 알 수는 없지만 식별자를 만들 때 이런 이름들을 사용하면 안 된다는 것만 기억하자. 우리가 사용하는 이클립스와 같은 통합 개발 환경(IDE)들은 예약어를 특별한 색깔로 표시하여 쉽게 알아볼 수 있게 해준다.

지금까지 설명한 규칙만 지키면 어떤 이름을 쓰든지 자바 컴파일러는 에러를 내지 않는다. 그러나 이름을 잘 정해야 프로그램이 이해하기 쉽고 명확해진다. 예를 들어 thisYear와 thisyear처럼 철자는 똑같고 일부의 대소문자만 다른 두 개의 변수 이름을 하나의 프로그램에서 사용하는 것은 혼동을 초래하므로 바람직하지 않을 것이다. 또한 h, w와 같은 짧은 이름보다는 height, weight와 같이 조금 길더라도 완전한 단어를 사용하는 것이 프로그램을 이해하는 데 유익하다. 만약 변수 이름을 그냥 w라고 정하면 그것이 몸무게(weight)를 뜻하는지 너비(width)를 뜻하는지 아니면 또 다른 의미인지 명확하지 않을 수 있다. 코드를 들여다 보아야 알 수 있는 것이다. 이에 비해 조금 길더라도 weight와 같은 완전한 단어를 사용하면 좀 더 쉽게 그 의미를 추측할 수 있을 것이다.

일반적으로 많은 프로그래머들이 따르는, 일종의 관례라고 할 수 있는 이름 짓는 방식이 있으니 여러분도 프로그램을 작성할 때 가능한 한 이에 따르는 것이 좋다. 이 방식에 따르면 식별자는 보통 영문자와 숫자로만 만들고 클래스의 이름은 대문자로, 변수와 메소드의 이름은 소문자로 시작한다. 여러 단어로 이루어진 이름이라면 두 번째 단어부터는 각 단어의 첫 문자를 대문자로 하여 단어의 경계를 표시한다. 앞의 예제에서 AgeCalculation1 같은 클래스 이름과 thisYear나 birthYear 같은 변수 이름들은 이런 관례에 따라 지어진 것이다. 이름이 세 단어 이상으로 이루어지는 경우에도 마찬가지 방법으로 countOfApples, numberOfWrongAnswers 등과 같이 표시한다.

변수

프로그램에서 값을 저장하기 위해 **변수**(variable)를 사용한다고 했다. 예를 들어 예제 2.1에서는 사용자가 태어난 연도를 읽어 들여 birthYear라는 이름의 변수에 저장했었다. 즉, 변수는 값을 저장하는 저장소이다. 구체적으로 말하자면 프로그램이 실행될 때 컴퓨터의 메모리 구역에 이름을 붙여 값을 저장하는 용도로 사용하는 것이 변수라고 할 수 있다. 물론 변수에 저장된 값은 프로그램이 실행되는 동안 바뀔 수 있다. 변할 수 있기 때문에 '변수'라고 부르는 것이다.

예제 2.1에서는 thisYear, birthYear, age 등 세 개의 변수를 사용했었다. 이 세 변수는 각각 올해 연도, 태어난 연도 그리고 나이를 저장하기 위한 것이었다. 변수의 이름은 당연히 그 안에 담기는 값이 무엇인지 잘 나타낼 수 있도록 정하는 것이 유익하다.

자바 프로그램에서 변수를 사용하기 위해서는 먼저 그 변수에 대한 정보를 컴파일러에게 알려줘야 한다. 컴파일러가 알아야 할 정보는 변수의 이름뿐만 아니라 그 변수에 할당할 메모리 구역의 크기라든가 저장되는 값의 종류 등을 포함한다. 이런 정보를 컴파일러에게 알려 주기 위해 **변수 선언**(variable declaration)을 사용한다. 자바에서 모든 변수는 사용하기 전에 선언해야 한다. 선언되지 않은 변수가 나타나면 컴파일러에 의해 에러가 발생한다.

자바의 변수 선언에 대해 설명하기 전에 먼저 '타입'이 무엇인지 알아 보자. 변수에 저장되는 데이터는 1, −25, 187과 같은 정수 값일 수도 있고 23.94, 3.14159와 같은 실수 값일 수도 있다. 물론 자바에서 사용할 수 있는 데이터의 종류는 이외에도 여러 가지가 있다. 이와 같은 데이터의 종류를 **데이터 타입**(data type) 혹은 간단히 **타입**(type)이라고 한다. 변수 선언은 변수의 데이터 타입을 컴파일러에게 알려주는 것이다. 변수의 타입을 알면 그 변수에 어떤 종류의 값이 저장되는지 알 수 있다. 타입 선언을 통해 컴파일러는 변수에 얼만큼의 메모리를 할당해야 하는지, 저장되는 데이터의 형식이 무엇인지, 그 변수에 적용할 수 있는 연산이 무엇인지 등을 알게 된다. 예를 들면 다음 문장은 thisYear, birthYear, age라는 세 개의 변수가 int라는 데이터 타입임을 선언하는 변수 선언이다.

```
int birthYear, thisYear, age;
```

변수 선언은 이와 같이 타입 이름을 먼저 쓰고 그 다음에 변수 이름을 나열하면 된다. 변수가 여러 개이면 콤마로 구분한다. int가 정수를 나타내는 타입이므로 이 세 변수는 정수 값을 저장하게 된다.

변수를 선언하면서 초기값을 줄 수도 있다. 다음의 첫 번째 문장은 thisYear라는 이름의 변수를 int 타입으로 선언함과 동시에 2016이라는 값으로 초기화한 예이고, 두 번째 문장은 birthYear라는 변수를 선언하면서 이 변수를 객체에 대한 메소드 호출의 반환값으로 초기화한 예이다.

```
int thisYear = 2016;
int birthYear = input.nextInt();
```

문법 요약: 변수 선언

변수 선언의 형식은 다음과 같다.

    Type Var;

*Type*은 int와 같은 데이터 타입이고 *Var*은 변수의 이름으로 사용되는 식별자이다. 같은 타입의 변수를 다음과 같이 한 줄에 여러 개 선언할 수도 있다.

    Type Var1, Var2, ..;

변수 선언의 예는 다음과 같다.

    int birthYear, thisYear, age;

변수는 선언과 동시에 값을 주어 초기화할 수 있다.

    Type Var1=Value1, Var2=Value2, ..;

변수 초기화의 예는 다음과 같다. 초기값은 다음의 두 번째 예제와 같이 식으로 주어질 수도 있다.

    int thisYear = 2016;

    int birthYear = input.nextInt();

자바의 데이터 타입

자바의 데이터 타입은 크게 **기본형**(primitive type)과 **참조형**(reference type)으로 나눌 수 있다. 참조형에는 클래스, 배열, 인터페이스의 세 가지가 포함된다. 예제 2.2에서 input과 date는 각각 Scanner와 LocalDate라는 클래스를 사용하여 만든 객체를 가리키는 변수였다. 이 변수들은 클래스 타입이므로 참조형에 속한다. 참조형에 대해서는 클래스와 객체를 공부할 때 자세히 다루도록 하고 여기서는 자바의 기본형 타입을 살펴 보자.

자바의 기본형에 속하는 타입은 8가지가 있는데, 이들을 그 값의 종류에 따라 정수형, 실수형, 논리형, 문자형 등의 4가지 종류로 다시 구분할 수 있다. 정수형에 속하는 타입의 변수는 정수 값을 저장할 것이고, 실수형에 속하는 타입의 변수는 실수 값을 저장할 것이다. 그림 2.4에 각 기본형 타입의 이름과 크기, 값의 범위를 정리하였다. 타입의 목록을 훑어 보면 앞의 예제에서 보았던 int는 자바의 기본형 타입의 하나로 정수형에 속한다는 것을 알 수 있다.

종류	타입	크기	값의 범위
정수형	byte	1바이트	−128 ~ 127
	short	2바이트	−32,768 ~ 32,767
	int	4바이트	−2,147,483,648 ~ 2,147,483,647
	long	8바이트	$-2^{63} \sim 2^{63}-1$
실수형	float	4바이트	$\pm 3.40282347 \times 10^{38} \sim \pm 1.40239846 \times 10^{-45}$
	double	8바이트	$\pm 1.79769313486231570 \times 10^{308} \sim$ $\pm 4.94065645841246544 \times 10^{-324}$
논리형	boolean	1바이트	true 혹은 false
문자형	char	2바이트	유니코드 값

그림 2.4 자바의 기본형 타입

정수형에는 byte, short, int, long 등 4가지 타입이 있는데, 할당되는 메모리의 크기가 서로 다르다. 즉, byte는 1바이트인데 long은 8바이트나 된다. 크기가 작은 타입보다 크기가 큰 타입이 당연히 나타낼 수 있는 값의 범위가 넓다. 정수형 가운데 가장 흔히 사용되는 것이 int 타입인데, int 타입으로 선언되는 변수는 4바이트의 메모리를 가지게 되고 표현 가능한 값의 범위가 대략 −21억에서 +21억 사이이다. 이 범위의 최소값보다 작거나 최대값보다 큰 값은 int 타입으로 나타낼 수 없다는 뜻이다. 그러므로 프로그래머는 프로그램이 다루는 값의 범위를 고려하여 적절한 데이터 타입을 선택해야 한다.

자바의 **실수형**에는 float와 double이 있다. 실수는 3.14나 −25.0과 같이 소수 부분을 가지는 숫자를 말한다. 가끔 실수 대신 **부동소수점 수**(floating-point number)라는 용어를 쓰기도 한다. 실수형은 이런 실수 값을 나타내기 위한 데이터 타입이다. float와 double의 차이는 메모리 크기의 차이와 그로 인한 값의 범위의 차이이다. 다음 두 줄의 변수 선언은 length를 float 타입으로, pi를 double 타입으로 선언하고 있다. 또한 변수 pi는 3.14라는 값으로 초기화하고 있다.

```
float length;
double pi = 3.14;
```

int와 double 타입을 사용하는 간단한 예제를 살펴 보자. 전통적인 넓이 단위로 '평' 이 있는데, 미터법으로 환산하면 1평은 3.305785m²라고 한다. 평 수를 입력 받아 제곱미터 단

위로 환산해 주는 프로그램을 작성하면 예제 2.3과 같다. 평 수는 정수로 받으므로 int 타
입의 변수로 선언했고 이를 제곱미터 단위로 환산한 값은 실수가 되므로 double 타입으로
선언하였다.

예제 2.3 PyToSquareMeter 클래스

```java
01   import java.util.Scanner;
02
03   public class PyToSquareMeter {
04       public static void main(String[] args) {
05           Scanner input = new Scanner(System.in);
06
07           System.out.println("평 수를 입력하세요.");
08           int py = input.nextInt();
09           double squareMeter;
10           squareMeter = py * 3.305785;
11           System.out.println(py + "평은 " + squareMeter + "제곱미터입니다.");
12       }
13   }
```

그림 2.5의 실행 결과를 보면 33평이 대략 109제곱미터에 해당하는 것을 알 수 있다.

그림 2.5 예제 2.3의 실행 결과

논리형은 참과 거짓을 나타내는 데 사용되는 타입이다. 자바의 논리형에는 boolean이라
는 하나의 타입이 존재한다. 어떤 변수가 boolean 타입의 변수라면 그 변수는 true 혹은
false의 두 가지 값 가운데 하나를 가진다.

자바에서 문자를 나타내는 **문자형**은 char이다. 다음의 변수 선언과 초기화에서 보듯이 char 타입의 변수는 문자 하나를 저장한다. 문자 하나를 프로그램에서 직접 나타낼 때는 단일 따옴표(')로 싸서 나타낸다.

```
char ch1 = 'A';
char ch2 = '가';
```

자바의 char 타입은 크기가 2바이트이며 **유니코드**(Unicode)라는 문자 체계를 사용한다.

리터럴

다음 코드는 int 타입의 변수 age를 선언하고 거기에 18이라는 값을 저장하고 있다.

```
int age;
age = 18;
```

위의 18과 같이 프로그램 코드에서 직접 값을 표기한 것을 **리터럴**(literal)이라고 한다. 18은 정수 값을 표현한 것이므로 정수 리터럴이라고 부른다. 실수형, 문자형, 논리형 등 다른 타입의 리터럴도 물론 가능하다.

정수 리터럴은 위의 18과 같이 쓰면 10진수를 의미하지만, 8진수, 16진수, 2진수 등도 나타낼 수 있다. 정수 리터럴이 0(숫자 0)으로 시작하면 8진수, 0x(숫자 0과 영문 x 혹은 X)로 시작하면 16진수, 0b(숫자 0과 영문 b 혹은 B)로 시작하면 2진수이다.

종류	예	설명
10진수	18	10진수 18
8진수	022	8진수. 10진수로는 18
16진수	0x12	16진수. 10진수로는 18
2진수	0b10010	2진수. 10진수로는 18

그림 2.6 정수 리터럴의 종류

그러므로 다음 코드에서 변수 number에 대입된 값은 10진수로는 18이 되고, 두 번째 출력문의 결과도 18이 되는 것이다.

```
int number = 0x12;
System.out.println(number);
```

자바 프로그램에서 정수 리터럴이 나타나면 int 타입으로 간주한다. 리터럴을 구성하는 숫자 마지막에 L 또는 1(영문 1)을 덧붙여 18L과 같이 쓰면 int가 아니라 long 타입이 된다.

실수 리터럴은 실수를 표현한 값을 말하는데, 소수점 형태나 지수 형태로 표현할 수 있다. 예를 들어 3.305785는 소수점 형태로 표현한 실수 리터럴이고 이를 3305785e-6와 같은 지수 형태로 표시할 수 있다. 그러므로 예제 2.3의 10행은 다음과 같이 바꾸어도 동일한 의미가 된다.

```
squareMeter = py * 3305785e-6;
```

자바에서 실수 리터럴은 double 타입으로 간주된다. 실수 리터럴 끝에 F 혹은 f를 붙여서 3.14159f와 같이 쓰면 float 타입이 된다.

문자 리터럴은 단일 따옴표(')로 문자를 싸서 표시한다.

```
char ch1 = 'A';
char ch2 = '가';
```

참고 | 유니코드로 표시한 문자 리터럴

문자를 표시할 때 \u 다음에 유니코드 값을 써도 된다. 예를 들어 '\uac00'은 '가'라는 문자를 나타내는 문자 리터럴이다. 그러므로 다음 변수 선언에서 변수 ch에는 '가'라는 문자가 저장된다.

```
char ch = '\uac00';
```

특수문자를 나타낼 때는 백슬래시 기호(\) 다음에 문자 하나를 써서 표시한다. 이것도 문자 리터럴의 일종인데, **이스케이프 시퀀스**(escape sequence)라고 부르기도 한다. 그림 2.7에 열거한 것이 이스케이프 시퀀스로 정의되는 특수문자들이다.

특수문자	의미
'\b'	백스페이스(backspace)
'\f'	폼 피드(form feed)
'\n'	라인 피드(line feed)
'\r'	캐리지 리턴(carriage return)
'\t'	탭(tab)
'\''	단일 따옴표
'\"'	이중 따옴표
'\\'	백슬래시

그림 2.7 이스케이프 시퀀스

이스케이프 시퀀스에 속하는 특수문자들은 각기 필요한 쓰임새가 있다. 가장 흔하게 쓰이는 \n을 살펴 보자. 화면 출력에서 다음 줄로 넘어가라는 줄바꿈 문자는 그 자체로는 인쇄되지 않는 문자라서 이를 나타내기 위해 '\n' 이라고 표시한다. 즉, '\n' 는 두 개의 문자가 아니라 하나의 줄바꿈 문자를 뜻한다. 줄바꿈 문자를 println 메소드의 인자로 사용된 문자열 안에 넣으면 화면에 출력할 때 줄바꿈 문자 위치에서 줄바꿈이 일어난다.

```
System.out.println("안녕하세요?\n홍길동입니다.");
```

즉, 위 문장은 다음과 같이 두 줄로 출력된다.

안녕하세요?
홍길동입니다.

논리형 즉 **boolean** 타입의 리터럴로는 **true**와 **false**의 단 두 개만 있다.

```
boolean b = false;
```

이름 상수

상수는 변수와 달리 프로그램이 실행되는 동안 변하지 않는 값이다. **이름 상수**(named constant)는 상수에 이름을 붙여 사용하는 것을 말한다. 예를 들어 원주율은 3.141592인데 이 리터럴을 프로그램에서 원주율을 넣어야 할 때마다 그대로 쓰는 것보다는 이름을 붙여 사용하는 것이 사용하기에도 편리하고 프로그램을 이해하기 쉽게 만든다. 다음 코드의 첫 줄이 이름 상수의 선언이다.

```
final double PI = 3.141592;
double area = PI * radius * radius;
```

이름 상수를 선언할 때에는 변수 선언을 하되 초기값을 지정하고 앞에 **final**이라는 키워드를 붙이면 된다. **final**이라는 키워드는 선언된 변수가 프로그램 실행 중에 값이 변경되지 못하도록 한다. 즉, PI라는 이름의 변수는 값이 변하지 않으므로 변수가 아니라 상수가 되는 것이다. 일단 이름 상수를 선언하고 나면 프로그램의 나머지 부분에서는 리터럴 값을 직접 쓰는 대신 상수의 이름을 쓰면 된다. 즉, 위의 두 번째 문장에서는 3.141592라는 리터럴 대신 위에서 정의한 PI라는 이름을 쓰고 있다.

문법 요약: 이름상수 선언

이름 상수를 선언할 때는 변수 선언의 앞에 키워드 final을 덧붙이면 된다. final은 다음에 선언되는 변수가 프로그램 실행 중 값이 변경되지 못하도록 한다. 따라서 이름 상수를 선언할 때는 반드시 초기값을 주어야 한다.

```
final Type Var = Value;
```

예제)

```
final double PI = 3.141592;
```

2.2 연산자와 수식

이 장의 첫 예제에서 사용자의 나이를 계산할 때 올해 연도에서 태어난 연도를 빼기 위해 다음 문장을 사용했었다.

```
int age = thisYear - birthYear;
```

이 문장은 age라는 이름의 int 타입 변수를 선언하고, 그 값으로 thisYear에서 birthYear를 뺀 값을 지정하고 있다. 여기서 뺄셈 계산을 나타내기 위해 사용한 −를 **연산자**(operator)라고 부르고 뺄셈할 값을 제공하는 thisYear와 birthYear는 **피연산자**(operand)라고 부른다. 피연산자는 상수이거나 변수일 수도 있지만 더 복잡한 수식이 되기도 한다. 어쨌든 뺄셈 계산을 나타내기 위해서는 다음과 같이 뺄셈 연산자와 두 개의 피연산자가 필요하다.

```
thisYear - birthYear
```

이와 같이 연산을 표시한 코드 부분을 **수식** 혹은 간단히 **식**(expression)이라고 한다. 모든 식은 **값**(value)을 가진다. 7 + 2라는 덧셈 식의 값은 9이다. 위의 예에서 thisYear의 값이 2016이고 birthYear의 값이 1994였다면 thisYear − birthYear라는 식의 값은 22가 된다.

참고   식(expression)

엄격히 정의하면 식(expression)은 상수나 변수 하나일 수도 있고, 값을 반환하는 메소드 호출일 수도 있고, 상수나 변수나 메소드 호출을 연산자로 결합한 복잡한 수식일 수도 있다. 식은 이러한 구성 요소들을 문법에 따라 결합하여 만들어지며 하나의 값으로 계산된다. 다음의 7가지는 모두 식의 예가 된다. (age와 thisYear는 수치형 변수이고, input은 Scanner 타입의 변수라고 가정하라.)

```
7
3.14
thisYear
7 + 2
thisYear + age * 2
input.nextInt()
2000 + input.nextInt()
```

식이 상수 하나로 구성되면 그 식의 값은 바로 상수의 값이다. 식이 변수 하나로 구성되면 그 식의 값은 그 변수에 저장된 값이다. 연산자가 포함된 식의 값은 당연히 계산하여 얻는 결과값이다.

뺄셈 연산은 두 개의 값 사이에 이루어지므로 두 개의 피연산자를 필요로 한다. 두 개의 피
연산자가 필요한 연산자를 **이항**(binary) 연산자라고 부른다. 뺄셈을 나타내는 −는 이항 연
산자에 속한다. 한편 −25와 같이 음수를 나타내는 데 사용된 −는 피연산자를 하나만 가지
므로 **단항**(unary) 연산자에 속한다. 즉, 자바에서 기호 −는 두 가지 용도로 사용된다.

자바의 연산자에는 여러 가지 종류가 있다. 예제 2.1에서 사용한 −는 뺄셈을 하기 위한 것
이므로 산술 연산자라는 종류에 속한다. 그림 2.8에 자바의 기본적인 연산자들을 보였다.
각각의 연산자들에 대해서는 아래에서 자세히 설명하겠다.

종류	연산자
산술연산자	+ − * / %
증감연산자	++ −−
대입연산자	= += −= *= /= %=
논리연산자	&& ∥ !
비교연산자	〉 〉= 〈 〈= == !=
비트연산자	& ∣ ^ ~ 〉〉 〉〉〉 〈〈

그림 2.8 자바의 연산자들

산술 연산자

숫자 값에 대해 산술 연산을 수행하는 연산자를 **산술 연산자**(arithmetic operator)라고 하고,
산술 연산자를 이용해서 구성한 식을 **산술식**(arithmetic expression)이라고 한다. 그림 2.9는
자바의 산술 연산자들이다.

연산자	설명	예	결과값
+	덧셈	7 + 2	9
−	뺄셈	7 − 2	5
*	곱셈	7 * 2	14
/	나눗셈의 몫	7 / 2	3
%	정수 나눗셈의 나머지	7 % 2	1

그림 2.9 자바의 산술 연산자

정수형 나눗셈에서 나머지를 계산할 때 사용하는 %를 제외하고는 일상적으로 많이 사용하는 연산자들이라서 대부분 익숙할 것이다. 예를 들어 5를 3으로 나눈 나머지는 5 % 3이라는 산술식으로 나타내며 값이 2이다. 이 나머지 연산자(%)가 꽤 쓸모가 많으니 잘 기억하기 바란다. 예를 들어 프로그램에서 어떤 수가 짝수인지 홀수인지 알아보기 위해 흔히 쓰는 방법이 2로 나눈 나머지가 0인지 검사하는 것이다.

> **참고** **나머지 연산자 %를 실수에 적용하면?**
>
> 나머지 연산자 %는 보통은 정수 나눗셈의 나머지를 계산하기 위해 사용하지만 실수형에도 사용할 수 있다. 예를 들어 5.3 % 3의 결과값은 2.3이 된다. 그다지 흔히 사용되는 것은 아니므로 자세한 내용은 생략한다.

한 가지 기억해야 하는 사실은 산술식의 피연산자가 모두 int 타입이라면 그 결과값도 int 타입이 된다는 점이다. 이것은 나눗셈 연산자와 관련해서 꼭 기억해야 한다. 위의 예에서 7/2의 값이 3.5가 되지 않고 3이 된 이유가 바로 이것이다. 그리고 이런 경우에 결과값 3.5가 반올림되어 4가 되지 않고 소수점 이하 부분이 탈락되어 그냥 3이 되는 것에도 유의하라. 그러므로 예를 들어 다음과 같은 문장이 있을 때 변수 d에 3.5가 저장되지 않는다.

```
double d = 7 / 2;
```

비록 d가 double 값으로 선언되었더라도 d의 값이 3.5가 되지 않는다. 7/2라는 식이 계산될 때 이미 그 값이 int 타입인 3이 되므로 d에는 3.0이라는 실수 값이 저장된다. (int 타입의 값이 double 타입의 변수에 대입되는 문제는 이 장 뒷부분에서 '타입 변환'을 다룰 때 다시 설명된다.)

산술식의 피연산자 중에서 하나라도 실수형이라면 결과값의 타입도 실수형이 된다. 예를 들어 7.0/2라는 식의 결과값은 실수형인 3.5가 된다. 7/2.0이나 7.0/2.0도 마찬가지다. 일반적인 프로그램 작성에서는 산술식이 정수형인지 실수형인지만 잘 구분하면 충분하다. 하지만 자바의 실수형에는 float와 double이 있고 가끔은 이 두 가지 타입 중 어느 것인지가 문제가 되는 경우도 있다. 그러면 7.0/2와 같은 식은 이 둘 중 정확히 어느 타입이 되는 것일까? 앞에서 7.0과 같은 실수 리터럴의 기본 타입이 double이라고 했었다. 따라서 7.0/2와 같이 실수 리터럴이 포함된 식의 타입은 double 타입이 된다.

대입문과 대입 연산자

변수의 값을 지정하는 문장이 **대입문**(assignment statement)이다.

```
int thisYear;
thisYear = 2016;
```

위의 두 번째 문장은 가장 간단한 형태의 대입문이다. 대입문은 **대입 연산자**(assignment operator) =을 중심으로 왼쪽에는 변수의 이름이 오고 오른쪽에는 상수나 변수, 혹은 식이 온다. 위의 두 번째 문장에서는 대입 연산자 오른편에 상수(리터럴)가 왔고 다음의 예제들에서는 변수 혹은 식이 왔다.

```
thisYear = lastYear;
age = thisYear - birthYear;
balance = balance + balance * rate;
int py = input.nextInt();
```

마지막 예제에서처럼 값을 반환하는 메소드 호출도 대입 연산자의 오른쪽에 올 수 있다. 값을 반환하는 메소드 호출도 식 혹은 식의 일부로 사용될 수 있기 때문이다.

대입문의 의미는 대입 연산자 왼쪽의 변수에 오른쪽 식의 값을 저장하라는 뜻이다. 이런 의미에 따라 대입 연산자 왼쪽에는 반드시 변수가 와야 한다. 상수나 식이 올 수는 없다. 대입 연산자의 왼쪽은 값을 저장할 수 있는 '장소'(location)의 역할을 하기 때문이다. 다르게 말하면 대입문은 대입 연산자의 왼쪽에 명시된 변수의 값을 오른쪽에 나온 식의 값으로 변경하는 것이라고 할 수도 있다.

대입 연산자 앞에 다른 연산자를 붙여 소위 **복합대입 연산자**로 사용하는 경우가 있다. 예를 들어 산술 연산자 +를 대입 연산자 앞에 붙여 +=를 만들면 복합대입 연산자가 된다.

```
amount += 10;
```

이 문장은 변수 amount의 값에 10을 더하라는 뜻으로 다음 문장과 같은 의미가 된다.

```
amount = amount + 10;
```

즉, 코드를 간결하게 쓰는 표기법 정도로 이해하면 된다. 산술 연산자와 결합된 복합대입 연산자를 그림 2.10에 보였다.

연산자	예제	의미
+=	a += 10;	a = a + 10;과 같은 뜻
-=	a -= 10;	a = a - 10;과 같은 뜻
*=	a *= 10;	a = a * 10;과 같은 뜻
/=	a /= 10;	a = a / 10;과 같은 뜻
%=	a %= 10;	a = a % 10;과 같은 뜻

그림 2.10 자바의 복합대입 연산자

증감 연산자

증가 연산자(increment operator)와 **감소 연산자**(decrement operator)를 합쳐 **증감 연산자**라고 한다. 증가 연산자 ++는 변수의 값을 1만큼 증가시키고 감소 연산자 --는 변수의 값을 1만큼 감소시킨다.

```
int i = 10, j = 20;
i++;
j--;
```

위의 예제 코드에서 보듯이 증가 연산자와 감소 연산자는 피연산자가 1개인 단항(unary) 연산자이며 피연산자는 변수이다. 위의 코드가 실행되면 변수 i의 값은 11로 증가되고 변수 j의 값은 19로 감소된다. 그러므로 증가 및 감소 연산자의 효과는 다음의 문장과 동등하다.

```
i = i + 1;
j = j - 1;
```

증감 연산자는 피연산자의 값을 변경시키므로 피연산자는 반드시 변수여야 한다. 예를 들어 다음과 같이 변수가 아닌 식을 피연산자로 하여 증감 연산자를 적용할 수는 없다.

```
(i + j)++;   //에러
```

그런데 앞에서는 증감 연산자를 변수의 뒤에 붙였지만 앞에 붙이는 것도 가능하다.

```
++i;
--j;
```

이렇게 단독으로 사용되었을 때에는 변수의 앞에 붙이나 뒤에 붙이나 그 효과가 차이가 없다. 즉, 그냥 변수의 값을 1만큼 증가 혹은 감소시킬 뿐이다. 그런데 증감 연산자를 식의 내부에 사용할 수도 있는데 그럴 경우에는 연산자의 위치가 변수의 앞쪽이냐 뒤쪽이냐에 따라 의미가 달라질 수 있다. 다음의 코드를 보자.

```
int a = 10;
int b = a++;
```

이와 같이 증가 연산자가 변수의 뒤쪽에 붙은 경우에 a의 값은 증가되지만 a++라는 식의 값은 증가되기 전의 값인 10이 된다. 즉, 변수 a의 현재 값을 사용해 자신이 포함된 식의 값을 계산하고 그 후에 a의 값이 증가된다고 생각할 수 있다. 따라서 코드가 실행된 후 a의 값은 11이지만 b의 값은 10이다.

```
int a = 10;
int b = ++a;
```

반대로 위의 예와 같이 증가 연산자가 변수의 앞쪽에 붙은 경우에는 ++a라는 식의 값은 증가된 값인 11이 된다. 즉, 변수 a의 값을 먼저 증가시키고, 그 후에 증가된 값을 사용해 식의 값을 계산한다고 생각할 수 있다. 이 경우에 두 문장이 실행되고 나면 a와 b의 값은 모두 11이 된다. 감소 연산자도 마찬가지로 동작한다.

정리를 해 보자. 변수에 증가 혹은 감소 연산자가 붙은 ++a 혹은 a--는 그 자체가 식으로 간주되어 값을 가진다. 증가 연산자가 변수 앞에 붙은 ++a의 값은 증가된 후의 값이 되지만, 반대로 연산자가 뒤에 붙은 a++의 값은 증가되기 전의 값이 된다. 감소 연산자도 마찬가지다. 증감 연산자가 단독으로 사용되었을 때에는 차이가 없지만 식 내부에 사용되었을 때에는 결과가 달라질 수 있다는 점에 유의해야 한다. 사실 증감 연산자를 식 내부에서 사용하는 것은 프로그램을 이해하기 어렵게 만들기 때문에 권장할 만한 방법이 아니지만, 이렇게 작성하는 프로그래머도 있으니 잘 알아둬야 한다.

비교 연산자

비교 연산자 혹은 **관계 연산자**(relational operator)는 두 개의 피연산자의 값을 비교하여 boolean 값을 돌려주는 연산자이다. 그림 2.11은 자바의 비교 연산자들이다.

연산자	예제	의미
〈	a 〈 b	a가 b보다 작으면 true, 아니면 false
〈=	a 〈= b	a가 b보다 작거나 같으면 true, 아니면 false
〉	a 〉 b	a가 b보다 크면 true, 아니면 false
〉=	a 〉= b	a가 b보다 크거나 같으면 true, 아니면 false
==	a == b	a와 b가 같으면 true, 아니면 false
!=	a != b	a와 b가 같지 않으면 true, 아니면 false

그림 2.11 자바의 비교 연산자

예를 들어 다음 코드에서 a는 10이고 b는 11이므로 a는 b보다 "크거나 같지"(〉=) 않다. 따라서 (a 〉= b)라는 식의 값이 false가 되고 변수 z에 false가 대입된다.

```
int a = 10, b = 11;
boolean z = (a >= b);
```

비교 연산자는 다음 장에서 배울 조건문이나 반복문에서 조건을 작성할 때 주로 사용된다.

논리 연산자

논리 연산자(logical operator)는 논리 연산을 수행하는 연산자들을 말하는데, 이때 피연산자는 논리값(**true** 혹은 **false**)을 가지는 식이 된다. 그림 **2.12**는 자바의 논리 연산자들이다.

연산자	예제	의미
&&	A && B	AND. A와 B가 모두 true인 경우에만 true, 아니면 false
||	A || B	OR. A와 B가 모두 false인 경우에만 false, 아니면 true
^	A ^ B	XOR. A와 B가 다르면 true, 같으면 false
!	!A	NOT. A가 true이면 false, A가 false이면 true

그림 2.12 자바의 논리 연산자

&&는 논리곱(**AND**)을 나타내는 이항 연산자로서 두 피연산자가 모두 **true**인 경우에만 식의 값이 **true**가 된다. 예를 들어 다음 코드에서 a는 **true**, b는 **false**이므로 이 두 값을 논리곱

으로 결합한 a && b는 false가 된다.

```java
boolean a = (3 > 2);                //true
boolean b = (5 >= 7);               //false
boolean z1 = a && b;                //false
boolean z2 = a || b;                //true
boolean z3 = a ^ b;                 //true
boolean z4 = !a;                    //false
```

||는 논리합(OR)을 나타내는 이항 연산자로서 두 피연산자 가운데 하나라도 true이면 식의 값이 true가 되고 아니면 false가 된다. 위의 코드에서 a가 true이므로 a || b는 true가 된다.

^는 배타적 논리합(XOR 혹은 exclusive OR)을 나타내는 이항 연산자로서 두 피연산자가 서로 다를 경우, 즉 하나는 true이고 나머지는 false인 경우에만 식의 값이 true가 된다. 위의 코드에서 a가 true이고 b가 false이므로 a ^ b는 true가 된다.

마지막으로 !는 논리적 부정(NOT)을 나타내는 단항 연산자이다. a가 true이므로 !a는 false가 된다.

비교 연산자가 포함된 수식이 boolean 값을 생성해 내므로 이를 논리 연산자로 결합하여 사용하는 경우가 많다. 예를 들어 변수 a의 값이 10보다 크고 20보다 작거나 같은지 검사하려면 다음과 같이 쓰면 된다.

```java
boolean z = (a > 10) && (a <= 20);
```

 주의

변수 a의 값이 10보다 크고 20보다 작거나 같은지 검사할 때 다음 문장처럼 사용하면 안 된다.

```java
boolean z = (10 < a <= 20);     //에러
```

예를 들어 a의 현재 값이 15라면 위의 문장에서는 먼저 10 < a가 계산되어 true가 된다. 그러면 대입 연산자 오른쪽의 수식은 (true <= 20)이 되는데, 이것은 논리값을 정수값과 비교하는 것이므로 문법 에러가 된다. 비교 연산자는 반드시 다음 문장처럼 논리 연산자로 결합해서 사용해야 한다.

```java
boolean z = (a > 10) && (a <= 20);
```

비트 연산자

컴퓨터가 값을 2진수로 저장한다는 것은 알고 있을 것이다. 예를 들어 다음과 같은 **byte** 타입 변수가 있다고 하자. **byte** 타입의 크기가 1바이트이므로 i와 j는 각각 8비트로 구성된다.

```
byte i = 37, j = 12;
```

두 변수의 값이 2진수로 저장되므로 i의 비트들은 "0010 0101"이고 j의 비트들은 "0000 1100"이다. **비트 연산자**(bitwise operator)는 피연산자의 비트들을 대상으로 연산이 이루어지는 연산자들을 말한다. 예를 들어 i와 j가 그림 2.13에 보인 비트 연산자의 피연산자로 사용된다면 두 피연산자의 대응하는 비트들 간에 연산이 이루어진다.

연산자	예제	의미
&	i & j	비트 단위의 AND 연산
|	i | j	비트 단위의 OR 연산
^	i ^ j	비트 단위의 XOR 연산
~	~i	비트 단위의 NOT 연산
>>	j >> 2	오른쪽으로 시프트. 최상위 비트는 원래의 최상위 비트로 채워짐
>>>	j >>> 2	오른쪽으로 시프트. 최상위 비트는 0으로 채워짐
<<	j << 2	왼쪽으로 시프트. 최하위 비트는 0으로 채워짐

그림 2.13 자바의 비트 연산자

&는 비트 단위의 **AND** 연산을 뜻한다. 이 연산은 두 피연산자를 비트 별로 비교하여 계산하는데, 비교하는 두 비트가 모두 1일 때는 결과가 1이 되고 아니면 0이 된다. 예를 들어 i & j를 실행하면 다음과 같은 연산이 이루어진다.

```
    i : 0010 0101
    j : 0000 1100
i & j : 0000 0100
```

i & j의 결과인 2진수 "0000 0100"을 10진수로 바꿔보면 4가 된다. 따라서 다음 코드는 4를 출력할 것이다.

```
byte i = 37, j = 12;
System.out.println( i & j );
```

비트 단위의 OR를 뜻하는 |는 비교하는 두 비트 중에 하나라도 1이면 결과가 1이 되고 아니면 0이 된다. 다음에서 i | j는 10진수로 45가 된다.

```
    i : 0010 0101
    j : 0000 1100
──────────────────
i | j : 0010 1101
```

배타적 논리합 XOR을 나타내는 논리 연산자인 ^는 비트 단위의 XOR로도 사용되는데, 두 비트가 서로 다르면 결과가 1이 되고 아니면 0이 된다. 다음에서 i ^ j는 10진수로 41이다.

```
    i : 0010 0101
    j : 0000 1100
──────────────────
i ^ j : 0010 1001
```

비트 단위의 NOT을 나타내는 ~는 단항 연산자이고, 각 비트에 대해 1은 0으로, 0은 1로 바꾼다.

```
  i : 0010 0101
──────────────────
 ~i : 1101 1010
```

나머지 3개의 비트 연산자들은 따로 **시프트 연산자**(shift operator)라고 부르기도 한다. 《는 왼쪽 시프트를 나타내는데, 한 번의 왼쪽 시프트는 각 비트들을 왼쪽으로 한 자리씩 옮긴다는 뜻이다. 즉 2번째 비트가 1번째 자리로 이동하고 3번째 비트가 2번째 자리로 이동하는 식으로 이루어진다. 이때 최상위 비트는 제거되고 비어있는 최하위 비트는 0으로 채워진다. (최상위 비트는 가장 왼쪽 비트를 말하고 최하위 비트는 가장 오른쪽 비트를 말한다.) 그러므로 왼쪽으로 한 번 시프트할 때마다 값이 2배로 된다. 다음 예에서 j의 값은 12인데, 이를 왼쪽으로 2번 시프트하면 4배가 되므로 결과는 48이 된다.

```
    j : 0000 1100
──────────────────
j《2 : 0011 0000
```

오른쪽 시프트는 각 비트들을 오른쪽으로 옮기는 것이다. 이것은 왼쪽 시프트와 반대로 2로 나누는 효과가 있다. 다음 예에서 i를 오른쪽으로 한 번 시프트 하면 결과는 십진수로 37 / 2 = 18이 된다.

```
    i : 0010 0101
──────────────────
i》1 : 0001 0010
```

그런데 오른쪽 시프트에서는 최하위 비트가 사라지고 최상위 비트를 새로운 값으로 채워야 한다. 여기에는 두 가지가 있는데 >>>는 최상위 비트를 항상 0으로 채우는 반면에 >>는 최상위 비트를 이전의 최상위 비트로 채운다. 일반적으로 정수형 값의 최상위 비트에는 부호 (sign)를 위한 비트가 들어가는데, 양수면 0이, 음수면 1이 들어간다. 따라서 이전의 최상위 비트를 가져다가 새로운 최상위 비트로 채운다는 것은 부호를 보존한다는 뜻이다. 즉, >>를 사용하면 양수를 오른쪽 시프트하면 양수가 나오고 음수를 오른쪽 시프트하면 음수가 나온다는 뜻이다.

예제 2.4 BitOperatorTest 클래스

```java
01  public class BitOperatorTest {
02      public static void main(String[] args) {
03          byte i = 37, j = 12;
04          System.out.println( i&j );
05          System.out.println( i|j );
06          System.out.println( i^j );
07          System.out.println( ~i );
08          System.out.println( j<<2 );
09          System.out.println( i>>1 );
10      }
11  }
```

지금까지 설명한 바를 모아서 비트 연산자들을 테스트하는 간단한 예제 프로그램을 만들어 보면 예제 2.4와 같다. 실행 결과인 그림 2.14를 보면 각 연산자가 어떤 방식으로 동작하는지 이해할 수 있을 것이다. 실행 결과의 4번째 줄은 비트 단위의 NOT을 사용한 ~i의 결과인데, 부호 비트가 바뀌므로 결과가 음수가 나온 것이다. 비트 연산자는 비트에 대한 처리임을 기억하면 되고 어떤 방식으로 −38이 나왔는지 자세히 이해할 필요는 없다.

```
Problems   @ Javadoc   Declaration   Console ⊠
<terminated> BitOperatorTest [Java Application] C:₩Program
4
45
41
-38
48
18
```

그림 2.14 예제 2.4의 실행 결과

타입 변환

변수에는 변수를 선언할 때 지정한 타입의 값만 저장할 수 있다. int 타입 변수에는 int 값을 저장하고 double 타입 변수에는 double 값을 저장해야 한다는 뜻이다. 만일 변수의 타입에 맞지 않는 값을 대입하려고 시도하면 어떻게 될까? 예를 들어 char 타입 변수에 실수 값을 저장하려고 하면 타입이 맞지 않으므로 에러가 난다는 것은 쉽게 이해할 수 있다.

```
char ch = 25.4;        //에러
```

그러면 정수나 실수처럼 수치형 값들 사이에는 어떨까?

```
int i = 7.4;           //에러
double d = 9;          //Okay
```

int 타입 변수에 double 타입의 값을 대입하는 것은 에러이다. double 타입의 값이 7.0과 같이 소수 부분이 0이라고 하더라도 이 값을 int 타입 변수에 대입하는 것은 에러이다. 반면에 반대로 double 타입의 변수에 int 값을 넣는 것은 문제가 없다. 정수형의 값을 실수형의 변수에 대입하면 자동적으로 타입 변환이 이루어지기 때문이다. 다음 목록에서 오른쪽에 위치한 타입의 변수에 그 왼쪽에 위치한 타입의 값을 대입하는 것은 가능하다. 그리고 그 때에는 자동적인 타입 변환이 일어난다.

```
byte < short < int < long < float < double
```

그러나 반대 방향으로는 대입이 되지 않고 에러가 난다. 앞서 설명한 대로 double 타입의 변수에 int 타입의 값을 대입하면 문제가 없지만, int 타입 변수에 double 값을 대입하면 에러이다. 이렇게 되는 이유가 무엇일까? 간단히 답하자면 위의 타입 목록에서 오른쪽으로 갈수록 점점 더 '큰' 타입이 되기 때문에 왼쪽 타입의 값을 오른쪽 타입으로 변환할 때는 정보의 손실이 없어서 문제가 없고, 반대 방향은 정보의 손실이 일어날 가능성이 있기 때문에 에러가 발생한다. 여기서 더 '큰' 타입이라는 말은 저장할 수 있는 값의 범위가 더 넓거나 더 정밀하다는 뜻이다. 예를 들어 7.4라는 실수 값을 정수형 변수에 저장하려면 소수점 이하의 정보를 보존할 방법이 없다.

자동적인 타입 변환이 일어나지 않는 변수와 값으로 대입문을 작성하고자 할 때, 즉 위의 타입 목록에서 왼쪽에 위치한 타입의 변수에 그 오른쪽에 위치한 타입의 값을 대입하고자 할 때에는 강제적인 타입 변환인 **타입 캐스팅**(type casting)을 이용할 수 있다. 다음은 타입 캐스팅을 사용하여 double 타입의 값을 int 변수에 대입한 예이다.

```
double d = 7.4;
int i = (int) d;
```

이와 같이 식 앞에 괄호를 하고 그 안에 타입 이름을 쓰면 식의 값이 해당 타입으로 강제적으로 변환된다. 위의 예제에서 변수 d에 저장된 값이 변경되는 것은 아니고 d의 값이 int 타입으로 바뀐 다음에 i에 저장된다. d에는 여전히 7.4가 저장되어 있고 i에는 7이 저장된다. double 값을 int 값으로 타입 변환할 때에는 소수 부분의 정보가 삭제된다. 특히, 값의 반올림이 일어나지 않고 소수점 이하 부분이 없어진다는 점에 유의하자. 예를 들어 위의 예에서 d의 값이 7.9였다고 하더라도 i에는 7이 저장된다.

참고 **char와 int 타입 간의 타입 변환**

위의 타입 목록에는 char 타입이 빠졌는데, 사실 다음 코드 예와 같이 int와 char 타입 간에는 대입이 가능하다. 자동적인 변환이 이루어진다는 말이다. 예를 들어 int 값인 65를 char 타입 변수에 대입하면 문자체계에서 65를 코드로 가지는 문자(ASCII에 기반한 문자체계에서는 'A'가 된다)가 할당된다. 반대로 문자 값을 int 변수에 대입하면 그 문자의 코드가 변수에 할당된다.

```
char ch = 65;
System.out.println("ch = " + ch);
int i = ch;
System.out.println("i = " + i);
```
실행결과:
```
ch = A
i = 65
```
그러나 일반적으로 권장되는 코딩 방법은 아니다.

식의 계산 순서와 우선 순위

식에 두 개 이상의 연산자가 포함되어 있는 경우 계산 순서를 강제하기 위해 괄호를 사용할 수 있다. 이것은 우리가 수학에서 사용하는 방법과 동일하다. 다음 코드는 salary와 bonus의 값을 먼저 합한 다음 거기에 rate의 값을 곱하여 나온 결과를 amount에 대입한다. 괄호가 쳐진 부분이 먼저 계산된다.

```
int amount = (salary + bonus) * rate;
```

만약 연산자 간의 계산 순서를 지정하는 괄호가 없으면 어떻게 될까? 괄호가 없는 다음과 같은 코드에서는 우리가 수학에서 가정하는 것과 마찬가지로 덧셈보다 곱셈이 먼저 계산된다.

```
int amount = salary + bonus * rate;
```

이런 결정은 연산자들 간의 **우선순위**(precedence)에 의해 이루어진다. 즉, 여러 연산자가 계산식에서 함께 나왔을 때 어느 것을 먼저 계산하느냐는 우선순위에 따라 정한다. 이 장에 나온 연산자들에 대한 우선순위 규칙을 그림 2.15에 보였다. 표의 위쪽에 있는 연산자들의 우선순위가 아래 쪽보다 높다. 같은 줄에 포함된 연산자들은 우선순위가 같다. 계산식에서 괄호가 없으면 우선순위가 높은 연산자부터 차례로 실행된다. 목록에 보는 대로 *이 +보다 우선순위가 높으므로 식에서도 먼저 계산된다.

++ -- ! ~ +(부호) -(부호)
* / %
+(덧셈) -(뺄셈)
《 》 》》
〈 〈= 〉 〉=
== !=
&
^
|
&&
||
= += *= /= %= &= ^= |= 《= 》= 》》=

우선순위 높음 ↑

우선순위 낮음 ↓

그림 2.15 연산자 우선순위 규칙

우선순위가 가장 높은 첫 줄의 여섯 개 연산자는 모두 단항 연산자들인 것에 유의하라. 부호라는 것은 +32나 −24처럼 양수와 음수를 나타내기 위해 사용되는 +와 −를 의미한다.

그런데 목록의 같은 줄에 속한 연산자들은 우선순위가 같다고 했다. 다음과 같이 우선순위가 같은 연산자가 둘 이상 있으면 어느 것을 먼저 계산해야 하는가?

```
int sum = a + b + c;
```

이런 경우를 해결하기 위해 **결합규칙**(associativity)이라는 것이 있다. 같은 우선순위의 연산자들이 섞여 있을 때 왼쪽부터 먼저 계산할지 오른쪽부터 먼저 계산할지 정해 놓은 규칙이다. 덧셈 연산자 +는 왼쪽부터 먼저 계산하는 결합규칙을 가진다. 즉, **좌결합**(left-associative) 연산자이다. 따라서 위의 예에서 a + b가 먼저 계산되는 것이다. 사실 사칙연산을 포함한 대부분의 이항 연산자는 왼쪽부터 먼저 계산한다. 위의 우선순위 목록에서 보자면 가장 윗줄의 단항 연산자들과 가장 아랫줄의 대입 연산자들만 **우결합**(right-associative) 규칙을 가지고 나머지는 좌결합 규칙을 가진다. 지금으로서는 이 정도만 알고 있으면 충분하다.

주석문

읽는 사람의 이해를 돕기 위해 프로그램에 써 놓는 설명을 **주석문**(comment)이라고 한다. 주석문은 컴파일러에 의해 무시된다. 즉, 프로그램의 일부가 아니다.

자바의 주석문으로 두 가지를 기억하자. 먼저 //로 시작하는 부분은 그 줄의 끝까지가 주석문으로 간주된다. 흔히 변수 선언 다음에 그 변수에 대한 설명을 넣기 위해 이 형태의 주석문을 사용한다. 예제 2.5를 보면 py와 squareMeter 변수에 이와 같이 주석문을 달아 놓은 것을 볼 수 있다(**10,11**행).

두 번째로 /*로 시작해서 */로 끝나는 주석문이 있다. 두 기호 사이의 모든 내용이 주석문으로 간주되어 무시된다. 이 주석문은 여러 줄에 걸쳐 작성될 수 있다. 흔히 프로그램이나 메소드의 첫 부분에 해당 프로그램이나 메소드에 대한 설명을 넣기 위해 이 형태의 주석문을 사용한다. 예제 2.5의 2-4행이 이러한 주석문의 예이다.

예제 2.5 주석문이 포함된 예제

```
01   import java.util.Scanner;
02   /*
03    * 평 수를 입력받아 제곱미터 단위로 환산해 출력하는 프로그램
04    */
05   public class PyToSquareMeter2 {
06       public static void main(String[] args) {
07           Scanner input = new Scanner(System.in);
08
```

```
09          System.out.println("평 수를 입력하세요.");
10          int py = input.nextInt();     //평 단위
11          double squareMeter;           //제곱미터 단위
12          squareMeter = py * 3305785e-6;
13          System.out.println(py + "평은 " + squareMeter + "제곱미터입니다.");
14      }
15  }
```

이클립스와 같은 통합 개발 환경에 속한 편집기들은 주석문을 특별한 색깔로 보여 주기도 한다. 주석문이 부족하면 프로그램의 이해가 어려워진다. 그렇다고 무조건 주석문이 많으면 좋은 것도 아니다. 예를 들어 이름만으로도 그 의미가 명확한 변수라면 거기에 굳이 주석문을 달 필요가 없다. 불필요한 주석문은 오히려 프로그램을 이해하기 어렵게 만들 수 있다. 그러므로 프로그램의 어느 부분이 명백하지 않을 때만 주석문을 쓰는 것이 좋다. 프로그램이나 메소드 시작 부분에 내용을 설명하는 간단한 주석문을 덧붙이는 것은 대부분의 경우에 유익하고 권장된다. 이 책에서 예제 코드를 소개할 때는 지면 관계상 주석문을 별로 사용하지 않지만, 주석문에 관한 이러한 사항을 잘 기억하여 실제 프로그래밍에서 활용하도록 하자.

2.3 String 클래스와 입출력

String 클래스

화면 출력을 위해 println 메소드를 사용할 때 다음과 같이 문자열을 인자로 넘겨주는 경우가 많다.

```
System.out.println("헬로 월드!");
System.out.println("Enter a number");
```

문자열은 이와 같이 문자들을 이중 따옴표(")로 둘러싼 것을 말하는데, 자바에서 조금 특별하게 취급된다. 자바는 String이라는 이름의 클래스를 제공하여 문자열을 다루는데, "Enter a number" 같은 문자열은 바로 이 String 클래스의 값으로 간주된다. 즉, 프로그램에 24라고 쓰면 int 타입의 값이 되고 24.75라고 쓰면 double 타입의 값이 되는 것처럼

"Enter a number"와 같이 쓰면 String 클래스의 값, 즉 스트링 리터럴로 간주된다. 이중 따옴표 안에 숫자가 와도 스트링 리터럴이다. 즉, "24"나 "24.75"도 스트링 값으로 취급된다.

String을 타입으로 사용하여 변수를 정의하면 스트링 변수를 만들 수 있다. 그리고 스트링 변수에는 당연히 스트링 값을 대입할 수 있다. 그리고 println 메소드의 인자로 스트링 리터럴이 아니라 스트링 변수를 써도 된다. 다음 코드에서 prompt는 String 타입의 변수이므로 스트링 값을 대입할 수 있다. println 메소드의 인자로 스트링 변수가 사용되면 그 변수에 저장된 스트링이 화면에 출력된다.

```java
String prompt = "Enter a number";
System.out.println(prompt);
```

String은 자바가 제공하는 클래스이므로 책의 뒷부분에서 설명하는 클래스에 관한 사항을 배워야 제대로 이해할 수 있다. 여기서는 간단한 스트링 조작을 위해 필요한 만큼만 String에 대해 살펴 보겠다. 그 전에 먼저 화면 출력과 키보드 입력을 위한 메소드들을 잠시 정리해 보기로 하자.

화면 출력

화면 출력을 위해서 println과 print 메소드를 사용해 왔다. 이미 공부한 내용이지만 여기서 간단히 정리해 보자. println과 print를 사용할 때는 메소드 이름 다음에 괄호를 열고 그 안에 출력할 내용을 넣으면 된다. 이렇게 넘겨지는 인자의 값이 화면에 출력된다. 이때 인자는 "My name is Mary"와 같이 이중 따옴표로 둘러싼 스트링 값일 수도 있고 27.4와 같은 리터럴일 수도 있으며 변수나 식일 수도 있다. 출력할 내용이 스트링과 상수, 혹은 스트링과 변수가 섞여 있다면 + 연산자를 사용해 결합할 수 있다.

```java
int count = 24;
System.out.println(count);
System.out.println("결과는 " + count + "입니다.");
```

위 코드의 마지막 문장에서는 먼저 "결과는 "이라는 스트링과 변수 count의 값이 +로 결합되어 "결과는 24"라는 스트링을 이루고, 그 다음으로 "결과는 24"와 "입니다."라는 두 스트링이 결합되어 최종적으로 "결과는 24입니다."라는 하나의 스트링이 구성되어 화면에 출력된다. 이 때 +는 스트링과 스트링, 혹은 스트링과 변수를 결합하여 하나의 스트링을 만들어 내는 **스트링 결합 연산자**(concatenation operator)로 동작한다. 이 println 호출에서 +가 2번 사용되었지만 +가 좌결합 연산자이므로 좌측의 +가 먼저 계산되었다.

그런데 스트링이 아닌 값을 +로 결합하는 것은 그 의미가 다르다. 다음 문장은 변수와 상수를 +로 결합하고 있다.

```
System.out.println(count + 24);
```

만약 int 타입 변수인 count의 값이 24라면 위 문장은 두 값을 더하여 48를 출력할 것이다. 여기서 +는 변수 count와 24라는 값 사이에 사용되었는데, 두 피연산자가 모두 int 타입이므로 덧셈 연산자로 동작한다. 간단히 정리하면 +는 스트링을 연결하는 스트링 결합 연산자와 숫자 값을 더하는 덧셈 연산자의 두 가지 용도로 사용되며, 피연산자 가운데 하나라도 스트링이면 스트링 결합 연산자로 간주된다. 피연산자 가운데 하나가 스트링이고 나머지는 다른 타입이라면 다른 타입의 값을 스트링으로 변환하여 결합하게 된다. 즉 위에서 "결과는 "과 count가 결합될 때에는 count의 값인 24가 먼저 "24"라는 스트링으로 변환되고 그 다음에 두 개의 스트링 "결과는 "과 "24"가 결합되는 것이다.

앞 부분에서 System.out.println이라는 호출의 의미에 대해서 설명하였다. 즉, System이라는 이름의 클래스 안에 화면 출력을 담당하는 out이라는 객체가 있고, 이 객체가 제공하는 print와 println 메소드를 사용하는 것이다. 두 메소드의 차이는 출력 후에 줄바꿈을 하느냐 하지 않느냐라는 점도 살펴 봤었다.

키보드 입력과 Scanner

키보드 입력을 처리하기 위해 Scanner 클래스를 사용한 예도 살펴 봤었다. 이것도 여기서 간단히 정리하도록 하자. Scanner를 사용하려면 우선 프로그램의 첫 머리에 다음과 같은 import 문이 필요하다.

```
import java.util.Scanner;
```

다음으로 Scanner 클래스의 객체를 만들어야 한다.

```
Scanner keyboard = new Scanner(System.in);
```

이것은 일종의 변수 선언인데 keyboard라는 이름의 변수를 Scanner 타입으로 선언하는 것이다. 물론 이때 변수의 이름은 임의로 정할 수 있다. 여기서는 키보드 입력을 담당한다는 뜻으로 keyboard라고 했고 앞의 예에서는 입력을 의미하는 input을 쓰기도 했다. Scanner 는 클래스인데, 자바에서 클래스는 타입으로 간주되므로 변수 선언에 사용할 수 있다. 그리 고 keyboard 변수에 new 연산자에 의해 생성된 객체가 대입된다.

이제 Scanner 클래스의 객체가 정의되었으므로 Scanner 클래스가 제공하는 입력 메소드를 호출하여 입력을 행할 수 있다. 예를 들어 다음 문장은 키보드로부터 정수 하나를 입력 받 아 n이라는 변수에 대입한다.

```
int n = keyboard.nextInt();
```

nextInt 메소드가 인자를 필요로 하지 않으므로 괄호 안은 비어 있다. 인자가 없더라도 괄호를 생략해서는 안 된다. 만약 정수가 아니라 실수 값을 읽어야 한다면 어떻게 할까? Scanner 클래스는 입력 받고자 하는 타입마다 필요한 메소드를 제공한다. double 값을 읽 어 들이는 메소드는 nextDouble이므로 다음과 같이 작성하면 된다.

```
double d = keyboard.nextDouble();
```

nextDouble은 키보드로부터 double 타입의 실수 값을 입력 받는 메소드이다. 이와 같이 Scanner 클래스는 다양한 타입에 대한 입력 메소드를 제공하는데, 그 목록을 그림 2.16에 정리하였다. 이 메소드들은 nextInt나 nextDouble처럼 Scanner 타입의 객체를 대상으로 하여 호출할 수 있다. 또한 이 메소드들로 값을 입력 받아 저장할 때는 메소드의 반환 타입 과 일치하는 변수를 써야 한다는 점에 주의하자. 예를 들어 nextInt 메소드는 반환 타입이 int이므로 입력 받은 값을 int 타입 변수에 대입해야 한다는 말이다.

int nextInt()
키보드로 입력된 int 타입의 값을 반환함.

byte nextByte()
키보드로 입력된 byte 타입의 값을 반환함.

short nextShort()
키보드로 입력된 short 타입의 값을 반환함.

long nextLong()
키보드로 입력된 long 타입의 값을 반환함.

float nextFloat()
키보드로 입력된 float 타입의 값을 반환함.

double nextDouble()
키보드로 입력된 double 타입의 값을 반환함.

boolean nextBoolean()
키보드로 입력된 boolean 타입의 값을 반환함.

String next()
공백 문자가 나오기 전까지의 문자들로 구성된 스트링을 반환함.

String nextLine()
현재 행의 나머지 부분을 줄바꿈 문자까지 읽어 스트링으로 반환하되 줄바꿈 문자는 반환되는 스트링에 포함하지 않음.

그림 2.16 Scanner 클래스의 메소드들

키보드 입력을 사용한 간단한 예제를 살펴 보자. 예제 2.6은 두 개의 정수를 입력 받아 두 수의 곱을 출력하고, 다시 두 개의 실수를 입력 받아 두 수의 합을 출력한다. 이를 위해 **nextInt**와 **nextDouble** 메소드를 두 번씩 사용하고 있다. 그리고 나서 **next** 메소드를 사용하여 단어를 두 개 입력 받아 두 단어의 순서를 바꾸고 사이에 "**of**" 라는 단어를 추가하여 출력한다.

예제 2.6 ScannerDemo 클래스

```java
01    import java.util.Scanner;
02
03    public class ScannerDemo {
04        public static void main(String[] args) {
05            Scanner keyboard = new Scanner(System.in);
06
07            System.out.println("두 개의 정수를 입력하시오.");
08            int i = keyboard.nextInt();
09            int j = keyboard.nextInt();
10            System.out.println("두 수의 곱은 = " + (i * j));
11
12            System.out.println("두 개의 실수를 입력하시오.");
13            double x = keyboard.nextDouble();
14            double y = keyboard.nextDouble();
15            System.out.println("두 수의 합은 = " + (x + y));
16
17            System.out.println("두 개의 단어를 입력하시오.");
18            String str1 = keyboard.next();
19            String str2 = keyboard.next();
20            System.out.println(str2 + " of " + str1);
21        }
22    }
```

예제 2.6의 실행 결과는 그림 2.17과 같다.

```
Problems    @ Javadoc    Declaration    Console 
<terminated> ScannerDemo [Java Application] C:\Program Fi
두 개의 정수를 입력하시오.
14 8
두 수의 곱은 = 112
두 개의 실수를 입력하시오.
24.74 56.88
두 수의 합은 = 81.62
두 개의 단어를 입력하시오.
Java programming
programming of Java
```

그림 2.17 예제 2.6의 실행 결과

예제 2.6 15행의 println 호출에서 괄호를 생략하고 다음과 같이 작성했다면 결과가 어떻게 될까?

```
System.out.println("두 수의 합은 = " + x + y);
```

println의 인자는 스트링 하나와 double 타입의 변수 두 개를 + 연산자로 결합하고 있는 다음 식이다.

```
"두 수의 합은 = " + x + y
```

연산자 부분에서 설명했듯이 +를 비롯한 자바의 이항 연산자는 왼쪽부터 계산되는 결합규칙을 가진다. 그러므로 두 개의 + 연산자 가운데 왼쪽 것이 먼저 계산된다.

```
(("두 수의 합은 = " + x) + y)
```

그림 2.17의 실행 예처럼 x의 입력 값이 24.74라면 왼쪽 +는 "두 수의 합은 = "이라는 스트링과 변수 x의 값을 결합하는데, 이 때 한쪽 피연산자가 스트링이므로 x도 스트링인 "24.74"로 변환되어 결합된다. 즉, "두 수의 합은 = 24.74"라는 스트링이 만들어진다. 다시 이렇게 만들어진 스트링과 y가 두 번째 +로 결합되는데, 이 때도 역시 y의 값인 56.88이 먼저 "56.88"이라는 스트링으로 변환되어 결합되므로 다음과 같은 출력을 생성한다.

```
두 수의 합은 = 24.7456.88
```

즉, 우리가 원한 결과가 아니다. 그러므로 두 실수 값의 덧셈을 강제하기 위해 예제 2.6 15행의 괄호가 반드시 필요하다.

```
System.out.println("두 수의 합은 = " + (x + y));
```

괄호가 들어가면 두 번째 +가 먼저 계산되는데, 이 두 번째 +의 피연산자인 x와 y는 모두 double 타입이므로 덧셈이 실행되어 우리가 원하는 결과를 얻게 된다.
한편 10행의 i * j에는 사실 괄호가 없어도 문제가 없다. 이것은 *가 +보다 연산자 우선순위가 높기 때문에 괄호가 없어도 *가 먼저 계산되기 때문이다. 물론 혼동의 여지가 있을 때는 괄호를 해 주는 것이 프로그램을 명확하게 한다.
+ 연산자가 스트링 결합과 숫자값 덧셈의 두 용도로 사용된다는 점은 편리하지만 이와 같이 의외의 결과를 초래할 수도 있으므로 주의해야 한다.

String 메소드

다시 String 클래스로 돌아가 보자. String 타입으로 선언된 변수, 즉 스트링 변수는 사실 객체이다. String이 기본형 타입이 아니라 클래스이기 때문이다. Scanner 클래스로 객체를 만들면 그 객체에 대해 nextInt같은 메소드를 호출할 수 있었던 것을 기억하는가?

```
Scanner input = new Scanner(System.in);
int py = input.nextInt();
```

즉, 기본형 타입과 달리 객체는 메소드를 호출할 수 있다. 위 코드는 Scanner 타입의 객체에 대해 Scanner가 제공하는 메소드인 nextInt를 부르고 있는 것이다.

String 클래스도 스트링 객체에 대해 부를 수 있는 여러 가지 메소드를 제공하고 있다. 예를 들어 length라는 메소드는 스트링에 들어 있는 문자의 갯수를 반환한다. 즉, 스트링에 문자가 몇 개 들어 있는지 알아보려면 다음과 같이 length 메소드를 호출하면 된다.

```
String prompt = "Enter a number";
int n = prompt.length();
```

스트링 메소드를 호출할 때도 스트링 객체 다음에 점(.)을 찍고 메소드 이름, 괄호, 인자들을 차례로 쓰면 된다. 위의 마지막 문장은 prompt가 가리키는 스트링 객체를 대상으로 length 메소드를 호출한 것이다. prompt에 저장된 문자열이 2개의 공백을 포함해 14개의 문자로 이루어지므로 length 메소드의 반환값은 14가 되고 이 값이 변수 n에 저장된다.

변수에 대해서만 메소드를 호출할 수 있는 것은 아니다. 다음과 같이 스트링 값에 대해 String 메소드를 호출하는 것도 가능하다.

```
int n = "a short string".length();
```

인자가 필요한 스트링 메소드의 예로 charAt을 살펴 보자. charAt은 인자로 int 값 하나를 받는데, 이 정수 값이 인덱스가 되어 저장된 문자열의 그 인덱스 위치에 있는 문자를 반환하게 된다.

```
String prompt = "Enter a number";
char ch = prompt.charAt(2);
```

예를 들어 위의 코드에서 변수 ch에는 스트링 변수 prompt에 저장된 문자열의 세 번째 위치에 있는 문자 't'가 저장된다. 왜 두 번째가 아니라 세 번째일까? C의 배열 인덱스와 마찬가지로 자바의 스트링도 인덱스를 0에서부터 매기기 때문이다. 그러므로 변수 promt에 저장된 문자열의 0번째 인덱스에는 'E', 1번째 인덱스에는 'n', 그리고 2번째 인덱스에는 't'가 위치하고 있는 것이다.

String 클래스의 대표적인 메소드들을 정리한 그림 2.18의 목록을 보면 charAt 메소드 앞에는 반환값의 타입이 char임이 명시되어 있고 charAt 뒤의 괄호 안에는 int index라고 지정하여 int 타입의 인자가 하나 넘어가야 함을 나타내고 있다. 이와 달리 length 메소드의 경우에는 반환값의 타입이 int로 명시되어 있고 length 다음의 괄호는 비어 있어 인자가 없음을 나타내고 있다.

char charAt(int index)
현재 스트링의 index 위치에 있는 문자를 반환함. (이 표의 설명에서 '현재' 스트링이란 메소드 호출의 대상이 된 스트링 객체를 의미함. 예를 들어 prompt.charAt(2)라고 호출했다면 prompt에 저장된 스트링이 현재 스트링이 됨.)

int compareTo(String str)
현재 스트링과 인자로 넘겨진 str을 사전 순서에 따라 비교하여 현재 스트링이 사전 순서상 str보다 앞이면 음수, 뒤이면 양수, 두 스트링이 같으면 0을 반환함.

String concat(String str)
현재 스트링 끝에 str을 연결한 스트링을 반환함.

boolean equals(Object str)
현재 스트링이 str과 같으면 true를 반환하고 다르면 false를 반환함.

boolean equalsIgnoreCase(String str)
대소문자를 구분하지 않는다는 점만 제외하면 equals와 동일하게 동작함.

int indexof(int ch)
현재 스트링에 문자 ch가 포함되어 있으면 첫 번째 나타나는 ch의 인덱스를 반환함. ch가 포함되어 있지 않으면 −1을 반환함.

int indexof(String str)
현재 스트링에 부분 스트링 str이 포함되어 있으면 첫 번째 나타나는 str의 인덱스를 반환함. str이 포함되어 있지 않으면 −1을 반환함.

boolean isEmpty()
현재 스트링의 길이가 0이면 true를 반환하고 아니면 false를 반환함.

int length()
현재 스트링의 길이를 반환함.

String replace(char old, char new)
현재 스트링의 모든 old 문자를 new 문자로 바꾼 새로운 스트링을 반환함.

String substring(int begin)
현재 스트링의 begin 인덱스에서 시작하여 스트링의 끝에 이르는 부분 스트링을 반환함.

String substring(int begin, int end)
현재 스트링의 begin 인덱스에서 시작하여 end 인덱스 바로 앞까지 이르는 부분 스트링을 반환함.

String toLowerCase()
현재 스트링에 포함된 모든 대문자를 소문자로 바꾼 새로운 스트링을 반환함.

String toUpperCase()
현재 스트링에 포함된 모든 소문자를 대문자로 바꾼 새로운 스트링을 반환함.

String trim()
현재 스트링의 앞과 뒤에 있는 모든 공백 문자를 제거한 새로운 스트링을 반환함.

그림 2.18 스트링 메소드들

스트링 메소드를 이용하는 예제를 하나 살펴 보자. 문장과 단어를 하나씩 입력 받은 후 문장에서 그 단어를 찾아 삭제하고 나머지 부분을 출력해야 하며, 이 때 대소문자를 구분하지 않는다고 하자. 코드를 단순화시키기 위해 문장에는 주어진 단어가 반드시 포함되어 있다고 가정한다. 그림 2.19의 실행 결과를 보면 읽어 들인 문장에 "Script"가 포함되어 있고 입력 단어가 "script"이므로 이를 삭제하고 출력했음을 알 수 있다.

```
Problems  @ Javadoc  Declaration  Console
<terminated> StringTest [Java Application] C:\Program Files\
문장을 입력하시오:
I love JavaScript programming!!
삭제할 단어를 입력하시오:
script
입력 단어가 삭제된 문장:
I love Java programming!!
```

그림 2.19 예제 2.7의 실행 결과

예제 2.7이 이를 구현한 프로그램이다.

예제 2.7 StringTest 클래스

```
01   import java.util.Scanner;
02
03   public class StringTest {
04       public static void main(String[] args) {
05           Scanner input = new Scanner(System.in);
06
07           System.out.println("문장을 입력하시오:");
08           String line = input.nextLine();
09           String lowerLine = line.toLowerCase();
10           System.out.println("삭제할 단어를 입력하시오:");
11           String word = input.next().toLowerCase();
12
13           int beginIndex = lowerLine.indexOf(word);
14           String result = line.substring(0, beginIndex)
15                                 + line.substring(beginIndex+word.length());
16           System.out.println("입력 단어가 삭제된 문장:\n"+result);
17       }
18   }
```

먼저 8행에서 nextLine 메소드를 이용하여 한 줄을 읽어 line에 저장한다. nextLine은 사용자가 엔터 키를 치기 전까지의 모든 내용을 스트링으로 반환하므로 반환된 스트링에 공백문자가 포함될 수도 있다. 대소문자를 구분하지 않기 위해 9행에서 toLowerCase 메소드를 사용하여 전부 소문자로 바꾸어 lowerLine에 저장해 둔다. 삭제할 단어(word)는 next 메소드를 사용하여 입력 받고, 역시 전부 소문자로 바꾸어 둔다(11행). next 메소드는 공백문자가 나오기 전까지의 내용을 반환하므로 스트링에 공백문자가 포함되지 않는다.

13행에서 indexOf를 사용하여 읽어 들인 문장에서 삭제할 단어의 위치를 얻는다. 이 때 소문자로 바꾸어 둔 문장(lowerLine)에서 소문자로 바꾼 단어(word)를 찾는 것이므로 대소문자를 구분하지 않게 된다. indexOf는 찾으려는 단어(word)의 시작 인덱스를 반환하므로 그림 2.20을 참고하면 beginIndex의 값이 11이 됨을 알 수 있다.

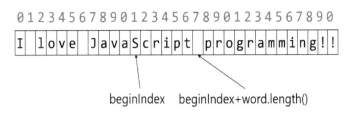

그림 2.20 인덱스의 위치

14-15행에서 substring 메소드를 두 번 사용하여 결과 스트링을 구성한다. 소문자로 바꾼 문장(lowerLine)이 아니라 원래의 문장(line)으로부터 결과 스트링을 얻어야 함에 유의하라.

```
String result = line.substring(0, beginIndex) +
                line.substring(beginIndex+word.length());
```

첫 부분인 line.substring(0, beginIndex)는 문장 처음에서부터 beginIndex 바로 앞까지의 부분 스트링이므로 "I love Java"가 된다. 입력 단어(word)의 길이가 6이니까 beginIndex+word.length()는 17이므로 두 번째 substring 호출은 line.substring(17)이 된다. 이는 17번 위치에서부터 문장 끝까지의 부분 스트링인 " programming!!"이다. 이 두 개의 부분 스트링을 결합하면 그림 2.19와 같은 실행 결과를 얻게 된다.

JOptionPane을 이용한 GUI

지금까지 살펴본 입출력 방법은 콘솔 윈도우를 이용한다. 간단히 입출력을 테스트하는 데는 부족함이 없지만 사실 현대의 소프트웨어는 거의 그래픽 사용자 인터페이스(GUI: Graphic User Interface)를 사용한다. 여기서는 자바가 제공하는 JOptionPane 클래스를 사용하여 윈도우 입출력을 제공하는 간단한 GUI 예제를 만들어보도록 하자.

예제 2.8은 앞에서 살펴 보았던 나이 계산 프로그램을 윈도우 입출력을 사용하도록 수정한 것이다. JOptionPane이라는 클래스가 사용되는데 이 클래스는 javax.swing이라는 패키지에 들어 있다. '스윙'(Swing)이라고 부르는 이 패키지는 자바에서 그래픽 인터페이스를 작성하는 데 사용되는 중요한 패키지이다. 스윙 패키지에 대해서는 나중에 자세히 다룰 기회가 있을 것이다.

예제 2.8 JOptionPane을 이용한 나이 계산 예제

```
01  import java.time.LocalDate;
02  import javax.swing.JOptionPane;
03
04  public class AgeCalculation3 {
05      public static void main(String[] args) {
06          String birthString =
07                  JOptionPane.showInputDialog("당신이 태어난 연도는?");
08          int birthYear = Integer.parseInt(birthString);
09          LocalDate date = LocalDate.now();
10          int thisYear = date.getYear();
11
12          int age = thisYear - birthYear;
13          JOptionPane.showMessageDialog(null,
14                      "당신의 나이는 " + age + "살입니다.");
15          System.exit(0);
16      }
17  }
```

이 프로그램을 실행하면 먼저 태어난 연도를 묻는 그림 2.21과 같은 입력 대화창이 나온다.

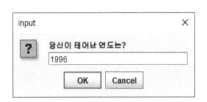

그림 2.21 예제 2.8의 입력 대화창

입력 줄에 연도를 쓰고 "확인" 버튼을 누르면 나이가 계산되어 결과가 그림 2.22와 같이 윈도우로 출력된다.

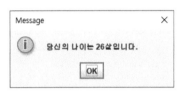

그림 2.22 예제 2.8의 출력 대화창

이제 예제 프로그램의 코드를 살펴 보자. JOptionPane 클래스를 사용하므로 2행에 import 문을 포함하였다. 그리고 6-7행이 대화창을 열어 입력을 받는 부분인데 다음과 같이 되어 있다.

```
String birthString = JOptionPane.showInputDialog("당신이 태어난 연도는?");
```

우선 입력 대화창을 열기 위해서는 JOptionPane이라는 클래스를 대상으로 showInput-Dialog라는 메소드를 호출해야 한다. 사실 이것은 지금까지 우리가 보아 왔던 메소드 호출 방법과 약간 다르다. 지금까지는 먼저 객체를 만들고 객체에 대해 메소드를 호출하는 방식 이었는데 여기서는 클래스에 대해 직접 메소드를 호출하고 있다. 여기에 대해서는 클래스 와 메소드를 다룰 때 더 자세히 살펴 봐야 하지만, 지금으로서는 객체에 대해 부르는 메소 드와 클래스를 통해 부르는 메소드라는 두 종류의 메소드가 있고 showInputDialog는 후자 에 속한다는 것만 기억하자. Scanner의 nextInt 등을 포함하여 지금까지 살펴본 대부분의 메소드는 전자, 즉 객체에 대해 부르는 메소드에 속한다.

showInputDialog가 실행되면 인자로 받은 스트링을 질문으로 하는 표준적인 입력 대 화창이 그림 2.21과 같이 생성된다. 사용자가 내용을 입력하고 "확인" 버튼을 누르면 showInputDialog라는 메소드가 종료되면서 대화창이 닫히는데, 이 때의 메소드의 반환값은 사용자가 입력 줄에 입력한 내용이 된다. 예제의 6행에서 이 반환값을 birthString이라는 변수에 대입하고 있다. 그런데 이 반환값의 타입이 String이다. 이것은 반드시 기억해야 할 중요한 사실이다. 대화창을 사용한 인터페이스에서 모든 입출력은 스트링으로 이루어진다. 이 예제에서 받고자 하는 값은 태어난 연도, 즉 정수 값이다. 하지만 모든 입출력이 스트링으로 이루어지므로 일단 스트링으로 받아야만 한다. 그래서 6행에서 birthString의 타입이 String으로 선언되어 있다.

앞에서 Scanner를 사용할 때는 int이든 double이든 그 타입에 따라 입력을 받을 수 있었다. 그런데 여기서는 왜 모든 입출력이 스트링일까? 사실 컴퓨터에서 모든 입출력은 기본적으로 문자들의 연속으로 이루어진다. Scanner 클래스도 예외가 아니다. 단지 Scanner 클래스가 제공하는 nextInt나 nextDouble 등의 메소드가 스트링으로 읽은 입력을 원하는 타입으로 변환해 주는 것이다.

그러면 예제 2.8을 실행하여 그림 2.21과 같이 1996을 입력했다면 birthString에는 무엇이 들어가 있을까? 4개의 문자 '1', '9', '9', '6'으로 이루어진 문자열 "1996"이 저장되어 있다. 여기서 1996은 정수형 리터럴이고 "1996"은 스트링 리터럴임에 유의하자. 즉, "1996"은 String 타입의 값이지 숫자가 아니다. 그러니 만약 다음과 같이 뺄셈을 하면 thisYear는 int 타입이지만 birthString은 String 타입이므로 에러가 난다. 정수와 문자열 간에는 뺄셈 계산을 할 수 없기 때문에 발생하는 타입 에러이다.

```
int age = thisYear - birthString;  //에러
```

그러면 어떻게 해야 할까? birthString의 문자열을 대응하는 정수 값으로 변환하면 된다. "1996"과 같은 스트링을 거기에 대응하는 int 값으로 바꾸기 위해서는 예제 2.8의 8행에서처럼 Integer.parseInt()라는 메소드를 사용하면 된다.

```
int birthYear = Integer.parseInt(birthString);
```

Integer는 자바가 제공하는 클래스의 이름이고 parseInt는 Integer에 포함된 메소드이다. 이 메소드도 앞서 살펴본 showInputDialog처럼 객체에 대해서가 아니라 클래스 이름으로 직접 부를 수 있는 메소드에 속한다. parseInt 메소드는 "1996"과 같은 스트링을 인자로 받아 그 스트링의 내용에 대응하는 정수 값으로 바꾸어 반환한다. 만약 스트링이 "19g6"처럼 숫자를 이루지 못하는 문자를 포함한다면 에러가 난다. birthString에 "1996"이 저장되어 있다면 위의 문장은 birthYear 변수에 1996이라는 int 값을 대입하게 된다. 이러한 변

환 메소드는 상당히 자주 사용되므로 Integer.parseInt()를 묶어서 익혀두는 게 좋다.

나이를 계산한 다음에는 결과를 출력해야 한다. 어떤 내용을 대화창으로 출력하기 위해서는 예제의 13-14행처럼 JOptionPane이 제공하는 또 다른 메소드인 showMessageDialog를 사용하면 된다.

```
JOptionPane.showMessageDialog(null, "당신의 나이는 " + age + "살입니다.");
```

showMessageDialog도 showInputDialog와 마찬가지로 JOptionPane 클래스로 호출할 수 있으며, 두 번째 인자로 넘겨지는 내용을 표시하는 메시지 대화창을 생성한다(그림 2.22). showMessageDialog의 두 번째 인자는 스트링이어야 한다. 여기서는 "당신의 나이는 "이라는 스트링에 변수 age의 값을 스트링 결합 연산자 +로 결합하고, 그 결과에 다시 "살입니다."라는 스트링을 결합하여 하나의 스트링을 구성하여 사용하고 있다. showMessageDialog의 첫 번째 인자는 당분간은 항상 null을 쓰는 것으로 하자. 인자로 넘길 것이 없을 때 비어 있다는 뜻으로 null을 사용한 것으로 생각하면 된다.

메시지가 출력된 대화창의 "확인" 버튼을 클릭하면 대화창이 닫힌다. 그리고 나서 실행되는 마지막 15행은 다음과 같다.

```
System.exit(0);
```

이것은 System 클래스의 메소드인 exit을 실행하는데 그 인자로 0을 넘기는 것이다. System 클래스는 System.out.print에서 봤었던 바로 그 클래스이다. exit 메소드는 프로그램을 바로 종료시키는 역할을 한다. 그러므로 위 문장이 실행되면 프로그램이 즉시 종료된다.

참고 | exit의 인자

System.exit()을 호출할 때 인자로 넘긴 값의 의미는 무엇일까? 대부분의 운영체제에서 0은 프로그램의 정상 종료를 의미하고 0이 아닌 값은 비정상 종료를 의미한다. 여기서 비정상 종료라는 것은 프로그램이 프로그래머가 의도한 대로 작업을 완수하지 못했다는 뜻이 아니라, 시스템의 관점에서 프로그램이 문제가 있어서 실행이 중단되었다는 뜻이다. 그러므로 특별한 경우가 아니라면 exit의 인자로는 항상 0을 넘기면 된다.

그러면 이번 예제는 지금까지는 없었던 exit 메소드를 왜 호출해야 할까? 지금까지 살펴
보았던 애플리케이션들은 윈도우를 사용하지 않았다. 윈도우를 사용하지 않는 애플리케이
션은 프로그램을 구성하는 모든 문장의 실행을 마치면 자동적으로 종료된다. 따라서 특별
히 필요한 경우가 아니면 exit 메소드를 사용하지 않는다. 그러나 윈도우 입출력을 사용하
는 애플리케이션의 경우에는 원칙적으로 프로그램이 자동적으로 종료되지 않는다. 예제에
서 "확인" 버튼을 눌러 메시지 출력창을 닫아도 프로그램이 즉시 종료되지 않는다는 말
이다. 종료되지 않은 프로그램은 메모리를 차지하여 시스템 자원을 낭비할 수 있다. 따라서
윈도우 인터페이스를 사용하는 애플리케이션은 작업이 끝났을 때 반드시 System.exit(0)을
호출하여 프로그램을 종료해 주는 것이 좋다.

프로그래밍 과제 ◇◻◇◻◇◻◇◻◇◻◇◻◇

1. 3개의 정수를 읽어 합계와 평균을 출력하는 프로그램을 작성하라.

2. 화씨 온도를 섭씨 온도로 바꾸는 공식은 다음과 같다. 화씨 온도를 읽어서 섭씨 온도로 바꾸어 출력하는 프로그램을 작성하라.

   섭씨온도 = (화씨온도 − 32) ÷ 1.8

   ```
   Problems  @ Javadoc  Declaration  Console ⊠
   <terminated> FtoCDemo [Java Application] C:₩Program Files
   화씨 온도를 입력하시오:
   90
   화씨 90도는 섭씨 32도입니다.
   ```

3. 섭씨 온도를 화씨 온도로 바꾸는 공식은 다음과 같다. 섭씨 온도를 읽어서 화씨 온도로 바꾸어 출력하는 프로그램을 작성하라.

   화씨온도 = 섭씨온도 × 1.8 + 32

   ```
   Problems  @ Javadoc  Declaration  Console ⊠
   <terminated> CtoFDemo [Java Application] C:₩Program Files
   섭씨 온도를 입력하시오:
   30
   섭씨 30도는 화씨 86도입니다.
   ```

4. 체질량 지수(BMI: body mass index)는 체중과 키에 근거한 값으로 다음과 같은 공식에 의해 계산된다고 한다.

   $$BMI = \frac{체중(kg)}{키(m)^2}$$

   체중(kg)과 키(cm)를 입력 받아 체질량 지수를 계산하여 출력하는 프로그램을 작성하라. 실행 예를 참고하라.

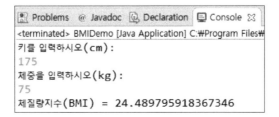

   ```
   Problems  @ Javadoc  Declaration  Console ⊠
   <terminated> BMIDemo [Java Application] C:₩Program Files₩
   키를 입력하시오(cm):
   175
   체중을 입력하시오(kg):
   75
   체질량지수(BMI) = 24.489795918367346
   ```

프로그래밍 과제

5. 4번을 다음 실행 예와 같이 대화창을 사용하여 입출력이 이루어지도록 작성하라.

6. 1000원 미만의 액수를 양의 정수로 읽어 이 금액을 최소한의 동전의 합계로 나타내는 프로그램을 작성하라. 동전은 500원짜리, 100원짜리, 50원짜리, 10원짜리, 5원짜리, 1원짜리가 있다. 예를 들어 278원이면 100원짜리×2, 50원짜리×1, 10원짜리×2, 5원짜리×1, 1원짜리×3 등으로 구성되어야 한다. 다음의 실행 예를 참고하라. (힌트: 나머지 연산자 %와 나누기 연산자 /를 사용하라.)

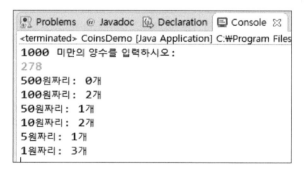

7. 한 줄의 영어 문장을 읽어서 문장에 포함된 "Java"라는 서브스트링에서부터 끝까지의 모든 문자를 대문자로 변경하여 출력하는 프로그램을 작성하라. 입력 문장에는 "Java"가 반드시 포함된다고 가정하라. 다음에 보인 실행 예를 참고하라.

8. 생년월일을 6자리 숫자로 나타내면 1999년12월7일이 991207과 같이 된다. 다음 실행 예처럼 대화 창으로 이 6자리 숫자를 입력 받아 생일의 연도와 월 및 일을 분리해서 출력하는 프로그램을 작성하라. (단, 2000년 이전의 생년월일만 고려하도록 하라.)

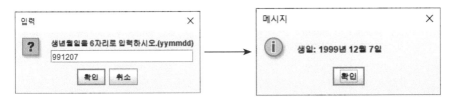

9. 다음에 보인 실행 결과 윈도우와 같이 5개의 동심원을 그리는 그래픽 애플리케이션을 작성하라. 가장 작은 원은 내부가 채워져야 한다. 원들의 크기는 적절히 임의로 선택하되 각 원 사이의 간격은 일정하도록 하라.

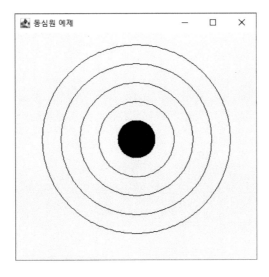

CHAPTER **3**

조건문과 반복문

프로그램을 구성하는 문장들은 특별한 조치가 없는 한 프로그램에 나오는 순서대로 한 문장씩 순차적으로 실행된다. 프로그램의 이러한 순차적인 실행을 변경시키는 문장을 **제어문**(control statement 혹은 control flow statement)이라고 한다. 제어문은 조건문과 반복문의 두 종류로 나뉜다. 먼저 조건문부터 생각해 보자. 어떤 조건이 만족되는지 검사하여 그에 따라 실행할 부분이 달라져야 하는 경우가 있을 수 있다. 예를 들어 점수가 60점 이상이면 합격이고 아니면 불합격이 된다고 하자. 이를 프로그램으로 작성할 경우 점수를 검사하여 60점 이상이면 합격 처리하는 부분의 코드가 실행되고 60점 미만이면 불합격 처리하는 부분의 코드가 실행되어야 한다. 이럴 때 사용하는 것이 **조건문**(conditional statement)이다. 어떤 조건에 따라 프로그램의 부분을 선택적으로 실행한다. 프로그램이 둘 혹은 그 이상의 갈래로 갈라져서 조건에 따라 그 가운데 하나를 실행하게 된다는 의미에서 **분기문**이라고 부르기도 한다.

다음으로 프로그램의 특정 부분이 반복되어야 하는 경우가 많다. 예를 들어 학생들의 기말 성적을 처리하는 경우, 수강 학생의 수가 40명이라면 학점을 부여하는 코드는 40번 반복 실행되어야 한다. 이런 경우에 사용하는 것이 **반복문**(iteration statement)이다. 반복문은 **루프**(loop)라고 부르기도 하는데, 프로그램의 일부를 정해진 회수나 조건에 따라 반복하는 역할을 한다.

3.1 if-else 문

단순 if-else 문

두 개의 분기 가운데 하나를 선택하는 가장 단순한 형태의 조건문이 if-else 문이다. 변수 score의 값을 검사하여 60점 이상이면 "합격"을 출력하고 그렇지 않으면 "불합격"을 출력하는 코드는 다음과 같다.

```java
if (score >= 60)
    System.out.println("합격");
else
    System.out.println("불합격");
```

키워드 if 다음에 괄호가 오고 그 안에 조건식이 나오는데, 이 조건식을 계산하면 boolean 값, 즉 true 혹은 false가 된다. 조건식에는 앞장에서 살펴본 비교 연산자가 흔히 사용된

다. 또는 비교 연산식을 AND(&&)나 OR(||) 등의 논리 연산자로 결합해 사용하기도 한다. 조건식을 검사하여 참이면 조건식 바로 다음에 나오는 문장이 실행된다. 조건식이 거짓이면 조건식 다음의 문장은 실행되지 않고 키워드 else 다음의 문장이 실행된다. 이와 같이 if-else 문은 조건식의 값에 따라 두 문장 중에서 한 문장만 선택적으로 실행한다.

사용자에게서 점수를 읽어 점수에 따라 "합격" 혹은 "불합격"을 출력하는 프로그램을 작성하면 예제 3.1과 같다.

예제 3.1 PassOrFail 클래스

```
01  import java.util.Scanner;
02
03  public class PassOrFail {
04      public static void main(String[] args) {
05          Scanner input = new Scanner(System.in);
06
07          System.out.println("점수를 입력하시오:");
08          int score = input.nextInt();
09          if (score >= 60)
10              System.out.println("합격");
11          else
12              System.out.println("불합격");
13      }
14  }
```

```
🖳 Problems  @ Javadoc  🗟 Declaration  🖳 Console  ⋈
<terminated> PassOrFail [Java Application] C:₩Program Files₩
점수를 입력하시오 :
65
합격
```

그림 3.1 예제 3.1의 실행 결과

if-else 문에서 else 부분은 필요가 없다면 생략할 수 있다. 예를 들어 위의 예에서 합격자에 대해서만 처리하면 된다면 else 부분이 생략되어 다음과 같이 된다.

```java
if (score >= 60)
    System.out.println("합격");
```

else 부분이 빠진 **if** 문도 의미는 동일하다. 즉, 조건식이 참이 되면 조건식 다음의 문장이 실행된다. 조건식이 거짓이면 조건식 다음의 문장은 실행되지 않고 프로그램의 다음 문장으로 그냥 넘어간다. 그러므로 위의 **if** 문은 변수 score의 값이 60 이상이면 "합격"을 출력하고 score의 값이 60 미만이면 아무 일도 하지 않는다.

if-else 문은 기본적으로 프로그램의 흐름을 두 개의 분기(branch)로 나눈다. 예제 3.1에서 사용된 **if-else** 문은 각 분기에 하나의 문장이 있는 경우인데, 만약 각 분기에 여러 문장이 와야 한다면 그 문장들을 중괄호({})로 묶어야 한다. 만약 "합격"과 "불합격"을 출력할 뿐만 아니라 합격자와 불합격자의 수를 각각 numberOfPassed와 numberOfFailed라는 변수에 기록해야 한다면 위의 예제를 다음과 같이 수정할 수 있다. 각 분기마다 변수의 값을 변경하기 위한 문장이 추가되었다.

```java
if (score >= 60) {
    numberOfPassed++;
    System.out.println("합격");
} else {
    numberOfFailed++;
    System.out.println("불합격");
}
```

여러 문장을 중괄호로 묶은 것을 **복합문**(compound statement)이라고 부르는데, 여러 문장을 묶어서 한 문장처럼 취급하기 위해 사용한다. 만약 위의 예에서 중괄호를 생략하면 어떻게 될까?

```java
if (score >= 60)
    numberOfPassed++;
    System.out.println("합격");
else
    numberOfFailed++;
    System.out.println("불합격");
```

이 코드는 에러가 나서 제대로 컴파일되지 않는다. 그 이유가 무엇인지 알아보도록 하자.

조건식이 참인 경우에 실행되는 것은 조건식 바로 다음에 나오는 문장이라고 했다. 여기서는 다음의 한 문장이다.

```
    numberOfPassed++;
```

"합격" 을 출력하는 그 다음 문장은 if 문의 범위를 벗어나게 된다.

```
    System.out.println("합격");
```

if 문의 범위를 벗어난다는 말은 if의 조건과 무관하게 항상 실행된다는 뜻이다. 실제로 if 문에서 else 부분이 생략될 수 있기 때문에 여기까지는 컴파일 에러가 없다. 적어도 문법적인 문제는 없다는 말이다. 그러나 의미상으로는 우리가 의도한 것과 달라지기 때문에 문제가 있다. 괄호가 생략된 예제 코드의 첫 세 문장을 일반적인 들여쓰기 관례에 따라 다시 쓰면 다음과 같다.

```
    if (score >= 60)
        numberOfPassed++;
    System.out.println("합격");
```

즉, if 문은 둘째줄에서 끝나고 셋째 줄의 문장은 별개의 새로운 문장이 된다. 그러니 이 코드가 실행되면 score의 값이 60 이상일 때만 numberOfPassed의 값이 증가되겠지만, score 변수의 값에 상관없이 "합격" 은 항상 출력될 것이다.

그 다음에 나오는 키워드 else에서는 에러가 난다.

```
    if (score >= 60)
        numberOfPassed++;
    System.out.println("합격");
    else    //에러
        ...
```

else는 항상 if 문의 두 번째 분기를 이끄는 형식으로만 사용될 수 있는데, 여기서 if 문은 numberOfPassed++;라는 문장으로 끝나 버렸기 때문이다. 연결된 if 없이 사용된 else는 오류이다.

이런 이유 때문에 if-else 문의 분기에 두 문장 이상을 포함하려면 반드시 복합문을 써야 한다. if 문의 조건식 다음에 복합문이 나오면 복합문 전체가 조건식이 참일 때 실행되는 분기로 간주된다. else 다음에도 마찬가지로, 여기에도 두 문장 이상을 포함하려면 이를 중괄호로 묶어 복합문을 만들어야 한다.

사실 **if-else** 문의 각 분기에 문장이 하나뿐일 때도 다음과 같이 중괄호로 묶는 방식을 택하는 프로그래머들이 많이 있고, 그렇게 하는 것이 꽤 유익하다.

```java
if (score >= 60) {
    System.out.println("합격");
} else {
    System.out.println("불합격");
}
```

중괄호를 추가함으로써 제어 구조가 더 명확해지고 나중에 각 분기에 새로운 문장을 추가할 필요가 생겼을 때에 예기치 못한 실수를 줄일 수 있기 때문이다.

참고   들여쓰기(indentation)

자바 언어의 경우 프로그램의 들여쓰기는 의미에 영향을 주지 않는다. 자바 컴파일러에게는 프로그램이 들여쓰기가 되어 있든 그렇지 않든 아무런 차이가 없다는 말이다. 자바의 들여쓰기는 오로지 읽는 사람의 이해를 돕기 위한 수단이다.

프로그램 코드를 작성할 때는 일관성 있게 들여쓰기 하는 것이 좋다. 프로그램은 항상 하나의 구조 내에 다른 구조가 포함되는 내포 관계를 가지게 된다. 예를 들어 예제 3.1에서 클래스 정의 내에 main 메소드가 들어가고 main 메소드 내에 다시 일련의 문장들이 들어간다. 이 때에 내포되는 단계마다 일관성 있게 들여쓰기를 하면 프로그램의 구조가 명확해 지므로 코드가 이해하기 쉽게 된다. 예제 3.1의 코드를 살펴 보면 각 단계는 다음과 같이 4글자씩 들여 썼음을 확인할 수 있다.

```java
public class PassOrFail {
    public static void main(String[] args) {
        Scanner input = new Scanner(System.in);
```

main 메소드 정의는 클래스 정의보다 4글자 들어가서 시작하고, main 메소드에 포함된 문장들은 다시 거기서 4글자 더 들어가서 시작한다.

들여쓰기를 얼만큼씩 할지는 필요와 여건에 따라 정할 수 있지만, 프로그램 전체를 동일한 만큼씩 일관성 있게 들여쓰기 하는 것이 중요하다. 이렇게 함으로써 프로그램의 내포 구조를 한 눈에 알아볼 수 있기 때문이다.

> **요약: if-else 문**
>
> 자바 if-else 문의 기본 구조는 다음과 같다.
>
> ```
> if (Boolean_Expression)
>     Statement1;
> else
>     Statement2;
> ```
>
> *Boolean_Expression*을 계산해서 그 값이 참이면 *Statement1*을 실행하고 거짓이면 *Statement2*를 실행한다. if-else 문에서 else 부분은 생략이 가능하므로 다음과 같은 형식을 가질 수도 있다.
>
> ```
> if (Boolean_Expression)
>     Statement;
> ```
>
> 이 경우에는 *Boolean_Expression*이 참이면 *Statement*를 실행하고 거짓이면 *Statement*를 실행하지 않는다. 각 분기의 실행문이 여러 문장일 때는 중괄호로 묶어서 복합문을 만든다.
>
> ```
> if (Boolean_Expression) {
>     ...
> } else {
>     ...
> }
> ```

단락회로 계산

if-else 문의 조건식은 이전의 예처럼 하나의 비교 연산자로 만들어질 수도 있지만 조건이 복잡하다면 논리 연산자가 사용될 수도 있다. 예를 들어 변수의 값이 10에서 99 사이인지를 검사한다면 다음과 같이 두 개의 비교 연산식을 논리 연산자로 결합한 조건식을 써야 한다.

```
if (score >= 10 && score <= 99)
    ...
```

여기서 만약 score의 값이 8이었다면 &&의 첫 번째 피연산자인 다음 비교 연산식이 거짓이 된다.

```
score >= 10
```

논리 연산자 &&로 결합된 A && B 형태의 논리식에서 A가 false라면 B의 값과 무관하게 전체 논리식의 값은 false가 된다. && 연산자는 A와 B가 모두 true일 경우에만 식의 값이 true가 되기 때문이다. 그렇다면 사실 두 번째 피연산자인 score <= 99는 결과에 영향을

끼치지 않으므로 계산해 볼 필요도 없는 것이다.

자바는 이와 같은 경우에 실제로 두 번째 피연산자를 계산하지 않는다. 이러한 특성을 **단락회로 계산**(short-circuit evaluation)이라고 부른다. 즉, 단락회로 계산이란 A && B에서 A가 false가 되어 전체 논리식의 값이 결정될 수 있으면 B를 계산하지 않는 전략을 말한다. 보다 일반적으로 말한다면 어떤 식의 값을 계산할 때에 식의 일부를 계산하여 전체의 값이 결정된다면 나머지 부분은 계산하지 않는 전략이다. 만약 단락회로 계산 전략을 채택하지 않았다면 A와 B 두 피연산자가 무조건 먼저 계산되고 나서 A && B의 값이 결정되었을 것이다.

이러한 단락회로 계산 전략은 논리적 OR에 해당하는 || 연산자의 경우에도 적용된다.

```
if (score < 10 || score > 99)
    ...
```

만약 위의 조건식에서 score의 값이 8이라면 첫 번째 피연산자가 true가 된다. 연산자 ||는 피연산자 가운데 하나라도 true이면 전체 논리식의 값이 true가 되는 특성을 가지므로 위의 조건식은 두 번째 피연산자를 검사해 볼 필요도 없이 true가 됨을 알 수 있다. 이 경우에 단락회로 계산 특성에 따라 두 번째 피연산자는 계산되지 않는다.

단락회로 계산 전략은 불필요한 계산을 하지 않도록 해준다는 의미만 가지는 것이 아니다. 예를 들어 다음과 같은 조건문은 자바가 단락회로 계산을 채택하고 있기 때문에 가능하다.

```
if (rate > 0 && sum/rate > 3.0)
    ...
```

요약: 단락회로 계산

논리 연산자 &&나 ||로 결합된 논리식에서 자바가 채택하는 계산 전략을 말한다. &&나 ||로 결합된 논리식에서 첫 번째 피연산자를 계산하여 전체 식의 값이 결정되면 나머지 피연산자는 계산되지 않는다. &&로 결합된 다음 논리식에서

　A && B

첫 번째 피연산자인 A가 false로 계산되면 전체 식의 값이 false이므로 두 번째 피연산자인 B는 계산되지 않는다. 마찬가지로 ||로 결합된 다음의 논리식에서

　A || B

A가 true로 계산되면 전체 식의 값이 true이므로 B는 계산되지 않는다. 이러한 계산 전략을 단락회로 계산(short-circuit evaluation)이라고 부른다. 자바에서는 &&과 ||이 단락회로 계산 전략을 따르는 연산자들이다.

위의 조건문은 rate 변수의 값이 0보다 크고 sum/rate의 값이 3.0을 넘으면 어떤 동작을 수행한다는 뜻이다. 만약 rate 변수의 값이 0이라면 전체 조건식이 false임을 알 수 있으므로 두 번째 피연산자에 포함된 sum/rate는 계산이 이루어지지 않는다. 만약 단락회로 계산을 채택하지 않는다면 rate의 값이 0이더라도 두 번째 피연산자를 계산할 것이고, 그러면 0으로 나눗셈을 시도하게 되므로 실행 에러가 발생할 것이다. 즉, 자바 프로그램을 작성할 때 위와 같은 조건식을 마음 놓고 사용하는 이유는 자바가 단락회로 계산을 채택하고 있기 때문이다.

조건 연산자

두 수 가운데 큰 수를 찾도록 if 문을 구성한다면 다음과 같이 된다.

```
int a = 10, b = 20, max;
if (a > b)
    max = a;
else
    max = b;
```

이것을 자바의 **조건 연산자**(conditional operator)로 다시 작성하면 다음과 같다.

```
max = (a > b) ? a : b;
```

조건 연산자는 기호 '?'와 ':'의 쌍으로 이루어지며 A?B:C와 같이 사용되어 조건 연산식을 이룬다. 첫 번째 피연산자 A는 boolean 식이어야 한다. 조건 연산식을 실행할 때는 A를 계산하여 그 값이 true이면 두 번째 피연산자인 B의 값이 반환되고 A의 값이 false이면 세 번째 피연산자인 C의 값이 반환된다. 위의 예에서 (a > b)가 참이면 a가 max에 대입되고 거짓이면 b가 max에 대입된다. 즉, 두 수 중에 큰 값이 max에 대입되는 것이다.

이 두 개의 기호 '?'와 ':'를 묶어서 조건 연산자라고 부른다. 조건 연산자는 앞쪽의 조건식과 뒤쪽의 두 개의 식 등 세 개의 피연산자를 가지므로 **3항 연산자**(ternary operator)라고도 부른다. 조건 연산자는 프로그램을 다소 이해하기 어렵게 만드는 경향이 있다. 하지만 코드를 간결하게 하는 장점이 있어 즐겨 쓰는 프로그래머들이 있으므로 알아 두어야 한다.

다중 if-else 문

단순 if-else 문은 기본적으로 2개의 분기로 이루어진 조건문이다. if-else 문을 중첩하여 여러 개의 분기를 갖도록 할 수 있다. 예를 들어 점수에 따라 학점을 부여한다고 하자. 90~100점이면 A, 80~89점이면 B, 70~79점이면 C, 60~69점이면 D, 60점 미만이면 F가 된다. 자바에서 이렇게 여러 개의 분기를 가지는 조건문을 if 문으로 구현하면 일반적으로 다음과 같이 작성한다.

```java
if (score >= 90 && score <= 100)
    grade = 'A';
else if (score >= 80 && score <90)
    grade = 'B';
else if (score >= 70 && score < 80)
    grade = 'C';
else if (score >= 60 && score < 70)
    grade = 'D';
else if (score < 60)
    grade = 'F';
```

즉, 실제로는 if 문 내에 다시 if 문이 내포되는 형태이지만 흔히 위와 같이 else 부분을 맞추어 들여쓰기를 한다. 이 예는 score 변수의 값에 따라 다섯 갈래로 분기되는 다중 if-else 문인데, 마지막 if에는 else 부분이 생략된 구조이다. 다중 if-else 문의 실행은 위에서부터 각 조건을 검사하여 처음으로 참이 되는 조건식에 딸린 문장이 실행되고 나머지 분기는 무시된다. 즉, 다중 if-else 문에서는 오직 하나의 분기만 실행된다. 만일 위의 예와 같이 모든 분기에 조건식이 붙어 있고 그 가운데 참이 되는 조건식이 하나도 없다면 아무 것도 실행되지 않을 수도 있다. 예를 들어 위의 코드에서 score의 값이 100보다 크다면 아무런 분기도 실행되지 않는다.

만약 score의 값이 0과 100 사이의 정수라고 가정한다면 위의 다중 if-else 문은 조금 단순화시킬 수 있다.

```java
if (score >= 90)
    grade = 'A';
else if (score >= 80)
    grade = 'B';
else if (score >= 70)
    grade = 'C';
else if (score >= 60)
    grade = 'D';
else
    grade = 'F';
```

첫 번째 분기에서 90 이상인지 검사했으므로 이 조건식이 거짓이 되어 두 번째 분기로 넘어갔다면 두 번째 조건식에서 90 이하인지는 검사할 필요가 없다. 나머지 조건식들도 마찬가지이다. 마지막 분기가 조건식 없이 else가 왔으므로 이 다중 if-else 문은 항상 하나의 분기가 실행된다.

사용자로부터 점수를 읽어 학점을 부여하는 자바 프로그램을 다중 if-else 문을 사용하여 작성하면 예제 3.2와 같고 그림 3.2는 예제 3.2의 실행 결과를 보인 것이다.

예제 3.2 Grading 클래스

```java
01  import java.util.Scanner;
02
03  public class Grading {
04      public static void main(String[] args) {
05          Scanner input = new Scanner(System.in);
06          char grade;
07
08          System.out.println("점수를 입력하시오:");
09          int score = input.nextInt();
10          if (score >= 90)
11              grade = 'A';
```

```
12          else if (score >= 80)
13              grade = 'B';
14          else if (score >= 70)
15              grade = 'C';
16          else if (score >= 60)
17              grade = 'D';
18          else
19              grade = 'F';
20
21          System.out.println("학점은 " + grade + "입니다.");
22      }
23  }
```

Problems @ Javadoc Declaration 🖵 Console ✕

<terminated> Grading [Java Application] C:₩Program Files₩Ac

점수를 입력하시오:

84

학점은 B입니다.

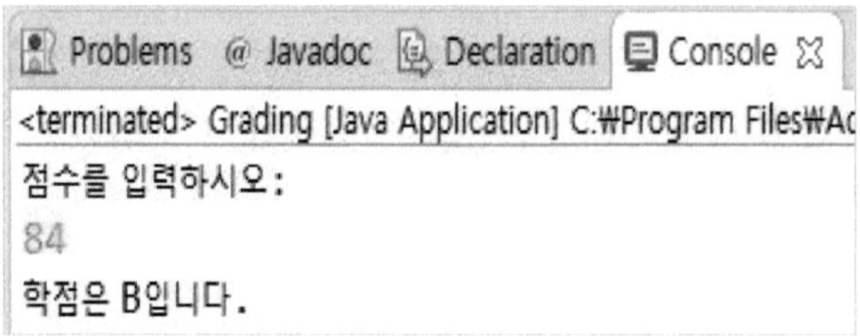

그림 3.2 예제 3.2의 실행 결과

그런데 이 프로그램은 100보다 큰 값에 대해서도 A를 부여하고 음수 값에 대해서도 F를 부여한다. 이것이 원하는 동작이 아니라면 다중 if-else 문에 다음과 같은 조건문을 추가하여 범위를 벗어난 입력을 걸러낼 수 있을 것이다. 예제를 이와 같이 수정하는 것은 과제로 남겨 둔다.

```
if (score < 0 || score > 100)
    System.out.println("잘못된 점수입니다.");
else
    ...
```

다중 if-else 문의 경우에도 각 분기에 둘 이상의 문장이 들어가야 한다면 중괄호로 묶어 복합문으로 작성해야 하는 것은 동일하다.

> **요약: 다중 if-else 문**
>
> ```
> if (Boolean_Exp_1)
>     Statement_1;
> else if (Boolean_Exp_2)
>     Statement_2;
> else if (Boolean_Exp_3)
>     Statement_3;
> ...
> else
>     Statement_n;
> ```
>
> 다중 if-else 문은 2개의 분기를 갖는 기본 if-else 문을 중첩시킨 것이다. *Boolean_Exp_1*이 true이면 *Statement_1*을 실행하고 나머지 else는 모두 건너뛴다. *Boolean_Exp_1*이 false이면 *Boolean_Exp_2*를 검사한다. *Boolean_Exp_2*가 true이면 *Statement_2*를 실행하고 나머지 else는 모두 건너뛴다. *Boolean_Exp_2*가 false이면 다음 조건식으로 넘어간다. 이렇게 마지막 조건식까지 모두 false이면 *Statement_n*을 실행한다.
> 각 분기에 두 문장 이상이 들어가야 한다면 중괄호로 묶어 복합문으로 작성해야 한다.

3.2 switch 문

자바에는 다중 분기를 위한 또 다른 조건문으로 switch 문이 있다. 앞에서 살펴본 다중 if-else 문이 if 문을 중첩시켜 다중 분기를 얻는다면 switch 문은 애초에 다중 분기를 염두에 두고 문법이 구성되어 있다. 예를 들어 char 타입의 변수 grade에 A, B, C,... 등의 학점이 저장되어 있고, 이를 평점으로 바꾸어 gPoints라는 변수에 저장하려고 한다면 다음 과 같은 switch 문을 작성할 수 있다.

```
double gPoints = 0;

switch (grade) {
case 'A':
    gPoints = 4.0;
    break;
case 'B':
    gPoints = 3.0;
    break;
case 'C':
    gPoints = 2.0;
    break;
```

```
    case 'D':
          gPoints = 1.0;
          break;
    case 'F':
          gPoints = 0.0;
          break;
default:
          System.out.println("잘못된 학점입니다.");
}
```

switch 문은 키워드 switch 다음에 괄호가 오고 그 안에 변수나 식이 들어간다. 이것을 **제 어식**(controlling expression)이라고 부른다. 제어식으로는 보통 byte, short, int 등의 정수형 타입이나 char 타입의 식이 오게 된다. 그 다음의 중괄호 안에는 일련의 case 항목들이 나 온다. 각 case 항목은 키워드 case, 상수, 콜론(:), 그리고 일련의 문장들로 구성된다. case 키워드 다음에 나오는 상수를 **case 레이블**(case label)이라고 부른다.

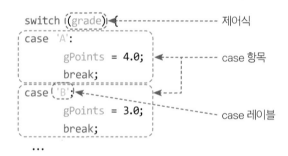

switch 문을 실행할 때는 먼저 제어식을 계산하여 값을 얻은 후, 각 case 항목들을 차례 로 검사하여 제어식의 값과 일치하는 case 레이블이 있는지 확인한다. 제어식의 값과 일 치하는 레이블을 가진 case 항목이 있으면 그 항목에 속한 문장들을 실행한다. 일치하는 case 항목이 하나도 없으면 default라고 표시된 마지막 case 항목의 문장들이 실행된다. default case는 생략될 수도 있다. 일치되는 case 항목이 하나도 없고 default case도 생 략되었으면 아무 것도 실행되지 않는다.

case 레이블이 순서대로 나와야 할 필요도 없고 그 값이 연속적이어야 할 필요도 없다. 위 의 예에서도 레이블이 'E'인 case 항목은 존재하지 않는다. switch 문을 실행할 때 case 항목이 작성된 순서대로 검사되고 실행된다는 점만 기억하면 된다.

위의 예에서 default case를 제외한 나머지 case 항목들은 모두 마지막 문장이 break 문으로 되어 있다. break 문은 특수한 분기문의 일종인데, switch 문 내에서 break를 만나면 switch 문의 나머지 내용을 건너 뛰고 switch 문 다음으로 실행이 넘어 간다. 즉, break는 switch 문을 빠져 나가게 한다. (break에 대한 보다 자세한 내용은 이 장의 뒷부분에 다시 나온다.) 예를 들어 변수 grade의 값이 'B' 였다면 두 번째 case 항목이 매칭되므로 다음의 두 문장이 실행된다.

```
gPoints = 3.0;
break;
```

double 타입의 변수 gPoints에 3.0이 대입되고 break가 실행된다. break는 switch 문의 나머지 부분을 건너뛰게 한다고 했으므로 나머지 case 항목에 속한 문장들은 실행되지 않는다. 즉, switch 문 다음으로 제어가 이동한다.

만약 다음과 같이 switch 문에서 break를 생략했다면 어떻게 될까?

```
double gPoints = 0;

switch (grade) {
case 'A':
        gPoints = 4.0;
case 'B':
        gPoints = 3.0;
case 'C':
        gPoints = 2.0;
case 'D':
        gPoints = 1.0;
case 'F':
        gPoints = 0.0;
default:
        System.out.println("잘못된 학점입니다.");
}
```

이번에도 grade의 값이 'B' 였다고 가정하면 레이블이 일치하는 두 번째 case 항목에 속한 문장들이 실행되는 것은 동일하다. gPoints에 3.0을 대입한 다음 break 문이 없으므로 그 다음에 나오는 실행문들이 계속 실행된다. 즉, 결과적으로 다음에 나열한 5개의 실행문들이 모두 실행되어 gPoints에는 최종적으로 0.0의 값이 저장되고 마지막 println 문장도 실행된다.

```java
    gPoints = 3.0;
    gPoints = 2.0;
    gPoints = 1.0;
    gPoints = 0.0;
    System.out.println("잘못된 학점입니다.");
```

그러므로 switch 문 내에서 break를 생략해서는 안 된다.

switch 문의 제어식이 반드시 하나의 변수로 구성되는 것은 아니다. 변수가 포함된 수식이 올 수도 있다. (그래서 제어 변수가 아니라 제어식이라고 부른다.) 그 수식을 계산한 결과 값이 정수형이거나 char 타입이면 된다.

> **참고 | switch 문의 제어식의 타입**
>
> 제어식의 타입으로는 정수형 중에서 byte, short, int 타입과 char 타입이 사용된다. 설명하지는 않았지만 자바의 열거형 타입(enumerated type 혹은 enum type)도 가능하다. 그리고 Java 7에서부터는 String 타입도 제어식으로 사용할 수 있게 되었다.

앞의 예에서 학점이 소문자로 입력되는 경우도 대문자와 동일하게 처리하려면 어떻게 하면 될까? 다음과 같이 코드를 수정하면 된다.

```java
    double gPoints = 0;

    switch (grade) {
    case 'A':
    case 'a':
        gPoints = 4.0;
        break;
    case 'B':
    case 'b':
        gPoints = 3.0;
        break;
    case 'C':
    case 'c':
        gPoints = 2.0;
        break;
```

```
case 'D':
case 'd':
        gPoints = 1.0;
        break;
case 'F':
case 'f':
        gPoints = 0.0;
        break;
default:
        System.out.println("잘못된 학점입니다.");
}
```

어떤 case 항목은 실행문이 하나도 없을 수 있다. 위의 코드에서 'A', 'B', 'C', 'D', 'F' 등을 레이블로 가진 항목들이 그러하다. 만약 grade의 값이 'B'였다면 해당 case 항목에 속한 문장이 실행되어야 하는데 이 항목에는 딸린 문장이 하나도 없다. 즉, case 레이블 뒤에 붙은 콜론(:) 다음에 문장이 하나도 없다. break 문조차도 없기 때문에 컴퓨터는 프로그램의 다음 실행문을 찾아 내려가게 된다. 그러므로 grade의 값이 'B'였다면 case 'b'에 속한 다음 두 문장이 실행되는 것이다.

```
gPoints = 3.0;
break;
```

즉, grade의 값이 'B'이거나 'b'일 때는 위의 두 문장이 실행된다.

혹은 이를 하나의 case 항목이 두 개의 레이블 즉 'B'와 'b'를 가진다고 생각할 수도 있다. 즉, 여러 개의 레이블을 가지는 case 항목을 작성할 수 있다고 생각해도 된다.

사용자에게 학점을 문자로 읽어서 평점을 출력하는 완전한 프로그램을 예제 3.3에 보였다.

예제 3.3 GradeToPoints 클래스

```
01  import java.util.Scanner;
02
03  public class GradeToPoints {
04      public static void main(String[] args) {
05          Scanner input = new Scanner(System.in);
06          System.out.print("학점을 문자로 입력하시오: ");
07          char grade = input.next().charAt(0);
```

```
08          double gPoints = 0;
09
10          switch (grade) {
11          case 'A': case 'a':
12              gPoints = 4.0;
13              break;
14          case 'B': case 'b':
15              gPoints = 3.0;
16              break;
17          case 'C': case 'c':
18              gPoints = 2.0;
19              break;
20          case 'D': case 'd':
21              gPoints = 1.0;
22              break;
23          case 'F': case 'f':
24              gPoints = 0.0;
25              break;
26          default:
27              System.out.println("잘못된 학점입니다.");
28          }
29
30          System.out.println("평점 = " + gPoints);
31      }
32  }
```

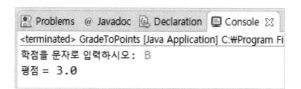

그림 3.3 예제 3.3의 실행 결과

예제 3.3의 7행은 사용자가 입력한 문자를 얻는 문장이다. 이 문자가 학점을 나타낸다. 그
런데 Scanner 클래스에는 문자 하나를 읽어서 반환하는 메소드는 없다. int 값을 반환하
는 nextInt는 있어도 nextChar 같은 메소드는 없다는 말이다. 그러므로 next 메소드를 사
용하는데, next 메소드는 공백이나 줄바꿈이 나올 때까지의 내용을 읽어서 스트링으로 반
환한다. 사용자가 단 한 글자만 입력했더라도 그 내용이 String 타입으로 반환된다. 7행의

코드를 보다 이해하기 쉽게 두 줄로 나누어 쓰면 다음과 같다.

```
String str = input.next();
char grade = str.charAt(0);
```

next 메소드가 스트링을 반환하므로 char 타입의 변수 grade에 바로 대입할 수 없어서 String 변수 str을 사용했다. 그리고 둘째 줄에서 이 스트링에 포함된 문자를 얻기 위해 이번에는 String 클래스의 charAt 메소드를 호출했다. 인자는 첫 번째 인덱스를 의미하는 0이다. 스트링 변수 str은 다른 용도로 사용되지 않기 때문에 예제 3.3의 7행에서는 위의 두 줄을 보다 간결하고 효율적으로 다음과 같이 한 줄로 작성했다.

```
char grade = input.next().charAt(0);
```

점(.)이 두 번 나왔지만 왼쪽부터 차례로 해석하면 된다. 먼저 input이라는 이름의 객체를

요약: switch 문

```
switch (Control_Expression) {
case Label_1:
  Statements;
  ..
  break;
case Label_2:
  Statements;
  ..
  break;
...
default:
  Statements;
  ..
  break;
}
```

제어식인 *Control_Expression*의 값은 byte, short, int 혹은 char 타입이어야 한다. (Java 7 이후부터는 String도 가능하다) *Label_i*로 표시된 각 case 레이블들은 서로 달라야 하고 *Control_Expression*과 동일한 타입의 상수여야 한다. *Control_Expression*의 값을 얻은 후 각 case 레이블을 차례로 검사하여 *Control_Expression*의 값과 일치하는 레이블을 가진 case 항목을 찾아 거기 속한 실행문들을 실행한다. 각 case 항목에 속한 실행문을 나타내는 *Statements*와 break문은 생략될 수도 있다. default case는 선택사항인데, default case가 있다면 *Control_Expression*의 값과 일치하는 레이블이 하나도 없을 경우에 실행된다.

대상으로 next 메소드를 호출한다. next의 실행이 완료되면 사용자가 키보드로 입력한 내용이 스트링으로 반환된다. 말하자면 그 반환된 값이 input.next()라는 부분을 대체한다고 생각할 수 있다. 사용자가 입력한 내용이 "B" 였다면 다음과 같은 문장이 실행되는 셈이다.

```java
char grade = "B".charAt(0);
```

이제 사용자가 입력한 스트링 "B" 에 대해 다시 charAt 메소드를 실행한다. charAt 메소드의 실행이 완료되면 이 경우에는 문자 'B' 가 반환되고 그 문자가 grade에 대입된다.

3.3 while 문

프로그램을 작성할 때는 특정 부분의 동작을 반복하여야 하는 경우가 많다. 이럴 때 사용하는 것이 **반복문**이다. 반복문을 흔히 **루프**라고도 부른다. C/C++ 언어와 마찬가지로 자바에서도 while 문, do-while 문, 그리고 for 문 등 세 가지 종류의 반복문이 제공된다. 반복문에서 반복되는 문장 혹은 문장들을 **몸체**(body)라고 하며, 몸체가 한 번 실행되는 것을 **반복**(iteration)이라고 부른다.

첫 번째로 살펴볼 루프는 while 문이다. 간단한 예로 정수 n이 주어졌을 때 1에서 n까지의 합을 계산하려면 다음과 같이 while 루프를 사용할 수 있다.

```java
int sum = 0, i = 1;
while (i <= n) {
    sum = sum + i;
    i++;
}
```

while 루프는 먼저 키워드 while이 오고 그 다음에 괄호에 싸인 **조건식**(conditional expression)이 나온다. 조건식 다음에 루프의 몸체가 나오는데, 몸체가 두 개 이상의 문장으로 이루어지면 중괄호를 써서 복합문을 만들어야 한다. 조건식은 boolean 타입의 식이다. 즉, boolean 값으로 계산이 되어야 한다. 조건식의 값이 true이면 몸체가 실행되고 false이면 루프가 종료되므로 조건식이 참인 동안(*while*) 몸체가 반복된다. 그러므로 어떤 조건이 충족되었을 때 조건식을 거짓으로 만드는 코드가 몸체 내에 있어야 반복이 종료된다. 위의 예에서는 조건식에 포함된 변수 i의 값을 몸체에서 증가시킨다. i의 값이 n보다 커지면 반복이 종료된다. 물론 처음부터 조건식이 거짓이면 몸체가 한 번도 실행되지 않을 수도 있다.

위의 코드 예를 보면 먼저 합계를 저장하기 위한 변수 sum과 반복을 제어하기 위한 제어변수 i를 정의하고 초기화하였다. 그리고 while 루프의 조건식으로는 i의 값이 n보다 작거나 같은지 검사하는 비교 연산식이 왔다. 변수 i가 1부터 시작하고 몸체에서 매 번 반복마다 i의 값을 증가시키고 있으므로 몸체는 정확히 n번 반복될 것이다. 몸체가 두 개의 문장으로 구성되므로 중괄호를 사용하여 몸체를 복합문으로 표시했다.

사용자에게 정수 n을 읽어 1부터 n까지의 합계를 계산하여 출력하는 완전한 프로그램을 예제 3.4에 보였고 그 실행 결과가 그림 3.4이다. 11행에서 복합대입 연산자 +=를 사용하여 간단히 나타내었음에 유의하라.

예제 3.4 SumToNWhile 클래스

```java
01  import java.util.Scanner;
02
03  public class SumToNWhile {
04      public static void main(String[] args) {
05          Scanner input = new Scanner(System.in);
06          System.out.println("정수를 입력하세요.");
07          int n = input.nextInt();
08
09          int sum = 0, i = 1;
10          while (i <= n) {
11              sum += i;
12              i++;
13          }
14          System.out.println("1에서 " + n +"까지의 합은 " +
15                                          sum + "입니다.");
16      }
17  }
```

```
🔲 Problems  @ Javadoc  🔍 Declaration  🖵 Console ☒
<terminated> SumToNWhile [Java Application] C:\Program Fi
정수를 입력하세요.
100
1에서 100까지의 합은 5050입니다.
```

그림 3.4 예제 3.4의 실행 결과

if 문의 각 분기가 두 문장 이상일 때 복합문을 반드시 써야 했던 것과 마찬가지로, while 문에서도 몸체가 두 문장 이상이면 복합문을 반드시 써야 한다. 예를 들어 위의 예제에서 다음과 같이 중괄호를 생략하면 잘못된 코드가 된다.

```
int sum = 0, i = 1;
while (i <= n)
    sum += i;
    i++;
```

이 코드에서 루프의 몸체에는 다음의 한 문장만 속하는 것으로 간주된다.

```
sum += i;
```

i의 값을 증가시키는 그 다음 문장은 몸체의 일부가 되지 않는다는 말이다.

```
i++;
```

위의 두 문장이 같은 위치로 들여쓰기가 되어 있는 것은 아무런 상관이 없다. 들여쓰기는 사람이 읽고 이해하기 쉽게 코드를 정리하는 방법이지만 컴파일러에게는 무시된다. 즉, 몸체를 둘러싸는 중괄호가 없다면 들여쓰기를 어떻게 하든 i를 증가시키는 위 문장이 while 루프의 일부가 아니라는 사실은 변함이 없다.

중괄호가 빠진 위의 코드를 같은 의미의 코드로 다시 쓰면 다음과 같다. 다음 코드의 중괄호는 필수적이지는 않지만 루프 몸체의 범위를 명확히 나타내기 위해 추가되었다.

```
int sum = 0, i = 1;
while (i <= n) {
    sum += i;
}
i++;
```

위의 while 루프는 몸체에서 i의 값을 변경하지 못하므로 루프를 영원히 빠져 나오지 못하는 상태, 즉 우리가 **무한 루프**(infinite loop)라고 부르는 잘못된 상태로 들어간다. i의 값이 계속 1로 머물러 있어서 조건식이 거짓이 될 수 없으므로 루프 몸체의 문장에서 이 값을 변수 sum에 더하는 동작만이 끝없이 계속되는 것이다.

한 가지 더 유의할 점은 예제 3.4에서 입력으로 0이 들어 오면 while 루프의 몸체는 한 번도 실행되지 않는다. 처음부터 조건식이 거짓이 되기 때문이다. 이것은 조건식의 검사가 몸체의 앞에서 이루어지기 때문이다.

요약: while 루프

```
while (Boolean_Expression)
    Body;
```

*Boolean_Expression*은 boolean 값을 반환하는 식이어야 한다. while 루프의 몸체(*Body*)가 단 하나의 문장이라면 중괄호 없이 쓸 수도 있지만 보통은 여러 문장으로 구성되므로 다음과 같이 중괄호로 묶어 복합문을 구성해야 한다.

```
while (Boolean_Expression) {
    Statement_1;
    ...
    Statement_n;
}
```

*Boolean_Expression*의 값이 참이면 몸체를 구성하는 *Statement_1*에서 *Statement_n*까지가 실행되고 다시 *Boolean_Expression*이 검사된다. *Boolean_Expression*의 값이 거짓이면 몸체를 실행하지 않고 루프 다음 문장으로 넘어 간다.

3.4 do-while 문

do-while 문은 while 문과 비슷하지만 조건식이 몸체의 뒤에 놓인다는 점에서 차이가 있다. 1에서 n까지의 합을 구하는 코드를 do-while로 작성해 보면 다음과 같다.

```
int sum = 0, i = 1;
do {
    sum += i;
    i++;
} while (i <= n);
```

위의 코드에 보인 것처럼 do-while 루프는 키워드 **do**가 오고 루프의 몸체가 온다. 몸체 다음에 **while** 키워드와 조건식이 나타난다. 조건식 다음에는 문장의 종료를 나타내는 세미콜론(;)이 바로 따라온다. 이와 같이 조건식이 몸체 다음에 오므로 어떤 경우이든 몸체가 최소 한 번은 실행된다는 특징을 가진다. 이 점이 앞에서 살펴본 **while** 루프와의 주된 차이점이 된다.

1에서 n까지의 합을 do-while로 구현한 자바 프로그램인 예제 3.5를 보면 while 루프를 사용했던 예제 3.4와 거의 흡사하다. 일반적인 입력이 들어 왔을 때는 실행 결과도 동일하다.

예제 3.5 SumToNDoWhile 클래스

```java
01  import java.util.Scanner;
02
03  public class SumToNDoWhile {
04      public static void main(String[] args) {
05          Scanner input = new Scanner(System.in);
06          System.out.println("정수를 입력하세요.");
07          int n = input.nextInt();
08
09          int sum = 0, i = 1;
10          do {
11              sum += i;
12              i++;
13          } while (i <= n);
14          System.out.println("1에서 " + n +"까지의 합은 " +
15                                          sum + "입니다.");
16      }
17  }
```

```
Problems  @ Javadoc  Declaration  Console ⊠
<terminated> SumToNDoWhile [Java Application] C:₩Program
정수를 입력하세요.
100
1에서 100까지의 합은 5050입니다.
```

그림 3.5 예제 3.5의 실행 결과

그런데 이 예제를 실행시킬 때 입력이 0이 들어 왔다면 어떻게 될까? n은 0이고 i가 1이니 n이 i보다 작아서 조건식이 거짓이 되겠지만 do-while 루프의 특성상 조건식의 검사가 루프 몸체 뒤에서 일어나므로 일단 몸체는 한 번 실행된다. 따라서 그림 3.6과 같은 잘못된 결과가 나온다.

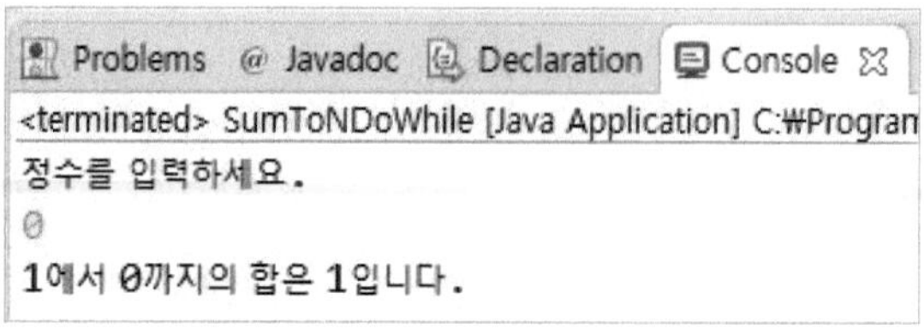

```
Problems  @ Javadoc  Declaration  Console ⊠
<terminated> SumToNDoWhile [Java Application] C:₩Progran
정수를 입력하세요.
0
1에서 0까지의 합은 1입니다.
```

그림 3.6 예제 3.5의 실행 결과 (입력이 0인 경우)

그러므로 do-while 루프를 사용할 때에는 의도치 않은 입력이 들어오는 경우를 면밀히 검토해야 한다. 조건의 검사가 루프 몸체의 뒤에서 이루어지기 때문에 의도와 다르게 동작할 가능성이 있기 때문이다.

요약: do-while 문

```
do {
    Statement_1;
    ...
    Statement_n;
} while (Boolean_Expression);
```

*Boolean_Expression*은 boolean 값을 반환하는 식이어야 한다. 먼저 몸체를 구성하는 *Statement_1*에서 *Statement_n*까지가 실행되고 *Boolean_Expression*이 검사된다. *Boolean_Expression*의 값이 참이면 다시 몸체를 실행하고 거짓이면 더 이상 몸체를 실행하지 않고 다음 문장으로 넘어 간다.

3.5 for 문

for 문은 카운터 변수를 두어 반복을 제어하는 방식의 루프문인데, 자바의 세 가지 루프 가운데 실제로 가장 자주 사용된다. 1에서 n까지의 합을 구하는 코드를 for 루프로 작성하면 다음과 같다.

```
int sum = 0;
for (int i = 1; i <= n; i++)
    sum += i;
```

for 루프는 키워드 for 다음에 괄호가 오고 그 안에 두 개의 세미콜론으로 구분되는 세 개의 부분을 가진다. 괄호가 끝나면 뒤에 루프 몸체가 온다. 몸체가 두 문장 이상으로 구성되면 반드시 중괄호로 묶어 복합문으로 작성해야 하는 것은 while 문과 동일하다. 키워드 for 다음의 괄호 내에 오는 세 부분을 각각 초기화(initialization), 조건식(conditional expression), 업데이트(update)로 부른다. 조건식은 boolean 식이라야 하며 초기화와 업데이트에는 실행문이 온다.

```
for (Initialization; Conditional_Exp; Update)
    Body
```

for 루프가 실행되는 방식은 다음과 같다. 먼저 초기화 부분이 한 번 실행된다. 그 다음에 조건식을 검사하여 그 값이 거짓이면 몸체를 실행하지 않고 루프를 종료한다. 조건식의 값이 참이면 몸체를 실행한다. 몸체의 실행이 끝나면 업데이트를 실행하고 다시 조건식을 검사한다. 이와 같은 방법으로 실행이 반복되다가 조건식의 값이 거짓이 되면 루프가 종료되고 프로그램의 다음 문장으로 넘어간다. 이제 앞에서 살펴본 예제 코드로 돌아가 보자.

```
int sum = 0;
for (int i = 1; i <= n; i++)
    sum += i;
```

변수 sum을 선언한 후에 for 루프를 만나면 먼저 초기화 부분이 실행된다. 여기서는 변수 i를 선언하고 초기값을 할당한다. 이 변수 i가 반복을 제어하는 카운터 변수의 역할을 한다. 그 다음으로 조건식을 검사하는데, 예를 들어 n의 값이 5라면 변수 i의 현재 값인 1이 n보다 작기 때문에 조건식의 값이 참이 된다. 조건식이 참이므로 몸체가 실행되어 sum에 i의 값을 더한다. 몸체의 실행이 끝나면 업데이트를 실행하여 카운터 변수 i를 증가시킨다. 그리고 나서 다시 조건식을 검사하여 참이면 몸체를 실행하고 거짓이면 루프를 종료한다. 이와 같이 진행하여 루프 몸체를 정확히 n 번 반복한 후 루프를 종료하게 된다.

1에서 n까지의 합을 for 루프로 구현한 완전한 자바 프로그램을 예제 3.6에 보였다. while과 do-while 루프를 사용했던 앞의 예제와 비교해 보면 for 루프가 조금 더 코드를 간결하게 표현할 수 있음을 알 수 있다.

예제 3.6 SumToNFor 클래스

```
01    import java.util.Scanner;
02
03    public class SumToNFor {
04        public static void main(String[] args) {
05            Scanner input = new Scanner(System.in);
06            System.out.println("정수를 입력하세요.");
07            int n = input.nextInt();
08
09            int sum = 0;
```

```
10          for (int i = 1; i <= n; i++)
11              sum += i;
12          System.out.println("1에서 " + n +"까지의 합은 " +
13                                          sum + "입니다.");
14      }
15  }
```

사실 for 문과 while 문은 같은 내용을 서로 다른 표기법으로 표현한 것이라 할 수 있다. for 문을 동등한 의미의 while 문으로 바꾸면 다음과 같다.

```
Initialization;
while (Conditional_Exp) {
    (for 문의) Body;
    Update;
}
```

초기화 부분은 while 루프의 밖으로 나와 처음에 한 번 실행된다. while 루프의 조건식에는 for의 조건식이 그대로 들어간다. while 루프의 몸체는 for 루프의 몸체와 업데이트 부분을 차례로 포함하면 된다. 이와 같은 for 루프와 while 루프의 관계는 동일한 내용을 구현했던 예제 3.4와 예제 3.6을 비교해 보면 쉽게 확인할 수 있다. 그리고 for 루프도 while 루프와 마찬가지로 조건의 검사가 몸체 앞에 있기 때문에 조건에 따라 몸체가 한 번도 실행되지 않을 수 있다.

for 루프의 몸체 앞에 오는 세 부분 가운데 초기화와 업데이트 부분은 비워 둘 수도 있다. 예를 들어 예제 3.6에서 10–11행의 for 루프는 다음과 같이 초기화 부분을 루프 앞쪽으로 옮기고 비워 두어도 에러가 나지 않고 동일하게 동작한다. (i의 선언이 루프 밖으로 옮겨짐으로써 생기는 변수 영역의 차이는 잠시 후에 설명된다.)

```
int i = 1;
for (; i <= n; i++)
        sum += i;
```

더 나아가 다음과 같이 업데이트 부분을 비워 두어도 에러는 나지 않는다. 물론 몸체가 실행된 후 업데이트가 실행되는 것이기 때문에 업데이트의 내용을 몸체의 끝부분으로 옮겨야 코드가 원래의 의미를 유지한다.

```
int i = 1;
for (; i <= n;) {
        sum += i;
        i++;
}
```

위의 코드에서 알 수 있듯이 for 루프의 초기화 및 업데이트 부분은 비워 둘 수도 있지만 그런 경우에도 세미콜론을 생략할 수는 없다. 즉, 어떤 경우이든 키워드 for 다음의 괄호에는 두 개의 세미콜론이 와야 한다. 그리고 사실 위와 같이 구성한 for 루프는 앞서 설명한 대로 while 루프와 거의 동일하다.

마지막으로 for 루프의 조건식 부분을 비워 두면 어떻게 될까? 놀랍게도 이렇게 해도 에러가 나지 않는다. 가령 세 부분을 모두 비워 둔 다음과 같은 코드도 문법적으로 문제가 없다.

```
for (;;) {
  ...
}
```

조건식을 비워 두면 참(true)인 것으로 간주된다. 따라서 위의 for 문은 무한 루프가 되어 몸체를 끝없이 실행하게 된다. 일반적으로 많이 사용되는 것은 아니지만, 켜져 있는 동안 동일한 작업을 계속해야 하는 서버 프로그램처럼 무한 루프를 사용하는 것이 적합한 상황도 있기는 하다. 그렇더라도 다음과 같이 조건을 명확히 하는 것이 프로그램을 이해하기 쉽게 만든다.

```
for (;true;) {
  ...
}
```

그러면 이 루프를 끝낼 수 있는 방법은 없을까? 다음 절에서 배울 break 문을 사용하면 몸체 내부에서 특정 조건이 만족되었을 때 루프를 끝내는 방식으로 프로그램을 작성할 수 있다.

for 루프에서 선언된 변수

예제 3.6에서 변수 sum은 9행에서 선언되었다. 이 변수는 자신이 포함된 main 메소드에 지역적이다. 다르게 말한다면 sum은 main 메소드의 **지역 변수**(local variable)이다. 모든 변수는 **영역**(scope)을 가지는데, 영역이란 프로그램에서 그 변수를 사용할 수 있는 부분을 뜻하는 공간적 개념이다. 변수 sum의 영역은 main 메소드이다. 더 엄밀히 말한다면 변수 선언이 이루어진 곳에서 자신이 속한 메소드의 끝까지가 지역 변수의 영역이다. 예제 3.6의 변수 sum의 경우에는 선언된 9행에서 메소드의 끝인 14행까지가 자신의 영역이 된다.

그런데 변수 sum과 달리 변수 i는 for 루프의 초기화 부분에서 선언되었다. 이렇게 되면 그 변수의 영역이 for 루프로 제한된다. 즉, for 루프 내에서만 사용될 수 있다. 예를 들어 다음과 같이 코드를 작성하면 에러가 난다.

```
int sum = 0;
for (int i = 1; i <= n; i++)
    sum += i;
System.out.println("i의 현재 값 = " + i);      //에러
```

마지막 문장은 for 루프의 몸체에 속하지 않으므로 여기에 사용된 i는 정의되지 않은 이름으로 간주되어 에러가 난다. 이와 달리 for 루프 밖에서 선언된 변수 sum은 이런 제한 없이 사용이 가능했었다(예제 3.6의 13행). 그러므로 변수 i도 루프의 외부에서 사용하려면 다음과 같이 for 루프 이전에 선언하면 된다.

```
int sum = 0, i;
for (i = 1; i <= n; i++)
    sum += i;
System.out.println("i의 현재 값 = " + i);
```

변수의 영역을 가능한 한 제한하는 것이 유익한 프로그래밍 방법이다. 그러므로 특별한 이유가 없다면 카운터로 사용되는 변수는 루프의 초기화 부분에서 선언하여 그 영역을 루프 내부로 제한하는 것이 좋다.

for 루프와 콤마 연산자

for 루프의 초기화 및 업데이트 부분에 둘 이상의 동작을 넣는 것도 가능하다. 예를 들어 앞서 살펴 본 for 루프의 초기화 부분에 i 뿐만 아니라 sum의 초기화도 포함할 수 있다.

```
int i, sum;
for (i = 1, sum = 0; i <= n; i++)
    sum += i;
```

초기화 부분에 여러 문장이 오면 차례로 모두 실행된다. 위 코드에서는 조건식 검사 전에 i의 값을 1로 초기화하고 이어서 sum의 값을 0으로 초기화한다. 이 때 두 개의 초기화 문장

사이는 세미콜론이 아니라 콤마(,)로 구분한다. 이렇게 사용된 콤마를 **콤마 연산자**(comma operator)라고 부른다. 변수를 미리 선언하지 않고 두 변수 모두 다음과 같이 for 루프의 초기화 부분에서 선언해도 루프는 정상적으로 동작한다.

```java
for (int i = 1, sum = 0; i <= n; i++)
    sum += i;
System.out.println(sum);      //에러: 변수 sum을 사용할 수 없음!
```

그러나 이 경우에는 변수 i와 sum은 그 영역이 루프로 제한되므로 루프 다음의 문장에서 sum의 값을 사용할 수 없다는 문제가 있다. 그러므로 for 루프의 초기화 부분에서는 제어 변수만이 선언되는 것이 보통이다.

for 루프의 업데이트 부분에도 여러 개의 문장을 넣는 것이 가능하다. 그리고 이 때도 역시 업데이트 동작들 사이는 콤마 연산자로 구분해야 한다. 다음의 for 루프는 초기화 부분에서 i와 j 두 변수를 선언하고, 업데이트에서는 i를 증가시키고 j는 감소시킨다. 가령 n의 값이 9라면 실행 결과가 어떻게 되겠는가?

```java
for (int i = 1, j = n; i <= j; i++, j--) {
    System.out.print(i + " ");
    System.out.println(j);
}
```

요약: for 문

```java
for (Initialization; Conditional_Exp; Update)
    Body;
```

초기화(*Initialization*)와 업데이트(*Update*)에는 실행문이 들어가고 조건식(*Conditional_Exp*)은 boolean 식이어야 한다. for 루프의 몸체(*Body*)가 단 하나의 문장이라면 중괄호 없이 쓸 수도 있지만 보통은 여러 문장으로 구성되므로 다음과 같이 중괄호로 묶어 복합문을 구성해야 한다.

```java
for (Initialization; Conditional_Exp; Update) {
    Statement_1;
    ...
    Statement_n;
}
```

먼저 초기화 부분이 실행되고 조건식이 검사된다. 조건식의 값이 참이면 몸체를 구성하는 문장들(*Statement_1*에서 *Statement_n*까지)이 차례로 실행된 후, 업데이트가 실행되고 다시 조건식이 검사된다. 조건식이 거짓이 되면 몸체를 실행하지 않고 for 루프 다음의 문장으로 넘어간다.

약수를 출력하는 프로그램

정수를 입력 받아 그 정수의 약수를 출력하는 프로그램을 작성해 보자. 2×6 = 12, 3×4 = 12 이므로 12의 약수는 2, 3, 4, 6이다. 프로그램은 그림 3.7의 실행 결과와 같이 동작해야 한다.

그림 3.7 약수 구하기 프로그램의 실행 결과

즉, 입력한 정수의 약수를 커지는 순서로 나열하고 마지막에 약수의 개수를 출력해야 한다. 그러므로 약수를 구할 뿐만 아니라 약수의 개수를 어딘가 저장해 두어야 한다.

정수 n이 주어졌을 때 n의 약수를 어떻게 구할 수 있을까? n이 정수 i로 나누어 떨어진다면 (즉, 나머지가 0이면) i는 n의 약수가 된다. 4가 12의 약수라는 것은 12를 4로 나누어 나머지가 0이라는 것을 확인하면 알 수 있다. 즉, i가 n의 약수인지 알아보려면 다음과 같이 n을 i로 나누어 나머지를 검사해 보면 된다.

```
if (n % i == 0) {
    ...
}
```

어떤 정수라도 당연히 1과 그 자신으로 나누어 떨어진다. 그래서 1과 n을 n의 약수로 보지 않는 경우가 많다. 이렇게 가정하면 2에서 n−1까지의 모든 정수가 약수가 될 가능성이 있다. 그러므로 2에서 n−1까지의 모든 정수에 대해 차례대로 위와 같은 if 문을 적용해 보면 약수를 모두 구할 수 있을 것이다. 즉, 어떤 범위의 정수에 대해 동일한 작업을 반복해야 하므로 루프가 필요하다. 그리고 이 루프는 가장 작은 2에서 가장 큰 n−1까지 증가하면서 약수를 구해야 그림 3.7과 같은 실행 결과를 만들어낼 것이다. for 루프를 선택하면 다음과 같은 코드를 작성할 수 있다.

```
    int count = 0;
    for (int i = 2; i < n; i++) {
        if (n % i == 0) {
            System.out.println(i);
            count++;
        }
    }
```

약수가 발견되면 그 약수를 화면에 출력한다. 그리고 나중에 약수의 개수도 출력해야 하므로 변수 count를 두어 약수가 발견될 때마다 값을 증가시킨다.

그런데 조금 더 생각해 보면 n의 약수로 n/2보다 큰 수가 있을 수 없다는 것을 알 수 있다. 12의 약수 가운데 가장 큰 수는 6이다. 6보다 큰 정수로 12를 나누어 떨어지는 경우는 있을 수 없다. 그러므로 위의 for 루프는 범위를 제한하여 다음과 같이 수정하면 보다 효율적이다.

```
    int count = 0;
    for (int i = 2; i <= n/2; i++) {
        if (n % i == 0) {
            System.out.println(i);
            count++;
        }
    }
```

예제 3.7에 전체 프로그램을 보였다. 실행 결과는 앞서 본 그림 3.7이다.

예제 3.7 Divisors 클래스

```
01  import java.util.Scanner;
02
03  public class Divisors {
04      public static void main(String[] args) {
05          Scanner input = new Scanner(System.in);
06          System.out.println("정수를 입력하세요.");
07          int n = input.nextInt();
08          int count = 0;
09          for (int i = 2; i <= n/2; i++) {
10              if (n % i == 0) {
11                  System.out.println(i);
12                  count++;
```

```
13                }
14            }
15            System.out.println(n + "의 약수는 " + count + "개입니다.");
16    }
17 }
```

루프의 중첩

루프 내에 다시 루프가 사용될 수 있다. 루프의 몸체는 하나 혹은 그 이상의 문장으로 구성되는데, 루프 몸체에 다시 루프문이 사용되는 경우를 **중첩된 루프**(nested loop)라고 부른다. 예를 들어 한 자리의 정수를 받아 그림 3.8과 같은 내용을 출력하는 프로그램을 작성해 보자.

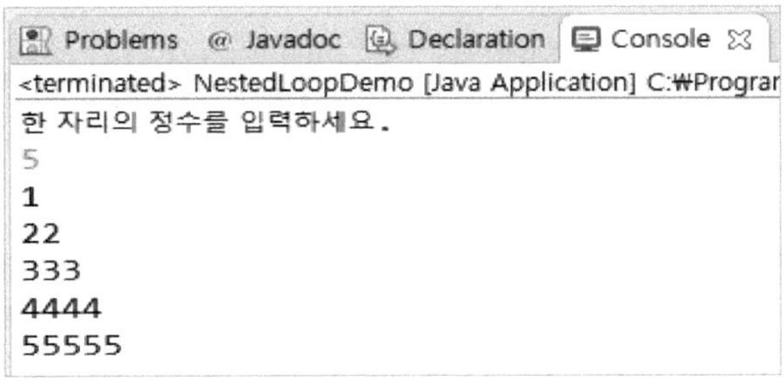

```
Problems  @ Javadoc  Declaration  Console
<terminated> NestedLoopDemo [Java Application] C:\Progran
한 자리의 정수를 입력하세요.
5
1
22
333
4444
55555
```

그림 3.8 예제 3.8의 실행 결과

즉, 5를 입력 받으면 위의 결과와 같이 다섯 줄을 출력한다. 그리고 각 줄은 1에서 5까지에 이르는 숫자를 출력하는데, 출력하는 숫자의 개수가 첫 줄에는 한 개, 둘째 줄에는 두 개, 이런 식으로 한 줄마다 하나씩 늘어난다.

우선 n을 입력 받으면 n 줄의 출력을 생성해야 하므로 1에서 n까지 반복하는 루프가 필요하다(외부 루프). for 루프를 사용하고 제어 변수로 i를 사용하면 다음과 같다.

```
for (int i = 1; i <= n; i++) {
  ...
}
```

변수 i가 1에서 n까지 증가하면서 매번 한 줄씩 출력하면 된다. 예를 들어 i=3이면 세 번째 줄을 출력하는데, 이 때는 3을 세 번 찍으면 된다. 일반적으로 말한다면 i를 i번 반복 출력하면 되는 것이다. i를 i번 반복 출력하는 이 반복 작업을 위해 중첩된 루프가 필요하다(내부 루프). 내부 루프도 for로 작성하고 내부 루프를 위한 제어 변수를 j라고 하면 전체 루프는 다음과 같이 된다.

```java
for (int i = 1; i <= n; i++) {
    for (int j = 1; j <= i; j++)
        System.out.print(i);
    System.out.println();
}
```

완성된 프로그램을 예제 3.8에 보였다.

예제 3.8 NestedLoopDemo 클래스

```java
01    import java.util.Scanner;
02
03    public class NestedLoopDemo {
04        public static void main(String[] args) {
05            Scanner input = new Scanner(System.in);
06            System.out.println("한 자리의 정수를 입력하세요.");
07            int n = input.nextInt();
08
09            for (int i = 1; i <= n; i++) {
10                for (int j = 1; j <= i; j++)
11                    System.out.print(i);
12                System.out.println();
13            }
14        }
15    }
```

외부 루프의 몸체는 10-11행의 내부 for 문과 12행의 println 출력문 등 2개의 문장으로 이루어졌다. 내부 루프의 몸체에서 숫자를 찍을 때는 print를 사용하므로 줄바꿈이 일어나지 않는다. 한 줄의 출력이 모두 끝나면 12행처럼 println 메소드를 인자 없이 호출하면 된다.

for 문 뿐만 아니라 while이나 do-while 문도 중첩될 수 있고, 서로 다른 종류의 루프가 중첩되는 것에도 제한이 없다. 즉 for 문의 몸체에 while 문이 내포되어도 되고 반대로도 마찬가지다. 루프의 중첩은 자바 프로그램 작성에서 흔히 일어나는 일이다. 또한 원칙상 루프가 중첩되는 회수에도 제한이 없다. 루프 안에 루프가 들어가면 2중의 중첩이고, 그 안쪽 루프에 또 새로운 루프가 내포되면 3중의 중첩이라고 부를 수 있을 것이다. 일반적으로 3중을 넘는 중첩은 프로그램의 이해를 어렵게 하므로 잘 사용되지 않는다.

3.6 break와 continue 문

break 문

break 문은 앞에서 switch 문을 설명할 때 만났었다. switch 문 내에서 break가 실행되면 switch 문의 나머지 내용을 실행하지 않고 switch 문 다음의 문장으로 넘어 간다고 했다. 즉, break 문은 switch 문을 빠져 나가는 용도로 사용한다.

그런데 루프를 빠져 나갈 때도 이 break 문을 사용할 수 있다. 루프의 몸체에서 break가 실행되면 몸체의 나머지 부분을 실행하지 않고 루프를 빠져 나간다. 즉, 루프 다음에 놓인 문장으로 넘어 간다. 다음의 코드를 보자.

```java
for (int j = 1; j < 10; j++) {
    if (j % 5 == 0)
        break;
    System.out.println(j);
}
System.out.println("for 루프가 종료되었습니다.");
```

위의 for 루프의 첫 줄을 보면 1에서 9까지 몸체를 9번 반복하도록 작성되었다. 그러므로 1에서 9까지를 화면에 출력할 것으로 기대할 수 있다. 하지만 몸체의 첫 문장인 if 문에서 j를 5로 나눈 나머지가 0일 때 break를 실행하도록 되어 있다. 코드를 실행해 보면 다음과 같이 4번을 반복하고 다섯 번째에서 if 조건이 참이 되어 break가 실행된다. break가 실행되면 몸체의 나머지 문장을 실행하지 않고 루프를 빠져 나가 루프 다음에 놓인 println 문장을 실행한다.

```
1
2
3
4
for 루프가 종료되었습니다.
```

break는 루프의 구조를 복잡하고 이해하기 어렵게 만들 수 있다. break가 사용되지 않은 루프는 한 곳에서 종료 조건을 명확히 확인할 수 있다. 즉, 조건식이 거짓이 되어야만 루프가 종료된다. 그런데 몸체에 break가 사용됨으로써 조건식에서 확인되지 않는 방법으로 루프를 빠져나갈 가능성이 생기게 된다. 방금 살펴본 for 루프의 예에서도 루프의 첫 줄은 몸체가 9번 반복될 것임을 나타내고 있지만 실제로 몸체 내에서 break를 사용했기 때문에 4번만에 루프가 종료되었다. 루프의 조건식이 거짓이 되지 않았음에도 불구하고 루프가 종료된 것이다. 이런 코드는 break를 갖지 않은 코드보다 제어 구조가 덜 명확하다. 그러므로 break를 남용하는 것은 유익하지 않은 프로그래밍 방식이다.

break 문은 for 문 뿐만 아니라 while이나 do-while 문에서도 같은 동작을 한다. 예를 들어 위의 for 루프를 while 루프로 고쳐 쓰면 다음과 같다.

```
int i = 1;
while (i < 10) {
        if (i % 5 == 0)
            break;
        System.out.println(i);
        i++;
}
System.out.println("while 루프가 종료되었습니다.");
```

이 때도 앞서 살펴본 for 루프와 비슷한 결과가 나온다. 즉, 루프의 종류가 무엇이든 루프 내에서 break 문이 실행되면 break가 포함된 루프가 종료된다.

회문 예제

break 문을 사용한 예제를 하나 작성해 보자. 회문(palindrome)이라는 것은 앞에서 읽으나 뒤에서 읽으나 동일한 "madam", "토마토" 같은 단어를 나타내는 용어이다. 단어를 읽어서 회문인지 아닌지 판별하여 출력하는 프로그램을 작성하려고 한다. 읽은 단어는 String 타입의 변수로 저장하는 것이 적절할 것이다. 그러면 "madam"과 같은 스트링이 회문인지 확인하려면 어떻게 해야 할까?

아마도 가장 먼저 생각나는 방법은 스트링을 뒤집어 원래 스트링과 비교해 보는 것이다. 즉, 뒤집어서 원래 스트링과 같다면 회문이다. 그런데 이 방법은 아직 우리가 배우지 않은 내용을 사용해야 하므로 여기서는 채택하지 않겠다.

생각해 볼 수 있는 다른 방법 중 하나는 스트링을 이루는 문자들을 앞과 뒤에서부터 차례로 비교해 보는 것이다. 우선 첫 문자와 마지막 문자를 비교한다. 두 문자가 다르면 회문이 아니다. 두 문자가 같으면 그 다음의 두 문자, 즉 앞에서 두 번째 문자와 뒤에서 두 번째 문자를 비교한다. 이번에도 두 문자가 다르면 회문이 아니다. 두 문자가 같으면 그 다음 위치의 두 문자를 비교한다. 이렇게 스트링의 가운데 위치에 도달할 때까지 비교해서 모든 비교가 성공하면 회문이다. 물론 비교하는 과정 중에 한 번이라도 두 문자가 다르다면 회문이 아니고 더 이상 비교해 볼 필요가 없다.

이 방법을 구현하려면 String의 charAt 메소드를 사용하면 된다. 앞에서 배운 대로 charAt 메소드는 인덱스를 인자로 받아 인덱스가 가리키는 위치의 문자를 반환한다. 예를 들어 다음과 같이 호출하면 세 번째 위치의 문자인 'd'가 변수 ch에 대입된다.

```
char ch = "madam".charAt(2);
```

문자들의 비교는 처음과 끝에서 시작해서 가운데로 진행하면서 반복하여 이루어져야 하므로 루프가 필요하다. 그런데 비교가 진행되는 동안 한 번이라도 두 문자가 다르면 회문이 아니므로 루프의 반복을 계속할 필요가 없다. 이럴 때 break를 사용할 수 있을 것이다.

이런 방법을 구현한 완전한 자바 프로그램을 예제 3.9에 보였다.

예제 3.9 Palindrome 클래스

```
01  import java.util.Scanner;
02
03  public class Palindrome {
04      public static void main(String[] args) {
05          Scanner input = new Scanner(System.in);
06          System.out.println("단어를 입력하세요.");
07          String word = input.next();
08
09          int length = word.length();
10          boolean isPalin = true;
```

```
11          for (int i = 0, j = length-1; i < j; i++, j--) {
12              if (word.charAt(i) != word.charAt(j)) {
13                  isPalin = false;
14                  break;
15              }
16          }
17          System.out.print("\"" + word + "\" : ");
18          if (isPalin)
19              System.out.println("회문입니다.");
20          else
21              System.out.println("회문이 아닙니다.");
22      }
23  }
```

그림 3.9 예제 3.9의 실행 결과

10행에서 boolean 타입의 변수 isPalin을 두어 주어진 스트링이 회문인지 여부를 저장하도록 한다. 스트링을 구성하는 문자들의 인덱스가 0부터 시작되므로 길이가 n인 단어라면 0에서 n−1까지의 인덱스를 가진다는 점에 주의하라. 11행의 for 루프에 보면 두 개의 제어변수 i와 j를 두어 처음에 i에는 첫 문자의 인덱스인 0을 할당하고 j에는 끝 문자의 인덱스인 length−1을 할당한다. 루프 몸체에서 i와 j의 위치에 들어 있는 두 문자를 비교한다(12행). 두 문자가 같으면 for 문의 업데이트 부분으로 진행하고 두 문자가 다르면 회문이 아니므로 변수 isPalin을 false로 설정하고 break로 루프를 빠져 나간다. 루프의 업데이트 부분에서는 i는 증가시키고 j는 감소시켜 다음 번 위치의 문자 쌍을 비교하도록 한다. 루프의 반복은 i와 j가 같아지거나 i가 j보다 더 커지면 끝내면 된다. 즉, 루프의 진행을 위한 조건식이 i 〈 j가 된다.

이 종료 조건을 스트링의 길이가 홀수인 경우와 짝수인 경우로 나누어 좀 더 자세히 살펴보자. i는 0에서 시작하여 증가하고, j는 (단어의 길이-1), 즉 마지막 문자의 인덱스에서 시작하여 감소한다는 것을 기억하라. 예를 들어 "madam"이라면 세 번째 반복에서 i와 j가 둘 다 2가 되어 조건식이 거짓이 된다. 즉, i와 j가 가리키는 것이 가운데에 위치한 문자 'd'이므로 더 이상 비교할 필요가 없다.

```
word      m a d a m
index     0 1 2 3 4
```

반복 회차	제어 변수	설명
1	i:0, j:4	word.charAt(0) == word.charAt(4)
2	i:1, j:3	word.charAt(1) == word.charAt(3)
3	i:2, j:2	i<j가 거짓이 되어 루프 종료

혹은 스트링이 "abba"라면 세 번째 반복에서 i와 j가 교차되어 지나가서 i는 2, j는 1이 된다. 즉, i>j가 되는데, 이 때는 이미 모든 문자들이 비교되었으므로 더 이상 비교할 필요가 없다.

```
word      a b b a
index     0 1 2 3
```

반복 회차	제어 변수	설명
1	i:0, j:3	word.charAt(0) == word.charAt(3)
2	i:1, j:2	word.charAt(1) == word.charAt(2)
3	i:2, j:1	i<j가 거짓이 되어 루프 종료

boolean 타입의 변수 isPalin은 처음에는 그 값이 true이었다가 한 번이라도 비교한 문자들이 서로 다르면 false로 변경하고 바로 break를 실행하여 루프를 빠져 나간다. 18행에서 isPalin이 여전히 true이면 루프가 조건식이 거짓이 될 때까지 실행되었다는 뜻이므로 모든 비교가 성공했다는 것을 알 수 있다. 그러므로 주어진 단어는 회문이다. 만약 isPalin이 false라면 도중에 실패한 비교가 있었다는 뜻이므로 주어진 단어는 회문이 아니다.

17행에 사용된 이스케이프 시퀀스 \"에 유의하라. (이스케이프 시퀀스에 대해서는 2장에서 설명했었다. 그림 2.7과 그 설명을 참조하라.) 여기서는 실행 결과를 출력할 때 단어의 앞과 뒤에 이중 따옴표를 붙이기 위해 사용되었다.

　　"madem" : 회문이 아닙니다.

자바 코드에서 문자열을 이중 따옴표로 싸서 표시하는데, 문자열을 이루는 문자 중에 이중 따옴표가 있다면 반드시 이스케이프 문자를 사용해야 한다. 즉, 문자열 내에 포함된 따옴표 앞에 백슬래시를 붙여야 한다. 예를 들어 다음과 같이 이스케이프 문자를 쓰지 않고 문자열 내에 이중 따옴표를 그대로 썼다고 하자.

```
System.out.println("이중 따옴표는 "입니다");
```

그러면 자바 컴파일러는 이중 따옴표를 문자열의 시작과 끝으로 인식하므로 첫 번째 따옴표부터 두 번째 따옴표까지의 내용이 하나의 문자열을 이루는 것으로 간주한다.

```
"이중 따옴표는 "입니다"
    문자열          ?
```

그러면 여기에 이어지는 나머지 내용을 해석할 수 없으므로 에러가 난다. 그러므로 문자열 내에 이중 따옴표를 쓰고자 할 때에는 반드시 이스케이프 문자를 써야 한다.

```
System.out.println("이중 따옴표는 \"입니다");
              문자열
```

이렇게 하면 백슬래시가 붙은 두 번째 따옴표는 문자열의 시작이나 끝을 나타내는 역할을 하지 않아서 전체가 하나의 문자열로 간주된다. 예제 3.9의 17행에도 이와 같은 이유로 이스케이프 문자가 사용되었다.

```
System.out.print("\"" + word + "\" : ");
```

즉, print의 인자는 세 개의 스트링을 + 연산자로 결합한 것인데, 그 첫 부분이 다음과 같이 표시되어 있다.

　　"\""

첫 번째와 마지막 이중 따옴표는 자바에서 스트링의 시작과 끝을 나타내는 기능을 한다. 이 스트링은 그 길이가 1이다. 실제로 이 스트링에 대해 length 메소드를 호출해 보면 1을 반환한다. 하나의 문자를 포함한다는 뜻이다. 그런데 그 하나의 문자가 바로 이중 따옴표(")이다. 그런데 스트링 내에서 이중 따옴표를 그대로 쓰지는 못하므로 앞에 백슬래시를 덧붙여 \" 로 표현한 것이다.

중첩된 루프에서의 break

만일 루프가 중첩되었다면, 다시 말하여 루프 내에 다시 루프가 사용되었다면 break는 자신을 포함하고 있는 가장 가까운 루프 하나만을 빠져 나간다. 예제를 통해 중첩된 루프의 안쪽 루프에서 break 문이 실행되는 경우를 확인해 보자.

소수(prime number)라는 것은 1보다 큰 정수 중에서 1과 그 자신을 제외하고는 약수가 없는 수를 말한다. 6은 2×3, 즉 2와 3의 곱으로 분해할 수 있으므로 소수가 아니다. 이런 방식으로 분해할 수 없는 수를 소수라고 한다. 2, 3, 5, 7, 11, … 등이 소수에 속한다.

정수 n을 읽어서 n 이하의 모든 소수를 출력하는 프로그램을 작성해 보자. 1은 소수로 보지 않으므로 2부터 n까지의 수를 차례로 확인해서 소수이면 출력하면 될 것이다. 그러면 어떤 수가 소수인지 알아보려면 어떻게 하면 될까? 소수인지 알아보는 것은 앞에서 보았던 약수를 찾는 프로그램과 비슷한 방법을 쓰면 된다. 물론 이번에는 (1과 그 자신을 제외하고는) 약수가 하나도 없어야 소수가 된다는 점이 다르다.

예를 들어 11이 소수인지 알아보려면 2에서 5까지의 수로 11을 차례로 나누어 나머지가 0인지 검사하면 된다. 11%2, 11%3, 11%4, 11%5를 차례로 계산해서 0인지 검사하는 것이다. 11/2 = 5이므로 5까지만 검사하면 된다. 6이나 6보다 큰 정수로는 11을 나누어 나머지가 0이 될 가능성이 없다. 한 번이라도 나머지가 0인 수가 발견되면 그 수가 약수가 된다. 약수가 있다면 소수가 아니다. 약수가 하나도 발견되지 않으면 그 수가 소수임을 알 수 있다.

즉, 정수 i가 소수인지 확인하려면 반복문을 써서 2에서 i/2까지의 수로 i를 나누어 보면 된다. 나눈 나머지가 한 번이라도 0이 되면 i가 약수를 가진다는 뜻이므로 소수가 아님을 알 수 있다. 소수가 아님을 알게 되면 나머지 약수를 찾을 필요가 없으므로 break를 써서 루프를 종료시키면 된다. for 루프를 써서 변수 i의 값이 소수인지 검사하는 다음 코드를 보자.

```
boolean isPrime = true;
for (int j = 2; j <= i/2; j++) {
    if (i % j == 0) {
        isPrime = false;
        break;
    }
}
if (isPrime)
```

```
System.out.println(i);
```

먼저 소수인지 여부를 저장하는 boolean 타입의 변수 isPrime를 true로 지정하였다. for 루프는 위에서 설명한 방법으로 i의 약수를 찾아 보고 찾으면 isPrime을 false로 변경하고 루프를 빠져 나간다. 그러므로 루프가 끝까지 실행된다는 것은 약수를 하나도 찾지 못했다는 뜻이고 이 때 isPrime의 값은 여전히 true일 것이다. 루프 다음에 놓인 if 문에서 isPrime을 검사하여 true이면 약수가 하나도 없었다는 뜻이므로 i를 출력하면 된다.

위의 코드는 어떤 수가 소수인지 알아보는 코드이므로 n 이하의 소수를 모두 출력하기 위해서는 2에서 n까지의 수에 대해 위의 작업을 반복해야 한다. 즉, 중첩된 루프를 사용하게된다. 이렇게 완성된 프로그램을 예제 3.10에 보였다.

예제 3.10 PrimeNumber 클래스

```java
01  import java.util.Scanner;
02
03  public class PrimeNumber {
04      public static void main(String[] args) {
05          Scanner input = new Scanner(System.in);
06          System.out.println("정수를 입력하세요.");
07          int n = input.nextInt();
08
09          for (int i = 2; i <= n; i++) {
10              boolean isPrime = true;
11              for (int j = 2; j <= i/2; j++) {
12                  if (i % j == 0) {
13                      isPrime = false;
14                      break;
15                  }
16              }
17              if (isPrime)
18                  System.out.println(i);
19          }
20      }
21  }
```

바깥 루프는 9~19행이고 안쪽 루프는 11~16행이다. 바깥 루프는 i를 2에서 n까지 증가시키면서 i가 소수인지 여부를 검사한다. 안쪽 for 루프의 몸체에서 break 문이 실행되었다는 것은 지금 검사 중인 수(i)가 소수가 아님을 확인했다는 뜻이 된다. break 문이 안쪽 루프를 빠져 나가므로 안쪽 루프 다음에 놓인 문장, 즉 17행의 if 문이 실행된다. 이 if 문은 여전히 바깥 루프의 몸체에 속한다. if 문 실행 후에는 9행의 업데이트 부분으로 가서 i가 증가되고 바깥쪽 루프의 반복이 계속된다. 즉, i가 n에 도달할 때까지 소수인지 확인하는 동작이 계속된다. 그림 3.10의 실행 결과를 확인하라.

그림 3.10 예제 3.10의 실행 결과

continue 문

continue 문은 루프 내에서만 사용할 수 있다. 루프 몸체에서 continue 문이 실행되면 몸체의 나머지 문장들을 실행하지 않고 루프의 다음 번 반복으로 넘어 간다. 즉, break와 달리 루프를 빠져 나가지 않고 단지 루프 몸체의 남은 부분을 건너뛸 뿐이다. 예를 들어 다음 코드에서 루프의 몸체는 i가 1에서 10까지 증가되는 동안 10번 반복되는데, 몸체의 첫 문장인 if 문에 의해 i를 3으로 나눈 나머지가 0일 때마다 continue 문이 실행된다.

```java
for (int i = 1; i <= 10; i++) {
    if (i % 3 == 0)
        continue;
    System.out.println(i);
}
```

continue 문이 실행되면 몸체의 나머지 부분을 실행하지 않는다고 했다. 즉, i가 3의 배수일 때는 루프의 마지막 문장인 println 출력문을 실행하지 않고 바로 업데이트 동작인 i++로 넘어간다. 그러므로 i가 3의 배수가 아닐 때에만 println 문을 실행한다. 따라서 위 코드는 다음과 같은 실행 결과를 가진다.

```
1
2
4
5
7
8
10
```

continue도 break와 마찬가지로 루프의 구조를 복잡하고 이해하기 어렵게 만들므로 가능하면 사용하지 않는 것이 좋다. 사실 break와 continue를 사용하지 않고도 같은 동작을 하는 코드를 작성할 수 있다. 그러므로 break와 continue 문은 이들을 사용하는 이점이 명확한 경우에만 제한적으로 사용해야 한다.

나선형을 그리는 그래픽 예제

그림 3.11과 같이 빨간색으로 나선형 곡선을 그리는 그래픽 프로그램을 작성해 보자. 이 나선형 곡선은 여러 개의 매우 짧은 직선을 연결하여 그릴 것이므로 반복문을 사용해야 한다. 그리고 이 예제를 통해 그래픽 프로그램에서 색상을 다루는 방법을 접할 수 있을 것이다.

그림 3.11 나선형 곡선 예제의 실행 결과

먼저 나선형을 그리는 방법을 생각해 보자. 나선형을 이루는 각 점의 좌표는 다음의 공식으로 정의할 수 있다고 한다.

$$x = x_0 + k * t * cos(t)$$
$$y = y_0 + k * t * sin(t)$$

x_0와 y_0는 나선이 시작되는 가운데 중심점의 좌표이다. t는 각도를 뜻하고 k는 상수이다. 위의 공식에서 각도 t를 0에서부터 증가시키면 나선을 이루는 각 점의 x와 y 좌표 값을 얻을 수 있다. $t=t_1$일 때 한 점의 좌표 (x_1,y_1)이 나오고 $t=t_2$로 증가되었을 때 다른 점의 좌표 (x_2,y_2)가 나오면 우리는 (x_1,y_1)과 (x_2,y_2)를 잇는 직선을 그릴 것이다. 직선의 연결이지만 각 직선의 길이가 충분히 짧으면 사용자의 눈에는 곡선으로 보이게 된다. 따라서 t의 증가폭이 너무 크면 매끈한 커브가 나오지 않고 직선이 연결된 부분이 드러날 것이다. 반대로 t의 증가폭이 작으면 매끈한 커브가 나오지만 그려야 할 선분이 많아진다. 상수인 k 값이 작으면 나선형 곡선 사이의 간격이 촘촘하고 k 값이 크면 넓어진다. (이런 설명이 조금 혼란스럽다면 다음에 나오는 예제를 작성하여 k와 t 값을 여러 가지로 변경해 보면서 실행해 보라. 실행 결과를 확인하면 쉽게 이해할 수 있을 것이다.)

공식의 뒷부분에 sine과 cosine 함수가 사용되고 있는데, 자바에서 이런 수학 함수들을 쓰려면 Math 클래스를 활용하면 된다. Math 클래스에는 여러 가지 유용한 수학 함수들이 포함되어 있는데, 여기서는 그 중에서 Math.sin()과 Math.cos()을 사용하면 된다. (Math 클래스에 대한 보다 자세한 사항은 나중에 다시 나온다.) 이제 지금까지의 설명에 따라 나선을 그리는 루프를 작성하면 다음과 같이 된다. for 루프 몸체의 첫 두 문장이 나선을 구성하는 각 점의 x, y 좌표를 계산하는 코드인데, 위에서 소개한 공식과 거의 동일하게 작성되었음을 확인할 수 있다.

```java
int xOld = XINIT, yOld = YINIT, xNew, yNew;
double t = 0.0;
for (int i=0; i< NUMOFPOINTS; i++) {
  xNew = (int) (XINIT + K * t * Math.cos(t));
  yNew = (int) (YINIT + K * t * Math.sin(t));
  g.drawLine(xOld, yOld, xNew, yNew);
  xOld = xNew;
  yOld = yNew;
  t += DELTA;
}
```

XINIT과 YINIT은 나선이 시작되는 중심점의 x와 y 좌표가 되고 NUMOFPOINTS는 나선을 이루는 점의 개수가 된다. DELTA는 변수 t의 증가값이다. 즉, DELTA가 크면 각도의 증가폭이 크다는 뜻이다. 상수 K와 DELTA 그리고 NUMOFPOINTS는 서로 상관 관계가 있다. 정해진 크기의 윈도우를 나선으로 채운다고 할 때, K와 DELTA 값이 작으면 NUMOFPOINTS가 커야 한다. K가 작으면 곡선 간의 간격이 더 촘촘해 지므로 더 많은 점이 필요하다. 또한 DELTA가 작으면 더 짧은 직선들로 나선을 구성해야 하므로 역시 더 많은 점이 필요하게 된다.

두 점 사이를 잇는 직선을 그리기 위해서는 1장에서 살펴본 그래픽 메소드 중 하나인 drawLine을 사용하면 된다. 그래픽 메소드를 호출하기 위해서는 Graphics 타입 객체가 필요하므로 이 코드는 paint 메소드 내에 작성된다. 매번 새로운 점이 계산될 때마다 Graphics 클래스의 drawLine 메소드를 사용하여 직전 점과 새로운 점을 잇는 직선을 그린다. 나선을 그리는 완성된 클래스를 예제 3.11에 보였다. 또한 이를 테스트하기 위해서 예제 3.12와 같이 main 메소드를 가지는 프로그램이 필요하다.

예제 3.12에서 출력 윈도우를 500x500 픽셀 크기로 설정했으므로 중심점은 화면의 가운데인 (250,250)으로 하였다. 상수의 값들을 K=4, DELTA=0.1, 그리고 NUMOFPOINTS=500으로 하면 그림 3.11의 결과를 얻을 수 있다. 예제 3.11의 SpiralCurve 클래스는 이런 값들을 모두 이름 상수로 선언하여 사용하고 있다(6-10행). paint 메소드의 첫 줄인 13행은 나선의 색상을 빨간색으로 설정하는 문장인데, 자바에서 색상을 다루는 문제는 잠시 후에 자세히 설명한다. 이 문장을 제외하면 paint 메소드의 나머지 부분은 앞에서 설명한 나선형 공식을 충실히 구현하고 있다. 이 프로그램을 작성하여 실행해 보되 특히 상수의 값들을 다양하게 변화시켜 가며 출력이 어떻게 달라지는지 비교해 보라.

예제 3.11 SpiralCurve 클래스

```java
01  import java.awt.Color;
02  import java.awt.Graphics;
03  import javax.swing.JFrame;
04
05  public class SpiralCurve extends JFrame {
06      private static final int XINIT = 250;
07      private static final int YINIT = 250;
08      private static final int K = 4;
09      private static final int NUMOFPOINTS = 500;
10      private static final double DELTA = 0.1;
11
12      public void paint(Graphics g) {
13          g.setColor(Color.RED);
14
15          int xOld = XINIT, yOld = YINIT, xNew, yNew;
16          double t = 0.0;
17          for (int i=0; i< NUMOFPOINTS; i++) {
18              xNew = (int) (XINIT + K * t * Math.cos(t));
19              yNew = (int) (YINIT + K * t * Math.sin(t));
20              g.drawLine(xOld, yOld, xNew, yNew);
21              xOld = xNew;
22              yOld = yNew;
23              t += DELTA;
24          }
25      }
26  }
```

예제 3.12 SpiralCurveDemo 클래스

```java
01  import javax.swing.JFrame;
02
03  public class SpiralCurveDemo {
04      public static void main(String[] args) {
05          SpiralCurve spiral = new SpiralCurve();
06          spiral.setSize(500, 500);
07          spiral.setTitle("Spiral Demo");
08          spiral.setDefaultCloseOperation(JFrame.EXIT_ON_CLOSE);
09          spiral.setVisible(true);
10      }
11  }
```

색상 다루기

색상을 사용하려면 Graphics 클래스의 setColor 메소드를 사용하면 된다. 예를 들어 다음
과 같이 색깔을 빨강으로 지정하면 그 후에 그려지는 모든 도형은 빨간색으로 그려진다.

    g.setColor(Color.RED);

여기서 g는 paint 메소드의 매개변수인 Graphics 타입의 객체이다. 이 setColor 메소드는
그림을 그리는 펜의 색상을 지정하는 것과 같다. 즉, 빨간색 펜을 들고 그림을 그리면 빨간
색이 나오는 것과 마찬가지이다. 다른 색깔이 필요하다면 다시 setColor 메소드를 호출하
여 새로운 색상을 지정하면 된다.

setColor 메소드의 인자로 사용된 Color.RED는 빨간색을 뜻한다. Color는 색상을 나타내
는 클래스인데, 이 클래스 내에 몇 개의 색상이 이름 상수로 선언되어 있다. Color 클래스
에 이름으로 정의된 색상의 목록이 그림 3.12이다. (색상의 이름은 Color.red와 같이 소문
자로도 정의되어 있다.)

Color.BLACK	Color.BLUE	Color.CYAN	Color.DARK_GRAY	Color.GRAY
Color.GREEN	Color.LIGHT_GRAY	Color.MAGENTA	Color.ORANGE	Color.PINK
Color.RED	Color.WHITE	Color.YELLOW		

그림 3.12 Color 클래스에 정의된 색상의 목록

프로그래밍 과제   ◇○◇○◇○◇○◇○◇○○◇

1. 3개의 정수를 읽어 가장 큰 수와 가장 작은 수를 출력하는 프로그램을 작성하라.

2. 양의 정수 n을 입력 받아, n이 짝수이면 n 이하의 짝수의 합을 구하고 n이 홀수이면 n 이하의 홀수의 합을 구해 출력하는 프로그램을 작성하라. 예를 들어 n이 100이면 2+4+6+...+100을 구하여 출력하고 n이 99이면 1+3+5+...+99를 구하여 출력하면 된다.

3. 일련의 양의 정수들을 입력 받아 최대값, 최소값, 그리고 평균값을 출력하는 프로그램을 작성하라. 입력의 끝은 −1과 같은 음수로 표시한다고 가정한다. (경곗값에 해당하는 이 음수는 데이터에 포함되지 않는다.) 다음 실행 예를 참고하라.

4. 생년월일을 나타내는 여섯 자리 숫자(eg. 961224)를 입력 받아 올바른 날짜인지 체크하고 올바른 날짜이면 생년/생월/생일을 분리하여 출력하는 프로그램을 작성하라. 입력된 스트링이 여섯 자리가 아닌 경우, '생월'이 틀린 경우, '생일'이 틀린 경우 등을 체크하여 적절한 경고 메시지를 출력하도록 하라. 다음 실행 예를 참고하라.

프로그래밍 과제

5. 화씨 온도와 섭씨 온도를 서로 변환하는 공식은 다음과 같다.

   섭씨온도 = (화씨온도 − 32) ÷ 1.8

   화씨온도 = 섭씨온도×1.8 + 32

   온도를 입력 받아서 입력된 온도가 화씨 온도이면 섭씨 온도로 바꾸어서, 섭씨 온도이면 화씨 온도로 바꾸어서 출력하는 프로그램을 작성하라. 온도는 숫자 다음에 c 혹은 C를 덧붙이면 섭씨 온도를 나타내고 f 혹은 F를 덧붙이면 화씨 온도를 나타내는 것으로 간주한다. 다음의 실행 예를 참고하라.

6. 두 개의 정수를 입력 받아 두 수의 최대 공약수를 찾아 출력하는 프로그램을 작성하라. 예를 들어 48과 36의 최대 공약수는 12이다.

7. 피보나치(Fibonacci) 수열은 다음과 같이 정의된다고 한다.

   F(0) = 0

   F(1) = 1

   F(n) = F(n-1) + F(n-2)

   즉, 각 단계의 피보나치 수는 직전 두 단계의 수를 합한 것이다. 그러므로 피보나치 수열은 0, 1, 1, 2, 3, 5, 8, 13, 21, 34, 55, 89, 144, ... 등으로 진행된다. 양의 정수 m을 입력 받아 m보다 크거나 같은 최소의 피보나치 수를 출력하는 프로그램을 작성하라. 예를 들어 m=100이면 결과는 12번째 피보나치 수, 즉 F(12)에 해당하는 144가 되어야 하고, m=100000이라면 결과는 F(26)인 121393이 되어야 한다.

8. "A"나 "B+"와 같은 일련의 학점을 차례로 받아 평균 평점을 계산하여 출력하는 프로그램을 작성하라. 각 학점에 대한 평점은 A+는 4.5, A는 4.0, B+는 3.5,.. 등으로 가정한다. 입력의 끝을 나타낼 때에는 내용 없이 엔터 키를 누르기로 한다. 다음 실행 예에서 입력된 학점인 A, A+, B, C는 그 평점이 각각 4.0, 4.5, 3.0, 2.0이 되며 이 4개 값의 평균을 구하여 출력하면 된다.

9. 예제 3.9는 스트링을 입력 받아 회문인지 판단한다. 그런데 보통 회문이라고 하면 스트링에 포함된 공백을 무시한다. 예를 들어 "소주 만 병만 주소"와 같은 스트링도 회문으로 본다는 것이다. 예제 3.9를 수정하여 스트링에 포함된 공백을 무시하고 회문을 검사하도록 하라. 또한 다음 실행 결과와 같이 대화창을 통해 입출력을 하도록 작성하라.

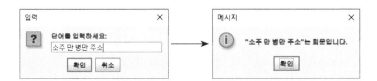

10. 9번의 회문 예제를 수정하여 콤마나 마침표, 물음표 등의 구두점을 무시하고 영어 대소문자의 구분도 무시하도록 작성하라. 예를 들어 "Was it a cat I saw?"와 같은 스트링도 회문으로 판단해야 한다. 적절한 입력을 사용하여 테스트해 보라.

11. 다음과 같이 총 20개의 정사각형을 그리는 그래픽 애플리케이션을 작성하라. 가장 작은 사각형은 높이와 너비가 50픽셀이고 매번 10픽셀씩 커진다. 사각형의 색깔은 빨간색과 파란색이 교대로 나온다.

프로그래밍 과제

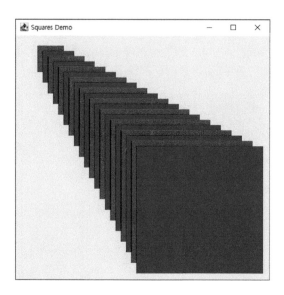

12. 다음과 같이 나선 모양의 사각형을 그리는 그래픽 애플리케이션을 작성하라.

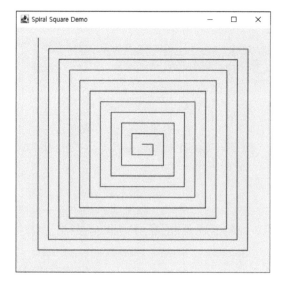

CHAPTER **4**

클래스의 기초

4.1 클래스와 멤버   ◇◻◇◻◇◻◇◻◇

클래스와 객체

자바 프로그램은 클래스로 이루어진다고 했던 것을 기억할 것이다. 실제로 지금까지 작성했던 모든 프로그램이 오직 클래스로 이루어졌었다. 즉, 자바 프로그램을 작성한다는 것은 클래스를 작성한다는 말과 같다. 물론 지금까지 작성했던 대부분의 클래스는 main이라는 이름의 메소드 하나만을 가지고 있었기 때문에 완전한 형태의 클래스라고 하기에는 부족했다.

클래스는 객체를 만들기 위한 설계도 혹은 청사진과 같다. 설계도인 클래스로부터 실제 객체를 생성하기 위해 자바에서는 new 연산자를 사용한다. 키보드 입력을 위해 즐겨 사용했던 Scanner 클래스의 객체를 얻기 위해 다음과 같은 코드를 작성했었다.

```
Scanner input = new Scanner(System.in);
```

우리가 Scanner 클래스를 직접 작성하지는 않았지만 자바 시스템이 제공하기 때문에 new 연산자로 객체를 만들어낼 수 있는 것이다. 위에서 변수 input은 Scanner 타입으로 선언되었는데, 이는 Scanner 클래스로부터 만든 객체를 위해서는 Scanner 타입으로 선언된 변수가 필요하기 때문이다. 그리고 이렇게 선언된 input이 생성된 객체를 가리키게 된다.

일단 객체를 얻게 되면 객체를 대상으로 메소드를 호출할 수 있는데, 다음과 같이 객체 다음에 점(.)을 찍고 메소드 이름을 작성하면 된다.

```
int n = input.nextInt();
```

물론 메소드는 객체의 설계도인 클래스에 정의되어 있어야 한다. 즉, 위 문장에서 input 객체에 대해 nextInt 메소드를 호출할 수 있는 이유는 input 객체의 타입인 Scanner 클래스에 nextInt 메소드가 정의되어 있기 때문이다. 메소드 호출에 인자가 필요하다면 괄호 안에 들어갈 것이고, 인자가 필요 없을 때는 위와 같이 괄호를 비워둔다. 메소드 호출에 별다른 문제가 없다면 메소드가 실행되어 원하는 작업이 이루어진다. 위의 예에서 nextInt 메소드가 실행되면 키보드로 입력 받은 정수 값이 반환된다. nextInt와 같은 메소드는 단독으로는 호출될 수 없고 반드시 객체를 통해서만 호출이 가능하다.

자바 프로그램은 이와 같은 객체들, 그리고 객체를 통한 메소드 호출들로 가득하다. 우리가 지금까지 작성했던 자바 프로그램들도 마찬가지이다. 가령 화면 출력을 위해서는 System.out이라는 객체를 대상으로 print나 println 메소드를 호출했다.

```
System.out.println("헬로 월드!");
```

문자열의 특정 위치에 있는 문자를 얻기 위해서는 해당 스트링 객체를 대상으로 charAt 메소드를 호출했다.

```
String str = "행복한 자바 프로그래머";
char ch = str.charAt(4);
```

지금까지는 이와 같이 자바가 제공하는 클래스의 객체들만 사용했다. 즉, 필요에 따라 Scanner나 String 클래스의 객체들을 생성하고 그들이 제공하는 메소드를 호출하는 식이었다. 그러나 자바 프로그래밍을 위해서는 새로운 클래스를 작성할 수 있는 능력이 필수적이다. 이제 이 장에서 클래스를 정의하는 방법을 자세히 공부하게 된다.

클래스의 정의

객체(object)를 중심으로 프로그램이 구성되는 프로그래밍 방식을 **객체 지향 프로그래밍**(OOP: object-oriented programming)이라고 한다. 그리고 자바는 대표적인 **객체 지향 프로그래밍 언어**(OOPL: object-oriented programming language) 가운데 하나이다.

프로그램은 필요에 따라 여러 가지 대상을 표현해야 한다. 예를 들어 은행에서 예금 계좌를 관리하는 프로그램이라면 프로그램 내에서 계좌를 나타낼 무엇인가가 필요하다. 그래픽 사용자 인터페이스를 만들기 위한 프로그램이라면 윈도우 창이나 버튼을 표현할 방법이 있어야 한다. 자바와 같은 객체 지향 프로그램에서는 모든 대상을 객체로 표현하기 때문에 '은행 계좌' 객체, '윈도우' 객체, '버튼' 객체 등을 두게 될 것이다.

이런 객체를 생성하기 위한 설계도가 클래스이다. 설계도로부터 제품을 만들듯이 클래스로부터 객체를 만들어 낸다. 그러므로, '은행 계좌' 객체를 사용하려면 먼저 '은행 계좌' 클래스를 작성해야 한다. 일단 클래스가 작성되면 이미 배운 new 연산자를 사용하여 클래스로부터 객체를 만들어 낼 수 있다. 물론 하나의 설계도로부터 여러 개의 제품을 만들 수 있다. 이렇게 만들어진 각 객체는 모두 설계도인 클래스의 한 사례, 즉 **인스턴스**(instance)가 된다. 그리고 클래스로부터 객체를 생성하는 과정을 **사례화**(instantiation)라고 한다. 그러므로 객체라는 용어와 인스턴스라는 용어는 같은 의미이며 서로 혼용되기도 한다.

객체는 '데이터'(data)를 가지며 또한 '동작'(action)을 수행할 수 있다. '데이터'는 클래스 내에 정의되는 변수로 나타내는데 이들을 **인스턴스 변수**(instance variable)라고 부른다. 그리고 '동작'은 클래스 내에 정의되는 **메소드**(method)로 나타낸다. 즉, 인스턴스 변수와 메소드가 클래스의 가장 중요한 구성 요소이다.

은행 계좌를 객체로 나타내는 경우를 생각해 보자. 프로그램에서 은행 계좌를 표현하려면 어떤 것들이 필요할까? 은행 계좌에는 여러 가지 데이터가 저장되겠지만, 최소한 예금주의 정보, 현재의 잔액, 이율 등이 포함될 것이다. 그러면 은행 계좌를 가지고 무엇을 할 수 있을까? 혹은 은행 계좌 객체는 어떤 동작을 수행할 수 있을까?

앞에서 살펴본 예제 프로그램에서 객체를 만들어 무엇을 했는지 기억해 보자. 예를 들어 Scanner 객체에 대해서는 nextInt 메소드를 호출하여 키보드로부터 정수를 입력 받았다. 즉, 필요한 작업을 실행하기 위해 객체의 메소드를 호출했었다. 그러면 은행 계좌에 대해서는 당연히 기본적으로 '입금하기'와 '출금하기' 등의 동작을 기대할 것이다. 이러한 동작들은 클래스에서 메소드로 정의된다. 클래스에 메소드가 작성되면 그 클래스의 객체를 통해 메소드를 호출할 수 있게 된다.

은행 계좌를 간단히 구현한 예제 4.1의 BankAccount 클래스를 살펴 보자. 여기서는 이자가 붙지 않고 단지 입금과 출금만 하는 단순한 계좌로 가정했다.

예제 4.1 BankAccount 클래스

```
01   public class BankAccount {
02
03       public String name;              //예금주          ◀------ 인스턴스 변수(데이터)
04       public int balance = 0;          //잔액
05
06       public void writeInfo() {
07           System.out.print("예금주: " + name);
08           System.out.println(", 잔액: " + balance);
09       }
10                                                          ◀------ 메소드(동작)
11       public void deposit(int amount) {
12           balance += amount;
13       }
```

```
14
15      public void withdraw(int amount) {
16          balance -= amount;
17      }
18  }
```

클래스를 정의하는 첫 줄은 지금까지와 다름이 없다. 키워드 public은 **공용**(public)이라는 뜻으로 자바 프로그램이 이 클래스를 사용하는 데 아무런 제약이 없음을 나타낸다. ('공용'의 의미는 나중에 공용이 아닌 경우를 살펴 볼 때 더욱 확실해질 것이다.) 키워드 class 다음에 클래스의 이름이 오고 그 다음의 중괄호 내에 클래스의 정의가 작성된다.

예제 4.1에 정의된 BankAccount 클래스는 다섯 개의 **멤버**(member)를 가지고 있다. 처음 두 개는 name과 balance라는 이름의 변수이고 나머지 세 개는 writeInfo, deposit, withdraw 라는 이름의 메소드이다.

인스턴스 변수

클래스 안에 선언되는 변수를 **인스턴스 변수**(instance variable)라고 부른다. BankAccount 클래스는 두 개의 인스턴스 변수 name과 balance를 가지고 있다. 인스턴스 변수는 객체의 데이터에 해당하는 것이다. 여기서는 계좌의 예금주 이름과 현재 잔액을 각각 나타낸다. BankAccount 클래스로부터 객체를 만들면 그 객체는 프로그램 내에서 특정한 은행 계좌를 나타내게 되고 자신 안에 이 두 개의 변수를 가지게 된다. BankAccount 클래스로부터 여러 개의 객체를 생성하면 각 객체는 저마다 독립적으로 이 두 변수를 가지게 된다. 각 객체가 서로 다른 계좌를 나타내는 것이므로 저마다 별개의 예금주 이름과 잔액을 가지는 것이 합당하다. 이와 같이 클래스의 각 인스턴스(=객체)마다 별개로 주어지는 변수이기 때문에 인스턴스 변수라고 부른다.

인스턴스 변수를 선언하는 방법은 앞부분에 붙은 public이라는 키워드를 제외하면 2장에서 설명했던 변수 선언 방법과 동일하다.

```
public String name;
public int balance = 0;
```

인스턴스 변수 선언 앞의 public은 클래스 첫 줄에 붙였던 것과 마찬가지의 의미이다. 즉, 이 인스턴스 변수가 공용이라서 사용하는 데 제약이 없다는 뜻이다. (지금은 설명의 편의를 위해 이렇게 작성했지만 인스턴스 변수는 일반적으로 public으로 선언하지 않는다. 이에 대해서는 4.2절에서 다시 설명할 것이다.) 선언의 나머지 부분은 이미 잘 알고 있는 내용이다. name은 String 타입의 변수로 선언했고, balance는 int 타입의 변수이며 0으로 초기화했다.

예제 4.1의 클래스 정의는 이 자체로는 실행되지 않는다. 데스크탑 애플리케이션으로 작성되는 자바 프로그램은 항상 main 메소드에서 실행이 시작되는데, 예제 4.1의 클래스 정의에는 main 메소드가 없다. 그래서 이 클래스를 테스트하기 위해 예제 4.2와 같이 main 메소드를 가지는 클래스가 필요하다.

예제 4.2 BankAccountTest 클래스

```java
01  public class BankAccountTest {
02      public static void main(String[] args) {
03          BankAccount account1 = new BankAccount();
04          BankAccount account2 = new BankAccount();
05
06          account1.name = "홍길동";
07          account1.deposit(200000);
08          account1.writeInfo();
09
10          account2.name = "황진이";
11          account2.deposit(1000000);
12          account2.withdraw(400000);
13          account2.writeInfo();
14      }
15  }
```

BankAccountTest 클래스는 이전까지 작성했던 클래스와 비슷하게 main 메소드 하나만을 가진다. 이 메소드는 3~4행에서 예제 4.1에서 정의한 BankAccount 클래스의 객체를 2개 생성한다. 객체 생성을 위해서는 new 연산자를 사용한다. 이것은 우리가 (Scanner와 같은) 자바가 제공하는 클래스에 대해 이제껏 사용했었던 객체 생성 방식과 동일하다. account1과 account2는 이렇게 생성된 두 개의 BankAccount 객체를 가리키는 변수인데, 타입이 클래

BankAccount와 BankAccountTest 클래스의 위치

예제 4.2는 예제 4.1과 동일한 프로젝트 내에 별개의 클래스로 만들면 된다. 그러면 프로젝트의 src 폴더 내에 2개의 파일 BankAccount.java와 BankAccountTest.java가 작성된다. 이클립스에서는 2개의 클래스가 동일한 디폴트 패키지에 속한 것으로 표시된다.
다음 그림과 같이 두 클래스를 BankAccoutTest.java라는 하나의 파일에 넣을 수도 있는데, 그럴 경우에는 BankAccount 클래스 앞에 붙은 public 키워드를 삭제해야 한다. 이클립스를 사용한다면 먼저 BankAccountTest 클래스를 생성하여 BankAccountTest.java 파일을 작성한 다음, 같은 파일의 앞 부분에 BankAccount 클래스를 추가하면 된다. 이 책에서는 당분간 각 클래스를 별도의 파일에 작성하는 방식을 계속 사용할 것이다.

```
class BankAccount {
   ...
}


public class BankAccountTest {     ← BankAccountTest.java 파일
   ...
}
```

스인 변수이므로 클래스 타입의 변수이다. (클래스 타입의 변수는 int나 double같은 기본형 타입의 변수와는 성격이 다른데, 이에 대해서는 5.1절에서 더 자세히 알아볼 것이다.) account1과 account2가 가리키는 두 객체는 클래스에 명시된 대로 각각 두 개씩의 인스턴스 변수, name과 balance를 가진다. 인스턴스 변수는 인스턴스마다 별도로 할당되는 변수이므로 account1의 balance와 account2의 balance는 별도의 메모리를 차지하는 별개의 변수이다. 이 상황을 그림으로 나타낸다면 그림 4.1과 같다.

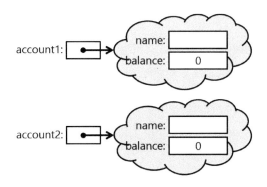

그림 4.1 예제 4.2의 3-4행에서 생성된 객체

즉, 클래스 타입의 변수 account1과 account2가 각각 BankAccount 타입의 객체를 가리키고, 각 객체에는 인스턴스 변수들이 할당되었다. 객체의 인스턴스 변수를 참조할 때는 객체를 가리키는 변수 다음에 점(.)을 찍고 변수 이름을 쓰면 된다. 예제 4.2의 6행은 account1의 인스턴스 변수 name에 새로운 스트링을 대입하는 문장이다.

```
account1.name = "홍길동";
```

비슷한 방법으로 10행에서는 account2의 name에 새로운 스트링을 대입하고 있다.

```
account2.name = "황진이";
```

메소드

BankAccount 클래스에는 세 개의 메소드 멤버가 있다. 메소드는 객체의 동작을 나타낸다. BankAccount 클래스의 객체를 생성하면 그 객체를 통해 BankAccount 클래스에 정의된 메소드를 호출할 수 있다. 예제 4.2의 7행과 8행은 account1 객체에 대해 메소드 deposit과 writeInfo를 호출하고 있다.

```
account1.deposit(200000);
account1.writeInfo();
```

메소드를 호출하려면 객체 이름을 쓰고 점을 찍은 다음 메소드 이름을 붙이면 된다. 그 뒤에 괄호 안에 인자가 오는데, 인자가 필요 없으면 비워 둔다. 이것은 이미 여러 번 해온 내용이라 새로울 것이 없다. 예를 들어 Scanner 객체에 대해 nextInt 메소드를 불렀던 방법과 똑같다.

deposit 메소드는 입금하는 동작을 구현하는 메소드인데, 여기서는 인자로 200,000을 넘겼으므로 20만원을 입금한다는 뜻이다. 이 메소드에 대해서는 잠시 후에 살펴 보도록 하고 그 다음 문장, writeInfo의 호출을 먼저 살펴 보자. writeInfo는 계좌의 정보를 출력하는 메소드이다. 예금주의 이름과 잔액을 화면에 출력하는 동작을 담당한다.

account1에 대해 writeInfo 메소드를 호출하는 것은 account1 객체에게 계좌 정보를 출력하도록 요청하는 것이다. account1 객체가 이 요청을 받으면 예제 4.1의 6-9행에서 정의한 메소드를 실행함으로써 요청을 처리하게 된다.

다음에 writeInfo 메소드의 정의를 다시 보였다. 메소드 정의의 시작 부분, 즉 중괄호 앞

부분까지를 메소드 **헤딩**(heading)이라고 부른다. 중괄호로 싼 나머지 부분이 **몸체**(body)가 된다.

```
public void writeInfo()          ◀----- 메소드 헤딩
{
    System.out.print("예금주: " + name);
    System.out.println(", 잔액: " + balance);   ◀----- 메소드 몸체
}
```

메소드 정의의 첫 부분에도 키워드 public이 붙어 있는데, 이는 클래스나 인스턴스 변수에 적용되었을 때와 마찬가지로 이 메소드가 공용이며 프로그램에서 이 메소드를 사용하는 데 제약이 없음을 나타낸다. 그 다음의 키워드 void는 이 메소드가 값을 반환하지 않음을 나타낸다. 이와 달리 Scanner의 nextInt 메소드는 값을 반환하는 메소드였다. 값을 반환하는 메소드를 정의할 때는 void 대신 반환하는 값의 타입을 적어야 한다. 값을 반환하는 메소드를 호출할 때는 그 메소드 실행의 결과로 반환되는 값을 다음과 같이 식의 일부로 사용하거나 다른 변수에 대입할 수 있다.

```
int n = input.nextInt() + 10;
```

이에 반해 BankAccount의 writeInfo는 값을 반환하지 않는 메소드이기 때문에 다음과 같이 호출해야 한다.

```
account1.writeInfo();
```

이 메소드 호출에 의해 writeInfo 메소드가 실행된다. 메소드의 몸체는 변수 name과 balance의 값을 출력하기 위해 print와 println을 사용하는 두 개의 문장으로 이루어져 있다.

```
System.out.print("예금주: " + name);
System.out.println(", 잔액: " + balance);
```

여기서 name과 balance는 물론 인스턴스 변수를 의미한다. 그런데 인스턴스 변수는 객체마다 별도로 정의된다고 했고 지금 BankAccount 객체는 account1과 account2의 두 개가 생성되어 있다. 그러면 어느 객체의 인스턴스 변수를 말하는 것일까? 간단히 답을 한다면, writeInfo 메소드가 account1 객체를 대상으로 호출되어 실행된다면 메소드 몸체 내에서 name과 balance는 account1의 인스턴스 변수를 의미한다. 이것은 당연한 말처럼 느껴지겠지만, 그 의미를 명확히 이해할 필요가 있다.

하나의 클래스로부터 여러 개의 객체를 만들 수 있고, 각 객체에 대해 메소드를 호출할 수 있다. 지금 우리가 다루는 예에서도 예제 4.2의 8행과 13행에서 `writeInfo` 메소드를 호출하고 있다. 두 번의 호출에서 동일한 메소드, 즉 동일한 코드가 실행된다. 단지 메소드 호출의 대상이 되는 객체가 다른 것이다. 메소드 호출이 이루어질 때 그 대상이 되는 객체를 **수신 객체**(receiver object)라고 부른다. 메소드 실행 요청을 수신한 객체라는 의미이다. 다음과 같은 호출에서 `account1`이 가리키는 객체가 수신 객체가 된다.

```
account1.writeInfo();
```

이 문장, 즉 예제 4.2의 8행이 실행되는 시점의 상황은 그림 4.2와 같다. 그러므로 이 문장에 의해 예제 4.1의 6–9행에 정의된 `writeInfo` 메소드가 실행될 때 수신 객체는 그림 4.2의 위쪽에 있는 객체가 되는 것이다.

메소드의 몸체에서 인스턴스 변수의 이름이 사용되면 그 변수는 수신 객체의 인스턴스 변수로 간주된다. 그러므로 `account1`에 대해 호출되어 실행되는 `writeInfo` 메소드 내에서 `name`과 `balance`의 값은 각각 "홍길동"과 `200000`이 된다. 따라서 예제 4.2의 8행은 그림 4.3의 첫 줄과 같은 실행 결과를 출력한다.

account1:
name:
"홍길동"
balance:
200000
account2:
name:
balance:
0

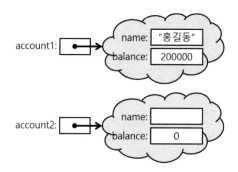

그림 4.2 BankAccount 객체와 인스턴스 변수

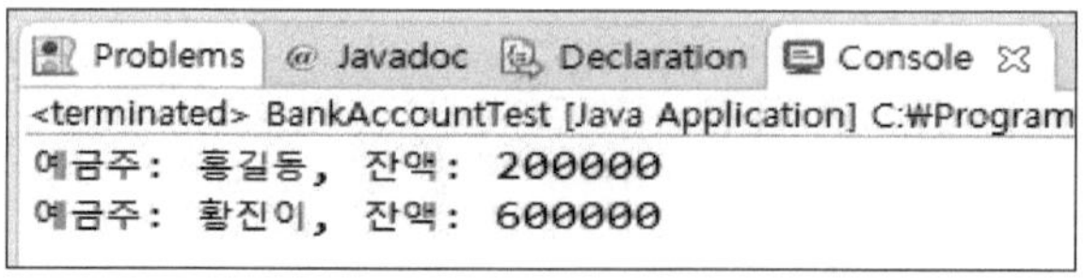

Problems
Javadoc
Declaration
Console
<terminated> BankAccountTest [Java Application] C:₩Program
예금주: 홍길동, 잔액: 200000
예금주: 황진이, 잔액: 600000

그림 4.3 예제 4.2의 실행 결과

요약: 클래스의 정의

클래스는 다음과 같은 형식으로 정의된다.

```
Modifier class ClassName {

    Modifier Type VarName;          //인스턴스 변수
    ...
    Modifier Type MethodName(..) { ... }   //메소드
    ...
}
```

클래스 정의를 시작하는 키워드 class 앞에는 **지정자**(modifier)가 오는데, 지정자에는 몇 가지가 있지만 여기서는 **접근 지정자**(access modifier)만 생각하도록 하자. (다른 종류의 지정자는 나올 때 설명될 것이다.) 최상위 수준의 클래스 정의 앞에는 접근 지정자 public이 오거나 생략될 수 있다. public은 자바 프로그램에서 이 클래스를 접근하는 데 아무런 제약이 없음을 의미한다. public이 생략되면 동일 패키지 내에서만 이 클래스를 접근할 수 있게 된다.

키워드 class 다음에는 클래스의 이름이 나오고 그 뒤로 클래스의 내용이 중괄호({}) 내에 작성된다. 클래스는 몇 가지 종류의 **멤버**(member)로 구성되는데 가장 기본적인 멤버는 인스턴스 변수와 메소드이다. 멤버 선언 앞에도 지정자가 오는데, 멤버 수준의 접근 지정자로는 public, private 등이 있다. 이에 대해서는 다음 절을 참고하라.

인스턴스 변수(instance variable)는 지정자가 오고 그 다음에 타입과 변수 이름으로 구성되는 변수 선언이 온다. 한 클래스에 포함되는 인스턴스 변수의 개수에는 제한이 없다. 즉, 하나도 없을 수도 있고 여러 개가 올 수도 있다. 인스턴스 변수는 다음과 같이 초기화될 수 있다.

```
public int balance = 0;
```

메소드(method)는 지정자가 오고 그 다음에 반환 타입, 메소드 이름, 괄호로 싸여진 매개변수의 목록, 그리고 중괄호로 싸여진 몸체가 온다. 한 클래스에 포함되는 메소드의 개수에도 제한이 없다. 메소드 정의의 예는 다음과 같다.

```
public void deposit(int amount) {
    balance += amount;
}
```

이와 같이 정의되는 클래스의 예로는 예제 4.1을 참조하라.

매개변수

이제 deposit 메소드를 살펴 보면 메소드 이름 다음에 괄호가 오고 괄호 안에 다음과 같이 amount라는 이름의 변수가 선언되어 있다.

```
public void deposit(int amount) {
    balance += amount;
}
```

메소드를 정의할 때 괄호 내에 선언된 이러한 변수를 **매개변수**(parameter)라고 하는데, 이는 메소드를 호출할 때 넘긴 **인자**(argument)를 받기 위한 변수이다. deposit 메소드의 매개변수로 이와 같이 int 타입의 변수 amount가 선언되어 있으면 deposit을 호출할 때 반드시 int 타입의 인자를 넘겨야 한다. 예제 4.2의 7행에서는 다음과 같이 deposit 메소드를 호출한다.

```
account1.deposit(200000);
```

deposit을 호출하면서 인자로 int 타입의 값인 200000을 넘기고 있다. 만약 deposit을 호출하면서 인자를 넘기지 않거나 int가 아닌 다른 타입의 값, 예를 들어 실수 값을 넘기거나 하면 에러가 난다. 위의 메소드 호출에 의해 deposit 메소드가 실행될 때 인자의 값인 200000이 deposit의 매개변수 amount에 대입된다. 즉, 메소드의 몸체를 실행하기 시작할 때 amount에 저장된 값이 200000이다.

메소드의 매개변수가 2개 이상일 수도 있다. 그럴 때에는 메소드를 호출할 때에도 같은 수의 인자를 넘겨야 한다. 인자와 매개변수는 순서에 따라 대응된다. 즉, 첫 번째 인자가 첫 번째 매개변수에 대응하고, 두 번째 인자가 두 번째 매개변수에 대응한다. 그리고 대응하는 인자와 매개변수의 타입이 서로 일치해야 한다. 매개변수가 몇 개이든 메소드 호출에 의해 메소드가 실행될 때는 각 인자의 값이 대응하는 매개변수에 대입된다.

deposit의 몸체는 매개변수 amount의 값을 인스턴스 변수 balance에 더하는 단 한 줄의 대입문으로 이루어져 있다. balance는 처음에 0으로 초기화되었다가 지금 200000이 더해지므로 그 값이 200000으로 변경된다.

마지막 메소드 withdraw는 출금하는 동작을 구현하고 있는데, 인자로 받은 액수를 balance에 더하는 것이 아니라 뺀다는 차이점을 제외하면 deposit과 동일하다.

예제 4.2로 돌아가 보면, 6-9행은 account1 객체의 인스턴스 변수 name에 값을 대입하고 deposit과 writeInfo 메소드를 호출한다. 그 결과가 그림 4.3의 첫 번째 줄이었다. 예제 4.2의 나머지 부분, 즉 11-13행은 account2 객체에 대해 비슷한 작업을 실행한다. 인스턴스 변수 name의 값으로 "황진이"를 대입하고, deposit 메소드로 100만원을 입금한 다음 withdraw 메소드로 40만원을 출금한다. 따라서 13행 writeInfo 메소드의 실행 결과는 그림 4.3의 두 번째 줄과 같이 된다.

주의

'매개변수'와 '인자'라는 용어

이 책에서 매개변수(parameter)는 메소드를 정의할 때 메소드 이름 다음의 괄호 내에 선언하는 변수를 말한다. 예제 4.1의 11행과 15행에 선언된 amount 변수가 매개변수이다. 인자(argument)는 메소드를 호출할 때 메소드 이름 다음의 괄호 안에 들어가는 항목을 말한다. 예제 4.2의 11행의 1000000이나 12행의 400000이 인자이다. 인자는 값일 수도 있지만 변수나 식일 수도 있다. 다음 예에서 인자는 sum + 100000이라는 식이다.

```
int sum = 1000000;
account1.deposit(sum + 100000);
```

매개변수를 **형식 매개변수**(formal parameter)라고 부르고, 인자를 **실 매개변수**(actual parameter)라고 부르기도 한다.

값을 반환하는 메소드

예제 4.3의 Student 클래스를 살펴 보자.

예제 4.3 Student 클래스

```
01  public class Student {
02      public String name;
03      public String course;
04      public int score;
05
06      public void writeOutput() {
07          System.out.println("이름: " + name);
08          System.out.println("과목: " + course);
09          System.out.println("성적: " + score);
10          System.out.println("학점: " + getGrade());
11      }
12
13      public String getGrade() {
14          String grade;
15
16          if (score >= 95)
17              grade = "A+";
18          else if (score >= 90)
19              grade = "A";
```

```
20          else if (score >= 85)
21              grade = "B+";
22          else if (score >= 80)
23              grade = "B";
24          else if (score >= 75)
25              grade = "C+";
26          else if (score >= 70)
27              grade = "C";
28          else if (score >= 65)
29              grade = "D+";
30          else if (score >= 60)
31              grade = "D";
32          else
33              grade = "F";
34
35          return grade;
36      }
37  }
```

Student 클래스는 학생의 이름, 교과목 이름, 교과목 성적에 각각 해당하는 세 개의 인스턴스 변수 name, course, score와 두 개의 메소드 writeOutput과 getGrade를 가진다. writeOutput 메소드는 객체의 정보를 출력하고 getGrade 메소드는 score에 저장된 점수에 따라 학점 등급을 부여한다.

getGrade 메소드의 헤딩 부분을 살펴 보자.

```
public String getGrade() {
```

public 키워드 다음에 놓인 String은 이 메소드가 값을 반환하는 메소드이며 String 타입의 객체를 반환함을 나타낸다. 이것을 **반환 타입**(return type)이라고 부른다. 즉, getGrade 메소드는 반환 타입이 String이다. 값을 반환하는 메소드는 몸체에 return 문이 필요하다. getGrade 메소드에는 35행에 다음과 같은 문장이 포함되어 있다.

```
return grade;
```

이 문장은 메소드를 종료시키고 메소드를 호출한 곳으로 복귀하게 만드는데, 그 때 변수 grade의 값을 반환값으로 가지고 간다. 이때 반환되는 값은 메소드 헤딩에 선언된 반환 타입과 일치해야 한다. return 문 앞의 다중 if-else 문(16-33행)을 보면 변수 grade에는 성적에 따른 학점 등급이 스트링 형태로 저장됨을 알 수 있다.

값을 반환하는 메소드를 호출하면 메소드 실행이 끝난 후 값이 반환되므로 그 값을 사용할 수 있다. Student 클래스의 테스트를 위해 작성한 예제 4.4의 StudentTest 클래스를 보면 8행에서 변수 s가 가리키는 Student 객체에 대해 getGrade를 호출한다.

```
System.out.println(s.name + "의 학점은 " + s.getGrade() + "입니다.");
```

getGrade에 대한 호출은 그 반환되는 값이 스트링임을 알고 있으므로 다른 스트링과 + 연산자로 결합하여 하나의 스트링을 구성하고 있다. 값을 반환하는 메소드에 대한 호출은 그 반환된 값으로 대체된다. 예제 4.4에 따르면 s 객체의 score가 89로 주어졌으므로 s.getGrade() 호출이 "B+"를 반환할 것이다. 즉, s.getGrade()가 "B+"로 대체되고 s.name도 그 값인 "홍길동"으로 대체되면 위의 println 문에서 인자는 다음과 같이 계산된다.

```
"홍길동" + "의 학점은 " + "B+" + "입니다."
```

예제 4.4 StudentTest 클래스

```
01  public class StudentTest {
02      public static void main(String[] args) {
03          Student s = new Student();
04          s.name = "홍길동";
05          s.course = "자바 프로그래밍";
06          s.score = 89;
07
08          System.out.println(s.name + "의 학점은 " + s.getGrade() + "입니다.");
09      }
10  }
```

그림 4.4의 실행 결과를 확인해 보라.

```
Problems  @ Javadoc  Declaration  Console
<terminated> StudentTest [Java Application] C:\Program Files
홍길동의 학점은 B+입니다.
```

그림 4.4 예제 4.4의 실행 결과

한편 return 문은 값을 반환하지 않는 void 타입의 메소드에서도 사용될 수 있다. 그러나 값을 반환하지 않아야 하므로 다음과 같이 단독으로 사용해야 한다.

```
return;
```

return의 의미는 메소드의 실행을 끝내고 자신을 호출한 메소드에게로 복귀한다는 것이다. return 다음에 식이 있든 없든 이러한 의미는 동일하다. return 다음에 식이 있으면 그 식의 값을 반환한다는 뜻이다. 그러므로 값을 반환하는 메소드에서는 return이 필수적으로 사용되고 return 다음에 반환 타입에 맞는 식이 나와야 한다. 값을 반환하지 않는 메소드의 경우에도 return 문이 나올 수 있는데, 그 경우에는 거기서 메소드의 실행이 종료되고 메소드를 호출한 곳으로 복귀한다.

지역 변수

메소드 getGrade를 다시 보자. 예제 4.3의 14행에서 String 타입의 변수 grade를 선언했다. 메소드 내에서 선언되는 이와 같은 변수를 **지역 변수**(local variable)라고 한다. 변수의 영역이 해당 메소드의 내부로 제한된다는 의미에서 지역 변수라고 부른다. 변수의 **영역**(scope)이란 코드 내에서 그 변수를 사용할 수 있는 범위라고 했던 것을 기억할 것이다. 따라서 변수 grade는 오직 getGrade 메소드에서만 사용할 수 있다. writeOutput 메소드 내에서 grade를 사용하면 선언되지 않은 이름이므로 에러가 된다.

한편 한 메소드 내에서 같은 이름의 지역 변수가 여러 개 선언되면 에러이다. 즉, 지역 변수

```
public class ExClass {

    public int index;

    public void methodA() {
        int count;          ◀------ methodA의 지역변수 count의 영역
        ...
    }
    public int methodB() {
        int count;          ◀------ methodB의 지역변수 count의 영역
        ...
    }
}
```

그림 4.5 지역 변수와 영역

의 영역이 서로 겹치면 안 된다. 이는 영역이 겹치지 않는다면 같은 이름의 변수를 같은 프로그램의 여러 군데서 선언해 사용해도 된다는 말이기도 하다. 가령 writeOutput 메소드 내에 grade라는 이름의 지역 변수를 선언해서 사용해도 된다. 그림 4.5의 코드와 같이 서로 다른 메소드 내에 같은 이름의 지역 변수가 있더라도 그 영역이 겹치지 않으니 아무 문제가 없다. 즉, methodA의 지역 변수 count와 methodB의 지역 변수 count는 별개의 영역을 가지므로 이름이 같아도 문제가 없는 것이다.

앞에서 살펴 보았던 매개변수도 해당 메소드의 지역 변수가 된다. 즉, 매개변수도 자신이 선언된 메소드 내에서만 사용할 수 있고 메소드 범위를 벗어나면 쓸 수 없다. (예제 4.1에서 deposit과 withdraw 메소드가 같은 이름의 매개변수 amount를 각자 선언하여 사용할 수 있었던 이유도 이들이 서로 다른 메소드에 소속된 지역 변수라서 영역이 겹치지 않기 때문이었다.)

지역 변수와 달리 인스턴스 변수들은 메소드의 외부에, 클래스 바로 아래에 선언된다. 인스턴스 변수는 그 영역이 클래스 정의 전체가 된다. 클래스에 정의된 모든 메소드에서 인스턴스 변수를 사용할 수 있다는 뜻이다. 예제 4.3에서는 인스턴스 변수 score가 writeOutput과 getGrade 메소드 양쪽에서 참조되고 있다. 인스턴스 변수의 영역이 클래스 전체이므로 하나의 클래스에 동일한 이름의 인스턴스 변수가 여러 개 존재할 수는 없다.

this 키워드

메소드에서 다른 메소드를 호출할 수 있다. 예제 4.3의 10행은 메소드 writeOutput의 마지막 문장인데, 다른 메소드인 getGrade를 호출하여 그 결과를 println 메소드의 인자로 사용하고 있다.

```
public void writeOutput() {
    System.out.println("이름: " + name);
    System.out.println("과목: " + course);
    System.out.println("성적: " + score);
    System.out.println("학점: " + getGrade());
}
```

writeOutput은 3개의 인스턴스 변수 값을 출력한 다음 getGrade를 호출하여 학점을 출력한다. 예제 4.5의 테스트 클래스는 Student 객체 s에 대해 writeOutput을 호출하여 그림 4.6과 같은 결과를 얻는다.

예제 4.5 StudentTest2 클래스

```java
01  public class StudentTest2 {
02      public static void main(String[] args) {
03          Student s = new Student();
04          s.name = "김철수";
05          s.course = "모바일 프로그래밍";
06          s.score = 77;
07
08          s.writeOutput();
09      }
10  }
```

```
 Problems   @ Javadoc   Declaration   Console  ⋈
<terminated> StudentTest2 [Java Application] C:₩Program File
이름:  김철수
과목:  모바일 프로그래밍
성적:  77
학점:  C+
```

그림 4.6 예제 4.5의 실행 결과

예제 4.4 8행의 다음 코드를 보자.

```java
System.out.println(s.name + "의 학점은 " + s.getGrade() + "입니다.");
```

음영으로 표시한 부분은 Student 객체 s에 대해 getGrade 메소드를 호출하고 있는데, 이 것은 지금까지 줄곧 사용해 온 메소드 호출의 형식이다. 자바에서는 반드시 클래스의 객체 를 먼저 얻고 그 객체를 대상으로 메소드를 호출해야 한다. 그리고 위와 같이 s를 대상으로 getGrade를 호출하면 s가 가리키는 객체가 수신 객체가 되고, getGrade 몸체에서 score라 는 이름을 쓰면 수신 객체의 인스턴스 변수가 참조된다고 했다.

그런데 writeOutput 메소드의 마지막 문장(예제 4.3의 10행)을 보면 getGrade 메소드를 호 출할 때 객체 없이 메소드 이름만 사용했다.

```java
System.out.println("학점: " + getGrade());
```

즉, 한 메소드가 같은 클래스에 소속된 다른 메소드를 호출할 때는 그냥 메소드 이름만 썼 다. 이것이 가능한 이유는 무엇일까? 그리고 이렇게 호출된 getGrade가 실행될 때 수신 객체는 무엇일까?

메소드 writeOutput은 다음과 같이 작성할 수도 있다.

```java
public void writeOutput() {
        System.out.println("이름: " + this.name);
        System.out.println("과목: " + this.course);
        System.out.println("성적: " + this.score);
        System.out.println("학점: " + this.getGrade());
}
```

차이점은 인스턴스 변수의 앞부분에, 그리고 메소드 호출의 앞부분에 this와 점(.)을 추가했다는 것이다. 이 this 키워드는 메소드 정의 내에서 수신 객체를 나타낸다. 예를 들어 다음과 같이 s에 대해 writeOutput 메소드가 호출되었다면, writeOutput이 실행되는 동안이 s가 가리키는 객체가 수신 객체가 된다. 그리고 writeOutput 메소드 내에서 이 수신 객체가 키워드 this에 의해 참조된다.

```java
s.writeOutput();
```

this가 수신 객체를 나타내므로 this.name이라고 쓰면 수신 객체의 인스턴스 변수 name을 뜻한다. 그런데 this와 점 없이 그냥 name이라고만 작성해도 수신 객체의 인스턴스 변수를 의미한다고 했었다. 즉, this와 점은 생략 가능하다. 마찬가지로 this.getGrade()라고 메소드를 호출하면 이는 수신 객체에 대해 getGrade 메소드를 호출한다는 뜻이다. 이 경우에도 this와 점은 생략 가능하다. 즉, 그냥 getGrade()라고만 작성해도 현재의 수신 객체를 대상으로 새로운 메소드를 호출한다는 뜻이다. 그러므로 이 호출에 의해 getGrade가 실행될 때의 수신 객체도 s가 가리키는 객체이다.

예제 4.3의 Student 클래스 정의와 예제 4.4나 예제 4.5를 비교해 보면 알 수 있는 사실이 있다. Student 클래스 내부에서 인스턴스 변수를 참조하거나 메소드를 호출할 때는 그냥 이름만 쓰면 된다. 이것은 예제 4.3의 writeOutput 정의를 보면 알 수 있다.

```java
System.out.println("성적: " + score);
System.out.println("학점: " + getGrade());
```

그런데 Student 클래스 외부에서 Student 클래스의 인스턴스 변수를 참조하거나 메소드를 호출할 때는 그 앞에 대상 객체를 명시해야 한다. 이는 예제 4.5의 main 메소드 정의를 보면 알 수 있다.

```
    s.score = 77;
    s.writeOutput();
```

그런데 방금 살펴본 바와 같이 클래스 내부에서도 수신 객체를 나타내는 **this**를 생략하지 않고 표현하면 외부에서 사용하는 것과 동일한 형식이 된다.

```
    System.out.println("성적: " + this.score);
    System.out.println("학점: " + this.getGrade());
```

this를 추가한 메소드 버전은 **this**가 없었던 이전의 정의와 동일하다. 대부분의 경우에는 불필요한 **this**를 표시하지 않는다. 그러나 수신 객체라는 의미를 명확히 하기 위해 프로그래머가 의도적으로 **this**를 표기할 때도 있고, 나중에 살펴 보겠지만 **this**를 생략할 수 없는 경우도 있다.

4.2 접근 지정자: public과 private

접근 지정자

지금까지 이 장에서 작성했던 클래스에서는 인스턴스 변수 앞에 항상 **public**이라는 키워드를 붙였다. 예를 들어 예제 **4.1**의 BankAccount 클래스에서 두 인스턴스 변수가 그러했다.

```
    public String name;
    public int balance = 0;
```

인스턴스 변수 선언 앞에 붙은 **public**을 **접근 지정자**(access modifier)라고 부른다. 접근 지정자 **public**은 해당 인스턴스 변수가 '공용'(public)이라서 아무 클래스에서든지 제한 없이 사용할 수 있음을 의미한다. 즉, 다음과 같이 다른 클래스에서 BankAccount의 객체를 만들면 그 객체 이름 다음에 점을 찍고 인스턴스 변수 이름을 써서 참조할 수 있다는 말이다.

```
    public class BankAccountTest {
        public static void main(String[] args) {
            BankAccount account = new BankAccount();
            account.name = "홍길동";   //Okay
        }
    }
```

여기서 인스턴스 변수를 참조하는 BankAccountTest 클래스는 BankAccount와 별개의 클래스임에 주의하라. 이와 같이 인스턴스 변수를 다른 클래스에서 직접 접근하도록 허용하려면 public으로 선언해야 한다.

그런데 우리가 클래스를 설계할 때는 일반적으로 이렇게 하지 않는다. 클래스의 인스턴스 변수를 외부에서 자유롭게 접근하도록 열어 두는 것은 좋은 프로그래밍 방법이 아니다. 특별한 이유가 없다면 인스턴스 변수는 public으로 선언하지 않는다.

접근 지정자 private

접근 지정자에는 public 말고도 private이라는 것이 있다. 일반적으로 인스턴스 변수는 이 private 접근 지정자를 붙여 '전용'으로 선언한다. private이 붙은 전용 인스턴스 변수는 자신이 선언된 클래스의 내부에서만 사용될 수 있다. 외부의 클래스에서는 참조할 수 없다. 예제 4.6은 예제 4.1의 BankAccount 클래스를 인스턴스 변수의 접근 지정자를 private으로 하여 다시 작성한 것이다.

예제 4.6 BankAccount2 클래스 (private 접근 지정자를 사용한 버전)

```
01  public class BankAccount2 {
02
03      private String name;        //예금주
04      private int balance = 0;    //잔액
05
06      public void writeInfo() {
07          System.out.print("예금주: " + name);
08          System.out.println(", 잔액: " + balance);
09      }
10
11      public void deposit(int amount) {
12          balance += amount;
13      }
14
15      public void withdraw(int amount) {
16          balance -= amount;
17      }
18  }
```

BankAccount2 클래스가 원래의 BankAccount 정의와 달라진 점은 3-4행의 인스턴스 변수가 private으로 선언되어 있다는 것뿐이다. private으로 선언된 인스턴스 변수라도 자신의 클래스 내에서 사용하는 데는 아무런 제한이 없다. 즉, 코드의 7-8행, 12행, 16행을 보면 BankAccount2에 속한 메소드들은 여전히 동일한 방법으로 자신의 인스턴스 변수를 참조하고 있다.

그러나 클래스 외부에서는 private으로 선언된 전용 인스턴스 변수를 직접 참조할 수 없다. 즉, 예제 4.7과 같은 코드는 에러가 발생한다.

예제 4.7 BankAccount2Test 클래스

```
01  public class BankAccount2Test {
02      public static void main(String[] args) {
03          BankAccount2 account = new BankAccount2();
04          account.name = "홍길동";      //에러
05          account.deposit(200000);
06          System.out.println("account의 잔액 = " + account.balance); //에러
07      }
08  }
```

BankAccount2Test 클래스는 BankAccount2와 별개의 클래스이므로, 예제 4.7의 4행 및 6행처럼 BankAccount2Test 클래스에서 BankAccount2의 전용 인스턴스 변수를 직접 참조하는 것은 오류이다. 그러면 private으로 선언된 인스턴스 변수를 참조하기 위해서는 어떻게 해야 할까?

접근자와 설정자

클래스의 데이터를 나타내는 인스턴스 변수는 전용으로 선언하여 외부에서의 접근을 막는 것이 올바른 클래스 설계 방법이다. 그러나 예제 4.7에서도 보았듯이 인스턴스 변수의 값을 설정하거나 참조해야 하는 상황은 흔히 발생한다. 이럴 때는 인스턴스 변수의 값을 접근하는 공용의 메소드를 두어 처리한다.

예제 4.8 BankAccount3 클래스

```
01  public class BankAccount3 {
02
03      private String name;        //예금주
04      private int balance = 0;    //잔액
05
06      public int getBalance() {
07          return balance;                      ◀------ 접근자
08      }
09
10      public void setName(String newName) {
11          name = newName;                      ◀------ 설정자
12      }
13
14      public void writeInfo() {
15          System.out.print("예금주: " + name);
16          System.out.println(", 잔액: " + balance);
17      }
18
19      public void deposit(int amount) {
20          balance += amount;
21      }
22
23      public void withdraw(int amount) {
24          balance -= amount;
25      }
26  }
```

예제 4.8의 BankAccount3를 BankAccount2와 비교하면 두 개의 새로운 메소드가 추가되어 있다. getBalance는 인스턴스 변수인 balance의 값을 반환하는 메소드이다. balance가 private으로 선언되어 클래스 외부에서 직접 접근할 수 없으므로 getBalance 메소드를 통하여 참조할 수 있도록 하는 것이다. 인스턴스 변수의 값을 읽어 내기 위한 이러한 메소드를 **접근자**(getter 혹은 accessor) 메소드라고 부른다. 인스턴스 변수의 값에 접근하기 위한 메소드라는 뜻이다.

getBalance에는 접근 지정자로 public이 붙어 있다. 접근 지정자는 메소드에 붙으나 인스턴스 변수에 붙으나 동일한 의미를 가진다. 즉, public 메소드는 클래스 외부에서 호출하

는 데 아무런 제약이 없다는 뜻이고 private 메소드는 클래스 내부에서만 부를 수 있고 클래스 외부에서는 부를 수 없다는 뜻이다. 일반적으로 인스턴스 변수가 private으로 선언되는 것과 달리 메소드들은 public인 경우가 많다. 그러나 클래스 내부에서만 사용되도록 설계된 메소드는 private으로 지정되기도 한다. 접근자 메소드는 private으로 선언된 인스턴스 변수를 클래스 외부에서 참조하는 용도로 사용되므로 당연히 public으로 선언되어야 한다.

경우에 따라서는 인스턴스 변수의 값을 설정하기 위해 사용하는 메소드도 필요하다. 예제 4.7의 setName과 같은 메소드가 여기에 해당하는데, 이런 메소드는 **설정자**(setter 혹은 mutator)라고 부른다. 인스턴스 변수에 값을 설정하거나 변경하기 위해 사용하는 메소드이다. 여기서는 인스턴스 변수 name이 private으로 선언되어 외부에서 접근할 수 없으므로 setName 메소드를 통하여 값을 설정할 수 있도록 하는 것이다. 설정자 메소드도 접근자의 경우와 동일한 이유로 public으로 선언되어야 한다.

예제 4.9는 접근자와 설정자 메소드를 사용하여 객체의 인스턴스 변수를 접근하는 예를 보여준다. BankAccount3 타입의 객체를 생성하고 이 객체에 대해 몇 개의 메소드를 호출하고 있는데, BankAccount3의 인스턴스 변수인 name과 balance가 private으로 선언되어 직접 접근할 수 없으므로 설정자 setName과 접근자 getBalance를 호출하는 것이다.

예제 4.9 BankAccount3Test 클래스

```
01  public class BankAccount3Test {
02      public static void main(String[] args) {
03          BankAccount3 account = new BankAccount3();
04          account.setName("홍길동");
05          account.deposit(200000);
06          System.out.println("account의 잔액 = " + account.getBalance());
07      }
08  }
```

설정자 메소드는 인스턴스 변수에 의도되지 않은 잘못된 값이 설정되는 것을 막도록 작성할 수도 있다. 예를 들어 은행 계좌의 잔액으로 음수 값을 허용하지 않는다고 가정하면 설정자 메소드 setBalance를 예제 4.10과 같이 정의하여 이와 같은 상황을 방지할 수 있다.

예제 4.10 BankAccount4 클래스

```
01   public class BankAccount4 {
02       private String name;
03       private int balance = 0;
04
05       public void setName(String newName) {
06           name = newName;
07       }
08
09       public int getBalance() {
10           return balance;
11       }
12
13       public void setBalance(int amount) {
14           if (amount >= 0)
15               balance = amount;
16           else {
17               System.out.println("ERROR: 음수 잔액은 불가능함.");
18               System.exit(0);
19           }
20       }
21       //writeInfo, deposit, withdraw는 BankAccount3와 동일함
22   }
```

설정자 setBalance는 인자의 값이 음수가 아닌 경우에만 이를 인스턴스 변수 balance에 대입하고 음수인 경우에는 에러 메시지를 출력하고 exit 메소드를 실행하여 프로그램을 즉시 종료한다. 이런 방법으로 음수 값이 인스턴스 변수 balance에 저장되는 것을 원천적으로 막을 수 있다.

this 키워드 다시 보기

예제 4.9에서 setName을 호출하는 4행을 살펴 보면, 메소드 호출의 인자로 "홍길동"이라는 스트링을 넘기고 있다.

```
account.setName("홍길동");
```

그러면 account가 가리키는 객체가 수신 객체가 되어 예제 4.8의 setName 메소드를 실행하게 된다.

```java
public void setName(String newName) {
    name = newName;
}
```

메소드 호출에서 인자로 넘겨진 "홍길동"이라는 스트링은 setName 메소드의 매개변수인 newName에 저장된다. 이 값이 setName의 몸체에서 인스턴스 변수 name에 대입된다. 그런데 이러한 설정자 메소드는 보통 다음과 같이 작성된다.

```java
public void setName(String name) {
    this.name = name;
}
```

위의 setName 메소드 정의가 예제 4.8의 정의와 다른 점은 매개변수의 이름이 name으로 되어 있다는 점이다. 즉, 예제 4.8의 정의에서는 인스턴스 변수 name과 매개변수 newName이 이름이 달랐지만 여기서는 동일한 이름을 사용하고 있다. 다시 말해 인스턴스 변수 name도 있고 매개변수 name도 있는 것이다.

인스턴스 변수 name의 영역은 클래스 전체이다. 매개변수는 지역 변수의 일종이므로 매개변수 name의 영역은 메소드 setName의 몸체이다. 그러므로 인스턴스 변수의 영역이 매개변수의 영역을 포함한다. 그런데 이와 같이 인스턴스 변수와 매개변수의 이름이 같아도 에러가 발생하지는 않는다. 꼭 기억해야 할 것은 이런 경우 setName 메소드 내에서 name이라는 이름이 사용되면 매개변수 name을 의미한다는 점이다. 매개변수의 선언이 인스턴스 변수 선언보다 더 '가깝기' 때문이다. 만약 매개변수가 아닌 인스턴스 변수 name을 참조하려면 name 앞에 키워드 this와 점을 덧붙이면 된다. 그러므로 다음 대입문에서 대입 연산자의 좌측은 인스턴스 변수 name을 의미하고 우측은 매개변수 name을 의미한다. 즉, 매개변수 name의 값(여기서는 "홍길동")을 인스턴스 변수 name에 대입한다는 뜻이다.

```java
this.name = name;
```

this는 메소드 내에서 수신 객체를 나타낸다고 했으므로 this.name은 수신 객체가 가진 변수, 즉 인스턴스 변수를 참조하게 된다. 일반적인 경우에는 this와 점을 생략하고 이름만으로도 인스턴스 변수를 참조할 수 있고, 그래서 생략하는 경우가 대부분이다. 그러나 지금처럼 인스턴스 변수와 동일한 이름의 매개변수가 존재하는 경우에는 키워드 this를 사용해야만 인스턴스 변수를 참조할 수 있다. 이 경우의 **this**는 생략하지 못한다.

물론 매개변수의 이름은 프로그래머가 임의로 선택하는 것이므로, 예제 **4.8**의 정의처럼 매개변수의 이름을 다른 것으로 바꾸면 **this**를 사용하지 않아도 된다. 그러나 많은 프로그래머들이 같은 이름을 고수하고 **this**를 사용하기도 하므로 이런 스타일의 코드에 익숙할 필요가 있다.

위의 상황은 인스턴스 변수와 매개변수의 이름이 동일한 경우이지만 내포된 것이 매개변수가 아닌 지역 변수이더라도 상황은 동일하다. 이와 달리 같은 영역 내에서 두 변수의 이름이 동일하면 에러가 된다. 예를 들어 하나의 메소드 내에 선언된 지역 변수 두 개가 이름이 같으면 에러이다.

```java
public void foo() {
    int count;
    int count;   //에러
    System.out.println(count);
}
```

매개변수와 지역 변수의 이름이 같아도 동일한 이유에서 에러가 된다. 매개변수도 지역변수의 일종이기 때문이다.

```java
public void foo(int count) {
    double count;   //에러
    System.out.println(count);
}
```

인스턴스 변수의 경우도 마찬가지다. 하나의 클래스에 같은 이름의 인스턴스 변수가 두 개 이상이면 에러이다.

이름 상수

원을 나타내는 예제 **4.11**의 MyCircle 클래스를 살펴 보자. 객체에 반지름을 지정하고 이로부터 원의 면적(area)과 둘레(perimeter)를 계산하려고 하므로 반지름을 나타내는 인스턴스 변수 radius와 면적과 둘레를 계산하는 두 개의 메소드 getArea와 getPerimeter가 필요하다. 앞에서 설명한 대로 인스턴스 변수 radius는 전용으로 선언했고, 이에 따라 설정자 메소드 setRadius가 필요하다. 메소드들은 모두 공용이다.

예제 4.11 MyCircle 클래스

```java
01  public class MyCircle {
02      public static final double PI = 3.14159;
03      private int radius;
04
05      public void setRadius(int radius) {
06          this.radius = radius;
07      }
08
09      public double getArea() {
10          return PI * radius * radius;
11      }
12
13      public double getPerimeter() {
14          return 2 * PI * radius;
15      }
16  }
```

면적과 둘레의 계산을 위해 원주율이 필요한데, 이를 2행에서 **이름 상수**(named constant)로 선언하고 있다.

```java
public static final double PI = 3.14159;
```

2장에서 설명한 대로 변수 선언 앞에 **final** 키워드를 붙이면 일단 변수의 값을 지정한 이후에는 그 값을 변경할 수 없게 된다. 즉, 변수가 아니라 값이 고정된 상수가 되는 것이다. 위와 같이 이름 상수를 선언하면 3.14159와 같은 값을 코드에 직접 쓰는 대신 이름 상수 **PI**를 쓰면 된다(10행과 14행). 이름 상수의 적절한 사용은 프로그램을 읽기 쉽고 의미를 명확하게 하는 데 도움이 된다.

이름 상수 선언에 붙은 **public**은 다른 멤버 앞에 붙었을 때와 동일한 의미를 가진다. 즉, 이 이름 상수가 클래스 외부에서도 제한 없이 참조될 수 있음을 나타낸다. **final** 앞에 붙은 **static**은 다음 장에서 자세히 설명될 내용이므로 여기서는 넘어 가고, 클래스 내에서 상수를 선언할 때에는 "**public static final**"을 붙인다고 한 묶음으로 기억해 두도록 하자. 그리고 상수의 이름은 관례적으로 전체를 대문자로 표시한다.

참고 | **자바의 지정자(modifier)**

final과 static도 지정자의 일종이다. 지정자는 클래스나 변수, 메소드의 선언에 덧붙여서 특정한 의미를 추가하는 역할을 하는 키워드들이다. 예를 들어 변수 선언에 final이 덧붙으면 그 변수의 값을 변경하지 못한다는 의미가 추가된다. 자바의 지정자는 2종류로 나뉜다.

- 접근 지정자: public, private, protected
- 그 외의 지정자: final, static, abstract, synchronized

아직 생소한 몇 가지 지정자는 책의 뒷부분에서 나올 때 설명하기로 하자.

MyCircle 클래스를 테스트하는 MyCircleTest 클래스와 그 실행 결과를 예제 4.12와 그림 4.7에 보였다.

예제 4.12 MyCircleTest 클래스

```
01  public class MyCircleTest {
02      public static void main(String[] args) {
03          MyCircle circle = new MyCircle();
04
05          circle.setRadius(12);
06          System.out.println("면적 = " + circle.getArea());
07          System.out.println("둘레 = " + circle.getPerimeter());
08      }
09  }
```

```
Problems  @ Javadoc  Declaration  Console
<terminated> MyCircleTest [Java Application] C:\Program File
면적 = 452.38895999999994
둘레 = 75.39815999999999
```

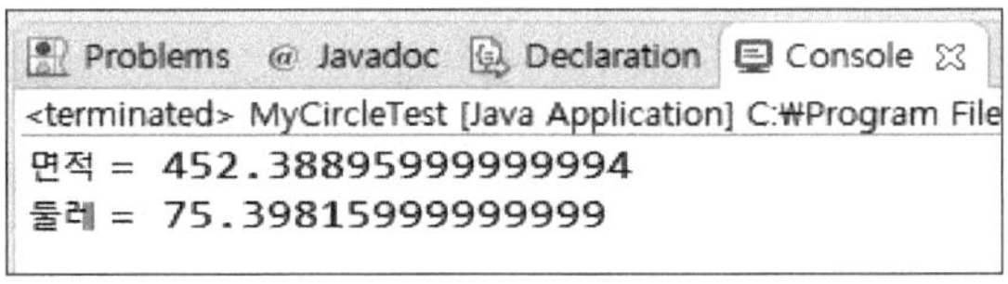

그림 4.7 MyCircleTest의 실행 결과

캡슐화와 정보 은닉

객체 지향 프로그래밍의 주요 개념인 **캡슐화**(encapsulation)는 일차적으로 데이터(data)와 동작(action)을 하나의 캡슐 안에 넣는다는 의미를 가진다. 자바에서 데이터에 해당하는 인스턴스 변수와 객체의 동작을 나타내는 메소드가 클래스 내에 함께 정의되는 것이 캡슐화이다. 이 점은 데이터와 동작이 별개로 정의되어야 하는 객체 지향 이전의 프로그래밍 방식과 차별화되는 부분이다. 예를 들어 객체 지향 프로그래밍 개념이 나오기 전의 언어인 C 언어에는 데이터와 동작을 함께 포함하는 문법 요소가 존재하지 않는다.

이런 의미의 캡슐화는 중요한 설계상의 이점을 가진다. 예를 들어 입금하기와 출금하기를 담당하는 deposit과 withdraw 메소드는 은행 계좌와 관련해서만 의미가 있는 동작이다. 그러므로 데이터(잔액, 이율 등)와 그 데이터에 관련된 동작(입금하기, 출금하기)을 은행 계좌 클래스로 함께 묶으면, 오직 은행 계좌 객체를 통해서만 메소드를 호출할 수 있게 된다. 이렇게 하는 것이 프로그램의 구조나 안정성 면에서 유익하다.

또한 캡슐화라는 비유에는 캡슐이 불투명하여 그 안에 무엇이 들어 있는지 보여주지 않는다는 점도 포함된다. 우리가 지금까지 즐겨 사용했던 Scanner 클래스를 생각해 보자. Scanner에 대해 우리가 아는 바는 이 클래스의 객체를 만들고 그 객체에 대해 nextInt 메소드를 부르면 키보드로부터 정수 하나를 읽어 들일 수 있다는 정도이다. 또는 nextLine 메소드를 부르면 엔터 키를 누르기 전까지의 내용을 스트링으로 읽어 들일 수 있다는 것이다. 그 이상의 자세한 사항, 가령 Scanner 클래스에 어떤 데이터가 있는지, 혹은 메소드들의 구현이 어떻게 이루어지는지 등은 알지 못한다. 사실 Scanner를 사용하기 위해서라면 클래스의 구현에 관련된 이러한 세부 사항은 알 필요가 없다. 공용으로 선언된 메소드 헤딩의 목록만 알면 충분하다. 어떤 메소드를 어떤 인자와 함께 호출하면 어떤 결과를 얻을 수 있다는 것만 알면 클래스를 이용할 수 있는 것이다.

이와 같이 구현에 관한 세부 사항을 숨기고 사용 방법만 알려 주는 방식으로 프로그래밍하는 기법을 **정보 은닉**(information hiding)이라고 한다. 세부 사항이 '어떻게'(how)에 해당한다면 사용 방법은 '무엇을'(what)에 해당한다고 볼 수 있다. 정보 은닉도 역시 객체 지향 프로그래밍의 주요 개념 가운데 하나이다. 클래스를 설계할 때 데이터에 해당하는 인스턴스 변수들 및 클래스 내부에서만 사용되는 메소드들은 외부에서 접근할 수 없도록 전용으로 선언하고, 외부에서 호출하도록 허용하는 메소드들만 공용으로 선언하는 방식으로 정보 은닉을 달성할 수 있다(그림 4.8 참고). 이때 공용 메소드 헤딩의 목록은 이 클래스의 외

부 인터페이스를 구성한다. 클래스의 외부 인터페이스는 이 클래스를 사용하는 프로그래머
가 알아야 하는 사항을 담고 있다.

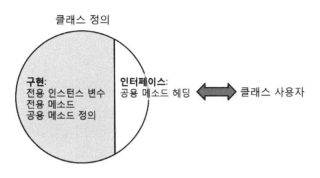

그림 4.8 캡슐화된 클래스 정의

UML

클래스의 특성과 클래스들 간의 관계를 시각적으로 표현하기 위해 흔히 UML이라고 불리는
표기법을 사용한다. UML은 Unified(혹은 Universal) Modeling Language를 뜻하는데, 프로그
램 설계 시에 널리 사용되는 언어이다. 클래스의 개요를 UML로 그림 4.9와 같이 표시하는
데, 이를 흔히 **클래스 다이어그램**(class diagram)이라고 부르기도 한다.

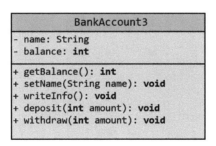

그림 4.9 BankAccount3의 UML

그림 4.9는 BankAccount3의 클래스 다이어그램이다. 클래스 다이어그램은 세 부분으로 나누
어진 사각형으로 그리는데, 가장 위쪽에 클래스의 이름이 오고 두 번째 부분에는 인스턴스
변수들이, 그리고 세 번째 부분에는 메소드들이 나열된다. 필드와 메소드의 앞에는 멤버의
접근성을 나타내는 표지가 올 수 있는데, +는 public을 나타내고 −는 private을 나타낸다.

4.3 생성자

생성자란?

클래스로부터 객체를 생성할 때 다음과 같이 new 연산자를 사용한다.

```
MyCircle circle = new MyCircle();
```

키워드 new 다음의 클래스 이름에 ()를 붙이니 마치 메소드를 호출하는 것처럼 보이지 않는 가? 그렇다. 객체를 생성할 때 **생성자**(constructor)라고 부르는 특별한 메소드가 호출되는 것이 사실이다. 생성자는 인스턴스 변수의 초기값 할당 등 객체 초기화를 위해 사용되는 메소드이다.

생성자는 일반 메소드와 비슷하게 정의하면 되지만 다음 두 가지의 차이점을 가진다.

- 생성자는 클래스와 동일한 이름을 가진다.

- 생성자는 반환 타입을 가지지 않는다.

생성자는 new 연산자를 사용하여 객체를 생성할 때 호출된다. BankAccount 클래스에 생성자를 추가한 예제 4.13을 살펴 보자.

예제 4.13 BankAccount 클래스(생성자가 포함된 버전)

```
01  public class BankAccount {
02      private String name;
03      private int balance;
04
05      public BankAccount(String name, int balance) {
06          this.name = name;
07          this.balance = balance;
08      }
09
10      public void writeInfo() {
11          System.out.print("예금주: " + name);
12          System.out.println(", 잔액: " + balance);
13      }
14
```

```
15      public void deposit(int amount) {
16          balance += amount;
17      }
18
19      public void withdraw(int amount) {
20          balance -= amount;
21      }
22  }
```

5–8행이 생성자 정의이다. 일반 메소드 정의와 유사하지만 메소드 이름이 클래스 이름과 동일하고 반환 타입이 없다. 객체를 생성할 때 호출되는 것이므로 일반적으로 공용(public)으로 선언된다. 예제 4.13에 정의된 생성자는 두 개의 매개변수를 가지는데, 매개변수에 주어진 값으로 두 인스턴스 변수를 초기화하는 동작을 한다. 매개변수의 이름이 인스턴스 변수와 동일하므로 몸체에서 인스턴스 변수를 참조하기 위해 this 키워드를 사용하고 있다. 생성자의 주된 동작이 인스턴스 변수의 값을 초기화하는 것이므로 설정자 메소드와 비슷한 역할을 한다고 볼 수 있다. 그러나 생성자는 객체를 생성할 때에만 호출되므로 객체가 생성된 후 인스턴스 변수의 값을 변경하려면 설정자가 필요하다.

생성자를 사용하려면 예제 4.14와 같이 객체를 생성할 때 생성자의 매개변수 타입에 맞는 인자를 넘겨야 한다.

예제 4.14 BankAccountTest 클래스

```
01  public class BankAccountTest {
02      public static void main(String[] args) {
03          BankAccount account = new BankAccount("홍길동", 0);
04          account.deposit(200000);
05          account.writeInfo();
06      }
07  }
```

예제 4.14의 3행을 보면 new 연산자로 객체를 만들 때 스트링과 정수를 인자로 넘기고 있다. 생성자를 호출할 때도 메소드 호출과 마찬가지로 매개변수의 타입에 맞는 인자를 넘겨야 한다. BankAccount 클래스에 정의된 생성자가 각각 String과 int 타입인 두 개의 매개변수를 가지므로 new 연산자로 객체를 만드는 3행에서 타입에 맞는 두 개의 인자를 넘기지 않으면 에러이다. 이렇게 넘어간 값이 생성자의 매개변수로 전달되어 인스턴스 변수에 지정된다. 예제 4.14의 실행 결과인 그림 4.10을 보면 생성자 인자로 넘긴 값이 인스턴스 변수에 저장되었다가 writeInfo 메소드로 출력되고 있음을 확인할 수 있다.

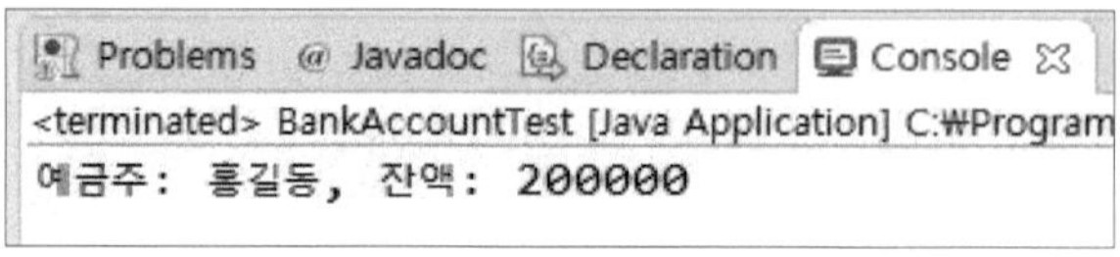

그림 4.10 예제 4.14의 실행 결과

디폴트 생성자

new 연산자로 객체를 생성할 때 항상 생성자가 호출된다면, 지금까지 클래스를 정의할 때한 번도 생성자를 포함하지 않았는데 왜 에러가 나지 않았을까? 예를 들어 이전의 모든 BankAccount 정의에서 객체를 생성할 때 다음과 같은 문장을 사용했었다.

```
BankAccount account = new BankAccount();
```

지금 설명 대로라면 위 문장은 인자가 없는 생성자를 호출하는 것인데 우리는 이전까지는한 번도 생성자를 정의한 적이 없었다. 그럼에도 불구하고 프로그램은 에러 없이 잘 실행되었다.

매개변수가 없는 생성자를 **디폴트 생성자**(default constructor)라고 부른다. 클래스를 정의할때 프로그래머가 생성자를 하나도 정의하지 않으면 자바 시스템이 디폴트 생성자를 정의해준다. 이와 같이 자동적으로 정의되는 디폴트 생성자는 별다른 일을 하지는 않는다. 어쨌든이와 같이 자바 시스템이 디폴트 생성자를 정의해 주기 때문에 지금까지 우리가 클래스를정의할 때 생성자를 하나도 정의하지 않고도 에러가 나지 않고 실행이 되었던 것이다.

그런데 클래스 정의에 생성자가 하나라도 포함되어 있으면 자바 시스템이 자동적으로 디폴트 생성자를 만들지 않는다. 예를 들어 예제 4.13과 같이 BankAccount가 정의되었을 때 다음과 같이 디폴트 생성자를 사용하여 객체 생성을 시도하면 에러가 난다.

```
BankAccount account = new BankAccount();   //에러
```

왜냐 하면 위 문장은 매개변수가 없는 디폴트 생성자를 호출하고 있지만 예제 4.13의 클래스 정의에는 디폴트 생성자가 포함되어 있지 않기 때문이다. 예제 4.13의 정의에 생성자가

하나도 없다면 시스템이 디폴트 생성자를 자동적으로 생성했겠지만 인자를 가진 생성자가
이미 정의되어 있으므로 디폴트 생성자가 자동 생성되지 않는다.

생성자의 중복 정의

이런 이유로 생성자를 정의할 때는 디폴트 생성자를 반드시 포함하는 것이 좋다. 그리고 생
성자는 인자들의 타입이나 개수에 따라 여러 개를 중복 정의하는 것이 가능하다. (생성자
의 중복 정의는 다음 장에서 살펴 볼 메소드 오버로딩의 일종이다.) 예를 들어 예제 4.15에
는 디폴트 생성자를 포함하여 4개의 생성자가 정의되어 있는데, 각 생성자는 매개변수의 목
록이 서로 다르다. 즉, 첫 번째 생성자는 매개변수가 없는 디폴트 생성자이고, 두 번째와 세
번째 생성자는 매개변수가 하나인데 각각 name과 balance의 초기값을 인자로 받는다. 그리
고 마지막 생성자는 name과 balance의 초기값을 둘 다 받도록 2개의 매개변수를 가진다.

예제 4.15 BankAccount 클래스(4개의 생성자가 포함된 버전)

```
01   public class BankAccount {
02       private String name;
03       private int balance;
04
05       public BankAccount() {
06           this.name = "";
07           this.balance = 0;
08       }
09       public BankAccount(String name) {
10           this.name = name;
11           this.balance = 0;
12       }
13       public BankAccount(int balance) {
14           this.name = "";
15           this.balance = balance;
16       }
17       public BankAccount(String name, int balance) {
18           this.name = name;
19           this.balance = balance;
20       }
21       //writeInfo, deposit, withdraw 메소드는 예제 4.13과 동일함
22   }
```

디폴트 생성자는 두 인스턴스 변수를 모두 기본값으로 지정한다. 즉, 스트링 타입인 name
은 빈 스트링(empty string)인 ""로, 잔액을 나타내는 balance는 0으로 지정한다. 나머지 생
성자들은 매개변수의 값으로 인스턴스 변수를 지정하고 빠진 것이 있으면 역시 기본값으로
지정한다. 이 생성자들을 사용하면 예제 4.16과 같이 다양한 방식으로 객체를 생성할 수 있
고 그 실행 결과는 그림 4.11과 같다.

예제 4.16 BankAccountTest2 클래스

```java
01  public class BankAccountTest2 {
02      public static void main(String[] args) {
03          BankAccount account1 = new BankAccount("홍길동", 0);
04          BankAccount account2 = new BankAccount();
05          BankAccount account3 = new BankAccount("김철수");
06          account1.deposit(200000);
07          account1.writeInfo();
08          account2.writeInfo();
09          account3.writeInfo();
10      }
11  }
```

---

account2가 가리키는 BankAccount 객체는 디폴트 생성자로 생성되었으므로 인스턴스 변
수에 기본값들이 저장되었다. 따라서 8행의 account2에 대한 writeInfo 호출은 그림 4.11
의 두 번째 줄과 같은 실행 결과를 표시하게 된다.

```
Problems  @ Javadoc  Declaration  Console
<terminated> BankAccountTest2 [Java Application] C:\Progra
예금주: 홍길동, 잔액: 200000
예금주:  , 잔액: 0
예금주: 김철수, 잔액: 0
```

그림 4.11 예제 4.16의 실행 결과

메소드를 호출하는 생성자

생성자에서 다른 메소드를 호출하는 것이 가능하다. 예를 들어 예제 4.17에는 4개의 생성
자가 정의되어 있으나, 생성자들이 인스턴스 변수의 값을 직접 지정하지 않고 전용 메소드

인 set을 호출하는 것으로 구현되어 있다. 즉, set 메소드에서만 인스턴스 변수의 값이 실제로 지정된다. 이 set 메소드는 private으로 선언되어 있으므로 클래스 내에서만 호출이 가능하다.

예제 4.17 BankAccount 클래스(생성자가 메소드를 호출하는 버전)

```
01   public class BankAccount {
02       private String name;
03       private int balance;
04
05       public BankAccount() {
06           set("", 0);
07       }
08       public BankAccount(String name) {
09           set(name, 0);
10       }
11       public BankAccount(int balance) {
12           set("", balance);
13       }
14       public BankAccount(String name, int balance) {
15           set(name, balance);
16       }
17
18       private void set(String name, int balance) {
19           this.name = name;
20           this.balance = balance;
21       }
22       //writeInfo, deposit, withdraw 메소드는 예제 4.13과 동일함
23   }
```

생성자를 호출하는 생성자

생성자에서 일반 메소드뿐 아니라 다른 생성자를 호출할 수도 있다. 다만 생성자에서 다른 생성자를 호출할 때는 메소드 이름이 아니라 this라는 키워드를 사용해야 한다. 예제 4.18은 네 번째 생성자만 인스턴스 변수에 값을 지정하는 작업을 하고 나머지 생성자들은 이 네 번째 생성자를 호출하는 방식으로 구현한 예제이다.

예제 4.18 BankAccount 클래스(생성자가 생성자를 호출하는 버전)

```java
01   public class BankAccount {
02       private String name;
03       private int balance;
04
05       public BankAccount() {
06           this("", 0);
07       }
08       public BankAccount(String name) {
09           this(name, 0);
10       }
11       public BankAccount(int balance) {
12           this("", balance);
13       }
14       public BankAccount(String name, int balance) {
15           this.name = name;
16           this.balance = balance;
17       }
18
19       //writeInfo, deposit, withdraw 메소드는 예제 4.13과 동일함
20   }
```

this는 클래스 내에서 수신 객체를 나타내는 키워드로서 수신 객체의 인스턴스 변수를 접근하거나 자신의 메소드를 호출할 때 사용했었다. this의 또 다른 용도는 이 예제에서와 같이 생성자 내에서 다른 생성자를 호출하는 것인데, 예제 4.18의 6, 9, 12행과 같이 this 다음에 괄호를 열고 그 안에 인자를 넣으면 생성자 호출이 된다. this를 사용한 생성자 호출은 생성자 내에서만 가능하다. 일반 메소드 내에서는 이런 방식으로 생성자를 호출하지 못한다.

예제 4.18을 보면 처음 세 개의 생성자는 모두 this를 사용하여 네 번째 생성자를 호출하고 있다. 이때 적절한 인스턴스 변수의 초기값을 인자로 넘긴다. 오직 마지막 생성자만이 인스턴스 변수의 값을 실제로 지정한다. 같은 종류의 작업이 여러 군데서 이루어지는 것보다는 한 군데에만 두고 필요한 곳에서 그 부분을 호출하는 방식으로 코드를 구성하는 것이 유익한 프로그래밍 기법이다. 같은 종류의 작업이 여러 군데 흩어져 있다면 추후에 수정이 필요할 때 찾아 다니기도 번거롭고 실수로 빼먹을 수도 있기 때문이다. 한 군데만 있는 것이 유지보수에도 유리하고 에러도 줄일 수 있다.

4.4 자바 GUI 개요

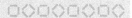

생성자를 사용한 JFrame 애플리케이션

이제 클래스와 생성자에 대해 배웠으니 앞장에서 나선형 곡선을 그리기 위해 작성했던 SpiralCurve 클래스를 생성자를 포함하도록 다시 작성해 보자.

예제 4.19 생성자를 가지는 SpiralCurve 클래스

```
01  import java.awt.Color;
02  import java.awt.Graphics;
03  import javax.swing.JFrame;
04
05  public class SpiralCurve extends JFrame {
06      private static final int XINIT = 250;
07      private static final int YINIT = 250;
08      private static final double K = 4;
09      private static final int NUMOFPOINTS = 500;
10      private static final double DELTA = 0.1;
11
12      public SpiralCurve() {
13          setSize(500, 500);
14          setTitle("Spiral Demo");
15          setDefaultCloseOperation(JFrame.EXIT_ON_CLOSE);
16      }
17
18      public void paint(Graphics g) {
19          g.setColor(Color.RED);
20
21          int xOld = XINIT, yOld = YINIT, xNew, yNew;
22          double t = 0.0;
23          for (int i=0; i< NUMOFPOINTS; i++) {
24              xNew = (int) (XINIT + K * t * Math.cos(t));
25              yNew = (int) (YINIT + K * t * Math.sin(t));
26              g.drawLine(xOld, yOld, xNew, yNew);
27              xOld = xNew;
28              yOld = yNew;
29              t += DELTA;
30          }
31      }
32  }
```

예제 4.19에 정의된 SpiralCurve 클래스는 몇 개의 이름 상수 선언과 두 개의 메소드 정의를 포함하고 있다. 첫 번째 메소드는 12−16행의 생성자이다. 생성자는 이 클래스의 객체를 생성할 때 실행된다고 했다. 즉, SpiralCurve의 객체를 생성할 때 이 코드가 실행된다. 초기 출력 윈도우의 크기와 윈도우 타이틀을 지정하고(13−14행), 윈도우가 닫히면 프로그램이 종료되도록 설정하는(15행) 등의 작업이 생성자에 포함된다. 앞장의 SpiralCurve 구현에서는 아직 생성자를 배우기 전이었으므로 이런 작업을 SpiralCurveDemo 클래스에 포함시켰지만, 사실 이런 작업은 일반적으로 JFrame 클래스의 생성자에 포함되는 내용이다. SpiralCurve 클래스는 main 메소드를 가지지 않으므로 실행을 위해서는 예제 4.20과 같은 클래스가 필요하다.

예제 4.20 SpiralCurveDemo 클래스

```
01    public class SpiralCurveDemo {
02        public static void main(String[] args) {
03            (new SpiralCurve()). setVisible(true);
04        }
05    }
```

예제 4.20을 보면 SpiralCurveDemo 클래스의 main 메소드는 오직 SpiralCurve 클래스의 객체를 하나 생성하고 setVisible 메소드를 불러 윈도우가 화면에 표시되도록 하는 작업만 포함하고 있다. 나머지의 초기화 작업은 객체가 만들어지고 실행되는 생성자(예제 4.19의 13−15행)가 담당하고 있다. 예제 4.20의 3행은 다음 코드를 한 줄로 합쳐서 간결히 표시한 것이다.

```
SpiralCurve curve = new SpiralCurve();
curve.setVisible(true);
```

실행 결과로는 이전 장(그림 3.11)과 동일하게 빨간색 나선형 곡선이 그려진다.

자바의 그래픽

예제 4.19 SpiralCurve 클래스의 두 번째 메소드는 paint이다. 이 이름은 사용자가 임의로 정하는 것이 아니다. JFrame 애플리케이션이 실행된 후 화면을 표시해야 할 때 자바 시스템이 정확히 다음의 헤딩을 가지는 메소드를 호출한다. (g라는 이름은 프로그래머가 선택하는 것이므로 달라질 수 있다. 나머지는 정확히 일치해야 한다.)

```
public void paint(Graphics g)
```

그러므로 출력 윈도우에 그래픽 요소를 포함하고 싶으면 위와 같은 헤딩을 갖는 메소드를 정의하고 그 몸체에 그래픽을 위한 코드를 넣어 두면 된다. 이 paint 메소드는 사용자가 호출하는 것이 아니라 필요할 때 자바 시스템에 의해 호출된다는 점에 특히 유의하라. 또한 paint 메소드는 화면을 다시 그려야 할 필요가 생길 때마다 반복 호출된다. 예를 들어 마우스로 출력 윈도우의 크기를 조정하면 거기에 맞게 화면을 다시 그려야 하므로 paint가 자동 호출된다.

자바의 2차원 그래픽을 담당하는 기본 클래스는 Graphics이다. 화면 표시를 위해 paint가 실행될 때 자바 시스템은 Graphics 클래스의 객체를 paint 메소드의 매개변수로 넘긴다. (위의 paint 메소드 헤딩에서 g로 표시된 매개변수가 그것이다.) 1장 및 그 이후의 그래픽 예제들에서 살펴 본 것처럼 Graphics 클래스는 직선, 직사각형, 타원, 호 등을 그리는 메소드를 제공한다. 프로그래머는 paint 메소드 내에서 매개변수인 Graphics 객체에 대해 이러한 메소드를 호출함으로써 화면에 그래픽을 그리게 된다. 예를 들어, 화면에 직사각형을 그리기 위해서는 다음과 같이 drawRect를 호출한다. 이 때 직사각형의 좌상단 꼭지점의 x, y 좌표와 너비(w) 및 높이(h)를 메소드 호출의 인자로 넘겨야 한다.

```
g.drawRect(x, y, w, h);
```

그리기를 담당하는 다른 Graphics 메소드들도 이와 비슷하게 사용된다. 이런 그래픽 기법은 지금까지 살펴 본 여러 그래픽 예제를 통해 익숙할 것이다.

색상과 폰트

Graphics 클래스는 색상과 폰트를 다루는 방법도 제공한다. 예를 들어 setColor 메소드를 사용하면 다음과 같이 그리기를 위한 색상을 지정할 수 있다. 색상을 나타내기 위해서는 Color 클래스를 이용하면 된다.

```
g.setColor(Color.RED);
```

위 문장을 실행한 이후의 모든 그래픽은 빨간색으로 그려진다. 이미 한번 칠한 곳에 다른 색상을 덧칠하면 나중에 그려진 색상만 나타난다. 즉, Graphics 메소드로 색상을 덧칠할 때는 실제로 물감으로 그리는 경우와 달리 두 색상이 섞이지 않는다. 마지막에 칠해진 색상만 보이게 된다.

Color.RED는 Color 클래스에 이름 상수로 선언되어 있는 색상이다. Color 클래스에 상수로 선언되어 있는 것 외의 색상이 필요하면 어떻게 해야 할까? Color 클래스는 표준적인 RGB 색상 체계를 구현하며 RGB 요소의 값을 직접 지정하여 색상을 표현하는 생성자를 제공하므로 이를 이용하면 된다. 즉, Color 객체를 생성할 때 R, G, B 요소의 값을 0~255 범위 내에서 각각 지정하여 원하는 색상을 얻을 수 있다. 예를 들어 다음 코드는 R=255, G=100, B=100의 성분으로 구성되는 색상 객체를 정의하고, 이 객체를 인자로 setColor 메소드를 호출하여 색상을 지정하고 있다.

```
Color color = new Color(255, 100, 100);
g.setColor(color);
```

위에서 정의한 색상 객체 color가 다른 용도로 사용되지 않는다면, 위의 두 문장을 다음과 같이 한 문장으로 간단히 나타낼 수도 있다.

```
g.setColor(new Color(255, 100, 100));
```

폰트를 사용하려면 Font 클래스와 setFont 메소드를 함께 사용하면 된다. 폰트를 지정하기 위해서는 먼저 다음과 같이 폰트 객체를 생성한다.

```
Font font = new Font("Serif", Font.BOLD, 20);
```

Font 클래스의 생성자는 세 개의 인자를 받는데, 첫 번째 인자는 폰트 이름을 나타내는 스트링이다. 폰트 이름은 "Serif", "SansSerif", "Monospaced", "Dialog" 등의 폰트 종류(논리적 폰트 이름)일 수도 있고 "Helvetica", "Courier"와 같은 실제 폰트 이름일 수도 있다. 전자의 4가지 논리적 폰트 이름은 어떤 경우에든 사용 가능하지만, 실제 폰트 이름으로 어떤 것이 사용 가능한지는 시스템 환경에 따라 다르다.

Font 클래스 생성자의 두 번째 인자는 폰트 스타일을 나타내는 상수인데 그림 4.12의 세 가지가 있다.

스타일 상수	설명
Font.PLAIN	표준 글씨체
Font.BOLD	굵은 글씨체
Font.ITALIC	이탤릭체

그림 4.12 Font 클래스의 스타일 상수

두 개의 스타일을 결합하려면 비트 연산자 |을 사용하여 Font.BOLD|Font.ITALIC과 같이 하면 "굵은 이탤릭체"를 의미하게 된다. 마지막으로 세 번째 인자는 폰트의 크기인데 숫자로 지정하면 된다.

이제 폰트 객체를 얻었으면 다음과 같이 그래픽 객체의 폰트를 지정하면 된다.

```
g.setFont(font);
```

이후에 그래픽 객체 g를 사용하여 문자열을 출력할 때 여기서 지정한 폰트가 사용된다. 다음 코드의 첫 줄은 폰트 객체를 생성하고 폰트를 지정하는 과정을 한 문장으로 간단히 나타낸 것이고, 그 다음 줄에서 Graphics 메소드 drawString을 사용하여 문자열을 출력하고 있다.

```
g.setFont(new Font("Serif", Font.BOLD, 20));
g.drawString("Happy Java Programmer!", 50, 50);
```

위의 두 번째 문장은 인자로 주어진 문자열을 화면에 표시하되 좌표가 (50,50)인 위치에 출력한다. 즉, 문자열의 첫 글자가 (50,50) 위치에 표시된다는 뜻이다. 그리고 첫 번째 문장에서 지정한 폰트에 따라 Serif 폰트의 굵은 글씨체로, 글자 크기는 20포인트로 출력될 것이다.

Java 2D 그래픽

Graphics 클래스를 이용한 그래픽 기법은 자바 언어의 초기 버전부터 제공되어 왔으나 기능이 제한되는 점도 있다. 예를 들면 선의 두께나 글자의 획의 굵기를 조정할 수 없다. 따라서 보다 향상된 그래픽을 제공하기 위해 Java 2D 그래픽이 도입되었는데, 이 Java 2D의 핵심 클래스는 Graphics2D이다.

Graphics2D 클래스를 사용하려면 paint 메소드의 매개변수를 다음과 같이 Graphics2D 클래스로 타입 변환하면 된다.

```java
public void paint(Graphics g) {
    Graphics2D g2 = (Graphics2D)g;
```

Graphics2D 클래스는 기존의 Graphics 클래스를 확장한 것이므로 Graphics2D 타입으로 변환하더라도 Graphics의 메소드는 그대로 동일하게 사용할 수 있다.

Graphics2D 클래스가 제공하는 여러 가지 개선된 기능들이 있으나, 여기서는 선의 두께를 조정하는 기능만 다루어 보도록 하겠다. 앞의 나선형 곡선 예제를 그림 4.13과 같은 결과가 나오도록 수정해 보자.

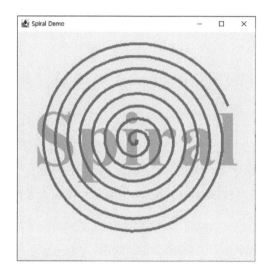

그림 4.13 새로운 나선형 곡선 예제의 출력

이 결과는 원래의 나선형 예제와 거의 동일하지만 색상이 다소 바뀌었고 상당히 큰 폰트를 사용한 문자열이 나선의 배경에 추가되었다. 여기까지는 Graphics 클래스로 처리가 가능하다. 또한 나선형 곡선을 이루는 선의 두께가 상당히 두꺼워졌는데, 이것은 Graphics2D 클래스를 사용하면 된다.

그림 4.13을 출력하는 JFrame 애플리케이션을 예제 4.21에 보였다.

예제 4.21 SpiralCurve2 클래스

```
..    // 필요한 import 추가

08    public class SpiralCurve2 extends JFrame {

..        //이름 상수의 선언과 생성자는 예제 4.19와 동일

22        public void paint(Graphics g) {
23            Graphics2D g2 = (Graphics2D)g;
24
25            g2.setColor(Color.LIGHT_GRAY);
26            g2.setFont(new Font("Serif", Font.BOLD, 160));
27            g2.drawString("Spiral", 40, 300);
28            g2.setColor(new Color(255, 100, 100));
29
30            g2.setStroke(new BasicStroke(5));
31            int xOld = XINIT, yOld = YINIT, xNew, yNew;
32            double t = 0.0;
33            for (int i=0; i<NUMOFPOINTS; i++) {
34                xNew = (int) (XINIT + K * t * Math.cos(t));
35                yNew = (int) (YINIT + K * t * Math.sin(t));
36                g2.drawLine(xOld, yOld, xNew, yNew);
37                xOld = xNew;
38                yOld = yNew;
39                t += DELTA;
40            }
41        }
42    }
```

예제 4.21은 paint 메소드를 제외하고는 예제 4.19와 동일하다. paint 메소드에서도 23−29
행의 내용만이 수정되었다. 먼저 23행에서 Graphics 타입인 매개변수 g를 Graphics2D 타
입으로 타입 변환하여 새로운 변수 g2에 할당하였다. 이제 g2를 통해서 Graphics 클래스의
모든 메소드뿐만 아니라 Grahphics2D 클래스의 메소드도 호출할 수 있게 된다.

먼저 색상을 연한 회색(LIGHT_GRAY)으로, 그리고 폰트를 160포인트의 상당히 큰 크기로 지
정한 다음 "Spiral"이라는 문자열을 출력한다(25−27행). 그리고 나선형 곡선을 그리는 색상

을 RGB 성분의 조합으로 새로 지정하고(28행) 선의 두께를 다음과 같이 5픽셀로 지정한다.

```
g2.setStroke(new BasicStroke(5));
```

paint 메소드의 나머지 코드는 나선을 그리는 알고리즘을 구현하는데, 이전의 정의와 동일하다. 예제 4.21을 실행하기 위해서도 SpiralCurve2 클래스의 객체를 생성하는 예제 4.22 클래스가 필요하다.

예제 4.22 SpiralCurve2Demo 클래스

```
01   public class SpiralCurve2Demo {
02       public static void main(String[] args) {
03           new SpiralCurve2();
04       }
05   }
```

이제 SpiralCurve2Demo 클래스를 실행시키면 그림 4.13의 결과를 얻을 수 있다.

자바 GUI의 기초 개념

지금까지의 그래픽 예제는 Graphics나 Graphics2D 클래스의 메소드를 사용하여 그리기 작업을 하는 애플리케이션들이었다. 그러나 현대의 자바 프로그램들은 사용자와의 상호 작용을 위해 버튼이나 체크박스, 텍스트 입력을 위한 텍스트 필드 등의 전형적인 구성 요소로 이루어지는 **그래픽 사용자 인터페이스(GUI**: graphic user interface)를 필요로 한다. 예를 들어 그림 4.14는 간단한 로그인 윈도우를 GUI로 구현한 예를 보여준다.

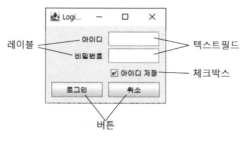

그림 4.14 로그인 윈도우

그림 4.14에서 "아이디"나 "비밀번호"와 같은 문자열 요소를 **레이블**(label)이라고 부르고, 아이디와 비밀번호를 받아들이는 한 줄짜리 입력 창을 **텍스트필드**(text field)라고 부른다. 그 아래쪽에는 아이디 저장 여부를 나타내는 **체크박스**(check box)가 하나 있고 마지막으로 "로그인"과 "취소" **버튼**(button)이 있다. GUI를 구성하는 이와 같은 시각적 요소들을 **컴포넌트**(component)라고 부른다. 컴포넌트 대신 **위젯**(widget)이나 **컨트롤**(control)이라는 용어를 쓰기도 한다.

GUI를 구현하기 위해 이런 전형적인 컴포넌트들을 프로그래머가 직접 그리지는 않는다. 자바의 클래스 시스템에는 이와 같은 GUI 컴포넌트들을 위한 클래스가 미리 제공되어 있으므로 프로그래머는 이를 사용하여 빠르고 효과적으로 인터페이스를 구현할 수 있다. 물론 게임 프로그램이나 보다 자유로운 그래픽이 필요한 응용에서는 여전히 직접 그래픽 작업을 해야 할 필요도 있다.

자바에서 GUI를 구성하기 위해 사용되는 패키지는 AWT(java.awt)와 스윙(javax.swing)이다. 둘 다 자바 언어가 제공하는 클래스 시스템(JFC: Java Foundation Classes)에 속해 있다. 먼저 **AWT**(Abstract Windows Toolkit)는 지금까지의 그래픽 예제에서 그래픽 작업을 위해서 자주 사용했던 패키지이다. Graphics나 Color, Font 등의 클래스가 여기에 포함되어 있다. AWT 이후에 좀 더 개선된 GUI를 지원하기 위해 **스윙**(Swing)이 나왔는데, 현 시점에서 자바 언어로 GUI를 작성하기 위해 가장 널리 사용되고 있는 것이 바로 이 스윙 패키지이다. 스윙은 AWT를 기반으로 작성되었기 때문에 스윙을 이용하려면 AWT 패키지도 필요하다. 우리가 이미 만나본 JFrame이나 JApplet 클래스가 스윙에 속한다. 그 외에 레이블에 해당하는 JLabel, 버튼에 해당하는 JButton 등의 많은 컴포넌트 클래스가 제공된다. 스윙 패키지에 속한 컴포넌트들은 J로 시작하는 이름을 가진다. 예를 들어 AWT 패키지가 제공하는 버튼 클래스는 Button이고 스윙 패키지가 제공하는 버튼 클래스는 JButton이다.

참고 │ AWT vs 스윙

AWT는 컴포넌트를 화면에 그리기 위해 플랫폼이 제공하는 자원을 사용한다. 운영체제가 제공하는 코드를 불러 쓴다는 말이다. 그러므로 속도가 빠르지만 플랫폼에 독립적인 일관된 모습을 제공하기가 어렵다. 즉, 동일한 코드로 작성했더라도 다른 종류의 운영체제에서 실행하면 그 모양이 달라질 수 있다.

반면에 스윙은 플랫폼의 자원을 사용하지 않고 직접 자바로 작성되어 있다. 따라서 플랫폼에 독립적인 일관된 모습을 제공할 수 있다. 스윙 이후에 새로운 GUI 패키지들이 나왔음에도 불구하고 아직은 스윙이 가장 널리 사용되고 있다.

AWT 컴포넌트는 운영체제가 제공하는 코드에 의존하여 구현되었다는 점에서 heavyweight 컴포넌트라고 불리고 스윙 컴포넌트는 그렇지 않고 플랫폼에 독립적이므로 lightweight 컴포넌트라고 불린다.

우선 문자열과 버튼을 포함하는 간단한 윈도우를 구현해 보자. 예제 4.23는 이전의 JFrame 애플리케이션과 비슷하게 정의되지만 이번에는 paint 메소드는 없고 생성자만 포함되었다.

예제 4.23 SimpleBtnFrame 클래스

```
01  import java.awt.Color;
02  import java.awt.Container;
03  import java.awt.FlowLayout;
04  import javax.swing.JButton;
05  import javax.swing.JFrame;
06  import javax.swing.JLabel;
07
08  public class SimpleBtnFrame extends JFrame {
09      public SimpleBtnFrame() {
10          setSize(300, 150);
11          setTitle("Simple Button Example");
12          setDefaultCloseOperation(EXIT_ON_CLOSE);
13
14          Container cPane = getContentPane();
15          cPane.setBackground(Color.GREEN);
16          cPane.setLayout(new FlowLayout());
17          JLabel label = new JLabel("버튼을 누르세요");
18          JButton btn = new JButton("버튼");
19          cPane.add(label);
20          cPane.add(btn);
21      }
22  }
```

paint 메소드가 없는 이유는 이 예제는 자바가 제공하는 컴포넌트 클래스를 이용해서 GUI를 구성할 뿐이지 Graphics 클래스가 제공하는 그리기 메소드를 사용하여 직접 그래픽 작업을 하는 것은 아니기 때문이다. 즉, 그리기를 포함하지 않는 응용은 paint 메소드를 작성하지 않는다.

SimpleBtnFrame 클래스의 코드는 잠시 후에 살펴 보고, 먼저 SimpleBtnFrame 클래스의 객체를 생성하는 클래스를 예제 4.24과 같이 작성하여 실행해 보자. 그림 4.15와 같은 윈도우를 얻을 수 있을 것이다.

예제 4.24 SmpleBtnFrameDemo 클래스

```
01    public class SimpleBtnFrameDemo {
02        public static void main(String[] args) {
03            (new SimpleBtnFrame()).setVisible(true);
04        }
05    }
```

그림 4.15 SimpleBtnFrameDemo 클래스 실행 결과

물론 아직은 버튼을 눌러도 아무 일도 일어나지 않는다. 사용자가 버튼을 눌렀을 때 대응하는 동작을 코드로 작성하는 것은 나중에 배우게 된다. 지금은 원하는 대로 화면을 구성하는 문제에 집중하도록 하자.

컴포넌트와 컨테이너

그림 4.15의 윈도우는 레이블과 버튼 컴포넌트를 각각 하나씩 포함하고 있다. 그런데 이 두 개의 컴포넌트를 포함하고 있는 JFrame 자체도 하나의 컴포넌트로 간주한다. 그리고 JFrame과 같은 컴포넌트는 다른 컴포넌트들을 담는 용도로 사용하므로 **컨테이너**(container)라고 부른다. 스윙이 제공하는 컨테이너 컴포넌트로는 JFrame, JApplet, JPanel 등이 있다.

컨테이너 가운데서도 JFrame과 JApplet 등은 따로 구분하여 최상위 컨테이너(top-level container)라고 부른다. GUI 프로그램의 실행 결과가 화면에 표시되기 위해서는 반드시 최상위 컨테이너 중 하나를 가져야 한다. 이 최상위 컨테이너가 말하자면 루트(root)가 되고 사용자 인터페이스를 구성하는 다른 컴포넌트들은 모두 이 최상위 컨테이너에 속하게 된다. 이렇게 최상위 컨테이너에 포함되어야만 컴포넌트가 윈도우에 표시된다. 지금까지 GUI 애플리케이션을 작성할 때 "extends JFrame" 구절을 사용했던 이유가 이것이다. 이 구절의 의미는 7장에서 자세히 설명되겠지만, 간단히 말하자면 GUI 애플리케이션을 JFrame 클래스의 일종으로 만드는 것이다. 그렇게 해야 실행 결과가 윈도우 화면에 표시된다. 그리고 화면에 표시할 모든 컴포넌트들은 직접적이든 간접적이든 이 최상위 컨테이너에 포함되어야 한다. 즉, 최상위 컨테이너에 직접 추가되거나, 최상위 컨테이너에 다른 컨테이너가 추가되고 그 컨테이너에 추가되어야 한다.

일반적으로 컨테이너는 다른 컴포넌트를 붙일 수 있는 사각형 모양의 '판'이나 '창'으로 생각할 수 있다. 그림 4.15의 윈도우는 연두색 판에 레이블과 버튼 컴포넌트가 붙어서 화면을 구성한 것이다. 그런데 최상위 컨테이너인 JFrame의 구조를 조금 더 자세히 설명하자면 그림 4.16과 같이 생각할 수 있다.

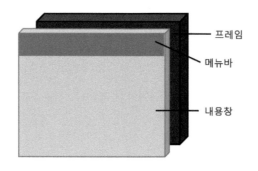

그림 4.16 최상위 컨테이너의 구조

즉, JFrame 컨테이너는 프레임이 있고 거기에 **내용창**(content pane)이라고 부르는 판 혹은 창이 붙는다. 이 내용창은 필요에 따라 메뉴바를 가질 수도 있다. 그리고 내용창에 컴포넌트들을 추가하여 화면을 구성한다. 물론 paint 메소드를 작성하면 내용창에 그래픽을 그릴 수도 있다.

이제 예제 4.23의 코드로 돌아가 보자. 우선 8행에서 이 클래스가 최상위 컨테이너의 하나인 JFrame의 일종으로 선언되었기 때문에 독립적인 윈도우를 가지는 애플리케이션으로 동작할 수 있게 된다. 생성자의 첫 부분은 익숙한 내용이다. 즉 출력 윈도우의 초기 크기와 윈도우 타이틀을 지정하고 윈도우가 닫혔을 때 프로그램이 종료되도록 설정한다(10-12행). 그 다음 문장은 프레임의 내용창을 얻기 위해 getContentPane 메소드를 호출한다.

```
Container cPane = getContentPane();
```

내용창은 다른 컴포넌트를 붙일 수 있는 컨테이너이기 때문에 내용창을 가리키는 변수가

Container 타입으로 지정되었다. 그리고 내용창의 배경색을 연두색으로 지정한다.

```
cPane.setBackground(Color.GREEN);
```

내용창에 여러 개의 컴포넌트가 포함된다면 그것들을 어떻게 배치하느냐 하는 문제가 있다. 즉, 컨테이너 내에서 각 컴포넌트들의 크기와 위치를 정해야 하는 것이다. 이것을 담당하는 것이 **배치 관리자**(layout manager)인데 다음 문장은 내용창 내에서 컴포넌트들의 배치가 FlowLayout이라는 이름의 배치 관리자에 의해 이루어지도록 지정한다. 배치 관리자도 클래스로 작성되어 있고 객체를 생성하여 사용한다.

```
cPane.setLayout(new FlowLayout());
```

배치 관리자에 대한 보다 자세한 사항은 다음 장에서 다루기로 하고, 일단 FlowLayout에서는 컴포넌트가 컨테이너에 추가되는 순서에 따라 좌측에서 우측으로, 그리고 위에서 아래로 컴포넌트들을 배치한다는 점만 기억하고 넘어가기로 하자.

레이블과 버튼 컴포넌트에 해당하는 스윙 클래스는 JLabel과 JButton이다. 먼저 다음과 같이 컴포넌트 클래스의 객체를 생성한다.

```
JLabel label = new JLabel("버튼을 누르세요");
JButton btn = new JButton("버튼");
```

JLabel은 레이블을 구성하는 문자열을 생성자의 인자로 받고 JButton은 버튼에 표시되는 텍스트를 생성자의 인자로 받는다. 텍스트를 미리 인자로 제공하지 않고 다음과 같이 나중에 setText 메소드를 사용하여 지정할 수도 있다.

```
JLabel label = new JLabel();
JButton btn = new JButton();
label.setText("버튼을 누르세요");
btn.setText("버튼");
```

일단 컴포넌트 객체를 얻으면 add 메소드를 사용하여 컨테이너에 이를 추가하여야 한다. 이것은 컨테이너가 나타내는 창에 컴포넌트를 부착하는 과정으로 이해할 수 있다.

```
cPane.add(label);
cPane.add(btn);
```

내용창에 적용되어 있는 배치 관리자가 FlowLayout이므로 먼저 추가된 레이블이 좌측에, 그리고 그 다음으로 버튼이 레이블의 우측에 배치되는 형태로 화면이 구성된다. 정렬

(alignment) 형태를 따로 지정하지 않으면 FlowLayout은 중앙 정렬이 기본값이므로 그림 4.15와 같이 컴포넌트들이 화면의 중앙에 모여 위치하게 된다.

JLabel과 폰트

앞서 paint 메소드 내에서 drawString으로 텍스트를 표시할 때는 setFont 메소드로 Font 를 지정하여 폰트와 크기 등의 속성을 변경할 수 있었다. 그런데 Font는 JLabel에 대해서 도 동일한 방법으로 지정할 수 있다. 예를 들어 JLabel 객체를 생성한 후에 다음과 같이 setFont 메소드로 폰트를 지정할 수 있다. setFont 메소드의 인자는 Font 객체이다.

```
JLabel label = new JLabel("버튼을 누르세요");
label.setFont(new Font("Serif", Font.BOLD, 18));
label.setForeground(Color.blue);
```

또한 JLabel로 표시되는 텍스트의 색상을 바꾸려면 위의 마지막 문장과 같이 setForeground 메소드를 호출하면 된다. 인자로는 텍스트를 표시할 색상을 넘겨 주면 된 다. 예제 4.25의 17행에서 JLabel 객체를 생성한 다음에 위의 코드와 같이 폰트와 색상을 지정하는 두 문장을 추가하면 실행 결과는 그림 4.17과 같이 바뀐다. 글자의 크기가 커지고 색상이 변경되었음을 확인할 수 있다.

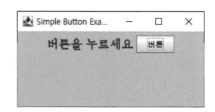

그림 4.17 예제 4.24의 실행 결과(예제 4.23에 폰트와 색상을 추가한 경우)

프로그래밍 과제 ◇□◇□◇□◇□◇□◇□◇□◇

1. 예제 4.3의 Student 클래스를 적절한 생성자를 가지도록 수정하여 다음의 실행 예와 같이 사용될 수 있도록 하라.

```
StudentDemo.java ☒   Student.java
 3  public class StudentDemo {
 4
 5⊖     public static void main(String[] args) {
 6          Student s1 = new Student("홍길동", "자바프로그래밍", 93);
 7          s1.writeOutput();
 8      }
 9  }
```

```
 Problems  @ Javadoc  Declaration  Console ☒
<terminated> StudentDemo [Java Application] C:\Program Fil
이름: 홍길동
과목: 자바프로그래밍
성적: 93
학점: A
```

2. 직사각형을 나타내는 클래스 MyRect가 다음 예제와 같이 사용될 수 있으려면 적절한 인스턴스 변수, 생성자 및 메소드를 가져야 한다. 다음 예제에서 MyRect의 객체 rect는 너비가 20, 높이가 10인 직사각형에 해당한다. 먼저 MyRect의 UML을 그려 보고 이에 따라 MyRect 클래스를 작성하라.

```
MyRectDemo.java ☒   MyRect.java
 3  public class MyRectDemo {
 4⊖     public static void main(String[] args) {
 5          MyRect rect = new MyRect(20, 10);
 6          System.out.println("직사각형의 면적=" + rect.getArea());
 7      }
 8  }
 9
```

```
 Problems  @ Javadoc  Declaration  Console ☒
<terminated> MyRectDemo [Java Application] C:\Program File
직사각형의 면적=200
```

3. 도서 정보를 나타내는 Book 클래스를 작성하라. Book 클래스는 도서의 제목, 저자 및 가격을 저장한다. discountBy 메소드는 할인율을 퍼센트 단위로 받아 도서 가격을 변경하는 작업을 수행한다. 다음실행 예와 같이 동작하는 Book 클래스의 UML을 그리고 이에 따라 클래스를 작성하라.

```
BookDemo.java ☒   Book.java
 3  public class BookDemo {
 4
 5⊖     public static void main(String[] args) {
 6          Book b1 = new Book("벌레 이야기", "이청준", 15000);
 7          b1.discountBy(15); //15% 할인
 8          b1.writeInfo();
 9      }
10  }
```

```
 Problems  @ Javadoc  Declaration  Console ☒
<terminated> BookDemo [Java Application] C:\Program Files\
제목: 벌레 이야기, 저자: 이청준, 가격: 12750원
```

프로그래밍 과제

4. 다음 예제의 StudentDemo 클래스와 실행 결과를 보고 학생을 나타내는 클래스 Student의 UML을 그리고 이에 따라 클래스를 작성하라. Student는 적절한 인스턴스 변수와 생성자 및 메소드를 가져야 한다.

```
  StudentDemo.java ⊠  Student.java
3  public class StudentDemo {
4      public static void main(String[] args) {
5          Student s1 = new Student("홍길동", "201811222", "컴퓨터공학", 2);
6          Student s2 = new Student();
7          s2.setInfo("김전자", "201911012", "전자공학", 1);
8          s1.writeInfo();
9          s2.writeInfo();
10     }
11 }
```

```
  Problems  @ Javadoc  Declaration  Console ⊠
<terminated> StudentDemo [Java Application] C:\Program Files\Java\j
이름=홍길동,  학번=201811222,  컴퓨터공학 2학년
이름=김전자,  학번=201911012,  전자공학 1학년
```

5. 환자의 정보를 저장하는 Patient 클래스를 작성해 보라. Patient는 환자의 이름과 키 및 몸무게를 저장하고 있으며 이 정보를 사용하여 BMI를 계산해 준다. (BMI에 대해서는 2장 프로그래밍 과제 4번의 설명을 참고하라.) Patient 클래스가 다음의 실행 예와 같이 동작할 수 있도록 적절한 인스턴스 변수와 메소드를 가지도록 설계하고 작성하라.

```
  PatientDemo.java ⊠  Patient.java
3  import java.util.Scanner;
4
5  public class PatientDemo {
6      public static void main(String[] args) {
7          Scanner input = new Scanner(System.in);
8          System.out.print("이름을 입력하시오:");
9          String name = input.nextLine().trim();
10         System.out.print("키를 입력하시오(cm):");
11         int height = input.nextInt();
12         System.out.print("체중을 입력하시오(kg):");
13         int weight = input.nextInt();
14
15         Patient p = new Patient(name, height, weight);
16         System.out.println(p.getName() + "의 BMI = " + p.getBMI());
17     }
18 }
```

```
  Problems  @ Javadoc  Declaration  Console ⊠
<terminated> PatientDemo [Java Application] C:\Program File
이름을 입력하시오:홍길동
키를 입력하시오(cm):175
체중을 입력하시오(kg):75
홍길동의 BMI = 24.489795918367346
```

◇□◇□◇□◇□◇□◇□◇□◇

6. BMI 값에 따라 건강 상태를 진단할 때 흔히 다음과 같이 구분한다고 한다.

비만 : BMI ≥ 25

과체중 : 23 ≤ BMI < 25

정상 : 18.5 ≤ BMI < 23

저체중 : BMI < 18.5

BMI에 따른 건강 상태의 진단을 반환하는 메소드를 추가하여 다음 실행 예와 같이 동작하도록 5번의 Patient 클래스를 수정하라.

```java
   3  import java.util.Scanner;
   4
   5  public class PatientDemo {
   6      public static void main(String[] args) {
   7          Scanner input = new Scanner(System.in);
   8          System.out.print("이름을 입력하시오:");
   9          String name = input.nextLine().trim();
  10          System.out.print("키를 입력하시오(cm):");
  11          int height = input.nextInt();
  12          System.out.print("체중을 입력하시오(kg):");
  13          int weight = input.nextInt();
  14
  15          Patient p = new Patient(name, height, weight);
  16          System.out.println(p.getName() + "의 BMI = " + p.getBMI()
  17                  + ", " + p.getDiagnosis() + "입니다.");
  18      }
  19  }
```

Problems @ Javadoc 🔍 Declaration 🖥 Console ⌘
<terminated> PatientDemo [Java Application] C:₩Program Files₩Ado
이름을 입력하시오:홍길동
키를 입력하시오(cm):175
체중을 입력하시오(kg):75
홍길동의 BMI = 24.489795918367346, 과체중입니다.

7. 다음과 같은 윈도우를 생성하는 JFrame 애플리케이션을 작성하라. 윈도우는 450x150 픽셀 크기이다. 버튼은 JButton 컴포넌트를 사용하고 텍스트의 출력은 Graphics 클래스의 drawString 메소드를 사용하여 구현하라.

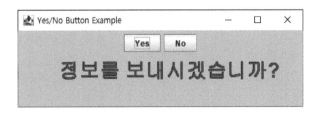

프로그래밍 과제   ◇◇◇◇◇◇◇◇◇◇◇◇◇

8. 7번과 동일한 윈도우를 생성하는 JFrame 애플리케이션을 작성하되, 이번에는 텍스트 출력을 위해 JLabel 컴포넌트를 사용하여 구현하라.

9. 다음과 같이 동작하는 프로그램을 작성하라. 먼저 프로그램을 실행시키면 다음과 같은 대화창이 나타나 사용자의 이름을 묻는다.

이름을 입력하고 "확인" 버튼을 누르면 다시 새로운 대화창이 나타나 이번에는 폰트 크기를 묻는다.

원하는 폰트 크기를 입력하고 "확인" 버튼을 누르면 다음과 같은 윈도우를 표시하는데, 이전에 사용자가 입력한 이름과 폰트 크기를 사용하여 메시지를 출력한다. 윈도우의 바탕색은 노란색이고 글자는 파란색으로 하라.

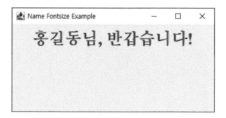

(힌트: 이름과 폰트 크기를 입력 받을 대화창은 JOptionPane 클래스를 사용하면 되고, 마지막 출력 윈도우는 JFrame 클래스를 상속받아 작성하면 된다.

CHAPTER **5**

클래스 자세히 보기

5.1 참조 변수와 객체의 동일성

참조 변수

BankAccount 클래스가 예제 5.1과 같이 작성되었을 때, BankAccount 타입의 변수를 선언하고 거기에 객체를 생성하여 대입하는 다음과 같은 선언문을 살펴 보자.

```
BankAccount account1 = new BankAccount("홍길동", 0);
```

이렇게 한 줄로 작성할 수도 있지만, 다음과 같이 두 개의 문장으로 나누어 변수를 먼저 선언하고 그 다음에 객체를 생성하여 변수에 대입할 수도 있다.

```
BankAccount account1;
account1 = new BankAccount("홍길동", 0);
```

예제 5.1 BankAccount 클래스

```
01  public class BankAccount {
02      private String name;
03      private int balance;
04
05      public BankAccount(String name, int balance) {
06          this.name = name;
07          this.balance = balance;
08      }
09
10      public void setName(String name) {
11          this.name = name;
12      }
13
14      public String getName() {
15          return name;
16      }
17
18      public void deposit(int amount) {
19          balance += amount;
20      }
21
```

```
22          public void withdraw(int amount) {
23              balance -= amount;
24          }
25      }
```

변수 account1는 그 타입이 클래스로 지정되므로 클래스형 변수이다. 클래스형의 변수는 **참조형**(reference type) 변수 혹은 간단히 **참조 변수**(reference variable)에 속한다.

2장에서 자바의 데이터 타입에는 기본형과 참조형이 있고 참조형에는 클래스, 배열, 인터페이스의 세 가지가 있다고 했었다. 클래스로부터 객체를 생성하여 할당하는 account1과 같은 변수는 참조형에 속한다. 그러면 기본형과 참조형을 구분하는 특징은 무엇일까?

먼저 기본형 변수의 경우를 생각해 보자. 다음과 같이 int 타입 변수 **age**를 선언하면 age라는 이름에는 정해진 크기의 메모리 공간이 할당된다.

```
int age;
```

age: ⬚

기본형 변수의 경우에는 이렇게 할당 받은 메모리 공간에 직접 값이 저장된다. 예를 들어 다음 대입문을 실행하면 **10**이란 값이 변수의 메모리 공간에 저장된다. (물론 실제로는 이진수로 저장되겠지만 설명의 편의상 십진수로 표시하도록 하자.)

```
age = 10;
```

age: [10]

참조 변수의 경우는 어떨까? 다음과 같이 account1이라는 참조 변수를 선언하면 기본형의 경우와 마찬가지로 정해진 크기의 메모리 공간이 할당된다.

```
BankAccount account1;
```

account1: ⬚

이제 새로운 BankAccount 객체를 생성하여 account1에 대입하는 다음 문장을 보자.

```
account1 = new BankAccount("홍길동", 0);
```

new 연산자는 새로운 객체를 생성하고 그 객체에 대한 **참조**(reference)를 반환한다. 참조는 메모리 주소와 같은 것이라고 생각하면 된다. 즉, new 연산자는 객체에 필요한 메모리 공간을 할당 받아 객체를 생성한 다음 그 주소를 반환하는 것이다. account1에 객체의 주소, 즉 참조가 저장된 상황을 화살표로 표시하면 그림 5.1과 같다. (account1에 저장된 주소를 가지고 메모리를 찾으면 거기에 객체가 있기 때문에 참조를 흔히 화살표로 표시한다.)

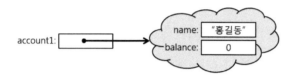

그림 5.1 참조 변수와 객체

정리하면 기본형의 변수는 할당된 메모리 공간에 값이 직접 저장되지만, 참조 변수는 그렇지 않다. 객체 자체는 별도의 메모리 공간에 저장되고 대신 객체에 대한 참조가 참조 변수에 저장되는 것이다. 객체의 인스턴스 변수 값을 변경하는 다음 문장은 어떻게 실행될까?

```
account1.deposit(100000);
```

account1에는 참조가 저장되어 있으므로 이 참조가 가리키는 객체를 얻은 다음, 그 객체를 수신객체로 하여 메소드 deposit이 실행된다. deposit은 수신 객체의 인스턴스 변수 balance에 인자로 받은 100000을 더한다. 그 결과는 그림 5.2와 같이 될 것이다.

 주의

String 타입의 변수

BankAccount 클래스의 인스턴스 변수 name은 String 타입으로 선언되어 있다. 흔히 기본형처럼 쓰이지만 사실 스트링도 객체이다. String이 자바의 클래스이기 때문이다. 즉, 인스턴스 변수 name은 기본형이 아니라 참조형이다. 따라서 그림 5.1은 엄밀히 따지자면 조금 부정확하다. 그림 5.2도 마찬가지다. 다음 그림과 같이 name 필드에도 참조가 들어가야 한다. 하지만 그림이 복잡해지므로 여기서는 편의상 그림 5.1과 같이 name 필드에 스트링이 직접 들어가는 것으로 표현했다.

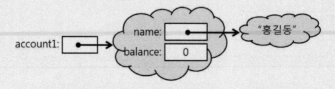

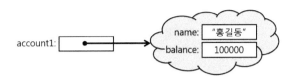

그림 5.2 참조 변수와 객체

참조 변수와 대입 연산

같은 클래스의 객체가 여러 개 만들어질 수 있다. 다음과 같이 BankAccount 객체를 두 개 만들고 각각 인스턴스 변수에 값을 저장했다고 하자.

```
BankAccount account1 = new BankAccount("홍길동", 200000);
BankAccount account2 = new BankAccount("황진이", 1000000);
```

그러면 account1과 account2에는 각각 객체에 대한 참조가 할당되어 그림 5.3과 같은 상태가 된다. 그림에서 보듯이 각 객체는 자신만의 인스턴스 변수를 가진다.

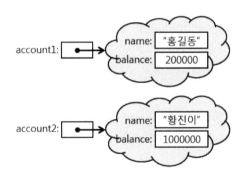

그림 5.3 두 개의 참조 변수와 객체

이제 다음과 같은 대입문을 실행한다고 하자.

```
account1 = account2;
```

이 대입문은 account1에 account2의 현재 값을 대입한다는 뜻이다. account1에는 "홍길동" 객체의 참조가 저장되어 있고, account2에는 "황진이" 객체의 참조가 저장되어 있다. 참조 변수에 저장된 값이 참조이므로 참조 변수 간의 대입은 참조의 복사가 된다. 그러므로 위의 대입문이 실행되고 나면 그림 5.4와 같이 account1에도 두 번째 객체의 참조가 저장될 것이다.

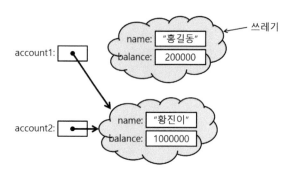

그림 5.4 참조 변수의 대입 연산 결과

즉, 참조 변수 account1과 account2가 모두 동일한 두 번째 객체를 가리키게 되므로 다음 과 같은 두 개의 출력문은 모두 동일하게 "황진이"를 출력하게 될 것이다.

```
System.out.println(account1.getName());
System.out.println(account2.getName());
```

뿐만 아니라 다음과 같이 account1을 통해 name 필드의 값을 변경하고 account2로 이 필 드를 접근하면 변경된 값을 얻게 될 것이다.

```
account1.setName("이몽룡");
System.out.println(account2.getName());
```

이와 같이 두 참조 변수가 모두 동일한 두 번째 객체를 가리키게 되면 첫 번째 객체는 어떻 게 될까? 그림 5.4에서 보듯이 "홍길동" 객체는 메모리를 차지하고는 있지만 그것에 접근할 방법이 없다. 이와 같이 메모리를 차지하지만 프로그램에서 접근할 수 없는 객체를 **쓰레기** (garbage)라고 부른다. 쓰레기가 늘어나면 가용 메모리가 줄어들므로 시스템의 성능이 저하 될 것이다. 다른 언어에서는 쓰레기의 발생에 대비하고 처리하는 부담을 프로그래머가 담 당해야 하는 경우가 많다. 이와 달리 자바는 쓰레기를 자동적으로 수거하여 메모리를 재생 하는 기법을 사용하고 있는데 이를 **쓰레기 수집**(garbage collection)이라고 부른다. 이러한 자동적인 메모리 관리 기법은 프로그래머의 부담을 덜어주는 장점이 있다.

참조형 매개변수

메소드 호출의 인자로 기본형의 값이 넘겨질 때와 객체가 넘겨질 때의 차이를 이해해 보자. 예를 들어 다음과 같이 정해진 액수를 계좌에 입금하기 위해 deposit을 호출할 때는 기본형의 값이 인자로 넘겨진다.

```
account1.deposit(100000);
```

위 문장이 실행되면 인자로 넘겨지는 **100000**이라는 값이 deposit 메소드의 매개변수인 amount에 대입된다. 즉, 인자의 값이 매개변수에 복사된다. 그리고 나서 deposit 메소드의 몸체가 실행된다.

```
public void deposit(int amount) {
    balance += amount;
}
```

만약 BankAccount 클래스에 계좌 이체를 구현하려면 어떻게 해야 할까? 이체는 하나의 계좌에서 다른 계좌로 정해진 금액을 옮기는 것이므로 이체 동작을 구현하는 메소드의 인자로 이체할 금액뿐만 아니라 그 돈을 수신할 계좌도 넘겨줘야 할 것이다. 이체 메소드를 transfer라고 하면 다음과 같은 호출이 가능하다.

```
int value = 100000;
account1.transfer(value, account2);
```

account1과 account2가 BankAccount의 객체라고 가정하면, 이 호출문은 account1에서 value의 값만큼을 account2로 이체한다는 뜻이다. 메소드 호출의 첫 번째 인자는 기본형인 int 타입 변수이고 두 번째 인자는 클래스 타입의 변수이다. transfer 메소드가 구현된 BankAccount 클래스를 예제 5.2에 보였다.

예제 5.2 BankAccount 클래스 (transfer 메소드가 추가된 버전)

```
01  public class BankAccount {
02      private String name;
03      private int balance;
04
05      public BankAccount() {
06          this("", 0);
07      }
08
09      public BankAccount(String name, int balance) {
10          this.name = name;
11          this.balance = balance;
```

```
12        }
13
14      public void writeInfo() {
15          System.out.print("예금주: " + name);
16          System.out.println(", 잔액: " + balance);
17      }
18
19      public void transfer(int amount, BankAccount otherAcc) {
20          this.balance -= amount;
21          otherAcc.balance += amount;
22      }
23
24      public void deposit(int amount) {
25          balance += amount;
26      }
27
28      public void withdraw(int amount) {
29          balance -= amount;
30      }
31  }
```

19~22행의 transfer 메소드 정의를 보면 두 번째 매개변수 otherAcc가 BankAccount 타입
으로 선언되었다. otherAcc는 객체를 가리키는 참조 변수로서, transfer 메소드가 호출되
면 두 번째 인자로 넘겨진 객체를 가리키게 된다. 예제 5.2의 BankAccount 클래스를 테스트
하기 위해 예제 5.3과 같은 코드를 실행한다고 하자.

예제 5.3 BankAccountTest 클래스

```
01  public class BankAccountTest {
02      public static void main(String args[]) {
03          BankAccount account1 = new BankAccount("홍길동", 500000);
04          BankAccount account2 = new BankAccount("이몽룡", 200000);
05          int value = 100000;
06
07          account1.transfer(value, account2);
08          account1.writeInfo();
09          account2.writeInfo();
10      }
11  }
```

예제 5.3의 main 메소드에는 account1, account2, 그리고 value 등 3개의 지역 변수가 있다. transfer 메소드가 호출되는 7행에서 이 지역 변수들의 상황이 그림 5.5의 왼쪽 부분에 나타나 있다. 즉, 그림 5.5의 왼쪽 부분은 main 메소드에 할당된 메모리 구역을 나타내는데, 여기에 이 3개의 지역 변수가 할당되어 있다. 기본형 변수인 value에는 값이 직접 저장된다. 그러나 account1과 account2는 참조 변수이고, 이 두 변수에는 3-4행에 의해 생성된 두 개의 객체에 대한 참조가 각각 저장된다. account1과 account2에 객체 자체가 저장되지는 않는다.

자바에서 객체를 생성할 때는 **힙**(heap)이라고 부르는 별개의 장소에 객체의 메모리가 할당된다. 힙이라는 물리적으로 다른 장치가 있는 것이 아니고 메모리의 일부가 힙으로 운용된다는 뜻이다. 여기서 중요한 점은 객체들의 메모리가 할당되는 힙은 참조 변수인 account1과 account2가 할당된 main의 메모리 구역과는 별개의 장소라는 점을 이해하는 것이다. 그림 5.5의 가운데 부분이 객체의 메모리가 할당되는 구역에 해당한다.

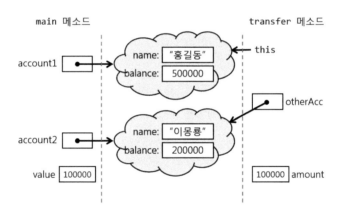

그림 5.5 transfer 메소드 호출과 메모리 할당

이제 이런 상황에서 예제 5.3 7행의 메소드 호출이 실행된다.

```
account1.transfer(value, account2);
```

그러면 예제 5.2에 정의된 transfer 메소드가 실행되는데, 먼저 **매개변수 전달**(parameter passing)이라는 과정이 일어난 후 몸체가 실행된다. 메소드 호출의 첫 번째 인자는 value이고 여기에 대응하는 첫 번째 매개변수는 amount이다. '매개변수 전달'은 인자와 그 인자에 대응하는 매개변수가 서로 어떻게 관련되는지를 결정하는 메커니즘을 말한다. 다음에 메소드 호출문장과 호출될 메소드의 헤딩을 함께 보였다. 화살표로 표시한 바와 같이 첫 번째 인자가 첫 번째 매개변수에 대응하고 두 번째 인자가 두 번째 매개변수에 대응할 것이다.

```
account1.transfer(value, account2);

public void transfer(int amount, BankAccount otherAcc) {
```

자바에서 메소드 호출의 인자는 그 '값'(value)이 계산되어 대응하는 매개변수에 대입된다고 생각하면 되는데, 이와 같은 매개변수 전달 방식을 **값 전달**(pass-by-value)이라고 부른다. 자바 언어를 비롯한 여러 언어에서 사용되는 매개변수 전달 방식이 바로 이 '값 전달'이다. 메소드 호출 시에 인자에서 매개변수로 '값'이 전달된다는 뜻이다. 위의 예에서 amount는 transfer 메소드의 매개변수인데, 매개변수는 일종의 지역 변수이므로 그림 5.5의 오른쪽 부분과 같이 transfer 메소드의 메모리 구역에 그 메모리가 할당된다. amount에 할당되는 메모리 공간은 인자인 value의 메모리와는 구분되는 별개의 공간이다. value의 현재 값이 100000이므로 값 전달 방식에 따라 메소드 실행 전에 이 값이 amount에 대입된다.

이제 두 번째 인자를 살펴 보자. 메소드 호출의 두 번째 인자 account2는 참조 변수이다. 여기에 대응하는 두 번째 매개변수는 otherAcc인데 amount와 마찬가지로 transfer 메소드의 지역 변수이다. 그림 5.5의 왼쪽 편을 보면 account2에는 name 필드가 "이몽룡"인 두 번째 BankAccount 객체의 참조가 저장되어 있다. 메소드 호출이 일어날 때 '값 전달' 방식에 따라 이 참조 값이 매개변수인 otherAcc에 대입된다. 인자에서 매개변수로의 값 전달 과정은 value→amount의 경우나 account2→otherAcc의 경우나 동일하다. 전자에서는 value에서 amount로 100000이라는 값이 복사되었고, 후자에서는 account2에 들어 있던 참조 값이 otherAcc로 복사되었다. 단지 저장된 값이 기본형이 아니라 참조형이라는 차이가 있을 뿐, 똑 같은 메커니즘에 의해 값의 전달이 일어난다. 그 결과 main 메소드에서 account2가 가리키던 객체를 transfer 메소드에서는 otherAcc가 가리키게 된다.

그리고 account1을 대상으로 transfer 메소드가 호출되었으므로 transfer 메소드가 실행될 때 this 키워드가 가리키는 수신 객체는 account1이 가리키던 객체가 된다. 이러한 상황이 그림 5.5의 오른쪽 부분에 나타나 있고, 이 상황에서 transfer 메소드의 몸체가 실행된다.

```
public void transfer(int amount, BankAccount otherAcc) {
    this.balance -= amount;
    otherAcc.balance += amount;
}
```

따라서 transfer 메소드 몸체의 첫 줄에서 this.balance는 수신 객체, 즉 "홍길동" 객체의 balance를 나타내고 둘째 줄의 otherAcc.balance는 "이몽룡" 객체의 balance를 나타내는 것이다. 즉 첫 줄의 코드가 "홍길동" 계좌에서 100000원을 빼고 둘째 줄의 코드가 "이몽룡" 계좌에 이 금액을 더한다. 예제 5.3의 실행 결과는 그림 5.6과 같다.

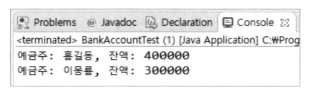

그림 5.6 예제 5.3의 실행 결과

기본형 매개변수 vs 참조형 매개변수

기본형 매개변수와 참조형 매개변수 사이에는 기억해야 할 중요한 차이점이 있다. main 메소드의 value 변수와 transfer 메소드의 amount 변수는 별개의 메모리를 가진다. 즉, 매개변수가 기본형일 때 매개변수와 인자는 서로 다른 메모리를 할당 받는다. 이와 달리 참조형 매개변수의 경우에는 메모리의 공유가 발생한다. main 메소드의 account2 변수와 transfer 메소드의 otherAcc 변수가 동일한 객체를 가리키는 것이다. 그림 5.5에서 보는 것처럼 인자인 account2와 매개변수인 otherAcc 자체는 서로 다른 메모리를 가지지만 그 안에 저장된 값이 메모리 주소이기 때문에 결과적으로 이 두 참조 변수는 동일한 객체를 가리키게 된다.

지금의 예제에 직접 해당되는 내용은 아니지만, 매개변수가 기본형일 때와 참조형일 때의 이러한 차이는 또 다른 중요한 결과를 야기한다. transfer 메소드 내에서 amount의 값을 변경해도 main 메소드의 value 변수에는 아무런 영향을 미치지 않는다. 이에 반해 transfer 메소드에서 otherAcc를 통해 객체를 변경하면 이는 main 메소드에도 영향을 준다. transfer 메소드에서 변경한 내용이 main 메소드의 account2를 통해서도 보이게 된다는 것이다.

객체의 동일성

두 개의 스트링이 같은지 비교한다고 생각해 보자. 만약 String 타입의 변수 str1과 str2에 같은 문자열이 저장되어 있다면 다음 if 문의 조건이 참이 될까?

```
if (str1 == str2)
    ...
```

그렇지 않다. 스트링 비교를 테스트하는 예제 5.4를 살펴 보자.

예제 5.4 StringEquality 클래스

```java
01    import java.util.Scanner;
02
03    public class StringEquality {
04        public static void main(String[] args) {
05            Scanner input = new Scanner(System.in);
06            System.out.print("첫 번째 스트링: ");
07            String str1 = input.nextLine();
08            System.out.print("두 번째 스트링: ");
09            String str2 = input.nextLine();
10
11            System.out.println("str1=" + str1 + ", str2=" + str2);
12            System.out.println("str1 == str2 : " + (str1 == str2));
13            System.out.println("str1.equals(str2) : " + str1.equals(str2));
14        }
15    }
```

이 예제를 실행하고 동일한 단어를 입력하면 그림 5.7과 같은 실행 결과를 얻는다. 즉, 두 변수에 같은 문자열이 할당되더라도 str1 == str2의 값은 false가 된다.

```
Problems  @ Javadoc  Declaration  Console
<terminated> StringEquality [Java Application] C:\Program Fil
첫 번째 스트링: loving
두 번째 스트링: loving
str1=loving, str2=loving
str1 == str2 : false
str1.equals(str2) : true
```

그림 5.7 예제 5.4의 실행 결과

왜 이런 결과가 나올까? 자바에서 String은 클래스이므로 String 타입의 값은 객체이며 두 변수 str1과 str2는 참조 변수가 된다. 따라서 위의 예제가 실행되어 두 변수에 사용자가 입력한 문자열이 대입되면 그림 5.8과 같이 각각 객체가 할당되고 객체 내에 문자열이 저장된다.

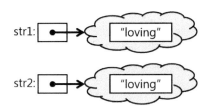

그림 5.8 두 개의 참조 변수와 두 개의 스트링 객체

참조 변수인 str1과 str2에는 객체에 대한 참조가 들어 있으므로 str1 == str2와 같이 비교하는 것은 두 개의 참조를 비교하는 것이다. 참조는 메모리 주소로 생각할 수 있으므로 이는 두 개의 주소 값을 비교하는 것이 된다. 비록 두 객체에 저장된 문자열이 동일하더라도 그들이 서로 다른 메모리 공간에 저장된 별개의 객체라면 str1 == str2의 값은 false가 된다. str1과 str2의 메모리 주소가 다를 것이기 때문이다. 그림 5.9와 같이 두 객체가 같은 메모리 공간을 차지할 때에만 (즉, 동일한 객체를 가리킬 때에만) 두 변수에 저장된 참조가 같아져서 str1 == str2가 true가 된다.

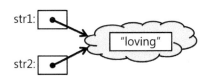

그림 5.9 두 개의 참조 변수가 같은 객체를 가리키는 경우

그런데 우리가 두 객체가 같은지 비교할 때는 보통 그 안에 저장된 데이터가 서로 같은지를 알기 원하는 것이다. 예를 들어 두 스트링이 같은지 비교한다는 것은 두 스트링이 같은 문자열로 구성되었는지 비교하려는 것이다. 이와 같은 의도로 두 개의 스트링을 비교하려면 String 클래스의 메소드인 equals를 사용해야 한다. 두 스트링이 그림 5.8과 같이 서로 다른 메모리 공간에 위치한 별개의 객체이더라도 저장된 문자열이 동일하다면 str1.equals(str2)는 true가 된다. 예제 5.4의 13행과 그림 5.7의 실행 결과가 이러한 사실을 보여 주고 있다.

> **참고 String 객체의 생성**
>
> String 변수를 선언하고 그 값을 초기화할 때 지금까지는 다음과 같이 작성했다.
>
> ```
> String str = "Hello";
> ```
>
> 이렇게 보면 String 타입은 new 연산자도 없이 직접 문자열로 초기화되므로 마치 기본형처럼 보이기도 한다. 그러나 이는 문자열 조작이 프로그래밍에서 매우 빈번하기 때문에 편의상 사용되는 표기법이다. 자바는 "Hello"와 같은 스트링 리터럴을 코드에서 만나면 이를 String 클래스의 객체로 만들어 준다.
> String도 여타의 클래스와 마찬가지로 new 연산자를 사용하여 객체를 생성할 수 있다.
>
> ```
> String str = new String("Hello");
> ```
>
> 이 선언은 스트링 리터럴을 인자로 받는 String 생성자를 사용하고 있다. 아니면 다음 선언과 같이 문자 배열을 생성자의 인자로 받아 String 객체를 생성할 수도 있다.
>
> ```
> char[] hello = { 'H', 'e', 'l', 'l', 'o' };
> String str2 = new String(hello);
> ```
>
> 배열(array)은 다음 장에서 배우게 되는데, 같은 타입의 요소들로 이루어진 자료구조를 말한다. 예를 들어 위의 hello는 6개의 문자로 이루어진 배열이다. str2는 이 문자열을 가지고 String 객체를 생성하게 되므로 배열을 사용한 위의 선언은 스트링 리터럴 "Hello"를 사용한 앞서의 선언과 동등한 문장이 된다.

equals 메소드

위에서 설명한 내용은 **String** 객체의 비교에만 해당되는 것이 아니다. 참조 변수의 타입이 어떤 클래스이든 참조 변수에 저장되는 값은 객체에 대한 참조, 즉 메모리 주소와 같은 것이다. 따라서 두 객체가 같은지 비교하기 위해 == 연산자를 쓰는 것은 주소 값을 서로 비교하는 것이므로 기대하는 것과 다른 결과를 낼 수 있음을 유념해야 한다.

그러므로 클래스를 작성할 때 그 클래스의 두 객체가 같은 내용을 가지는지 비교하고자 한다면 비교를 위한 메소드를 클래스 내에 정의해야 한다. 이때 비교를 위한 메소드의 이름은 관례적으로 **equals**를 쓴다. 도서 정보를 나타내는 **Book** 클래스를 정의하고 **equals** 메소드를 포함시킨 예제 5.5를 살펴 보자. 두 도서는 제목(**title**)과 저자(**author**)가 같으면 같은 책으로 간주할 것이다.

예제 5.5 Book 클래스

```
01  public class Book {
02      private String title;
03      private String author;
04
05      public void setBook(String title, String author) {
06          this.title = title;
07          this.author = author;
08      }
09
10      public void writeInfo() {
11          System.out.print("제목: " + title);
12          System.out.println(", 저자: " + author);
13      }
14
15      public boolean equals(Book oBook) {
16          return title.equals(oBook.title)
17                  && author.equals(oBook.author);
18      }
19  }
```

Book 클래스에는 Book 클래스의 두 객체를 비교하는 equals 메소드가 정의되어 있다. 이것은 String의 equals 메소드와 같은 역할을 한다. 즉, Book 클래스의 두 객체를 비교해서 두 객체의 인스턴스 변수가 모두 동일하면 true를, 아니면 false를 반환한다. Book 클래스의 인스턴스 변수가 둘 다 String 타입이므로 비교를 위해서는 String의 equals 메소드를 호출하고 있다(16-17행). Book 클래스의 인스턴스 변수인 title과 author가 String 타입이므로 title과 author에 대해 equals 메소드를 호출하는 것은 String 클래스의 equals 메소드를 호출하는 것이다.

Book 클래스를 테스트하기 위한 BookTest 클래스를 예제 5.6에 보였다.

예제 5.6 BookTest 클래스

```java
01  public class BookTest {
02      public static void main(String[] args) {
03          Book b1 = new Book();
04          Book b2 = new Book();
05          b1.setBook("벌레 이야기", "이청준");
06          b2.setBook("벌레 이야기", "이청준");
07          b1.writeInfo();
08          b2.writeInfo();
09          System.out.println("b1==b2 : " + (b1==b2));
10          System.out.println("b1.equals(b2) : " + b1.equals(b2));
11      }
12  }
```

예제 5.6의 10행에서 두 객체를 비교하기 위해 equals 메소드를 다음과 같이 호출하고 있다.

    b1.equals(b2)

이 코드는 b1이 가리키는 객체를 대상으로 equals 메소드를 호출하면서 인자로 b2 객체를 넘기고 있다. 그러면 b1이 가리키는 객체를 수신 객체로 하여 Book 클래스의 equals 메소드가 실행된다.

이 때 각 변수에 메모리가 할당된 상황은 그림 5.10과 같은데, 이는 이전에 보았던 그림 5.5의 상황과 거의 비슷하다.

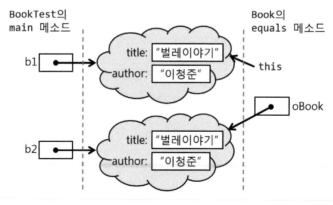

그림 5.10 equals 메소드 호출과 메모리 할당

즉, 예제 5.6의 10행에 의해 Book 클래스의 equals 메소드가 실행되는 동안 수신 객체는 b1
이 가리키던 객체이고, 인자로 넘어온 b2 객체의 참조는 메소드의 매개변수인 oBook에 할
당된다. 따라서 equals 메소드 몸체에서 title과 author는 this가 가리키는 위쪽 객체의
인스턴스 변수를 의미하고, oBook.title과 oBook.author는 아래쪽 객체의 인스턴스 변수
를 의미한다. this 키워드를 명시하여 equals 메소드를 작성하면 다음과 같다.

```
public boolean equals(Book oBook) {
        return this.title.equals(oBook.title)
                && this.author.equals(oBook.author);
}
```

return 문에 포함된 다음 식은 수신 객체의 title이 oBook 객체의 title과 같고 수신 객
체의 author가 oBook 객체의 author와 같으면 true가 되고, 그렇지 않으면 false가 되는
boolean 식이다.

```
this.title.equals(oBook.title) && this.author.equals(oBook.author)
```

그러므로 b1.equals(b2)의 값은 b1.title과 b2.title이 동일한 스트링이고 b1.author와
b2.author가 동일한 스트링이면 참이 되고 둘 중 하나라도 같지 않으면 거짓이 된다는 것
을 알 수 있다.

예제 5.6의 실행 결과는 그림 5.11과 같다.

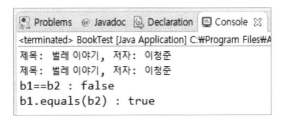

그림 5.11 예제 5.6의 실행 결과

인스턴스 변수로 사용된 객체

인스턴스 변수로 객체가 사용될 수 있다. 인스턴스 변수는 클래스의 데이터 멤버에 해당하는데, 클래스의 데이터로 기본형만 사용되어야 하는 것은 아니다. 내부 멤버를 가지는 클래스의 객체가 다시 다른 클래스의 멤버로 포함되는 일은 흔히 일어나는 프로그래밍 상황이다.

예를 들어 '강좌'(course)에 해당하는 클래스를 작성한다면, 여기에는 '교과목 이름', '담당 교수', '강의 교재' 등의 데이터가 필요할 것이다. '강의 교재'는 도서를 가리킬 것이므로 Book 클래스를 미리 작성하고 '강의 교재'에 해당하는 인스턴스 변수를 Book 클래스의 객체로 선언하는 것은 아주 자연스러운 일이다. 뿐만 아니라 '담당 교수'도 단순히 String으로 선언하여 담당 교수의 이름만 넣을 수도 있겠지만, 추가적인 정보가 포함될 수 있도록 Professor 클래스를 먼저 작성하고 Professor의 객체가 인스턴스 변수에 할당되도록 하는 것이 더 좋을 것이다.

예제 5.7은 예제 5.5를 약간 단순화시킨 Book 클래스이고, 예제 5.8은 Professor 클래스이며, 예제 5.9는 Book과 Professor 클래스의 객체를 인스턴스 변수로 포함하는 Course 클래스의 정의이다.

예제 5.7 Book 클래스

```java
01  public class Book {
02      private String title;
03      private String author;
04
05      public Book(String title, String author) {
06          this.title = title;
07          this.author = author;
08      }
09
10      public String toString() {
11          return "제목=" + title + ", 저자=" + author;
12      }
13  }
```

예제 5.8 Professor 클래스

```
01  public class Professor {
02      private String name;
03      private String dept;
04
05      public Professor(String name, String dept) {
06          this.name = name;
07          this.dept = dept;
08      }
09
10      public String toString() {
11          return "이름=" + name + ", 학과=" + dept;
12      }
13  }
```

예제 5.9 Course 클래스

```
01  public class Course {
02      private String title;
03      private Professor lecturer;
04      private Book textbook;
05
06      public Course(String title, Professor lecturer, Book textbook) {
07          this.title = title;
08          this.lecturer = lecturer;
09          this.textbook = textbook;
10      }
11
12      public String toString() {
13          return "교과목 이름: " + title
14              + "\n담당교수: [" + lecturer.toString() + "]"
15              + "\n교재: [" + textbook.toString() + "]";
16      }
17  }
```

강좌를 나타내는 Course 클래스는 title(교과목 이름), lecturer(담당 교수), 그리고 textbook(강의 교재) 등 3개의 인스턴스 변수를 가진다. 이 가운데 textbook과 lecturer는 각각 예제 5.7과 5.8에서 정의된 Book과 Professor 클래스 타입으로 선언되었다. lecturer 와 textbook이 클래스의 객체를 가리키는 변수이므로 이 변수들을 통해 Professor와 Book 클래스의 메소드를 호출할 수 있다. 즉, 예제 5.9의 14행은 lecturer를 통해 Professor의

toString 메소드를 호출하고, 15행은 textbook을 통해 Book 클래스의 toString 메소드를 호출하고 있다.

Course 클래스를 사용하는 간단한 예제 클래스를 예제 5.10에 보였다.

예제 5.10 CourseDemo 클래스

```java
01  public class CourseDemo {
02      public static void main(String[] args) {
03          Book book = new Book("궁극의 자바", "임꺽정");
04          Professor prof = new Professor("홍길동", "컴퓨터공학과");
05          Course course = new Course("자바프로그래밍", prof, book);
06          System.out.println(course.toString());
07      }
08  }
```

먼저 Book 클래스의 객체와 Professor 클래스의 객체를 생성한다(3~4행). 그 다음으로 Course 객체를 생성하는데, 이 때 3~4행에서 미리 생성한 두 객체를 Course 클래스 생성자의 인자로 넘기고 있다(5행). 이 상황에서 Course 객체의 메모리 할당은 그림 5.12와 같이 된다.

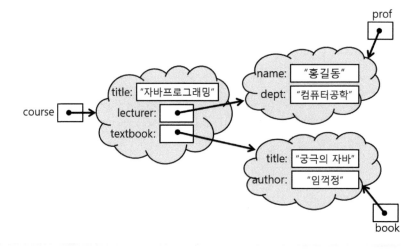

그림 5.12 Course 객체의 메모리 할당

그림 5.12에서 보듯이 Course 클래스의 인스턴스 변수인 lecturer와 textbook은 참조 변수들이며 객체에 대한 참조(주소)를 저장하고 있다.

예제 5.10의 실행 결과가 그림 5.13인데, 그 내용은 예제 5.10의 6행에서 Course 객체에 대해 toString 메소드를 호출한 결과를 출력한 것이다.

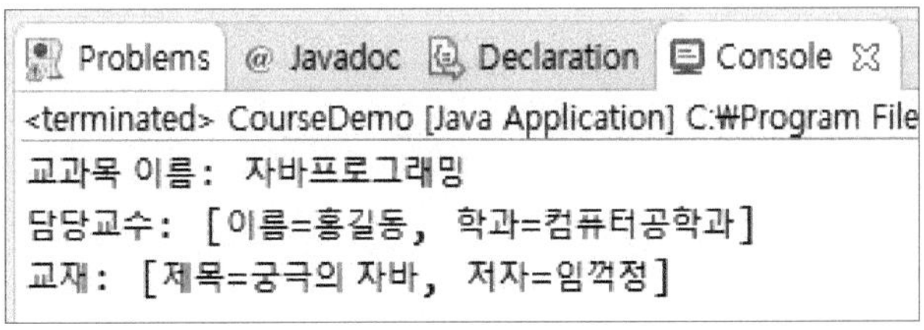

그림 5.13 예제 5.10의 실행 결과

사실 toString은 객체의 정보를 반환하도록 작성하는 조금 특수한 메소드인데, 매개변수는 없고 반환 타입은 String으로 작성된다. toString이 호출되면 객체의 내용을 스트링으로 만들어 반환한다. 예제 5.9의 12-16행에서 Course 클래스에 정의되었고 예제 5.10의 6행에서 호출되었다. 그런데 한 가지 특별한 점은 예제 5.10의 6행을 toString 호출을 생략하고 다음과 같이 작성해도 동일한 실행 결과가 나온다는 것이다.

```
System.out.println(course);
```

즉, print나 println의 인자로 참조 변수가 사용되면 명시적으로 toString을 호출하지 않더라도 묵시적으로 toString이 호출되어 그 객체의 정보가 출력된다. 뿐만 아니다. 예제 5.9의 toString 메소드 정의를 보면 16-17행에서 Professor와 Book클래스의 toString을 각각 호출하여 그 반환값을 사용하고 있다. Course 객체의 정보를 반환하기 위해 인스턴스 변수인 lecturer(Professor 객체)와 textbook(Book 객체)의 정보가 필요하기 때문이다. 이때도 명시적인 toString 호출을 생략하고 다음과 같이 작성해도 실행 결과가 동일하다.

```
public String toString() {
        return "교과목 이름: " + title
                + "\n담당교수: [" + lecturer + "]"
                + "\n교재: [" + textbook + "]";
}
```

그냥 lecturer 혹은 textbook이라고 작성해도 lecturer.toString()이나 textbook.toString()이 실행된다는 말이다. 그러면 정확히 어떤 경우에 참조 변수에 대해 toString 메소드가 자동 호출되는 것일까? 간단히 답한다면 객체의 스트링 형태가 필요한 상황이라고 할 수 있다. 위 코드의 마지막 줄을 보면 스트링 값("₩n교재: [")과 참조 변수(textbook)를 + 연산자를 통해 결합하려고 시도하므로, 참조 변수가 가리키는 객체를 일단 스트링 형태로 표시해야 할 필요가 있다. 이런 경우에 참조 변수에 대해 toString이 자동 호출된다. toString 메소드의 이러한 동작과 관련된 정확한 이해는 7장에서 클래스 상속을 배워야 가능하므로 여기서는 이 정도로만 이해하고 넘어가기로 하자.

5.2 정적 변수와 정적 메소드　　◇◇◇◇◇◇◇◇◇

클래스의 멤버로 변수와 메소드를 정의할 때 앞에 static이라는 키워드를 붙이면 정적 멤버가 된다. static이 붙은 변수는 정적 변수가 되고 static이 붙은 메소드는 정적 메소드가 된다. 이들은 static이 붙지 않은 인스턴스 변수 및 인스턴스 메소드와 구별된다. 정적 멤버는 인스턴스 멤버와 달리 개별 객체에 속하지 않고 클래스 전체에 관련된다. 예를 들어 정적 변수는 개별 객체마다 메모리가 할당되는 것이 아니라 클래스 전체에 하나만 할당된다.

정적 변수

클래스 내에 변수를 선언할 때 키워드 static을 붙이면 **정적 변수**(static variable)가 된다. static을 붙이지 않으면 인스턴스 변수가 된다. 인스턴스 변수가 개별 객체에 소속되는 데 비해, 정적 변수는 클래스에 직접 소속되어 클래스의 모든 객체에 의해 공유된다.

예를 들어 은행 계좌를 나타내는 **BankAccount** 클래스에 지금까지 생성된 객체의 개수를 저장하는 변수를 선언한다고 생각해 보자. 이 변수는 처음에는 값이 0이다가 new 연산자로 객체가 생성될 때마다 증가되어야 한다. 즉, 현재까지 개설된 계좌의 수를 나타내게 된다. 조금만 생각해 보면 이 변수가 개별 객체가 아니라 클래스에 소속되어야 함을 알 수 있다. 즉 이 정보는 개별 객체마다 저장해 둘 필요 없이 클래스 전체에 하나만 두고 공유하면 되는 정보이다. 굳이 인스턴스 변수로 하여 개별 객체에 두고자 하더라도 새로 객체가 생성될 때마다 기존의 객체에 속한 그 값들을 업데이트 할 방법이 마땅치 않다.

정적 변수는 다음과 같이 타입 이름 앞에 **static** 키워드를 두어 선언한다.

```
public static int numberOfAccounts = 0;
```

그러면 여기서 정의한 정적 변수 **numberOfAccounts**가 지금까지 생성된 객체의 수를 나타내도록 하려면 어떻게 해야 할까? 객체가 생성될 때마다 생성자가 실행되므로 예제 5.11과 같이 생성자 내에서 이 변수를 증가시키도록 하면 된다. 생성자가 여러 개 정의되었다면 모든 생성자에서 **numberOfAccounts**를 증가시켜야 한다.

예제 5.11 정적 변수를 가지는 BankAccount 클래스

```java
01  public class BankAccount {
02      private String name;
03      private int balance;
04      public static int numberOfAccounts = 0;
05
06      public BankAccount() {
07          this.name = "no name";
08          this.balance = 0;
09          numberOfAccounts++;
10      }
11
12      public BankAccount(String name, int balance) {
13          this.name = name;
14          this.balance = balance;
15          numberOfAccounts++;
16      }
17
18      public void writeInfo() {
19          System.out.print("예금주: " + name);
20          System.out.println(", 잔액: " + balance);
21      }
22
23      public void deposit(int amount) {
24          balance += amount;
25      }
26
```

```
27      public void withdraw(int amount) {
28          balance -= amount;
29      }
30  }
```

더 좋은 방법은 변수 값의 증가가 한 군데서만 이루어지도록 클래스를 구성하는 것이다. 예를 들어 첫 번째 생성자를 다음 코드와 같이 수정하여 두 번째 생성자를 부르게 하면 오직 두 번째 생성자에서만 numberOfAccounts 값의 증가가 이루어지게 된다. 동일한 작업이 코드의 한 부분에만 있는 것이 여러 곳에 흩어져 있는 것보다 유익함을 항상 기억하라.

```
public BankAccount() {
    this("no name", 0);
}
```

접근 지정자는 정적 변수에 대해서도 동일하게 동작한다. 예제 5.11의 정적 변수 numberOfAccounts는 public으로 선언되었으므로 클래스 외부에서 제한 없이 접근이 가능하다. 그리고 인스턴스 변수와 달리 정적 변수는 개별 객체와 무관하므로 클래스 외부에서 정적 변수를 접근할 때 객체를 사용할 필요가 없다. 다음과 같이 객체 대신 클래스 이름 다음에 점(.)을 찍고 변수 이름을 쓰면 된다.

```
BankAccount.numberOfAccounts
```

예제 5.11을 테스트하기 위한 클래스인 예제 5.12의 10행에서 이와 같은 방법으로 정적 변수를 접근하고 있다. 물론 numberOfAccounts가 공용으로 선언되었으므로 이와 같은 접근이 가능하다. 이 코드에서는 이미 두 개의 객체가 생성된 상황이지만, 객체가 하나도 생성되지 않았더라도 정적 변수를 접근하는 데는 아무런 문제가 없다.

예제 5.12 BankAccountTest 클래스

```
01  public class BankAccountTest {
02      public static void main(String[] args) {
03          BankAccount account1 = new BankAccount("홍길동", 0);
04          BankAccount account2 = new BankAccount();
05          account1.deposit(200000);
06          account1.writeInfo();
07          account2.writeInfo();
08
09          System.out.println("개설된 계좌의 수는 " +
10                  BankAccount.numberOfAccounts + "입니다.");
11      }
12  }
```

예제 5.12를 실행하면 그림 5.14의 결과를 얻는다. BankAccount 클래스로부터 2개의 객체가 생성되었으므로 BankAccount.numberOfAccounts의 값은 2이다.

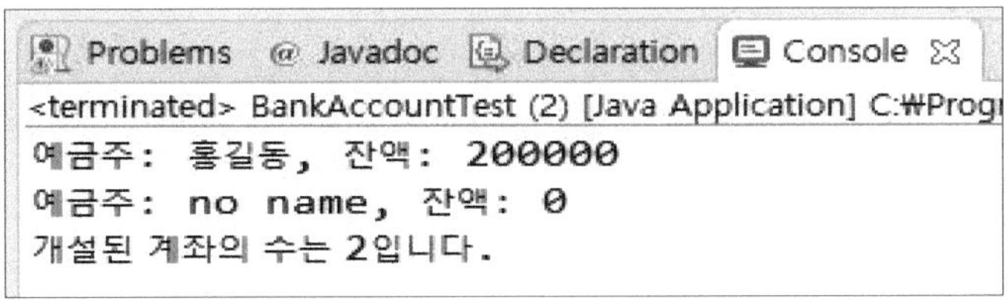

그림 5.14 예제 5.12의 실행 결과

정적 변수를 **클래스 변수**(class variable)라고 부르기도 한다. 그러나 클래스 변수라는 용어는 참조 변수를 나타내는 클래스형 변수(타입이 클래스인 변수라는 의미)와 혼동되기 쉬우니 주의해야 한다. 정적 변수와 인스턴스 변수를 총칭할 때 **필드**(field)라는 용어를 쓰기도 한다. 즉, 클래스의 멤버에는 메소드와 데이터 멤버가 있는데 데이터 멤버를 의미하는 용어가 필드이며, 필드에는 인스턴스 변수와 정적 변수가 있는 것이다.

참고로 앞장에서 살펴본 이름 상수의 선언에도 **static** 키워드가 사용되었다.

```
public static final double PI = 3.14159;
```

여기서도 **static**은 같은 의미를 가진다. 즉, PI가 개별 객체마다 할당되지 않고 클래스에 소속된 하나의 상수로 선언되어 클래스 전체에 공유되게 하는 것이다. 이름 상수를 개별 객체마다 따로 둘 필요는 없으므로 이름 상수의 선언에는 항상 **static** 키워드를 포함하도록 하라.

정적 메소드

메소드 선언의 앞에도 **static** 키워드를 붙일 수 있는데, 이런 메소드를 **정적 메소드**(static method)라고 부른다. 여러 예제를 통해 이제는 익숙해진 **main** 메소드도 정적 메소드의 일종이므로 여기서 설명하는 정적 메소드의 특성을 모두 가지고 있다.

정적 변수가 특정 객체와 무관하듯이 정적 메소드도 특정 객체와 무관하다. **static**을 붙이지 않고 선언하는 비정적 메소드를 따로 구별하여 **인스턴스 메소드**(instance method)라고 부르기도 한다. 여러 차례 설명했듯이 인스턴스 메소드는 반드시 객체를 통해 호출되어야 한다. **deposit**이 BankAccount의 인스턴스 메소드이므로 **deposit**을 호출하려면 다음과 같이 BankAccount 객체를 대상으로 해야만 한다.

```
account1.deposit(200000);
```

그래야 호출할 때 대상이 되는 객체를 수신 객체로 하여 메소드의 몸체가 실행될 수 있다. 즉, 위의 호출에서는 **account1**이 가리키는 객체가 **deposit**이 실행되는 동안 수신 객체가 된다. 예제 5.11의 **deposit** 메소드를 보면 그 몸체에서 인스턴스 변수 **balance**를 접근하고 있다(24행). 인스턴스 변수는 객체에 그 메모리가 할당되므로 수신 객체가 없다면 **deposit** 메소드가 제대로 실행될 수 없는 것이다. 즉, 인스턴스 메소드는 인스턴스 변수를 참조할 수 있고 인스턴스 변수는 수신 객체에서 찾아야 하므로, 인스턴스 메소드의 호출은 반드시 객체를 통해 이루어져야만 하는 것이다.

이와 달리 정적 메소드는 특정 객체와 무관하므로 객체를 통하지 않고 호출할 수 있다. 심지어 객체를 하나도 만들지 않고 호출해도 된다. 정적 메소드도 정적 변수를 접근하는 것과 비슷하게 클래스 이름 다음에 점을 찍고 메소드 이름을 써서 호출할 수 있다. 사실 우리가 지금까지 사용했던 메소드 중에서도 정적 메소드가 있었다. 객체를 통하지 않고 클래스 이름으로 호출되었던 다음과 같은 메소드들을 기억할 것이다.

```
int n = Integer.parseInt("1278");
String response = JOptionPane.showInputDialog("당신이 태어난 연도는?");
System.exit(0);
```

위의 메소드 호출 예에서 보듯이 Integer 클래스의 parseInt, JOptionPane 클래스의 showInputDialog, System 클래스의 exit 등은 모두 정적 메소드였다.

일반적으로 객체와 상관 없는 유틸리티 메소드들이 정적 메소드로 정의된다. 예를 들어 섭씨 온도를 인자로 받아 화씨 온도로 변환하는 메소드를 생각해 보자. 이 메소드는 객체와 관련 없이 인자로 넘어온 온도 값을 가지고 계산할 수 있으므로 예제 5.13과 같이 정적 메소드로 정의할 수 있다.

예제 5.13 TempConverter 클래스

```java
01  public class TempConverter {
02      public static double c2fConvert(double cTemp) {
03          return cTemp*1.8 + 32;
04      }
05
06      public static double f2cConvert(double fTemp) {
07          return (fTemp - 32) / 1.8;
08      }
09  }
```

예제 5.13에는 화씨에서 섭씨로, 그리고 섭씨에서 화씨로 변환하는 두 개의 메소드가 정적 메소드로 정의되었다. 사실 여기서 TempConverter 클래스는 이 두 개의 유틸리티 메소드를 포함하는 용도로만 사용되었다. 이 메소드를 사용하는 테스트 클래스를 예제 5.14에 보였다.

예제 5.14 TempConverterTest 클래스

```java
01  import java.util.Scanner;
02
03  public class TempConverterTest {
04      public static void main(String[] args) {
05          System.out.print("섭씨 온도를 입력하시오 ");
06          Scanner input = new Scanner(System.in);
07          int temp = input.nextInt();
08          System.out.printf("섭씨 %d도는 화씨 %.1f도입니다.",
09                          temp, TempConverter.c2fConvert(temp));
10      }
11  }
```

이 예제는 사용자에게 입력 받은 섭씨 온도를 화씨로 변환하기 위해 9행에서 다음과 같이
TempConverter 클래스의 c2fConvert 메소드를 호출하고 있다.

    TempConverter.*c2fConvert*(temp)

즉, c2fConvert 메소드가 공용(public)의 정적 메소드로 정의되었으므로 클래스 이름으로
호출할 수 있다. 예제 5.14의 실행 결과를 그림 5.15에 보였다.

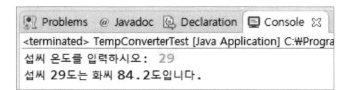

그림 5.15 예제 5.14의 실행 결과

printf 메소드

예제 5.14의 8-9행은 출력을 위해 printf 메소드를 호출하였다. 이것은 지금까지 사용했
던 print나 println 메소드와 달리 형식화된 출력에 적합한 메소드로, C 언어를 알고 있다
면 익숙할 것이다. 즉, C 언어의 printf 메소드와 동일한 문법을 갖는다.

    System.*out*.printf(*format*, *args*);

위의 표기는 printf 메소드가 *format* 스트링과 *format* 스트링이 지정하는 인자들(*args*)을
매개변수로 가짐을 나타낸다. printf 메소드의 인자가 2개라는 뜻이 아니다. printf의 두
번째 인자처럼 보이는 *args*는 개수가 가변적이다. 즉, *args*는 0개 혹은 그 이상의 인자에 대
응한다. *args*의 개수는 첫 번째 인자인 *format* 스트링의 내용에 따라 달라진다. 먼저 *format*
부터 살펴보자.

printf 메소드의 첫 번째 인자는 포맷 스트링(format string)이라고 부르는 것인데, 화면에
출력할 내용과 함께 **형식 지정자**(format specifier)라는 것을 포함할 수 있다. 예제 5.14의
8-9행을 살펴 보면 "%d"와 "%.1f"가 형식 지정자이다.

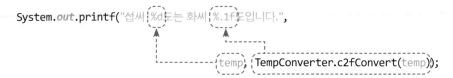

포맷 스트링에 형식 지정자가 2개 포함되어 있으면, 포맷 스트링을 제외하고 2개의 인자가 더 있어야 한다. 위의 예에서 첫 번째 형식 지정자 "%d"에는 2번째 인자인 temp가 대응하고, 두 번째 형식 지정자 "%.1f"에는 3번째 인자인 TempConverter.c2fConvert(temp)가 대응한다.

형식 지정자는 printf의 나머지 인자들로부터 주어지는 값을 적절한 형식에 맞추어 그 위치에 삽입하도록 하는 역할을 한다. 첫 번째 형식 지정자 "%d"에서 d는 주어진 값이 정수형이며 이를 10진수 형태로 표시한다는 뜻이다. 즉, temp의 값이 10진수 형태로 형식 지정자를 대체하게 된다. 만일 temp의 값이 29라면 "섭씨 %d도는…"이라는 스트링이 "섭씨 29도는…"으로 대체된다는 뜻이다.

두 번째 형식 지정자 "%.1f"에서 f는 주어진 값이 실수형임을 의미한다. 그 앞의 ".1"은 값을 얼마나 정확하게 나타낼지 지정하는 것으로 소수점 아래 첫째 자리까지만 표시한다는 뜻이다. 여기서는 c2fConvert 메소드로부터 반환되는 실수 값을 소수점 아래 첫째 자리까지만 잘라서 형식 지정자 자리에 넣게 된다. 따라서 표시되는 스트링은 "섭씨 29도는 화씨 84.2도입니다."가 된다.

실수를 위한 형식 지정자에서 "%6.1f"와 같이 점(.) 앞에 숫자를 표시할 수도 있다. 점 다음의 숫자가 소수점 아래 몇 번째 자리까지 나타낼지 지정한다면 점 앞의 숫자는 주어진 값이 몇 자리를 차지하도록 표시할지 지정한다. 즉, "%6.1f"라는 형식 지정자는 주어진 실수 값을 소수점 아래 첫째 자리까지만 표시하되 전체는 6자리를 차지하도록 한다는 것이다. 자리 수를 채우기 위해 필요하다면 앞에 공백이 추가된다. 예를 들어 다음 코드와 같이 변수 d의 값이 84.256일 때 이 형식 지정자를 사용하면 결과가 어떻게 될까?

```
double d = 84.256;
System.out.printf("결과는 %6.1f입니다.\n", d);
```

주어진 값을 소수점 아래 둘째 자리에서 잘라 반올림하면 84.3이 되고 이 값이 여섯 자리를 차지하도록 출력해야 한다. 84.3은 점(.)을 포함해서 총 4자리이니 2자리가 모자란다. 따라서 " 84.2"와 같이 앞에 2개의 공백을 추가하여 여섯 자리로 맞춘다. 그러므로 위의 printf 문의 실행 결과는 다음과 같이 된다.

결과는   84.3입니다.

많은 수의 값을 여러 줄에 출력할 때 값의 크기에 관계 없이 같은 너비를 차지하도록 지정하면 보기 좋게 줄을 맞추어 출력할 수 있다. 방금 설명한 형식 지정자는 이런 용도로 흔히 사용된다.

printf의 포맷 스트링은 그 문법이 상당히 복잡하여 여기서 설명한 것 외에도 많은 종류의 형식 지정자를 포함하고 있으므로 필요에 따라 편리하게 사용할 수 있다. 자세한 사항은 관련 도서나 자바 웹사이트를 참고하라.

정적 메소드의 특성

예제 5.11의 BankAccount 클래스에서 정적 변수 numberOfAccounts를 전용 멤버로 변경하자. 그러면 외부에서 이 값을 접근하기 위해서는 공용의 접근자 메소드가 필요하다. 또 각 객체마다 계좌 번호에 해당하는 일련 번호를 할당하기로 했다. 이를 위해 인스턴스 변수 id 가 추가되었다. 즉, 첫 번째 생성되는 객체는 id의 값이 1이고 그 다음 객체는 2, 등으로 증가된다. 예제 5.15에 변경된 클래스를 보였다.

예제 5.15 BankAccount 클래스 (정적 메소드를 가지는 버전)

```java
01   public class BankAccount {
02       private String name;
03       private int balance;
04       private int id;
05       private static int numberOfAccounts = 0;
06
07       public BankAccount(String name, int balance) {
08           this.name = name;
09           this.balance = balance;
10           this.id = numberOfAccounts+1;
11           numberOfAccounts++;
12       }
13
14       public static int getNumberOfAccounts() {
15           return numberOfAccounts;
16       }
17
18       public void writeInfo() {
19           System.out.print("예금주: " + name);
20           System.out.print(", 번호: " + id);
```

```
21              System.out.println(", 잔액: " + balance);
22      }
23
24      public void deposit(int amount) {
25          balance += amount;
26      }
27
28      public void withdraw(int amount) {
29          balance -= amount;
30      }
31  }
```

인스턴스 변수 id의 값은 1부터 시작해서 객체마다 일련 번호로 할당되어야 하므로 생성
자에서 numberOfAccounts의 값에 따라 지정했다. 14행에 정의된 getNumberOfAccounts
메소드는 numberOfAccounts에 대한 접근자 메소드로 볼 수 있는데, 정적 변수
numberOfAccounts만을 참조하므로 정적 메소드로 선언하였다. 그러므로 이 메소드는 객체
와 무관하게 예제 5.16의 12행처럼 클래스 이름을 통해 호출할 수 있다.

예제 5.16 BankAccountTest 클래스

```
01  public class BankAccountTest {
02      public static void main(String[] args) {
03          BankAccount account1 = new BankAccount("홍길동", 0);
04          BankAccount account2 = new BankAccount("황진이", 100000);
05          BankAccount account3 = new BankAccount("이몽룡", 300000);
06          account1.deposit(200000);
07          account1.writeInfo();
08          account2.writeInfo();
09          account3.writeInfo();
10
11          System.out.println("개설 계좌의 수=" +
12                              BankAccount.getNumberOfAccounts());
13      }
14  }
```

그림 5.16의 실행 결과를 보면 계좌가 3개 만들어졌으므로 개설 계좌의 수가 3으로 나온다.
또 각 계좌에는 1부터 시작되는 일련 번호가 매겨진다.

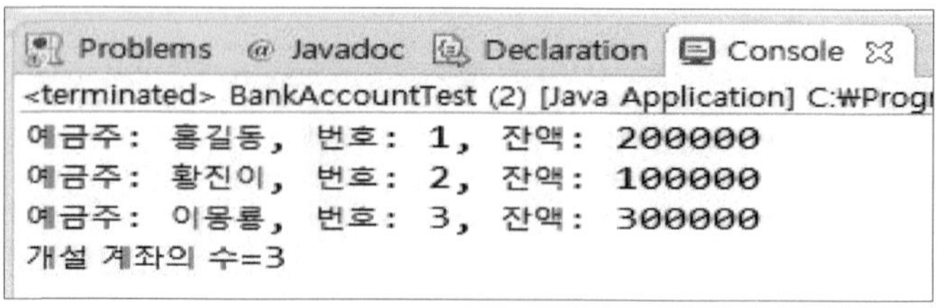

그림 5.16 예제 5.16의 실행 결과

예제 5.15 BankAccount 클래스의 15행을 보면 정적 메소드 내에서 정적 변수를 참조하고 있다. 정적 메소드나 정적 변수 모두 클래스 소속이므로 이러한 참조는 올바르다. 주의할 점은 정적 메소드가 인스턴스 변수를 참조하면 에러가 된다는 것이다. 예를 들어 다음과 같이 정적 메소드인 getNumberOfAccounts 내에서 balance와 같은 인스턴스 변수를 접근하면 컴파일 에러가 나온다.

```java
public static int getNumberOfAccounts() {
    int amt = balance;     //에러
    writeInfo();           //에러
    return numberOfAccounts;
}
```

정적 메소드가 객체와 무관하게 호출될 수 있다는 말은 정적 메소드가 실행될 때에 this로 참조할 수신 객체가 없다는 뜻이다. 인스턴스 변수는 객체에 할당되는 것이므로 수신 객체가 없는 정적 메소드 내에서 인스턴스 변수의 접근은 불가능하다. 이런 이유로 정적 메소드 내에서 인스턴스 변수의 접근은 금지되어 있다.

같은 이유로 정적 메소드 내에서 인스턴스 메소드(즉, 비정적 메소드)를 직접 호출하는 것도 에러이다. 위의 코드에서 몸체의 2번째 문장과 같이 정적 메소드 getNumberOfAccounts 내에서 writeInfo 메소드를 호출하는 것이 불가능하다. 인스턴스 메소드는 인스턴스 변수를 참조하는 메소드이기 때문이다. 물론 객체를 생성하고 그 객체를 통해 인스턴스 메소드를 부르는 것은 가능하다. 그렇지 않고 위의 예제 코드처럼 정적 메소드 내에서 인스턴스 메소드를 객체 없이 직접 호출하는 것은 금지된다.

그런데 이와 달리 인스턴스 메소드에서는 정적 변수나 정적 메소드의 사용에 아무런 제약이 없다. 정적 변수나 정적 메소드는 클래스 전체에 공유되는 것이기 때문이다. 생성자도 인스턴스 메소드의 일종인데, 예제 5.15의 10-11행을 보면 생성자 내에서 정적 변수를 접근하는데 아무런 문제가 없다. 또한 10행을 다음과 같이 수정하여 정적 메소드를 호출하게 해도 역시 문제가 없다.

```
this.id = getNumberOfAccounts()+1;
```

요약: 정적 메소드 vs 인스턴스 메소드

정적 메소드는 정적 변수를 접근할 수 있고 다른 정적 메소드를 호출할 수 있다. 인스턴스 메소드는 인스턴스 변수를 접근할 수 있고 다른 인스턴스 메소드를 직접 호출할 수도 있다. 인스턴스 메소드가 다른 인스턴스 메소드를 직접 호출하는 것은 수신 객체 this에 대한 호출로 이해하면 된다.

그러나 정적 메소드에서는 인스턴스 변수를 접근할 수 없고 인스턴스 메소드를 객체 없이 직접 호출할 수도 없다. 이와 달리 인스턴스 메소드에서는 정적 변수를 접근할 수 있고 정적 메소드를 호출할 수도 있다.

클래스 내에 포함된 main 메소드

main 메소드도 반환 타입 앞부분에 붙은 static 키워드에서 알 수 있듯이 정적 메소드의 일종이다. 그런데 main 메소드는 자바 애플리케이션에서 실행이 시작되는 메소드라는 특징도 가진다. main 메소드를 포함하지 않는 클래스는 그 자체로는 실행되지 않는다. 예를 들어 예제 5.17의 Book 클래스는 Book.java라는 파일에 저장되는데, 이 파일은 main 메소드를 가지지 않으므로 실행되지 않는다.

예제 5.17 Book.java에 저장된 Book 클래스

```
01  public class Book {
02      private String title;
03      private String author;
04
05      public Book(String title, String author) {
06          this.title = title;
07          this.author = author;
08      }
09
10      public void writeInfo() {
11          System.out.print("제목: " + title);
12          System.out.println(", 저자: " + author);
13      }
14  }
```

예제 5.17과 같은 클래스 정의는 다른 클래스에서 Book 클래스의 객체를 만들어 사용하기 위한 것이다. 그래서 이 클래스를 테스트하기 위해서는 예제 5.18과 같이 main 메소드를 가진 별개의 클래스가 필요하다.

예제 5.18 BookTest.java에 저장된 BookTest 클래스

```
01  public class BookTest {
02      public static void main(String[] args) {
03          Book book = new Book("셜록 홈즈", "코난 도일");
04          book.writeInfo();
05      }
06  }
```

예제 5.18에 정의된 BookTest 클래스는 정적 메소드인 main 메소드 하나만을 멤버로 가진다. 그런데 예제 5.19와 같이 Book 클래스를 정의하면서 main 메소드를 클래스 내에 포함시킬 수 있다. 예제 5.19의 클래스 정의는 Book.java 파일에 저장된다.

예제 5.19 main 메소드를 포함하는 Book 클래스 정의

```
01  public class Book {
02      private String title;
03      private String author;
04
05      public Book(String title, String author) {
06          this.title = title;
07          this.author = author;
08      }
09
10      public void writeInfo() {
11          System.out.print("제목: " + title);
12          System.out.println(", 저자: " + author);
13      }
14
15      public static void main(String[] args) {
16          Book book = new Book("셜록 홈즈", "코난 도일");
17          book.writeInfo();
18      }
19  }
```

예제 5.19의 Book 클래스 정의는 4개의 인스턴스 멤버뿐만 아니라 정적 메소드 main도 포함한다. 이 main 메소드는 Book 클래스의 멤버로 정의되지만 Book 클래스의 인스턴스 메소드를 직접 호출하지는 못한다. 앞에서 설명한 것처럼 정적 메소드는 인스턴스 메소드를 호출하지 못하기 때문이다. 그러나 16-17행과 같이 Book 객체를 만들고 이 객체를 통해 인스턴스 메소드인 writeInfo를 호출하는 것은 문제가 없다.

예제 5.19는 다른 클래스에서 Book 클래스의 객체를 생성하기 위한 용도로 사용할 수도 있고, 자체로서 실행되기도 한다. 다른 클래스에 의해 Book 객체가 만들어질 때는 Book 클래스에 포함된 main 메소드는 아무런 역할도 하지 않는다. 예제 5.19를 직접 실행하면 클래스에 포함된 이 main 메소드가 실행된다. Book 클래스에 속한 main 메소드가 자신이 속한 Book 타입의 객체를 생성하는 것이 조금 이상하게 보일 수도 있지만, 실제로 실행에는 아무런 문제가 없다. 즉, 예제 5.18과 같이 별도의 클래스를 만들어 main을 작성하는 것과 실행 결과가 동일하다.

일반적으로 클래스를 정의할 때 그 클래스를 테스트하기 위해 간단한 main 메소드를 포함하는 것은 꽤 유익한 점이 있다. 오류가 없는지 테스트용으로도 실행해 볼 수도 있고 다른 프로그래머가 그 클래스를 사용하고자 할 때 사용 방법을 알아보기 위한 참고가 되기도 한다.

5.3 Math와 포장 클래스

Math 클래스

자바에서 제공하는 클래스 중에 Math라는 것이 있다. Math 클래스는 별도의 import 문 없이 자바 프로그램에서 사용할 수 있다. 여기에는 제곱근이나 삼각 함수 같은 유용한 수학 함수들이 정적 메소드로 포함되어 있어 객체를 생성하지 않고도 호출할 수 있다. 예를 들어 어떤 수의 제곱근을 구하려면 Math 클래스의 정적 메소드인 sqrt를 다음과 같이 호출하면 된다.

```
double value = Math.sqrt(30);
```

Math 클래스에 포함된 유틸리티 메소드들은 모두 정적 메소드이므로 객체를 생성하지 않고 위와 같이 클래스 이름을 사용하여 호출할 수 있다. 그림 5.17에 Math 클래스의 정적 메소드 가운데 유용한 몇 가지를 소개했는데, 매개변수와 반환 값의 타입에 유의해서 사용하면 된다. 위에서 예로 든 **sqrt** 메소드는 **double** 타입 매개변수를 받고 **double** 타입의 값을 반환한다. 위와 같이 **int** 타입 인자를 사용하면 자동적인 타입 변환에 의해 **double**로 바뀌어 넘겨질 것이다.

그림 5.17의 목록에서 ceil, floor와 round를 잠깐 살펴 보자. 이 세 메소드는 각각 올림, 내림, 반올림 연산에 해당하는데, 다음 코드는 이들의 용도를 보여 주고 있다.

메소드	설명
static double abs(double a)	절대값
static double ceil(double a)	올림
static double floor(double a)	내림
static int max(int a, int b)	최대값. 다른 타입에 대해서도 정의됨
static int min(int a, int b)	최소값. 다른 타입에 대해서도 정의됨
static double pow(double a, double b)	거듭제곱
static double random()	0.0이상 1.0미만의 랜덤 값
static long round(double a) static int round(float a)	반올림
static double sqrt(double a)	제곱근

그림 5.17 Math 클래스의 정적 메소드

```java
double d1 = Math.ceil(2.2);
double d2 = Math.floor(2.8);
long d3 = Math.round(2.5);
System.out.printf("d1=%.1f, d2=%.1f, d3=%d\n", d1, d2, d3);
```

2.2를 올림(ceil)을 하면 3.0이 되고, 2.8을 내림(floor)을 하면 2.0이 되고, 2.5를 반올림 (round)하면 3이 된다. round의 반환 타입은 int이거나 long이다. 반올림을 하면 정수가 되므로 반환 타입이 정수형인 것은 예상할 수 있는 일이다. 그림 5.17에 표시한 것처럼 round 의 인자가 double이면 그 반환 타입이 long이고 인자가 float이면 반환 타입이 int이다. 그

런데 ceil과 floor 메소드의 반환 타입이 특이하게도 정수형이 아니라 double이라는 점에 주의하자. 실행 결과는 다음과 같다.

    d1=3.0, d2=2.0, d3=3

또한 max와 min은 인자로 주어진 두 값 가운데 각각 큰 값과 작은 값을 반환하는 메소드 인데 다른 타입에도 정의된다고 설명되어 있다. 이 말은 int 타입뿐 아니라 long, double, float 등의 타입에 대해서도 max와 min이라는 메소드가 정의되어 있다는 뜻이다.

random 메소드를 조금 자세히 살펴 보자. random은 랜덤 값을 반환하는 메소드이다. 랜덤 값이란 주사위를 던졌을 때 나오는 수와 같이 무작위로 선택되는 값을 말한다. Math.random() 메소드를 호출하면 0.0보다 크거나 같고 1.0 미만의 임의의 실수 값이 반환된다. 그러면 주사위를 던졌을 때처럼 1에서 6 사이의 랜덤 정수 값을 얻으려면 어떻게 하면 될까?

Math.random()이 0.0 이상 1.0 미만의 실수 값을 반환하므로 여기에 6을 곱하면 0.0 이상 6.0 미만의 실수가 된다. 이 값을 int 형으로 타입 변환 하면 소수 부분이 제거되므로 0에서 5 사이의 정수가 되고, 여기에 1을 더하면 1에서 6 사이의 정수를 얻게 된다. 따라서 다음과 같이 하면 변수 diceValue에 1에서 6 사이의 정수가 무작위로 대입되어 주사위를 한 번 던 진 값으로 사용할 수 있다.

    int diceValue = (int) (Math.random() * 6) + 1;

random 메소드를 사용하여 컴퓨터와 가위바위보 게임을 하는 프로그램을 작성해 보자. 게 임을 하기 위해서는 컴퓨터가 가위, 바위, 보 가운데서 하나를 무작위로 골라야 하므로 이 때 random 메소드를 사용한다. 가위, 바위, 보를 각각 0, 1, 2로 나타낸다면 다음과 같이 random 메소드를 사용하여 컴퓨터의 선택을 정할 수 있다.

    compsMove = (int)(Math.random() * 3);

즉, random 메소드의 반환 값에 3을 곱하고 int 타입으로 변환하면 된다. 가위바위보 프로 그램을 예제 5.20에 보였다.

예제 5.20 GawiBawiBo 클래스

```java
01  import java.util.Scanner;
02
03  public class GawiBawiBo {
04      private int compsMove, yourMove;
05
06      public void playGame() {
07          Scanner input = new Scanner(System.in);
08          do {
09              compsMove = (int) (Math.random() * 3);
10              yourMove = -1;
11              while (yourMove < 0 || yourMove > 2) {
12                  System.out.print("0:가위, 1:바위, 2:보 >> ");
13                  yourMove = input.nextInt();
14              }
15          } while (!findWinner());;
16      }
17
18      private boolean findWinner() {
19          if (compsMove == yourMove) {
20              System.out.println("you=" + getMoveStr(yourMove) +
21                      ", com=" + getMoveStr(compsMove) +
22                      ": 비겼습니다. 다시 입력하세요.");
23              return false;
24          }
25          else if ((compsMove+1) % 3 == yourMove) {
26              System.out.println("you=" + getMoveStr(yourMove) +
27                      ", com=" + getMoveStr(compsMove) +
28                      ": 귀하가 이겼습니다!");
29              return true;
30          }
31          else {
32              System.out.println("you=" + getMoveStr(yourMove) +
33                      ", com=" + getMoveStr(compsMove) +
34                      ": 귀하가 졌습니다!");
35              return true;
36          }
37      }
38
39      private String getMoveStr(int move) {
```

```
40          if (move == 0)
41              return "가위";
42          else if (move == 1)
43              return "바위";
44          else
45              return "보";
46      }
47
48      public static void main(String[] args) {
49          GawiBawiBo game = new GawiBawiBo();
50          game.playGame();
51      }
52  }
```

GawiBawiBo 클래스는 각각 컴퓨터와 사용자의 선택을 나타내는 두 개의 인스턴스 변수 compsMove와 yourMove를 가진다. 또한 하나의 공용 메소드 playGame과 두 개의 전용 메소드 findWinner 및 getMoveStr을 가진다. main 메소드를 보면 GawiBawiBo 클래스의 객체를 만들고 공용 메소드인 palyGame을 호출하여 게임을 시작한다.

playGame 메소드에서 컴퓨터의 선택은 random 함수로 지정하고(9행) 사용자의 입력은 키보드로 받는다(13행). playGame 메소드는 이중 루프로 구성되어 있다. 11-14행의 안쪽 while 루프는 사용자 입력을 받는 부분인데 0, 1, 2 외의 값이 입력되었을 때의 재입력을 위한 것이다. 8-15행의 바깥쪽 do-while 루프는 게임의 승패가 정해지면 종료된다. 어느 한 쪽이 이겨 게임이 끝나기 위해서는 몸체가 적어도 한 번은 실행되어야 하므로 do-while 루프가 적당하다.

일단 두 값이 정해지면 이들을 비교하여 누가 이겼는지 판별하기 위해 findWinner 메소드를 실행한다. findWinner 메소드는 승패가 정해지면 true를 반환하고 아니면 false를 반환한다. 이 값은 playGame에서 do-while 루프의 종료 여부를 결정하기 위해 이용된다(15행). comsMove와 yourMove의 값이 같다면 비긴 경우이므로 findWinner 메소드가 false를 반환한다(19-24행). 그러면 do-while 루프가 종료되지 않고 comsMove와 yourMove의 새로운 값을 얻어 가위바위보 게임을 다시 시도한다.

comsMove와 yourMove의 값이 서로 같지 않다면 사용자가 이겼거나 컴퓨터가 이겼거나 둘 중의 하나이다. 가위(0)가 바위(1)에 지고, 바위(1)가 보(2)에 지고, 보(2)가 다시 가위(0)에

지는 관계이므로 25행에 포함된 다음의 조건식으로 사용자가 이겼는지 확인할 수 있다.

```
(compsMove+1) % 3 == yourMove
```

예를 들어 컴퓨터가 가위(0)를 내고 사용자가 바위(1)를 내면 위 조건식의 값이 참이 되는데, 이 때가 사용자가 이긴 상황이다. 보조 메소드인 getMoveStr은 "가위", "바위", "보" 등의 화면 출력을 위해 사용된다.

예제 5.20의 GawiBawiBo 클래스는 main 메소드를 포함하고 있으므로 직접 실행이 가능하고 그 실행 결과가 그림 5.18이다. 비록 main 메소드가 정적 메소드이고 playGame 메소드는 인스턴스 메소드이지만 예제 5.20의 49–50행에서 하는 것처럼 먼저 GawiBawiBo 클래스의 객체를 만들고 그 객체에 대해 인스턴스 메소드인 playGame을 호출하는 것은 문제가 없다.

그림 5.18의 실행 결과를 보면, 사용자가 입력한 처음 두 줄은 0-2의 범위를 벗어났으므로 playGame의 안쪽 루프에 의해 반복된다. 사용자가 1(가위)을 입력한 첫 번째 결과가 비겼으므로 playGame의 바깥쪽 루프에 의해 게임이 반복되고 두 번째 결과에서 승패가 결정되었다. 컴퓨터의 선택이 random 메소드에 의해 무작위로 이루어지므로 프로그램의 실행을 반복하면 매번 다른 결과가 나올 수 있음을 확인할 수 있다.

```
Problems  @ Javadoc  Declaration  Console ⊠
<terminated> GawiBawiBo [Java Application] C:\Program Files\
0:가위, 1:바위, 2:보 >> -1
0:가위, 1:바위, 2:보 >> 3
0:가위, 1:바위, 2:보 >> 1
you=바위, com=바위: 비겼습니다. 다시 입력하세요.
0:가위, 1:바위, 2:보 >> 1
you=바위, com=보: 귀하가 졌습니다!
```

그림 5.18 예제 5.20의 실행 결과

포장 클래스

숫자로 이루어진 "324"와 같은 형태의 스트링을 정수 값으로 바꾸기 위해 Integer 클래스의 parseInt 메소드를 사용했던 것을 기억할 것이다.

```
String str = "324";
int m = Integer.parseInt(str);
```

parseInt는 인자로 넘어온 스트링을 정수값으로 바꾸어 반환한다. 그런데 위 코드에서 보듯이 이 메소드 호출은 객체를 통하지 않고 클래스 이름으로 이루어졌다. 즉, parseInt는

Integer 클래스의 정적 메소드이다. 그리고 이 때 Integer를 int 타입에 대한 **포장 클래스** (wrapper class)라고 부른다.

자바의 데이터 타입은 기본형과 참조형으로 나누는데, 기본형에 속한 int나 double과 같은 타입의 변수들은 객체가 아니다. 그러나 자바는 객체 지향 언어라서 객체를 대상으로 설계 된 부분이 많다. 예를 들어 어떤 클래스의 메소드가 객체를 매개변수로 받도록 작성되었다 면 이 메소드를 사용할 때 기본형의 값을 인자로 넘겨 줄 수 없게 된다. 이와 같이 기본형을 객체로 취급해야 할 필요가 생기는데, 이를 위해 자바의 모든 기본형은 각기 대응하는 포장 클래스를 가진다. 즉, 그림 5.19에 보는 대로 8개의 기본형 타입에 대응하여 8개의 포장 클 래스가 존재한다. 각 포장 클래스는 대응하는 기본형의 값을 객체로 취급할 수 있도록 할 뿐만 아니라 각 기본형에 대한 유용한 상수와 메소드를 제공한다. parseInt도 포장 클래스 Integer가 제공하는 그러한 유틸리티 메소드 가운데 하나이다.

기본형	포장클래스
boolean	Boolean
byte	Byte
short	Short
int	Integer
long	Long
float	Float
double	Double
char	Character

그림 5.19 포장 클래스

박싱과 언박싱

int 타입의 포장 클래스는 Integer이다. int 타입의 값으로부터 Integer 클래스의 객체를 생성하려면 다음과 같이 하면 된다.

```
Integer iObj = Integer.valueOf(32);
```

위의 선언은 int 타입의 값인 32로부터 Integer 클래스의 객체를 만들어 내고 이 객체를 참조 변수 **iObj**가 가리키게 한다. 모든 포장 클래스는 이와 같이 기본형의 값으로부터 객체를 생성하는 정적 메소드 **valueOf**를 제공한다. 기본형의 값을 그 기본형에 대응하는 포장 클래스 객체로 변환하는 이러한 과정을 박싱(**boxing**)이라고 부른다. 포장 클래스의 객체라는 상자 안에 기본형의 값을 집어 넣어 '포장'한다고 생각할 수 있다.

반대로 Integer 클래스의 객체를 기본형인 int 형으로 변환하려면 다음과 같이 한다.

```
int i = iObj.intValue();
```

Integer 클래스의 **intValue** 메소드는 Integer 객체로부터 int 타입의 값을 반환하는 인스턴스 메소드이다. 다른 포장 클래스들도 객체로부터 대응하는 기본형의 값을 반환하는 **doubleValue**, **charValue** 등의 메소드를 가진다. 포장 클래스의 객체를 거기에 대응하는 기본형으로 변환하는 이러한 과정을 **언박싱**(unboxing)이라고 부른다. 즉, 박싱의 역변환이다.

그런데 박싱과 언박싱은 자동으로 이루어질 수 있는데 이를 **오토박싱**(autoboxing)이라고 한다. 즉, 기본형의 값과 그에 대응하는 포장 클래스 객체 간의 자동적인 상호 변환을 오토박싱이라고 부른다. 따라서 기본형 값에서 그에 대응하는 포장 클래스 객체로의 변환과 그 반대 과정은 다음과 같이 보다 간단히 작성할 수 있다.

```
Integer iObj = 32;
Double dObj = 28.76;
int i = iObj;
double d = dObj;
```

처음 두 문장이 자동적인 박싱의 예를 보여주는데, 기본형으로부터 포장 클래스 객체를 생성할 때 **valueOf** 메소드를 사용할 필요 없이 참조 변수에 기본형 값을 직접 대입해도 된다는 것이다. 그리고 나머지 두 문장이 자동적인 언박싱의 예를 보여주는데, 포장 클래스 객체로부터 기본형의 값을 얻어낼 때도 **intValue** 등의 메소드를 호출하지 않고 기본형 변수에 객체를 그대로 대입해도 된다는 것이다. 오토박싱은 위에서 살펴본 대입문뿐 아니라 메소드 호출 시의 매개변수 전달에서도 동일하게 적용된다. 예를 들어 메소드 매개변수가 **Double** 타입의 객체로 선언되었더라도 이 메소드를 호출할 때 기본형의 값을 그대로 인자로 넘겨줘도 된다. 즉, 기본형의 값이 오토박싱에 의해 객체로 변환되어 매개변수에 전달된다는 것이다.

포장 클래스의 상수와 정적 메소드

포장 클래스는 각자 대응하는 기본형에 대한 상수와 유용한 메소드들을 제공한다. 예를 들어 int 타입의 최대값과 최소값은 포장 클래스 Integer에 MAX_VALUE와 MIN_VALUE라는 이름의 상수로 선언되어 있다.

```
int maxValue = Integer.MAX_VALUE;
System.out.println("int의 최대값 = " + maxValue);
```

이 코드의 실행 결과는 다음과 같다.

```
int의 최대값 = 2147483647
```

MAX_VALUE와 MIN_VALUE는 Integer외의 다른 포장 클래스에도 정의되어 있다.

또한 포장 클래스에는 숫자를 나타내는 스트링을 그에 대응하는 타입의 숫자 값으로 변환하는 정적 메소드가 포함되어 있다. 이전에 보았던 parseInt도 이런 종류의 메소드로 Integer 클래스에 속해 있으며 스트링을 int 타입으로 변환한다. 다른 타입에 대해서도 비슷한 메소드들이 존재하는데 예를 들어 Double에는 parseDouble이라는 정적 메소드가 제공된다.

```
double d = Double.parseDouble("324.75");
```

그러면 반대로 숫자값을 스트링으로 변환하려면 어떻게 하면 될까? 그럴 때는 포장 클래스가 제공하는 toString이라는 메소드를 이용하면 된다. 예를 들어 324.75라는 double 타입의 값이 있을 때 이를 "324.75"라는 스트링으로 바꾸는 문장은 다음과 같이 작성할 수 있다.

```
String str = Double.toString(324.75);
```

toString 메소드는 다른 포장 클래스에도 정의되어 있다. 또 다른 유용한 정적 메소드의 예로는 정수 값을 2진 스트링으로 변환하는 toBinaryString이나 16진수 스트링으로 변환하는 toHexString 등을 들 수 있다. 예제 5.21은 정수를 하나 읽어 들여 이를 2진, 8진, 16진 스트링으로 변환하여 출력하는 예제 프로그램이고, 그림 5.20에 그 실행 결과를 보였다.

예제 5.21 WrapperDemo 클래스

```
01  import java.util.Scanner;
02
03  public class WrapperDemo {
04      public static void main(String[] args) {
05          Scanner input = new Scanner(System.in);
06          System.out.println("정수를 입력하시오:");
07          int n = input.nextInt();
08
09          System.out.println(Integer.toBinaryString(n));
10          System.out.println(Integer.toOctalString(n));
11          System.out.println(Integer.toHexString(n));
12      }
13  }
```

```
Problems  @ Javadoc  Declaration  Console ⌗
<terminated> WrapperDemo [Java Application] C:\Program Fi
정수를 입력하시오 :
235
11101011
353
eb
```

그림 5.20 예제 5.21의 실행 결과

5.4 메소드 오버로딩

메소드 오버로딩의 개념

한 클래스 내에 같은 이름의 메소드가 여러 개 정의될 수 있는데, 이를 메소드 **오버로딩** (overloading) 혹은 메소드 중복이라고 부른다. 그런데 이때 오버로딩 되는 메소드들은 매개변수의 목록이 서로 달라야 한다. 즉, 매개변수의 개수가 다르거나 타입이 달라야 한다. 그래야 메소드가 호출되었을 때 인자에 따라 어느 메소드인지 구분할 수가 있다. 이름이 같은 두 메소드가 매개변수들의 개수와 타입까지 동일하면 에러이다.

인스턴스 메소드나 생성자, 정적 메소드 등 우리가 배운 모든 종류의 메소드는 오버로
딩 될 수 있다. 생성자 오버로딩에 대해서는 4장에서 살펴 봤었다. 예를 들어 예제 5.22의
BankAccount 클래스는 4개의 생성자를 포함하고 있다.

예제 5.22 BankAccount 클래스

```
01  public class BankAccount {
02      private String name;
03      private int balance;
04
05      public BankAccount() {
06          this("", 0);
07      }
08
09      public BankAccount(String name) {
10          this(name, 0);
11      }
12
13      public BankAccount(int balance) {
14          this("", balance);
15      }
16
17      public BankAccount(String name, int balance) {
18          this.name = name;
19          this.balance = balance;
20      }
21
22      public void writeInfo() {
23          System.out.print("예금주: " + name);
24          System.out.println(", 잔액: " + balance);
25      }
26  }
```

어느 생성자가 실행될 것인지는 호출될 때의 인자에 의해 결정된다. 즉, 호출 시에 넘겨진
인자의 목록과 일치하는 매개변수 목록을 가진 생성자가 선택되어 실행된다.

```
BankAccount acc1 = new BankAccount();
BankAccount acc2 = new BankAccount("홍길동");
```

```
BankAccount acc3 = new BankAccount("황진이", 100000);
```

그러므로 인자가 없는 위의 첫 번째 선언은 첫 번째의 디폴트 생성자(5–7행)를 실행하고, 스트링 하나를 인자로 넘기는 두 번째 선언은 매개변수 name을 가지는 두 번째 생성자(9–11행)를 실행한다. 그리고 2개의 인자를 넘기는 세 번째 선언은 매개변수 name과 balance를 가지는 마지막 생성자(17–20행)를 실행한다.

예제 5.23의 Overload 클래스에서는 인스턴스 메소드 max가 오버로딩 되었다. max라는 이름의 메소드가 3개 정의되었는데, 이들은 각각 2개의 double 타입 매개변수, 3개의 double 타입 매개변수, 그리고 2개의 String 타입 매개변수를 가진다. 매개변수가 실수 값인 버전은 인자 가운데 최대값을 반환하고, 매개변수가 스트링인 버전은 사전 순서상 뒤쪽에 오는 스트링을 반환한다.

예제 5.23 Overload 및 OverloadTest 클래스

```
01  class Overload {
02      public double max(double d1, double d2) {
03          return (d1 > d2) ? d1 : d2;
04      }
05
06      public double max(double d1, double d2, double d3) {
07          return max(max(d1, d2), d3);
08      }
09
10      public String max(String s1, String s2) {
11          return (s1.compareTo(s2) > 0) ? s1 : s2;
12      }
13  }
14
15  public class OverloadTest {
16      public static void main(String[] args) {
17          Overload over = new Overload();
18          System.out.println(over.max("transformer", "transporter"));
19          System.out.println(over.max(27.32, 25.98));
20          System.out.println(over.max(15.74, 15.96, 14.46));
21      }
22  }
```

7행을 보면 매개변수가 3개인 두 번째 max 버전은 그 몸체에서 매개변수가 2개인 첫 번째 버전의 max(2–4행)를 두 번 부르고 있다. 즉, 먼저 첫 번째 매개변수와 두 번째 매개변수 중에서 큰 값을 찾고, 그 결과를 다시 세 번째 매개변수와 비교하여 셋 가운데 가장 큰 값을 찾는 것이다. 2개의 스트링을 매개변수로 갖는 세 번째 max 버전은 사전 순서에 따른 비교를 위해 String 클래스의 compareTo 메소드를 사용하고 있다. s1.compareTo(s2)와 같이 호출했을 때 사전 순서상 s1이 s2보다 앞쪽이면 음수 값을 반환하고 뒤쪽이면 양수 값을 반환한다. 두 스트링이 같으면 0을 반환한다. 그러므로 s1.compareTo(s2)가 양수이면 s1을 반환하고 아니면 s2를 반환하면 된다.

18–20행의 max 메소드 호출은 인자에 따라 메소드가 선택된다. 즉, 인자와 매개변수를 차례대로 비교하여 개수와 타입이 일치하는 메소드가 선택되어 실행되는 것이다.

오버로딩과 자동 타입 변환

인자와 매개변수의 개수와 타입을 비교하여 일치하는 메소드가 없으면 어떻게 될까? 예를 들어 다음과 같이 2개의 int 값을 인자로 하여 max를 호출하면 예제 5.23의 Overload 클래스에는 정확히 일치하는 메소드가 없다.

```
over.max(18, 19);
```

그런데 2장에서 int 값은 double 값으로 자동적으로 타입 변환될 수 있다고 했다. 두 개의 인자가 double 타입으로 변환된다면 첫 번째 max 정의와 일치하게 된다. 따라서 위의 메소드 호출은 첫 번째 max를 실행하게 된다. 즉, 오버로딩 된 메소드를 선택할 때 정확히 일치하는 메소드가 없으면 자동 타입 변환을 적용하여 일치하는 메소드를 찾아 본다는 것이다. 그렇게 해서도 일치하는 메소드가 없다면 에러가 된다.

그런데 위의 max 호출의 반환 값이 정수가 아니라 double이 된다는 점에 주의하자. 인자로 넘겨 준 값은 int 타입이지만 자동적인 타입 변환에 의해 첫 번째 max 메소드가 선택되어 실행되는데, 이 메소드의 반환 값이 double로 되어 있다. 따라서 다음과 같은 문장을 실행하면 그 결과가 19가 아니라 19.0이 된다.

```
System.out.println(over.max(18, 19));
```

서명과 오버로딩

메소드의 이름 그리고 매개변수의 수와 타입을 합쳐서 메소드의 **서명**(signature)이라고 한다. 하나의 클래스 내에 이름이 같은 메소드는 존재할 수 있지만 서명이 같은 메소드는 존재할 수 없다. 이 말은 두 메소드가 이름이 같다면(즉, 오버로딩 되었다면) 매개변수의 수와 타입에서 차이가 나야 한다는 뜻이다. 또한 서명에 반환 타입은 포함되지 않는다는 점에 주의하라. 한 클래스 내에 이름과 매개변수의 목록이 같고 반환 타입만 다른 메소드를 정의할 수는 없다.

5.5 스윙 컴포넌트와 배치 관리자

기본적인 스윙 컴포넌트

앞 장의 GUI 예제에서는 레이블과 버튼 하나로 이루어진 프로그램을 살펴 보았다. 여기서는 스윙 컴포넌트에 대해서 조금 더 알아 보자. 그림 5.21은 자주 사용되는 스윙 컴포넌트들과 그들이 화면에 표시되는 형태를 보여 주고 있다.

컴포넌트	스윙 클래스	모양
레이블	JLabel	레이블
버튼	JButton	버튼
체크박스	JCheckBox	☐체크박스1 ☑체크박스2
라디오버튼	JRadioButton	◉라디오버튼1 ○라디오버튼2
텍스트필드	JTextField	텍스트필드
텍스트영역	JTextArea	textarea 여러 줄 텍스트영역
콤보박스	JComboBox	item1 ▼ item1 item2 item3
패널	JPanel	

그림 5.21 기본적인 스윙 컴포넌트

이 컴포넌트들을 사용하려면 해당하는 스윙 클래스를 이용하여 객체를 만들고 이를 컨테이너에 추가하면 된다. 레이블과 버튼은 앞에서 다루었으므로 나머지를 간단히 살펴 보자.

체크박스(JCheckBox)와 라디오버튼(JRadioButton)은 각 항목의 선택 여부를 제공한다는 점에서는 비슷한 컴포넌트이지만, 그림 5.21에서 보듯이 표시되는 모양이 다소 다르다. 또한 관례적으로 체크박스는 다중 선택이 가능하지만 하나의 그룹으로 묶인 라디오버튼은 한 순간에 오직 하나만이 선택될 수 있다는 특징을 가진다. 체크박스를 만들어 표시하려면 예제 5.24의 17~20행과 같이 JCheckBox 클래스의 객체를 만들어 컨테이너에 추가하면 된다.

예제 5.24 CheckBoxDemo 클래스

```
     //필요한 import는 Ctrl+Shift+O로 포함

08   public class CheckBoxDemo extends JFrame {
09
10       public CheckBoxDemo() {
11           setSize(300, 100);
12           setTitle("CheckBox Example");
13           setDefaultCloseOperation(EXIT_ON_CLOSE);
14
15           Container contentPane = getContentPane();
16           contentPane.setLayout(new FlowLayout());
17           JCheckBox check1 = new JCheckBox("체크박스1");
18           JCheckBox check2 = new JCheckBox("체크박스2", true);
19           contentPane.add(check1);
20           contentPane.add(check2);
21       }
22
23       public static void main(String[] args) {
24           (new CheckBoxDemo()).setVisible(true);
25       }
26   }
```

체크박스를 처음부터 체크된 상태로 표시되게 하려면 18행처럼 생성자의 2번째 인자로 true를 추가하면 된다. 실행 도중에 코드로 체크 상태를 변경할 때에는 다음과 같이

setSelected 메소드를 사용한다.

```
check1.setSelected(true);
```

예제 5.24의 실행 결과는 그림 5.22와 같다.

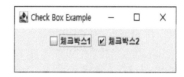

그림 5.22 예제 5.24의 실행 결과

라디오버튼도 체크박스와 비슷하게 JRadioButton 클래스의 객체를 만들어 컨테이너에 추가하면 된다. 그런데 라디오버튼은 ButtonGroup으로 묶어야 동시에 2개 이상의 버튼이 선택될 수 없도록 제약을 가할 수 있다. 예제 5.25는 2개의 라디오버튼을 만들어 표시하는 예제이다.

예제 5.25 RadioButtonDemo 클래스

```java
    //필요한 import는 Ctrl+Shift+O로 포함

10  public class RadioButtonDemo extends JFrame {
11
12      public RadioButtonDemo() {
13          setSize(300, 100);
14          setTitle("Radio Button Example");
15          setDefaultCloseOperation(EXIT_ON_CLOSE);
16
17          Container contentPane = getContentPane();
18          contentPane.setLayout(new FlowLayout());
19          JRadioButton button1 = new JRadioButton("라디오버튼1", true);
20          JRadioButton button2 = new JRadioButton("라디오버튼2");
21          ButtonGroup group = new ButtonGroup();
22          group.add(button1);
23          group.add(button2);
24
25          contentPane.add(button1);
```

```
26              contentPane.add(button2);
27      }
28
29      public static void main(String[] args) {
30          (new RadioButtonDemo()).setVisible(true);
31      }
32  }
```

예제 5.25에서 버튼을 생성하고 컨테이너에 추가하는 19-20 및 25-26행은 체크박스의 경우와 동일하다. 버튼을 처음부터 선택된 상태로 표시하기 위해 생성자의 2번째 인자로 true를 주는 것이나, 생성된 이후에 코드로 선택 상태를 변경하기 위해 setSelected 메소드를 사용하는 것도 마찬가지이다. 사실 JCheckBox와 JRadioButton은 모두 AbstractButton이라는 스윙 클래스의 자손이므로 많은 공통된 특성을 가진다.

그러나 체크박스와 달리 라디오버튼은 다른 버튼을 선택하면 이전 버튼의 선택이 해제되는 특성을 가진다. 이를 위해서는 ButtonGroup을 만들고 거기에 라디오버튼들을 등록해야 한다. 그래야만 이들이 하나의 버튼 그룹으로 묶이게 되고, 이 버튼 그룹 내에서는 한 순간에 오직 하나만이 선택 가능하게 된다. 즉, 21-23행의 3줄을 생략하면 모양은 라디오버튼이지만 체크박스와 마찬가지로 다중 선택이 가능하다. 예제 5.25의 실행 결과는 그림 5.23인데, 코드의 19행에 의해 초기에는 "라디오버튼1"이 선택된 상태로 표시되지만 만일 "라디오버튼2"를 클릭하면 "라디오버튼1"의 선택 상태가 해제되고 "라디오버튼2"가 선택된다.

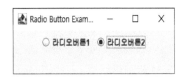

그림 5.23 예제 5.25의 실행 결과

텍스트필드(JTextField)와 텍스트영역(JTextArea)은 사용자로부터 텍스트 입력을 받아 들일 수 있는 컴포넌트로서 유사한 점이 많지만, 텍스트필드는 한 줄이고 텍스트영역은 여러 줄이라는 차이점이 있다. 텍스트필드와 텍스트영역을 setEditible 메소드를 사용하여 편집 불가능하게 설정하면 사용자 입력을 받아들일 수 없으므로 텍스트를 표시하는 용도로만 사용할 수 있다. 예제 5.26은 JTextField와 JTextArea를 사용한 예제이다.

예제 5.26 TextFieldAndAreaDemo 클래스

```java
    //필요한 import는 Ctrl+Shift+O로 포함

10  public class TextFieldAndAreaDemo extends JFrame {
11
12      public TextFieldAndAreaDemo() {
13          setSize(280, 180);
14          setTitle("TextField and TextArea");
15          setDefaultCloseOperation(EXIT_ON_CLOSE);
16
17          Container contentPane = getContentPane();
18          contentPane.setLayout(new FlowLayout());
19          JTextField field1 = new JTextField(15);
20          field1.setText("텍스트 필드");
21          contentPane.add(field1);
22          JTextField field2 = new JTextField(10);
23          field2.setText("편집 불가");
24          field2.setEditable(false);
25          contentPane.add(field2);
26          JTextArea area = new JTextArea(3, 12);
27          area.setText("이것은 여러 줄의 텍스트 영역입니다.");
28          contentPane.add(area);
29      }
30
31      public static void main(String[] args) {
32          (new TextFieldAndAreaDemo()).setVisible(true);
33      }
34  }
```

예제 5.26의 실행 결과는 그림 5.24과 같다.

그림 5.24 예제 5.26의 실행 결과

JTextField를 선언할 때 예제 5.26의 19, 22행과 같이 생성자 인자로 정수를 넘기면 그 수만큼의 길이로 텍스트필드가 만들어진다. JTextArea의 생성자는 26행과 같이 영역의 행과 열의 크기에 해당하는 2개의 정수를 받을 수 있다. 실행 결과를 보면 길이가 각각 15와 10인 2개의 텍스트필드, 그리고 3행 12열의 텍스트영역이 표시된 것을 확인할 수 있다. setText 메소드를 사용하여 텍스트필드나 텍스트영역에 내용을 표시할 수 있다. setEditable 메소드를 사용하여 편집할 수 있는지 여부를 지정할 수 있다. 두 번째 텍스트필드인 field2는 편집할 수 없게 지정되었으므로 눌러도 커서가 위치하지 않는다.

JPanel

JPanel은 다른 컴포넌트를 담는 컨테이너 컴포넌트의 일종이지만 최상위 컨테이너는 아니다. 패널은 그림 5.21에서 보았듯이 직사각형 형태의 창이나 판의 모양으로 화면에 표시되며, 여기에 다른 컴포넌트를 포함시킬 수 있다. JPanel은 배치 관리자를 지정할 수 있으므로 복잡한 레이아웃의 GUI를 구성할 때 다른 컨테이너에 내포되어 자주 사용되는 컴포넌트이다.

그림 5.25와 같이 두 개의 패널을 가지는 JFrame 애플리케이션을 살펴 보자. 이 윈도우는 최상위 컨테이너인 JFrame 아래 두 개의 JPanel이 포함되었고, 각 패널에는 앞에서 살펴 본 여러 가지 컴포넌트들이 추가되어 표시되었다.

그림 5.25 패널이 사용된 예

그림 5.25는 위 쪽의 녹색 패널과 아래 쪽의 노란색 패널 등 2개의 패널로 구성되어 있다.

위쪽의 녹색 패널에는 레이블과 체크박스, 그리고 텍스트필드가 포함되었고, 아래쪽의 노란색 패널에는 레이블과 라디오버튼, 텍스트영역이 포함되었다. 이 GUI 윈도우는 예제 5.27로 얻을 수 있다.

예제 5.27 PanelDemo 클래스

```java
    //필요한 import는 Ctrl+Shift+O로 포함

16  public class PanelDemo extends JFrame {
17
18      public PanelDemo() {
19          setSize(320,370);
20          setTitle("Panel Demo");
21          setDefaultCloseOperation(EXIT_ON_CLOSE);
22
23          JPanel panel1 = new JPanel();
24          panel1.setPreferredSize(new Dimension(280, 150));
25          panel1.setBackground(Color.green);
26
27          Font font = new Font("Serif", Font.PLAin, 50);
28          JLabel label1 = new JLabel("Green panel");
29          label1.setFont(font);
30          panel1.add(label1);
31
32          panel1.add(new JCheckBox("사과", true));
33          panel1.add(new JCheckBox("오렌지", true));
34          panel1.add(new JTextField(8));
35
36          JPanel panel2 = new JPanel();
37          panel2.setPreferredSize(new Dimension(280, 150));
38          panel2.setBackground(Color.yellow);
39
40          JLabel label2 = new JLabel("Yellow panel");
41          label2.setFont(font);
42          panel2.add(label2);
43
44          JRadioButton rb1 = new JRadioButton("여성");
45          JRadioButton rb2 = new JRadioButton("남성", true);
46          ButtonGroup group = new ButtonGroup();
```

```
47              group.add(rb1);
48              group.add(rb2);
49              panel2.add(rb1);
50              panel2.add(rb2);
51              panel2.add(new JTextArea(3,  10));
52
53              Container cPane = getContentPane();
54              cPane.setLayout(new FlowLayout());
55              cPane.add(panel1);
56              cPane.add(panel2);
57      }
58
59      public static void main(String[] args) {
60          (new PanelDemo()).setVisible(true);
61      }
62  }
```

23행과 36행에서 각각 하나씩의 JPanel을 생성한다. 패널의 크기는 setPreferredSize 메소드를 사용하여 지정할 수 있다.

```
panel1.setPreferredSize(new Dimension(280, 150));
```

패널의 크기를 지정하기 위해 Dimension 클래스의 객체를 사용했다. 즉, 위의 문장에 의해 panel1은 가로가 280픽셀, 세로가 150픽셀 크기의 직사각형 모양으로 그려진다. 패널의 배경색을 지정하기 위해서는 setBackground 메소드를 사용하여 원하는 색상을 지정하면 된다.

```
panel1.setBackground(Color.green);
```

JPanel의 디폴트 배치 관리자는 FlowLayout이다. 예제의 두 패널은 FlowLayout을 사용할 것이므로 여기서는 패널의 레이아웃을 따로 지정할 필요가 없다. 레이아웃을 명시적으로 지정할 때는 setLayout 메소드를 사용하면 된다.

```
panel1.setLayout(new FlowLayout());
```

레이블을 생성하여 패널에 추가하는 28행과 30행은 이미 다루어 본 내용이다. 이전에는 JFrame의 내용창에 컴포넌트를 추가했다면 지금은 JPanel에 추가한다는 점이 다르지만,

내용창과 JPanel은 모두 컨테이너이므로 컨테이너에 add 메소드를 사용하여 컴포넌트를 추가하는 동일한 작업인 것이다. 패널 상단의 레이블을 큰 글씨체로 출력하려면 27, 29행과 같이 Font 객체를 생성하여 레이블에 폰트를 지정하면 된다. 32–34행에서 체크박스와 텍스트필드 컴포넌트를 생성하여 패널에 포함시키는 과정도 이전 예제에서와 다름이 없다.

두 번째 패널에 대한 코드도 거의 비슷하다. 패널의 크기와 배경색을 지정하고(37–38행) 레이블을 생성하여 추가한다(40–42행). 라디오버튼에 대해서는 버튼 가운데 한 순간에 최대 하나만 선택될 수 있도록 ButtonGroup으로 묶어야 하기 때문에 다소 코드가 복잡해지지만 이것도 앞에서 이미 살펴본 내용이다.

JFrame의 내용창은 JPanel과 달리 디폴트 배치 관리자가 BorderLayout이다. (배치 관리자에 대해서는 잠시 후에 자세히 살펴 보겠다.) 이 예제에서는 앞서 만든 2개의 패널과 마찬가지로 JFrame의 내용창에도 FlowLayout을 사용할 것이므로 54행의 배치 관리자 지정이 필요하다. 마지막으로 JFrame의 내용창에 두 개의 패널을 추가한다(55–56행). 패널은 컨테이너이지만 컨테이너도 컴포넌트의 일종이므로 add 메소드를 사용하여 다른 컨테이너에 포함시킨다.

참고 | **내용창과 프레임**

최상위 컨테이너인 JFrame은 프레임이 있고 거기에 내용창이 붙어있는 구조라고 했다(4.4절 참고). 다음에 보인 예제 5.27의 53–56행은 JFrame의 내용창을 얻어 사용하고 있다.

```
Container cPane = getContentPane();
cPane.setLayout(new FlowLayout());
cPane.add(panel1);
cPane.add(panel2);
```

그런데 이 4줄을 다음의 3줄로 변경해도 프로그램은 동일하게 동작한다.

```
setLayout(new FlowLayout());
add(panel1);
add(panel2);
```

이 3줄은 this가 생략된 코드이므로 JFrame 객체에 대한 호출이다. 즉, 내용창에 대해 setLayout과 add 메소드를 호출하는 대신 JFrame 객체에 직접 호출해도 결과가 동일하다. 이렇게 되는 이유는 배치 관리자의 지정(setLayout)이나 컴포넌트의 추가(add)와 삭제를 담당하는 메소드들은 JFrame에 대해 호출되더라도 이를 내용창에 넘겨 주도록 되어 있기 때문이다. 따라서 위와 같이 간소화된 표기를 사용해도 되지만 이 동작들이 프레임 자체가 아니라 내용창에 대해 이루어진다는 사실은 명확히 이해하고 있어야 한다.

배치 관리자

배치 관리자(layout manager)는 컨테이너에 지정되는 객체로서 그 컨테이너에 속한 컴포넌트들이 어떻게 배치되는지를 결정한다. 컨테이너에 배치 관리자를 지정할 때는 setLayout 메소드를 사용한다. 배치 관리자는 객체이기 때문에 setLayout 메소드의 인자로 반드시 객체를 사용해야 함에 유의하자.

```
panel.setLayout(new FlowLayout());
```

스윙이 제공하는 배치 관리자 가운데 자주 사용되는 것으로는 FlowLayout, BorderLayout, GridLayout, CardLayout 등이 있다. 다양한 배치 관리자들을 서로 내포시켜 사용함으로써 복잡한 GUI 윈도우를 작성할 수 있다. (배치 관리자가 내포된다는 것은 엄밀히 말하면 배치 관리자가 지정된 컨테이너들이 내포된다는 뜻이다.) 배치 관리자를 사용하지 않고 좌표값을 직접 할당하는 절대 위치에 의한 지정(absolute positioning) 방법도 사용할 수는 있으나, 이 방법은 윈도우의 변화에 유연하게 대응하지 못하므로 권장되지 않는다.

FlowLayout

FlowLayout은 앞에서도 간단히 설명했듯이 컴포넌트를 좌측에서 우측으로, 그리고 위에서 아래로 배치한다. 순서는 컴포넌트가 컨테이너에 추가된 순서에 따른다. FlowLayout은 JPanel의 디폴트 배치 관리자이다. FlowLayout을 사용한 예제 5.28의 FlowLayoutDemo 클래스를 살펴 보자.

예제 5.28 FlowLayoutDemo 클래스

```
     //필요한 import는 Ctrl+Shift+O로 포함

09   public class FlowLayoutDemo extends JFrame {
10       public FlowLayoutDemo() {
11           setTitle("FlowLayout Demo");
12           setDefaultCloseOperation(EXIT_ON_CLOSE);
13
14           Container cPane = getContentPane();
15           cPane.setLayout(new FlowLayout());
16           cPane.add(makePanel(Color.RED));
17           cPane.add(makePanel(Color.ORANGE));
18           cPane.add(makePanel(Color.YELLOW));
19           cPane.add(makePanel(Color.GREEN));
```

```
20              cPane.add(makePanel(Color.CYAN));
21              cPane.add(makePanel(Color.BLUE));
22              cPane.add(makePanel(Color.MAGENTA));
23              pack();
24          }
25
26      private static JPanel makePanel(Color color) {
27          JPanel panel = new JPanel();
28
29          panel.setPreferredSize(new Dimension(100, 100));
30          panel.setBackground(color);
31          return panel;
32      }
33
34      public static void main(String[] args) {
35          (new FlowLayoutDemo()).setVisible(true);
36      }
37  }
```

15행에서 JFrame의 내용창의 배치 관리자를 FlowLayout으로 지정하고, 여기에 7개의 패널 (JPanel)을 추가한다(16–22행). 정적 메소드 makePanel(26–32행)이 패널들을 만드는데, 각 패널은 가로 및 세로가 100 픽셀인 정사각형이고 무지개에 포함되는 색들로 배경색을 설정했다. 23행의 pack 메소드는 포함된 컴포넌트들의 크기에 따라 윈도우의 크기를 자동으로 맞추어주는 역할을 한다. 그러니 setSize로 윈도우 크기를 지정하는 대신 이와 같이 pack을 사용할 수도 있다. 이 프로그램을 실행하면 그림 5.26과 같은 윈도우를 얻을 수 있다.

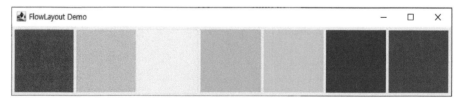

그림 5.26 예제 5.28의 실행 결과

즉, FlowLayout에 따라 각 패널에 해당하는 사각형이 차례로 윈도우 좌측에서 우측으로 배치된다. 그림 5.26의 결과가 나왔을 때 마우스로 윈도우의 크기를 그림 5.27과 같이 변경하면, 새로운 크기에 맞추어 컴포넌트의 배치가 달라지는 것을 확인할 수 있다.

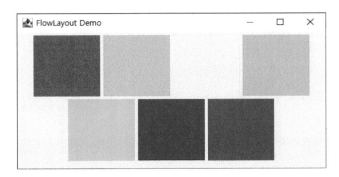

그림 5.27 그림 5.26에서 윈도우 크기를 변경하면

프로그램이 pack 메소드를 사용하지 않고 setSize로 윈도우의 초기 크기를 지정했다면 배치 관리자는 거기에 맞추어 각 컴포넌트를 좌측에서 우측으로, 그리고 위에서 아래로 배치했을 것이다.

그림 5.27에서 사각형들이 가운데에 모여 표시되었는데, 이와 같은 결과는 FlowLayout의 디폴트 정렬 값이 중앙 정렬이기 때문이다. 예제 5.28의 15행에서 내용창의 배치 관리자를 지정할 때 다음과 같이 좌측 정렬을 지정할 수도 있다.

```
cPane.setLayout(new FlowLayout(FlowLayout.LEFT));
```

이렇게 프로그램을 수정하여 실행하면 초기 출력은 그림 5.26과 동일하지만, 윈도우 크기를 적절히 변화시켜 보면 그림 5.28과 같이 각 컴포넌트들이 윈도우의 좌측으로 정렬되는 결과를 얻을 수 있다.

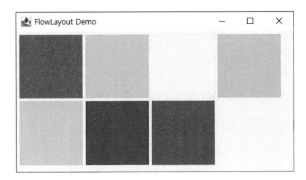

그림 5.28 예제 5.28을 좌측 정렬로 실행한 결과

BorderLayout

BorderLayout은 컨테이너의 윈도우를 "North", "South", "West", "East", "Center" 등 5개의 영역으로 분할하여 컴포넌트를 배치한다. 각 영역은 윈도우의 '위', '아래', '왼쪽', '오른쪽', '가운데'에 해당한다. 영역이 어떻게 배치되는지는 다음 예제의 실행 결과를 보면 쉽게 이해할 수 있을 것이다. 예제 5.29는 BorderLayout을 사용하여 각 영역에 버튼 하나씩을 배치하는 프로그램이다.

예제 5.29 BorderLayoutDemo 클래스

```
    //필요한 import는 Ctrl+Shift+O로 포함

08  public class BorderLayoutDemo extends JFrame {
09
10      public BorderLayoutDemo() {
11          setTitle("BorderLayout Demo");
12          setSize(300, 200);
13          setDefaultCloseOperation(EXIT_ON_CLOSE);
14
15          Container cPane = getContentPane();
16          cPane.setLayout(new BorderLayout());
17
18          cPane.add(new JButton("NORTH"), BorderLayout.NORTH);
19          cPane.add(new JButton("SOUTH"), BorderLayout.SOUTH);
20          cPane.add(new JButton("WEST"), BorderLayout.WEST);
21          cPane.add(new JButton("EAST"), BorderLayout.EAST);
22          cPane.add(new JButton("CENTER"), BorderLayout.CENTER);
23      }
24      public static void main(String[] args) {
25          (new BorderLayoutDemo()).setVisible(true);
26      }
27  }
```

16행에서 내용창의 배치 관리자를 BorderLayout으로 지정하고 있다. 사실 JFrame의 내용창은 디폴트 배치 관리자가 BorderLayout이므로 16행은 불필요한 것이지만 명확히 하기 위해 포함하였다. 18-22행은 BorderLayout의 각 영역에 add 메소드를 사용하여 버튼을 추

가하는 코드인데, add의 두 번째 인자로 컴포넌트가 위치할 영역을 지정한다. 프로그램을 실행하면 그림 5.29의 윈도우를 얻는다.

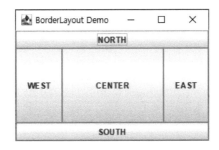

그림 5.29 예제 5.29의 실행 결과

영역을 지정하는 방법은 다음과 같이 몇 가지가 있다.

- 위쪽: BorderLayout.PAGE_START 혹은 BorderLayout.NORTH 혹은 "North"
- 아래쪽: BorderLayout.PAGE_END 혹은 BorderLayout.SOUTH 혹은 "South"
- 왼쪽: BorderLayout.LINE_START 혹은 BorderLayout.WEST 혹은 "West"
- 오른쪽: BorderLayout.LINE_END 혹은 BorderLayout.EAST 혹은 "East"
- 가운데: BorderLayout.CENTER 혹은 "Center"

즉, 영역을 지정하기 위해서는 BorderLayout 클래스에 선언되어 있는 이름 상수를 사용하거나, 스트링을 직접 사용하면 된다. 이름 상수는 모두 대문자로 되어 있고, 스트링은 첫 글자만 대문자로 되어 있다는 점에 유의하자. 예를 들어 예제 5.29의 22행에서 BorderLayout.CENTER 대신 "Center"라고 바꾸면 정상적으로 실행되지만 "CENTER"라고 하면 실행 에러가 난다.

```
cPane.add(new Button("CENTER"), "Center");    //Okay
cPane.add(new Button("CENTER"), "CENTER");    //에러
```

그리고 이 5개의 모든 영역에 컴포넌트를 추가해야 하는 것은 아니다. 즉, 용도에 맞게 일부 영역에만 컴포넌트를 추가하면 나머지는 표시되지 않는다.

그림 5.29의 실행 결과가 나왔을 때 마우스로 윈도우의 크기를 변경하여 보라. 변경된 윈도우에 맞추어 각 영역의 크기가 변경되는 것을 확인할 수 있을 것이다.

그림 5.29에서는 컴포넌트들이 딱 붙어서 나왔지만 컴포넌트들 간의 간격을 지정할 수도 있다. 예제 5.29의 16행을 다음의 2문장으로 수정해 보자.

```
cPane.setBackground(Color.GRAY);
cPane.setLayout(new BorderLayout(10, 10));
```

먼저 실행 결과를 명확히 보기 위해 내용창의 배경색을 지정했다. 그리고 BorderLayout 객체를 생성할 때 수평과 수직 방향의 간격을 지정하는 인자를 주었다. 이렇게 수정하고 프로그램을 다시 실행하면 그림 5.30과 같은 결과를 얻는다. (그림 5.30은 12행의 윈도우 사이즈 지정도 500x200으로 변경시킨 실행 결과이다. BorderLayout의 각 영역이 윈도우 사이즈의 변화에 어떻게 대응하는지도 확인하라.)

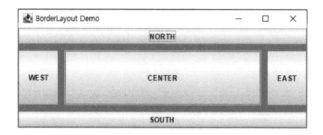

그림 5.30 수정된 예제 5.29의 실행 결과

GridLayout

GridLayout은 컴포넌트를 격자 모양으로 배치한다. 예를 들어 탁상용 계산기를 위한 GUI 윈도우를 작성한다면 버튼들을 격자 모양으로 배치해야 할 텐데, 이런 용도로 사용할 수 있는 배치 관리자가 바로 GridLayout이다. 예제 5.30을 보자.

예제 5.30 CalculatorFrame 클래스

```
      //필요한 import는 Ctrl+Shift+O로 포함

10    public class CalculatorFrame extends JFrame {
11
12        public CalculatorFrame() {
13            setSize(300, 350);
```

```
14          setTitle("Calculator Demo");
15          setDefaultCloseOperation(EXIT_ON_CLOSE);
16          Container cPane = getContentPane();
17
18          JTextField field = new JTextField("0");
19          field.setHorizontalAlignment(JTextField.RIGHT);
20          field.setEditable(false);
21
22          cPane.add(field, BorderLayout.PAGE_START);
23
24          JPanel panel = new JPanel();
25          panel.setLayout(new GridLayout(0, 4));
26          panel.add(new JButton("7"));
27          panel.add(new JButton("8"));
28          panel.add(new JButton("9"));
29          panel.add(new JButton("0"));
30          panel.add(new JButton("4"));
31          panel.add(new JButton("5"));
32          panel.add(new JButton("6"));
33          panel.add(new JButton("C"));
34          panel.add(new JButton("1"));
35          panel.add(new JButton("2"));
36          panel.add(new JButton("3"));
37          panel.add(new JButton("="));
38          panel.add(new JButton("+"));
39          panel.add(new JButton("-"));
40          panel.add(new JButton("*"));
41          panel.add(new JButton("/"));
42
43          cPane.add(panel, BorderLayout.CENTER);
44      }
45
46      public static void main(String[] args) {
47          (new CalculatorFrame ()).setVisible(true);
48      }
49  }
```

이 프로그램을 실행하면 그림 5.31과 같은 윈도우가 생성된다.

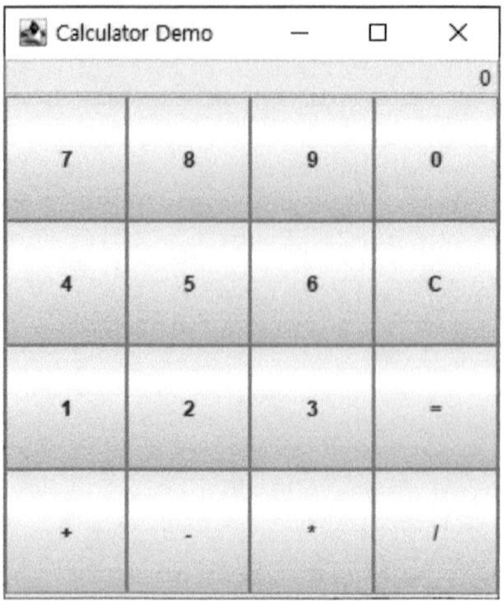

그림 5.31 예제 5.30의 실행 결과

그림 5.31을 보면 위쪽에는 사용자가 입력한 값이나 계산 결과를 보여 주는 한 줄의 텍스트 박스가 있고, 아래쪽에는 버튼들이 격자 모양으로 배열되어 있다. 윈도우 전체는 BorderLayout으로, 아래쪽의 버튼들은 GridLayout으로 구현되었다.

CalculatorFrame 클래스의 내용창은 디폴트 배치 관리자가 BorderLayout이다. 먼저 위쪽의 텍스트 박스는 텍스트필드로 구현되는데, 초기값으로 0을 가지며 우측 정렬, 그리고 편집이 불가능하도록 지정하였다(18-20행). 그리고 이 텍스트 박스를 내용창의 위쪽(PAGE_START) 영역에 추가한다(22행).

격자 모양으로 배치되는 버튼 영역을 위해서는 새로운 JPanel을 생성하고 배치 관리자를 GridLayout으로 지정한다(24-25행).

```
JPanel panel = new JPanel();
panel.setLayout(new GridLayout(0, 4));
```

GridLayout의 객체를 생성할 때 생성자의 인자로 행의 개수와 열의 개수를 넘기게 되어 있다. 그러므로 버튼들을 그림 5.33과 같이 4x4로 배열하려면 다음과 같이 선언하면 된다.

```
new GridLayout(4, 4)
```

만약 격자를 4열로 하고 행의 개수는 표시할 컴포넌트의 수에 따라 필요한 만큼 자동적으로 할당되도록 한다면 예제에서처럼 행의 개수에 해당하는 인자를 0으로 주면 된다. 그 다음 26−41행에서는 필요한 버튼들을 생성하여 패널에 순서에 따라 추가하였다. 마지막으로 내용창의 가운데(CENTER) 영역에 이 패널을 추가한다(43행). 내용창의 배치 관리자가 BorderLayout인데, PAGE_START와 CENTER 영역에만 컴포넌트가 추가되었음에 유의하라.

지금까지 FlowLayout, BorderLayout, GridLayout 등 자주 사용되는 배치 관리자에 대해 알아 보았다. 배치 관리자의 기본 개념과 사용하는 방법에 대해서는 충분히 이해했을 것이다. 여기서 설명되지 않은 나머지 배치 관리자에 대해서는 관련 도서나 자바 사이트를 참조하라.

프로그래밍 과제

1. 원기둥은 반지름(radius)과 높이(height)로 정의될 수 있다. 다음의 테스트 클래스와 실행 예를 보고 필요한 생성자와 메소드를 포함하여 원기둥을 나타내는 클래스 Cylinder를 작성하라.

```java
public class CylinderTest {
    public static void main(String[] args) {
        Cylinder cy = new Cylinder(5, 8);
        System.out.println(cy);
        System.out.printf("부피=%.2f\n", cy.getVolume());
        System.out.printf("겉넓이=%.2f\n", cy.getSurfaceArea());
    }
}
```

```
Problems  @ Javadoc  Declaration  Console ☒
<terminated> CylinderTest [Java Application] C:\Program File
원기둥: 반지름=5, 높이=8
부피=628.32
겉넓이=408.41
```

2. MoneyTest 클래스의 실행 결과가 첨부한 것처럼 나오도록 Money 클래스를 작성하라. Money 클래스는 달러와 센트로 액수를 나타내는 클래스인데, 생성자가 달러와 센트 액수를 나누어 받을 수도 있고 "$25.54"와 같이 스트링으로 받을 수도 있다.

```java
public class MoneyTest {
    public static void main(String[] args) {
        Money m1 = new Money("$25.54");
        System.out.println(m1);
        Money m2 = new Money();
        System.out.println(m2);
        Money m3 = new Money(85, 99);
        System.out.println(m3);
    }
}
```

```
Problems  @ Javadoc  Declaration  Console ☒
<terminated> MoneyTest [Java Application] C:\Program Files
25달러 54센트
0달러 0센트
85달러 99센트
```

3. 2번의 Money 클래스를 수정하여 두 Money 객체를 더하는 add 메소드를 작성하라. 예를 들어 $25.54와 $35.84를 더하면 $61.38이 되어야 한다. 다음의 실행 결과를 참고하라.

```java
public class MoneyTest2 {
    public static void main(String[] args) {
        Money m1 = new Money("$25.54");
        Money m2 = new Money(35, 84);    // $35.84
        Money m3 = m1.add(m2);
        System.out.println(m3);
    }
}
```

```
Problems  @ Javadoc  Declaration  Console ☒
<terminated> MoneyTest2 [Java Application] C:\Program Files
61달러 38센트
```

4. 간단한 스트링 인코더 StrEncoder 클래스를 작성해 보라. StrEncoder는 입력으로 주어진 스트링에 속하는 각 문자를 알파벳 상에서 키(key) 값만큼 뒤에 위치한 문자로 바꾸어 주는 방법으로 스트링을 인코딩 한다. 예를 들어 키 값이 3이라면 "abcd"가 "defg"로 인코딩 되고, 키 값이 7이라면 "abcd"가 "hijk"로 인코딩 된다. 디코딩 할 때는 거꾸로 키 값만큼 앞에 위치한 문자로 바꾸면 된다. 영문자(대문자와 소문자)에 속한 문자만 바꾼다. 변경된 문자가 'Z'나 'z'를 넘어가면 'A'나 'a'로 돌아가는 것으로 한다. 이렇게 하면 대문자는 대문자로, 소문자는 소문자로만 변경되고 나머지 문자들은 변경되지 않

◇□◇□◇□◇□◇□◇□◇◇

는다. StrEncoder는 키 값을 받는 생성자를 가져야 하고, 스트링을 인자로 받아 변경된 스트링을 반환하는 2개의 메소드 encode와 decode를 가져야 한다. encode는 인코딩에, decode는 디코딩에 해당한다.

다음의 테스트 클래스는 StrEncoder의 객체 2개를 생성하는데, encoder1은 키 값이 3인 객체이고 encoder2는 키 값이 7인 객체이다. 이 테스트 클래스가 그 다음에 첨부한 실행 결과와 같이 동작하도록 StrEncoder 클래스를 작성하라.

```
public class StrEncodeDemo {
    public static void main(String[] args) {
        StrEncoder encoder1 = new StrEncoder(3);
        StrEncoder encoder2 = new StrEncoder(7);

        System.out.println("영어 문장을 입력하시오:");
        Scanner input = new Scanner(System.in);
        String str = input.nextLine().trim();
        String encStr1 = encoder1.encode(str);
        String encStr2 = encoder2.encode(str);
        System.out.println("encoded with key=3: " + encStr1);
        System.out.println("encoded with key=7: " + encStr2);
        System.out.println("decoded (key=3): " + encoder1.decode(encStr1));
        System.out.println("decoded (key=7): " + encoder2.decode(encStr2));
    }
}
```

```
🔲 Problems  @ Javadoc  🔍 Declaration  🔲 Console 🔲
<terminated> StrEncodeDemo [Java Application] C:\Program Files\AdoptO
영어 문장을 입력하시오:
May you study Java hard!
encoded with key=3: Pdb brx vwxgb Mdyd kdug!
encoded with key=7: Thf fvb zabkf Qhch ohyk!
decoded (key=3): May you study Java hard!
decoded (key=7): May you study Java hard!
```

5. 성(familyName)과 이름(givenName) 및 나이(age)를 데이터로 가지는 Person 클래스를 작성하라. 생성자로는 다음과 같이 성, 이름, 나이를 차례로 인자로 주는 것과, 성과 이름을 합친 전체 이름과 나이를 인자로 주는 2가지가 필요하다.

```
Person p2 = new Person("홍", "길도", 22);
Person p3 = new Person("홍 길동", 24);
```

성과 이름을 합친 전체 이름이 인자로 주어질 때는 영문자로 시작하면 "이름 성"으로 구성되고 그렇지 않으면 "성 이름"으로 구성된다고 가정하라. 두 개의 Person 객체가 같은지 검사하는 equals 메소드, 두 개의 객체가 이름이 같은지 검사하는 hasSameName 메소드, 두 객체의 성이 같은지 검사하는 hasSameFamilyName 메소드 등을 정의하라. 객체의 정보를 간단히 요약해서 스트링으로 반환하는 toString 메소드도 필요하다. 다음의 테스트 클래스가 그 다음에 첨부한 실행 결과와 같이 동작하도록 하라.

프로그래밍 과제

```java
public class PersonDemo {
    public static void main(String[] args) {
        Person p1 = new Person("Mary Black", 22);
        Person p2 = new Person("홍길동", 24);
        Person p3 = new Person("홍", "길도", 22);

        System.out.println("p1: " + p1.toString());
        System.out.println("p2: " + p2.toString());
        System.out.println("p3: " + p3.toString());
        System.out.println("p2.equals(p3): " + p2.equals(p3));
        System.out.println("p2.hasSameName(p3): " + p2.hasSameName(p3));
        System.out.println("p2.hasSameFamilyName(p3): " + p2.hasSameFamilyName(p3));
    }
}
```

```
 Problems  @ Javadoc  Declaration  Console 
<terminated> PersonDemo [Java Application] C:\Program File
p1: Black, Mary: 22세
p2: 홍, 길동: 24세
p3: 홍, 길도: 22세
p2.equals(p3): false
p2.hasSameName(p3): false
p2.hasSameFamilyName(p3): true
```

6. 시(hour)와 분(minute)에 해당하는 2개의 정수 값에 의해 특정 시각을 나타내는 클래스 MyTime 을 작성하라. 시각은 24h 포맷으로 저장하므로 오전, 오후 구분 없이 19시15분과 같이 나타내면 된다. 생성자의 인자는 시와 분을 직접 int 값으로 주거나 "19:05"와 같은 스트링 형태로 줄 수 있다. MyTime 클래스에는 시간을 앞으로 당기는 forward(int hour, int minute) 메소드와 시간을 뒤로 늦추는 backward(int hour, int minute) 메소드가 포함된다. 예를 들어 다음의 코드는 t1을 19시 5분으로 정의하고, 이 시각을 3시간 20분 앞으로 당긴다. 따라서 t2에는 22시 25분이 지정된다.

```java
MyTime t1 = new MyTime(19, 5);
MyTime t2 = t1.forward(3, 20);
```

다음의 테스트 코드가 그 다음에 첨부한 실행 결과처럼 동작하도록 MyTime 클래스를 작성하라.

```java
public class MyTimeDemo {
    public static void main(String[] args) {
        MyTime t1 = new MyTime(19, 5);
        System.out.println("t1: " + t1);
        MyTime t2 = t1.forward(3, 20);
        System.out.println("t2: " + t2);
        MyTime t3 = t2.forward(2, 30);
        System.out.println("t3: " + t3);

        MyTime t4 = new MyTime("02:25");
        System.out.println("t4: " + t4);
        MyTime t5 = t4.backward(3, 55);
        System.out.println("t5: " + t5);
    }
}
```

```
 Problems  @ Javadoc  Declaration  Console 
<terminated> MyTimeDemo [Java Application] C:\Program F
t1: 19시05분
t2: 22시25분
t3: 00시55분
t4: 02시25분
t5: 22시30분
```

◇◇◇◇◇◇◇◇◇◇◇◇◇

7. 다음과 같이 지름이 100픽셀인 10개의 원을 임의의 위치에, 임의의 색상으로 그리는 JFrame 애플리케이션을 작성하라. 즉, 매번 실행할 때마다 원의 위치와 색상이 무작위로 결정된다. 위치와 색상을 임의로 결정하기 위해 Math.random() 메소드를 사용하라. 색상을 임의로 결정하기 위해서는 Color 객체를 생성할 때 생성자 인자인 RGB 요소의 값을 0~255 범위에서 각각 무작위로 지정하면 된다. 그려지는 원의 중심이 윈도우 경계를 벗어나지 않게 하라.

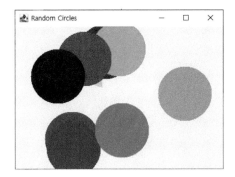

8. 다음과 같은 윈도우를 표시하는 JFrame 애플리케이션을 작성하라. 실행 결과가 다음 그림과 최대한 유사하도록 작성하라.

9. 다음과 같은 윈도우를 표시하는 JFrame 애플리케이션을 작성하라. 상품은 다중 선택이 가능하지만 결제 방법은 한 가지만 선택 가능하다. 실행 결과가 다음 그림과 최대한 유사하도록 작성하라.

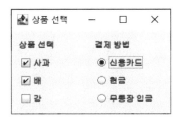

CHAPTER **6**

배열과 패키지

6.1 1차원 배열

배열의 정의

학기말에 학생들의 점수에 따라 학점을 준다고 생각해 보자. 강좌의 수강 학생이 50명이라면 같은 일을 50명에 대해 반복해야 한다. 반복을 구현하는 것은 루프문 가운데 하나를 사용하면 되겠지만 먼저 50명의 점수를 저장하고 이를 효과적으로 참조할 수 있는 방법이 있어야 한다. int 타입 변수를 50개 사용해서 해결할 일이 아닌 것이다. 이럴 때 사용할 수 있는 것이 **배열**(array)이다. 배열은 동일한 타입의 데이터가 여러 개 모인 집단이다. 앞의 예와 같은 상황에서 50개의 int 타입 변수를 하나의 데이터 구조로 다룰 수 있게 해 주는 것이 배열이다.

먼저 배열을 선언하고 사용하는 방법을 알아보자. int 타입의 값 6개를 저장할 수 있는 배열은 다음과 같이 선언할 수 있다.

```
int[] scores = new int[6];
```

이 선언문은 다음과 같이 두 문장으로 분리할 수도 있다.

```
int[] scores;
scores = new int[6];
```

첫 번째 문장은 scores를 int 타입의 배열로 선언한다. int에 대괄호 []를 붙인 int[]가 int 타입 배열을 나타내는 타입 이름이라고 생각하면 된다. 대괄호를 변수 이름 다음으로 옮겨 다음과 같이 선언해도 된다.

```
int scores[];
```

하지만 이것보다는 int[]와 같이 대괄호를 타입 이름 뒤에 두는 위의 표기가 더 선호된다. 대괄호가 어디에 오든 배열 변수를 선언할 때는 대괄호 안에 아무 것도 들어가지 않는다는 것을 주의하라. 그리고 그 다음 문장은 이렇게 생성된 변수에 배열을 생성하여 할당한다.

```
scores = new int[6];
```

배열도 객체와 마찬가지로 new 연산자로 생성한다. 2장에서 배운 대로 자바의 데이터 타입은 기본형과 참조형으로 나뉘는데, 배열은 참조형에 속한다. 즉, 위에서 변수 scores는 참조 변수가 된다. new 연산자로 배열을 생성하면 생성된 배열에 대한 참조가 scores에 저장 되는 것이다. 배열의 이러한 생성 방법은 객체의 경우와 동일하다. 사실 자바에서 배열은 객체의 일종이다. 그림 6.1에서 보는 바와 같이 배열을 구성하는 요소들은 별도의 메모리 공간에 할당되고 그 주소(참조)가 변수 scores에 저장된다.

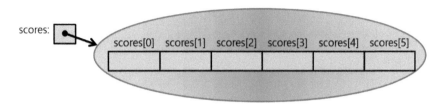

그림 6.1 배열과 참조 변수

이렇게 생성된 배열 scores는 int 타입 변수 6개를 생성하는 것과 비슷한데, 차이가 있다 면 이 6개의 변수들이 각자 개별적인 이름을 가지지 않고 그림 6.1에 나타낸 것처럼 배열 이름 scores에 **인덱스**(index)를 덧붙여 참조할 수 있다는 점이다. 예를 들어 scores 배열에 속한 6개의 int 변수 중의 첫 번째 것은 scores[0]으로, 두 번째 것은 scores[1]로 나타낸 다. 이때 [] 안에 표시한 숫자를 인덱스(혹은 첨자)라고 부른다. 이러한 인덱스에 의한 참조 는 배열을 구성하는 변수들이 연속된 메모리 공간에 할당되기 때문에 가능하다. 그리고 인 덱스는 1이 아니라 0에서부터 시작함에도 유의하자.

일단 배열이 생성되면 배열에 포함된 각 요소는 별개의 int 타입 변수처럼 사용될 수 있다.

```
scores[0] = 84;
scores[1] = scores[0] + 11;
```

예를 들어 scores 배열의 처음 두 위치에 위와 같이 값을 대입하면 배열의 상황은 그림 6.2 처럼 될 것이다.

일련의 성적을 입력 받아 평균을 계산하고 각 성적이 평균과 얼마나 차이를 보이는지 출력 하는 프로그램을 작성해 보자. 그저 평균을 계산하는 것이라면 성적을 저장할 필요 없이 입 력되는 대로 합계를 구했다가 평균을 계산하면 된다. 그러나 평균과의 차이를 계산하기 위 해서는 일단 성적을 저장해야 하므로 배열이 필요하다. 예제 6.1을 보자.

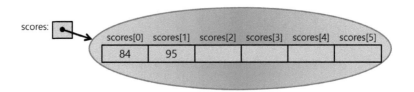

그림 6.2 배열 요소에 값의 대입

예제 6.1 ScoreAvg 클래스

```java
01    import java.util.Scanner;
02
03    public class ScoreAvg {
04        public static void main(String[] args) {
05            Scanner input = new Scanner(System.in);
06            System.out.print("입력할 점수의 개수는? ");
07            int count = input.nextInt();
08            int[] scores = new int[count];
09
10            int sum = 0;
11            for (int i=0; i<count; i++) {
12                System.out.print((i+1) + "번째 점수를 입력하시오: ");
13                scores[i] = input.nextInt();
14                sum += scores[i];
15            }
16
17            int average = sum / count;
18            System.out.println("평균 = " + average);
19
20            for (int i=0; i<count; i++) {
21                System.out.print("scores[" + (i+1) + "] = " +
22                                        scores[i] + ": 평균 ");
23                System.out.print((scores[i]-average >= 0) ? "+" : "");
24                System.out.println(scores[i] - average);
25            }
26        }
27    }
```

이 예제에서는 입력할 점수의 개수가 미리 정해져 있지 않고, 사용자에 의해 주어진다. 따라서 이 값을 입력 받아 변수 **count**에 저장한 후(7행) 다음 문장으로 배열을 생성한다(8행).

```
int[] scores = new int[count];
```

이와 같이 배열의 크기를 변수로 지정해도 된다. 이 문장이 실행될 때 변수 count에 저장된 값을 크기로 하여 배열이 생성되는 것이다. 11-15행의 첫 번째 for 루프는 점수를 하나씩 입력 받고 배열에 저장하고 합계를 계산한다. 17행에서 평균값 average가 계산된다. 이때 변수 sum과 count가 int 타입이므로 정수 나눗셈이 이루어지고 소수점 이하의 값이 나오더라도 무시된다. 20-25행의 두 번째 for 루프는 배열에 저장된 값들을 차례로 출력하는데 이때 방금 계산한 평균값과의 차이를 함께 출력하게 된다. 이를 위해 이 두 for 루프의 몸체에서 제어 변수인 i를 인덱스로 하여 다음과 같이 scores 배열의 요소를 접근하고 있다.

```
scores[i]
```

배열은 여러 개의 요소가 모인 복합 데이터 구조이므로 이와 같이 루프와 함께 사용되는 경우가 많다. 예제 6.1의 실행 결과는 그림 6.3과 같다.

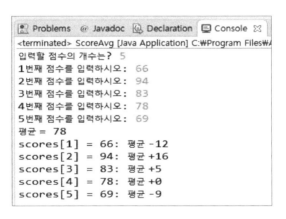

그림 6.3 예제 6.1의 실행 결과

실행 결과를 보면 각 점수가 평균보다 얼마나 높거나 낮은지를 표시하고 있는데, 이 차이는 다음의 식으로 계산하면 된다.

```
scores[i] - average
```

그런데 차이가 음수 값이라면 부호가 함께 나오겠지만 양수 값이면 나오지 않는다. 23행의 출력문은 이 + 기호를 출력하기 위해 다음의 식을 사용했다.

```
(scores[i]-average >= 0) ? "+" : ""
```

이 식에는 조건 연산자가 사용되고 있다. 출력하려는 점수와 평균값의 차이가 0보다 크거나 같으면 "+"를 출력하지만 그렇지 않은 경우에는 아무것도 출력하지 않는다. 음수 값인 경우에는 -가 출력되기 때문에 부호를 추가할 필요가 없다. 조건 연산자의 마지막 피연산자로 사용된 ""는 길이가 0인 스트링을 나타낸다. 물론 조건 연산자를 사용하지 않고 if문을 사용해도 동일한 결과를 얻을 수 있다.

요약: 배열

배열은 다음의 조건을 만족한다.

- 배열의 각 요소는 동일한 타입이다.
- 배열의 각 요소는 연속적인 메모리 공간에 저장된다.

배열의 각 요소는 인덱스(index)에 의해 효율적인 참조가 가능하다.

[배열의 선언]

```
Type[] Var;
```

타입 이름 다음에 빈 괄호([])를 넣고 그 다음에 배열을 나타내는 변수의 이름(Var)을 쓴다. 지정된 타입(Type)은 배열 요소의 타입이 된다. 예를 들어 다음 문장은 double 타입의 배열 items를 선언한다.

```
double[] items;
```

[배열의 생성]

```
Var = new Type[Count];
```

자바의 배열은 객체로 취급되므로 new 연산자에 의해 생성한다. 생성할 때 요소의 개수를 지정한다. 예를 들어 다음 문장은 double 타입이고 크기가 5인 배열을 생성하여 변수 items에 대입한다.

```
items = new double[5];
```

배열의 선언과 생성을 한 줄로 작성할 수도 있다.

```
double[] items = new double[5];
```

배열을 선언하면서 초기화 할 수도 있다. 이 때는 배열 객체가 생성되고 초기값이 주어진다.

```
double[] items = { 1.1, 2.2, 3.3, 4.4, 5.5 };
```

[인덱스에 의한 배열 요소의 참조]

```
Var[Index]
```

배열 변수 다음에 대괄호([])를 열고 그 안에 인덱스를 넣어서 배열의 요소를 참조한다. 예를 들어 다음 문장은 items 배열의 첫 번째 요소에 저장된 값에 2.5를 더하여 items 배열의 두 번째 요소에 대입한다.

```
items[1] = items[0] + 2.5;
```

배열의 길이 length

배열의 길이는 배열 이름 다음에 점(.)을 찍고 length를 써서 얻을 수 있다. 예를 들어 앞에서 정의한 배열 scores의 길이는 scores.length로 표시할 수 있다. 사실 자바의 배열은 일종의 객체이므로 인스턴스 변수를 가질 수 있는데, length는 배열에 속한 요소의 수를 나타내는 공용 인스턴스 변수이다. 그러므로 예제 6.1의 첫 번째 루프를 length를 사용하여 다시 작성하면 다음과 같다.

```java
for (int i=0; i<scores.length; i++) {
    System.out.print((i+1) + "번째 점수를 입력하시오: ");
    scores[i] = input.nextInt();
    sum += scores[i];
}
```

20~25행의 두 번째 루프도 scores.length를 사용해 조건식을 바꿀 수 있다. 배열의 길이를 나타내는 별도의 값이나 변수를 사용하는 것보다 length를 사용하는 것이 코드를 보다 명확하게 한다. 예제 6.1처럼 count가 사용되었다면 관련된 코드를 살펴 보아야 count가 배열 scores의 길이를 나타낸다는 것을 알 수 있지만, scores.length는 배열의 길이라는 의미를 직접적으로 표현하기 때문이다. 또한 나중에 필요에 따라 배열의 크기가 바뀌더라도 length를 사용한 코드는 수정할 필요가 없다. 스트링의 길이를 얻을 때 사용했던 length는 메소드이지만 배열의 길이를 나타내는 length는 인스턴스 변수라는 점에 주의하라. 즉, 배열의 길이를 뜻할 때는 뒤에 괄호를 붙이면 안 된다. 그리고 배열의 인스턴스 변수인 length는 수정이 불가능하다는 점도 기억하라.

```java
scores.length = 15; //에러
```

배열의 초기화

배열을 선언할 때 다음과 같이 중괄호 안에 값을 나열하여 초기화할 수 있다.

```java
double[] temp = { 27.8, 29.5, 32.1, 26.5 };
```

위의 선언은 중괄호 내에 4개의 실수 값을 가지므로 이 때 생성되는 배열의 크기는 4가 된다. 즉 위의 배열 선언 및 조기화는 다음과 같은 선언 및 대입문과 동등하다.

```java
double[] temp = new double[4];
temp[0] = 27.8;
```

```
    temp[1] = 29.5;
    temp[2] = 32.1;
    temp[3] = 26.5;
```

그런데 배열을 일단 선언한 다음에는 중괄호 안에 값을 나열해서 일괄적으로 대입할 수 없다.

```
double[] temp = new double[4];
temp = { 27.8, 29.5, 32.1, 26.5 };   //에러
```

즉, 일단 배열을 선언하고 나면 다음과 같이 개별 요소에 대한 대입문으로 값을 대입해야 한다.

```
int[] temp = new int[5];
for (int i=0; i<temp.length; i++)
    temp[i] = 0;
```

배열을 생성하고 초기화하지 않으면 시스템의 디폴트 값으로 초기값이 주어진다. int 타입의 배열이면 0으로, double 타입의 배열이면 0.0으로 초기화될 것이다. 그러나 시스템 디폴트 값에 의존하기 보다는 명시적으로 초기화하여 사용하는 것이 프로그램을 보다 명확하게 한다.

for-each 루프

배열과 같이 여러 요소를 포함하는 복합 데이터 구조에 적용할 수 있는 for 루프의 특별한 버전이 있다. 이를 **for-each 루프**라고 부르는데, 다음과 같이 사용한다.

```
int[] temp = { 9, 1, 4, 2, 8, 7};
for (int i : temp)
    System.out.print(i + " ");
```

for-each 루프는 키워드 for 다음의 괄호 안에 콜론(:)이 하나 있고, 콜론의 뒤에는 배열 이름이, 콜론의 앞에는 배열의 한 요소를 대입할 수 있는 변수 선언이 온다. 위의 예에서는 temp가 int 타입의 배열이므로 콜론 앞에 int 타입의 변수 선언이 왔다. for 문의 몸체는 배열의 크기만큼 반복된다. 매 번의 반복마다 배열의 각 요소가 앞에 선언된 변수에 대입되고 몸체가 실행된다. 위의 예제 코드에서는 temp 배열의 크기가 6이므로 몸체가 6번 반복될 텐데, 매번 반복마다 temp의 요소가 변수 i에 대입된 상태로 몸체가 실행된다. 그러므로

다음과 같은 실행 결과를 얻게 된다.

```
9 1 4 2 8 7
```

다음과 같이 앞에서 배운 원래의 for 문으로도 같은 작업을 할 수 있으나, for-each 문을
사용하면 코드가 조금 더 간단해진다.

```
for (int i=0; i < temp.length; i++)
    System.out.print(temp[i] + " ");
```

for-each 문은 배열뿐 아니라 자바의 컬렉션(Collection)에 속하는 다른 복합 데이터 구
조에 대해서도 사용할 수 있다. 이 내용은 컬렉션을 공부할 때 다시 확인하도록 하자.

요약: for-each 루프

```
for (Type Item : Items)
    Body;
```

for-each 루프에서 키워드 for 다음의 괄호 안에는 하나의 콜론(:)이 나온다. 콜론의 뒤쪽에는 컬렉션
객체 *Items*가 오는데, 컬렉션에 대해서는 아직 배우지 않았으므로 여기서는 배열이 온다고 생각하면
된다. 콜론의 앞쪽에는 뒤쪽 *Items*의 한 요소를 대입할 수 있는 변수 선언이 온다. 몸체(*Body*)는 배열의
크기만큼 반복되는데, 매번 반복 때마다 변수 *Item*에는 *Items*의 한 요소가 대입된 상태로 실행된다. 예를
들면 다음과 같이 사용된다.

```
double[] items = { 1.1, 2.2, 3.3, 4.4, 5.5 };
for (double d: items)
    System.out.println(d);
```

메소드 인자로서의 배열

배열의 한 요소를 메소드의 인자로 넘기는 것은 개별 변수를 넘기는 것과 동일하다. 예를
들어 예제 6.2에서는 int 타입 배열의 한 요소를 메소드의 인자로 넘기는데, 이것은 int 타
입의 변수를 넘기는 것과 다름이 없다.

예제 6.2 ArrayDemo 클래스

```java
01  public class ArrayDemo {
02
03      private static int addOne(int x) {
04          return x+1;
05      }
06
07      public static void main(String[] args) {
08          int[] arr = { 11, 22, 33, 44, 55 };
09          int value = addOne(arr[2]);
10          System.out.println(value);
11      }
12  }
```

9행에서 배열 arr의 세 번째 요소 arr[2]가 인자로 넘겨지는데, 이 인자에 대응하는 3행의 매개변수 x의 선언은 그냥 int 타입 변수로 되어 있는 것을 볼 수 있다.

이와 달리 배열의 이름을 인자로 사용하면 전체 배열이 인자로 넘겨진다는 의미가 된다. 예제 6.3은 int 타입의 배열을 받아서 그 배열에 속한 값들의 합계를 계산하여 반환하는 정적 메소드 sumOfArray를 포함하고 있다.

예제 6.3 SumOfArray 클래스

```java
01  public class SumOfArray {
02
03      public static void main(String[] args) {
04          int[] arr = { 11, 22, 33, 44, 55 };
05          int total = sumOfArray(arr);
06          System.out.println(total);
07      }
08
09      private static int sumOfArray(int[] a) {
10          int sum = 0;
11          for (int i=0; i<a.length; i++)
12              sum += a[i];
13          return sum;
14      }
15  }
```

배열은 참조형이므로 5행에서 배열의 이름을 인자로 넘기는 것은 배열에 대한 참조를 넘기는 것이다. 9행의 메소드 선언을 보면 매개변수 a는 int 타입의 배열로 선언되어 있고, 메소드 몸체에서 a는 12행에서 볼 수 있듯이 배열의 이름으로 사용된다. 메소드 sumOfArray가 호출되었을 때의 상황은 그림 6.4와 같다.

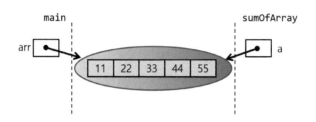

그림 6.4 메소드 인자로 사용된 배열

main 메소드에서 arr은 배열을 가리키는 참조인데, 이 참조가 인자로 넘겨지면 sumOfArray의 매개변수인 a에 그 값이 복사된다. 다시 말해 sumOfArray가 실행되는 동안 매개변수 a는 main 메소드의 arr이 가리키는 것과 동일한 배열 객체를 가리키게 된다. sumOfArray 메소드는 이 참조 변수 a를 통해 배열에 접근하여 배열 요소의 합계를 계산한다.

메소드 호출의 인자로 기본형 변수가 사용된 경우와 참조형 변수가 사용된 경우는 차이가 있다. 예제 6.4를 살펴 보자.

예제 6.4 ParameterTest 클래스

```
01  public class ParameterTest {
02
03      public static void main(String[] args) {
04          int a = 10;
05          int arr[] = { 11, 12, 13 };
06
07          foo(arr, a);
08          System.out.println("a = " + a);
09          System.out.println("arr = " +
10                  arr[0] + ", " + arr[1] + ", " + arr[2]);
11      }
12
```

```
13      public static void foo(int[] array, int x) {
14          array[0]++;
15          x++;
16      }
17  }
```

7행에서 메소드 foo를 호출할 때 배열 arr과 지역 변수 a가 인자로 사용되었다. arr에 대
응하는 메소드 foo의 첫 번째 매개변수는 배열로 선언된 array이고 a에 대응하는 두 번째
매개변수는 int 타입의 변수인 x이다. array는 참조형이고 x는 기본형이다. 메소드의 몸체
에서는 배열 array의 첫 요소의 값을 증가시키고(14행) 두 번째 매개변수인 x의 값도 증가
시킨다(15행). 그리고 나서 다시 main 메소드로 복귀하여 인자로 넘겼던 변수 a와 배열 arr
의 값을 8-10행에서 출력한다. 이 프로그램을 실행해 보면 결과는 그림 6.5와 같다.

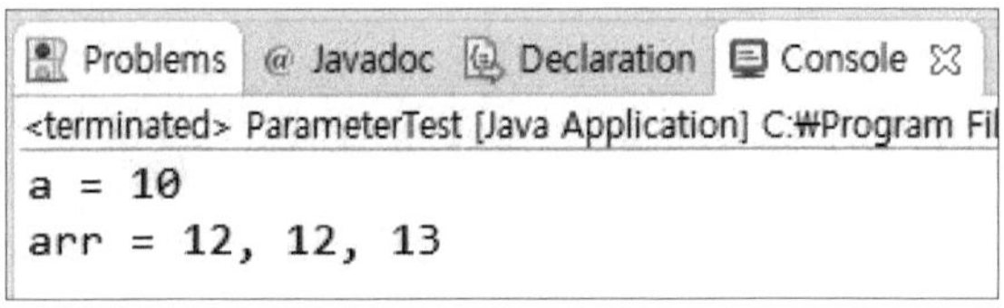

그림 6.5 예제 6.4의 실행 결과

실행 결과에서 보는 바와 같이 배열 arr의 첫 번째 요소는 값이 증가되어 있지만 변수 a의
값은 변함이 없다. 다시 말해 기본형 변수가 메소드 호출의 인자로 사용되면 호출된 메소
드 몸체에서 그 값을 변경해도 호출한 메소드에는 영향을 미치지 않지만, 참조형 변수가 인
자로 사용되면 상황이 다르다. 그림 6.6a는 메소드 foo가 호출되어 몸체가 실행되기 직전
의 상황이다. 기본형의 인자 a는 foo의 매개변수 x에 그 값이 복사되었다. 참조형의 인자
arr도 foo의 매개변수 array에 그 값이 복사된 것은 마찬가지이지만 array에 저장된 값은
참조이므로 그림에 보인 대로 array도 arr이 가리키는 동일한 배열을 가리키게 된다.

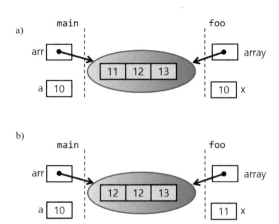

그림 6.6 예제 6.4에서 메소드 호출 시의 상황

foo의 몸체에서 값을 증가시키고 나면 그림 **6.6b**와 같은 상황이 된다. 즉, x의 값은 **11**로 증가되었고 array가 가리키는 배열의 첫 번째 요소의 값도 **12**로 증가되었다. foo 메소드가 종료되면 그림 **6.6b**의 오른쪽 부분, 즉 foo의 지역 변수인 array와 x는 메모리가 해제된다. 이제 main으로 복귀하면 그림 **6.6b**의 나머지 부분에서 확인할 수 있듯이 main의 지역변수 a의 값은 변함 없이 **10**이지만 arr이 가리키는 배열의 내용은 변경되었다. main의 변수 a와 foo의 변수 x는 서로 다른 메모리를 차지하기 때문에 x의 값이 변경되어도 a에 영향을 주지 않는다. 반면에 배열 객체는 main의 변수 arr과 foo의 변수 array에 의해 공유되고 있기 때문에 메소드 foo에서 변경된 내용이 main에도 반영되는 것이다.

메소드 반환값으로서의 배열

배열을 메소드의 반환값으로 사용할 수 있다. 즉, 메소드의 반환 타입을 배열로 선언할 수 있다. 예제 6.5에서 정적 메소드 foo는 double 타입의 배열을 인자로 받고 int 타입의 배열을 반환한다.

예제 6.5 ArrayAsReturnType 클래스

```
01  public class ArrayAsReturnType {
02
03      public static int[] foo(double[] arr) {
04          int[] newArray = new int[arr.length];
05
06          for (int i=0; i<arr.length; i++)
07              newArray[i] = (int) arr[i];
08          return newArray;
09      }
10
11      public static void main(String[] args) {
12          double[] doubleArray = { 5.5, 6.6, 7.7 };
13
14          int[] intArray = foo(doubleArray);
15          for (int a: intArray)
16              System.out.print(a + " ");
17      }
18  }
```

3행의 foo 메소드 선언을 보면 반환 타입이 int[]로 명시되어 있다.

```
public static int[] foo(double[] arr) {
```

배열을 반환한다는 것은 배열을 가리키는 참조를 반환한다는 뜻이다. 이는 배열을 인자로 넘길 때 배열에 대한 참조가 전달되었던 것과 마찬가지이다.

예제 6.5에서 main 메소드는 double 타입의 배열을 선언하고(12행) 이 배열을 인자로 하여 foo 메소드를 호출한다(14행). 이 배열을 매개변수로 받은 foo는 동일한 크기의 int 배열을 생성한 다음(4행) 매개변수로 받은 배열 arr의 각 요소를 int 값으로 타입 변환하여 새로 만든 int 배열에 저장하고(6~7행) 이렇게 만들어진 int 배열을 반환한다(8행).

14행에서 main 메소드는 foo 메소드 호출의 반환값을 intArray라는 이름의 변수에 대입하는데, 반환되는 값이 int 배열이므로 intArray도 int[]로 선언되어야 한다. 이 때 반환되어 intArray에 저장되는 값은 foo 내에서 생성된 새로운 배열에 대한 참조인데, 이제 main 메소드의 변수인 intArray가 그 배열을 가리키게 된다. 예제 6.5의 실행 결과는 그림 6.7과 같다.

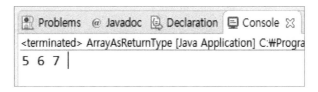

그림 6.7 예제 6.5의 실행 결과

배열과 다각형 그리기

그래픽을 위해 사용하는 Graphics 클래스에는 선분이나 원, 직사각형 등을 그리기 위한 메소드가 포함되어 있다. 이번에는 Graphics 클래스가 제공하는 메소드 중에 다각형을 그리는 메소드인 drawPolygon과 fillPolygon을 사용해 보자. 다각형은 꼭지점의 수가 정해져 있지 않기 때문에 이 메소드들은 꼭지점의 좌표를 배열에 담아 인자로 받는다.

```
void drawPolygon(int[] xPoints, int[] yPoints, int nPoints);
void fillPolygon(int[] xPoints, int[] yPoints, int nPoints);
```

drawPolygon과 fillPolygon은 세 개의 인자를 받는데, 첫 번째는 꼭지점들의 x 좌표로 이루어진 배열이고 두 번째는 y 좌표로 이루어진 배열이다. 마지막 세 번째 인자는 꼭지점의 개수를 나타내는 정수이다. drawPolygon은 다각형의 외곽선을 그리고 fillPolygon은 내부를 채운 다각형을 그린다는 점은 쉽게 추측할 수 있을 것이다.

예를 들어 그림 6.8과 같이 4개의 꼭지점을 가지는 사각형을 그린다고 생각해 보자.

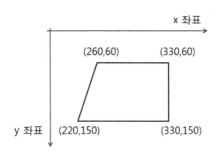

그림 6.8 사각형과 꼭지점의 좌표

사각형을 이루는 각 점의 좌표가 (260,60), (330,60), (330,150), (220,150)이라면 다음과 같이 x 좌표 값과 y 좌표 값들을 각각 모아 배열로 만들고 drawPolygon에 인자로 넘겨주면 된다.

```
int[] xPoints = {260, 330, 330, 220};
int[] yPoints = {60, 60, 150, 150};
g.drawPolygon(xPoints, yPoints, xPoints.length);
```

이 방법을 사용하여 그림 6.9와 같은 자동차 그림을 그리는 그래픽 애플리케이션을 작성해 보자.

그림 6.9 CarFrame 클래스 실행 결과

자동차의 차체를 구성하는 빨간색 도형은 꼭지점이 여덟 개인 다각형이므로 fillPolygon으로 편리하게 그릴 수 있다. 앞쪽 창문에 해당하는 파란색 사각형도 마찬가지다. 뒤쪽 창문은 fillRect로 그릴 수 있고 두 개의 바퀴는 fillOval로 그릴 수 있을 것이다. 자바 그래픽에서 색상이 덧칠해 지면 나중 색상만 표시된다고 했으므로 차체를 먼저 그리고 그 후에 창문과 바퀴를 그려야 한다. 완성된 프로그램은 예제 6.6과 같다.

예제 6.6 CarFrame 클래스

```
01   import java.awt.Color;
02   import java.awt.Graphics;
03   import javax.swing.JFrame;
04
05   public class CarFrame extends JFrame {
06
07       public CarFrame() {
08           setSize(550, 350);
09           setTitle("Car Demo");
10           setDefaultCloseOperation(EXIT_ON_CLOSE);
11       }
12
```

```
13      public void paint(Graphics g) {
14          int[] xPoints = {70, 200, 250, 450, 450, 480, 480, 70};
15          int[] yPoints = {150, 150, 50, 50, 150, 150, 250, 250};
16
17          g.setColor(Color.red);
18          g.fillPolygon(xPoints, yPoints, xPoints.length);   //차체
19
20          g.setColor(Color.blue);
21          g.fillPolygon(                              //앞창문
22                  new int[] {260, 330, 330, 220},
23                  new int[] {60, 60, 150, 150},
24                  4);
25          g.fillRect(345, 60, 90, 90);       //뒷창문
26
27          g.setColor(Color.black);
28          g.fillOval(100, 200, 100, 100); //앞바퀴
29          g.fillOval(350, 200, 100, 100); //뒷바퀴
30      }
31
32      public static void main(String[] args) {
33          (new CarFrame()).setVisible(true);
34      }
35  }
```

자동차의 차체를 이루는 빨간색 도형은 8개의 꼭지점을 가지는데, 14–15행에서 이 꼭지점의 좌표들을 요소로 하여 2개의 배열을 생성하고 18행에서 이 배열을 인자로 fillPolygon 메소드를 호출하고 있다. 21–24행은 앞쪽 창문을 그리기 위해 다시 한번 fillPolygon을 사용하고 있는데, 이번에는 배열을 미리 생성해서 변수에 저장하지 않고 메소드를 호출할 때 직접 생성하여 넘기고 있음에 주의하라.

```
g.fillPolygon( new int[] {260, 330, 330, 220},
          new int[] {60, 60, 150, 150},
          4);
```

위와 같이 작성하면 주어진 초기값을 이용하여 배열이 생성되고 메소드 호출의 인자로 넘겨지지만, 배열을 변수에 할당하지는 않았으므로 이 배열을 다시 사용할 수는 없다. 즉 이름이 없는 일회용 배열이 된다. 단 한 번만 사용하는 데이터에 대해서는 이와 같이 이름 없는 배열을 사용하는 것이 효율적이다.

나머지 내용은 이미 잘 알고 있는 것들이다. 직사각형 모양의 뒤쪽 창문을 그리기 위해 25행에서 fillRect 메소드를 호출했고 바퀴를 그리기 위해 28-29행에서 두 번의 fillOval 호출이 이루어졌다.

6.2 다차원 배열

2차원 배열의 정의

지금까지 살펴본 배열은 인덱스가 하나이므로 1차원 배열이라고 할 수 있다. 그런데 다차원의 배열이 유용한 경우도 있다. 배열이 다차원이라는 것은 인덱스가 여러 개인 경우를 말한다. 인덱스가 2개이면 2차원 배열이고 인덱스가 3개이면 3차원 배열이 된다.

학생들의 점수를 저장하려고 하는데 과목의 수가 4개이고 학생이 3명이면 그림 6.10과 같은 2차원의 표로 데이터를 나타낼 수 있다.

	국어	영어	수학	과학
철수	78	94	86	89
미정	92	96	72	81
영수	68	70	64	69

그림 6.10 2차원 데이터

이렇게 2차원의 표로 나타낼 수 있는 데이터를 배열로 저장한다면 다음과 같이 2차원 배열을 사용하는 것이 편리하다.

```
int[][] scores = new int[3][4];
```

자바에서 2차원 배열은 두 개의 인덱스를 가지는 배열을 말한다. 인덱스는 대괄호([]) 내에 표시하므로 2차원 배열은 위와 같이 대괄호의 쌍이 두 개 붙는다. 관례적으로 첫 번째 인덱스는 행을 나타내고 두 번째 인덱스는 열을 나타내는 것으로 간주한다. 위의 선언은 행의 수가 3이고 열의 수가 4이며 요소가 int 타입인 2차원 배열 scores를 생성한다. 3 × 4 = 12개의 int 타입 변수가 할당되는 셈이고 각 요소는 그림 6.11에 보인 것처럼 배열의 이름과 두 개의 인덱스에 의해 참조된다.

	0	1	2	3
0	scores[0][0]	scores[0][1]	scores[0][2]	scores[0][3]
1	scores[1][0]	scores[1][1]	scores[1][2]	scores[1][3]
2	scores[2][0]	scores[2][1]	scores[2][2]	scores[2][3]

그림 6.11 2차원 배열의 요소 참조

2차원 배열 scores에 인덱스를 맞추어 그림 6.10의 데이터를 저장한다면 다음과 같은 대입문이 필요할 것이다.

```
scores[0][0] = 78;
scores[0][1] = 94;
scores[0][2] = 86;
...
```

보통은 배열을 다룰 때 이와 같이 요소마다 대입문을 써서 값을 대입하기 보다는 루프를 사용하여 처리할 것이다. 그리고 2차원 배열이라면 중첩된 이중 루프를 사용하는 것이 일반적이다.

2차원 배열을 사용하는 예제를 살펴 보자. 예제 6.7은 3×4의 int 타입 배열을 선언한 다음 for 문을 사용하여 각 요소에 값을 대입하고 출력하는 프로그램이다.

예제 6.7 TwoDimArray 클래스

```
01  public class TwoDimArray {
02      public static void main(String[] args) {
03          int[][] scores = new int[3][4];
04
05          for (int i = 0, a = 11; i < 3; i++)
06              for (int j = 0; j < 4; j++)
07                  scores[i][j] = a++;
08
09          for (int i = 0; i < 3; i++) {
10              for (int j = 0; j < 4; j++)
11                  System.out.print("scores[" + i + "][" + j + "]="
12                                  + scores[i][j] + "  ");
13              System.out.println();
14          }
15      }
16  }
```

5-7행의 첫 번째 for 문에서는 배열의 각 요소에 11에서 22까지의 정수가 차례로 대입된다. 2차원 배열이면 두 개의 인덱스가 있으므로 각 인덱스마다 하나의 루프를 적용하여 2중 루프를 구성한다. i는 행을 나타내는 첫 번째 인덱스에 해당하고 j는 열을 나타내는 두 번째 인덱스에 해당한다. i가 0에서 2까지 3회 반복되고, 그 때마다 j는 0에서 3까지 4회 반복되므로 이 2중 루프의 몸체, 즉 scores 배열 요소에 대한 대입문인 7행은 총 12회 반복될 것이다.

9-14행의 두 번째 for 문은 배열의 값들을 출력한다. 첫 번째 루프와 동일한 2중 루프로 구성되어 있으며 한 행의 내용이 한 줄에 출력되고 있다. 실행 결과는 그림 6.12와 같다.

```
Problems  @ Javadoc  Declaration  Console ✖                    ■ ✖ ✖ |
<terminated> TwoDimArray [Java Application] C:\Program Files\AdoptOpenJDK\jdk-11.0.4.11-hotspot\
scores[0][0]=11 scores[0][1]=12 scores[0][2]=13 scores[0][3]=14
scores[1][0]=15 scores[1][1]=16 scores[1][2]=17 scores[1][3]=18
scores[2][0]=19 scores[2][1]=20 scores[2][2]=21 scores[2][3]=22
```

그림 6.12 예제 6.7의 실행 결과

배열의 차원에는 제한이 없으므로 3차원을 넘는 다차원 배열도 사용할 수 있으나 실제로 대부분의 경우에는 거의 3차원 이내의 배열이 사용된다. 여기서는 2차원 배열에 대해서만 살펴 보지만 차원이 늘어도 개념은 동일하다.

2차원 배열의 초기화와 length

다차원 배열을 선언할 때도 다음과 같이 값을 나열하여 초기화할 수 있다. 단, 배열의 차원을 나타내기 위한 추가의 중괄호가 필요하다.

```
int[][] scores = {
            { 98, 94, 86, 89 },
            { 92, 96, 72, 81 },
            { 68, 70, 64, 69 }};
```

위와 같이 값을 나열하여 초기화하면 scores는 3×4 배열로 정의되고 배열 각 요소의 초기값이 그림 6.10의 데이터로 지정된다.

다차원 배열도 length 필드를 가진다. 앞의 예제에서처럼 scores가 다음과 같이 2차원 배열로 선언되었다고 하자.

```
int[][] scores = new int[3][4];
```

그러면 scores.length의 값은 얼마일까? scores에 int 타입 변수가 총 12개 할당되는 셈이니 length 필드의 값이 12가 될까? 그렇지 않다! scores.length의 값은 3이 된다. 다차원 배열의 length 값은 첫 번째 차원의 크기가 된다. 이것을 이해하기 위해서는 자바의 다차원 배열이 어떻게 구성되는지 알아야 한다. 그림 6.13은 위에서 선언한 2차원 배열 scores의 메모리 구조를 보인 것이다.

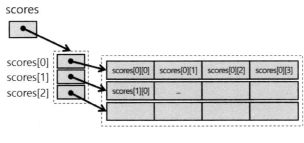

그림 6.13 자바의 2차원 배열

그림 6.13을 보면 scores 배열은 3개의 요소로 구성되는데 배열의 각 요소가 다시 int 값이 4개짜리인 배열이 되는 것이다. 이렇게 배열의 각 요소가 1차원 배열이면 2차원 배열이 된다. 그냥 12개의 int 값이 모여서 scores를 구성한다고 생각하면 안 된다. 1차원 배열이 모여서 2차원 배열이 되는 것으로 생각해야 한다. (같은 개념을 확장하면 2차원 배열이 모여 3차원 배열이 된다. 즉, 3차원 배열의 각 요소는 2차원 배열들이다.) 이런 관계가 그림 6.13에 나타나 있다.

scores 배열의 첫 번째 행은 4개의 int로 구성되는 1차원 배열인데, 이 1차원 배열에 대한 참조가 scores[0]이 된다. 그리고 두 번째, 세 번째 행에 대한 참조가 각각 scores[1]과 scores[2]이다. 각 행에 해당하는 1차원 배열에 대한 참조 3개가 모여서 scores 배열이 되는 것이다.

이런 관점에서 보면 scores.length가 3이 되는 것을 이해할 수 있을 것이다. 즉, scores는 3개의 요소를 가지기 때문에 그 길이가 3이다. 그런데 scores 배열의 각 요소가 다시 1차원 배열이다. 예를 들어 scores[0]은 4개의 int 값으로 구성된 배열에 대한 참조이다.

scores[0]이 배열을 가리키므로 scores[0]도 length 값을 가지는데, scores[0].length는 4가 된다. scores[0]이 가리키는 배열이 4개의 요소를 가지기 때문이다. scores[1].length, scores[2].length도 마찬가지로 4가 된다. 예제 6.7에 포함된 2개의 for 루프를 length 필드의 값을 사용하여 수정하면 예제 6.8과 같다.

예제 6.8 TwoDimArray2 클래스

```
01  public class TwoDimArray2 {
02      public static void main(String[] args) {
03          int[][] scores = new int[3][4];
04
05          for (int i=0, a=11; i<scores.length; i++)
06              for (int j = 0; j<scores[i].length; j++)
07                  scores[i][j] = a++;
08
09          for (int i=0; i<scores.length; i++) {
10              for (int j=0; j<scores[i].length; j++)
11                  System.out.print("scores[" + i + "][" + j + "]="
12                                          + scores[i][j] + " ");
13              System.out.println();
14          }
15      }
16  }
```

예제 6.8에 포함된 2개의 for 루프를 보면 조건식이 length 필드를 사용하여 다시 작성된 것을 확인할 수 있다. 5행과 9행의 바깥쪽 루프는 scores.length를 한계값으로 했는데 이 값은 행의 수를 나타내는 3이다. 6행과 10행의 안쪽 루프는 scores[i].length를 한계값으로 했는데 바깥쪽 루프의 반복에 따라 i가 0에서 2까지 변하므로 scores[0].length, scores[1].length, scores[2].length가 된다. 이는 각 행의 길이를 나타내는 값으로서 이 예제에서는 모두 4이다. 실행 결과는 이전의 예제 6.7과 동일한 그림 6.12가 된다.

배열의 크기를 예제 6.7과 같이 코드 내에 상수 값으로 직접 명시하는 것은 좋은 프로그래밍 방법이 아니다. 예제 6.8처럼 length 필드를 사용하여 작성하면 추후에 배열의 크기가 변경되더라도 코드에 대한 수정이 최소화된다.

열의 크기가 다른 2차원 배열

그림 6.10의 2차원 데이터는 모든 학생이 동일하게 4개씩의 점수를 가지는 경우이지만 실제로는 그렇지 않을 수도 있다. 예를 들어 철수가 3과목, 미정이가 5과목, 영수가 4과목을 수강했다면 각 행에 속하는 점수의 개수가 서로 다를 것이다. 이럴 때는 어떻게 배열을 만들어야 할까? 간단히 생각하면 각 행에 포함된 요소가 최대 5개이므로 그림 6.14와 같이 3×5 배열을 만들고 사용되지 않는 요소는 비워 두는 방법이 있을 것이다.

	0	1	2	3	5
0	98	94	86	–	–
1	92	96	72	81	89
2	68	70	64	69	–

그림 6.14 3×5의 2차원 배열

그런데 굳이 이렇게 할 필요가 없다. 자바의 2차원 배열에서 각 행의 길이가 반드시 동일해야 하는 것은 아니기 때문이다. 드물게 사용되기는 하지만 열의 길이가 일정하지 않은 2차원 배열을 생성할 수 있는데, 이를 **래기드 배열**(ragged 혹은 jagged array)이라고 부른다. 예제 6.9 4행의 ragged가 바로 이런 형태의 배열이다.

예제 6.9 RaggedArray 클래스

```
01  public class RaggedArray {
02      public static void main(String[] args) {
03
04          int[][] ragged = {
05                  { 98, 94, 86 },
06                  { 92, 96, 72, 81, 89 },
07                  { 68, 70, 64, 69 }};
08
09          for (int i=0; i<ragged.length; i++) {
10              for (int j=0; j<ragged[i].length; j++) {
11                  System.out.print("[" + i + "][" + j + "]=" +
12                                          ragged[i][j] + " ");
13              }
14              System.out.println();
15          }
16      }
17  }
```

4–7행의 배열 선언을 보면 **ragged**는 3개의 요소를 가지는 배열인데, 그 요소들이 각각 1차원 배열이고 그 배열들의 길이가 3, 5, 4로 서로 다르다. 이런 경우 **ragged.length**는 3이고 **ragged[0].length**는 3, **ragged[1].length**는 5, 그리고 **ragged[2].length**는 4가 된다. 각 행의 길이가 **length**에 그대로 반영되는 것이다. 따라서 10–13행의 내부 **for** 루프의 몸체는 **i**가 0일 때는 3번, **i**가 1일 때는 5번, 그리고 **i**가 2일 때는 4번 반복될 것이다. 예제 6.9를 실행하면 그림 6.15의 결과가 나온다.

```
Problems  @ Javadoc  Declaration  Console
<terminated> RaggedArray [Java Application] C:₩Program Files₩AdoptOpenJDK₩jc
[0][0]=98  [0][1]=94  [0][2]=86
[1][0]=92  [1][1]=96  [1][2]=72  [1][3]=81  [1][4]=89
[2][0]=68  [2][1]=70  [2][2]=64  [2][3]=69
```

그림 6.15 예제 6.9의 실행 결과

예제 6.9에서는 배열에 들어갈 모든 데이터를 미리 알고 있기 때문에 배열을 선언하면서 초기화할 수 있었다. 미리 값을 알지 못하여 초기화 할 수 없을 때에도 래기드 배열을 생성할수 있다. 다음의 배열 선언을 살펴 보자.

```
int[][] ragged = new int[3][];
```

이 선언은 **ragged**를 int 타입의 요소를 가지는 2차원 배열로 선언하고 있다. 그런데 배열을 생성할 때는 첫 번째 인덱스만 3으로 명시하고 두 번째 인덱스는 비워 두었다. 즉, 행의 크기만 지정하고 열의 크기는 지정하지 않았다. 이와 같이 2차원 배열을 선언할 때 첫 번째 차원의 인덱스만 명시하고 두 번째 차원의 인덱스는 생략할 수 있다. 이 경우에 **ragged**는 3개의 요소를 가지는 2차원 배열로 선언되지만, 각 요소 배열의 크기는 지정되지 않는다. 이렇게 되면 **ragged**에는 참조 변수 3개만 할당된다. 그런데 이 3개의 참조 변수는 그 타입이 **int[]**이다. 즉, 이들은 int 타입의 1차원 배열을 가리켜야 하는 참조 변수들이다. 이 상태는 그림 6.16으로 나타낼 수 있다.

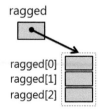

그림 6.16 행의 크기만 지정된 2차원 배열

그 다음에 **ragged**의 각 요소에 1차원 배열이 생성되어 대입된다. 이 때 **ragged**의 요소로 대입되는 배열들이 그 크기가 같아야 할 필요는 없다. 다음 코드에서도 서로 다른 크기의 1차원 배열이 생성되어 대입되고 있다.

```
ragged[0] = new int[3];
ragged[1] = new int[5];
ragged[2] = new int[4];
```

3개의 1차원 배열이 생성되고 **ragged**의 각 요소에 대입되면 그림 6.17과 같은 상태가 된다.

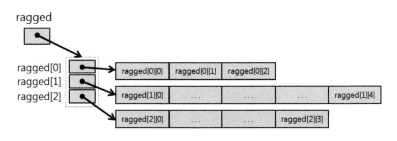

그림 6.17 2차원 래기드 배열

6.3 클래스와 배열

객체의 배열

기본형의 배열뿐만 아니라 객체의 배열, 즉 객체들이 모인 배열도 만들 수 있다. 객체의 배열은 배열을 구성하는 요소의 타입이 클래스가 된다. 예제 **6.10**의 Book 클래스 정의와 이를 이용하여 Book 객체의 배열을 만드는 예제 **6.11**의 예를 살펴 보자.

예제 6.10 Book 클래스

```
01  public class Book {
02      private String title;
03      private int price;
04
05      public Book(String title, int price) {
06          this.title = title;
07          this.price = price;
08      }
```

```
09
10      public String getTitle() {
11          return this.title;
12      }
13
14      public int getPrice() {
15          return this.price;
16      }
17
18      public void writeInfo() {
19          return "제목: " + title + ", 가격:" + price + "원";
20      }
21  }
```

예제 6.11 ArrayOfObjects 클래스

```
01  public class ArrayOfObjects {
02      public static void main(String[] args) {
03          Book[] bookList = new Book[3];
04          bookList[0] = new Book("셜록 홈즈", 12000);
05          bookList[1] = new Book("자바 프로그래밍", 22000);
06          bookList[2] = new Book("Numero Zero", 18000);
07          for (int i=0; i<bookList.length; i++)
08              System.out.println(bookList[i]);
09      }
10  }
```

Book 클래스가 정의되었다면 다음 문장으로 Book 타입의 배열을 선언할 수 있다.

```
Book[] bookList;
bookList = new Book[3];
```

Book 타입의 배열이란 Book 객체들이 모인 배열, 즉 요소의 타입이 Book 클래스인 배열을 말한다. 위의 코드는 예제 6.11 3행의 배열 선언을 두 문장으로 나누어 작성한 것이다. 여기서 bookList는 Book 타입의 배열을 가리키는 참조 변수이다. 두 번째 문장의 new 연산자에 의해 배열이 생성되는데, 이때 주의할 점은 이 new 연산자에 의해 3개의 Book 객체가 생성되는 것이 아니라는 점이다. 위 코드가 실행되면 그림 6.18과 같이 3개의 참조 변수로 이루어진 배열이 생성된다. 즉, 객체 배열은 사실상 객체에 대한 참조가 모인 참조 배열이라는 점을 기억해야 한다.

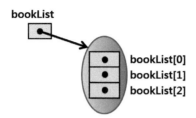

그림 6.18 참조 배열의 생성

배열의 각 요소에 객체를 생성하여 할당하려면 예제 6.11의 4-6행과 같이 객체마다 new 연산자를 사용해야 한다. new 연산자에 의해 객체가 생성되고, 생성된 객체를 가리키는 참조가 배열의 각 요소에 저장된다. 위의 3문장이 실행되어 배열과 객체의 생성이 끝나면 그림 6.19와 같은 상황이 된다.

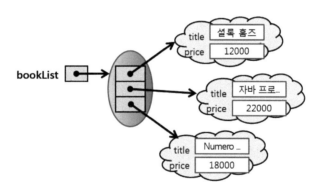

그림 6.19 참조 배열과 객체 요소의 생성

배열을 생성할 때도 new 연산자가 필요하고 클래스로부터 객체를 생성할 때도 new 연산자가 필요하다. 그러므로 객체의 배열을 생성할 때는 각 객체를 생성할 때 필요한 new 말고도 배열 자체의 생성을 위한 추가적인 new가 필요한 것이다.

배열에 포함되는 각 객체를 생성하여 할당하고 나면 배열 이름과 인덱스를 사용하여 각 객체에 접근할 수 있는데, 예를 들어 배열의 두 번째 객체에 대해 toString 메소드를 호출하여 정보를 출력하려면 다음과 같은 문장을 사용하면 된다.

```
System.out.println(bookList[2].toString());
```

물론 이 toString 호출은 예제 6.11의 8행처럼 생략할 수도 있다. 예제 6.11의 실행 결과는 그림 6.20과 같다.

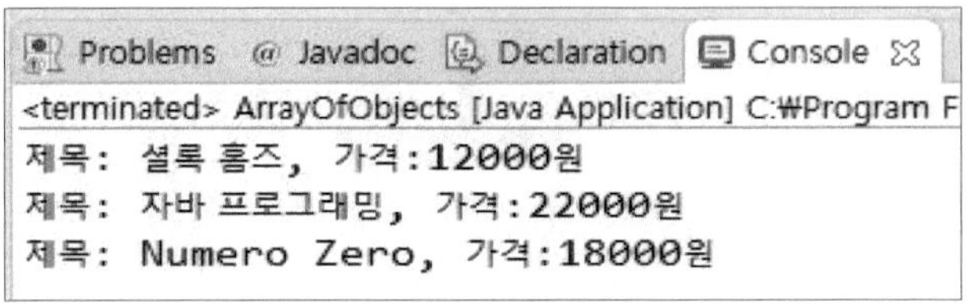

그림 6.20 예제 6.11의 실행 결과

StringSet 예제

일반적으로 집합(set)은 순서가 없고 중복되지 않는 요소들의 집단을 가리킨다. 여기서는 스트링 요소들의 집합을 클래스로 구현해 보도록 하자. 물론 자바는 집합에 해당하는 미리 정의된 클래스를 제공하지만 여기서는 자바의 클래스를 사용하지 않고 직접 구현해 볼 것이다.

우선 집합에 포함되는 요소는 String 타입이라고 가정한다. 그러면 집합을 나타낼 클래스의 이름을 StringSet이라고 할 수 있을 것이다. StringSet 클래스에는 집합의 요소인 스트링들이 데이터로 저장되어야 하는데, 이를 위해서 이 장에서 배운 배열을 사용한다. 즉, StringSet 클래스의 인스턴스 변수로 배열을 사용하는 것이다. 여기서는 스트링을 저장해야 하므로 String 배열을 사용한다. 그런데 배열로 저장은 하지만 StringSet 클래스는 저장된 요소들이 집합의 특성을 가지도록 구현되어야 한다. 예를 들면 집합은 중복되는 요소를 허용하지 않아야 하므로 집합에 새로운 요소를 추가할 때에는 추가할 요소가 집합에 포함되어 있는지 확인하여 없을 경우에만 추가해야 한다.

또한 배열은 일단 생성되면 그 크기가 고정되는데, 집합에 계속 새로운 요소가 추가될 경우 배열이 가득 차게 될 수도 있다. 이럴 때에는 집합이 가득 찼음을 알리고 더 이상 요소가 추가되지 못하도록 구현할 수도 있지만, 자동적으로 내부 배열의 용량을 늘리고 요소가 추가되도록 구현한다면 더욱 편리할 것이다.

StringSet이 어떤 공용 메소드를 가져야 할지 생각해 보자. 먼저 새로운 요소를 추가하기 위한 add와 기존의 요소를 제거하는 remove가 필요할 것이다. 어떤 스트링이 집합에 포함되는지를 알아보는 contains 메소드나, 집합의 모든 요소를 제거하는 clear 메소드, 그리고 현재 집합에 포함된 모든 스트링을 출력하는 print 메소드 정도를 구현하도록 하자. 먼저 클래스의 UML을 작성해 본 것이 그림 6.21이다.

```
                StringSet
- list: String[]
- size: int
+ add(String element): void
+ clear(): void
+ contains(String element): boolean
+ remove(String amount): void
+ print(): void
```

그림 6.21 StringSet 클래스의 UML

그림 6.21을 보면 StringSet 클래스는 공용 메소드로 방금 설명한 5개의 메소드를 가진다. 전용 인스턴스 변수 list는 스트링을 저장할 String 배열이다. 그 다음의 size는 현재 저장된 스트링의 개수를 저장하는데, 이것은 배열의 크기와는 다른 것이다. 즉, 크기가 10인 배열을 생성했더라도 배열이 가득 차기 전까지는 요소의 수가 10보다 작을 것이므로 개수를 나타내는 size가 필요하다.

StringSet을 사용하는 예제를 먼저 살펴 보자. 예제 6.12는 StringSet 클래스의 객체를 생성하고 여기에 몇 개의 과일 이름을 추가 및 삭제하는 프로그램이다.

예제 6.12 StringSetDemo 클래스

```
01  public class StringSetDemo {
02      public static void main(String[] args) {
03          StringSet myList = new StringSet(3);
04
05          System.out.println("Add Orange.");
06          myList.add("Orange");
07          System.out.println("Add Persimmon.");
08          myList.add("Persimmon");
09          System.out.println("Add Apple.");
```

```
10            myList.add("Apple");
11            System.out.println("Add Persimmon.");
12            myList.add("Persimmon");
13            System.out.println("Add Banana.");
14            myList.add("Banana");
15            myList.print();
16            System.out.println("Remove Apple.");
17            myList.remove("Apple");
18            System.out.println("Add Grape.");
19            myList.add("Grape");
20            myList.print();
21            myList.clear();
22            myList.print();
23      }
24 }
```

3행에서 StringSet의 객체 myList를 생성하는데, 생성자의 인자로 3을 주었다. 생성자의 인자는 내부 배열의 초기 용량이라고 가정하자. 즉, 생성자의 인자가 주어지면 인스턴스 변수 list를 주어진 크기의 배열로 생성한다.

다음으로 myList에 add 메소드를 호출하여 차례로 "Orange", "Persimmon", "Apple", "Persimmon", "Banana"를 추가한다(6, 8, 10, 12, 14행). 앞의 3개가 추가되고 나면 myList의 내용이 다음과 같을 것이다.

    { Orange, Persimmon, Apple }

여기에 4번째로 "Persimmon"의 추가를 시도하는데(12행) 이는 이미 집합에 포함된 요소이므로 요소가 늘어나지 않고 myList는 동일하게 유지된다.

    { Orange, Persimmon, Apple }

그 다음으로 새로운 스트링인 "Banana"가 추가될 때에는(14행) 현재 내부 배열이 가득 찬 상태이므로 배열의 용량을 늘리고 추가해야 한다. 추가된 후의 목록은 다음과 같다.

    { Orange, Persimmon, Apple, Banana }

15행에서 myList의 내용을 출력하고는 17행에서 remove 메소드로 "Apple"을 제거한다. 목록은 다음과 같이 변경된다.

```
{ Orange, Persimmon, Banana }
```

19행에서 "Grape"가 추가되면 목록은 다시 변경되어 다음과 같이 4개의 요소를 가지게 된다.

```
{ Orange, Persimmon, Banana, Grape }
```

이제 20행에서 현재의 상태를 출력하고, 21행에서 집합의 모든 요소를 제거하여 초기화한 후 다시 한번 목록을 출력한다. 예제 6.12의 실행 결과는 그림 6.22와 같다.

```
 Problems  @ Javadoc  Declaration  Console 
<terminated> StringSetDemo [Java Application] C:₩Program Files₩AdoptOpenJDK₩jdk-1
Add Orange.
Add Persimmon.
Add Apple.
Add Persimmon.
Add Banana.
Expanding the list while adding "Banana"..
StringSet의 내용 = { Orange, Persimmon, Apple, Banana }
Remove Apple.
Add Grape.
StringSet의 내용 = { Orange, Persimmon, Banana, Grape }
StringSet의 내용 = {   }
```

그림 6.22 예제 6.12의 실행 결과

이와 같이 동작하도록 StringSet을 구현한 것이 예제 6.13이다.

예제 6.13 StringSet 클래스

```
01    public class StringSet {
02        private String[] list;
03        private int size;
04
05        public StringSet(int n) {
06            list = new String[n];
07            size = 0;
08        }
09
10        public StringSet() {
11            this(5);
12        }
```

```java
13
14      public boolean contains(String element) {
15          for (int i=0; i<size; i++)
16              if (list[i].equals(element))
17                  return true;
18          return false;
19      }
20
21      private boolean isFull() {
22          if (list.length == size)
23              return true;
24          return false;
25      }
26
27      public void add(String element) {
28          if (!contains(element)) {
29              if (isFull()) {
30                  System.out.println("Expanding the list while adding \""
31                                      + element + "\"..");
32                  String[] newList = new String[list.length+5];
33                  for (int i=0; i<size; i++)
34                      newList[i] = list[i];
35                  list = newList;
36              }
37              list[size++] = element;
38          }
39      }
40
41      public void remove(String element) {
42          if (contains(element)) {
43              for (int i=0; i<size; i++) {
44                  if (list[i].equals(element)) {
45                      for (int j=i; j<size-1; j++)
46                          list[j] = list[j+1];
47                      size--;
48                      return;
49                  }
50              }
51          }
52      }
53
```

```
54      public void clear() {
55          size = 0;
56      }
57
58      public void print() {
59          System.out.print("StringSet의 내용 = { ");
60          for (int i = 0; i < size; i++)
61              System.out.print(list[i] + (i < size - 1 ? ", " : ""));
62          System.out.println(" }");
63      }
64  }
```

5행과 10행에 2개의 생성자가 정의되었는데, 생성자의 인자로 초기 용량이 주어지면 내부 배열을 그 크기로 생성한다(6행). 만약 인자가 주어지지 않으면 초기 용량을 5로 지정한다 (11행). contains 메소드(14–19행)는 인자로 받은 스트링을 list 배열에 저장된 스트링들과 비교하여 동일한 요소가 발견되면 true를 반환하고 없으면 false를 반환한다.

집합에 요소를 추가하는 add 메소드(27–39행)를 조금 자세히 살펴 보자. 먼저 인자로 받은 스트링이 목록에 존재하는지 contains 메소드를 호출하여 확인한다. 목록에 없는 새로운 스트링이고 배열에 여유가 있다면 다음과 같은 한 줄의 문장으로 충분하다(37행).

```
list[size++] = element;
```

예를 들어 size가 3이라면 현재 3개의 요소가 저장되어 있다는 뜻이다. 3개의 요소는 list[0], list[1], list[2]에 들어 있을 것이므로 list[3]에 새로운 요소를 대입하고 size를 4로 증가시키면 된다. 37행이 이와 같은 동작을 담당한다.

만약 새로운 요소를 추가해야 하는데 배열이 가득 찬 상태라면 어떻게 해야 할까? 배열이 가득 찼는지 알아보기 위해서는 배열의 길이와 size의 값이 동일한지 검사하면 된다(21–25행의 isFull 메소드). 배열이 가득 찼으면 현재의 배열보다 크기가 5만큼 더 큰 새로운 배열을 생성하고(32행) 기존 배열의 내용을 새로운 배열로 복사한 후(33–34행) list가 새로운 배열을 가리키도록 지정한다(35행). 그리고 나면 이제는 배열에 여유가 있는 상태이므로 37행을 실행하면 된다.

참고 　자바의 ArrayList 클래스

예제 6.13과 같이 배열의 초기 용량을 지정하여 사용하다가 요소의 수가 배열의 용량을 넘어서면 동적으로 배열의 크기를 늘리는 방식은 자바 컬렉션에 속하는 ArrayList 클래스가 취하는 전략과 동일하다. ArrayList와 자바 컬렉션에 대해서는 10장에서 자세히 설명한다.

집합에서 요소를 제거하는 remove 메소드(41-52행)는 인자로 받은 스트링이 목록에 포함되어 있을 때에만 제거를 실행하면 된다(42행). 내부 배열에서 제거할 요소를 찾으면(44행), 그 요소를 제거하고 그 위치 이후의 모든 요소를 한 자리씩 앞으로 옮기고(45-46행) size를 1 감소시킨다(47행). StringSet은 집합의 요소들을 배열로 저장하되 그 배열의 첫 번째 위치부터 빠진 곳 없이 요소들이 저장된다고 가정하므로, 요소를 제거할 때 남은 요소들을 한 자리씩 옮기는 것은 필수적인 작업이 된다.

마지막으로 집합의 모든 요소를 제거하여 초기화하는 clear 메소드는 55행과 같이 size를 0으로 만들기만 하면 된다. size가 0이 되면 목록이 빈 것으로 간주되므로 실제로 요소를 하나씩 제거할 필요는 없다.

이제 StringSet 클래스를 예제 6.13과 같이 작성하고 예제 6.12를 실행하면 그림 6.22의 결과를 얻을 수 있다.

6.4 패키지

패키지의 개요

패키지(package)는 관련된 클래스들을 묶은 것을 말한다. (엄격히 말하면 패키지는 관련된 클래스와 인터페이스의 묶음인데, 아직 인터페이스에 대해 배우지 않았으므로 우선은 패키지가 클래스들의 묶음이라고 생각하도록 하자.) 자바가 제공하는 클래스들이 기능에 따라 패키지로 묶여 있다. 예를 들어 우리가 키보드 입력을 위해 즐겨 사용했던 Scanner 클래스는 java.util이라는 패키지에 포함되어 있다. java.util은 유틸리티 클래스들을 모아둔 패키지이다. 자바 클래스 라이브러리에는 이외에도 여러 패키지들이 있다. 예를 들어 java.net에는 네트워크를 담당하는 클래스들이 포함되고 java.awt나 javax.swing에는 그래픽과 사용자 인터페이스를 작성하기 위한 클래스들이 포함된다. 물론 자바가 제공하는 클래스뿐만 아니라 사용자가 작성하는 클래스도 패키지를 생성하여 묶을 수 있다.

이와 같이 기능적으로 관련된 클래스들을 묶어 두면 클래스에 대한 관리가 편리해 진다. 네트워크와 관련된 클래스라면 당연히 java.net 패키지에 포함되어 있을 것이라고 예상할 수 있게 된다. 그런데 패키지를 사용하는 보다 중요한 특징으로 이름 충돌을 방지할 수 있는 이점이 있다.

이클립스로 실습을 하다 보면 실수로 같은 이름의 클래스를 2개 정의하게 되어 에러가 나는 경험을 해 보았을 것이다. 이클립스에서 (지금까지 해 왔던 것처럼) 패키지를 지정하지 않고 클래스를 작성하면 모두 '디폴트' 패키지 소속이 된다고 했었다. 하나의 패키지 내에 같은 이름의 클래스가 여러 개 있으면 이름 충돌로 에러가 발생한다. 반면에 같은 이름의 클래스가 서로 다른 패키지에 속한다면 이름 충돌이 발생하지 않는다. 이와 같이 각 패키지는 하나의 독립된 **이름 공간**(name space)을 이룬다.

하나의 프로젝트를 여러 프로그래머가 공동으로 작업할 때는 프로그래머들이 각자의 클래스에 붙인 이름이 서로 같은 경우가 흔히 발생할 수 있다. 이런 경우 코드를 그대로 합치면 이름 충돌로 에러가 되지만, 이를 프로그래머 별로 별개의 패키지로 분리하면 에러가 발생하지 않는다. 같은 이름의 클래스가 서로 다른 패키지에 속해 있는 경우는 아무런 문제가 되지 않는다.

패키지 선언

클래스를 정의할 때 그 클래스를 특정한 패키지에 속하게 하려면 파일의 첫 부분에 다음과 같이 패키지 선언을 하면 된다. 패키지 선언은 간단히 키워드 **package**와 패키지 이름을 작성해 주면 된다.

```
package example;
```

파일 첫 부분에 이러한 패키지 선언이 오면 그 파일에서 정의되는 클래스는 **example**이라는 이름의 패키지에 속하게 된다. 패키지 선언은 항상 파일의 첫 부분에 위치해야 한다는 점에 주의해야 한다. 즉, 패키지 선언 앞에 공백이나 주석문은 올 수 있지만 다른 코드가 와서는 안 된다.

사실 패키지는 하나의 폴더(혹은 디렉토리)에 소속된 클래스들의 모임으로 봐도 무방하다. 그리고 폴더의 이름이 바로 패키지의 이름이 된다. 그러므로 위와 같이 패키지를 선언하면 그 파일에서 정의하는 클래스는 **example**이라는 이름의 폴더 내에 존재하게 된다. 이클립스를 사용하면 패키지의 생성과 관리를 손쉽게 할 수 있는데, 이클립스에서 패키지를 생성하고 그 패키지 소속으로 클래스를 정의하는 예를 살펴 보자.

프로젝트가 생성되어 있지 않으면 먼저 자바 프로젝트를 생성한다. 그런 다음 이클립스 화면 왼쪽의 **Package Explorer**에서 프로젝트를 찾아 마우스 오른쪽 버튼을 누르고 **New – Package** 메뉴를 선택하면 그림 6.23과 같은 대화창이 나타난다.

그림 6.23 이클립스에서 패키지 생성 대화창

그림 6.23에서 Source folder 항목은 Ch06/src로 지정되어 있다. 프로젝트의 이름이 Ch06
이고 Ch06 프로젝트에 속한 src라는 이름의 폴더에 새로 생성할 패키지를 위한 폴더가 만
들어진다는 뜻이다. Name 항목에 패키지의 이름을 입력한다. 관례적으로 패키지의 이름은
소문자로 만든다. Finish 버튼을 누르면 그림 6.24와 같이 새로운 패키지가 만들어진다.

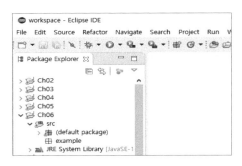

그림 6.24 이클립스에서 생성된 패키지

그림 6.24를 보면 src 폴더 아래 디폴트 패키지와 example이 보인다. 지금까지 패키지를 지
정하지 않고 만들었던 클래스들은 모두 디폴트 패키지에 소속되었다. 새로 생긴 example
패키지는 아직 내용이 없이 비어 있는 것을 확인할 수 있다. 이제 새로 생긴 패키지에 마우
스 오른쪽 버튼을 누르고 New – Class 메뉴를 선택하면 그림 6.25와 같이 클래스 작성을
위한 대화창이 나온다.

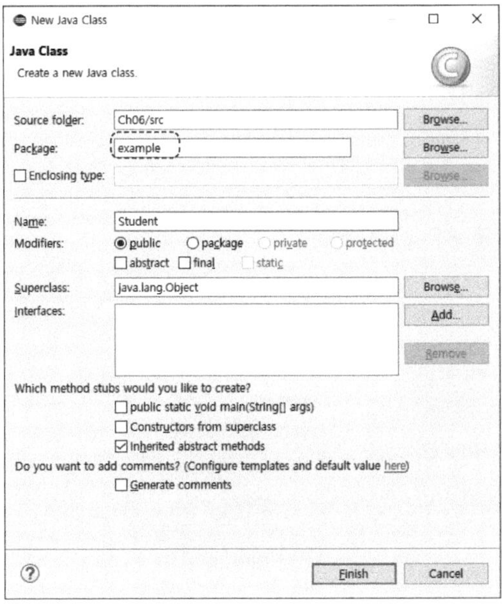

그림 6.25 특정 패키지에 속한 클래스의 생성

이 대화창은 우리가 지금껏 클래스를 작성할 때 사용해 온 것과 동일하지만 두 번째 줄의
Package 항목에 방금 생성한 패키지가 선택되어 있다는 것을 알 수 있다. 클래스 이름을 입
력하고 Finish 버튼을 누르면 그림 6.26과 같이 편집창이 열려 지금 생성한 클래스를 작성
할 수 있게 되는데, 파일의 첫 줄에 패키지 선언이 포함되어 있음을 볼 수 있을 것이다. 또
한 화면 좌측의 Package Explorer를 보면 새로 생성된 Student 클래스가 example 패키지
에 속함을 확인할 수 있다.

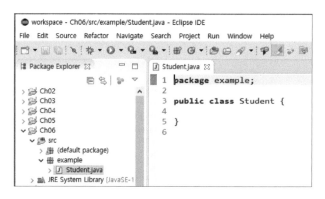

그림 6.26 특정 패키지에 속한 클래스의 작성

이클립스에서 패키지를 생성하게 되면 지정된 위치에 패키지에 상응하는 폴더가 생성된다.
이클립스의 워크스페이스 폴더를 찾아가 보면 프로젝트의 src 폴더 아래 방금 생성한 패키
지 이름의 하위 폴더가 생성되어 있는 것을 확인할 수 있다. 그림 6.27를 보면 example이라
는 이름의 폴더가 새로 생성되었는데, 앞으로 example 패키지로 선언되는 클래스들은 모두
이 폴더 내에 위치하게 된다.

그림 6.27 패키지와 폴더

그림 6.27에는 example이라는 이름의 하위 폴더 말고도 src 폴더에 속한 다른 자바 파일들이 보이는데 이들은 패키지 없이 지금까지 생성했던 클래스의 소스 파일들이다. 즉, 이클립스에서 디폴트 패키지에 속하는 클래스는 src 폴더 아래 하위 폴더 없이 저장되는 것이다.

패키지의 이름에 점(.)이 포함되어 복잡하게 구성되기도 한다. 예를 들어 Scanner가 속한 패키지는 java.util이었다. 이렇게 구성된 패키지 이름은 폴더의 계층 구조와 일치해야 한다. 즉, java라는 폴더의 하위 폴더로 util이라는 폴더가 있어야 하고, 그 폴더가 java.util이라는 패키지에 대응하게 된다. Scanner 클래스는 그 util이라는 폴더에 들어 있는 것이다.

참고 **자바 클래스 라이브러리의 폴더 구조**

실제로 자바가 제공하는 클래스 라이브러리는 꽤 복잡한 폴더 구조로 이루어져 있는데, 이는 JDK에 포함된 모듈에서 확인할 수 있다. JDK 설치 폴더("jdk-"로 시작하는 이름의 폴더를 말하는데 설치된 자바 버전에 따라 조금씩 달라진다. 설치 시에 위치를 변경하지 않았다면 C:\Program Files\ 아래 어딘가에 있을 것이다) 아래에 jmods라는 하위 폴더가 있는데, 거기 java.base.jmod라는 파일이 있다. 이 파일을 적당한 압축 해제 프로그램으로 열어 보면 다음 그림과 같이 classes 폴더 아래에 java\util이라는 폴더 경로가 있고 거기에 우리에게 익숙한 Scanner를 비롯하여 java.util 패키지에 속하는 많은 수의 클래스 파일이 있음을 확인할 수 있다. (모듈 프로그래밍이 도입되기 전인 Java 8 혹은 이전의 자바에서는 rt.jar이라는 압축 파일에서 자바가 제공하는 패키지들을 확인할 수 있었다.)

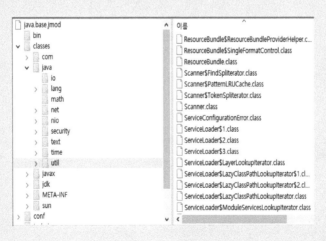

사용자가 생성하는 패키지도 이와 같이 계층 구조를 가질 수 있다. 다시 프로젝트에서 마우스 오른쪽 버튼을 눌러 New – Package 메뉴를 선택하고 나오는 그림 6.23과 같은 대화창에서 이번에는 javabook.test.first라는 패키지를 만들어 보자. 그리고 새로 생성된 패키지에다 Student라는 이름의 클래스를 생성하면 그림 6.28과 같이 이 새로운 클래스를 작성할 수 있게 된다.

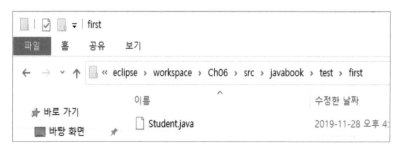

그림 6.28 javabook.test.first 패키지

그림 6.28의 왼쪽을 보면 Ch06 프로젝트에는 example과 javabook.test.first라는 두 개의 패키지가 있고, 양쪽 다 Student라는 클래스를 포함하고 있다. 앞에서 설명한 것처럼 각 패키지는 나름의 이름 공간을 형성하므로 같은 이름의 클래스가 양쪽에 포함되어 있어도 이름 충돌은 발생하지 않는다. 이제 다시 워크스페이스 폴더를 찾아가 새로 생긴 패키지에 대응하는 폴더를 확인해 보면 그림 6.29와 같다.

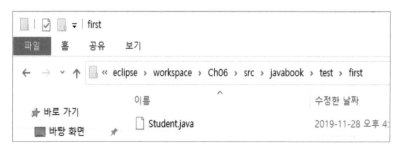

그림 6.29 javabook.test.first 패키지와 폴더 구조

그림 6.29 상단의 위치 표시줄을 보면 src 폴더 아래 javabook\test\first라는 폴더의 계층 구조가 만들어지고 최하위의 first 폴더 안에 Student.java 파일이 저장된 것을 확인할 수 있다. 즉, 폴더의 계층 구조가 패키지 이름의 구조에 대응한다.

패키지 사용하기

같은 패키지에 속한 클래스를 사용하기 위해서는 단지 클래스 이름을 명시하는 것만으로 충분하다. 예를 들어 Student 클래스가 속한 패키지 내에서 Student 클래스를 사용하려고 한다면 다음과 같이 객체를 생성하면 된다.

```
Student s = new Student("홍길동", 3.89);
```

만일 사용하고자 하는 클래스가 다른 패키지에 속한 것이라면 단순히 클래스 이름을 명시하는 것으로는 부족하다. 자바에게 그 클래스가 정확히 어디에 속하는지 알려줘야 한다. 이를 위해서는 다음과 같이 패키지 이름을 포함한 완전한 클래스 이름을 명시하면 된다.

```
javabook.test.first.Student s = new javabook.test.first.Student("홍길동", 3.89);
```

이것은 자바가 제공하는 클래스의 경우도 마찬가지이다. java.util 패키지에 속한 Scanner 클래스를 사용하려면 다음과 같이 완전한 클래스 이름을 명시하면 된다.

```
java.util.Scanner input = new java.util.Scanner(System.in);
```

어떤 클래스를 한 번만 사용하는 것이라면 위와 같이 패키지를 포함한 클래스 이름을 사용할 수도 있다. 그러나 이렇게 복잡한 클래스 이름을 사용하는 것은 프로그램을 이해하기 어렵게 만들 것이다. 더욱이 프로그램에서 반복적으로 사용해야 할 클래스라면 매번 이와 같이 사용하는 것은 번거로운 일이다. 이런 경우에 사용할 수 있는 것이 import 문이다. 파일의 첫 부분에 다음과 같은 import 문을 사용하면 패키지 이름을 생략하고 클래스를 명시할 수 있다. (패키지 선언이 포함되어 있을 경우 import 문은 패키지 선언 다음에 와야 한다.)

```
import java.util.Scanner;
...
Scanner input = new Scanner(System.in);
```

이것이 지금까지 우리가 Scanner와 같은 자바가 제공하는 클래스의 객체를 생성할 때 사용했던 방법이었다. 사용자가 생성한 패키지에 속한 클래스도 마찬가지로 import 문을 사용할 수 있다. 그림 6.30은 Ch06 프로젝트의 디폴트 패키지에 속한 StudentTest 클래스에서

javabook.test.first 패키지에 속한 **Student** 클래스를 사용하는 예제인데, 파일 첫 머리에 import 문을 사용하고 있다.

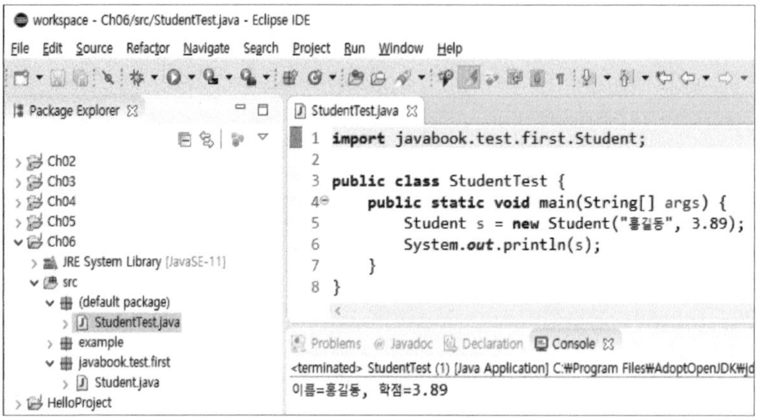

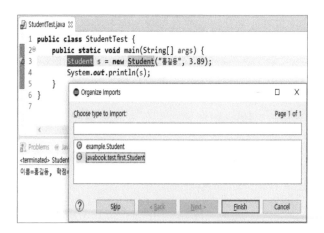

그림 6.30 import 문의 사용

앞에서도 설명했듯이 이클립스는 import 문을 자동적으로 포함시켜 주는 기능을 제공한다. StudentTest에서 import 문 없이 **Student** 클래스를 타입으로 사용하면 에러가 표시되는데, 이때 **Ctrl+Shift+O**를 누르면 **Student** 클래스를 위한 import 문이 프로그램에 자동적으로 포함된다. 만약 **Student** 클래스가 둘 이상 존재한다면 그림 6.31과 같은 대화창이 나타나서 올바른 패키지를 선택할 수 있게 해 준다.

그림 6.31 import 문의 자동적인 포함

어떤 패키지에 속한 모든 클래스를 포함하려면 import 문을 사용할 때 다음과 같이 패키지 이름 뒤에 별표(*)를 사용하면 된다.

```
import java.util.*;
```

이렇게 하면 java.util 패키지에 속한 모든 클래스가 import된다. 특정 패키지에 속한 클래스를 여러 개 사용한다면 이와 같은 방법으로 코드를 간결하게 할 수 있다. 하지만 이클립스와 같은 자동화된 도구를 사용한다면 실제로 사용하는 클래스들만 개별적으로 import 하는 것이 좋다.

6.5 이벤트 프로그래밍의 기초

이벤트와 리스너

앞장까지의 GUI 프로그램들은 화면 구성만 되어 있고 동작은 작성되지 않았다. 즉, 버튼을 누르는 등의 사용자 동작에 대응할 수 없었다. 이제 이러한 사용자 동작에 대응하는 코드를 작성하는 방법을 알아 보자. 예를 들어 4장에서 그림 6.32a와 같은 윈도우를 출력하는 그래픽 애플리케이션을 작성했었는데(예제 4.23와 4.24), 여기서는 버튼을 누르면 그림 6.35b와 같이 윈도우 화면이 녹색에서 빨간색으로 바뀌도록 프로그램을 수정하려고 한다.

(a) 버튼을 누르기 전   (b) 버튼을 누르고 난 후

그림 6.32 버튼 클릭에 대응하는 GUI 예제

마우스로 버튼을 누르는 사용자의 동작은 **이벤트**(event)를 발생시킨다. 버튼을 누르는 것뿐만 아니라 키보드의 키를 누르는 것, 윈도우의 크기를 조정하거나 윈도우를 닫는 것, 심지어 단순히 마우스를 움직이는 것 등이 모두 이벤트를 발생시킨다. GUI 프로그램이 윈도

우 화면을 구성하고 나서 해야 할 일은 특정한 이벤트가 발생했을 때 프로그램이 이를 처리하도록 프로그래밍하는 것이다.

이벤트가 발생했을 때 이를 처리하는 것이 **이벤트 리스너**(listener)이다. 그리고 자바에서는 이벤트와 이벤트 리스너가 모두 객체이다. 이들의 관계는 그림 6.33과 같다. 즉, 이벤트 소스는 사용자가 어떤 동작을 했을 때 특정 종류의 이벤트를 발생시키고, 이 이벤트는 이벤트 리스너에 의해 수신되어 처리된다.

그림 6.33 이벤트와 리스너

예를 들어 그림 **6.32**에서 사용자가 버튼을 누르면 이벤트 객체가 발생한다. 이 때 버튼이 **이벤트 소스**(event source)이다. 즉, 이벤트 소스는 이벤트를 발생시킨 컴포넌트를 말한다. 사용자 동작에 따라 이벤트 객체를 만들어내는 것은 자바 가상 기계가 담당하지만, 프로그램이 이 이벤트 객체를 처리하지 않으면 아무 일도 일어나지 않는다. GUI 프로그램은 처리하고자 하는 사용자 동작에 대해 이벤트 리스너를 작성한다. 그러면 이벤트가 발생했을 때 리스너에 작성된 코드가 실행되어 이벤트가 처리된다.

이벤트 리스너는 이벤트를 수신하여 처리하는 객체이다. 리스너 내에는 이벤트의 종류에 따라 실행할 동작을 작성해 둔 메소드가 있는데 이를 **이벤트 처리기**(event handler)라고 부른다. 프로그램이 그림 **6.32**와 같이 동작하기 위해서는 버튼을 눌렀을 때 발생하는 이벤트 객체를 수신하는 이벤트 리스너(객체)가 필요하고, 이 리스너에는 윈도우의 배경색을 빨간색으로 설정하는 이벤트 처리기(메소드)가 있어야 한다.

자바에서 객체를 생성하기 위한 설계도나 청사진에 해당하는 것이 바로 클래스이므로, 이벤트 처리를 위해 리스너 객체를 사용하려면 먼저 리스너 클래스가 필요하다. 그리고 이 리스너 클래스에는 상황에 적합한 이벤트 처리기 메소드가 포함되어 있어야 한다. 따라서 먼저 리스너 클래스를 정의하고 이 클래스로부터 리스너 객체를 만들어야 한다.

이벤트 리스너의 작성

사용자 동작에 의해 여러 종류의 이벤트 객체가 발생한다. 예를 들어 버튼을 누르면 ActionEvent가 발생되고 마우스를 움직이면 MouseEvent가 발생된다. ActionEvent나 MouseEvent는 자바가 제공하는 클래스로서 java.awt.event라는 패키지에 속해 있다. 사용자 동작에 의해 발생되는 이러한 이벤트에 대응하여 특정한 작업이 실행되도록 하려면 이벤트 리스너가 필요하다고 했다. 그리고 리스너는 이벤트의 종류에 따라 다르게 작성된다.

자바에서 ActionEvent 객체를 수신하여 처리하는 리스너는 ActionListener이다. 따라서 그림 6.32와 같이 버튼이 눌렸을 때 동작하는 프로그램을 작성하기 위해서는 ActionListener라는 종류의 리스너 클래스를 작성하고 그 객체를 생성하여 리스너로 사용하면 된다. 예제 6.14는 예제 4.23의 정의에 리스너와 관련된 코드를 추가한 것인데, 자세히 살펴 보자. (예제 4.23과는 달리 편의상 main 메소드도 포함시켰다.)

예제 6.14 SimpleBtnExample 클래스

```
01   import java.awt.Color;
02   import java.awt.Container;
03   import java.awt.FlowLayout;
04   import java.awt.event.ActionEvent;
05   import java.awt.event.ActionListener;
06   import javax.swing.JButton;
07   import javax.swing.JFrame;
08   import javax.swing.JLabel;
09
10   public class SimpleBtnExample extends JFrame {
11
12       public class ButtonListener implements ActionListener {
13
14           public void actionPerformed(ActionEvent e) {          ◄---- (1)
15               (getContentPane()).setBackground(Color.red);
16           }
17       }
18
19       public SimpleBtnExample() {
20           setSize(300, 150);
21           setTitle("Simple Button Example");
```

```
22              setDefaultCloseOperation(EXIT_ON_CLOSE);
23              Container cPane = getContentPane();
24              cPane.setBackground(Color.GREEN);
25              cPane.setLayout(new FlowLayout());
26              JLabel label = new JLabel("버튼을 누르세요");
27              JButton btn = new JButton("버튼");
28              ButtonListener listener = new ButtonListener();    ◄---- (2)
29              btn.addActionListener(listener);                   ◄-------------------- (3)
30              cPane.add(label);
31              cPane.add(btn);
32          }
33
34          public static void main(String[] args) {
35              (new SimpleBtnExample()).setVisible(true);
36          }
37      }
```

이벤트 처리를 위한 절차는 다음의 세 단계로 생각해 볼 수 있다.

1) 리스너 클래스를 작성한다.
2) 리스너 객체를 생성한다.
3) 리스너 객체를 컴포넌트에 등록한다.

첫 단계는 리스너 클래스를 작성하는 것인데, 예제 6.14 12–17행의 ButtonListener 클래스 정의가 이에 해당한다. ButtonListener 정의의 첫 줄에는 "implements ActionListener"라는 구절이 포함되는데, 지금으로서는 ButtonListener 클래스가 ActionListener의 역할을 한다는 의미로 이해하면 된다. (이 구절의 의미는 8장에서 인터페이스를 배운 다음에 보다 정확히 이해할 수 있을 것이다.) 앞에서 말한 것처럼 자바에서 ActionEvent를 처리하는 리스너는 ActionListener로 정해져 있기 때문에 이 구절이 들어가야 한다. 그래야 여기서 정의하는 ButtonListener 클래스가 ActionEvent를 처리할 수 있다.

리스너 클래스인 ButtonListener는 actionPerformed라는 하나의 메소드를 가진다(14–16행). 이 메소드가 ActionEvent가 발생했을 때 이를 수신하여 처리하는 이벤트 처리기이다. actionPerformed 메소드의 헤딩(14행)을 보면 이 메소드가 ActionEvent 타입의 매개변수를 가짐을 확인할 수 있다. 사용자가 버튼을 누르면 그 때 발생한 이벤트 객체가

actionPerformed의 매개변수로 넘어오므로, 필요하다면 이 매개변수를 통해 이벤트에 대한 정보를 얻을 수 있다. 예제 6.14에서 actionPerformed 메소드의 몸체는 내용창의 배경색을 빨간색으로 지정하는 한 문장으로 되어 있다(15행).

이벤트 처리의 두 번째 단계는 첫 단계에서 정의한 리스너 클래스로부터 리스너 객체를 생성하는 것이다. 28행이 리스너 객체를 생성하는 두 번째 단계에 해당한다. 마지막으로 29행에서 이렇게 생성한 리스너 객체를 컴포넌트에 등록하는데, 이때 addActionListener라는 메소드를 사용한다.

```
btn.addActionListener(listener);
```

이벤트 처리의 세 번째 단계에 해당하는 이 등록 과정이 반드시 필요하다. 버튼 컴포넌트(btn)에 리스너 객체(listener)가 등록되어 있어야 이벤트가 발생했을 때 등록되어 있는 리스너 객체를 통해 이벤트 처리기가 실행된다. 즉, 발생된 이벤트 객체를 인자로 하여 ButtonListener의 actionPerformed 메소드가 호출되는 것이다. 이제 예제 6.14를 실행하면 그림 6.32의 실행 결과를 얻을 수 있다.

지금까지 설명한 내용을 정리해 보자. 버튼(JButton)을 누르면 ActionEvent가 발생한다. ActionEvent를 처리하는 리스너는 ActionListener이다. 그러므로 버튼에 대한 이벤트 처리를 하려면 1) ActionListener 역할을 하는 리스너 클래스를 작성하고 2) 이 클래스로부터 리스너 객체를 생성한 다음 3) 버튼 컴포넌트에 addActionListener 메소드를 사용하여 리스너 객체를 등록하면 된다.

앞으로 살펴 볼 다른 종류의 이벤트도 마찬가지이다. 키보드의 키를 누르면 KeyEvent가 발생하고, KeyEvent를 처리하는 리스너는 KeyListener이며, KeyListener 객체를 컴포넌트에 등록할 때는 addKeyListener 메소드를 사용한다. 또 마우스 버튼을 누르거나 떼면 MouseEvent가 발생하고, MouseEvent를 처리하는 리스너는 MouseListener이며, MouseListener 객체를 컴포넌트에 등록할 때는 addMouseListener 메소드를 사용한다. 이와 같이 어떤 종류의 이벤트이든 리스너를 작성하여 이벤트를 처리하는 과정은 유사하다.

이벤트 객체 이용하기

예제 6.14는 버튼이 하나인 경우였다. 만약 그림 6.34와 같이 버튼이 2개이고 하나는 배경색을 빨간색으로 다른 하나는 노란색으로 바꾸는 경우는 어떨까?

(a) 초기 윈도우

(b) "빨간색" 버튼을 누른 후

(c) "노란색" 버튼을 누른 후

그림 6.34 TwoBtnExample 클래스의 실행 결과

버튼이 하나일 때는 구분할 필요가 없었지만, 이제는 버튼이 2개이므로 ActionEvent가 발생하면 어느 버튼이 눌린 것인지 알아야 한다. 이를 처리하는 프로그램을 예제 6.15와 같이 작성하였다.

예제 6.15 TwoBtnExample 클래스

```
//필요한 import는 Ctrl+Shift+O로 포함

11   public class TwoBtnExample extends JFrame {
12
13       private JButton btnRed;
14       private JButton btnYellow;
15
```

```
16      public class ButtonListener implements ActionListener {
17
18          public void actionPerformed(ActionEvent e) {
19              if (e.getSource() == btnRed)
20                  (getContentPane()).setBackground(Color.red);
21              else if (e.getSource() == btnYellow)
22                  (getContentPane()).setBackground(Color.yellow);
23          }
24      }
25
26      public TwoBtnExample() {
27          setSize(300, 150);
28          setTitle("Two Button Example");
29          setDefaultCloseOperation(EXIT_ON_CLOSE);
30
31          Container cPane = getContentPane();
32          cPane.setBackground(Color.GREEN);
33          cPane.setLayout(new FlowLayout());
34          JLabel label = new JLabel("버튼을 누르세요");
35          btnRed = new JButton("빨간색");
36          btnYellow = new JButton("노란색");
37
38          ButtonListener listener = new ButtonListener();
39          btnRed.addActionListener(listener);
40          btnYellow.addActionListener(listener);
41          cPane.add(label);
42          cPane.add(btnRed);
43          cPane.add(btnYellow);
44      }
45
46      public static void main(String[] args) {
47          (new TwoBtnExample()).setVisible(true);
48      }
49  }
```

예제 6.15의 TwoBtnExample 클래스도 예제 6.14와 대략적인 구조는 동일하다. (GUI 예제에서는 import 문의 수가 상당히 많아지므로 생략하였다. 프로그램 작성 중에 Ctrl+Shift+O를 눌러 포함하면 된다.) 16–24행에 리스너 클래스를 정의하였고, 38행에서 리스너 객체를 생성하였으며 39-40행에서 이 리스너 객체를 버튼 컴포넌트에 등록하였다. 차이가 있다면 버튼이 2개로 늘어났고, 이 2개의 버튼이 이번에는 클래스의 인스턴스 변수로 선언되었다는 점이다(13-14행). 즉, btnRed는 "빨간색" 버튼에 해당하고 btnYellow는 "노란색" 버튼에 해당한다. 버튼 객체를 생성하고 내용창에 등록하는 작업은 여전히 생성자에서 이루어진다. 주의할 것은 39-40행에서 보듯이 리스너 객체를 이 2개의 버튼에 모두 등록해야 한다는 점이다.

버튼이 눌리면 ActionEvent 객체가 발생한다. 2개의 버튼에 모두 리스너가 등록되어 있으므로 둘 중 어느 버튼이 눌리더라도 리스너의 actionPerformed 메소드가 실행된다. 이때 이벤트 객체가 actionPerformed 메소드의 매개변수로 넘어오므로 이 객체를 통해 어느 버튼이 눌렸는지 확인할 수 있다. 이벤트 객체에 대해 getSource 메소드를 사용하면 이벤트가 발생한 컴포넌트를 얻을 수 있으므로 이를 btnRed 및 btnYellow와 비교하면 된다.(19, 21행) 예제 6.15의 TwoBtnExample 클래스는 main 메소드를 포함하므로 바로 실행하여 그림 6.34의 결과를 얻을 수 있다.

내부 클래스

예제 6.14 12-17행이나 예제 6.15 16-24행의 리스너 클래스 정의를 다시 살펴 보자. 지금까지 작성했던 다른 클래스들과 달리 이 클래스는 다른 클래스의 내부에 멤버처럼 작성되었다. 즉, 예제 6.15에서 ButtonListener 클래스는 TwoBtnExample 클래스의 **내부 클래스**(inner class)이다. 클래스 내에서 내부 클래스는 다른 멤버들처럼 자유롭게 사용될 수 있다. 예제 6.15 38행은 내부 클래스인 ButtonListener를 사용하여 객체를 생성하였다.

내부 클래스는 인스턴스 변수나 메소드 등의 클래스 멤버와 마찬가지로 접근 지정자를 가질 수 있고, 그 의미는 동일하다. 예를 들어 다음과 같이 OuterClass의 내부 클래스로 InnerClass가 정의되었을 때 InnerClass의 접근 지정자가 private이면 OuterClass의 외부에서는 InnerClass를 사용할 수 없다.

```
public class OuterClass {
    private class InnerClass {
        ...
    }
}
```

내부 클래스의 접근 지정자가 private이 아니라 public이면 외부에서도 사용할 수 있다. OuterClass 내부에 InnerClass가 다음과 같이 내포되어 있다고 가정하자.

```java
public class OuterClass {
    public class InnerClass {
        public void foo() {
            System.out.println("foo in InnerClass");
        }
    }
    // ...
}
```

OuterClass의 외부에서 InnerClass를 사용할 때는 OuterClass.InnerClass와 같은 방식으로 표시해야 하고, 그 객체를 생성할 때는 다음과 같이 다소 생소한 형식으로 작성되어야한다. 그리고 OuterClass의 객체가 먼저 만들어져 있어야 한다.

```java
OuterClass outer = new OuterClass();
OuterClass.InnerClass inner = outer.new InnerClass();
inner.foo();
```

위와 같은 방식으로 클래스 외부에서 내부 클래스 객체를 생성하여 사용하는 코드는 이 책에서는 다루지 않는다. 여기서는 내부 클래스가 예제 6.15와 같이 자신이 속한 클래스 내부에서 사용되는 경우에 초점을 맞추도록 하자.

내부 클래스는 자신이 속한 클래스의 멤버를 자유롭게 접근할 수 있다. 예제 6.15에서 ButtonListener는 TwoBtnExample 클래스의 전용 인스턴스 변수인 btnRed와 btnYellow를 자유롭게 접근하고 있다. 이런 특성이 내부 클래스를 사용하는 주된 이유이다. 만일 예제 6.15의 리스너 클래스를 TwoBtnExample과 별개의 독립된 클래스로 작성한다면 대략 다음과 같은 구조가 될 것이다.

```java
class ButtonListener implements ActionListener {
    @Override
    public void actionPerformed(ActionEvent e) {
        ...
        //여기서 TwnBtnExample 클래스의 전용 멤버를 접근할 수 없음!
    }
}

public class TwoBtnExample extends JFrame {
    ...
}
```

이렇게 작성해도 문법적인 문제가 발생하는 것은 아니다. ButtonListener가 외부 클래스로 정의되어도 TwoBtnExample 클래스가 ButtonListener의 객체를 얻어 리스너로 사용하는 데는 별 문제가 없다. 그러나 그렇게 하면 이벤트 처리기가 TwnBtnExample의 전용 멤버를 자유롭게 사용하지 못한다. 예를 들어 actionPerformed 메소드 내에서 TwoBtnExample의 전용 인스턴스 변수인 btnRed나 btnYellow 등을 접근하지 못한다. ButtonListener와 TwoBtnExample이 서로 다른 별개의 클래스가 되기 때문이다. 리스너가 흔히 내부 클래스로 작성되는 것은 이런 이유 때문이다.

GUI 컴포넌트와 그래픽 메소드

이번에는 GUI 컴포넌트와 그래픽 메소드가 함께 사용되는 예를 살펴 보자. 우리가 작성하고자 하는 예제는 그림 6.35와 같이 하나의 버튼 컴포넌트와 그래픽 메소드로 그린 3개의 직사각형으로 구성된다.

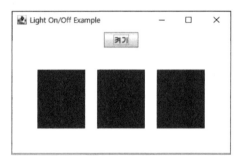

(a) 버튼을 누르기 전   (b) 버튼을 누른 후

그림 6.35 LightOnOffExample 클래스의 실행 결과

그림 6.35a에는 버튼이 하나 있고 그 아래쪽으로 내부가 칠해진 회색 직사각형이 3개 있다. 이 직사각형들이 조명이라고 가정하자. 버튼에는 "켜기"라는 텍스트가 표시되어 있는데, 이 버튼을 누르면 아래 쪽의 직사각형들이 노란색으로 바뀌고(즉, 조명이 켜지고) 버튼의 텍스트가 "끄기"로 바뀌게 된다(그림 6.35b). 이 상태에서 "끄기"버튼을 다시 누르면 직사각형이 회색으로 바뀌고(즉, 조명이 꺼지고) 버튼 텍스트가 "켜기"로 바뀌어 6.35a의 상태가 된다.

윈도우 위쪽의 버튼은 스윙 컴포넌트인 JButton으로 구현할 수 있고, 아래 쪽의 직사각형은 Graphics 클래스의 fillRect 메소드로 그릴 수 있다. 지금까지 작성했던 JFrame 애플리케이션들을 기억해 보면 알 수 있듯이, 일반적으로 스윙 컴포넌트는 생성자에서 취급하고 그래픽 부분은 paint 메소드에서 담당한다. 그러므로 그림 6.35를 구현하는 프로그램은 생성자에서 버튼을 처리하고 paint 메소드에서 직사각형을 그리면 된다. 또한 이벤트 처리를 위해 리스너를 작성하여 버튼에 등록해야 할 것이다. 예제 6.16은 그림 6.35를 구현한 JFrame 애플리케이션이다.

예제 6.16 LightOnOffExample 클래스

```
     //필요한 import는 Ctrl+Shift+O로 포함

11   public class LightOnOffExample extends JFrame {
12       private boolean isOn = false;
13
14       public LightOnOffExample() {
15           setSize(380, 250);
16           setDefaultCloseOperation(EXIT_ON_CLOSE);
17           setTitle("Light On/Off Example");
18
19           Container cPane = getContentPane();
20           cPane.setLayout(new FlowLayout());
21           JButton button = new JButton("켜기");
22           button.addActionListener(new BtnListener());
23           cPane.add(button);
24       }
25
26       public void paint(Graphics g) {
27           if (isOn)
28               g.setColor(Color.yellow);
29           else
30               g.setColor(Color.darkGray);
31           g.fillRect(50, 100, 80, 100);
32           g.fillRect(150, 100, 80, 100);
33           g.fillRect(250, 100, 80, 100);
34       }
35
```

```
36        private class BtnListener implements ActionListener {
37            public void actionPerformed(ActionEvent e) {
38                isOn = !isOn;
39                JButton btn = (JButton) e.getSource();
40                btn.setText(isOn ? "끄기" : "켜기");
41                repaint();
42            }
43        }
44
45        public static void main(String[] args) {
46            (new LightOnOffExample()).setVisible(true);
47        }
48    }
```

먼저 전용의 인스턴스 변수로 isOn이라는 boolean 타입의 변수를 두었는데(12행), 이 변수로 조명 상태를 제어한다. 즉, 이 변수가 true이면 직사각형을 노란색으로 칠하고 false이면 회색으로 칠한다. 버튼이 눌리면 이벤트 처리기 메소드가 실행되어 isOn의 값을 변경한다(38행). 그러면 변경된 isOn의 값에 맞게 직사각형의 색상을 지정하여 그리는 것은 paint 메소드가 담당한다.

생성자를 살펴 보면 내용창의 배치 관리자를 FlowLayout으로 지정하고(19~20행) JButton 객체를 생성하여 내용창에 등록한다(21, 23행). 버튼에는 리스너 객체가 등록되는데(22행), 리스너는 36~43행에 내부 클래스로 작성되었다. 리스너 클래스의 정의(36~43행)가 리스너 객체를 생성하는 코드(22행)보다 뒤에 나오는 것은 문제가 되지 않는다. 일반적으로 클래스 내의 멤버들 간의 순서는 별다른 의미가 없기 때문이다. 리스너 클래스 정의가 리스너 객체를 생성하는 생성자보다 앞쪽에 있으나 뒤쪽에 있으나 동일하게 동작한다.

그리기를 담당하는 paint 메소드는 isOn 변수의 값에 따라 색상을 지정하고 fillRect 메소드를 사용하여 지정된 위치에 3개의 직사각형을 그린다.

버튼이 눌려지면 실행되는 actionPerformed 메소드 내에서는 isOn의 값을 변경한다. 38행은 isOn의 현재 값이 true이면 false로, false이면 true로 변경한다. 그런 다음 isOn의 값에 따라 버튼의 텍스트를 "켜기" 혹은 "끄기"로 변경하는 부분이 39~40행이다. 버튼의 텍스트를 변경하려면 먼저 버튼 컴포넌트를 얻어야 한다. 리스너 내에서 이벤트가 발생한 컴포넌트를 얻으려면 이벤트 객체에 대해 getSource 메소드를 사용하면 된다. 이 경우에는 21 행에서 선언한 버튼 컴포넌트를 얻게 될 것이다. 그런데 이 메소드는 반환 타입이 Object이 므로 39행과 같이 실제 컴포넌트의 타입으로 변환해서 써야 한다(이러한 타입 변환을 다운 캐스팅이라고 하는데, 자세한 것은 7장에서 다시 설명한다). 일단 타입을 변환하여 JButton 타입으로 만들면 setText와 같은 메소드를 사용할 수 있다. isOn이 true가 되면 조명이 켜 진 상태이므로 버튼 텍스트는 "끄기"로 변경하고 반대로 isOn이 false가 되면 버튼 텍스트 는 "켜기"로 변경한다(40행).

41행의 repaint 메소드 호출은 아주 중요하다. 이 메소드는 윈도우 화면을 업데이트 하기 위해 호출된다. 여기서는 직사각형의 색상을 바꾸어 다시 그려야 하므로 호출한 것이다. 화 면 업데이트를 위해서는 화면을 그리는 paint 메소드를 직접 호출하면 될 것 같지만, 그렇 게 코드를 작성해서는 안 된다. paint 메소드는 윈도우 표시를 위해 자바 시스템에 의해 호 출되도록 설계된 메소드이므로 사용자 프로그램에서 직접 호출하면 안 된다는 점을 반드시 기억해 두자.

만약 윈도우 화면에 변경이 생기면 paint는 자동적으로 다시 호출된다. 예를 들어 사용자 가 윈도우의 크기를 조정하면 윈도우를 다시 그려야 하므로 paint가 다시 호출된다. 그런 데 지금 이 예제와 같은 경우에는 버튼을 눌렀다고 해도 paint가 자동적으로 호출되지 않 는다. 이런 경우에 paint가 다시 호출되도록 시스템에 요청하는 것이 repaint 메소드이다. 즉, 이벤트 발생 시에 화면을 업데이트 해야 한다면 repaint 메소드를 호출하면 된다. 그러 면 시스템이 paint를 호출하게 된다.

이제 이렇게 작성된 예제 6.16을 실행하면 그림 6.35의 결과를 얻을 수 있다.

프로그래밍 과제

1. 먼저 정수 n을 읽고 그 다음에 n 개의 정수를 읽어 배열에 저장한 다음, 읽은 값들의 평균값, 최대값, 최소값을 찾아 출력하는 프로그램을 작성하라. 다음 실행 예를 참고하라.

```
[?] Problems  @ Javadoc  [?] Declaration  [?] Console  ??
<terminated> ArrayAverage [Java Application] C:\Program File
정수를 입력하시오: 5
5개의 정수를 입력하시오.
38
89
24
66
85
평균값=60
최대값=89
최소값=24
```

2. 1년간의 월별 지출액을 저장하는 YearlyExpense 클래스를 작성하라. 이 클래스를 사용하는 다음의 테스트 클래스가 첨부한 실행 결과와 같이 동작해야 한다. YearlyExpense 클래스는 월별 지출액을 저장하기 위해 배열을 사용한다. 몇 월인지를 인자로 받아 각 월의 지출액을 반환하는 getExpense, 월평균 지출액을 반환하는 getMonthlyAvg, 최대 지출월을 반환하는 getMaxMonth, 최소 지출월을 반환하는 getMinMonth 등의 메소드를 구현해야 한다.

```java
public class YearlyExpenseDemo {
    public static void main(String[] args) {
        YearlyExpense expense = new YearlyExpense();
        expense.readInfo();
        System.out.println("월평균 지출=" + expense.getMonthlyAvg());
        System.out.println("최대 지출월=" + expense.getMaxMonth() +
                ", 지출액=" + expense.getExpense(expense.getMaxMonth()));
        System.out.println("최소 지출월=" + expense.getMinMonth() +
                ", 지출액=" + expense.getExpense(expense.getMinMonth()));
    }
}
```

```
[?] Problems  @ Javadoc  [?] Declaration  [?] Console  ??
<terminated> YearlyExpenseDemo [Java Application] C:\Prog
1월의 지출=100
2월의 지출=20
3월의 지출=140
4월의 지출=160
5월의 지출=130
6월의 지출=120
7월의 지출=100
8월의 지출=180
9월의 지출=160
10월의 지출=90
11월의 지출=110
12월의 지출=140
월평균 지출=120.83333333333333
최대 지출월=8, 지출액=180
최소 지출월=2, 지출액=20
```

◇□◇□◇□◇□◇□◇

3. 몇 줄의 영어 텍스트를 읽어 그 안에 각 영문자가 몇 번씩 나타나는지 회수를 출력하는 프로그램을 작성하라. 영어 텍스트 입력은 내용 없이 엔터를 치면 종료되도록 하라. 대소문자를 구분하지 않는다. 공백이나 구두점 등 영어 알파벳이 아닌 문자는 무시한다. 결과는 알파벳 순으로 표시하되, 회수가 0인 영문자는 표시하지 않는다. 다음에 첨부한 실행 결과를 참고하라. (힌트: 각 문자당 나타난 회수를 저장하는 배열이 필요하다.)

4. 예제 6.13의 StringSet 클래스에 equals 메소드를 추가하라. 두 개의 StringSet 객체를 equals로 비교할 때에는 한 쪽에 포함된 스트링이 모두 다른 쪽에도 포함되면 true를 반환해야 한다. 두 객체에 저장된 요소들의 순서가 다를 수도 있음에 주의하라. equals 메소드를 테스트하는 적절한 클래스를 작성하여 테스트하라.

프로그래밍 과제

5. 다음의 테스트 클래스와 그 실행 결과를 참고하여 Student 클래스를 작성하라. 학생을 나타내는 Student 클래스는 학생의 이름, 학과, 그리고 수강 과목의 목록을 인스턴스 변수로 가진다. 하나의 수강 과목은 Course라는 이름의 클래스로 작성한다. Course 클래스는 과목 이름(eg., "자바")과 학점 ("A+", "A", "B+" 등의 값)을 데이터로 가진다. Student 클래스는 Course 타입의 배열을 인스턴스 변수로 가져야 한다. 수강 과목은 최대 10개까지 저장한다고 가정하라. Student는 데이터를 읽어 들이는 readInfo 메소드와 데이터를 출력하는 writeInfo 메소드를 가진다. readInfo 메소드는 이름과 학과를 읽어 들이고 나서 과목과 학점을 한 줄씩 읽어 들이는데, 빈 줄이 입력되면 과목의 입력을 종료한다. GPA의 계산은 A+는 4.5, A는 4.0, B+는 3.5,... 등으로 하고 평점의 합계를 과목 수로 나눈다. 그 외에 필요한 메소드와 생성자를 포함시켜라.

```java
public class StudentTest {
    public static void main(String[] args) {
        Student s = new Student();
        s.readInfo();
        s.writeInfo();
    }
}
```

```
🔲 Problems  @ Javadoc  🔍 Declaration  🖥 Console  ⊠
<terminated> StudentTest (2) [Java Application] C:₩Program F
학생 이름:  홍길동
학과:  소프트웨어학과
과목명과 학점을 한 줄씩 입력:
자바 A+
모바일프로그래밍 B+
컴퓨터구조 B

학생 이름=홍길동
학과=소프트웨어학과
1:  자바=A+
2:  모바일프로그래밍=B+
3:  컴퓨터구조=B
GPA=3.67
```

6. 다음과 같이 버튼을 누르면 버튼에 표시된 텍스트가 변경되는 그래픽 애플리케이션을 작성하여라. 처음에 버튼에는 "버튼을 누르시오"라는 텍스트가 표시되고 창의 배경색은 흰색이다. 버튼을 누르면 버튼의 텍스트가 "버튼이 눌렸습니다"로 바뀌고 창의 배경색은 짙은 회색으로 변경된다.

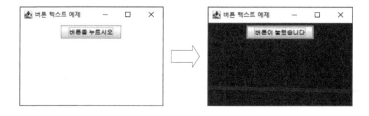

7. 다음과 같이 하나의 버튼과 3개의 다각형을 그리는 애플리케이션을 작성하라. 버튼을 누르면 아래 쪽 다각형의 색상이 회색→빨간색→파란색→노란색→회색의 차례로 계속 변경된다. 이 때 버튼에는 누르면 나타날 색상이 표시된다. 즉, 현재의 다각형 색상이 회색이면 버튼에는 "빨간색으로"가 표시되고, 버튼을 한 번 눌러 다각형이 빨간색으로 바뀌면 버튼에는 "파란색으로"가 표시된다.

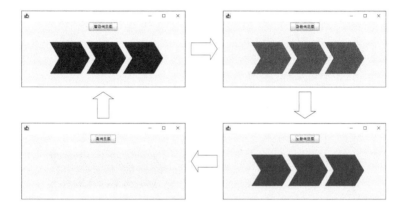

CHAPTER **7**

상속과 다형성

7.1 상속의 기초

상속의 개념

앞에서 다루었던 은행 계좌의 예를 좀더 확장해 보자. 저축예금 계좌(savings account)는 저축한 원금에 이율(interest rate)에 따라 이자가 붙는다. 이와 달리 당좌예금 계좌(checking account)는 수표를 발행할 수 있는 계좌를 말하는데, 이자가 붙지 않고 오히려 월정액의 취급 수수료가 있다고 가정하자.

이제 저축예금 계좌를 나타내는 SavingsAccount 클래스와 당좌예금 계좌를 나타내는 CheckingAccount 클래스를 설계해 보자. 계좌에 필요한 데이터는 매우 많겠지만 여기서는 편의상 몇 가지 종류만 생각해 볼 것이다. 저축예금과 당좌예금 계좌는 모두 계좌 소유주의 이름(name)과 잔액(balance)을 데이터로 가진다. 저축예금 계좌에는 추가로 이율(intRate)에 해당하는 데이터가 필요하다. 당좌예금 계좌에는 이율이 없고 취급 수수료(monthlyFee)가 필요하다. 이들을 각 클래스의 인스턴스 변수로 정하면 이들에 대한 접근자와 설정자 메소드도 필요할 것이다. 또 자신의 정보를 출력하는 writeInfo 메소드도 포함한다고 가정하자. 그러면 두 클래스를 UML을 사용하여 그림 7.1과 같이 설계할 수 있을 것이다.

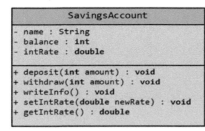

그림 7.1 SavingsAccount와 CheckingAccount 클래스의 UML

그림 7.1의 클래스 설계에 따르면 두 클래스는 인스턴스 변수인 name과 balance, 그리고 메소드 deposit과 withdraw 등을 공통으로 가지고 있다. 이들은 은행 계좌에 대한 기본적인 데이터와 동작이므로 다른 종류의 계좌가 필요하여 추가된다면 거기에도 다시 반복될 것이다. 공통되는 데이터나 동작을 이와 같이 여러 군데에서 중복하여 기술하는 것은 코드

의 재사용성이나 유지 보수 측면에서 바람직하지 않다. 예를 들어 추후에 은행 계좌와 관련
된 정보의 수정이 필요하게 되면 여러 곳을 찾아 수정해야 하는 문제가 있다. 이것은 두 종
류의 계좌가 개념상 서로 밀접히 관련되어 있는데 클래스 설계에 그런 점이 반영되지 않고
별개의 클래스로 표현되었기 때문에 발생하는 문제라고 볼 수 있을 것이다.

이와 같은 문제를 해결하는 것이 **상속**(inheritance)이다. 자바에서 상속은 '일반적인'
(general) 클래스를 먼저 정의하고 나서 거기에 세부 사항을 추가하여 좀 더 '특수한'
(specific) 클래스를 정의하는 기법이다. 이때 나중에 정의되는 특수한 클래스가 먼저 정의
된 일반적인 클래스의 특성을 상속받는다. 먼저 정의하는 일반적인 클래스를 **기반 클래스**
(base class) 혹은 **수퍼클래스**(superclass)라고 부르고 나중에 정의하는 특수한 클래스를 **파
생 클래스**(derived class) 혹은 **서브클래스**(subclass)라고 부른다. 서브클래스(파생 클래스)
가 수퍼클래스(기반 클래스)의 특성을 상속받는다. 중요한 것은 서브클래스는 수퍼클래스
에 이미 정의된 특성을 다시 반복하지 않는다는 점이다. 수퍼클래스의 특성은 수퍼클래스
에 한 번만 기술되고 서브클래스는 이를 물려받아 사용하게 된다.

앞의 예제로 돌아가 보면 저축예금 계좌와 당좌예금 계좌는 모두 은행 계좌의 특수한 경
우라고 생각할 수 있다. 즉, 일반적인 은행 계좌에 해당하는 BankAccount 클래스가 먼
저 정의되고 이 BankAccount 클래스를 상속받아 세부 사항을 추가한 저축예금 계좌
(SavingsAccount) 및 당좌예금 계좌(CheckingAccount) 클래스가 있는 것으로 클래스 계층
을 설계할 수 있다. 그러면 공통된 특성은 기반 클래스인 BankAccount 클래스에 속하게 되
고, 파생 클래스인 SavingsAccount과 CheckingAccount 클래스는 BankAccount 클래스가
가지는 공통된 특성을 상속받게 된다. 먼저 기반 클래스가 되는 BankAccount 클래스의 정
의를 살펴 보자.

예제 7.1 BankAccount 클래스

```
01    public class BankAccount {
02        private String name;
03        private int balance;
04
05        public BankAccount(String name, int balance) {
06            this.name = name;
07            this.balance = balance;
08        }
```

```
09
10    public void deposit(int amount) {
11        balance += amount;
12    }
13
14    public void withdraw(int amount) {
15        balance -= amount;
16    }
17
18    public void writeInfo() {
19        System.out.printf("예금주: %s\n", name);
20        System.out.printf("잔액: %,d원\n", balance);
21    }
22 }
```

BankAccount 클래스는 소유주 이름(name)과 잔액(balance)에 해당하는 두 개의 인스턴스 변수와 생성자, deposit과 withdraw 메소드, 그리고 자신의 정보를 출력하는 writeInfo 메소드를 가진다. writeInfo 메소드는 출력을 위해 printf 메소드를 사용하고 있다. 참고로 20행의 출력문에서 "%,d"로 표시된 형식 지정자는 주어진 값을 10진수로 출력하되 일반적인 수의 표현 방식에 따라 세 자리마다 쉼표(,)를 표시한다는 뜻이다.

```
System.out.printf("잔액: %,d원\n", balance);
```

예를 들어 위와 같은 printf 호출에서 balance 변수의 값이 1000000(백만)이었다면 실행 결과는 다음과 같을 것이다.

```
잔액: 1,000,000원
```

파생 클래스

이제 BankAccount 클래스의 파생 클래스로 SavingsAccount 클래스를 정의해 보자. SavingsAccount는 BankAccount의 특성을 상속받고 거기에 세부 사항을 더한다고 했다.

예제 7.2 SavingsAccount 클래스

```
01   public class SavingsAccount extends BankAccount {
02       private double intRate;
03
04       public SavingsAccount(String name, int balance, double intRate) {
05           super(name, balance);
06           this.intRate = intRate;
07       }
08
09       public void setIntRate(double newRate) {
10           this.intRate = newRate;
11       }
12
13       public double getIntRate() {
14           return this.intRate;
15       }
16
17       public void writeInfo() {
18           super.writeInfo();
19           System.out.printf("이율: %.2f%%\n", intRate);
20       }
21   }
```

예제 7.2에 보인 SavingsAccount 클래스의 정의는 지금까지 보아온 클래스의 정의와 거의 동일한 형식인데, 다만 그 첫 줄의 클래스 이름 다음에 "extends BankAccount"라는 구절이 포함되어 있다는 차이가 있다.

```
public class SavingsAccount extends BankAccount {
```

이 구절은 지금 정의되는 SavingsAccount 클래스가 기반 클래스인 BankAccount로부터 파생되어 만들어짐을 의미한다. 즉, BankAccount가 수퍼클래스이고 SavingsAccount는 BankAccount의 서브클래스가 된다. 그리고 서브클래스인 SavingsAccount는 BankAccount 의 인스턴스 변수와 메소드를 상속받게 된다. SavingsAccount는 상속받은 멤버 외에 intRate라는 인스턴스 변수 및 intRate에 대한 접근자와 설정자인 getIntRate와 setIntRate 메소드를 추가로 가진다. 그리고 수퍼클래스에도 writeInfo 메소드가 있지만 SavingsAccount도 나름의 writeInfo 메소드를 가진다. (5행과 18행에서 사용된 super에 대해서는 잠시 후에 설명한다.)

서브클래스가 수퍼클래스의 인스턴스 변수와 메소드를 상속받는다는 말의 정확한 의미가 무엇일까? 그것은 서브클래스의 객체를 생성했을 때 서브클래스의 인스턴스 변수에 메모리가 할당될 뿐만 아니라 수퍼클래스의 인스턴스 변수에도 메모리가 할당된다는 뜻이다. 또한 서브클래스의 객체에 대해 서브클래스의 공용 메소드를 부를 수 있을 뿐만 아니라 수퍼클래스의 공용 메소드도 부를 수 있다는 뜻이다. 예를 들어 다음과 같이 SavingsAccount 클래스의 객체를 선언한다고 하자.

```
SavingsAccount acc = new SavingsAccount("홍길동", 1200000, 2.5);
```

acc가 SavingsAccount 클래스의 객체를 가리키므로 acc에 대해 SavingsAccount의 공용 메소드인 setIntRate를 호출하는 것은 당연히 문제가 없다.

```
acc.setIntRate(2.35);
```

상속이 의미하는 바는 다음과 같이 acc에 대해 수퍼클래스인 BankAccount의 공용 메소드를 호출하는 것이 가능하다는 말이다.

```
acc.deposit(220000);
```

즉, deposit이 SavingsAccount에서 정의되지 않았음에도 불구하고 SavingsAccount 객체에 대해 deposit을 호출하는 것이 가능하다. 이는 SavingsAccount가 BankAccount의 서브클래스이므로 수퍼클래스로부터 인스턴스 변수와 메소드를 상속받기 때문이다. 다시 말하면 수퍼클래스의 공용 메소드가 서브클래스에도 있는 것처럼 사용할 수 있다.

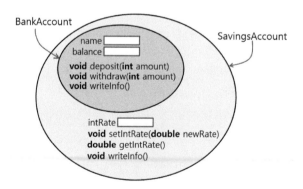

그림 7.2 수퍼클래스와 서브클래스의 관계

수퍼클래스와 서브클래스의 이러한 관계는 그림 7.2와 같이 생각해 볼 수 있다. SavingsAccount의 정의는 수퍼클래스인 BankAccount의 정의를 포함한다고 말할 수 있다. SavingsAccount가 BankAccount를 확장하는(extends) 서브클래스라고 선언하는 것은 SavingsAccount 객체가 BankAccount의 멤버들을 모두 포함한다는 뜻으로 해석할 수 있다. BankAccount의 객체를 만들면 안쪽 짙은 색깔의 타원에 해당하는 객체가 만들어지고 SavingsAccount의 객체를 만들면 바깥쪽 옅은 색깔의 타원에 해당하는 객체가 만들어진다. 따라서 SavingsAccount 객체를 생성하면 자신의 인스턴스 변수인 intRate뿐만 아니라 수퍼클래스의 인스턴스 변수인 name과 balance에 해당하는 메모리도 할당이 이루어지고, 자신의 메소드 뿐만 아니라 수퍼클래스의 메소드도 호출할 수 있게 된다.

앞에서 정의한 BankAccount 클래스와 SavingsAccount 클래스를 테스트하기 위해 작성한 예제 7.3의 코드를 살펴 보자.

예제 7.3 BankAccountTest 클래스

```
01  public class BankAccountTest {
02      public static void main(String[] args) {
03          BankAccount bacc = new BankAccount("홍길동", 0);
04          bacc.writeInfo();
05
06          SavingsAccount sacc = new SavingsAccount("임꺽정", 1200000, 2.5);
07          sacc.setIntRate(2.35);
08          sacc.deposit(220000);
09          sacc.writeInfo();
10      }
11  }
```

예제 7.3에서는 BankAccount 객체와 SavingsAccount 객체를 각각 하나씩 생성한 다음 몇 가지 메소드 호출을 하고 있는데, 8행에서 서브클래스 객체인 sacc에 대해 호출된 deposit 은 수퍼클래스의 메소드이다. 실행 결과는 그림 7.3과 같다.

그림 7.3 BankAccountTest 클래스의 실행 결과

클래스를 정의할 때 클래스 이름 다음에 extends 키워드로 수퍼클래스를 명시하는데, 이 때 extends 다음에는 오직 하나의 클래스 이름만 올 수 있다. 즉, 한 클래스의 수퍼클래스 는 오직 하나여야 한다. 이러한 특성을 **단일 상속**(single inheritance)이라고 부른다. 이와 달리 어떤 프로그래밍 언어는 클래스가 2개 이상의 수퍼클래스를 가질 수 있도록 허용하는데, 이러한 특성을 **다중 상속**(multiple inheritance)이라고 부른다. 자바는 단일 상속만을 허용한다.

상속을 포함하는 UML 다이어그램

상속을 포함하는 클래스 계층의 설계를 UML로 나타내려면 각 클래스를 앞에서 배운 UML 표기법에 따라 표시하고 서브클래스에서 수퍼클래스로 향하는 화살표를 그리면 된다. 예를 들어 BankAccount가 수퍼클래스이고 여기서 파생된 2개의 서브클래스 SavingsAccount와 CheckingAccount가 있다면 전체 클래스 계층에 대한 UML은 그림 7.4와 같이 된다. 이와 같이 UML 다이어그램은 개별 클래스뿐만 아니라 클래스 계층의 설계를 한 눈에 볼 수 있게 해준다.

수퍼클래스가 보다 일반적인 클래스이고 서브클래스는 여기에 세부 사항을 더해 만들어지므로 개념적으로 볼 때 서브클래스는 수퍼클래스의 일종이 되어야 한다. 즉, "모든 서브클래스 객체는 수퍼클래스 객체이다"라는 진술이 참이 되어야 한다. 예를 들어 그림 7.4의 클래스 계층을 보면 저축예금 계좌(SavingsAccount)는 은행 계좌(BankAccount)의 일종이다. 혹은 "모든 저축예금 계좌는 은행 계좌이다"라고 말할 수 있다. 수퍼클래스와 서브클래스의 이와 같은 관계를 is-a 관계라고 부른다. 이는 "A is a B"라는 진술에서 유래한 표현이다. 은행 계좌의 경우에 적용한다면 "A savings account is a bank account"가 된다. 수퍼클래스와 서브클래스 간에 **is-a** 관계가 성립하면 올바르게 설계된 클래스 계층이라고 할 수 있다.

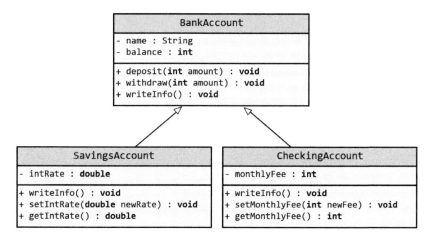

그림 7.4 클래스 계층에 대한 UML

수퍼클래스와 서브클래스의 상속 관계는 한 단계로 제한되지 않는다. 서브클래스의 서브클래스나 서브클래스의 서브클래스의 서브클래스도 정의할 수 있다. 이렇게 이루어지는 클래스 계층의 깊이에는 제한이 없다. 예를 들어 정해진 기간 동안 매월 일정액을 저축하는 정기적금 계좌(installment savings account)나 정해진 기간 동안 정해진 액수를 저축해 두는 정기예금 계좌(fixed deposit account)는 모두 이자가 붙는 저축예금 계좌의 일종이다. 그러므로 이 두 가지 종류의 계좌는 **SavingsAccount**의 서브클래스로 정의할 수 있을 것이다. 이렇게 되면 전체 클래스 계층에 대한 **UML**은 그림 7.5와 같이 된다. **UML**은 필요에 따라 이와 같이 세부 사항을 생략하고 표시할 수도 있음을 기억하자.

새로 추가된 **FixedDepositAcct**(정기예금 계좌)와 **InstallmentAcct**(정기적금 계좌)는 **SavingsAccount**의 서브클래스이다. 그런데 **SavingsAccount**는 다시 **BankAccount**의 서브클래스이다. 가끔 클래스 계층 관계를 부모-자식 관계에 비유하여 수퍼클래스를 **부모 클래스**(parent class)라고 부르고, 서브클래스를 **자식 클래스**(child class)라고 부르기도 한다. 그리고 이런 관계를 확장하여 **조상 클래스**(ancestor class)와 **자손 클래스**(descendent class)를 정의하기도 한다. 그림 7.5의 클래스 계층에서 **BankAccount**는 **FixedDepositAcct**의 조상 클래스이고 반대로 **FixedDepositAcct**는 **BankAccount**의 자손 클래스가 된다.

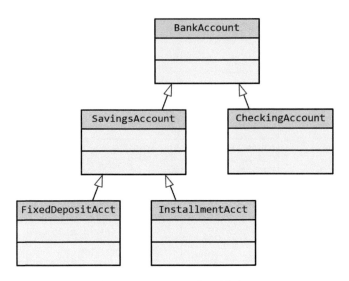

그림 7.5 BankAccount 클래스 계층의 UML

그림 7.5에서 FixedDepositAcct와 InstallmentAcct는 SavingsAccount의 서브클래스이
므로 SavingsAccount의 멤버를 상속한다. 그런데 SavingsAccount는 BankAccount의 멤버
를 상속하므로 결국 FixedDepostiAcct와 InstallmentAcct는 BankAccount의 모든 멤버
도 상속하는 셈이 된다. 즉, 클래스 계층을 따라 수퍼클래스를 비롯하여 모든 조상 클래스
의 멤버가 상속된다. 예를 들어 InstallmentAcct의 객체를 생성하면 InstallmentAcct 자
신이 정의한 인스턴스 변수뿐만 아니라 BankAccount의 인스턴스 변수인 name과 balance,
그리고 SavingsAccount의 인스턴스 변수인 intRate도 메모리를 할당받는다. 또한
InstallmentAcct 객체에 대해 BankAccount와 SavingsAccount의 공용 메소드도 호출할
수 있다.

상속과 생성자

객체를 생성할 때 호출되는 생성자의 주된 목적은 인스턴스 변수의 초기값을 할당하는 등의
초기화 작업이다. 클래스 상속이 이루어지더라도 수퍼클래스와 서브클래스는 각자의 생성
자를 가진다. 앞에서 예로 든 BankAccount와 SavingsAccount의 정의를 살펴 보면 두 클래스
는 각자의 생성자를 포함하고 있고, 각 생성자는 자신이 소속된 클래스의 인스턴스 변수에
초기값을 할당한다. 즉, BankAccount의 생성자는 BankAccount의 인스턴스 변수를 초기화하
고 SavingsAccount의 생성자는 SavingsAccount의 인스턴스 변수를 초기화하고 있다.

그러면 서브클래스의 객체를 생성할 때의 상황을 생각해 보자. 설명의 편의를 위해 다음과 같이 간단한 상황을 가정하자.

```java
class A {
    private int a;
    public A() {
        this.a = 0;
    }
}

class B extends A {
    private int b;
    public B() {
        this.b = 1;
    }
}
...
B obj = new B();
```

클래스 A는 클래스 B의 수퍼클래스이다. B의 객체 obj가 생성될 때 B의 생성자가 호출된다. 위의 코드에서 B의 생성자는 B에서 정의된 인스턴스 변수 b를 초기화한다. 그러면 A에서 정의된 인스턴스 변수 a는 어떻게 될까? 앞에서 설명했듯이 서브클래스가 수퍼클래스 멤버를 상속한다는 말은 서브클래스 객체가 생성될 때 수퍼클래스의 인스턴스 변수도 메모리를 할당 받게 된다는 뜻이다. 이러한 상황에서 B의 생성자만 실행된다면 수퍼클래스에서 정의된 인스턴스 변수는 적절히 초기화될 기회가 없다.

이런 이유로 자바에서 서브클래스의 객체가 생성될 때에는 서브클래스의 생성자뿐만 아니라 수퍼클래스의 생성자도 반드시 실행되어야 한다. 그리고 실제로 위와 같은 코드에서는 서브클래스 생성자의 몸체가 실행되기 전에 먼저 수퍼클래스의 디폴트 생성자가 자동 호출된다. 명시적으로 호출하지 않아도 수퍼클래스의 생성자가 자동적으로 실행된다는 말이다. 예를 들어 A가 B의 수퍼클래스이고 B가 C의 수퍼클래스인 다음과 같은 클래스 계층을 가정해 보자.

```java
class A {
    private int a;
    public A() {
        this.a = 0;
        System.out.println("A의 생성자가 실행됨.");
```

```
        }
    }

class B extends A {
    private int b;
    public B() {
        this.b = 1;
        System.out.println("B의 생성자가 실행됨.");
    }
}

class C extends B {
    private int c;
    public C() {
        this.c = 2;
        System.out.println("C의 생성자가 실행됨.");
    }
}

public class Test {
    public static void main(String[] args) {
        C obj = new C();
    }
}
```

Test 클래스의 main 메소드에서 클래스 C의 객체를 생성하면 이 때 C의 생성자가 호출된다. 그런데 C의 수퍼클래스가 B이므로 C의 생성자가 실행되기 전에 B의 디폴트 생성자가 먼저 호출된다. 다시 B의 수퍼클래스가 A이므로 B의 생성자가 실행되기 전에 A의 디폴트 생성자가 먼저 호출된다. 따라서 이 코드를 실행하면 다음과 같이 A, B, C의 생성자가 차례로 실행되는 결과가 나온다.

> A의 생성자가 실행됨.
> B의 생성자가 실행됨.
> C의 생성자가 실행됨.

즉, 서브클래스의 생성자가 수퍼클래스 생성자를 명시적으로 호출하지 않더라도 묵시적으로 수퍼클래스의 생성자가 먼저 호출된다. 이와 같이 묵시적으로 호출되는 것은 수퍼클래스의 '디폴트' 생성자, 즉 인자를 갖지 않는 생성자이다. 그런데 경우에 따라서는 수퍼클래스의 특정한 생성자를 명시적으로 호출해야 하는 상황도 있다. 예제 7.2의 SavingsAccount

클래스 정의를 살펴 보면 생성자가 3개의 매개변수를 가진다.

```java
public SavingsAccount(String name, int balance, double intRate) {
    super(name, balance);
    this.intRate = intRate;
}
```

마지막 매개변수 intRate는 SavingsAccount에서 정의된 인스턴스 변수 intRate의 초기값으로 사용하면 되지만 처음 두 개의 매개변수는 수퍼클래스인 BankAccount에서 정의된 인스턴스 변수를 초기화할 값이다. 즉, 이 두 개의 값으로 수퍼클래스의 생성자를 호출해야 한다. 서브클래스의 생성자에서 수퍼클래스의 생성자를 명시적으로 호출하기 위해 키워드 super를 사용한다. SavingsAccount 생성자의 첫 줄은 두 개의 매개변수 값을 인자로 수퍼클래스의 생성자를 호출하는 문장이다.

```java
super(name, balance);
```

그러면 수퍼클래스인 BankAccount에 포함된 다음의 생성자가 실행되어 넘겨 받은 인자 값으로 인스턴스 변수 name과 balance를 초기화하게 된다.

```java
public BankAccount(String name, int balance) {
    this.name = name;
    this.balance = balance;
}
```

만약 서브클래스 생성자에서 다음과 같이 super 호출을 생략했다면 어떻게 될까?

```java
public SavingsAccount(String name, int balance, double intRate) {
    //에러
    this.intRate = intRate;
}
```

서브클래스 생성자가 수퍼클래스 생성자를 명시적으로 호출하지 않으면 수퍼클래스의 디폴트 생성자에 대한 묵시적인 호출이 이루어진다고 했다. 그러므로 명시적인 super 호출이 없어도 결과적으로 다음과 같은 코드가 실행되는 것과 같다.

```java
public SavingsAccount(String name, int balance, double intRate) {
    super();        //에러
    this.intRate = intRate;
}
```

즉, 이 정의는 super 호출을 생략한 방금 전의 코드와 완전히 동등하다. 두 경우 모두 수퍼클래스인 BankAccount의 디폴트 생성자를 호출하지만, 수퍼클래스에 디폴트 생성자가 정의되지 않았으므로 컴파일 에러가 발생한다. (클래스를 정의할 때 생성자를 하나도 작성하지 않으면 시스템이 디폴트 생성자를 자동 생성해 주지만, 생성자를 하나라도 작성하면 시스템이 생성자를 자동 생성해 주지 않는다고 했던 것을 기억할 것이다. 예제 7.1의 BankAccount에는 2개의 인자를 가지는 생성자가 작성되었으므로 시스템이 디폴트 생성자를 자동 생성해 주지 않는다. 즉, 디폴트 생성자가 없다. 따라서 명시적이건 묵시적이건 BankAccount의 디폴트 생성자를 호출하면 에러이다.)

생성자 내에서 수퍼클래스 생성자를 호출할 때는 반드시 키워드 super를 써야 한다. 다음과 같이 수퍼클래스 생성자의 이름을 직접 써서는 안 된다.

```java
public SavingsAccount(String name, int balance, double intRate) {
    BankAccount(name, balance);    //에러
    this.intRate = intRate;
}
```

또한 super에 의한 수퍼클래스 생성자의 호출은 반드시 생성자의 첫 번째 문장이라야 함에 주의하라. 생성자의 첫 번째 문장이 아닌 다음과 같은 super 호출은 에러이다.

```java
public SavingsAccount(String name, int balance, double intRate) {
    this.intRate = intRate;
    super(name, balance);    //에러
}
```

상속과 전용 멤버

서브클래스가 수퍼클래스를 상속하더라도 서브클래스는 수퍼클래스의 전용 멤버를 접근할 수 없다. 예를 들어 앞에서 살펴 본 BankAccount와 SavingsAccount의 예제에서 다음과 같이 SavingsAccount의 생성자에서 직접 BankAccount의 인스턴스 변수를 초기화하면 에러이다.

```java
public class BankAccount {
    private String name;
    private int balance;
    ...
}
```

```
public class SavingsAccount extends BankAccount {
    private double intRate;

    public SavingsAccount(String newName, int newBalance, double newRate) {
        name = newName;              //에러
        balance = newBalance;        //에러
        intRate = newRate;
    }
    ...
}
```

인스턴스 변수 name과 balance는 BankAccount 클래스의 전용 멤버이다. 클래스의 전용 멤버는 클래스 외부에서 직접 접근하지 못한다고 했었다. 비록 SavingsAccount가 BankAccount의 서브클래스라 하더라도 SavingsAccount에서 BankAccount의 전용 멤버를 접근하지는 못한다. 상속 관계에 있다고 해도 수퍼클래스와 서브클래스는 여전히 별개의 클래스이기 때문이다. 이런 이유로 예제 7.2의 SavingsAccount 클래스의 생성자에서 직접 name과 balance를 초기화하지 못하고 BankAccount의 공용 멤버인 생성자를 호출했던 것이다.

이런 접근 제한은 전용 인스턴스 변수뿐만 아니라 전용 메소드에 대해서도 동일하게 적용된다. 즉, 수퍼클래스의 전용 메소드는 수퍼클래스 내에서만 호출할 수 있고 서브클래스에서는 호출하지 못한다. 결론적으로 수퍼클래스의 전용 멤버들은 서브클래스에서 접근할 수 없다.

그러면 수퍼클래스의 전용 멤버를 서브클래스에서 접근하기 위해서는 어떻게 해야 할까? 수퍼클래스의 전용 인스턴스 변수를 접근하기 위해서는 수퍼클래스에서 접근자와 설정자 메소드를 제공하면 된다. 이것은 클래스 상속과 상관 없는 일반적인 방법이다. 공용으로 선언된 접근자와 설정자 메소드는 서브클래스뿐 아니라 다른 모든 외부 클래스에서 호출할 수 있다. 다음 코드를 보면 수퍼클래스에서 자신의 전용 멤버인 name과 balance에 대한 접근자를 제공하고 이를 서브클래스에서 호출하고 있다.

```
public class BankAccount {
    private String name;
    private int balance;
    ...
    public int getBalance() {
        return this.balance;
```

```java
    }
    public String getName() {
        return this.name;
    }
}


public class SavingsAccount extends BankAccount {
    private double intRate;
    ...
    public void writeInfo() {
        System.out.printf("예금주: %s\n", getName());
        System.out.printf("잔액: %,d원\n", getBalance());
        System.out.printf("이율: %.2f%%\n", intRate);
    }
}
```

접근 지정자 protected

이미 배운 public과 private 말고도 접근 제어를 지정하는 또 다른 키워드로 protected가 있다. protected로 지정된 멤버는 같은 패키지 내에서는 제한 없이 사용할 수 있다. 즉, 같은 패키지 내의 클래스에 대해서는 public이나 마찬가지이다. 주의해야 할 상황은 수퍼클래스에서 서브클래스가 파생되었는데, 이 둘이 서로 다른 패키지에 속할 경우이다. 이 경우 protected 멤버는 서브클래스에서는 직접 접근할 수 있고, 그 외의 클래스에서는 접근하지 못한다. 전용(private) 멤버가 오직 클래스 자신의 내부에서만 접근할 수 있었던 것과 비교한다면, protected 멤버는 서브클래스에서도 접근할 수 있게 허용하는 것이다. 그러므로 수퍼클래스의 멤버를 서브클래스에서는 제한 없이 사용하도록 허용하고 다른 클래스에서는 접근하지 못하도록 막아야 할 때 protected 멤버로 선언하면 된다.

```java
public class BankAccount {
    protected String name;
    protected int balance;
    ...
}


public class SavingsAccount extends BankAccount {
    private double intRate;
    ...
```

```
        public void writeInfo() {
            System.out.printf("예금주: %s\n", name);       //Okay
            System.out.printf("잔액: %,d원\n", balance);  //Okay
            System.out.printf("이율: %.2f%%\n", intRate);
        }
    }
```

위의 코드를 보면 name과 balance가 수퍼클래스의 protected 멤버로 선언되었으므로 서브클래스에서 마치 자신의 인스턴스 변수인 것처럼 이름으로 직접 접근이 가능하다. BankAccount와 SavingsAccount가 서로 다른 패키지에 속하였을 때에도 그러하다.

서로 다른 패키지에 속한 클래스 간의 상속 관계가 언제 발생하는지 궁금한가? 이는 자바가 제공하는 클래스를 상속받아 새로운 클래스를 작성하려고 할 때 흔히 발생하는 상황이다. 예를 들어 GUI 애플리케이션을 작성할 때 "extends JFrame"이라는 구절을 포함하여 클래스를 선언했던 것을 기억할 것이다. 이렇게 함으로써 새로 작성하는 클래스는 JFrame의 서브클래스가 된다. JFrame이 스윙 패키지에 속하고 새로 작성하는 클래스는 사용자 패키지에 속할 것이므로, 이 때 수퍼클래스와 서브클래스가 서로 다른 패키지에 속하게 되는 것이다. 그러므로 JFrame을 상속하는 클래스는 필요하다면 JFrame의 protected 멤버를 자유롭게 접근할 수 있다.

protected 접근 지정자는 인스턴스 변수뿐만 아니라 메소드에 대해서도 동일한 의미로 작용한다.

참고 | **package 접근 지정**

인스턴스 변수나 메소드를 선언할 때 접근 지정자를 아예 생략하면 어떻게 될까? 접근 지정자가 생략된 멤버는 **패키지 접근 지정**(package-private)에 해당하는 것으로 간주된다. 다음 클래스 정의에서 인스턴스 변수 a가 패키지 접근 지정 멤버이다.

```
public class A {
    int a;
}
```

패키지 접근 지정 멤버는 동일 패키지에 속하는 클래스에서는 제한 없이 접근할 수 있고 패키지 외부에서는 접근할 수 없다.

7.2 상속과 타입 호환성   ◇◇◇◇◇◇◇◇

상속에서의 타입

자바에서 클래스는 타입의 역할을 한다. 그러므로 클래스 A 타입으로 선언된 변수에는 클래스 A의 객체를 할당해야 한다. 다른 종류의 객체를 할당하면 타입 에러가 된다는 말이다. 예를 들어 다음과 같이 First와 Second가 별도의 클래스로 정의되었다면 First와 Second는 서로 다른 타입이 된다.

```java
class First {
    ...
}
class Second {
    ...
}

First obj1 = new Second();   //에러
Second obj2 = new Second(); //Okay
```

그러므로 만일 위의 첫 번째 변수 선언과 같이 클래스 First의 참조 변수에 클래스 Second의 객체를 대입하면 타입 에러가 된다.

그런데 수퍼클래스와 서브클래스로 이루어지는 클래스 계층에서는 상황이 조금 다르다. 서브클래스의 객체는 자신의 클래스를 타입으로 가지지만 동시에 수퍼클래스를 포함한 모든 조상 클래스의 타입도 가진다. 다음과 같은 클래스 계층이 있다면 클래스 Second의 객체는 Second 타입이지만 동시에 First 타입이기도 하다는 것이다.

```java
class First {
    public void foo() {
        System.out.println("foo in First");
    }
}

class Second extends First {
    public void goo() {
        System.out.println("goo in Second");
    }
}
```

그러므로 다음과 같이 클래스 Second 타입의 참조 변수에 Second의 객체를 대입하는 것뿐만 아니라 First 타입의 참조 변수에 Second의 객체를 대입하는 것도 타입 제약을 위배하지 않는다.

```
First obj1 = new Second();   //Okay
Second obj2 = new Second();
```

업캐스팅과 다운캐스팅

First가 Second의 수퍼클래스라고 했을 때, 다음 문장과 같이 수퍼클래스 타입의 참조 변수에 서브클래스의 객체를 대입하는 것을 **업캐스팅**(upcasting)이라고 부른다. (아래 설명은 서브클래스 객체가 대입되는 예를 사용하지만 자손 클래스 객체가 대입되어도 업캐스팅이며 상황은 동일하다.)

```
First obj1 = new Second();
```

이러한 업캐스팅은 기본형 데이터에 적용되는 자동적인 타입 변환과 같은 것이 아니다. 예를 들어 다음과 같이 int 값이 double 값으로 타입 변환되면 실제로 데이터의 변화가 일어난다.

```
int i = 10;
double d = i;
```

정수 값 10이 실수 값 10.0으로 바뀌는 것이다. 그러나 업캐스팅을 하더라도 객체가 변경되지는 않으며, 비유하자면 객체의 명찰을 바꾸어 다는 것이라고 생각할 수 있다. 서브클래스의 객체를 수퍼클래스 타입으로 업캐스팅 한다는 것은 그 객체를 수퍼클래스 타입의 객체로 취급하겠다는 의미이다.

업캐스팅 시에 서브클래스의 멤버는 숨겨진다. 수퍼클래스 타입의 참조 변수가 서브클래스의 객체를 가리키더라도 수퍼클래스 타입의 참조 변수로는 수퍼클래스의 멤버만 접근할 수 있다는 뜻이다. obj1과 obj2가 다음과 같이 선언되었다면 두 변수 모두 Second 타입의 객체를 가리키고 있을 것이다.

```
First obj1 = new Second();
Second obj2 = new Second();
```

앞의 코드에서 First 클래스에는 foo 메소드가 있고 Second에는 goo 메소드가 있었다.

Second 타입인 obj2를 통해서는 메소드 foo와 goo를 모두 호출할 수 있지만 First 타입으로 업캐스팅 된 obj1으로는 goo를 호출할 수는 없고 foo만 호출할 수 있다.

```
obj1.foo();
obj1.goo();    //에러
obj2.foo();
obj2.goo();
```

참조 변수 obj1이 가리키는 것이 실제로는 Second의 객체임에도 불구하고 obj1으로는 Second의 멤버를 접근할 수 없다. obj1의 타입이 First이므로 First의 멤버만 접근할 수 있는 것이다.

이와 같이 업캐스팅 시에 서브클래스 멤버는 숨겨지지만, 객체 자체가 변경된 것은 아니므로 필요에 따라 다시 서브클래스 타입으로 명찰을 되돌려서 숨겨진 멤버를 사용할 수도 있다. 이것을 **다운캐스팅**(downcasting)이라고 부르는데, 다음과 같이 반드시 명시적으로 클래스 타입을 지정해야 한다.

```
Second obj = (Second)obj1;    //다운캐스팅
obj.goo();
```

이제 obj를 통해서 Second의 멤버인 goo 메소드를 호출할 수 있게 되었다. 물론 obj1이 가리키는 객체가 원래 Second 클래스 타입이기 때문에 이와 같은 다운캐스팅이 가능하다. 다른 타입의 객체였다면 메소드 호출에서 실행 에러가 발생할 것이다.

다운캐스팅도 기본형 데이터의 타입을 강제로 변환하는 타입 캐스팅(type casting)과는 다른 것이다. 다음과 같이 10.8이라는 double 값을 int로 타입 캐스팅하면 그 값이 10으로 변경된다.

```
double d = 10.8;
int i = (int) d;
```

이와 달리 업캐스팅과 다운캐스팅에서 실제로 객체에는 아무런 변경이 일어나지 않는다. 객체를 가리키는 참조 변수의 타입이 달라지는 것이다. 그러므로 클래스 계층에서 업캐스팅/다운캐스팅이란 객체의 명찰을 바꿔 다는 것이라고 생각해야 한다. 기본형 값에 대한 타입 변환처럼 값의 변경을 수반하는 것이 아니다.

instanceof 연산자

업캐스팅, 즉 서브클래스의 객체를 수퍼클래스 타입의 참조 변수에 대입하는 것은 아무런 문제가 발생할 가능성이 없는 동작이다. 그런데 반대의 과정인 다운캐스팅은 문제를 일으 킬 가능성이 있다. 예를 들어 클래스 계층이 First와 Second로만 이루어진 것이 아니라 그 림 7.6과 같이 세 개의 클래스로 이루어져 있다고 생각해 보자.

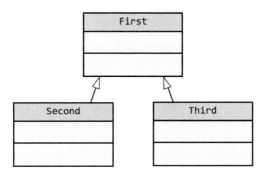

그림 7.6 클래스 계층 예

다음과 같이 Third 클래스로부터 업캐스팅된 객체를 Second 타입으로 다운캐스팅을 시도 하게 되면 당연히 문제가 생길 것이다.

```
First obj1 = new Third();    //업캐스팅
Second obj = (Second)obj1;   //다운캐스팅
```

위의 두 번째 문장은 그 자체로는 컴파일 에러를 발생시키지 않으나, Second 타입으로 선 언된 참조 변수 obj가 실제로 가리키게 되는 객체는 Third 클래스의 객체이기 때문에 나중 에 문제가 생길 것이다. 예를 들어 obj를 통해 Second 클래스에 속한 멤버를 접근하면 에러 가 난다. 이런 상황을 막기 위해서 instanceof 연산자를 사용할 수 있다. instanceof를 사 용하여 객체가 특정 클래스 타입인지를 알아낼 수 있으므로 다운캐스팅을 하기 전에 다음 과 같이 확인하면 된다.

```
if (obj1 instanceof Second) {
    Second obj = (Second)obj1;
    obj.goo();
}
```

instanceof가 사용된 if의 조건식은 obj1이 가리키는 객체가 실제로 Second 타입이면

true를 반환하고 아니면 false를 반환한다. 다운캐스팅을 할 때는 이와 같이 객체의 타입을 확인하고 진행하는 것이 안전하다.

한편, 수퍼클래스 타입의 참조 변수에 서브클래스 객체를 대입하는 것은 가능하지만 반대로 서브클래스 타입의 변수에 수퍼클래스 객체를 대입하는 것은 불가능하다. 서브클래스의 객체가 그 조상 클래스 타입을 가지는 것이지 그 반대가 아니기 때문이다.

```java
Second obj3 = new First();   //에러
```

그러므로 A라는 클래스 타입의 참조 변수에는 클래스 A의 객체와 A의 모든 자손 클래스의 객체를 대입하는 것이 가능하다는 점을 기억하면 된다.

타입 호환성과 매개변수 전달

이러한 타입 호환성은 대입문에서만 적용되는 것이 아니다. 인자와 매개변수의 관계에도 동일한 원칙이 적용된다. 앞에서 보인 예와 같이 First가 Second의 수퍼클래스이고 First에는 foo 메소드가 있고 Second에는 goo 메소드가 있다고 가정하자. 다음 코드의 func 메소드는 첫 번째 매개변수가 First 타입이고 두 번째 매개변수가 Second 타입이다.

```java
public class Test {
    public static void func(First obja, Second objb) {
        obja.foo();
        objb.goo();
    }

    public static void main(String[] args) {
        First obj1 = new First();
        Second obj2= new Second();
        func(obj1, obj2);
        func(obj2, obj2);
        func(obj1, obj1);   //에러
    }
}
```

func 메소드에 대한 첫 번째 호출은 두 개의 인자 모두 매개변수와 타입이 일치하므로 당연히 문제가 없다.

```java
func(obj1, obj2);
```

두 번째 호출은 다음과 같이 두 인자 모두 Second 타입의 객체를 넘기고 있는데, 이 중 두 번째 인자는 func의 매개변수와 타입이 일치하므로 문제가 없다

    func(obj2, obj2);

첫 번째 인자는 Second 타입인 obj2가 넘어가지만 여기에 대응하는 매개변수가 First 타입이다. 이 경우는 서브클래스 객체(인자)를 수퍼클래스 타입의 참조 변수(매개변수)에 대입하는 것이기 때문에 가능하다. 즉, 업캐스팅과 동일한 상황이다. 물론 인자로 전달되는 것 자체는 문제가 없지만, func 메소드 내에서 obja를 통해서 Second 클래스에 속한 goo 메소드를 호출하지 못한다는 것은 이미 설명한 바와 같다.

마지막 세 번째 호출에서는 두 인자 모두 First 타입의 객체를 넘긴다.

    func(obj1, obj1);   //에러

이 호출에서는 첫 번째 인자는 매개변수와 타입이 일치하고 두 번째 인자가 일치하지 않는다. 그런데 이 경우에는 서브클래스 타입의 매개변수에 수퍼클래스 객체를 인자로 넘기려고 하므로 타입 에러가 된다. 수퍼클래스 객체(인자)를 서브클래스 타입의 참조 변수(매개변수)에 대입할 수 없기 때문이다.

7.3 메소드 오버라이딩

오버라이딩의 개념

도형(shape)에 해당하는 다음과 같은 클래스 계층을 살펴 보자. 수퍼클래스인 MyShape 아래 직사각형과 원에 해당하는 두 개의 서브클래스 MyRect와 MyCircle이 정의되었는데, 세 클래스 모두 draw라는 메소드를 포함하고 있다.

```
class MyShape {
    public void draw() {
        System.out.println("도형 그리기.");
    }
}

class MyRect extends MyShape {
```

```
        public void draw() {
            System.out.println("직사각형 그리기.");
        }
    }

    class MyCircle extends MyShape {
        public void draw() {
            System.out.println("원 그리기.");
        }
    }
```

이와 같이 수퍼클래스에서 정의된 메소드와 서브클래스에서 정의된 메소드가 이름, 매개변수의 목록, 그리고 반환 타입까지 모두 같으면 이를 **메소드 오버라이딩**(overriding)혹은 **메소드 재정의**라고 한다. 서브클래스의 메소드가 수퍼클래스의 메소드를 재정의 혹은 대체한다는 의미이다. 메소드 오버라이딩에서 수퍼클래스와 서브클래스의 메소드 정의는 서명(signature)과 반환 타입까지 모두 정확히 일치해야 한다.

원래 수퍼클래스의 공용 메소드는 서브클래스로 상속된다. 그런데 상속된 메소드와 동일한 서명 및 반환 타입을 가지는 메소드가 서브클래스에 정의되어 있으면 메소드 오버라이딩이 되는데, 이 경우에 서브클래스에서는 수퍼클래스로부터 상속된 정의가 무시되고 서브클래스의 정의가 사용된다는 의미이다. 그러므로 위와 같은 정의를 가정하고 다음 코드를 실행한다고 가정하면

```
    MyShape s = new MyShape();
    s.draw();
    MyRect r = new MyRect();
    r.draw();
```

draw 메소드에 대한 첫 번째 호출은 수퍼클래스인 MyShape의 메소드 정의를 실행하지만 두 번째 호출은 서브클래스인 MyRect의 메소드 정의를 실행한다. 그러므로 실행 결과는 다음과 같다.

        도형 그리기.
        직사각형 그리기.

이 장 첫 부분에 나왔던 BankAccount와 SavingsAcount 클래스 정의를 다시 살펴 보자. SavingsAccount가 BankAccount의 서브클래스로 정의되는데, 두 클래스 모두 writeInfo

라는 동일한 이름의 메소드를 포함하고 있다. (다음 코드를 자세히 보면 SavingsAccount 의 writeInfo 메소드는 예제 7.2와 약간 다르게 작성되었는데, 이에 대해서는 잠시 후에 설명한다.)

```java
class BankAccount {
    private String name;
    private int balance;
    ...
    public String getName() {
        return name;
    }
    public int getBalance() {
        return balance;
    }
    public void writeInfo() {
        System.out.printf("예금주: %s\n", name);
        System.out.printf("잔액: %,d원\n", balance);
    }
}

class SavingsAccount extends BankAccount {
    private double intRate;
    ...
    public void writeInfo() {
        System.out.printf("예금주: %s\n", getName());
        System.out.printf("잔액: %,d원\n", getBalance());
        System.out.printf("이율: %.2f%%\n", intRate);
    }
}
```

여기서도 수퍼클래스의 writeInfo 메소드가 서브클래스에서 오버라이딩 되고 있다. 즉, 서브클래스의 writeInfo 메소드 정의가 동일한 이름의 수퍼클래스 정의를 대체하고 있어서 서브클래스 객체에 대해 writeInfo 메소드가 호출되면 서브클래스의 정의가 실행된다. 즉, 다음과 같은 코드를 실행하면

```java
BankAccount bacc = new BankAccount("홍길동", 800000);
bacc.writeInfo();
SavingsAccount sacc = new SavingsAccount("임꺽정", 1200000, 2.5);
sacc.writeInfo();
```

writeInfo 메소드에 대한 두 번째 호출은 수퍼클래스의 메소드 정의를 무시하고 서브클래스의 정의를 실행하게 된다. 실행 결과는 다음과 같은데, 처음 두 줄은 첫 번째 writeInfo 호출의 결과이고 나머지 세 줄은 두 번째 호출의 결과이다.

```
예금주: 홍길동
잔액: 800,000원
예금주: 임꺽정
잔액: 1,200,000원
이율: 2.50%
```

서브클래스는 수퍼클래스에 세부 사항을 더한 특수화된 클래스이다. 서브클래스가 수퍼클래스의 메소드를 상속받았지만 상속받은 정의를 그대로 사용하기에는 부적합하거나 부족할 때 새로운 정의를 작성하여 대체하는 기법이 오버라이딩이다. 위의 예에서 writeInfo 메소드는 계좌의 정보를 출력하기 위한 메소드인데, BankAccount에는 계좌 소유자 이름과 잔액이라는 데이터만 있으니 그 두 가지만 출력했고 서브클래스인 SavingsAccount에는 여기에 더하여 이율이 있으므로 이를 추가로 출력하기 위해 메소드를 오버라이딩한 것이다.

키워드 super

방금 살펴본 예에서 SavingsAccount의 writeInfo 메소드는 수퍼클래스의 인스턴스 변수인 name과 balance의 값을 출력한 후 자신의 인스턴스 변수인 intRate의 값을 출력하였다. 수퍼클래스의 전용 멤버인 name과 balance는 서브클래스에서 직접 접근할 수 없으므로 수퍼클래스가 제공하는 접근자 메소드를 호출하였다.

```java
public void writeInfo() {
        System.out.printf("예금주: %s\n", getName());
        System.out.printf("잔액: %,d원\n", getBalance());
        System.out.printf("이율: %.2f%%\n", intRate);
}
```

그런데 이 메소드 몸체의 처음 두 줄은 수퍼클래스인 BankAccount의 writeInfo 메소드가 하는 작업과 동일하다. 그러므로 name과 balance의 값을 여기서 접근하여 출력하는 것보다는 BankAccount의 writeInfo 메소드를 호출하여 해결하는 것이 바람직하다. 오버라이딩된 수퍼클래스 메소드를 호출하기 위해서 다음과 같이 키워드 super를 사용할 수 있다.

```java
super.writeInfo();
```

즉, super는 서브클래스 내에서 수퍼클래스 멤버를 가리킬 때 사용할 수 있는 키워드이다. super를 사용하여 코드를 수정하면 SavingsAccount의 writeInfo 메소드 정의는 다음과 같이 되는데, 이것이 예제 7.2에서 사용했던 writeInfo 메소드의 정의이다.

```java
public void writeInfo() {
        super.writeInfo();
        System.out.printf("이율: %.2f%%\n", intRate);
}
```

그런데 여기서 super 키워드를 빠뜨리면 안 된다. super를 생략한 다음의 메소드 정의에서 몸체의 첫째 줄은 메소드 자신을 부르는 재귀 호출(recursive call)이 된다.

```java
public void writeInfo() {
        writeInfo(); //재귀 호출!
        System.out.printf("이율: %.2f%%\n", intRate);
}
```

서브클래스 내에서 writeInfo라는 메소드를 호출하면 그 호출에 해당하는 메소드를 먼저 자신의 정의에서 찾게 되는데, 이 때 발견되는 것이 바로 서브클래스의 writeInfo 메소드 자신이기 때문이다. 그러므로 위의 정의는 프로그램을 무한루프에 빠지게 한다. 이 때문에 super 키워드를 이용하여 명시적으로 수퍼클래스 메소드에 대한 호출임을 나타내야 한다.

키워드 super는 서브클래스 내에서 수퍼클래스의 인스턴스 변수를 가리키는 데에도 사용할 수 있다. 클래스 계층이 다음과 같이 정의되면 수퍼클래스와 서브클래스는 둘 다 a라는 이름의 인스턴스 변수를 가진다.

```java
class First {
    protected int a = 0;
}

class Second extends First {
    private int a = 1;
    public void foo() {
        System.out.println("a = " + a);
        System.out.println("this.a = " + this.a);
        System.out.println("super.a = " + super.a);
    }
}
```

이렇게 되면 수퍼클래스의 인스턴스 변수 a는 서브클래스에 상속되지만 서브클래스에는 같은 이름의 인스턴스 변수가 정의되어 있다. 그러므로 서브클래스 내에서 a라는 이름은 자신의 인스턴스 변수를 의미하게 된다. 항상 '가까운' 정의가 우선하기 때문이다. 따라서 수퍼클래스의 a는 서브클래스에서 접근할 수 없게 된다. 이른바 이름 은닉(name hiding) 현상이다. 이런 경우에도 super를 사용하여 은닉된 수퍼클래스 멤버를 접근할 수 있다. foo 메소드의 세 번째 문장이 이를 보여주고 있다. 위 코드의 실행 결과는 다음과 같다.

```
a = 1
this.a = 1
super.a = 0
```

즉, super는 서브클래스 내에서 수퍼클래스의 메소드뿐만 아니라 수퍼클래스의 인스턴스 변수를 가리키는 데 사용할 수 있다.

키워드 super는 앞서 배운 키워드 this와 비교가 된다. 클래스 내에서 this는 수신 객체를 가리키고 super는 수퍼클래스를 가리킨다. 생성자에서 this를 사용하여 다른 생성자를 호출했던 것처럼 생성자에서 super를 사용하여 수퍼클래스의 생성자를 호출할 수 있다. 또 클래스 내에서 this를 사용하여 수신 객체의 메소드와 인스턴스 변수를 접근했던 것처럼 super를 사용하여 수퍼클래스의 메소드와 인스턴스 변수를 접근할 수 있다.

참고 │ 오버라이딩을 금지하는 키워드 final

메소드를 정의할 때 메소드 헤딩에 다음과 같이 final 키워드를 추가하면 서브클래스에서 오버라이딩 할 수 없게 된다.

```
public final void draw() {
```

이와 같이 final로 선언된 메소드를 서브클래스에서 오버라이딩 하려고 하면 에러가 발생한다. 일반적으로 프로그래머는 기존의 클래스를 상속하고 필요에 따라 메소드를 오버라이드 하여 사용하게 되는데, 어떤 메소드는 있는 그대로만 사용하도록 강제해야 하는 경우가 있다. 이럴 때 final 키워드를 사용한다. 또한 final로 선언하면 오버라이딩 가능성이 배제되므로 컴파일러가 생성하는 코드의 효율이 개선되는 측면도 있다.

final 키워드를 클래스 선언 앞에도 붙일 수 있는데, 그러면 그 클래스로부터 파생되는 서브클래스를 만들 수 없게 된다. 예를 들어 자바의 System 클래스는 final로 선언되어 서브클래스를 만들 수 없게 되어 있다.

오버라이딩과 오버로딩

메소드 오버라이딩은 수퍼클래스의 메소드와 서브클래스의 메소드 사이의 관계를 말하며, 두 메소드가 메소드 이름, 매개변수의 타입과 개수, 반환 타입 등이 모두 같은 경우에 해당된다. 즉, 동일한 메소드를 서브클래스에서 재정의하여 수퍼클래스의 정의를 대체한다는 뜻이다. 이에 반해 오버로딩은 같은 클래스 내에 이름이 같지만 매개변수의 타입이나 개수가 다른 여러 개의 메소드가 존재하는 경우를 말한다. 그러면 다음과 같이 수퍼클래스의 메소드와 서브클래스의 메소드가 이름은 같지만 매개변수의 타입이나 개수가 다르게 정의되면 어떻게 될까?

```java
class MyShape {
    public void draw() {
        System.out.println("도형 그리기.");
    }
}

class MyRect extends MyShape {
    public void draw(int x, int y) {
        System.out.println("직사각형 그리기.");
    }
}
```

수퍼클래스의 draw 메소드는 매개변수가 없지만 서브클래스의 draw 메소드는 두 개의 int 타입 매개변수를 가진다. 이 경우는 매개변수 목록이 동일하지 않으므로 메소드 오버라이딩에 해당되지 않고 수퍼클래스의 draw 메소드가 정상적으로 서브클래스로 상속된다. 따라서 서브클래스에는 이름이 같지만 매개변수 목록이 다른 두 개의 draw 메소드가 존재하므로 메소드 오버로딩이 된다. 즉, 메소드를 호출할 때 넘겨주는 인자에 따라 두 가지 메소드 모두 사용 가능하다.

```java
MyRect r = new MyRect();
r.draw();
r.draw(10, 20);
```

draw 메소드에 대한 첫 번째 호출은 인자가 없으므로 MyShape로부터 상속된 메소드를 실행하게 되는 반면, 두 개의 int 값을 인자로 하는 두 번째 호출은 MyRect의 draw 메소드를 실행하게 된다.

Object 클래스

클래스를 정의할 때 키워드 extends를 사용하여 수퍼클래스를 명시한다. 그런데 수퍼클래스를 명시하지 않고 클래스를 정의하면 그 클래스는 묵시적으로 Object라는 자바 클래스의 서브클래스로 간주된다. 예를 들어 예제 7.1의 BankAccount는 extends를 명시하지 않았으니 Object의 서브클래스이다. 그러므로 자바의 모든 클래스가 Object의 자손 클래스가 된다. 어떤 클래스 계층이든 수퍼클래스를 찾아 계층을 올라가다 보면 수퍼클래스를 명시하지 않은 최상위 클래스를 만나는데, 그 클래스가 Object의 서브클래스이기 때문이다. 이것은 우리가 작성하는 사용자 클래스뿐만 아니라 자바 클래스 라이브러리에 속한 많은 클래스들도 마찬가지다. 즉, 자바 클래스의 최상위에는 Object라는 하나의 클래스가 있고 모든 클래스는 Object로부터 시작되는 클래스 계층에 속한다.

자바에서 객체는 자신의 클래스 타입이기도 하지만 동시에 수퍼클래스를 포함한 모든 조상 클래스 타입이기도 하다고 했다. 예를 들어 MyRect가 MyShape의 서브클래스일 때 다음과 같이 MyRect 클래스의 객체가 생성되면 r이 가리키는 이 객체는 MyRect 타입이기도 하지만 동시에 수퍼클래스인 MyShape 타입이기도 하다.

```
MyRect r = new MyRect();
```

그런데 Object가 모든 클래스의 조상 클래스이므로 자바의 모든 객체는 Object 타입이라고 말할 수 있다. 즉, 이 객체는 Object 타입도 되는 것이다. 그러므로 Object 타입의 참조 변수를 선언하면 여기에는 자바의 어떤 객체라도 대입할 수 있다.

```
Object ref = new MyRect();
```

또한 Object 타입의 매개변수를 정의하면 이에 대응하는 인자로 어떤 클래스의 객체라도 넘길 수 있다. 따라서 모든 종류의 객체에 대해 동작해야 하는 작업을 작성할 때 Object 타입이 유용하게 사용된다.

Object 클래스에도 몇 개의 메소드가 존재하는데, 예를 들면 toString이나 equals 같은 것들이다. Object가 모든 자바 클래스의 조상 클래스이므로 Object 클래스의 이러한 메소드들은 모든 자바 클래스에 상속된다. 그러나 Object로부터 물려 받은 toString이나 equals 메소드는 그대로 쓰기에는 부적당하여 오버라이드 해야 하는 경우가 대부분이다.

equals 메소드

Object 클래스의 equals 메소드는 == 연산자에 의해 두 객체의 주소가 같은지 비교하게 되므로 두 객체가 동일한 메모리를 차지하고 있는 동일 객체일 때만 true가 된다. 그런데 대부분의 경우에 객체를 비교할 때는 주소가 같은지가 아니라 객체에 저장된 데이터가 같은지를 검사하고자 하는 것이다. 예를 들어 다음과 같이 두 개의 스트링 객체를 생성한다면 str1과 str2가 가리키는 객체는 같은 문자열을 데이터로 가지지만 그림 7.7과 같이 서로 다른 메모리를 차지하게 된다.

```java
String str1 = new String("happy");
String str2 = new String("happy");
```

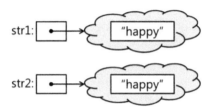

그림 7.7 데이터는 같지만 별개의 메모리에 저장된 스트링

만약 str1과 str2를 Object의 equals 메소드로 비교한다면 두 변수에 저장된 주소가 다르므로 false가 된다. 이것은 우리가 두 개의 스트링을 비교할 때 기대하는 결과가 아니다. 그래서 String 클래스는 Object로부터 상속 받은 equals 메소드를 오버라이드 하여 사용한다.

```java
if (str1.equals(str2))
```

위 조건식에서 equals 호출은 str1이 String 타입이므로 String 클래스의 메소드를 실행하게 된다. 만약 String 클래스가 equals 메소드를 오버라이드 하지 않았다면 Object로부터 상속받은 정의가 그대로 사용될 것이고, 그러면 위 조건식은 false가 되었을 것이다. 그러나 이것이 기대하는 결과가 아니므로 자바의 String 클래스는 저장된 문자열이 동일한지 검사하는 내용으로 equals 메소드를 오버라이드 해 둔 것이고, 이에 따라 위 조건식의 값이 true가 되는 것이다.

우리가 새로운 클래스를 작성할 때에도 두 객체의 올바른 비교를 위해서 String 클래스처럼 equals 메소드를 오버라이드 해야 하는 경우가 많다. 이미 5장에서 "객체의 동일성"을 다루면서 클래스를 작성할 때 equals 메소드의 필요성을 설명했었다. 5장의 Book 클래스 정의를 약간 수정하여 예제 7.4에 다시 보였는데, 클래스 정의의 첫 줄에 extends 키워드가 없으므로 앞서 설명한 바와 같이 Book은 Object 클래스의 서브클래스가 된다. 두 개의 Book 객체를 비교할 때 Book 클래스에 정의된 equals 메소드를 사용하면 우리가 기대하는 비교 결과를 얻을 수 있다. 즉, 두 객체의 title과 author 필드에 저장된 문자열이 모두 같은 경우에 true가 반환되는 것이다.

예제 7.4 Book과 BookTest 클래스

```
01   class Book {
02       private String title;
03       private String author;
04
05       public Book(String title, String author) {
06           this.title = title;
07           this.author = author;
08       }
09
10       public boolean equals(Book oBook) {
11           return title.equals(oBook.title)
12                   && author.equals(oBook.author);
13       }
14   }
15
16   public class BookTest {
17       public static void main(String[] args) {
18           Book b1 = new Book("벌레 이야기", "이청준");
19           Book b2 = new Book("벌레 이야기", "이청준");
20
21           System.out.println("b1.equals(b2) : " + b1.equals(b2));
22       }
23   }
```

그런데 사실 예제 7.4의 10–13행에 정의된 equals는 Object로부터 상속된 메소드를 오버라이딩 한 것이 아니다. Object의 equals 메소드는 다음과 같은 헤딩을 가지고 있다.

```
public boolean equals(Object obj)
```

Object로부터 상속되는 이 메소드는 예제 7.4의 10행에서 정의한 equals 메소드와는 매개변수의 타입이 다른 것을 알 수 있다. 즉, Object의 equals 메소드는 Object 타입의 매개변수를 가지는 데 반해 Book의 equals 메소드는 Book 타입의 매개변수를 가진다. 그러므로 Object의 equals 메소드는 Book 클래스에 그대로 상속되고, Book에서 새로 정의한 equals 메소드와는 오버로딩 관계가 된다. Book 클래스에 매개변수의 타입이 서로 다른 두 종류의 equals 메소드가 존재하는 것이다. 예제의 21행과 같은 일반적인 상황에서는 이 코드가 정상적으로 동작하겠지만 이것은 바람직한 코드가 아니다. 그리고 여기서 자세히 살펴보지는 않겠지만 문제가 되는 예외적인 상황도 있을 수 있다. 사용자가 작성하는 클래스에 equals 메소드를 정의할 때는 String 클래스가 했던 것처럼 Object의 equals 메소드를 오버라이딩 하여 쓰는 것이 좋다.

Object의 equals 메소드를 오버라이딩 하려면 equals 메소드의 매개변수를 Object 타입으로 명시하면 된다. 그러나 다음 코드처럼 매개변수의 타입만 바꾸어서는 제대로 동작하지 않는다.

```java
public boolean equals(Object oBook) {
    return title.equals(oBook.title)            //에러
            && author.equals(oBook.author);   //에러
}
```

위 코드의 메소드 몸체에서 매개변수 oBook을 통해 인스턴스 변수인 title과 author를 접근하는 것은 컴파일 에러이다. 예제 7.4의 21행에서 equals를 호출할 때 인자로 Book 타입의 객체인 b2를 넘기더라도 인자를 받는 매개변수 oBook이 그 수퍼클래스인 Object 타입으로 선언되어 있다. 이것은 앞에서 배운 업캐스팅의 상황이 된다. 말하자면 다음과 같은 대입문이 실행되는 것이나 다름이 없는 것이다.

```java
Book b2 = new Book("벌레 이야기", "이청준");
Object oBook = b2;
```

업캐스팅이 이루어지면 수퍼클래스의 참조 변수로는 서브클래스 멤버를 접근하지 못한다고 했던 것을 기억할 것이다. 그러므로 equals 메소드 내에서 oBook이라는 Object 타입의 참조 변수로는 서브클래스인 Book의 멤버를 접근할 수 없다.

그러면 어떻게 해야 할까? 인자로 Book 타입의 객체가 넘어온 것이 확실하다면 다운캐스팅을 해서 쓰면 된다. 그러나 Book 타입이 아닌 객체로 equals가 호출되는 예외적인 상황을 고려해야 하므로 미리 인자의 실제 타입이 Book인지를 확인하는 것이 안전할 것이다. 이를

위해서는 instanceof 연산자를 사용하면 된다. 이런 점을 고려하여 Object의 equals 메소드를 오버라이드 하도록 Book의 equals를 올바르게 작성하면 예제 7.5와 같다.

예제 7.5 개선된 equals 메소드를 가지는 Book 클래스

```
01  class Book {
02      private String title;
03      private String author;
04
05      public Book(String title, String author) {
06          this.title = title;
07          this.author = author;
08      }
09
10      public boolean equals(Object obj) {
11          if (obj != null && obj instanceof Book) {
12              Book oBook = (Book)obj;
13              return title.equals(oBook.title)
14                      && author.equals(oBook.author);
15          }
16          else
17              return false;
18      }
19  }
```

예제 7.5의 11행을 보면 먼저 매개변수가 null이거나 혹은 Book 클래스의 인스턴스가 아니라면 false를 반환한다. 매개변수가 Book 타입 객체이면 12행과 같이 매개변수를 Book 타입으로 다운캐스팅하고 두 객체의 인스턴스 변수를 String 클래스의 equals 메소드로 비교하여 그 결과를 반환한다.

toString 메소드

Object의 toString 메소드도 모든 클래스에 상속된다. toString 메소드는 인자를 가지지 않으며 객체를 스트링 형태로 표현하기 위한 것인데, Object에 정의된 버전은 그다지 유용하지 않다.

```
Book b1 = new Book("벌레 이야기", "이청준");
```

```
System.out.println(b1.toString());
```

예를 들어 예제 7.5의 클래스 정의를 가정하고 위의 코드를 실행하면 다음과 비슷한 실행 결과가 나올 것이다.

```
Book@659e0bfd
```

즉, Object가 제공하는 toString 메소드는 그 객체가 속한 클래스의 이름과 객체의 내부 정보를 조합하여 스트링을 만들어 반환하는데, 위에서 보듯이 별다른 쓸모가 없다. 예제 7.6과 같이 Book 클래스에 적당한 내용으로 toString 메소드를 오버라이드 해 보자.

예제 7.6 toString 메소드를 가지는 Book 클래스

```
01   class Book {
02       private String title;
03       private String author;
04
05       public Book(String title, String author) {
06           this.title = title;
07           this.author = author;
08       }
09
10       public String toString() {
11           return "Book [title=" + title + ", author=" + author + "]";
12       }
13   }
14
15   public class BookTest {
16       public static void main(String[] args) {
17           Book b1 = new Book("벌레 이야기", "이청준");
18           System.out.println("b1 = " + b1.toString());
19       }
20   }
```

10-12행의 toString 메소드를 보면 객체의 인스턴스 변수에 저장된 데이터를 스트링 형태로 변환하여 반환하고 있다. 실행 결과는 다음과 같다.

```
b1 = Book [title=벌레 이야기, author=이청준]
```

즉, toString 메소드는 b1 객체의 내용을 스트링으로 간단히 표현하고 있다. 사실 예제 7.6

의 toString 메소드는 이클립스 상단 메뉴의 "Source – Generate toString()..." 항목을 실행하여 자동 생성한 코드이다. 물론 클래스의 필요에 따라 원하는 대로 구현해도 된다.

한편 예제 7.6의 **18**행을 다음과 같이 수정하여 toString 호출을 생략해도 같은 결과가 나온다.

```
System.out.println("b1 = " + b1);
```

즉, print나 println 메소드를 사용하여 객체를 출력하면 자동적으로 객체의 toString 메소드가 호출된다.[1]

7.4 다형성과 동적 바인딩

다형성

객체지향 프로그래밍의 중요한 개념인 **다형성**(polymorphism)은 '여러'(poly–) '형태'(morph)라는 어원을 가지고 있고, 기본적으로 하나의 코드가 상황에 따라 다른 동작을 한다는 개념을 나타낸다. 예를 들어 **MyShape**를 최상위 클래스로 하는 클래스 계층을 생각해 보면 계층 상의 하위 클래스들은 각각 특정한 도형을 나타낼 것이다. 이 때 도형 객체에 대해 **draw**라는 메소드를 호출한다면 그 도형이 직사각형이라면 직사각형을 그리고 그 도형이 원이라면 원을 그려야 할 것이다. 즉, 동일한 코드가 객체의 타입에 따라 다른 결과를 나타내게 된다.

MyShape 클래스를 상위 클래스로 하는 클래스 계층과 테스트를 위한 **ShapeTest** 클래스를 예제 7.7에 보였다.

---

1) 조금 더 정확히 말하면 객체의 스트링 형태가 필요한 위치에서 객체 참조를 사용하면 toString 메소드가 자동 호출된다. 다음과 같이 문자열과 객체를 + 연산자로 접속하면

"b1 = " + b1

뒤쪽의 b1을 스트링 형태로 변환해야 하므로 자동적으로 b1.toString()을 호출한다. 또는 다음과 같이 print나 println의 인자로 넘겨도 마찬가지다.

System.out.println(b1)

println 메소드가 Object 타입의 매개변수를 받았을 때는 그 매개변수의 toString 메소드를 호출하여 결과값을 출력하게 되어 있다.

예제 7.7 MyShape 클래스 계층

```
01  class MyShape {
02      public void draw() {
03          System.out.println("도형 그리기.");
04      }
05  }
06
07  class MyRect extends MyShape {
08      public void draw() {
09          System.out.println("직사각형 그리기.");
10      }
11  }
12
13  class MyCircle extends MyShape {
14      public void draw() {
15          System.out.println("원 그리기.");
16      }
17  }
18
19  public class ShapeTest {
20      public static void main(String[] args) {
21          MyShape s = new MyShape();
22          s.draw();
23          s = new MyRect();
24          s.draw();
25          s = new MyCircle();
26          s.draw();
27      }
28  }
```

MyShape 클래스는 두 개의 서브클래스 MyRect와 MyCircle을 가지며, MyShape의 draw 메소드는 MyRect와 MyCircle에서 각각 오버라이딩 되었다. 테스트 코드를 살펴 보면 21행의 참조 변수 s는 수퍼클래스인 MyShape 타입으로 선언되었으므로 타입 호환성 규칙에 따라 MyShape뿐만 아니라 그 자손 클래스의 객체를 가리킬 수 있다. 21-26행에 보인 것처럼 변수 s에 MyShape 객체, MyRect 객체, MyCircle 객체를 차례로 대입한 후에 각각 draw 메소드를 호출하면 실행 결과가 다음과 같이 된다.

도형 그리기.
직사각형 그리기.
원 그리기.

변수 s는 MyShape 타입으로 선언되었고 22, 24, 26행은 동일한 코드이지만 실행 결과를 보면 매번 다른 메소드가 실행되었음을 알 수 있다. 변수 s가 MyShape 타입으로 선언되었으므로 세 번 모두 MyShape의 draw 메소드가 실행되어야 하리라고 기대했다면 이것은 의외의 결과일 수도 있다. 실제로는 변수 s가 가리키는 객체의 타입에 따라 적절한 draw 메소드가 선택되었다는 것이다. 즉, s가 가리키는 것이 MyRect 타입의 객체일 때는 MyRect의 draw 메소드가 실행되었고, s가 가리키는 것이 MyCircle 타입의 객체일 때는 MyCircle의 draw 메소드가 실행되었다. 이것이 자바에서 말하는 다형성이다.

동적 바인딩

어떻게 다형성이 가능할까? 참조 변수를 통해 메소드가 호출될 때는 참조 변수의 타입에 따라 실행할 메소드를 결정하는 것이 당연한 원칙이다. 예를 들어 다음과 같이 equals 메소드를 호출했다면 str이 String 타입이기 때문에 String의 equals 메소드가 실행되는 것이다.

```
String str;
if (str.equals("happy"))
   ...
```

이 원칙으로는 다형성이 가능하지 않다. 예제 7.7의 22, 24, 26행에서 참조 변수 s의 타입이 MyShape이니 전부 같은 메소드가 실행되었어야 할 것이다.

다형성이 가능한 이유는 이것이다. 조상 클래스의 참조 변수를 통해 오버라이딩 된 메소드가 호출되면 자바는 참조 변수의 타입에 따라 실행할 메소드를 결정하지 않고 그 변수가 가리키는 객체의 타입에 따라 실행할 메소드를 결정한다는 것이다. 그러므로 다음과 같은 26행의 메소드 호출에서 draw가 오버라이딩 된 메소드라는 사실이 중요하다.

```
s.draw();
```

참조 변수 s의 타입은 21행에서 선언된 대로 MyShape이지만 26행을 실행하는 시점에서 s가 가리키는 것은 MyCircle 클래스의 객체이다. 자바는 s가 가리키는 객체의 클래스를 확인하고 그 클래스의 draw 메소드를 실행한다는 것이다. 물론 그 클래스에서 draw 메소드의 정의를 찾을 수 없다면 클래스 계층을 따라 수퍼클래스에서 찾게 된다.

오버라이딩 된 메소드의 경우, 이러한 메소드 선택 과정이 실행 시(run time)에 이루어진다. 실행 시간에 객체의 실제 타입에 따라 실행할 메소드가 결정되는 이와 같은 방식을 **동적 바인딩**(dynamic binding)이라고 부른다. 그리고 동적 바인딩이 바로 다형성을 가능하게 하는 메카니즘인 것이다.

참고 **동적 바인딩과 정적 바인딩**

프로그래밍 언어에서 '동적'이라는 용어는 컴파일 시간이 아니라 실행 시간에 이루어지는 사건을 가리킬 때 사용한다. 반대로 컴파일 시간에 결정되는 것은 '정적'이라고 말한다. 만약 메소드 호출 시에 어느 메소드를 실행할 것인지가 항상 참조 변수의 타입에 의해 결정된다면 이것은 컴파일 시에 결정 가능하다. 정적 메소드나 전용 메소드처럼 오버라이딩이 이루어질 수 없는 메소드라면 컴파일 시에 실행할 메소드가 결정된다(**정적 바인딩**). 그러나 오버라이딩 상황에서처럼 참조 변수가 가리키는 객체의 타입에 따라 실행할 메소드가 결정된다면 이 결정은 실행 시에만 이루어질 수 있다(**동적 바인딩**). 당연히 정적 바인딩이 동적 바인딩보다 효율적이므로 자바는 최대한 정적 바인딩을 유지하고 꼭 필요한 경우에만 동적 바인딩 정책을 사용한다.

컴파일 시간보다 실행 시간이 늦기 때문에 동적 바인딩 대신 **늦은 바인딩**(late binding)이라고 부르기도 하고 **가상 메소드 호출**(virtual method invocation)이라는 용어를 쓰기도 한다.

그런데 여기서는 메소드 호출과 그 때 실행할 메소드 정의를 연관시키는 것을 바인딩으로 설명했지만, 사실 **바인딩**(binding)은 이보다 포괄적인 개념이다. 프로그래밍에서 두 개체 간의 연관은 모두 바인딩으로 볼 수 있다. 예를 들어 변수에 타입을 주는 것은 타입 바인딩(type binding)이고 변수에 기억장소를 할당하는 것은 기억장소 바인딩(storage binding)이라고 부른다. 바인딩이 이루어지는 시점에 따라 정적 바인딩과 동적 바인딩을 구분하는 것은 모든 종류의 바인딩에 적용된다.

MyShape 예제

앞에서 살펴본 MyShape 클래스 계층의 예제를 실제로 도형을 그리도록 조금 더 흥미롭게 수정해 보자. MyRect와 MyCircle에 해당하는 도형은 그림 7.8과 같이 정의된다고 가정하자. 직사각형은 좌측 상단의 좌표 (x,y)를 기준으로 하고 너비(width)와 높이(height)를 가진다. 원은 중심점의 좌표 (x,y)를 기준으로 하고 반지름(radius)을 가진다.

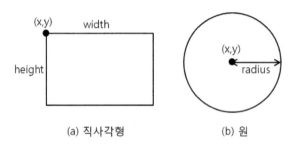

(a) 직사각형   (b) 원

그림 7.8 직사각형과 원

각 도형을 그리는데 필요한 이러한 데이터를 **MyRect**와 **MyCircle**의 인스턴스 변수로 설정하면 되는데, 기준점의 좌표인 (x,y)가 두 클래스에 공통되는 것을 알 수 있다. 그러므로 이 값은 수퍼클래스인 **MyShape**에 포함시키고 **MyRect**와 **MyCircle**이 상속받도록 하는 것이 합당하다. 각 클래스는 그 외에 실제로 도형을 그리는 **draw** 메소드를 가진다. 즉, **draw** 메소드는 오버라이딩 된다. 지금까지의 설계를 토대로 UML 다이어그램을 그려보면 그림 7.9와 같이 된다.

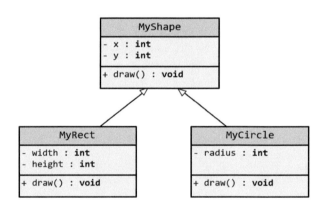

그림 7.9 MyShape 클래스 계층

그런데 **MyShape** 클래스는 사실 '도형'이라는 추상적 개념에 해당하기 때문에 직사각형이나 원과 달리 실제로 그리기가 곤란하다. 일단 **MyShape**의 **draw** 메소드는 몸체를 비워 두는 것으로 하자. (이 문제는 다음 장에서 추상 클래스를 공부할 때에 다시 살펴 볼 것이다.) 예제 7.8의 코드는 각 도형 클래스의 **draw** 메소드가 **Graphics** 객체를 이용하여 실제로 도형을 그리도록 작성한 것이다. 그래서 그림 7.9의 UML에 표시된 것과 다르게 예제 7.8의 **draw** 메소드는 **Graphics** 타입의 매개변수를 가지도록 구현되어 있다.

예제 7.8 MyShape와 서브클래스들

```java
01  import java.awt.Graphics;
02
03  class MyShape {
04      protected int x, y;
05
06      public MyShape(int x, int y) {
07          this.x = x; this.y = y;
08      }
09      public void draw(Graphics g) {}
10  }
11
12  class MyRect extends MyShape {
13      private int width, height;
14
15      public MyRect(int x, int y, int width, int height) {
16          super(x, y);
17          this.width = width; this.height = height;
18      }
19      public void draw(Graphics g) {
20          g.drawRect(x, y, width, height);
21      }
22  }
23
24  class MyCircle extends MyShape {
25      private int radius;
26
27      public MyCircle(int x, int y, int radius) {
28          super(x, y);
29          this.radius = radius;
30      }
31      public void draw(Graphics g) {
32          g.drawOval(x-radius, y-radius, 2*radius, 2*radius);
33      }
34  }
```

MyRect와 MyCircle의 draw 메소드에서 도형을 그릴 때 x와 y의 값을 사용해야 하므로 MyShape에서 이 두 필드를 protected로 선언했다. 물론 전용(private)으로 선언한다면 대신에 접근자 메소드를 정의하여 사용하면 된다.

JFrame 클래스의 상속

지금까지 그래픽 애플리케이션을 다루면서 GUI 클래스를 정의할 때는 반드시 다음과 같이 "extends JFrame"이라는 구절을 포함했었다.

```
public class SimpleBtnFrame extends JFrame {
```

그리고 JFrame이 자바의 최상위 컨테이너(top-level container) 가운데 하나이며 GUI 프로그램이 화면에 표시되기 위해서는 반드시 최상위 컨테이너가 필요하다는 사실도 설명했었다. 또한 위의 "extends JFrame" 구절이 SimpleBtnFrame 클래스가 JFrame의 일종임을 나타낸다고 했었다. 이번 장에서 배운 내용을 토대로 이를 보다 정확히 설명하자면, SimpleBtnFrame 클래스는 JFrame 클래스로부터 파생되는 서브클래스이며 JFrame 클래스의 멤버를 상속 받아 쓸 수 있게 된다는 것을 의미한다. 예를 들어 setSize나 setDefaultCloseOperation과 같은 메소드는 JFrame이나 JFrame의 조상 클래스에서 정의된 메소드이므로 SimpleBtnFrame 클래스에서도 사용할 수 있는 것이다. 결론적으로 JFrame으로부터 파생되는 클래스를 작성하면 그 클래스는 자바의 최상위 컨테이너인 JFrame의 역할을 하게 되므로 GUI 애플리케이션 작성에 사용할 수 있게 된다는 말이다. 물론 새로 작성되는 클래스는 상속 받은 JFrame의 기능만을 사용하는 것이 아니고 애플리케이션의 필요에 따라 새로운 멤버를 추가하거나 메소드를 오버라이드 함으로써 JFrame을 확장할 수 있다.

MyShape 클래스 계층을 테스트하기 위한 예제 7.9의 ShapeFrameTest 클래스도 그래픽을 사용해야 하므로 JFrame 클래스를 상속하도록 작성되었다. 인스턴스 변수로는 MyShape 타입의 배열 shapes가 선언되었는데(5행), shapes의 각 요소에는 MyShape과 그 자손 클래스의 객체가 대입될 수 있다. 실제로 생성자 내의 코드를 보면 MyRect와 MyCircle의 객체들이 생성되어 배열에 저장되었다(11-14행).

예제 7.9 ShapeFrameTest 클래스

```
01  import java.awt.Graphics;
02  import javax.swing.JFrame;
03
04  public class ShapeFrameTest extends JFrame {
05      private MyShape[] shapes;
06
07      public ShapeFrameTest() {
08          setSize(400, 300);
09          setDefaultCloseOperation(EXIT_ON_CLOSE);
10
11          shapes = new MyShape[3];
12          shapes[0] = new MyRect(50, 50, 200, 150);
13          shapes[1] = new MyCircle(200, 180, 100);
14          shapes[2] = new MyRect(200, 100, 150, 150);
15      }
16
17      @Override
18      public void paint(Graphics g) {
19          super.paint(g);
20          for (MyShape shape : shapes)
21              shape.draw(g);
22      }
23
24      public static void main(String[] args) {
25          (new ShapeFrameTest()).setVisible(true);
26      }
27  }
```

그리기를 담당하는 18–22행의 paint 메소드는 수퍼클래스의 메소드를 오버라이딩 한 것이다. GUI 애플리케이션의 윈도우를 화면에 표시해야 할 때 이 paint 메소드가 시스템에 의해 호출된다. 원래의 paint 메소드는 조상 클래스에 정의되어 있지만 ShapeFrameTest 클래스가 이를 오버라이딩 하였다. 따라서 동적 바인딩에 의해 18–22행의 paint 메소드가 호출되는 것이다. 그러므로 JFrame을 상속할 때 paint 메소드를 작성해서 거기에 프로그래머가 화면에 그리고자 하는 내용을 넣어 두면 화면이 프로그래머가 원하는 대로 그려지게 된다. 이런 방식으로 클래스를 확장하고 메소드를 오버라이딩 해서 사용하는 것이 자바의 일반적인 프로그래밍 기법이다.

19행은 수퍼클래스의 paint 메소드를 호출하는 문장이다. 즉, ShapeFrameTest 클래스가 paint 메소드를 오버라이드 하여 새로운 정의로 대체하고 있지만, 그 몸체에서 먼저 수퍼클래스에 정의된 원래의 paint 메소드를 불러서 실행하는 것이다. 예를 들어 수퍼클래스에서 정의된 원래의 paint 메소드는 윈도우의 배경을 그리는 역할을 한다고 생각해 보자. 그리고 ShapeFrameTest에서 재정의된 paint 메소드는 배열 shapes에 저장된 3개의 도형을 그린다 (20–21행). 그렇다면 먼저 원래의 paint 메소드를 호출하여 배경을 그리고 그 다음에 3개의 도형을 그리는 것이 올바른 절차이다. 이런 이유로 paint 메소드를 오버라이드 할 때 그 첫 부분에 super.paint(g)를 포함하도록 권장된다.

20–21행에 있는 for-each 루프를 보면 배열 shapes의 각 요소에 대해 draw 메소드를 호출하고 있다. for-each 루프에서 선언된 shape는 수퍼클래스인 MyShape 타입의 참조 변수이지만 루프의 반복 동안 shape가 가리키는 것은 MyRect 혹은 MyCircle의 객체가 된다. draw가 오버라이딩 된 메소드이므로 21행의 draw 메소드 호출은 동적 바인딩에 의해 shape가 가리키는 실제 객체의 타입에 따라 실행 메소드가 정해지게 된다. 즉, 21행은 앞에서 배운 것처럼 상황에 따라 다른 동작을 하는 다형성을 나타내게 된다. 이 루프에서 실행되는 세 번의 draw 메소드 호출은 각각 직사각형, 원, 직사각형을 그리게 되어 실행 결과는 그림 7.10과 같이 된다.

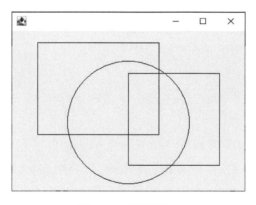

그림 7.10 예제 7.9의 실행 결과

참고 @Override 어노테이션

@로 시작하는 예제 7.9의 17행은 자바 **어노테이션**(annotation)의 일종이다. 이클립스의 편집 기능을 이용하여 프로그램을 작성하다 보면 이런 종류의 어노테이션이 자동적으로 삽입되는 경우를 흔하게 만나게된다. 어노테이션은 자바 프로그램의 일부가 아니라는 점에서 주석문과 비슷하다. @Override 어노테이션은 다음에 정의되는 메소드가 조상 클래스의 메소드를 오버라이딩 함을 나타내고, 컴파일러가 이를 체크할 수 있게 해 준다. 즉, @Override 어노테이션이 붙은 메소드 정의가 계층 상의 메소드를 오버라이딩하지 않는다면 에러가 발생된다. 이와 같이 어노테이션을 명시함으로써 프로그램의 의도를 명확히 나타내고 의도하지 않은 실수를 피할 수 있다.

메소드를 오버라이드 할 때 입력 실수로 메소드의 이름을 틀리게 작성하는 경우를 생각해 보자. 어노테이션이 없다면 이 메소드는 오버라이드 되지 않은 그냥 새로운 사용자 메소드로 간주되어 처리된다. 그러면 에러는 나지 않지만 프로그램이 원래 의도대로 동작하지 않는다. 예를 들어 JFrame의 paint 메소드를 palnt로 잘못 입력해도 에러는 나지 않는다. 단지 화면에 그림이 그려지지 않을 뿐이다. 만일 메소드 정의 앞에 @Override 어노테이션이 붙어 있었다면 컴파일러가 에러를 내므로 미리 확인할 수 있게 된다.

그림 7.9의 클래스 계층을 보면 수퍼클래스인 MyShape 아래 현재는 MyRect와 MyCircle 등 두 개의 클래스가 있지만 여기에 새로운 도형 클래스가 추가되어 계층이 더욱 확장될 수 있을 것이다. 예를 들어 MyShape의 서브클래스로 삼각형을 나타내는 MyTriangle이나 타원을 나타내는 MyEllipse 등이 새로이 추가될 수도 있다. 계층의 최상위 클래스가 변경되지 않는 한 이 클래스들을 이용하는 클라이언트 코드는 클래스 계층의 이러한 변화에 영향을 거의 받지 않는다. 예를 들어 예제 7.9 20-21행의 코드는 MyShape 타입의 배열에 저장된 객체들을 화면에 그리기 위해 각 객체의 draw 메소드를 호출하고 있다. 이제 새로운 클래스가 계층에 추가되어 예를 들어 MyTriangle 타입의 객체가 배열에 포함되더라도 draw 메소드를 호출하는 코드는 변경될 필요가 없다. MyShape 타입의 참조 변수에 대해 draw 메소드를 호출하면 그 참조 변수가 가리키는 것이 어느 클래스의 객체이든 실행 시간에 해당 클래스의 메소드가 선택되어 실행된다는 것이 동적 바인딩 방식이기 때문이다.

7.5 스윙 컴포넌트의 사용

5장의 그림 5.21에서 기본적인 스윙 컴포넌트들을 소개했었고, 6장에서는 이 중에서 레이블(JLabel)과 버튼(JButton) 컴포넌트로 이루어진 간단한 GUI의 이벤트 처리 예제들을 살펴 보았다. 여기서는 나머지 컴포넌트들 가운데 자주 사용되는 몇 가지를 다루어 보기로 하자.

체크박스

먼저 그림 7.11과 같이 3개의 체크박스를 가지는 GUI 애플리케이션을 생각해 보자. 3개의 체크박스는 RGB 색상의 빨간색, 초록색, 파란색 성분을 각각 나타내고, 체크박스에 선택된 색상의 조합으로 윈도우 하단에 원이 그려진다.

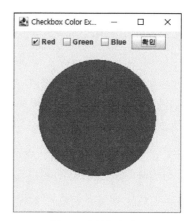

(a) Red와 Green이 선택된 경우　　　　　(b) Red만 선택된 경우

그림 7.11 예제 7.10의 실행 결과

예를 들어 그림 7.11a와 같이 Red와 Green이 선택된 상태에서 "확인" 버튼을 누르면 아래에 노란색 원이 그려진다. 노란색은 빨간색과 초록색을 조합하여 얻는 색상이다. 만약 Red만 선택된 상태라면 그림 7.11b와 같이 빨간색 원이 그려질 것이다.

paint 메소드의 매개변수인 Graphics 객체에 대해 setColor 메소드를 사용하면 그리기 색상을 지정할 수 있었음을 기억할 것이다.

```
g.setColor(Color.red);
```

위 문장은 Color 클래스에 정의된 색상 상수 Color.red를 사용하였지만 다음과 같이 Color 클래스의 생성자에 RGB 성분을 직접 명시하여 색상을 지정할 수도 있었다.

```
g.setColor(new Color(255, 0, 0));
```

Color 생성자에 R 성분만 최대로 지정하면 빨간색이 되므로 이 문장도 이전 문장과 마찬가지로 색상을 빨간색으로 지정하는 역할을 한다. 체크박스의 선택 상태에 따라 색상을 지정하기 위해서 이런 방법을 사용할 수 있다. 예를 들어 그림 7.11a처럼 Red와 Green이 선택된 상태라면 다음과 같이 색상을 지정하면 노란색이 된다.

```
g.setColor(new Color(255, 255, 0));
```

예제 7.10은 이런 방법으로 프로그램을 완성한 것이다.

예제 7.10 CheckBoxColor 클래스

```java
     //필요한 import는 Ctrl+Shift+O로 포함

12   public class CheckBoxColor extends JFrame {
13       private JCheckBox red, green, blue;
14
15       public CheckBoxColor() {
16           setSize(300, 350);
17           setTitle("Checkbox Color Example");
18           setDefaultCloseOperation(EXIT_ON_CLOSE);
19
20           red = new JCheckBox("Red");
21           green = new JCheckBox("Green");
22           blue = new JCheckBox("Blue");
23           JButton button = new JButton("확인");
24           button.addActionListener(new ButtonListener());
25           Container cPane = getContentPane();
26           cPane.setLayout(new FlowLayout());
27           cPane.add(red);
28           cPane.add(green);
```

```
29          cPane.add(blue);
30          cPane.add(button);
31      }
32
33      @Override
34      public void paint(Graphics g) {
35          super.paint(g);
36          int rCheck = red.isSelected() ? 1 : 0;
37          int gCheck = green.isSelected() ? 1 : 0;
38          int bCheck = blue.isSelected() ? 1 : 0;
39          g.setColor(new Color(rCheck*255, gCheck*255, bCheck*255));
40          g.fillOval(50, 80, 200, 200);
41      }
42
43      private class ButtonListener implements ActionListener {
44          @Override
45          public void actionPerformed(ActionEvent e) {
46              repaint();
47          }
48      }
49
50      public static void main(String[] args) {
51          (new CheckBoxColor()).setVisible(true);
52      }
53  }
```

체크박스와 버튼 컴포넌트는 생성자에서 만들어(20-23행) 내용창에 추가한다(27-30행). 원을 그리기 위해 paint 메소드를 재정의하는데, 이 때 각 체크박스의 선택 여부를 isSelected 메소드로 알아내어(36-38행) 색상을 지정할 때 사용한다(39행). 실제로 원의 색상이 바뀌는 것은 버튼을 눌렀을 때이므로 리스너는 버튼에 등록된다(24행). 리스너 클래스는 43-48행에 내부 클래스로 정의되는데, 버튼에 대해 동작하는 리스너이므로 ActionListener로 구현하면 된다. 체크박스의 선택 상태를 알아내고 이에 따라 원의 색상을 지정하는 것은 paint 메소드에서 하고 있으므로 리스너의 actionPerformed 메소드에서는 repaint를 불러 윈도우 화면을 다시 그리도록 하는 내용만 들어가면 충분하다. 예제 7.10을 실행하면 그림 7.11의 결과를 얻는다.

ItemListener

그런데 예제 7.10은 버튼을 눌러야 색상이 바뀌도록 구현되었다. 체크박스를 선택하거나 선택 해제하는 동작에 직접 반응하도록 프로그램을 작성하려면 어떻게 해야 할까? 다시 말해 버튼 없이 체크박스를 선택하거나 선택 해제할 때마다 거기에 맞추어 원의 색상이 변경되도록 하려고 한다. 즉, 그림 7.12와 같이 동작해야 한다.

그림 7.12a는 Red 체크박스를 선택한 상태의 윈도우이다. 체크박스를 클릭하는 순간 원은 빨간색으로 표시되고 윈도우 아래쪽에 Red가 선택되었음을 알리는 메시지가 출력된다. 이 상태에서 Green 체크박스를 클릭하면 그림 7.12b와 같이 원의 색상이 노란색으로 변경되고 아래쪽에 Green이 선택되었음을 알리는 메시지가 나타난다. Red와 Green이 모두 선택된 상태이기 때문에 색상이 노란색이 되었다. 이 상태에서 Red 체크박스를 다시 한번 클릭하여 선택 해제하면 그림 7.12c와 같이 색상이 초록색으로 바뀌고 아래쪽에 표시되는 메시지가 Red가 선택 해제되었음을 알린다.

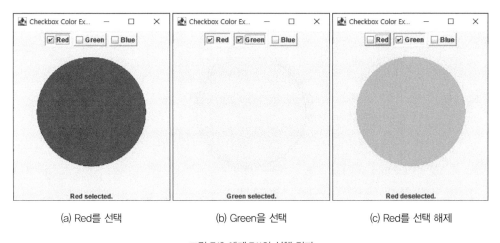

(a) Red를 선택   (b) Green을 선택   (c) Red를 선택 해제

그림 7.12 예제 7.11의 실행 결과

이와 같이 체크박스를 선택하거나 선택 해제하는 클릭 동작에 직접 대응하는 프로그램을 작성하려면 ItemListener라는 종류의 리스너를 작성하고 체크박스에 이 리스너를 등록하면 된다. 이렇게 수정한 프로그램이 예제 7.11의 CheckBoxColor2 클래스이다.

예제 7.11 CheckBoxColor2 클래스

```java
//필요한 import는 Ctrl+Shift+O로 포함

13  public class CheckBoxColor2 extends JFrame {
14      private JCheckBox red, green, blue;
15      private JLabel message;
16
17      public CheckBoxColor2() {
18          setSize(300, 350);
19          setTitle("Checkbox Color Example2");
20          setDefaultCloseOperation(EXIT_ON_CLOSE);
21
22          red = new JCheckBox("Red");
23          red.setBorderPainted(true);
24          green = new JCheckBox("Green");
25          green.setBorderPainted(true);
26          blue = new JCheckBox("Blue");
27          blue.setBorderPainted(true);
28
29          CheckBoxListener listener = new CheckBoxListener();
30          red.addItemListener(listener);
31          green.addItemListener(listener);
32          blue.addItemListener(listener);
33          message = new JLabel("", SwingConstants.CENTER);
34
35          JPanel panel = new JPanel();
36          panel.add(red);
37          panel.add(green);
38          panel.add(blue);
39          Container cPane = getContentPane();
40          cPane.setLayout(new BorderLayout());
41          cPane.add(panel, "North");
42          cPane.add(message, "South");
43
44      }
45
46      @Override
```

```
47     public void paint(Graphics g) {
48         super.paint(g);
49         int rCheck = red.isSelected() ? 1 : 0;
50         int gCheck = green.isSelected() ? 1 : 0;
51         int bCheck = blue.isSelected() ? 1 : 0;
52         g.setColor(new Color(rCheck*255, gCheck*255, bCheck*255));
53         g.fillOval(50, 80, 200, 200);
54     }
55
56     private class CheckBoxListener implements ItemListener {
57         @Override
58         public void itemStateChanged(ItemEvent e) {
59             String item = ((JCheckBox)e.getItem()).getText();
60             if (e.getStateChange() == ItemEvent.SELECTED)
61                 message.setText(item + " selected.");
62             else
63                 message.setText(item + " deselected.");
64
65             repaint();
66         }
67     }
68
69     public static void main(String[] args) {
70         (new CheckBoxColor2()).setVisible(true);
71     }
72 }
```

예제 7.11 프로그램의 구조는 예제 7.10과 유사하지만 몇 부분이 수정되었다. 먼저 윈도우 하단의 메시지를 표시하기 위해 15행에서 JLabel 타입의 인스턴스 변수 message가 선언되었다. 33행에서 message에 대입할 JLabel 객체를 생성할 때 텍스트가 가운데 위치하도록 정렬 속성을 주었음에 유의하라. 또한 체크박스들과 메시지가 각각 내용창의 상단과 하단에 위치하도록 하기 위해 내용창의 배치 관리자를 BorderLayout으로 지정하고(40행), 체크박스들은 패널로 묶어 내용창의 위쪽(North)에, 메시지는 내용창의 아래쪽(South)에 배치하였다(41~42행). 체크박스에 대해 setBorderPainted(true)를 호출하면(23,25,27행) 그림 7.12에서 보는 것처럼 체크박스의 경계가 표시된다. paint 메소드는 체크박스들의 상태를 알아내고 이에 따라 색상을 결정하여 원을 그리는데, 그 내용이 예제 7.10과 완전히 동일하다.

예제 7.11이 예제 7.10과 결정적으로 다른 점은 예제 7.10에서는 버튼에 리스너가 등록되었고 ActionListener가 사용되었지만, 예제 7.11에서는 체크박스에 리스너가 등록되고 ItemListener라는 다른 종류의 리스너가 사용된다는 점이다(30-32행). 56-67행의 CheckBoxListener 클래스는 ItemListener의 역할을 하도록 정의되었으며, 체크박스의 선택 상태가 변경될 때 실행되는 itemStateChanged라는 메소드를 가진다. 즉, 체크박스를 클릭하여 선택 혹은 선택 해제할 때마다 itemStateChanged 메소드가 실행되며, 이 때 클릭된 체크박스에 대한 정보는 메소드의 매개변수인 ItemEvent 객체로 전달된다. 여기서도 예제 7.10과 마찬가지로 체크박스가 클릭되면 repaint를 호출하여 새로 지정된 색상으로 원을 다시 그리면 되지만, 이번에는 윈도우 하단의 메시지를 출력하기 위해 추가적인 코드(59-63행)가 필요하다.

체크박스를 클릭하면 itemStateChanged 메소드가 실행되는데, 이 itemStateChanged 메소드 내에서 클릭이 일어난 컴포넌트(이 경우에는 체크박스)를 얻으려면 이벤트 객체인 매개변수(e)에 대해 getItem 메소드를 호출하면 된다. 그런데 getItem 메소드의 반환 타입은 Object로 지정되어 있으므로 먼저 JCheckBox 타입으로 변환(즉, 다운캐스팅)해야 한다. 그리고 나서 getText 메소드를 사용하여 체크박스에 지정된 텍스트를 얻을 수 있다.

```
JCheckBox check = (JCheckBox)e.getItem();
String item = check.getText();
```

이 두 줄을 변수 check를 생략하고 다음과 같이 간결히 한 줄로 작성할 수 있다(59행). 조금 복잡해 보이지만 실제로 흔히 사용되는 방식이므로 익숙해지도록 하자.

```
String item = ((JCheckBox)e.getItem()).getText();
```

예를 들어 red 체크박스가 클릭된 것이라면 e.getItem()은 red 체크박스에 대한 참조를 반환하는데, 이를 JCheckBox 타입으로 변환하고 getText를 호출하면 "Red"라는 스트링을 얻는다. 그 다음으로 체크박스가 클릭에 의해 선택(SELECTED) 상태가 되었는지 혹은 선택 해제(DESELECTED) 상태가 되었는지 알아내기 위해서는 매개변수에 대해 getStateChange 메소드를 호출하여 ItemEvent.SELECTED 혹은 ItemEvent.DESELECTED와 비교하면 된다. 59-63행의 코드는 이와 같은 방법을 사용하여 적절한 메시지를 message 레이블에 표시한다.

라디오버튼

이번에는 체크박스 대신에 라디오버튼을 사용해 보자. 라디오버튼은 체크박스와 유사하게 사용되지만, 라디오버튼들을 하나의 그룹으로 묶으면 2개 이상의 버튼이 동시에 선택될 수 없다는 특징을 가진다. 그러므로 그림 7.12에서 색상을 나타내는 3개의 버튼을 라디오버튼으로 변경하면 한 번에 오직 한 개의 색상만이 선택되므로 프로그램이 약간 단순해진다. 예제 7.12는 라디오버튼을 사용한 예제이다.

예제 7.12 RadioBtnColor 클래스

```
     //필요한 import는 Ctrl+Shift+O로 포함

12   public class RadioBtnColor extends JFrame {
13       private JRadioButton red, green, blue;
14       private Color color;
15
16       private class RadioListener implements ItemListener {
17           @Override
18           public void itemStateChanged(ItemEvent e) {
19               if (e.getItem() == red)
20                   color = Color.red;
21               else if (e.getItem() == green)
22                   color = Color.green;
23               else if (e.getItem() == blue)
24                   color = Color.blue;
25
26               repaint();
27           }
28       }
29
30       public RadioBtnColor() {
31           setSize(300, 350);
32           setTitle("RadioButton Color Example");
33           setDefaultCloseOperation(EXIT_ON_CLOSE);
34
35           red = new JRadioButton("Red");
36           green = new JRadioButton("Green");
37           blue = new JRadioButton("Blue");
38           ButtonGroup group = new ButtonGroup();
39           group.add(red);
40           group.add(green);
41           group.add(blue);
```

```
42          RadioListener listener = new RadioListener();
43          red.addItemListener(listener);
44          green.addItemListener(listener);
45          blue.addItemListener(listener);
46
47          Container cPane = getContentPane();
48          cPane.setLayout(new FlowLayout());
49          cPane.add(red);
50          cPane.add(green);
51          cPane.add(blue);
52      }
53
54      @Override
55      public void paint(Graphics g) {
56          super.paint(g);
57          g.setColor(color);
58          g.fillOval(50, 80, 200, 200);
59      }
60
61      public static void main(String[] args) {
62          (new RadioBtnColor()).setVisible(true);
63      }
64  }
```

이번에는 하단의 메시지를 포함하지 않으므로 컴포넌트의 배치는 아주 간단하다. 내용창의 배치는 FlowLayout으로 지정하고 3개의 라디오버튼을 생성하여 내용창에 추가한다. 체크박스와 달리 라디오버튼은 ButtonGroup을 생성하고 3개의 라디오버튼을 그룹에 추가하여 한 번에 오직 하나의 버튼만 선택될 수 있도록 해야 한다(38–41행).

paint 메소드는 예제 7.11과 달리 다소 간단하게 구현되었다. 라디오 버튼은 다중 선택이 되지 않으므로 색상을 성분으로 조합할 필요가 없기 때문이다. 색상을 나타내는 인스턴스 변수 color가 있고 paint에서는 변수 color의 값에 따라 색상을 지정하고 원을 그리도록 되어 있다.

리스너는 예제 7.11과 마찬가지로 ItemListener를 사용한다. 라디오버튼 가운데 하나가 클릭되면 itemStateChanged 메소드가 실행되는 것은 동일하다. 18–27행의 구현을 보면 라디오버튼이 클릭되어 itemStateChanged 메소드가 실행되면 클릭된 버튼이 무엇인지 알아내고 이에 따라 color 변수에 색상을 지정하고 repaint를 호출하여 윈도우를 다시 그리도록 작성되어 있다. 클릭 이벤트가 발생한 컴포넌트를 알아내기 위해서는 getItem 메소드를 다음과 같이 사용하면 된다.

```
if (e.getItem() == red)
```

즉, getItem 메소드는 이벤트가 발생한 컴포넌트를 반환하므로 이를 라디오버튼에 해당하는 인스턴스 변수들과 비교해 보면 어느 버튼이 클릭되었는지 알 수 있다.

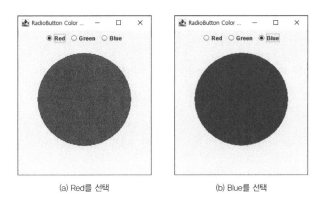

(a) Red를 선택   (b) Blue를 선택

그림 7.13 예제 7.12의 실행 결과

그림 7.13이 예제 7.12의 실행 결과이다. Red 버튼을 클릭하면 그림 7.13a와 같이 빨간색 원이 표시되고 Blue 버튼을 클릭하면 그림 7.13b와 같이 파란색 원이 표시된다.

로그인 예제

그림 7.14와 같은 로그인 윈도우를 생성하는 예제를 작성해 보자. 이 예제는 레이블, 버튼, 체크박스와 텍스트필드 등의 스윙 컴포넌트를 포함한다.

그림 7.14 로그인 윈도우

그림 7.14의 윈도우에서 아이디와 비밀번호를 입력하고 "로그인" 버튼을 누른다. 로그인 정보가 잘못되었으면 그림 7.15와 같은 경고창을 띄우고 다시 입력을 받도록 한다.

그림 7.15 로그인 경고창

아이디와 비밀번호의 목록을 저장하고 사용자가 입력된 값과 비교하기 위해서는 파일이나 데이터베이스와 같은 외부 저장소를 사용해야 하지만 이에 관해서는 나중에 다루게 되므로 여기서는 프로그램 코드에서 직접 검사하는 것으로 한다. 올바른 아이디는 "test", 비밀번호는 "1234"라고 하자. 올바른 값이 입력되고 로그인 버튼이 눌리면 프로그램의 기능을 담당하는 윈도우가 나와야 하겠지만 여기서는 그림 7.16과 같은 간단한 "웰컴" 윈도우로 대신하기로 한다.

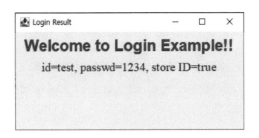

그림 7.16 로그인 성공 윈도우

그림 7.16의 윈도우는 그림 7.14의 화면에서 입력된 아이디와 비밀번호, 그리고 "아이디 저장" 체크박스가 선택되었는지 여부를 보여주고 있다.

먼저 그림 7.14의 GUI 윈도우를 작성해 보자. 패널(JPanel)을 생성하고 여기에 컴포넌트들을 붙이는데, 그림 7.14와 같은 배치를 위해 패널에는 GridLayout을 사용하였다. 4행 2열이지만 다음과 같이 행의 수는 0으로 하고 열만 2로 지정하면 필요한 만큼의 행으로 배치되므로 편리하다.

```
JPanel panel = new JPanel();
panel.setLayout(new GridLayout(0, 2, 10, 3));
```

GridLayout 생성자의 3번째와 4번째 인자는 각각 수평 방향과 수직 방향의 간격이다. 즉, 위의 배치 관리자는 컴포넌트들을 2열로 배치하는데 컴포넌트 간의 간격은 수평으로 10픽셀, 수직으로 3픽셀이라는 뜻이다.

그 다음으로는 각 컴포넌트를 생성하여 panel에 차례로 추가하면 된다. 가령 "아이디"를 표시하는 첫 번째 레이블은 다음과 같이 생성하여 패널에 추가한다(32, 43행).

```
JLabel labelId = new JLabel("아이디", JLabel.RIGHT);
panel.add(labelId);
```

여기서 JLabel 생성자의 2번째 인자는 텍스트를 우측으로 맞추기 위한 것이다. 이런 방식으로 모든 컴포넌트를 패널에 차례로 추가하고 나서 이 패널을 프레임의 내용창에 붙이면 된다. 내용창에는 패널 하나만 들어가므로 내용창의 배치 관리자는 무엇이 되어도 별로 상관이 없지만 여기서는 FlowLayout을 사용하였다. 패널 바깥쪽으로 적당한 여백을 두기 위해 내용창에도 컴포넌트 간 간격을 지정하였다(26, 51행).

```
setLayout(new FlowLayout(FlowLayout.CENTER, 10, 10));
add(panel);
```

여기에 이벤트 구동을 위한 리스너를 포함하여 프로그램을 완성한 것이 예제 7.13의 LoginFrame 클래스이다.

예제 7.13 LoginFrame 클래스

```
        //필요한 import는 Ctrl+Shift+O로 포함

15  public class LoginFrame extends JFrame {
16
17      private JButton btnLogin;
18      private JButton btnCancel;
19      private JTextField inputId;
20      private JPasswordField inputPasswd;
21      private JCheckBox storeId;
```

```java
22
23      public LoginFrame() {
24          setTitle("Login Example");
25          setDefaultCloseOperation(EXIT_ON_CLOSE);
26          setLayout(new FlowLayout(FlowLayout.CENTER, 10, 10));
27
28          JPanel panel = new JPanel();
29          panel.setLayout(new GridLayout(0, 2, 10, 3));
30          LoginListener listener = new LoginListener();
31
32          JLabel labelId = new JLabel("아이디", JLabel.RIGHT);
33          JLabel labelPasswd = new JLabel("비밀번호", JLabel.RIGHT);
34          inputId = new JTextField(8);
35          inputPasswd = new JPasswordField(8);
36
37          storeId = new JCheckBox("아이디 저장", true);
38          btnLogin = new JButton("로그인");
39          btnCancel = new JButton("취소");
40          btnLogin.addActionListener(listener);
41          btnCancel.addActionListener(listener);
42
43          panel.add(labelId);
44          panel.add(inputId);
45          panel.add(labelPasswd);
46          panel.add(inputPasswd);
47          panel.add(new JLabel());
48          panel.add(storeId);
49          panel.add(btnLogin);
50          panel.add(btnCancel);
51          add(panel);
52          pack();
53      }
54
55      public class LoginListener implements ActionListener {
56
57          @Override
58          public void actionPerformed(ActionEvent e) {
59              if (e.getSource() == btnLogin) {
60                  String id = inputId.getText();
61                  String passwd = new String(inputPasswd.getPassword());
```

```
62                      if (id.equals("test") && passwd.equals("1234")) {
63                          String msg = "id=" + id + ", passwd=" + passwd +
64                              ", store ID=" + (storeId.isSelected() ? true : false);
65                          (new LoginResultFrame(msg)).setVisible(true);
66                          dispose();
67                      }
68                      else {
69                          JOptionPane.showMessageDialog(null,
70                                  "아이디와 비밀번호를 확인하세요!");
71                          inputPasswd.setText("");
72                          inputId.selectAll();
73                          inputId.requestFocus(true);
74                      }
75                  } else if (e.getSource() == btnCancel) {
76                      inputId.setText("");
77                      inputPasswd.setText("");
78                      inputId.requestFocus(true);
79                  }
80              }
81          }
82
83      public static void main(String[] args) {
84          (new LoginFrame()).setVisible(true);
85      }
86  }
```

아이디 입력을 위해서는 JTextField를, 그리고 비밀번호 입력을 위해서는 JPasswordField를 사용한다. JPasswordField는 JTextField의 서브클래스인데, 입력되는 비밀번호가 보이지 않도록 해 준다. LoginFrame의 생성자(23–53행)를 살펴 보면 윈도우 크기를 지정하는 setSize 메소드가 사용되지 않는다. 대신 마지막에 pack 메소드를 호출하여 윈도우의 크기를 컴포넌트들을 포함하는 최적의 크기로 맞춘다(52행).

리스너는 LoginListener라는 이름의 내부 클래스로 정의되었다(55–81행). 30행에서 생성된 리스너 객체는 2개의 버튼에 등록되므로(40–41행) 이 두 버튼 가운데 하나가 눌렸을 때 리스너에 포함된 actionPerformed 메소드가 실행된다. 메소드 내에서 어느 버튼이 눌렸는지 알아내려면 getSource 메소드로 이벤트가 발생한 컴포넌트를 얻어 확인하면 된다(59,75행). (이전 예제에서 체크박스와 라디오버튼에 대해 작성했던 ItemListener의 경우에는 버튼을 클릭하여 ItemEvent가 발생하면 getItem 메소드로 이벤트가 발생한 컴포넌트를 얻었다. 이와 달리 지금 예제에서 버튼에 대해 작성한 **ActionListener**의 경우에는 버튼을 클릭하여 **ActionEvent**가 발생하면 **getSource** 메소드로 이벤트가 발생한 컴포넌트를 얻었다. 즉, 이벤트의 종류에 따라 메소드가 다름에 주의하라.)

"취소" 버튼이 눌린 것이라면 아이디와 비밀번호 필드의 내용을 삭제하고 아이디 필드가 '포커스'를 가지도록 requestFocus 메소드로 요청한다(76–78행).

포커스(focus)란 무엇일까? 어떤 UI 컴포넌트를 선택하면 그 컴포넌트가 포커스를 가지게 되고 키보드 입력에 대응할 수 있는 상태가 된다. 예를 들어 텍스트필드를 마우스로 클릭하면 거기에 커서가 위치하게 되어 키보드 입력을 받을 수 있는 상태가 되는데, 이 때 그 텍스트필드가 포커스를 가졌다고 말한다. 아이디 필드가 포커스를 가지게 되면 곧바로 키보드를 눌러 아이디를 입력할 수 있다. 한 순간에 하나의 컴포넌트만이 포커스를 가질 수 있다. UI를 설계할 때는 이와 같이 사용자가 가장 먼저 조작할 것으로 예상되는 컴포넌트에 포커스를 주는 게 편리하다. 그런데 마우스로 클릭하거나 키보드를 조작하지 않고 코드로 특정 컴포넌트가 포커스를 가지도록 할 때 requestFocus 메소드를 사용한다. 78행은 로그인 정보가 잘못되었을 경우, 사용자가 즉시 새로운 아이디를 입력할 수 있도록 아이디 필드에 포커스를 주는 것이다.

눌린 버튼이 "로그인"이라면(59행), 먼저 아이디 필드와 비밀번호 필드에 입력된 값을 가져와서 올바른 값인지 확인해야 한다. 이를 위해 JTextField에 대해서는 getText 메소드를 사용하면 되고 JPasswordField에 대해서는 getPassword 메소드를 사용하면 된다. getPassword 메소드는 char 배열을 반환하므로 61행과 같이 스트링으로 변환하였다. 다음으로 이렇게 얻은 아이디와 비밀번호가 올바른지 확인한다(62행).

아이디와 비밀번호가 맞지 않으면 69–73행이 실행된다. 여기서는 먼저 JOptionPane의 showMessageDialog 메소드를 호출하여 경고창을 띄우고(69–70행), 비밀번호 항목에 입력된 내용을 지우고(73행), 아이디 항목은 이전에 입력한 텍스트를 모두 선택된 상태로 만들어(74행의 selectAll 메소드) 필요하다면 쉽게 새로운 아이디를 입력할 수 있게 하고, 아이디 필드에 포커스를 요청한다(75행).

올바른 아이디와 비밀번호가 입력되었으면 로그인이 진행되어 현재 윈도우를 닫고 새로운 윈도우를 띄워야 한다. 새로운 윈도우는 그림 7.16에 보인 것처럼 로그인 정보를 표시해야 하므로 먼저 현재 윈도우에서 로그인 정보를 수집하여 새로운 윈도우에서 출력할 수 있도록 넘겨 주어야 한다. 63–64행에서 정의되는 msg 스트링이 이 역할을 하는데, 여기에는 입력된 아이디와 비밀번호, 그리고 체크박스의 상태 등이 포함된다. 체크박스로부터 체크가 되었는지 혹은 되지 않았는지 알아내는 isSelected 메소드는 앞 예제에도 나왔었다.

```
String msg = "id=" + id + ", passwd=" + passwd +
                        ", store ID=" + (storeId.isSelected() ? true : false);
```

예를 들어 아이디가 test, 비밀번호가 1234, 그리고 "아이디 저장" 체크박스가 선택된 상태라면 msg에는 다음의 스트링이 저장될 것이다.

```
id=test, passwd=1234, store ID=true
```

새로운 윈도우를 정의하는 예제 7.14의 LoginResultFrame 클래스도 LoginFrame과 마찬가지로 JFrame을 상속 받는다. LoginFrame 쪽에서는 LoginResultFrame의 객체를 생성하여 화면에 표시되도록 하고 나서 자신을 제거하면 된다(예제 7.13의 65~66행). 이 때 LoginResultFrame 생성자의 인자로 현재 윈도우의 입력폼으로부터 수집한 정보 스트링인 msg를 넘긴다(65행). 그리고 나서 dispose 메소드로 현재 윈도우와 거기에 부속된 모든 컴포넌트의 자원을 해제하면 된다(66행).

예제 7.14 LoginResultFrame 클래스

```
     //필요한 import는 Ctrl+Shift+O로 포함

10   public class LoginResultFrame extends JFrame {
11
12       public LoginResultFrame(String msg) {
13           setSize(400, 200);
14           setTitle("Login Result");
15           setDefaultCloseOperation(EXIT_ON_CLOSE);
16
17           JLabel label = new JLabel("Welcome to Login Example!!",
18                                               SwingConstants.CENTER);
19           label.setFont(new Font("SansSerif", Font.BOLD, 26));
20           label.setForeground(Color.blue);
21           JLabel msgLabel = new JLabel(msg);
22           msgLabel.setFont(new Font("Serif", Font.PLAin, 20));
23
24           Container container = getContentPane();
25           container.setLayout(new FlowLayout());
26           container.add(label);
```

```
27          container.add(msgLabel);
28      }
29  }
```

예제 **7.14**은 그림 **7.16**의 윈도우를 표시하는데, 그 내용은 별 게 없다. 내용창에 2개의 레이블을 포함시키는데, 첫 번째는 큰 글씨체로 된 환영 메시지이고 두 번째는 `LoginFrame`에서 넘겨준 정보 스트링이다. 이제 `main` 메소드가 포함된 예제 **7.13**을 실행시키면 그림 **7.14-16**의 실행 결과를 얻을 수 있다.

도서 목록과 JList

이번에는 목록을 나타내는 스윙 컴포넌트인 `JList`를 사용하는 예제를 살펴 보자. 프로그램을 실행하면 그림 **7.17**과 같은 윈도우가 표시된다.

그림 7.17 도서 목록 초기 윈도우

윈도우의 좌측이 도서 목록에 해당한다. 이 도서 제목들 중 하나를 클릭하여 선택하면 그림 **7.18**과 같이 그 도서에 대한 자세한 정보가 우측에 표시된다.

그림 7.18 도서 정보 윈도우

왼쪽의 목록은 JList로 작성하였고, 도서의 정보가 나타나는 오른쪽은 JTextArea로 작성하였다.

지금까지의 이벤트 처리 예제를 돌이켜 보면 버튼을 눌렀을 때 ActionEvent라는 종류의 이벤트가 발생하고 이를 처리하기 위해서 ActionListener라는 종류의 리스너가 필요했다. 또한 체크박스나 라디오버튼을 클릭하면 ItemEvent가 발생하고 이를 처리하기 위해서 ItemListener가 필요했다. 이와 같이 자바에는 여러 종류의 이벤트가 존재하고 각 이벤트 종류에 대응하는 여러 종류의 리스너가 있다. JList의 경우에 목록에서 새로운 항목을 선택했을 때 발생하는 이벤트는 ListSelectionEvent이고 이런 종류의 이벤트에 대응하는 리스너는 ListSelectionListener라는 점만 유의하면 된다. 즉, 리스너를 List-SelectionListener 유형의 클래스로 작성하고 그 객체를 JList 컴포넌트에 등록하면 된다.

참고   체크박스와 라디오버튼의 이벤트

사실 체크박스(JCheckBox)나 라디오버튼(JRadioButton), 버튼(JButton) 등은 모두 AbstractButton 이라는 동일한 클래스의 자손 클래스이기 때문에 체크박스나 라디오버튼을 클릭할 때 ActionEvent도 발생하고 ItemEvent도 발생한다. 즉, 체크박스와 라디오버튼에 대해서 ItemListener뿐 아니라 ActionListener도 쓸 수 있다. 이와 같이 동일한 컴포넌트에서 여러 종류의 이벤트가 발생할 수 있는데, 이런 경우에는 프로그램의 필요에 따라 리스너를 선택하여 처리하면 된다.

이제 프로그램을 살펴 보자. 먼저 예제 7.15는 도서 정보를 나타내는 Book 클래스 정의이다. Book 클래스의 생성자는 도서의 제목, 저자, 그리고 자세한 도서 정보를 각각 스트링 타입의 인자로 받는다. toString 메소드는 제목만을 반환하고, getFullInfo 메소드는 제목, 저자 및 도서 정보를 나타내는 스트링을 반환하도록 작성되었다.

예제 7.15 Book 클래스

```
01   public class Book {
02       private String title;
03       private String author;
04       private String info;
05
06       public Book(String title, String author, String info) {
```

```
07              this.title = title;
08              this.author = author;
09              this.info = info;
10          }
11
12          public String toString() {
13              return title;
14          }
15
16          public String getFullInfo() {
17              return title + " - " + author + " 저\n" + info;
18          }
19      }
```

그림 7.17 및 그림 7.18의 도서 정보 윈도우를 출력하는 애플리케이션은 예제 7.16의 프로그램이다.

예제 7.16 BookListFrame 클래스

```
        //필요한 import는 Ctrl+Shift+O로 포함

12  public class BookListFrame extends JFrame {
13      private JList listBox;
14      private JTextArea infoMsg;
15
16      private class BookListListener implements ListSelectionListener {
17          @Override
18          public void valueChanged(ListSelectionEvent e) {
19              if (e.getValueIsAdjusting() == false) {
20                  Book book = (Book) listBox.getSelectedValue();
21                  infoMsg.setText(book.getFullInfo());
22              }
23          }
24      }
25
26      public BookListFrame() {
27          setTitle("Book List Example");
```

```
28          setDefaultCloseOperation(EXIT_ON_CLOSE);
29
30          Book[] list = new Book[5];
31          list[0] = new Book("벌레 이야기", "이청준",
32                      "영화 밀양의 원작인 이청준의 소설");
33          list[1] = new Book("셜록 홈즈", "코난 도일",
34                      "동명의 이름을 주인공으로 한 아서 코난 도일의 추리 소설");
35          list[2] = new Book("프로그래머로 사는 법", "샘 라이트스톤",
36                      "프로그래머로 경력을 시작하는데 필요한 정보가 모두 담겨 있다..");
37          list[3] = new Book("채식주의자", "한강",
38                      "2016년 맨부커상 수상작인 소설");
39          list[4] = new Book("Charlie and the Chocolate Factory",
40                      "Roald Dahl",
41                      "윌리 윙카의 초코릿 공장에선 금박종이를 찾은 사람을 공장으로 초대하고..");
42
43          JPanel panel = new JPanel();
44          panel.setLayout(new FlowLayout(FlowLayout.LEFT, 0, 0));
45
46          listBox = new JList(list);
47          listBox.addListSelectionListener(new BookListListener());
48          panel.add(listBox);
49
50          infoMsg = new JTextArea(5, 30);
51          infoMsg.setEditable(false);
52          infoMsg.setLineWrap(true);
53          infoMsg.setBackground(Color.lightGray);
54          infoMsg.setForeground(Color.blue);
55          infoMsg.setFont(new Font("SansSerif", Font.BOLD, 14));
56          infoMsg.setText("도서를 선택하세요!");
57          panel.add(infoMsg);
58
59          setLayout(new FlowLayout(FlowLayout.LEFT, 10, 10));
60          add(panel);
61          pack();
62      }
63
64      public static void main(String[] args) {
65          (new BookListFrame()).setVisible(true);
66      }
67  }
```

프로그램은 16–24행의 리스너 클래스와 26–62행의 생성자 정의로 구성된다. 먼저 생성자 (26–62행)를 살펴 보자. 윈도우는 하나의 JPanel로 구현되는데(43행), 이 패널의 왼쪽 편에 도서 목록을 나타내는 JList가 들어가고(48행) 오른쪽 편에 도서의 상세 정보를 표시하는 JTextArea가 들어간다(57행). 그리고 이 패널이 내용창에 추가된다(60행).

생성자의 30–41행은 도서 목록을 구성하는 정보를 등록하는 부분이다. 도서 목록의 정보를 나타내는 Book 타입의 배열을 생성하고 5개의 Book 객체를 생성하여 저장했다. 이제 이 객체 배열을 데이터로 하여 JList 객체를 생성하면 되는데, 이 때 다음과 같이 Book 배열을 JList 생성자의 인자로 주면 된다.

```
JList listBox = new JList(list);
```

listBox는 인스턴스 변수로 취급되고 있는데(13,46행), 이는 listBox가 리스너의 이벤트 처리기 내에서도 사용되기 때문이다(20행). 이와 같이 listBox를 생성하여 윈도우에 추가하면(48행) 그림 7.17의 왼쪽과 같이 목록이 표시된다. 목록의 각 항목으로 도서의 제목만 표시되고 있음에 유의하라. 이는 Book 클래스의 toString 메소드가 도서의 제목(title)만을 반환하고 있기 때문이다(예제 7.15 13행). 즉, JList 컴포넌트가 객체의 배열로부터 목록을 구성할 때 배열의 각 요소에 대해 toString 메소드를 호출하고 그 반환된 결과가 목록에 표시된다는 것을 알 수 있다. 도서 목록 중 하나를 클릭하여 선택하면 리스너의 동작이 실행되어야 하므로 리스너는 listBox에 등록된다(47행).

16–24행에 작성된 리스너 클래스는 리스너의 종류가 ListSelectionListener이고 이벤트 처리기 메소드의 이름이 valueChanged라는 점에만 유의하면 된다. 즉, 좌측의 목록에서 한 항목을 선택하면 valueChanged 메소드가 실행되는 것이다. 대략적인 구성과 동작은 다른 리스너의 경우와 크게 다르지 않다. 19행의 getValueIsAdjusting 메소드는 리스트에서 사용자 동작에 의해 선택 과정이 진행 중인 동안은 true를 반환한다. 그러므로 이 반환값이 false라는 것은 선택 과정이 끝나서 항목의 선택이 최종적으로 결정되었음을 뜻한다. 사용자 동작이 끝나고 항목 선택이 최종적으로 결정된 후에 이벤트 처리기가 동작하도록 하기 위해 이 if 문이 포함되었다. 리스트로부터 선택된 항목을 얻는 것은 getSelectedValue 메소드를 사용하면 되는데, 이 때 getSelectedValue 메소드의 반환 타입이 Object이므로 Book으로의 명시적인 타입 변환(다운캐스팅)이 필요하다(20행). 이렇게 사용자가 선택한 도서 객체를 얻고 이 도서의 완전한 정보(getFullInfo 메소드가 반환하는 정보)를 윈도우 오른쪽의 텍스트 영역에 표시한다(21행).

도서 정보를 표시하는 텍스트영역은 50~56행에서 작성되는데, 이 텍스트영역을 통해 입력을 받지는 않을 것이므로 편집 불가능으로 설정했고(51행) 표시되는 내용이 영역의 너비보다 길면 줄 바꿈을 하도록 설정했다(52행). 나머지는 색상과 폰트 및 초기 메시지를 설정하는 코드이다.

프로그래밍 과제

1. 학생을 나타내는 수퍼클래스 Student와 그 서브클래스인 Graduate과 Undergraduate 클래스를 작성하라. Graduate은 대학원생, Undergraduate은 학부생을 나타낸다. 학생의 데이터는 '이름', '학번', '소속 학과', '성적'(GPA) 등이고 여기에 추가로 학부생은 '학년'을, 대학원생은 '연구 주제'와 '지도교수'를 가진다. 다음과 같은 테스트 클래스로부터 첨부한 실행 결과가 나오도록 클래스 계층을 작성하라.

```java
public class StudentTest {
    public static void main(String[] args) {
        Undergraduate s1 = new Undergraduate("홍길동", "201701012", "소프트웨어학과", 3.88, 2);
        Graduate s2 = new Graduate("정길동", "20161234", "컴퓨터공학과", 4.12, "미정", "박교수");
        Student s3 = new Graduate("김길동", "20141235", "컴퓨터공학과", 3.88, "미정", "박교수");
        s2.setThesisTitle("정보보안");
        ((Graduate)s3).setThesisTitle("빅데이터");

        System.out.println(s1.toString());
        System.out.println(s2.toString());
        System.out.println(s3.toString());
    }
}
```

```
Problems  @ Javadoc  Declaration  Console
<terminated> StudentTest (3) [Java Application] C:\Program Files\AdoptOpenJDK\jdk-11.0.4.11-hotspot\bin\javaw.
이름=홍길동, 학번=201701012, 학과=소프트웨어학과, 성적=3.88, 학년=2
이름=정길동, 학번=20161234, 학과=컴퓨터공학과, 성적=4.12, 논문주제=정보보안, 지도교수=박교수
이름=김길동, 학번=20141235, 학과=컴퓨터공학과, 성적=3.88, 논문주제=빅데이터, 지도교수=박교수
```

2. Employee 클래스와 그 서브클래스인 SalariedEmployee(연봉 근로자), HourlyEmployee(시간제 근로자) 등을 작성하라. Employee는 '이름'과 '소속 부서'를 데이터로 가진다. SalariedEmployee는 '연봉'을 추가로 가지고 HourlyEmployee는 '시간당 임금'과 '월 근로시간'을 추가로 가진다. 월 급여를 반환하는 getMonthlyPay 메소드는 수퍼클래스인 Employee에서 정의되고 서브클래스에서 재정의되어야 하는데, Employee에서는 무조건 0을 반환하도록 작성하라. 재정의된 getMonthlyPay는 SalariedEmployee에서는 연봉을 12로 나누어 월 급여를 계산하면 되고, HourlyEmployee에서는 월 근로시간과 시간당 임금을 곱하면 된다. 다음의 테스트 코드로부터 첨부한 실행 결과가 나오도록 클래스 계층을 작성하라.

```java
public class EmployeeTest {
    public static void main(String[] args) {
        Employee e1 = new SalariedEmployee("홍길동", "Planning", 42000000);
        Employee e2 = new HourlyEmployee("정길동", "R&D", 20000, 120);

        System.out.printf("%s, 월 급여=%,d원\n", e1.toString(), e1.getMonthlyPay());
        System.out.printf("%s, 월 급여=%,d원\n", e2.toString(), e2.getMonthlyPay());
    }
}
```

◇□◇□◇□◇□◇□◇□◇

```
Problems   @ Javadoc   Declaration   Console ⊠
<terminated> EmployeeTest [Java Application] C:₩Program Files₩A
이름=홍길동, 부서=Planning, 월 급여=3,500,000원
이름=정길동, 부서=R&D, 월 급여=2,400,000원
```

3. 예제 7.8의 클래스 계층에 마름모꼴을 나타내는 MyDiamond를 추가하여라. 마름모꼴은 다음 그림과
   같이 중심점의 x,y 좌표와 너비(width)와 높이(height)로 나타낼 수 있다.

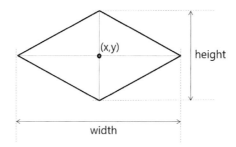

MyDiamond가 추가된 클래스 계층으로 다음의 테스트 프로그램을 실행하면 첨부한 것과 같은 실행
결과가 나와야 한다. shapes[2]에 대입되는 MyDiamond 객체는 중심점이 (220, 170)이고 너비가
300, 높이가 160인 마름모꼴을 뜻한다.

```java
public class ShapeTest extends JFrame {
    private MyShape[] shapes;

    public ShapeTest() {
        setSize(400, 300);
        setDefaultCloseOperation(EXIT_ON_CLOSE);

        shapes = new MyShape[3];
        shapes[0] = new MyRect(50, 50, 200, 150);
        shapes[1] = new MyCircle(200, 180, 100);
        shapes[2] = new MyDiamond(220, 170, 300, 160);
    }

    @Override
    public void paint(Graphics g) {
        super.paint(g);
        shapes[0].draw(g);
        shapes[1].draw(g);
        g.setColor(Color.blue);
        shapes[2].draw(g);
    }

    public static void main(String[] args) {
        (new ShapeTest()).setVisible(true);
    }
}
```

프로그래밍 과제

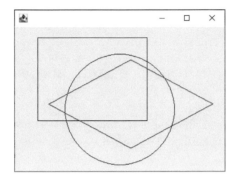

4. 다음과 같이 컴퓨터 부품을 구매하는 윈도우를 표시하는 GUI 애플리케이션을 작성하라. 각 부품은 체크박스로 표시되는데, 부품을 체크하여 선택하거나 선택 해제할 때마다 합계를 다시 계산하여 하단의 메시지로 표시한다.

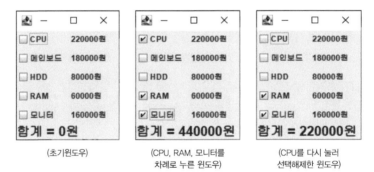

(초기윈도우)   (CPU, RAM, 모니터를   (CPU를 다시 눌러
                차례로 누른 윈도우)   선택해제한 윈도우)

5. 그림 7.11에서 RGB 성분의 값을 각각 텍스트 필드로 받도록 수정하여 작성하라. 버튼을 누르면 각 텍스트 필드에 입력된 값을 읽어 RGB 성분을 조합하여 색상을 얻고 원을 그린다.

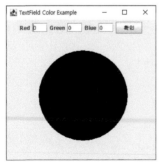
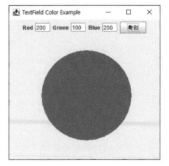

(초기 윈도우)   (값을 입력하고 "확인" 버튼을 누른 후의 윈도우)

◇○◇○◇○◇○◇○◇○◇○◇○◇

6. 그림 7.12에서 각 RGB 성분을 체크박스 대신 콤보박스(combo box)로 받는 프로그램을 작성하라. 각 성분은 0~255여야 하므로 10의 배수를 단위로 단계를 구성한다. 즉, 0, 10, 20, ..., 250, 255 등의 총 27개 단계로 지정한다. 초기에는 모든 성분이 0으로 선택되어 있다. 각 성분에 해당하는 콤보박스의 항목을 선택할 때마다 그 값이 반영되어 새로운 색으로 원이 그려진다. (힌트: 콤보박스는 JComboBox 클래스를 사용한다. JComboBox는 항목을 나타내는 배열을 먼저 작성한 후 이 배열을 생성자의 인자로 JComboBox 객체를 생성하면 된다. 콤보박스의 항목이 선택되었을 때 실행되는 리스너는 ItemListener이고 이벤트 처리기 메소드는 itemStateChanged이다. 즉, 체크박스나 라디오 버튼의 경우와 동일하다. 자세한 사용법은 자바 웹사이트를 참조하도록 하라.)

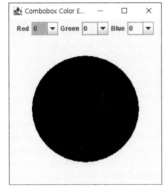

(초기 윈도우)

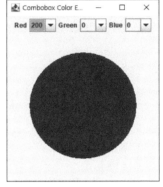

(Red=200으로 선택한 윈도우)

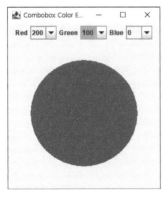

(Green=100으로 선택한 윈도우)

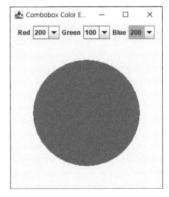

(Blue=200으로 선택한 윈도우)

프로그래밍 과제

7. 다음과 같이 동작하는 GUI 애플리케이션을 작성하라. 프로그램을 실행하면 표시되는 첫 윈도우에서 이름을 입력하고 관심 분야를 선택한 다음 "Go" 버튼을 클릭한다. 그러면 첫 번째 윈도우가 닫히고 둘째 윈도우가 표시되어 첫 화면에서 입력한 이름과 관심 분야를 보여 준다. (힌트: 예제 7.13과 7.14를 참고하라.)

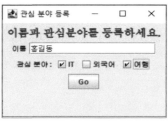

(첫 윈도우)

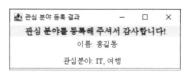

("Go" 버튼을 누르면 나타나는 윈도우)

CHAPTER **8**

추상 클래스와
인터페이스

8.1 추상 클래스   ◇◇◇◇◇◇◇◇

앞 장에서 예로 들었던 도형에 관한 클래스 계층(예제 7.8)에서 수퍼클래스 MyShape의 정의를 다시 살펴 보자.

```java
class MyShape {
    protected int x, y;
    public MyShape(int x, int y) {
        this.x = x; this.y = y;
    }
    public void draw(Graphics g) {}
}
```

MyShape의 draw 메소드는 몸체를 비워 두었었다. 왜냐 하면 직사각형이나 원과 달리 도형 (shape)은 구체적인 형태를 가지지 않는 추상적 개념이라서 그릴 수 없기 때문이었다. 이런 경우에 MyShape의 draw 메소드를 억지로 작성하기보다는 다음과 같이 **추상 메소드**(abstract method)로 선언하고 몸체를 생략할 수 있다.

```java
public abstract void draw(Graphics g);
```

메소드를 정의할 때 몸체를 생략하고 세미콜론으로 끝내는 대신 반환 타입 앞에 키워드 **abstract**를 추가하면 추상 메소드가 된다. 추상 메소드는 몸체를 갖지 않으므로 실행할 수 없는 메소드이다. 추상 메소드가 하나라도 포함되면 그 클래스는 **추상 클래스**(abstract class)로 정의되어야 한다. 클래스를 정의할 때 예제 8.1과 같이 앞 부분에 **abstract**를 추가하면 추상 클래스가 된다.

예제 8.1 추상 클래스인 MyShape 클래스

```java
01  import java.awt.Graphics;
02
03  public abstract class MyShape {
04      protected int x, y;
05      public MyShape(int x, int y) {
06          this.x = x; this.y = y;
07      }
08      public abstract void draw(Graphics g);
09  }
```

하나 혹은 그 이상의 추상 메소드를 가지는 클래스는 추상 클래스가 되어야 하는데, 추상 클래스는 객체를 생성하지 못한다. 추상 클래스에 포함된 추상 메소드는 몸체가 없어 실행할 수 없기 때문이다. 즉, MyShape 클래스가 위와 같이 추상 클래스로 정의되면 다음과 같이 MyShape 타입의 객체를 생성하는 것은 오류이다.

```
MyShape p;
p = new MyShape(10, 10);   //에러
```

유의할 것은 위의 첫째 줄과 같이 추상 클래스 타입의 참조 변수를 선언하는 것은 아무런 문제가 없다는 점이다. 단지 둘째 줄처럼 추상 클래스의 객체를 생성하는 것은 금지된다.

예제 8.1의 MyShape이 '도형'에 해당하는 것처럼 추상 클래스는 일반적으로 추상적 개념에 대응하는데, 그 역할은 다른 클래스를 위한 기반 클래스로 사용하기 위함이다. 추상 메소드도 당연히 서브클래스에 상속된다. 추상 클래스에서 파생되는 서브클래스는 자신이 상속받은 추상 메소드를 오버라이드 하여 몸체를 구현할 수 있다. 그러면 그 메소드는 이제 몸체를 가지므로 추상이 아닌 일반 메소드가 된다. 오버라이드 하지 않는다면 여전히 추상 메소드로 남는다. 추상 클래스에서 파생되는 서브클래스가 수퍼클래스의 모든 추상 메소드를 구현하지 않는다면 그 서브클래스도 추상 클래스가 되어야 한다. 추상 메소드를 하나라도 가지면 추상 클래스가 되어야 한다고 했으므로 이것은 당연한 일이다.

추상 클래스의 서브클래스가 모든 추상 메소드를 오버라이드하여 구현하면 이 서브클래스는 추상이 아닌(non-abstract) 일반 클래스가 된다. 예제 8.2와 8.3의 MyRect, MyCircle 클래스는 예제 8.1에 보인 MyShape의 서브클래스이고, MyShape으로부터 상속받은 draw 메소드를 오버라이드하여 구현하고 있으므로 추상 클래스가 아니라 일반 클래스이다.

예제 8.2 MyRect 클래스

```
01   import java.awt.Graphics;
02
03   public class MyRect extends MyShape {
04       private int width, height;
05
06       public MyRect(int x, int y, int width, int height) {
07           super(x, y);
08           this.width = width;
09           this.height = height;
```

```
10          }
11          public void draw(Graphics g) {
12              g.drawRect(x, y, width, height);
13          }
14      }
```

예제 8.3 MyCircle 클래스

```
01      import java.awt.Graphics;
02
03      public class MyCircle extends MyShape {
04          private int radius;
05
06          public MyCircle(int x, int y, int radius) {
07              super(x, y);
08              this.radius = radius;
09          }
10          public void draw(Graphics g) {
11              g.drawOval(x-radius, y-radius, 2*radius, 2*radius);
12          }
13      }
```

MyRect와 MyCircle은 추상 클래스가 아니므로 객체를 생성할 수 있고 그 객체를 통해 draw 메소드를 호출할 수 있다.

```
    MyCircle p = new MyCircle(100, 100, 50);
    p.draw(g);
```

상속의 개념을 다룰 때 이미 배운 것처럼 수퍼클래스의 참조 변수에 그 자손 클래스의 객체가 할당될 수 있다. 그러므로 다음과 같이 변수 p의 타입을 MyCircle이 아니라 그 수퍼클래스인 MyShape으로 해도 된다. MyShape은 추상 클래스라서 객체를 생성할 수는 없지만 참조 변수를 선언할 수는 있고, 이 참조 변수에 MyShape의 서브클래스인 MyCircle 객체가 할당되는 것도 아무런 문제가 없다.

```
    MyShape p = new MyCircle(100, 100, 50);
    p.draw(g);
```

추상 클래스에서 추상 메소드를 사용하는 이유는 그 메소드가 서브클래스에서 오버라이딩 되도록 강제하기 위한 것이다. MyShape 클래스가 추상 메소드인 draw를 포함하고 있으면 MyShape로부터 파생되는 모든 자손 클래스는 draw 메소드를 오버라이드 하여 구현해야만 객체를 생성할 수 있는 클래스가 될 수 있다. 즉, MyShape로부터 파생되는 클래스는 그것이 추상이 아닌 일반 클래스라면 반드시 draw 메소드를 가지도록 보장된다.

정리를 해 보자. 추상 클래스는 하나 이상의 추상 메소드를 가지는 클래스를 말한다. 추상 클래스는 그 자체로는 객체를 생성하지 못한다. 추상 클래스에서 파생되는 서브클래스가 있어서 상속 받은 모든 추상 메소드를 오버라이드 하면 그 서브클래스로부터는 객체를 생성할 수 있게 된다. 그런데 7장에서 사용했던 MyShape의 원래 정의로도 예제 8.2와 예제 8.3의 클래스들은 정상적으로 동작했었다(예제 7.8). 굳이 추상 클래스를 도입하는 이유가 무엇일까?

예를 들어 새로운 도형 클래스가 MyShape의 자손 클래스로 추가된다고 가정해 보자. 이 클래스가 draw 메소드를 정의하지 않아도 추상 클래스가 아닌 원래의 MyShape 정의로는 에러가 발생하지 않는다. 이 새로운 클래스는 단지 draw를 오버라이드 하지 않을 뿐이다. 이렇게 되면 이 새로운 클래스의 객체에 대해서는 draw 메소드를 호출해도 도형이 제대로 그려지지 않을 것이다. 이와 달리 예제 8.1처럼 MyShape를 추상 클래스로 정의하게 되면 MyShape의 자손으로 추가되는 모든 클래스는 추상 메소드인 draw를 오버라이드 하도록 강제된다. 따라서 MyShape 타입의 참조 변수를 사용하는 클라이언트 코드는 draw 메소드 호출이 항상 올바르게 동작하리라고 확신할 수 있게 된다. 추상 클래스는 이러한 설계상의 이점을 제공하기 위해 도입되는 것이다. 이와 같은 의도를 더 발전시켜 오직 추상 메소드만으로 이루어지는 프로그래밍 구조를 도입한 것이 다음 절에서 살펴볼 자바 인터페이스이다.

8.2 인터페이스

인터페이스의 정의

추상 클래스에 포함되는 추상 메소드는 메소드 헤딩만 있는 구현되지 않은 메소드이며, 추상 클래스를 상속하는 서브클래스가 이 메소드를 오버라이드 하도록 강제하는 용도로 사용된다. 추상 클래스에는 추상 메소드 뿐 아니라 몸체를 가지는 일반 메소드(즉, 추상이 아닌 메소드)도 있을 수 있다. 이와 달리 자바 **인터페이스**(interface)는 추상 메소드와 이름 상수의 정의만을 포함하는 프로그래밍 구성 요소이다. 즉, 몸체를 가지는 일반적인 인스턴스 메소드 정의는 인터페이스에 포함되지 않는다.

인터페이스는 클래스와 비슷하게 정의되지만 class 대신 interface라는 키워드를 사용한다. 예제 8.4는 Measurable이라는 이름의 인터페이스를 정의한 것이다.

예제 8.4 Measurable 인터페이스

```
01  public interface Measurable {
02      public double getArea();        //도형의 면적 계산
03      public double getPerimeter();   //도형의 둘레 계산
04  }
```

인터페이스의 이름도 클래스와 마찬가지로 대문자로 시작하는 것이 일반적인 관례이고, 인터페이스의 이름이 파일 이름이 된다. 즉, 위의 인터페이스 정의는 Measurable.java라는 파일에 저장하면 된다. 인터페이스의 구성 요소는 묵시적으로 공용으로 간주되므로 메소드 헤딩의 public 키워드는 생략해도 된다. 위의 Measurable 인터페이스에는 이름 상수는 없이 두 개의 추상 메소드만 작성되어 있다.

참고   인터페이스의 구성 요소

원래의 자바 문법에 따르면 인터페이스는 추상 메소드와 이름 상수의 정의로만 구성되었다. 그런데 자바의 최근 버전에서는 추상 메소드 뿐만 아니라 몸체를 가지는 '디폴트' 메소드(default method)와 정적 메소드가 인터페이스 내에 허용되도록 수정되었다. 이러한 최근의 변경 사항은 이 책의 범위를 넘어서므로 이 장에서는 인터페이스가 이름 상수와 추상 메소드만으로 이루어진다고 가정할 것이다. 보다 자세한 것은 자바 웹사이트나 자바 문서를 참고하라.

인터페이스의 구현

추상 클래스와 마찬가지로 인터페이스는 객체를 생성하지 못한다. 인터페이스를 사용하려면 먼저 인터페이스를 '구현하는'(implements) 클래스를 정의해야 한다. 클래스가 인터페이스를 구현한다는 말은 인터페이스에 명시된 추상 메소드의 몸체를 정의한다는 말이다. 예를 들어 Measurable 인터페이스를 구현하는 MyRect와 MyCircle 클래스를 정의하면 예제 8.5 및 예제 8.6과 같다.

예제 8.5 MyRect 클래스

```
01  public class MyRect implements Measurable {
02      private int width, height;
03
04      public MyRect(int width, int height) {
05          this.width = width;
06          this.height = height;
07      }
08
09      public double getArea() {
10          return width*height;
11      }
12
13      public double getPerimeter() {
14          return 2*(width+height);
15      }
16  }
```

예제 8.6 MyCircle 클래스

```
01  public class MyCircle implements Measurable {
02      public static final double PI = 3.14159;
03      private int radius;
04
05      public MyCircle(int radius) {
06          this.radius = radius;
07      }
08
09      public double getArea() {
10          return PI*radius*radius;
11      }
12
13      public double getPerimeter() {
14          return 2*PI*radius;
15      }
16
17      public int getDiameter() {
18          return 2*radius;
19      }
20  }
```

클래스가 인터페이스를 구현하도록 하려면 클래스를 정의할 때 클래스 이름 다음에 키워드 **implements**와 구현할 인터페이스의 이름을 추가하면 된다.

```
public class MyRect implements Measurable {
```

인터페이스를 구현하는 클래스는 인터페이스에 명시된 모든 추상 메소드를 구현해야 추상이 아닌(non-abstract) 클래스가 되어 객체를 생성할 수 있다. 위의 **MyRect**와 **MyCircle** 클래스는 **Measurable**에 명시된 **getArea**와 **getPerimeter** 메소드를 모두 구현했으므로 예제 8.7과 같이 객체를 생성하여 사용할 수 있다.

예제 8.7 ShapeTest 클래스

```
01  public class ShapeTest {
02      public static void main(String[] args) {
03          MyRect rect = new MyRect(20, 15);
04          System.out.println(rect.getArea());
05          MyCircle circle = new MyCircle(22);
06          System.out.println(circle.getPerimeter());
07      }
08  }
```

예제 8.7을 실행하면 그림 8.1과 같은 실행 결과를 얻는다.

```
🔲 Problems  @ Javadoc  🔍 Declaration  🖥 Console 🔀
<terminated> ShapeTest (3) [Java Application] C:₩Program Fil
300.0
138.22996
```

그림 8.1 예제 8.7의 실행 결과

클래스가 인터페이스를 구현할 때 인터페이스에 명시된 추상 메소드 이외의 추가 메소드를 가지는 데는 아무런 제한이 없다. 예를 들어 클래스 **MyCircle**은 인터페이스에서 명시되지 않은 인스턴스 메소드 **getDiameter**를 정의하고 있다.

만일 인터페이스를 구현하는 클래스가 인터페이스에 명시된 모든 추상 메소드를 구현하지 않는다면 추상 클래스로 선언되어야 한다. 다음의 코드 예제를 보면 **ExInterface**를 구현하는 클래스 First는 인터페이스에 명시된 두 개의 추상 메소드 중에서 foo 하나만 구현하고 있다. 이렇게 되면 goo는 추상 메소드로 남게 되므로 클래스 First가 추상 클래스로 정의되어야 한다.

```java
interface ExInterface {
    void foo();
    void goo();
}

abstract class First implements ExInterface {
    public void foo() {
        System.out.println("foo in class First");
    }
}

class Second extends First {
    public void goo() {
        System.out.println("goo in class Second");
    }
}
```

이제 Second가 First의 서브클래스로 정의되어 goo를 구현한다면 클래스 Second는 추상이 아닌 클래스가 되어 객체를 생성할 수 있다.

```java
Second obj = new Second();
obj.foo();
obj.goo();
```

하나의 클래스가 여러 개의 인터페이스를 구현할 수도 있다. 이 경우에는 클래스를 정의할 때 키워드 implements 다음에 인터페이스 이름들을 콤마로 구분하여 나열하면 된다. 다음의 코드 예제에서 클래스 First는 두 개의 인터페이스를 구현하고 있다.

```java
interface InterfaceA {
    void foo();
}

interface InterfaceB {
    void goo();
}
```

```
class First implements InterfaceA, InterfaceB {
    public void foo() {
        System.out.println("foo in class First");
    }
    public void goo() {
        System.out.println("goo in class First");
    }
}
```

여러 개의 인터페이스를 구현하는 클래스는 각 인터페이스에 명시된 모든 추상 메소드를 구현해야 객체를 생성할 수 있는 클래스가 된다.

타입으로서의 인터페이스

자바의 자료형을 기본형과 참조형으로 나누며 참조형에는 클래스, 배열, 인터페이스의 3 가지가 있다고 했었다. 즉, 인터페이스는 참조형 타입에 속한다. 이 말은 인터페이스로 객체를 생성할 수는 없지만 참조 변수를 선언할 수 있다는 뜻이다. 예제 8.8의 3행과 같이 Measurable 타입의 변수를 선언하면 이 변수에는 Measurable 인터페이스를 구현하는 어떤 클래스의 객체라도 대입될 수 있다. 그림 8.2는 예제 8.8의 실행 결과이다.

예제 8.8 ShapeTest2 클래스

```
01  public class ShapeTest2 {
02      public static void main(String[] args) {
03          Measurable m = new MyRect(20, 15);
04          System.out.println("area=" + m.getArea() +
05                              ", perimeter=" + m.getPerimeter());
06          m = new MyCircle(22);
07          System.out.printf("area=%.2f, perimeter=%.2f\n",
08                              m.getArea(), m.getPerimeter());
09      }
10  }
```

```
Problems  @ Javadoc  Declaration  Console ☒
<terminated> ShapeTest2 [Java Application] C:\Program Files
area=300.0, perimeter=70.0
area=1520.53, perimeter=138.23
```

그림 8.2 예제 8.8의 실행 결과

MyRect와 MyCircle은 클래스 계층으로 연관되지 않는 별개의 서로 다른 클래스이지만 모두 Measurable 인터페이스를 구현한다. 따라서 Measurable 타입의 참조 변수가 가리킬 수 있는 것이다. 물론 인터페이스 타입의 참조 변수를 통해서는 그 인터페이스에 선언된 메소드만 호출할 수 있다. Measurable 인터페이스에 메소드 getArea와 getPerimeter가 포함되므로 Measurable 타입의 참조 변수를 통해서는 이 두 메소드만 호출할 수 있다는 말이다. 다음과 같이 Measurable 타입의 변수 m을 통해 MyCircle 클래스에 속한 getDiameter 메소드를 호출하는 것은 에러이다. 비록 m에 대입된 것이 MyCircle의 객체이더라도 그러하다. 이것은 클래스 상속에서 업캐스팅 시에 서브클래스의 멤버가 숨겨지는 것과 마찬가지이다.

```
Measurable m = new MyCircle(22);
m.getDiameter();    //에러
```

인터페이스는 매개변수의 타입으로도 사용될 수 있다. 예제 8.9의 정적 메소드 print는 Measurable 타입의 매개변수를 가지고 있으므로 Measurable 인터페이스를 구현하는 어떤 클래스의 객체라도 인자로 넘길 수 있다.

예제 8.9 ShapeTest3 클래스

```
01   public class ShapeTest3 {
02
03       public static void print(Measurable shape) {
04           System.out.printf("area=%.2f, perimeter=%.2f\n",
05                               shape.getArea(), shape.getPerimeter());
06       }
07
08       public static void main(String[] args) {
09           MyRect rect = new MyRect(20, 15);
10           print(rect);
11           MyCircle circle = new MyCircle(22);
12           print(circle);
13       }
14   }
```

이 경우에도 메소드 print 내에서 매개변수 shape을 통해서는 Measurable 인터페이스의 메소드만 호출할 수 있다. 즉, 넘겨지는 인자가 MyCircle 클래스의 객체이더라도 print 내에서 shape 변수를 통해서 getDiameter 메소드를 호출하면 에러이다.

Measurable 타입의 변수를 통해 메소드가 호출될 때 실행되는 메소드는 동적 바인딩에 의해 결정된다. 클래스 상속에서 오버라이드 된 메소드를 호출하는 경우와 마찬가지이다. 예를 들어 예제 8.9의 5행에 포함된 다음과 같은 메소드 호출을 생각해 보자.

```
shape.getArea()
```

변수 shape은 Measurable 타입이지만 Measurable 인터페이스 내에는 실행할 수 없는 추상 메소드만 있다. 그러므로 이 호출에 의해 실행되는 것은 Measurable을 구현하는 클래스 중의 하나에 속하는 메소드일 것이다. shape이 가리키는 것이 MyCircle 타입의 객체이면 MyCircle의 getArea 메소드가 실행되고 shape이 가리키는 것이 MyRect 타입의 객체이면 MyRect의 getArea 메소드가 실행된다. 즉, 동적 바인딩에 의해 실행 시간에 객체의 클래스를 검사하여 실행할 메소드를 결정한다는 것이다. 이와 같이 인터페이스에서도 동적 바인딩에 의한 다형성이 그대로 적용된다.

인터페이스의 상속

인터페이스 간에도 상속이 가능하다. 클래스의 상속과 마찬가지로 인터페이스를 정의할 때도 다음과 같이 extends 키워드를 사용하여 상속할 수퍼 인터페이스를 명시하면 된다.

```
interface InterfaceA {
    void foo();
}

interface InterfaceB extends InterfaceA {
    void goo();
}
```

인터페이스의 상속도 클래스와 마찬가지로 기존의 인터페이스에 멤버를 추가하여 새로운 인터페이스를 만들어내는 방법이다. 위의 예에서 InterfaceB는 InterfaceA로부터 파생되므로 InterfaceA의 추상 메소드도 가진다. 그러므로 InterfaceB를 구현하는 클래스는 foo와 goo를 모두 구현해야 객체를 생성할 수 있는 추상이 아닌 클래스가 된다.

그런데 클래스의 상속과 달리 인터페이스에는 다중 상속이 허용된다. 즉, 두 개 이상의 인터페이스로부터 상속이 가능하다.

```
interface InterfaceA {
    void foo();
```

```
    }

    interface InterfaceB {
        void goo();
    }

    interface InterfaceC extends InterfaceA, InterfaceB {
        void zoo();
    }
```

InterfaceC는 InterfaceA와 InterfaceB로부터 상속받으므로 InterfaceC를 구현하는 클래스는 foo, goo, zoo 등 세 개의 메소드를 모두 구현해야 객체를 생성할 수 있는 일반 클래스가 된다.

인터페이스의 의의

원래 인터페이스(interface)라는 용어는 두 개의 장치나 개체가 만나는 경계 부분, 혹은 그 경계 부분에서 지켜지는 규격이라는 사전적인 의미를 갖는다. 예를 들어 컴퓨터 프로그램의 사용자 인터페이스는 사용자와 컴퓨터가 만나는 경계 부분이라고 볼 수 있다. 사용자가 화면의 특정 버튼을 누르면 컴퓨터가 정해진 동작을 수행하게 된다. 가전 제품은 동작을 위한 여러 가지 버튼을 가지는데 이 버튼들이 사용자와 가전 제품의 인터페이스가 된다. 예를 들어 사용자는 '전원' 버튼을 눌러 가전 제품을 켜거나 끌 수 있다.

그러면 객체는 어떨까? 객체는 일련의 공용 메소드들을 통해 외부와 만난다. 객체에 어떤 요청을 하려면 그 객체의 공용 메소드를 호출하는 방법밖에는 없다. 비유하자면 객체의 공용 메소드 목록은 가전 제품의 앞 면에 장착된 버튼들의 집합과도 같다. 가전 제품의 버튼을 누르는 것과 객체의 공용 메소드를 호출하는 것이 동일한 역할을 하는 것이다. 즉, 공용 메소드의 목록이 외부에 대한 객체의 인터페이스가 된다.

바로 이 공용 메소드의 목록을 지정하는 용도로 사용되는 것이 자바 인터페이스이다. 인터페이스는 클래스가 어떤 종류의 공용 메소드를 가져야 하는지 지정하는 규격 혹은 약속이다. 인터페이스에 공용 메소드를 열거해 놓으면 이 인터페이스를 준수하는 (즉, '구현하는') 클래스는 반드시 해당 메소드를 오버라이드 해야 한다. 그래야 객체를 만들 수 있는 클래스가 된다.

예제 8.4의 Measurable 인터페이스는 도형의 면적과 둘레를 각각 반환하는 2개의 추상 메소드를 선언하고 있는데, 그 의미는 Measurable 인터페이스를 구현하는 클래스는 반드시 이 2개의 메소드를 구현해야 한다는 뜻이다. MyRect와 MyCircle 클래스가 Measurable 인터페이스를 구현하므로 이 두 클래스는 Measurable이 지정한 2개의 메소드를 구현해야 한다. 바꾸어 말하면 클래스가 특정 인터페이스를 구현한다는 것은 그 인터페이스에 열거된 공용 메소드를 가진다는 보장이 된다.

Comparable 인터페이스

앞에서는 사용자가 새로운 인터페이스를 정의하는 방법을 살펴 보았지만 자바 클래스 라이브러리에도 이미 많은 인터페이스가 정의되어 사용되고 있다. 여기서는 그 중 한 가지인 Comparable이라는 인터페이스를 살펴 보도록 하자.

먼저 정수의 배열을 크기에 따라 정렬한다고 가정해 보자. 이를 위해 정렬 알고리즘을 직접 구현할 필요 없이 Arrays라는 클래스의 정적 메소드인 sort를 사용하면 매우 간단하다. 예제 8.10은 정수 배열을 정렬하는 예를 보여 준다.

예제 8.10 ArraySortDemo 클래스

```
01  import java.util.Arrays;
02
03  public class ArraySortDemo {
04
05      public static void main(String[] args) {
06          int[] array = { 87, 24, 56, 91, 36, 11 };
07
08          Arrays.sort(array);
09          for (int n : array)
10              System.out.print(n + " ");
11      }
12  }
```

Arrays는 java.util 패키지에 속한 클래스이므로 import 문이 필요하다. 그리고 sort는 Arrays의 정적 메소드이므로 객체 없이 클래스 이름으로 실행이 가능하다. 정렬하고자 하는 배열을 sort 메소드의 인자로 넘기면 배열의 요소들이 크기에 따라 정렬되어 그림 8.3과 같은 실행 결과를 얻을 수 있다.

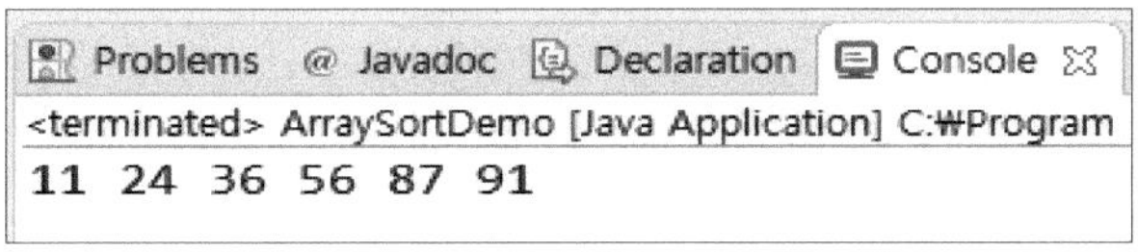

그림 8.3 예제 8.10의 실행 결과

Arrays의 sort 메소드는 정렬 알고리즘을 사용하여 정렬을 행하는데, 이때 배열의 요소들을 서로 비교하여 어느 쪽이 큰지 확인하게 된다. 배열이 위의 예제처럼 정수나 실수 같은 기본형의 수들로 이루어져 있으면 별 문제가 없다. 예를 들어 24가 11보다 크기 때문에 11 다음에 24가 위치하게 된다. 그러면 객체들로 이루어진 배열도 이와 같이 Arrays.sort()를 이용해서 정렬할 수 있을까?

예제 8.11을 살펴 보자. Student 클래스는 학생의 이름을 나타내는 name과 학점을 나타내는 gpa라는 2개의 인스턴스 변수를 가진다.

예제 8.11 Student 클래스

```
01  public class Student {
02      private String name;
03      private double gpa;
04
05      public Student(String name, double gpa) {
06          this.name = name;
07          this.gpa = gpa;
08      }
09
10      public void writeInfo() {
11          System.out.println(name + " : " + gpa);
12      }
13  }
```

Student 클래스의 객체로 이루어지는 배열을 만들고, 이 배열을 학생 이름의 사전 순서에 따라 정렬하고자 한다. 배열을 적당한 객체들로 채우고 앞에서 사용했던 Arrays.sort() 메소드를 그대로 사용하여 예제 8.12와 같이 작성하면 어떻게 될까?

예제 8.12 StudentSortDemo 클래스

```java
01   import java.util.Arrays;
02
03   public class StudentSortDemo {
04
05       public static void main(String[] args) {
06           Student[] students = new Student[4];
07           students[0] = new Student("박철수", 2.23);
08           students[1] = new Student("이철수", 1.23);
09           students[2] = new Student("김철수", 4.23);
10           students[3] = new Student("표철수", 3.23);
11
12           Arrays.sort(students);
13           for (Student s : students)
14               s.writeInfo();
15       }
16   }
```

Arrays.sort() 메소드는 기본형의 배열뿐만 아니라 객체의 배열에도 동작하므로 12행의 sort 메소드 호출은 컴파일 에러를 발생시키지는 않는다. 하지만 프로그램을 실행시켜 보면 그림 8.4와 같이 실행 에러가 발생한다.

```
Problems  @ Javadoc  Declaration  Console ☒
<terminated> StudentSortDemo [Java Application] C:\Program Files\AdoptOpenJDK\jdk-11.0.4.11-hotspot\bin\javaw.exe
Exception in thread "main" java.lang.ClassCastException: class Student cannot be cast to
class java.lang.Comparable (Student is in unnamed module of loader 'app';
java.lang.Comparable is in module java.base of loader 'bootstrap')
        at
java.base/java.util.ComparableTimSort.countRunAndMakeAscending(ComparableTimSort.java:320)
        at java.base/java.util.ComparableTimSort.sort(ComparableTimSort.java:188)
        at java.base/java.util.Arrays.sort(Arrays.java:1249)
        at StudentSortDemo.main(StudentSortDemo.java:12)
```

그림 8.4 예제 8.12의 실행 에러

에러 메시지를 주의 깊게 살펴 보자. 에러 메시지의 마지막 행을 보면 에러가 발생한 위치가 예제 8.12의 12행에 있는 Arrays.sort() 메소드 호출임을 알 수 있다. 그리고 에러 메시지 첫 줄의 설명을 보면 "Student 클래스를 Comparable 타입으로 타입 변환할 수 없어서" 발생한 에러임을 알 수 있다.

배열을 정렬하는 Arrays.sort() 메소드는 여러 가지 타입의 배열에 대해 오버로드 되어 있다. 여러 타입의 배열에 대한 sort 메소드 버전이 따로 존재한다는 말이다. 이 메소드가 객체의 배열에 적용될 때는 배열의 요소가 되는 객체가 Comparable 인터페이스를 구현해야한다는 제약 조건이 있다. 위의 예제에서처럼 sort의 인자로 Student 타입의 배열을 넘기려면 Student 클래스가 Comparable 인터페이스를 구현해야만 한다는 말이다. 예제 8.11에서 Student를 정의할 때 Comparable 인터페이스를 구현하지 않았으므로 Student는 Comparable 타입으로 간주할 수 없고 그래서 위와 같은 실행 에러가 발생한 것이다. 그러므로 예제 8.12가 에러 없이 정상적으로 실행되게 하려면 예제 8.11의 Student 클래스가 Comparable 인터페이스를 구현해야 한다.

Comparable은 java.lang 패키지에 속한 인터페이스로서 compareTo라는 오직 하나의 추상 메소드를 선언한다. Comparable 인터페이스는 java.lang 패키지에 속해 있으므로 import 문 없이 사용할 수 있으며, 다음과 같이 작성되어 있다고 생각할 수 있다.

```java
public interface Comparable {
    public int compareTo(Object obj);
}
```

 주의

위의 Comparable 인터페이스 정의는 자바의 Comparable 인터페이스가 어떤 식으로 작성되어 있는지 설명하기 위한 용도로 소개한 것이다. 실제로는 10장에서 설명할 타입 매개변수(type parameter)를 이용하므로 약간 다르게 작성되어 있지만 지금은 위의 정의로 이해하면 충분하다. 그리고 이 정의는 설명을 위해 참고로 소개한 것이지 예제를 테스트할 때 이 정의를 작성하여 프로그램에 포함시키면 안 된다.

Comparable 인터페이스가 명시하는 compareTo 메소드는 두 개의 객체를 비교하여 순서를 결정하기 위한 메소드이다. 그러므로 Comparable 인터페이스를 구현하는 클래스의 객체라면 compareTo 메소드를 호출하여 두 객체 간의 순서를 결정할 수 있다. 실제로 어떤 기준에 의해 두 객체의 순서가 결정되는지는 각 클래스의 구현에 따른다. 인터페이스는 특정한 공용 메소드가 제공되어야 함을 규정할 뿐이지 그것이 어떻게 구현되어야 하는지를 지정하지는 않는다.

두 개의 스트링을 사전 순서에 따라 비교할 때 사용했던 String 클래스의 compareTo 메소드를 기억할 것이다. String 클래스도 Comparable 인터페이스를 구현하므로 String의 compareTo 메소드는 바로 Comparable 인터페이스의 추상 메소드를 오버라이드 한 것이다.

다음과 같이 compareTo 메소드를 이용하여 두 개의 스트링을 비교할 수 있는데,

    str1.compareTo(str2)

사전 순서상 str1이 str2보다 앞에 있으면 음수 값이 반환되고 반대로 str1이 str2보다 뒤에 있으면 양수 값이 반환된다. 두 스트링이 같으면 0이 반환된다.

Student 클래스가 Comparable 인터페이스를 구현하도록 수정하려면 예제 8.13과 같이 클래스 정의 첫 줄에 "implements Comparable"이라는 구절을 넣고 compareTo 메소드를 오버라이드 하면 된다. Student 클래스의 객체들을 name 필드의 사전 순서에 따라 정렬하고자 한다면 Student 클래스에 포함되는 compareTo 메소드가 String의 compareTo 메소드와 비슷하게 동작하도록 작성하면 된다. 즉, Student의 name 필드가 String 타입이므로 name 필드에 대해 String의 compareTo 메소드를 호출하면 될 것이다.

예제 8.13 Comparable 인터페이스를 구현하는 Student 클래스

```java
01  public class Student implements Comparable {
02      private String name;
03      private double gpa;
04
05      public Student(String name, double gpa) {
06          this.name = name;
07          this.gpa = gpa;
08      }
09
10      public void writeInfo() {
11          System.out.println(name + " : " + gpa);
12      }
13
14      public int compareTo(Object obj) {
15          if (obj != null && obj instanceof Student) {
16              Student s = (Student)obj;
17              return this.name.compareTo(s.name);
18          }
19          else
20              return -1;
21      }
22  }
```

14-21행의 compareTo 메소드를 보면 Comparable 인터페이스에 명시된 대로 매개변수가 Object 타입으로 선언되어 있음을 알 수 있다. 이 메소드는 두 개의 Student 객체 간에 적용되어야 하므로 15행의 타입 검사가 필요하다. 즉, compareTo 호출에 넘겨진 인자가 null이 아니어야 하고 Student 클래스의 객체를 가리키고 있어야 한다. 그리고 매개변수 obj는 Object 타입이므로 인자로 넘겨진 객체가 실제로 Student 클래스의 객체라고 하더라도 obj를 통해서는 인스턴스 변수 name을 접근하지 못한다. 이를 위해 매개변수 obj가 가리키는 객체를 Student 타입의 변수에 대입하는 16행의 다운캐스팅이 필요하다. 이 메소드는 두 개의 Student 객체를 순서에 따라 비교하기 위한 것인데, 우리가 원하는 것이 학생 이름의 사전 순서에 따라 정렬하려는 것이므로 17행과 같이 두 객체의 name 필드를 String 클래스의 compareTo 메소드로 비교하여 결과를 반환하면 된다.

이제 Student 클래스의 정의를 예제 8.13과 같이 수정한 후 예제 8.12의 테스트 코드를 다시 실행시키면 그림 8.5와 같은 실행 결과를 얻는다.

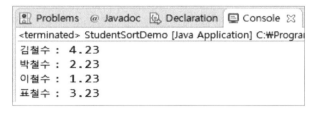

그림 8.5 예제 8.12의 실행 결과 (예제 8.13의 정의를 사용한 경우)

Student 클래스에 추가한 compareTo 메소드가 name 필드의 사전 순서에 따라 객체를 비교하도록 작성되었으므로 결과는 이름의 사전 순서로 정렬된 것을 확인할 수 있다.

그러면 우리가 작성한 Student의 compareTo 메소드가 Arrays.sort()의 정렬 과정에 어떻게 사용된 것일까? Arrays.sort()가 정수 배열을 정렬할 때는 정렬 과정에서 배열의 각 요소를 비교 연산자로 서로 비교하여 어느 쪽이 큰지 결정하면 된다. 그런데 Student 객체 배열을 정렬할 때는 상황이 다르다. 두 Student 객체의 순서를 알아야 할 때 그냥 비교 연산자로 비교할 수가 없는 것이다. 대신에 두 객체를 비교할 때마다 Student에 속한 compareTo 메소드가 호출된다. 이런 이유로 Arrays.sort()가 객체 배열을 정렬할 때는 배열의 요소가 Comparable 인터페이스를 구현한 클래스 타입이어야 하도록 정해져 있다. Comparable 인터페이스를 구현했다면 그 클래스가 compareTo 메소드를 오버라이드 했을 것이기 때문이다.

정렬 과정에서 객체들의 순서를 비교하기 위해 compareTo 메소드가 사용된다면, compareTo 메소드를 어떻게 구현하느냐에 따라 객체들의 순서가 달라질 것이다. 예를 들어 이름의 사전 순서가 아니라 학점 평균의 내림차순, 즉 학점이 높은 객체가 앞에 오도록 정렬하려면 어떻게 하면 될까? 간단하다. compareTo 메소드에서 그와 같은 순서를 정해 주면 된다.

예제 8.14 수정된 compareTo 메소드를 가진 Student 클래스

```
01   public class Student implements Comparable {
.
.    ... //나머지 멤버는 동일
.
14       public int compareTo(Object obj) {
15           if (obj != null && obj instanceof Student) {
16               Student s = (Student)obj;
17               if (gpa > s.gpa)
18                   return -1;
19               else if (gpa < s.gpa)
20                   return 1;
21               else
22                   return 0;
23           }
24           else
25               return -1;
26       }
27   }
```

예제 8.14의 Student 클래스는 compareTo 메소드만 변경되었고 나머지 부분은 예제 8.13과 동일하다. 예제 8.13과 달리 이번에는 gpa 필드의 값을 비교하여 수신 객체의 gpa가 인자의 gpa보다 크면 음수를, 작으면 양수를 반환하고 같으면 0을 반환하고 있다. 25행은 Student 타입의 객체가 아닌 인자와의 비교에 해당하는데, 잘못된 비교이기는 하지만 compareTo가 int 값을 반환하도록 선언되어 있으므로 여기서는 편의상 −1을 반환하는 것으로 가정하였다. 이제 이와 같이 예제 8.14의 수정된 Student 정의를 가지고 예제 8.12의 테스트 코드를 실행하면 그림 8.6과 같이 학점이 높은 순서로 객체들이 정렬되는 것을 확인할 수 있다.

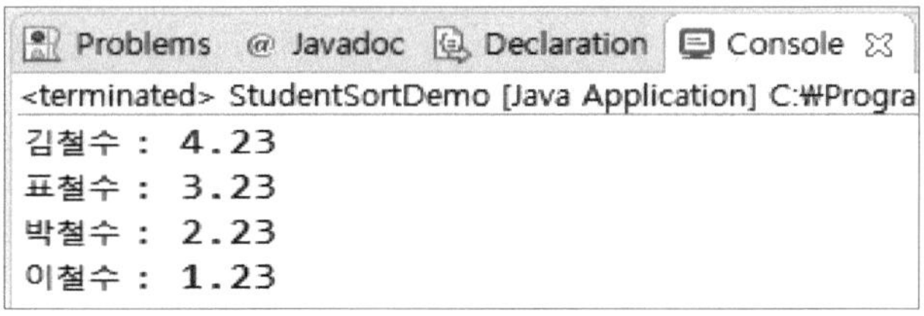

그림 8.6 예제 8.12의 실행 결과 (예제 8.14의 정의를 사용한 경우)

8.3 이벤트 리스너와 어댑터 클래스

리스너 인터페이스

버튼과 라디오버튼을 이용하여 윈도우의 배경색을 변경하는 간단한 이벤트 프로그래밍 애플리케이션을 예제 8.15에 보였다.

예제 8.15 ButtonColorFrame 클래스

```java
     //필요한 import는 Ctrl+Shift+O로 포함

12   public class ButtonColorFrame extends JFrame {
13       private JRadioButton yellow;
14       private JRadioButton green;
15
16       public class ButtonListener implements ActionListener {
17           @Override
18           public void actionPerformed(ActionEvent e) {
19               if (yellow.isSelected())
20                   (getContentPane()).setBackground(Color.yellow);
21               else if (green.isSelected())
22                   (getContentPane()).setBackground(Color.green);
23           }
24       }
```

```
25
26      public ButtonColorFrame() {
27          setSize(300, 150);
28          setTitle("Button Color Example");
29          setDefaultCloseOperation(EXIT_ON_CLOSE);
30
31          Container cPane = getContentPane();
32          cPane.setLayout(new FlowLayout());
33
34          yellow = new JRadioButton("노란색");
35          green = new JRadioButton("연두색");
36          ButtonGroup colorGroup = new ButtonGroup();
37          colorGroup.add(yellow);
38          colorGroup.add(green);
39
40          JButton button = new JButton("변경");
41          ButtonListener listener = new ButtonListener();
42          button.addActionListener(listener);
43
44          cPane.add(yellow);
45          cPane.add(green);
46          cPane.add(button);
47      }
48
49      public static void main(String[] args) {
50          (new ButtonColorFrame()).setVisible(true);
51      }
52  }
```

예제 8.15를 실행하면 그림 8.7과 같은 윈도우가 표시되고 라디오버튼을 선택한 다음 "변경" 버튼을 누르면 라디오버튼에 지정된 대로 윈도우의 색상이 변경된다.

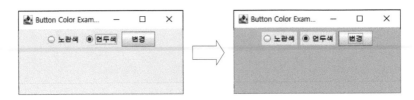

그림 8.7 예제 8.15의 실행 결과

이 예제에서는 라디오버튼을 누를 때가 아니라 "변경" 버튼을 누를 때 윈도우의 배경색이 변경된다. 그러므로 이벤트를 처리하는 리스너 객체는 라디오버튼이 아니라 이 "변경" 버튼에 등록되어야 한다. 버튼을 누르면 ActionEvent 타입의 이벤트 객체가 발생하고, 자바에서 ActionEvent를 처리하고자 하는 리스너는 ActionListener라는 인터페이스를 구현해야한다. 이런 이유로 16행을 보면 리스너 클래스인 ButtonListener가 ActionListener라는인터페이스를 구현하고 있다. ActionListener 인터페이스는 자바가 제공하는 인터페이스의 하나로서 java.awt.event 패키지에 속한다. 이 인터페이스는 actionPerformed라는 이름의 추상 메소드 하나를 가지고 있는데, 이 메소드가 바로 이벤트 처리기(event handler)에해당한다.

ButtonListener 클래스는 ActionListener 인터페이스를 구현하므로 actionPerformed 메소드를 정의해야 한다. 메소드 정의(18–23행)는 라디오버튼의 선택 여부를 확인하여 배경색을 변경하는 내용으로 작성되어 있다. 리스너 클래스가 작성되었으면 이 리스너 클래스의 객체를 만들어(41행) addActionListener 메소드를 사용하여 컴포넌트에 등록하면 된다(42행). 이렇게 작성하고 프로그램을 실행하면 해당 컴포넌트에서 ActionEvent가 발생했을때 리스너 객체의 actionPerformed 메소드가 실행되는 것이다.

이와 같이 자바는 이벤트 처리를 위한 규격을 리스너 인터페이스로 제공하고 있다. ActionEvent를 처리하기 위한 리스너는 ActionListener 인터페이스를 구현해야 하고, MouseEvent를 처리하기 위한 리스너는 MouseListener 인터페이스를 구현해야 한다. 이벤트의 종류에 대해 각각 리스너 인터페이스가 정해져 있다. 각 리스너 인터페이스에는 해당하는 종류의 이벤트가 발생했을 때 시스템이 호출할 메소드가 포함되어 있다. 자바는 이벤트를 처리하는 클래스가 리스너 인터페이스를 구현하도록 규정함으로써 이벤트 발생 시에호출될 메소드(이벤트 처리기)가 반드시 구현되도록 보장하는 것이다.

리스너 작성 방법 #2

예제 8.15에서 리스너는 내부 클래스로 작성되었다. 즉, ButtonColorFrame은 JFrame을 상속하는 프레임 클래스(최상위 컨테이너)이며, 리스너 클래스인 ButtonListener는 이 ButtonColorFrame의 내부 클래스로 정의되었다. 그런데 리스너를 내부 클래스로 작성하는 대신에 흔히 사용하는 또 다른 방식은 프레임 클래스가 리스너 인터페이스를 구현하도록 작성하는 것이다. 클래스를 정의할 때 extends 구절을 사용하여 기반 클래스를 지정하면서 동시에 implements 구절을 사용하여 구현할 인터페이스를 지정할 수 있다. 예를 들면 클래스 정의의 첫 줄이 다음과 같이 작성될 수 있다.

```
public class ButtonColorFrame2 extends JFrame implements ActionListener {
```

위의 클래스 정의는 ButtonColorFrame2 클래스가 JFrame 클래스의 서브클래스로 정의되는 동시에 ActionListener 인터페이스를 구현한다는 뜻이다. ButtonColorFrame2 클래스는 JFrame으로부터 파생되기 때문에 JFrame의 모든 멤버를 상속 받는다. 동시에 ActionListener 인터페이스를 구현하기 때문에 ActionListener가 지정하는 actionPerformed 메소드를 구현해야 한다. 즉, ButtonColorFrame2 클래스 자신이 이벤트 처리기 메소드를 제공하는 리스너 클래스의 역할을 한다는 것이다. 이러한 리스너 작성 방식에서는 이벤트 처리기 메소드가 프레임 클래스의 멤버로 작성된다. 예제 8.15를 이런 방식으로 다시 작성하면 예제 8.16과 같으며, 예제 8.16은 예제 8.15와 동일하게 동작한다.

예제 8.16 ButtonColorFrame2 클래스

```java
    //필요한 import는 Ctrl+Shift+O로 포함

12  public class ButtonColorFrame2 extends JFrame implements ActionListener {
13      private JRadioButton yellow;
14      private JRadioButton green;
15
16      public ButtonColorFrame2() {
17          setSize(300, 150);
18          setTitle("Button Color Example");
19          setDefaultCloseOperation(EXIT_ON_CLOSE);
20
21          Container cPane = getContentPane();
22          cPane.setLayout(new FlowLayout());
23
24          yellow = new JRadioButton("노란색");
25          green = new JRadioButton("연두색");
26          ButtonGroup colorGroup = new ButtonGroup();
27          colorGroup.add(yellow);
28          colorGroup.add(green);
29
30          JButton button = new JButton("변경");
31          button.addActionListener(this);
32
33          cPane.add(yellow);
34          cPane.add(green);
35          cPane.add(button);
36      }
37
```

```
38      @Override
39      public void actionPerformed(ActionEvent e) {
40          if (yellow.isSelected())
41              (getContentPane()).setBackground(Color.yellow);
42          else if (green.isSelected())
43              (getContentPane()).setBackground(Color.green);
44      }
45
46      public static void main(String[] args) {
47          (new ButtonColorFrame2()).setVisible(true);
48      }
49  }
```

예제 8.16은 점선으로 표시한 변경 부분을 제외하면 예제 8.15와 거의 유사하다. 먼저 12행의 클래스 정의에 "implements ActionListener" 구절이 추가되었다. 앞서 설명한 대로 이는 여기서 정의되는 ButtonColorFrame2 클래스가 리스너의 역할을 한다는 뜻이므로 이제 별개의 리스너 클래스 정의는 필요하지 않다. 대신 리스너가 제공해야 할 이벤트 처리기 메소드는 ButtonColorFrame2 클래스의 멤버로 정의된다(38–44행). 실제로 이 메소드의 내용은 예제 8.15와 비교해서 달라진 것이 없다. 예제 8.15에서는 리스너가 내부 클래스였으므로 리스너의 메소드인 actionPerformed가 ButtonColorFrame 클래스의 모든 멤버를 접근할 수 있었다. 예제 8.16에서는 actionPerformed가 ButtonColorFrame2 클래스의 멤버로 정의되므로 역시 ButtonColorFrame2 클래스의 모든 멤버를 접근할 수 있다.

마지막으로 달라지는 점은 리스너 객체를 생성하고 이를 컴포넌트에 등록하는 부분이다. 리스너 클래스가 (내부이든 외부이든) 별개의 클래스로 정의된다면 리스너 클래스의 객체를 생성하여 등록해야 하지만, 프레임 클래스가 리스너를 겸한다면 객체를 생성할 필요가 없다. 클래스 내에서 객체 자신을 가리키는 this를 사용하면 되는 것이다. 그러므로 예제 8.16에서는 리스너 객체를 생성하는 과정은 생략되고 31행과 같이 this 키워드를 사용하여 컴포넌트에 리스너를 등록하면 된다.

```
button.addActionListener(this);
```

위 코드는 ButtonColorFrame2의 생성자 내에서 실행되는 문장이므로 this는 ButtonColorFrame2 클래스의 객체 자신을 뜻하게 된다. 즉, button이 눌려서 ActionEvent

가 발생하면 ButtonColorFrame2 클래스에 정의된 actionPerformed 메소드가 실행되는 것이다.

리스너 작성 방법 #3

리스너를 내부 클래스로 작성하거나 JFrame을 상속하는 프레임 클래스가 리스너를 겸하도록 하는 2가지 방법 이외에 흔히 사용되는 3번째 방법이 있는데, 이는 **무명 클래스**(anonymous class)를 이용하는 방법이다. 무명 클래스는 말 그대로 이름이 없는 클래스를 말한다. 즉, 객체가 필요한 곳에 클래스 이름 없이 직접 클래스 몸체를 정의하고 동시에 객체를 생성하여 사용하는 방법이다.

버튼에 리스너를 등록할 때는 다음과 같이 버튼에 대해 addActionListener 메소드를 호출하고 인자로 리스너 객체를 넘기면 된다.

```
button.addActionListener(Listener_Object);
```

리스너의 종류에 따라 메소드가 달라지지만 형식은 동일하다. 즉, 이벤트를 처리할 컴포넌트에 대해 *addXXXListener*라는 형태의 메소드를 호출하면서 리스너 객체를 넘기면 된다. 리스너를 작성하는 첫 번째 방법에서는 리스너 클래스를 정의하고 그 객체를 생성하여 인자로 넘겨주었다. 두 번째 방법에서는 리스너를 등록하는 프레임 클래스 자신이 리스너 클래스이므로 리스너 객체를 생성하는 과정 없이 this를 인자로 넘겨주었다. 여기서 설명할 세 번째 방법에서는 위의 *Listener_Object*를 무명 클래스 정의로 대체하는 것이다. 즉, 다음과 같이 클래스 이름 없이 클래스 정의를 직접 작성하고 객체를 생성하여 인자로 넘긴다.

```
button.addActionListener(
    new ActionListener() {
        @Override
        public void actionPerformed(ActionEvent e) {      ◄─── 리스너 객체
            if (yellow.isSelected())
                (getContentPane()).setBackground(Color.yellow);
            else if (green.isSelected())
                (getContentPane()).setBackground(Color.green);
        }
    }
);
```

사각으로 표시한 addActionListener 호출의 인자 부분이 리스너 객체에 해당한다. 여기서는 미리 객체가 만들어져 있지 않기 때문에 객체를 생성하기 위해 우선 new 키워드가 나온다. 리스너 클래스가 있다면 new 다음에 클래스 이름이 나오겠지만 무명 클래스 방식에서는 리스너 클래스가 미리 정의되어 있지 않다. 대신 리스너 클래스가 구현해야 하는 인터페이스 이름(여기서는 ActionListener)과 괄호가 나온다. new 다음에 클래스가 아니라 인터페이스 이름이 사용되고 있음에 특히 유의하라. 그리고 그 다음에 중괄호로 둘러싼 클래스 정의를 작성한다. 클래스 정의에는 ActionListener 인터페이스가 규정하는 actionPerformed 메소드가 작성되었다. 위의 문장을 클래스 정의 부분을 생략하여 알아보기 쉽게 한 줄로 표시하면 다음과 같다.

```
button.addActionListener(new ActionListener() { .. 클래스 정의 .. });
```

즉, 리스너 객체가 들어가야 할 부분에 new를 사용하여 객체를 생성하고 있는 것이다. 그런데 리스너 객체를 위한 클래스가 미리 정의되어 있지 않으므로 리스너 클래스가 구현해야 할 인터페이스 이름을 넣고 그 다음에 클래스의 몸체를 직접 작성한다. 자바는 중괄호 안에 작성된 클래스의 정의를 가지고 객체를 생성하여 인자로 넘기게 된다.

이러한 무명 클래스 정의는 처음에는 아주 이상하게 보이지만 그 의미를 이해하면 오히려 편리한 점이 있다. 클래스를 별도로 정의하고 그 객체를 생성하여 사용하는 방식에서는 일반적으로 리스너 클래스가 정의된 곳과 그 클래스의 객체가 만들어져 실제로 사용되는 곳이 떨어져 있게 마련이다. 이와 달리 무명 클래스 방식에서는 리스너 객체가 만들어져 사용되는 곳에서 리스너 클래스가 정의된다. 즉, 위의 문장은 컴포넌트에 리스너를 등록하면서 바로 그 리스너의 내용을 작성해 주고 있는 것이다.

이렇게 정의되는 무명 클래스는 이름이 없으므로 재사용되지 못하는 일회용 클래스이다. 단 한 번만 사용되는 지역 클래스라면 따로 이름을 할당하지 않고 이와 같이 무명 클래스를 사용하는 것이 코드를 간결하게 만든다. 예제 8.15를 무명 클래스를 사용하여 재작성한 프로그램이 예제 8.17이다. 물론 예제 8.17도 예제 8.15와 완전히 동일하게 동작한다.

예제 8.17 ButtonColorFrame3 클래스

```java
     //필요한 import는 Ctrl+Shift+O로 포함

12   public class ButtonColorFrame3 extends JFrame {
13       private JRadioButton yellow;
14       private JRadioButton green;
15
16       public ButtonColorFrame3() {
17           setSize(300, 150);
18           setTitle("Button Color Example");
19           setDefaultCloseOperation(EXIT_ON_CLOSE);
20
21           Container cPane = getContentPane();
22           cPane.setLayout(new FlowLayout());
23
24           yellow = new JRadioButton("노란색");
25           green = new JRadioButton("연두색");
26           ButtonGroup colorGroup = new ButtonGroup();
27           colorGroup.add(yellow);
28           colorGroup.add(green);
29
30           JButton button = new JButton("변경");
31           button.addActionListener(new ActionListener() {
32               @Override
33               public void actionPerformed(ActionEvent e) {
34                   if (yellow.isSelected())
35                       (getContentPane()).setBackground(Color.yellow);
36                   else if (green.isSelected())
37                       (getContentPane()).setBackground(Color.green);
38               }
39           });
40
41           cPane.add(yellow);
42           cPane.add(green);
43           cPane.add(button);
44       }
45
46       public static void main(String[] args) {
47           (new ButtonColorFrame3()).setVisible(true);
48       }
49   }
```

프로그램의 나머지 부분은 이전 예제 8.15와 동일하고 단지 무명 클래스를 사용하는 리스너 등록 부분(31–39행)만이 차이가 있다. 무명 클래스는 독립된 클래스로 정의되는 것이 아니라 식(expression)의 일부로 사용되는 방식이므로 39행의 세미콜론을 빠뜨리지 않도록 유의하라.

참고 | 무명 클래스의 정의

무명 클래스를 정의할 때 new 키워드 다음에 인터페이스의 이름만 올 수 있는 것은 아니고 수퍼클래스의 이름이 올 수도 있다. 인터페이스 이름이 오면 무명 클래스가 그 인터페이스를 '구현한다'(implements)는 뜻이고, 클래스 이름이 오면 무명 클래스가 그 클래스를 '상속한다'(extends)는 뜻이 된다.

요약: 이벤트 리스너 작성 방법

JFrame을 상속하는 애플리케이션 클래스의 이름이 MyFrame이라고 하자.

(1) 리스너를 내부 클래스로 작성

리스너를 MyFrame의 내부 클래스로 정의하고 객체를 생성하여 컴포넌트에 등록하는 방식이다.

```java
public class MyFrame extends JFrame {

        public class MyListener implements ActionListener {
            @Override
            public void actionPerformed(ActionEvent e) {
                ...
            }
        }
        ...
        MyListener listener = new MyListener();
        component.addActionListener(listener);
```

(2) JFrame 클래스가 리스너 역할을 하도록 작성

MyFrame 클래스가 리스너 인터페이스를 구현하도록 하고 이벤트 처리기 메소드를 MyFrame의 멤버로 정의한다. 컴포넌트에는 this를 리스너 객체로 등록한다.

```java
public class MyFrame extends JFrame implements ActionListener {

    @Override
    public void actionPerformed(ActionEvent e) {
        ...
    }
```

```
    public MyFrame() {
        ...
        component.addActionListener(this);
    }
}
```

(3) 무명 클래스로 작성

리스너 객체를 컴포넌트에 등록할 때 이름이 없는 일회용 클래스로 리스너 클래스를 정의하여 사용하는 방식이다.

```
component.addActionListener(new ActionListener() {
    @Override
    public void actionPerformed(ActionEvent e) {
        ...
    }
});
```

참고 | 람다식을 이용한 리스너 작성

자바 8에서 도입된 **람다식**(lambda expression)을 활용하면 리스너를 더욱 간결하게 작성할 수 있다. 예를 들어 예제 8.17의 31-39행을 무명 클래스 대신 람다식을 써서 다음과 같이 작성할 수도 있다.

```
button.addActionListener((ActionEvent e) -> {
    if (yellow.isSelected())
        (getContentPane()).setBackground(Color.yellow);
    else if (green.isSelected())
        (getContentPane()).setBackground(Color.green);
});
```

위의 코드에서 addActionListener 메소드의 인자로 넘어가는 식(expression)이 바로 람다식의 예인데, 다음과 같은 형식을 가지고 있음을 알 수 있다.

(Type arg) -> *{ Statements }*

람다식의 형식에서 ->의 좌측은 매개변수의 목록인데, 이 예에서는 매개변수가 하나이지만 여러 개라면 쉼표로 분리해서 표시하면 된다. ->의 우측은 메소드의 몸체에 해당한다. 즉, 람다식이란 본질적으로 이름이 없는 메소드(anonymous method)이고, 이름이 없으므로 단 한 번만 사용될 수 있는 일회용 메소드이다. 위의 예는 리스너를 등록하기 위해 addActionListener 메소드를 호출하면서 메소드의 인자로 람다식으로 표현된 메소드를 넘기는 것이다. 즉, 람다식을 사용함으로써 이와 같이 메소드를 인자로 취급할 수 있게 되었다.

예제 8.17의 무명 클래스는 ActionListener라는 인터페이스를 구현하여 작성되었는데, ActionListener 인터페이스는 actionPerformed라는 단 하나의 메소드를 가진다. 그러므로 버튼에 리스너를 등록할 때 실제로 필요한 것은 버튼이 눌렸을 때 실행될 메소드 하나만이라고 볼 수 있다. 이와 같이 단 하나의 추상 메소드를 가지는 인터페이스에 대해서는 람다식을 이용하여 일회용 메소드만을 넘기면 되고, 이렇게 함으로써 코드가 보다 간결해 진다.

람다식에서 매개변수의 타입이 문맥에서 추론 가능하다면 타입을 생략할 수 있다. 그리고 매개변수가 하나라면 매개변수 목록을 둘러싸는 괄호도 생략할 수 있다. 따라서 위의 람다식은 다음과 같이 간결하게 표현할 수도 있다.

```
arg -> { Statements }
```

더욱이 몸체 부분의 문장이 하나라면 몸체를 둘러싸는 중괄호도 생략할 수 있다. 보다 자세한 내용은 이 책의 범위를 벗어나므로 자바 문서나 관련 도서를 참고하라.

마우스 이벤트와 마우스 리스너

버튼을 누를 때 ActionEvent라는 종류의 이벤트가 발생하는 것처럼 마우스를 조작할 때는 MouseEvent라는 이벤트가 발생한다. 물론 버튼을 클릭할 때도 보통 마우스가 사용되지만 그런 경우는 ActionListener를 사용하여 ActionEvent를 처리하면 충분하다. 마우스 이벤트를 처리해야만 하는 경우가 있는데 그럴 때는 MouseListener와 MouseMotionListener라는 인터페이스를 사용하면 된다. 이 2가지 인터페이스를 사용하여 마우스 버튼을 누를 때, 눌렀다가 뗄 때, 마우스를 움직일 때, 마우스 버튼을 누른 채로 드래깅(dragging)할 때 등의 여러 가지 이벤트에 대응할 수 있다.

---

void mouseClicked(MouseEvent e)
마우스 버튼을 클릭하면 호출됨.

---

void mouseEntered(MouseEvent e)
마우스 커서가 컴포넌트로 진입하면 호출됨.

---

void mouseExited(MouseEvent e)
마우스 커서가 컴포넌트에서 나가면 호출됨.

---

void mousePressed(MouseEvent e)
마우스 버튼을 누를 때 호출됨.

---

void mouseReleased(MouseEvent e)
마우스 버튼을 눌렀다가 뗄 때 호출됨.

그림 8.8 MouseListener 인터페이스의 메소드들

리스너를 작성하는 방식은 ActionEvent의 경우와 동일하다. MouseListener 혹은 MouseMotionListener 인터페이스를 구현하는 리스너 클래스를 작성하고 리스너의 객체를 만들어 컴포넌트에 등록하면 된다. 그러면 이 2가지 인터페이스의 차이를 알아 보자. 먼저 MouseListener 인터페이스는 그림 8.8에 열거된 메소드를 포함한다.

예를 들어 마우스 커서를 컴포넌트 위에 놓고 마우스를 클릭하는 동작은 마우스 버튼을 눌렀다가 떼는 동작으로 나눌 수 있으므로 먼저 버튼이 눌려진 순간에 mousePressed가 호출되고 이어서 버튼이 떼질 때 mouseReleased가 호출된다. 그리고 나서 mousedClicked가 호출된다.

한편 MouseMotionListener는 그림 8.9에 열거된 마우스의 이동과 관련된 메소드를 포함한다.

---

void mouseMoved(MouseEvent e)
마우스 버튼이 눌려지지 않은 상태에서 마우스 커서가 이동하면 호출됨.

---

void mouseDragged(MouseEvent e)
마우스 버튼이 눌려진 상태에서 마우스를 드래깅하면 호출됨.

그림 8.9 MouseMotionListener 인터페이스의 메소드들

마우스 버튼을 누르지 않은 상태로 마우스를 움직이면 mouseMoved 메소드가 호출되고 마우스 버튼을 누른 채로 움직이면 (즉, 드래깅하면) mouseDragged가 호출된다. MouseListener와 MouseMotionListener의 모든 메소드는 매개변수로 마우스 이벤트 (MouseEvent) 객체를 가지는데 이 매개변수를 통해 여러 정보를 얻을 수 있다. 특히 MouseEvent의 getX와 getY 메소드를 사용하면 이벤트가 발생한 위치의 좌표 값을 얻을 수 있다.

마우스로 클릭할 때마다 클릭한 점과 점 사이를 연결하는 직선을 그리는 GUI 애플리케이션을 작성해 보자. 그림 8.10의 윈도우는 마우스로 5개의 점을 클릭한 결과인데, 윈도우 상에서 마우스 버튼을 누를 때마다 직전에 누른 위치와 현재 누른 위치를 연결하는 직선이 그려지는 것이다.

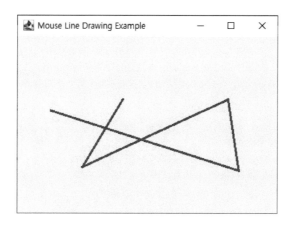

그림 8.10 마우스 클릭으로 연결된 직선 그리기

완성된 프로그램 소스는 예제 8.18에 보였다. 이 예제는 MouseListener 인터페이스를 구현하여 리스너로 사용하며, 리스너 작성은 무명 클래스로 정의하는 세 번째 방법을 택하고 있다.

예제 8.18 MouseEventFrame 클래스

```java
//필요한 import는 Ctrl+Shift+O로 포함

12  public class MouseEventFrame extends JFrame {
13
14      private class MyPanel extends JPanel {
15          private Point[] points;
16          private int count = 0;
17
18          public MyPanel() {
19              points = new Point[100];
20
21              this.addMouseListener(new MouseListener() {
22                  public void mousePressed(MouseEvent e) {
23                      if (count < points.length) {
24                          points[count++] = new Point(e.getX(), e.getY());
25                          repaint();
26                      }
27                  }
28                  public void mouseReleased(MouseEvent e) {}
```

```
29                    public void mouseEntered(MouseEvent e) {}
30                    public void mouseExited(MouseEvent e) {}
31                    public void mouseClicked(MouseEvent e) {}
32                });
33            }
34
35            @Override
36            protected void paintComponent(Graphics g) {
37                Graphics2D g2 = (Graphics2D) g;
38                g2.setStroke(new BasicStroke(3));
39                g2.setColor(Color.blue);
40                for (int i = 0; i < count-1; i++)
41                    g2.drawLine(points[i].x, points[i].y,
42                                        points[i+1].x, points[i+1].y);
43            }
44        }
45
46    public MouseEventFrame() {
47        setSize(400, 300);
48        setTitle("Mouse Line Drawing Example");
49        setDefaultCloseOperation(EXIT_ON_CLOSE);
50        add(new MyPanel());
51    }
52
53    public static void main(String[] args) {
54        (new MouseEventFrame()).setVisible(true);
55    }
56 }
```

이 프로그램은 JPanel을 상속하는 MyPanel 클래스(14~44행)를 내부 클래스로 정의하여 사용하는데, 이 MyPanel 클래스가 그림 그리기와 마우스 이벤트 처리를 모두 담당하고 있다. 그러므로 MouseEventFrame 클래스에서는 생성자에서 윈도우의 크기를 지정하는 등의 익숙한 작업을 진행하고(47~49행) MyPanel 객체를 생성하여 화면에 추가하면 된다(50행).

MyPanel의 인스턴스 변수인 points는 Point 타입의 배열로서 마우스가 클릭한 위치의 좌표들을 Point 클래스의 객체로 만들어 저장한다. Point는 자바가 제공하는 클래스로서 화면 상의 위치를 나타내며, 지정된 위치의 x좌표와 y좌표에 해당하는 공용 인스턴스 변수 x

와 y를 가진다. 인스턴스 변수 count는 현재까지 마우스가 클릭하여 저장된 위치의 수를 나타낸다. 그리기를 담당하는 메소드 paintComponent가 points 배열과 count를 사용하여 마우스로 클릭한 각 위치 사이를 잇는 선분을 그린다.

MyPanel 클래스는 그리기를 위해 paintComponent 메소드를 오버라이드 하고 있다(36행). 약간 굵은 파란색으로(37–39행) points 배열을 이용하여 점들 사이의 선분을 그리는데 (40–42행), 첫 번째 마우스 클릭 시에는 점이 하나뿐이라서 아직 선분을 그릴 수 없으므로 배열에 저장된 점이 2개 이상인 경우에만 for 문의 몸체가 실행된다.

참고 paint와 paintComponent

그래픽 코드의 작성을 위해 오버라이드 할 수 있는 메소드로 paint와 paintComponent가 있다. 지금까지의 그래픽 예제에서는 JFrame의 내용창에 직접 그래픽을 그렸으므로 paint 메소드를 오버라이드 하였다. (JFrame에서는 paint 메소드만 작성할 수 있다.) 엄격히 말하자면 paint와 paintComponent 메소드는 그 역할이 다르지만, 이 책의 범위에서는 두 메소드 모두 그래픽 코드를 담는 비슷한 역할을 한다고 이해하면 된다. 일반적으로 JPanel과 같은 스윙 컴포넌트의 그리기를 위해서는 paint가 아니라 paintComponent 메소드를 사용하도록 권장된다. 그리고 JFrame의 내용창에 직접 그래픽을 그리는 것보다는 JPanel과 같은 컴포넌트에 그래픽을 그리고 이를 내용창에 붙이는 것이 나은 방법이다.

그러면 점들의 좌표는 어떻게 유지되는가? 패널 윈도우 내부를 마우스로 클릭하면 그때 이벤트 처리기가 실행되면서 클릭한 위치의 좌표를 가져와서 배열 points에 추가한다. 21행을 보면 MyPanel의 생성자 내에서 addMouseListener 메소드가 실행된다. 이것은 MyPanel 객체 자신에 대한 호출인데 (물론 이 this는 생략할 수 있다), 이는 MyPanel 객체에 리스너가 등록된다는 뜻이다. 그러므로 MyPanel이 표시하는 창 내에서 마우스 동작이 일어나면 등록된 리스너의 메소드가 실행된다. 리스너는 무명 클래스 방식으로 정의되고 있다(21–32행). MouseListener 인터페이스가 5개의 메소드를 가지므로 리스너 클래스는 이 5개의 메소드를 모두 구현해야 한다. 그러나 여기서 필요한 것은 mousePressed 하나뿐이므로 나머지는 몸체를 비워 두었다. 여기서는 마우스가 눌려지는 시점에 동작이 일어나도록 하기 위해 mousePressed를 사용했지만 용도에 따라 다른 메소드를 선택할 수도 있을 것이다.

mousePressed가 실행되면 매개변수인 MouseEvent 객체로부터 getX와 getY 메소드를 통해 얻은 새로운 좌표 값으로 Point 객체를 생성하여 points 배열에 추가한다(24행). count

도 추가된 점의 개수에 맞게 증가된다. 물론 이 작업은 배열 points의 크기에 여유가 있을 때에만 실행된다(23행). 이제 마우스가 눌려져서 새로운 선분이 추가되어야 하므로 화면이 변경되어야 한다. 이렇게 화면을 새로 그려야 할 때 (paint 메소드의 경우와 마찬가지로) paintComponent를 직접 호출하면 안 된다. paint나 paintComponent는 시스템에 의해 호출되어야 하는 메소드들이므로 코드에서 직접 호출하지 않는다. 프로그램이 화면 업데이트를 요청할 때는 대신 repaint 메소드를 사용한다(25행). repaint가 실행되면 시스템이 곧 paint/paintComponent 메소드를 호출하여 화면을 업데이트 하게 된다.

리스너 인터페이스와 어댑터 클래스

예제 8.18에서 MouseListener 인터페이스를 구현하여 리스너 객체를 작성할 때 MouseListener에 포함된 모든 메소드를 구현해야 했었다. 우리가 필요한 것은 mousePressed 하나뿐이지만 나머지 4개의 메소드도 구현해야 프로그램이 정상적으로 컴파일된다. 그래서 내용이 비어 있는 28-31행의 메소드 정의가 필요하다. MouseListener가 자바 인터페이스이고 이를 구현하는 리스너 클래스는 인터페이스의 모든 메소드를 오버라이드 해야 객체를 생성할 수 있기 때문에 이는 불가피한 일이다. 이런 점은 리스너를 작성하는 방식과 무관하다. 리스너를 무명 클래스가 아닌 다른 방식으로 작성했더라도 마찬가지라는 말이다.

여러 개의 메소드를 포함하는 MouseListener와 같은 리스너 인터페이스의 경우, 프로그램이 사용하지도 않을 메소드를 모두 리스너 클래스에 나열해야 하는 것은 번거로운 일이다. 이런 이유로 자바는 리스너 인터페이스에 대응하는 **어댑터 클래스**(adapter class)를 두어 이런 번거로움을 피할 수 있게 한다. 어댑터 클래스는 리스너 인터페이스에 포함된 모든 메소드를 구현해 둔 편의 클래스이다.

예를 들어 MouseAdapter는 MouseListener와 MouseMotionListener에 포함된 모든 메소드를 가지는 클래스이다. 그러므로 리스너 클래스를 작성하기 위해 MouseListener를 '구현' (implements)하는 대신 MouseAdapter를 '상속'(extends)받아 쓸 수 있다. MouseListener는 인터페이스이므로 리스너 클래스가 이를 구현할 때는 리스너 인터페이스의 모든 메소드를 작성해야 한다. 그러나 MouseAdapter는 클래스이므로 리스너 클래스가 MouseAdapter를 상속받을 때는 필요한 메소드만 오버라이드 하면 된다. MouseAdapter가 리스너 인터페이스의 모든 메소드를 (비록 몸체의 내용은 없지만) 이미 구현하였기 때문에 불필요한 모든 메소드를 억지로 작성할 필요가 없는 것이다. 예제 8.18의 21-32행을 MouseAdapter를 사용하여 수정하면 다음과 같다.

```
this.addMouseListener(new MouseAdapter() {
    public void mousePressed(MouseEvent e) {
        if (count < points.length) {
            points[count++] = new Point(e.getX(), e.getY());
            repaint();
        }
    }
});
```

즉, new 연산자 다음에 MouseListener 인터페이스 대신에 어댑터 클래스인 MouseAdapter를 지정했고, 메소드는 프로그램에서 필요한 mousePressed만 작성했다. 위의 코드는 MouseAdapter 클래스의 서브클래스로 무명의 리스너 클래스를 정의하고 그 객체를 생성하여 리스너로 등록하는 것이다.

요약: MouseAdapter

MouseAdapter는 어댑터 클래스로서 MouseEvent에 대응하는 리스너 객체 생성을 위해 제공되는 편의 클래스이다. MouseAdapter는 MouseListener, MouseMotionListener, MouseWheelListener 등 3가지의 마우스 이벤트 관련 리스너 인터페이스를 구현하는 추상 클래스로 정의되어 있다. 즉, 이 3가지 인터페이스에 포함된 모든 메소드를 정의하고 있는데, 메소드의 몸체는 비어 있다. 그러므로 리스너 인터페이스를 구현하여 리스너 클래스를 정의하는 대신 어댑터 클래스를 확장하여 리스너 클래스를 정의할 수 있으며, 그럴 경우에는 프로그램이 필요로 하는 메소드만 오버라이드 하면 되니 편리하다. MouseAdapter에는 그림 8.8과 그림 8.9에 열거된 메소드들 외에 MouseWheelListener 인터페이스에 명시된 다음의 메소드가 추가로 포함되어 있다.

```
void mouseWheelMoved(MouseWheelEvent e)
```
: 마우스 휠이 회전하면 호출됨.

마우스 드래깅을 이용한 그리기 예제

마우스를 드래깅하여 그림을 그리는 프로그램을 작성해 보자. 마우스 버튼을 누른 상태에서 마우스를 움직이면 그 움직임에 따라 선이 그려지게 해야 한다. 실행 결과는 그림 8.11과 같다.

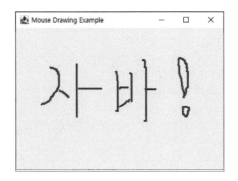

그림 8.11 마우스 드래깅으로 그리기

이 프로그램을 어떻게 작성하면 될지 생각해 보자. 앞에서 살펴본 MouseEventFrame 클래스에서는 mousePressed 메소드를 이벤트 처리기로 사용하여 마우스 버튼이 눌린 점의 좌표를 얻고, 이 점들을 연결하는 선분을 그렸었다. 마우스가 드래그되는 동안 마우스가 이동하는 궤적을 얻으려면 MouseMotionListener의 mouseDragged 메소드를 사용하면 된다. 즉, 마우스를 드래그하는 동안에는 mouseDragged 메소드가 연속적으로 호출되는데, 그 때마다 마우스가 지나는 점의 좌표를 얻고 이 점들을 연결하면 마우스가 드래깅된 궤적이 된다. 이전 예제에서와 같이 이 점들의 좌표를 배열에 저장하고 각 점을 연결하는 선을 그리면 드래깅된 궤적을 따라 그리기를 할 수 있다.

그런데 그림 8.11과 같은 결과는 한 번의 드래깅만으로 이루어지지 않는다는 점에 주의해야 한다. 즉, 한 획을 그리고 나서는 마우스 버튼을 뗐다가 위치를 옮겨서 새로운 획을 그리기 위해 다시 드래깅하게 될 텐데, 방금 설명한 방법으로는 드래깅이 끝난 점과 새로 드래깅이 시작되는 점 간에도 선분이 그려지게 된다. 즉, 그림 8.12와 같이 모든 점이 연결되어 나오게 되는데, 이것은 우리가 원하는 결과가 아니다.

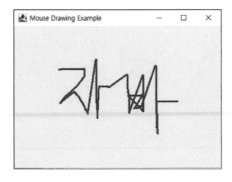

그림 8.12 마우스 드래깅으로 그리기 – 잘못된 결과

그러므로 드래깅이 끝난 점과 새로 드래깅이 시작되는 점 간의 선분을 그리지 않도록 하는 방법이 필요하다. 여기서는 드래깅이 끝나는 시점, 즉 마우스 버튼이 해제(release)되는 시점에 음수 좌표 값을 배열에 삽입하고 음수 좌표 값에 대해서는 선분을 그리지 않도록 하였다. 화면 좌표계에서 좌표의 값으로는 음수가 아닌 수만 사용된다는 점에 착안한 것이다. 완성된 프로그램 소스인 예제 8.19를 살펴 보자.

예제 8.19 MouseDrawingFrame2 클래스

```java
//필요한 import는 Ctrl+Shift+O로 포함

12  public class MouseDrawingFrame2 extends JFrame {
13      private Point[] points;
14      private int count = 0;
15
16      private class MyListener extends MouseAdapter {
17          @Override
18          public void mouseDragged(MouseEvent e) {
19              if (count < points.length) {
20                  points[count++] = new Point(e.getX(), e.getY());
21                  repaint();
22              }
23          }
24          @Override
25          public void mouseReleased(MouseEvent e) {
26              if (count < points.length)
27                  points[count++] = new Point(-1, -1);
28          }
29      }
30
31      private class MyPanel extends JPanel {
32          public MyPanel() {
33              setBackground(Color.yellow);
34              MyListener listener = new MyListener();
35              addMouseListener(listener);
36              addMouseMotionListener(listener);
37          }
```

```
38
39          @Override
40          protected void paintComponent(Graphics g) {
41              super.paintComponent(g);
42              Graphics2D g2 = (Graphics2D)g;
43              g2.setColor(Color.blue);
44              g2.setStroke(new BasicStroke(3));
45              for (int i=0; i<count-1; i++)
46                  if (points[i].x >= 0 && points[i+1].x >= 0)
47                      g2.drawLine(points[i].x, points[i].y,
48                                  points[i+1].x, points[i+1].y);
49          }
50      }
51
52      public MouseDrawingFrame2() {
53          setSize(400, 300);
54          setTitle("Mouse Drawing Example");
55          setDefaultCloseOperation(EXIT_ON_CLOSE);
56          points = new Point[1000];
57          add(new MyPanel());
58      }
59
60      public static void main(String[] args) {
61          (new MouseDrawingFrame2()).setVisible(true);
62      }
63  }
```

JFrame을 상속하는 MouseDrawingFrame2 클래스에는 2개의 내부 클래스 MyListener와 MyPanel이 정의되어 있다. 그 외에 2개의 인스턴스 변수, 생성자, 그리고 main 메소드가 있다. 대체적인 구조는 이전 프로그램과 비슷하게 내부 클래스로 정의된 MyPanel이 그리기와 이벤트 처리를 담당한다. 인스턴스 변수도 마우스 궤적을 구성하는 점들의 좌표를 저장하는 배열 points와 저장된 점의 개수를 나타내는 count로 동일하다. (단, 마우스 드래깅 시에는 mouseDragged 메소드가 여러 번 반복 호출되므로 points 배열의 크기를 상당히 크게 해야 한다.) 이전 예제와 비교하여 크게 달라진 점은 리스너를 MouseAdapter를 상속하는 내부 클래스로 정의하고 있다는 점이다(16-29행).

리스너 클래스에 정의된 메소드는 드래깅하는 동안 실행되는 mouseDragged와 버튼이 해제되는 시점에 실행되는 mouseReleased 등 2가지이다. mouseDragged에서는 매개변수로부터 얻은 마우스의 새로운 위치를 points 배열에 추가하고 repaint를 호출하여 화면을 업데이트한다(18~23행). mouseReleased가 실행되는 시점은 드래깅이 끝났을 때인데, 이때는 좌표 값이 −1인 위치를 points에 추가한다(25~28행). 이 음수 좌표 값은 드래깅이 끝난 지점과 새로 드래깅이 시작되는 지점 간에 선분을 그리지 않도록 하기 위해 사용된다. 두 경우 모두 배열이 이미 가득 찼으면 아무런 동작도 하지 않는다.

MyListener에 작성된 메소드 중에 mouseReleased는 원래 MouseListener 인터페이스에 속한 것이고 mouseDragged는 MouseMotionListener 인터페이스에 속한 것이다. 리스너 인터페이스가 아니라 어댑터 클래스인 MouseAdapter를 사용했기 때문에 이 둘이 하나의 리스너 클래스에 작성되었다. MyPanel 클래스의 생성자에서 리스너 객체를 생성한 다음(34행) 이를 addMouseListener와 addMouseMotionListener를 사용하여 MyPanel 객체에 2번 등록하고 있음에 유의하라(35~36행). 둘 가운데 하나를 생략하면 정상적으로 이벤트 처리가 되지 않는다. 동일한 컴포넌트에 동일한 리스너 객체를 등록하는 것인데 왜 2번 중복해서 등록해야 할까? addMouseListener와 addMouseMotionListener는 다음과 같은 서명을 가진다.

```
void addMouseListener(MouseListener l)
void addMouseMotionListener(MouseMotionListener l)
```

addMouseListener의 매개변수는 MouseListener 타입이므로 MouseListener 인터페이스를 구현하는 객체가 인자로 넘어가야 한다. 그리고 addMouseMotionListener의 매개변수에는 MouseMotionListener 인터페이스를 구현하는 객체가 인자로 넘어가야 한다. 예제 8.19에서 인자로 사용된 listener는 MyListener 클래스의 객체인데, MyListener의 수퍼클래스가 MouseAdapter이고 MouseAdapter는 이 두 가지 인터페이스를 구현하고 있으므로 리스너를 등록하는 두 문장(35~36행)에 문법적인 문제는 없다.

```
addMouseListener(listener);
addMouseMotionListener(listener);
```

그런데 addMouseListener에 의해 등록되는 리스너 객체는 MouseListener 타입으로 간주되므로 MouseListener에 속한 메소드에 대해서만 대응한다. 즉, 35행만 있고 36행이 생략되면 mouseReleased 메소드는 정상 동작하고 mouseDragged는 동작하지 않는다. 마찬가지 이유에서 36행만 있으면 mouseDragged는 정상 동작하지만 mouseReleased는 동작하지 않는다. 이런 이유로 동일한 리스너 객체를 2번 등록해야 하는 것이다. 그리고 이렇게 리스너 객체를 2번 사용해야 하므로 무명 클래스보다는 내부 클래스를 사용하는 것이 편리하다.

paintComponent 메소드에서는 배열 points에 저장된 좌표를 가지고 연속된 점과 점 사이의 선분을 그린다(47–48행). points에는 마우스가 드래깅된 궤적 상의 점들이 연속적으로 저장되어 있으므로 드래깅된 궤적을 따라 선이 그려진다. 그러나 46행의 조건으로 인해 x 좌표가 음수인 점에 대해서는 선분을 그리지 않는다. 즉, 드래깅이 끝난 점과 다음 드래깅이 시작되는 점 사이에는 선이 그려지지 않는다.

키 이벤트와 키 리스너

키보드의 키를 누르면 키 이벤트(KeyEvent)가 발생한다. 그리고 키 이벤트를 받아서 처리하려면 키 리스너(KeyListener) 인터페이스를 사용하면 된다. 키 이벤트를 처리하는 방식도 지금까지 살펴 본 다른 종류의 이벤트와 동일하다. 즉, KeyListener를 구현하는 리스너 클래스를 작성하고 그 객체를 생성해 addKeyListener 메소드로 컴포넌트에 등록하면 된다.

---

void keyPressed(KeyEvent e)
키를 누르는 순간 호출됨.

---

void keyReleased(KeyEvent e)
키를 떼는 순간 호출됨.

---

void keyTyped(KeyEvent e)
유니코드 키가 입력되면 호출됨. 즉, 유니코드 키의 경우에만 키를 떼는 순간 호출됨.

그림 8.13 KeyListener 인터페이스의 메소드들

KeyListener 인터페이스에 포함된 이벤트 처리 메소드는 그림 8.13에 나열한 3가지이다. 키보드 키를 누르는 순간 keyPressed가 호출되고, 눌렀다가 떼는 순간 keyReleased가 호출된다. 만약 일반적인 문자 키(유니코드 키)를 눌렀다면 떼는 순간 keyTyped 메소드도 호출된다. 시프트 키나 방향 키(→, ↑ 등)와 같이 문자 키가 아닌 것을 누르면 keyTyped 메소드는 호출되지 않는다.

그림 8.13에 열거된 키 이벤트 처리 메소드 내에서는 매개변수인 KeyEvent 객체를 통해 눌려진 키에 대한 정보를 얻을 수 있는데 이 때 그림 8.14에 보인 2개의 메소드가 자주 사용된다.

---

int getKeyCode()
입력된 키의 정수 코드 값을 반환함.

---

char getKeyChar()
입력된 키의 유니코드 문자를 반환함.

그림 8.14 KeyEvent의 메소드들

getKeyChar 메소드는 유니코드 문자 키가 입력되었을 때 그 문자를 반환하므로 keyTyped 메소드 내에서 사용하면 된다. getKeyChar 메소드의 반환형이 문자이므로 입력된 키가 특정한 문자인지 다음과 같이 직접 비교할 수 있다.

```
if (e.getKeyChar() == 'A')
```

keyPressed와 keyReleased 메소드의 경우에는 getKeyCode 메소드를 사용하여 입력된 키의 정수 코드 값을 반환 받아 사용할 수 있다. 문자 키가 아닌 키들(shift 키, delete 키, 방향 키, 함수 키 등)을 처리하려면 이 getKeyCode 메소드를 사용해야만 한다. 그리고 getKeyCode의 반환값은 KeyEvent에 정의된 **가상 키**(virtual key) 코드와 비교해야 한다. 예를 들어 입력된 키가 오른쪽 방향 키(→)인지 알려면 다음과 같이 비교하면 된다.

```
if (e.getKeyCode() == KeyEvent.VK_RIGHT)
```

KeyEvent 클래스에는 모든 키보드 키에 대응하는 가상 키 코드가 VK_로 시작하는 상수로 정의되어 있다. 방향 키들은 VK_UP, VK_DOWN, VK_LEFT, VK_RIGHT 등으로 정의되어 있고, 함수 키들은 VK_F1, VK_F2,.. 등으로, 숫자 키는 VK_0~VK_9로, 영문 키는 VK_A~VK_Z로 정의되어 있다. 이외에도 VK_SHIFT, VK_DELETE, VK_ALT 등이 있다. 이렇게 가상 키를 정의해 둔 이유는 키 코드가 시스템에 따라 달라질 가능성이 있기 때문이다. 그러므로 getKeyCode 메소드의 반환값을 이용하여 어떤 키가 입력되었는지 확인하려면 반드시 위의 예와 같이 가상 키 코드와 비교해야 한다.

키 이벤트를 다루는 간단한 프로그램을 작성한 예제 **8.20**을 살펴 보자.

예제 8.20 KeyEventDemo 클래스

```java
//필요한 import는 Ctrl+Shift+O로 포함

12  public class KeyEventDemo extends JFrame {
13
14      private String message="";
15
16      public KeyEventDemo() {
17          setSize(300, 200);
18          setTitle("KeyEvent Example");
19          setDefaultCloseOperation(EXIT_ON_CLOSE);
20
21          JTextField field = new JTextField(10);
22          JTextArea area = new JTextArea(5, 20);
23          area.setEditable(false);
24          JButton button = new JButton("Reset");
25
26          field.addKeyListener(new KeyListener() {
27              @Override
28              public void keyPressed(KeyEvent e) {
29                  message += "keyPressed: code=" + e.getKeyCode() + "\n";
30                  area.setText(message);
31              }
32              @Override
33              public void keyTyped(KeyEvent e) {
34                  message += "keyTyped: char=" + e.getKeyChar() + "\n";
35                  area.setText(message);
36              }
37              @Override
38              public void keyReleased(KeyEvent e) {
39                  message += "keyReleased: code=" + e.getKeyCode() + "\n";
40                  area.setText(message);
41              }
42          });
43
44          button.addActionListener(new ActionListener() {
45              @Override
46              public void actionPerformed(ActionEvent e) {
47                  message = "";
```

```
48                    area.setText("");
49                    field.setText("");
50              }
51          });
52
53          setLayout(new FlowLayout());
54          add(field);
55          add(button);
56          add(area);
57      }
58
59      public static void main(String[] args) {
60          (new KeyEventDemo()).setVisible(true);
61      }
62  }
```

예제 8.20을 실행하면 그림 8.15와 같은 윈도우가 표시된다.

그림 8.15 예제 8.20의 실행 결과

출력 윈도우는 텍스트필드, "Reset" 버튼 그리고 텍스트영역 등 3개의 컴포넌트에 의해 구성되는데, 위쪽의 텍스트필드에 키 리스너가 등록되었다(26행). 키 리스너는 무명 클래스 방식으로 정의되었고(26-42행), keyPressed, keyReleased, keyTyped 등 3개의 이벤트 처리기 메소드가 모두 작성되었다. 각 메소드는 매개변수에 대해 getKeyCode 혹은 getKeyChar 메소드를 호출하여 이벤트에 관련된 메시지 스트링을 구성하고 이를 아래쪽 텍스트영역에 표시한다.

"Reset" 버튼에는 액션 리스너가 무명 클래스 방식으로 등록되어 있는데, 버튼을 누르면 텍스트필드와 텍스트영역의 내용이 초기화된다. 이 프로그램을 실행시켜 보면 키 이벤트의 처리 과정을 이해할 수 있을 것이다. 먼저 그림 8.15에서 영문 키 'A'를 눌러 보면 그림 8.16 와 같은 결과가 나온다.

그림 8.16 영문 키 'A'를 눌렀다가 뗄 때의 결과

영문 키 'A'는 유니코드 문자에 해당하므로 keyTyped를 포함한 3개의 메소드가 모두 실행된다. 먼저 키가 눌리는 순간 keyPressed가 실행되고 그 때 getKeyCode 메소드로 얻은 키 코드는 65였다. (65는 ASCII에 기반한 코드 시스템에서 문자 'A'에 해당하는 코드이다.) 다음으로 문자 키가 눌렸으므로 keyTyped가 실행되고 getKeyChar 메소드로 얻은 문자는 'a'이다. (시프트 키를 누르지 않은 상태에서 'A'키를 누르면 소문자 'a'가 입력된다.) 마지막으로 키를 떼는 순간 keyReleased가 실행된다. 이 결과를 보면 키 이벤트 처리 메소드가 호출되는 순서가 keyPressed → keyTyped → keyReleased라는 것을 알 수 있다. 물론 눌린 키가 문자 키가 아닌 경우에는 keyTyped는 호출되지 않는다.

"Reset" 버튼을 누르고 텍스트필드를 클릭하여 포커스를 위치시킨 후에 이번에는 오른쪽 방향 키(→)를 눌러 보면 그림 8.17과 같은 결과가 나온다.

그림 8.17 오른쪽 방향 키(→)를 눌렀다가 뗄 때의 결과

방향 키는 문자 키가 아니므로 이번에는 keyTyped 메소드는 실행되지 않음을 확인할 수 있

다. 다음으로는 대문자 'A'를 입력하기 위해 시프트 키와 'A'를 함께 눌러 보았고 결과는 그림 8.18과 같다.

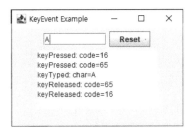

그림 8.18 Shift+A를 눌렀다가 뗄 때의 결과

시프트 키를 누르는 순간 첫 번째 keyPressed가 실행되고 이어서 'A' 키를 누르는 순간 두 번째 keyPressed가 실행된다. 이 때 'A'가 문자 키이므로 keyTyped도 실행된다. 'A' 키를 뗄 때 첫 번째 keyReleased가 실행되고 마지막으로 시프트 키를 뗄 때 두 번째 keyReleased 가 실행된다.

그림 8.16과 그림 8.18을 비교해 보면 영문 키 'A'에 대응하는 키 코드는 시프트 키가 눌리든 눌리지 않든 상관 없이 같은 값(65)이 반환됨을 알 수 있다. 시프트와 영문 키를 조합하여 대문자를 생성해서 반환하는 것은 keyTyped에서 호출되는 getKeyChar가 하는 동작이고 keyPressed나 keyReleased에서 호출되는 getKeyCode는 각 키에 대해 실제 키 코드만을 반환하는 것이다.

방향 키를 사용한 키 이벤트 예제

그림 8.19와 같은 바둑판 모양의 판을 그리고 방향 키를 이용해서 파란색 사각형이 판 위를 움직이도록 하는 그래픽 프로그램을 작성해 보자.

4가지의 방향 키(→, ↑, ←, ↓)를 누르면 누른 방향으로 파란 사각형이 한 칸씩 이동한다. 만일 판의 경계 부분에서 외부로 나가게 되면 반대편으로 들어온다고 가정하자. 예를 들어 파란 사각형이 가장 위쪽 줄에서 더 위(↑)로 올라가면 해당 열의 제일 아래쪽 칸으로 옮겨 가고, 가장 오른쪽 끝에 있는 열에서 더 오른쪽(→)으로 진행하면 그 줄의 가장 왼쪽 칸으로 옮겨 가는 것이다.

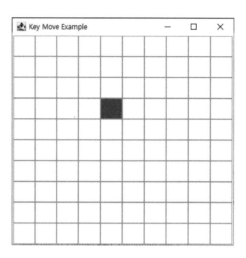

그림 8.19 방향 키를 이용한 이동

격자 모양의 판은 JPanel에 GridLayout으로 버튼을 배치하여 구현할 것이다. 그리고 방향 키가 눌릴 때마다 버튼의 색상을 변경함으로써 파란 사각형의 이동을 표현한다. 예를 들어 오른쪽 방향 키를 누르면 현재 칸의 색상을 흰색으로, 오른쪽 칸의 색상을 파란색으로 바꾸는 방식이다. 버튼은 다른 동작은 없이 칸을 나타내는 용도로만 사용할 것이므로 다음과 같이 비활성화 시키면 된다.

```
button.setEnabled(false);
```

이제 방향 키에 대응하는 리스너 클래스를 정의하고 격자판에 해당하는 패널에 리스너 객체를 등록하면 된다. 그런데 앞 장에서 설명했듯이 포커스(focus)를 가진 컴포넌트만이 키보드 입력을 받게 된다. 텍스트필드를 마우스로 클릭하면 커서가 깜박이면서 포커스를 가졌음을 나타낸다. 버튼을 마우스로 클릭하면 버튼 위에 테두리가 표시되면서 포커스를 가졌음을 나타낸다. 키보드를 조작하면 키 입력은 포커스를 가진 컴포넌트에게 전달된다. 그러므로 키 이벤트를 처리하기 위해서는 우선 해당 컴포넌트가 포커스를 가져야 한다. 프로그램에서 특정 컴포넌트에게 포커스를 주기 위해서는 requestFocus 메소드를 실행하면 된다.

그런데 JTextField나 JButton 등의 컴포넌트와 달리 JPanel은 일반적으로 포커스를 받게 되어 있지 않다. JPanel이 생성한 창을 마우스로 클릭하더라도 그 창이 포커스를 가지지 않는다. 이런 컴포넌트에 대해 키 이벤트를 처리하려면 먼저 그 컴포넌트가 포커스를 받을 수 있도록 해야 한다. 다음 코드의 첫 줄은 컴포넌트가 포커스를 받을 수 있도록 지정하고 두 번째 줄은 그 컴포넌트가 실제로 포커스를 가지도록 요청한다.

```
component.setFocusable(true);
component.requestFocus();
```

완성된 프로그램을 예제 8.21에 보였다.

예제 8.21 KeyMoveDemo 클래스

```
      //필요한 import는 Ctrl+Shift+O로 포함

10  public class KeyMoveDemo extends JFrame {
11
12      public static final int NUM = 10;
13      private JButton[] list;
14      private int index;
15
16      private class MyPanel extends JPanel {
17          public MyPanel() {
18              setLayout(new GridLayout(0, NUM));
19              list = new JButton[NUM*NUM];
20              for (int i=0; i<list.length; i++) {
21                  list[i] = new JButton();
22                  list[i].setBackground(Color.white);
23                  list[i].setEnabled(false);
24                  add(list[i]);
25              }
26              index = (int) (Math.random() * (NUM*NUM));
27              list[index].setBackground(Color.blue);
28
29              this.setFocusable(true);
30              this.requestFocus();
31
32              addKeyListener(new KeyAdapter() {
33                  @Override
34                  public void keyPressed(KeyEvent e) {
35                      list[index].setBackground(Color.white);
36                      switch (e.getKeyCode()) {
37                      case KeyEvent.VK_UP:
38                          if (index < NUM)
39                              index += NUM*NUM;
```

```
40                          index -= NUM;
41                       break;
42                  case KeyEvent.VK_DOWN:
43                       index = (index+NUM) % (NUM*NUM);
44                       break;
45                  case KeyEvent.VK_RIGHT:
46                       index++;
47                       if (index % NUM == 0)
48                           index -= NUM;
49                       break;
50                  case KeyEvent.VK_LEFT:
51                       if (index % NUM == 0)
52                           index += NUM;
53                       index--;
54                       break;
55                  }
56                  list[index].setBackground(Color.blue);
57               }
58          });
59       }
60    }
61
62    public KeyMoveDemo() {
63        setSize(400, 400);
64        setTitle("Key Move Example");
65        setDefaultCloseOperation(EXIT_ON_CLOSE);
66        add(new MyPanel());
67    }
68
69    public static void main(String[] args) {
70        (new KeyMoveDemo()).setVisible(true);
71    }
72 }
```

예제 8.21은 JPanel를 상속하는 MyPanel 클래스를 만들어 격자판을 생성하고 키 이벤트에 대응하도록 하고 있다. 격자판은 상수인 NUM의 값에 따라 NUM×NUM의 크기로 그려진다. (여기서 NUM은 10으로 가정했으므로 10×10의 격자판이 나타난다.) MyPanel의 생성자에서 배치 관리자를 GridLayout으로 지정하고(18행) NUM×NUM 개의 버튼을 생성하여 패널에 추가한다(20–25행). 파란 사각형의 초기 위치는 Math.random() 메소드를 사용하여 무작위로 선택한다(26–27행). 인스턴스 변수 index가 파란 사각형이 위치하고 있는 버튼의 인덱스로 사용된다.

MyPanel 객체가 포커스를 받도록 지정한 다음(29–30행) 패널에 키 리스너를 정의하여 등록한다(32행). 마우스 이벤트의 경우에 리스너 인터페이스에 대응하는 MouseAdapter 클래스가 있듯이 KeyListener에도 대응하는 어댑터 클래스인 KeyAdapter가 존재한다. 여기서는 이 KeyAdapter를 사용하여 무명 클래스 방식으로 리스너를 정의하고 있다(32–58행). 즉, 어댑터 클래스를 상속하므로 필요한 keyPressed 메소드 하나만을 작성하면 된다.

키가 눌렸을 때 실행되는 keyPressed 메소드는 눌려진 키가 방향 키라면 그에 따라 인덱스 값을 조정하고 파란 사각형의 위치를 옮기는 내용으로 작성되어 있다. 눌려진 키가 방향 키 중의 어느 것인지는 getKeyCode 메소드의 반환값을 VK_UP, VK_DOWN, VK_LEFT, VK_RIGHT 등의 가상 키 코드와 비교해 보면 알 수 있다. 방향 키가 눌렸을 때의 기본적인 동작은 다음과 같다: 좌측 방향키이면 index를 1 감소시키고, 우측 방향키이면 index를 1 증가시키고, 상향 키이면 index를 NUM만큼 감소시키고, 하향 키이면 index를 NUM만큼 증가시키면 된다. 이것이 keyPressed 메소드에 포함된 switch 문의 주된 동작이다. 그런데 현재의 index가 격자의 가장자리에 해당하는 경우에는 눌려진 키에 의해 격자판을 벗어나는 경우가 생길 수 있고 이 경우를 처리하는 코드가 포함되어 있어서 다소 복잡해졌다.

예를 들어 상향 키에 해당하는 38–40행을 보자. index가 NUM(여기서는 10)보다 작지 않다면 파란 사각형이 격자판의 가장 위쪽 줄이 아니라는 뜻이다. 가령 index가 12라면 둘째 줄의 좌측에서 세 번째 칸이다. 이런 경우라면 그냥 10을 빼서 2로 만들면 된다(40행). 파란 사각형이 둘째 줄에서 첫째 줄로 이동하는 것이다. index가 NUM보다 작으면 가장 위쪽 줄에 위치하고 있다는 뜻이다. 예를 들어 index가 2라면 가장 위쪽 줄 좌측에서 3번째 칸이다. 여기서 상향키가 눌리면 격자판을 벗어나므로 격자판의 최하단으로 옮겨가야 한다. 이를 위해 전체 격자의 개수(100)만큼 index를 증가시켰다가(39행) 10을 빼도록 한다(40행). 그러므로 파란 사각형의 현재 위치가 2라면 상향키 처리 이후의 위치는 92, 즉 가장 아래쪽 줄이 되는 것이다. 나머지 키에 대해서도 비슷한 처리가 이루어지고 있다.

프로그래밍 과제

1. 예제 8.1의 MyShape 클래스를 수퍼클래스로 하는 클래스 계층은 모두 draw라는 메소드를 가지는 클래스들로 이루어진다. draw라는 하나의 추상 메소드를 정의하는 Drawable 인터페이스를 정의하고 이 인터페이스를 이용하여 MyShape 클래스 계층을 수정해 보라. 적당한 테스트 클래스를 작성하여 테스트하여 보라.

2. 도서의 제목과 가격을 데이터로 가지는 Book 클래스를 정의하라. Book 클래스는 Comparable 인터페이스를 구현해야 한다. 다음의 예제는 Book 타입의 배열을 만들고 도서 제목의 사전 순서에 따라 이 배열을 정렬하고 있다. 이 예제가 첨부한 실행 결과처럼 동작하도록 Book 클래스를 완성하라.

```java
public class BookSortDemo {
    public static void main(String[] args) {
        Book[] bookArray = new Book[5];
        bookArray[0] = new Book("정의란 무엇인가", 20000);
        bookArray[1] = new Book("자바 프로그래밍", 38000);
        bookArray[2] = new Book("벌레 이야기", 12000);
        bookArray[3] = new Book("당신들의 천국", 15000);
        bookArray[4] = new Book("마시멜로 이야기", 26000);

        Arrays.sort(bookArray);
        for (Book b: bookArray)
            System.out.println(b.toString());
    }
}
```

```
🔲 Problems   @ Javadoc   🔍 Declaration   🖳 Console  ⊠
<terminated> BookSortDemo [Java Application] C:\Program F
제목=당신들의 천국,  가격=15000
제목=마시멜로 이야기,  가격=26000
제목=벌레 이야기,  가격=12000
제목=자바 프로그래밍,  가격=38000
제목=정의란 무엇인가,  가격=20000
```

3. 2번의 Book 클래스를 수정하여 Book 타입의 배열이 가격의 오름차순에 따라 정렬되도록 하라. 즉, 2번의 예제가 다음과 같이 실행되어야 한다.

```
🔲 Problems   @ Javadoc   🔍 Declaration   🖳 Console  ⊠
<terminated> BookSortDemo [Java Application] C:\Program F
제목=벌레 이야기,  가격=12000
제목=당신들의 천국,  가격=15000
제목=정의란 무엇인가,  가격=20000
제목=마시멜로 이야기,  가격=26000
제목=자바 프로그래밍,  가격=38000
```

◇◻◇◻◇◻◇◻◇◻◇◻◇◻◇

4. 다음과 같이 색상을 선택하는 3개의 라디오 버튼을 가지는 윈도우를 생성하는 GUI 애플리케이션을 작성하라. 처음에는 배경색이 회색으로 나온다. 라디오 버튼을 누르면 배경색이 라디오 버튼에 지정된 색상으로 바뀌는 동시에 아래쪽 메시지가 변경된다. (윈도우의 색상과 더불어 라디오 버튼 자체의 색상도 바뀌도록 하라.)

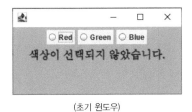

(초기 윈도우)

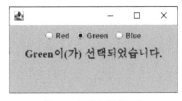

(Green 버튼을 누른 윈도우)

이 프로그램을 이벤트 리스너를 처리하는 다음의 3가지 방법에 따라 각각 작성하고 각 코드의 장단점을 비교해 보라. 1) 리스너를 내부 클래스로 작성, 2) JFrame 클래스가 리스너 인터페이스를 구현하도록 작성, 3) 리스너를 무명 클래스로 작성.

5. 마우스로 클릭할 때마다 클릭된 위치를 좌상단 꼭지점으로 하는 정사각형을 그리는 예제를 작성하라. 정사각형의 색상은 빨간색, 초록색, 파란색, 다시 빨간색의 순서로 지정하도록 하고, 정사각형의 너비와 높이는 30픽셀로 한다. 최대 20개까지만 그리도록 한다. (힌트: MouseListener나 MouseAdapter를 사용하라.)

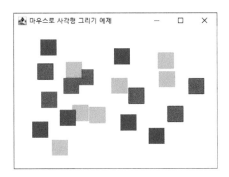

6. 400x400 크기의 윈도우에 파란색으로 사각형을 그리고 화살표 키로 그 크기를 조정하는 그래픽 애플리케이션을 작성하라. 처음에는 너비와 높이가 각각 20 픽셀인 사각형을 윈도우의 좌상단에 표시하고, 화살표 키가 눌릴 때마다 사각형의 크기를 변경한다. →는 너비 증가, ↓는 높이 증가, ←는 너비 감소, ↑는 높이 감소 등으로 동작하는데, 한 번 키가 눌릴 때마다 20픽셀씩 증가 혹은 감소시킨다. 사각형의 너비와 높이는 20픽셀 미만으로는 감소되지 않으며 너무 커져서 윈도우를 벗어나지도 않아야 한다. (힌트: KeyListener 혹은 KeyAdapter를 사용하라.)

프로그래밍 과제

(초기 윈도우)

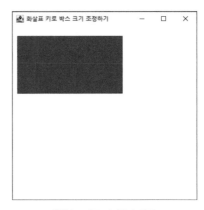

(화살표 키로 너비와 높이를
증가 혹은 감소시켜 얻은 윈도우)

7. 예제 5.30은 다음과 같은 계산기 형태의 윈도우를 생성했었다. 이 예제가 일반적인 탁상용 계산기처럼 동작하도록 버튼에 대한 이벤트 처리를 포함시켜 프로그램을 완성하라. 예를 들어 '2', '5', '*', '1', '3', '=' 버튼을 차례로 누르면 25*13을 계산하여 상단의 텍스트 필드에 그 결과인 325를 표시해야 한다. 숫자 키들이 차례로 눌러지는 동안은 그 값이 상단의 텍스트 필드에 표시되어야 하고(즉, '2'를 누르면 2가 표시되고 이어서 '5'를 누르면 "25"가 표시됨), '=' 키를 누르면 저장된 값과 연산자를 이용하여 계산을 수행하고 그 결과를 텍스트 필드에 표시해야 한다. 일반적인 탁상용 계산기의 동작을 고려하여 최대한 유사하게 구현하라. 단, 모든 계산은 정수형으로 한정한다.

JAVA PROGRAMMING

CHAPTER

9

예외 처리와 디버깅

9.1 예외 처리의 기초

자바의 예외

자바에서 **예외**(exception)는 프로그램이 실행되는 도중에 발생하는 비정상적인 상황을 나타내기 위해 사용된다. 예를 들어 정수를 0으로 나누면 예외가 발생한다. 합계 점수와 과목의 수를 정수로 입력 받아 평균을 출력하는 예제 9.1의 프로그램을 살펴 보자.

예제 9.1 ExceptionDemo1 클래스

```
01    import java.util.Scanner;
02
03    public class ExceptionDemo1 {
04        public static void main(String[] args) {
05            Scanner input = new Scanner(System.in);
06            System.out.print("점수 합계는? ");
07            int sum = input.nextInt();
08            System.out.print("과목의 수는? ");
09            int count = input.nextInt();
10            int average = sum / count;
11            System.out.println("평균값 = " + average);
12        }
13    }
```

만약 과목의 수로 0이 입력되면 10행에서 0으로 나눗셈을 시도하게 되어 예외가 발생하고 실행이 중단된다. 보통 프로그램이 '죽는다'(crash)고 표현하는 비정상 종료 상황이 되는 것이다. 이클립스를 사용한다면 그림 9.1과 같이 붉은 글씨로 오류 메시지가 나오게 된다. 메시지의 내용은 ExceptionDemo1.java 프로그램의 10행에서 0으로 나누는 예외가 발생했다는 것이다.

자바에서 예외는 객체로 취급되며 예외에 해당하는 클래스가 존재한다. 물론 예외의 종류에 따라 여러 가지 예외 클래스가 있다. 예를 들어 방금 살펴 본 예제와 같이 0으로 나누어 발생하는 예외는 ArithmeticException이라는 자바 클래스의 객체이다. 즉, 자바 프로그램이 실행되다가 0으로 나눗셈을 시도하는 비정상적인 상황이 발생하면 미리 정해진 대로 ArithmeticException 클래스의 객체가 만들어지고 실행은 종료된다.

이렇게 실행 중 오류가 발생하고 프로그램이 비정상 종료되는 상황을 피하려면 오류 상황에 대한 검사를 프로그램에 추가하여 대비할 수 있을 것이다.

```
Problems  @ Javadoc  Declaration  Console ✕                    ■ ✕ ✖ │ ⬒
<terminated> ExceptionDemo1 [Java Application] C:₩Program Files₩AdoptOpenJDK₩jdk-11.0.4.11-hotspot₩bin₩
점수 합계는? 275
과목의 수는? 0
Exception in thread "main" java.lang.ArithmeticException: / by zero
        at ExceptionDemo1.main(ExceptionDemo1.java:10)
```

그림 9.1 예제 9.1의 실행 에러

예제 9.2 ExceptionDemo2 클래스

```java
01   import java.util.Scanner;
02
03   public class ExceptionDemo2 {
04       public static void main(String[] args) {
05           Scanner input = new Scanner(System.in);
06           System.out.print("점수 합계는? ");
07           int sum = input.nextInt();
08           System.out.print("과목의 수는? ");
09           int count = input.nextInt();
10           if (count > 0) {
11               int average = sum / count;
12               System.out.println("평균값 = " + average);
13           }
14           else
15               System.out.println("오류: " + count
16                                          + "으로 나눌 수 없습니다!");
17       }
18   }
```

예제 9.2를 보면 과목의 수를 읽어 들인 후 읽어 들인 값이 양수인지 검사하는 if문이 10행에 추가되어 있다. 즉, 입력한 수에 문제가 없으면 원래대로 평균을 계산하여 출력하고 그렇지 않으면 오류 메시지를 출력한다. 프로그램을 이와 같이 작성함으로써 예외적인 상황에 대처할 수 있다. ExceptionDemo2 프로그램은 과목의 수로 0이 입력되더라도 예외가 발생하여 실행이 중단되지는 않고 그림 9.2와 같이 오류 메시지를 출력하고 정상 종료하게 된다.

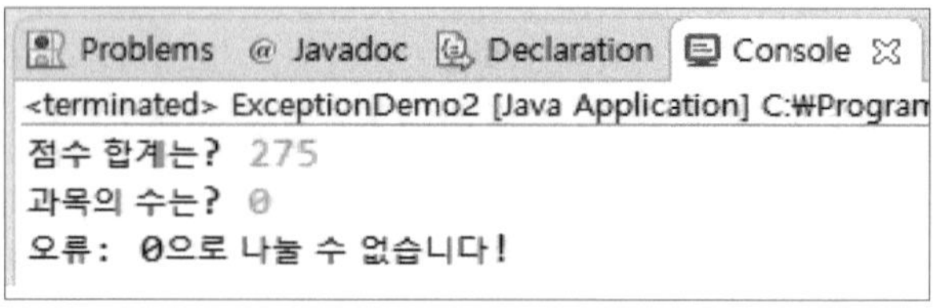

그림 9.2 예제 9.2의 실행 결과

이와 같이 필요한 검사를 코드에 추가함으로써 비정상적인 상황에 대비할 수는 있지만 그보다는 자바가 보유한 예외 처리 기능을 사용하는 편이 보다 명확하고 바람직한 프로그램 구조를 이룰 수 있다.

try-catch

자바의 예외 처리기는 기본적으로 try-catch 구문으로 이루어진다. 예제 9.3의 프로그램은 예제 9.1을 수정하여 try-catch에 의한 예외 처리를 포함하도록 한 것이다.

예제 9.3 ExceptionDemo3 클래스

```java
01  import java.util.Scanner;
02
03  public class ExceptionDemo3 {
04      public static void main(String[] args) {
05          Scanner input = new Scanner(System.in);
06          System.out.print("점수 합계는? ");
07          int sum = input.nextInt();
08          System.out.print("과목의 수는? ");
09          int count = input.nextInt();
10
11          try {
12              int average = sum / count;
13              System.out.println("평균값 = " + average);
14          }
15          catch (Exception e) {
16              System.out.println("오류: " + count
17                                      + "으로 나눌 수 없습니다!");
18              System.out.println(e.getMessage());
19          }
```

```
20
21          System.out.println("프로그램의 마지막 문장입니다.");
22      }
23  }
```

try-catch는 try 블록과 catch 블록으로 이루어지는데, 다음과 같은 구조를 가진다.

```
try {
 ...
}
catch (ExceptionType e) {
 ...
}
```

키워드 try 다음에 중괄호로 둘러싼 코드가 나오는데 이것이 try 블록이다. 그 다음으로 키워드 catch 다음에 매개변수의 목록처럼 생긴 부분이 괄호에 싸여 나오고 다시 중괄호로 둘러싼 코드가 나오는데 이것이 catch 블록이다. try 블록 다음에는 catch 블록이 반드시 나와야 한다.

예제 9.3에서는 키워드 try로 시작하는 11행에서 14행까지가 try 블록이고 키워드 catch 로 시작하는 15행에서 19행까지가 catch 블록이다. try-catch의 동작을 간단히 설명한다면, try 블록 내의 코드를 실행하는 도중에 예외가 발생하면 그 예외를 catch 블록에 작성된 코드가 처리하게 된다는 것이다. 그러면 하나씩 자세히 살펴 보자.

키워드 try 다음에 나오는 try 블록은 예외가 발생할 가능성이 있는 코드를 포함한다. 만약 try 블록의 코드를 실행하는 동안 예외가 발생하지 않으면 try 블록의 내용은 끝까지 실행되고 catch 블록은 그냥 무시된다. 그러나 try 블록의 코드를 실행하는 동안 예외가 발생하면 try 블록에 남은 나머지 코드는 무시되고 catch 블록의 코드가 실행된다. 예외가 발생한 문장 다음부터 try 블록의 끝까지의 코드는 건너뛰고 catch 블록으로 넘어간다는 뜻이다. 이 때 catch 블록이 try 블록에서 발생하는 예외를 '**잡는다**'(catch)고 표현하기도 한다. 예외를 '잡는' 코드이기 때문에 catch 블록이라고 부르는 것이다.

catch 블록은 키워드 catch로 시작하는데, 예제 9.3에 포함된 catch 블록은 그 첫 줄이 다음과 같다.

```
catch (Exception e) {
```

키워드 catch 다음에 마치 메소드의 매개변수 선언과도 비슷한 부분이 보일 것이다. 즉, e 는 Exception 타입의 매개변수처럼 선언되었다. 실제로 e의 동작이 매개변수와 흡사하기 때문에 e를 **catch 블록 매개변수**라고 부른다. try 블록의 코드를 실행하다가 예외가 발생 하면 그 예외 객체가 먼저 catch 블록 매개변수에 대입되고 catch 블록의 코드가 실행된다. catch 블록의 코드 내에서는 이 catch 블록 매개변수를 통해 예외에 대한 정보를 얻을 수 있다.

catch 블록에는 예외가 발생했을 때 실행되어야 할 코드가 작성된다. 위의 예제에서 catch 블록 코드는 예외의 내용을 출력하는 두 개의 출력문을 포함하고 있다. 두 번째 println 문장은 try 블록에서 발생한 예외가 무엇인지 출력하기 위해 catch 블록 매개변수 e의 getMessage 메소드를 호출하고 있다. Exception 클래스의 getMessage 메소드는 예외에 관한 정보를 스트링으로 반환해 준다.

예제 9.3을 실행한 후 과목의 수로 양수를 입력하면 프로그램이 예외 없이 정상 실행되는데 이 때의 실행 결과는 그림 9.3과 같다.

그림 9.3 예제 9.3의 실행 결과(예외가 발생하지 않았을 때)

그러나 과목의 수로 0을 입력하면 예외가 발생하는데, 이 때의 실행 결과는 그림 9.4와 같다.

그림 9.4 예제 9.3의 실행 결과(예외가 발생했을 때)

그림 9.4의 실행 결과에서 "/ by zero"라는 부분은 예제 9.3의 18행에서 호출된 e.getMessage() 메소드의 반환 결과이다. 즉, getMessage 메소드는 지금 발생한 예외가 어떤 것인지에 대한 정보를 스트링으로 반환해 준다. 출력문을 수정하여 다음과 같이 객체의 정보를 스트링으로 반환하는 toString 메소드를 호출할 수도 있다.

```
System.out.println(e.toString());
```

위 문장은 다음과 같이 발생한 예외의 종류와 예외에 대한 설명을 출력한다.

```
java.lang.ArithmeticException: / by zero
```

try-catch로 예외를 처리하게 되면 예외가 발생하더라도 프로그램이 비정상 종료되는 것이 아니므로 catch 블록 다음에 위치한 21행이 실행된다. 예외가 발생했을 때의 프로그램 실행 순서는 그림 9.5의 화살표와 같이 표현할 수 있다. 색칠한 부분은 실행되지 않는 부분이다.

```
01  import java.util.Scanner;
02
03  public class ExceptionDemo3 {
04      public static void main(String[] args) {
05          Scanner input = new Scanner(System.in);
06          System.out.print("점수 합계는? ");
07          int sum = input.nextInt();
08          System.out.print("과목의 수는? ");
09          int count = input.nextInt();
10
11          try {
12              int average = sum / count;
13              System.out.println("평균값 = " + average);
14          }
15          catch (Exception e) {
16              System.out.println("오류: " + count
17                                      + "으로 나눌 수 없습니다!");
18              System.out.println(e.getMessage());
19          }
20
21          System.out.println("프로그램의 마지막 문장입니다.");
22      }
23  }
```

그림 9.5 예제 9.3에서 예외가 발생했을 때의 실행 흐름

즉, try 블록의 코드를 실행하다가 12행에서 예외가 발생하면 try 블록의 나머지 부분인 13행을 건너뛰고 catch 블록으로 넘어간다. catch 블록의 실행이 끝나면 프로그램의 다음 부분이 계속 실행된다.

과목의 수로 양수가 입력되어 예외가 발생하지 않는다면 try 블록은 중단 없이 끝까지 실행되고 catch 블록은 그냥 무시되므로 그림 9.6과 같은 프로그램 실행 순서가 된다. 물론 이 경우에도 catch 블록 다음의 내용은 정상적으로 실행된다.

```java
01  import java.util.Scanner;
02
03  public class ExceptionDemo3 {
04      public static void main(String[] args) {
05          Scanner input = new Scanner(System.in);
06          System.out.print("점수 합계는? ");
07          int sum = input.nextInt();
08          System.out.print("과목의 수는? ");
09          int count = input.nextInt();
10
11          try {
12              int average = sum / count;
13              System.out.println("평균값 = " + average);
14          }
15          catch (Exception e) {
16              System.out.println("오류: " + count
17                                  + "으로 나눌 수 없습니다!");
18              System.out.println(e.getMessage());
19          }
20
21          System.out.println("프로그램의 마지막 문장입니다.");
22      }
23  }
```

그림 9.6 예제 9.3에서 예외가 발생하지 않았을 때의 실행 흐름

여러 개의 catch 블록

예제 9.3에서 catch 블록 매개변수 e 앞의 클래스 이름은 Exception으로 되어 있었다. 이렇게 하면 이 catch 블록은 Exception 타입의 예외를 잡을 수 있다. 즉, catch 블록 매개변수 앞에 붙이는 클래스 이름은 해당 catch 블록이 어떤 종류의 예외를 잡을 수 있는지를 나타낸다. try 블록에서 예외가 발생하고 그 예외의 타입이 후속 catch 블록의 매개변수의 타입으로 지정된 클래스와 일치하는 경우에만 그 catch 블록의 코드가 실행된다.

그런데 Exception은 자바에서 모든 예외 클래스의 조상 클래스이다. 즉, 모든 예외는 Exception 클래스 혹은 그 자손 클래스의 객체이다. 이 말은 어떤 예외 객체든지 Exception 타입이라는 뜻이 된다. 그러므로 catch 블록 매개변수의 타입이 Exception으로 되어 있으면 모든 종류의 예외를 잡는 catch 블록이 된다.

try 블록 뒤에는 둘 이상의 catch 블록이 올 수도 있다. 예외의 종류에 따라 구분되는 여러 개의 catch 블록을 둘 수 있는 것이다. 일반적으로 예외의 종류에 따라 예외 처리도 달라져야 하므로 이러한 try-catch 구조가 유용하다. try 블록에 여러 개의 catch 블록이 달려 있을 때도 try 블록을 실행하다 예외가 발생하면 try 블록의 남은 코드를 건너뛰고 catch 블록으로 넘어가는 것은 동일하다. catch 블록이 앞에서부터 차례로 검사되는데, try 블록에서 발생한 예외 객체를 각 catch 블록 매개변수의 타입과 비교하여 타입이 일치하면 그 catch 블록의 코드를 실행한다. 일단 하나의 catch 블록이 실행되면 나머지 catch 블록은 무시된다. 예외가 발생했는데 그 예외를 잡는 catch 블록이 하나도 없다면 오류 메시지를 출력하고 실행이 강제 종료된다.

하나의 try 블록에 여러 개의 catch 블록이 오는 예로 예제 9.4를 살펴 보자. 5행에서 arr은 크기가 3인 int 타입의 배열로 선언되었다. 따라서 배열 arr의 인덱스로는 0, 1, 2만 가능하다. 변수 count의 값을 읽어 들인 후 11행에서 arr[count] / count를 계산하는데, 여기서 두 가지 종류의 예외가 발생할 가능성이 있다. 만약 count가 0이라면 0으로 나누려고 시도하므로 ArithmeticException 예외가 발생한다. 만약 count가 0보다 작거나 2보다 크면 배열의 인덱스가 범위를 벗어나는 ArrayIndexOutOfBoundsException 예외가 발생한다.

예제 9.4 ExceptionDemo4 클래스

```java
01   import java.util.Scanner;
02
03   public class ExceptionDemo4 {
04       public static void main(String[] args) {
05           int[] arr = { 11, 12, 13 };
06           Scanner input = new Scanner(System.in);
07           System.out.print("정수를 입력하시오: ");
08           int count = input.nextInt();
09
10           try {
11               int result = arr[count] / count;
12               System.out.println("result = " + result);
13           }
14           catch (ArithmeticException e) {
15               System.out.println("catching ArithmeticException..");
16               e.printStackTrace();
17           }
18           catch (ArrayIndexOutOfBoundsException e) {
19                System.out.println("catching ArrayIndexOutOfBoundsExcep-
tion..");
20               e.printStackTrace();
21           }
22           catch (Exception e) {
23               System.out.println("catching other Exception..");
24               e.printStackTrace();
25           }
26       }
27   }
```

서로 다른 종류의 이 두 가지 예외를 처리하기 위해 각 예외의 타입에 따라 별개의 catch 블록을 작성하였다. 예제 9.4의 try-catch 구조는 3개의 catch 블록을 가진다. 첫 번째 블록(4-17행)은 ArithmeticException 타입의 예외를 잡고 두 번째 블록(18-21행)은 ArrayIndexOutOfBoundsException 타입의 예외를 잡는다. 그리고 마지막에 오는 Exception 타입의 catch 블록(22-25행)은 모든 종류의 예외를 잡는다. 예외가 발생했을 때 catch 블록은 앞에서부터 차례로 타입이 검사되므로 구체적인 종류의 예외를 앞에 두고 Exception과 같은 일반적인 종류의 예외를 뒤에 두면 된다.

예제 9.4를 실행하여 0을 입력하면 11행에서 ArithmeticException이 발생하고 14행의 첫 번째 catch 블록이 실행된다. 실행 결과는 그림 9.7과 같다.

그림 9.7 예제 9.4의 실행 결과 (ArithmeticException이 발생한 경우)

첫 번째 catch 블록이 실행되었으므로 나머지 두 개의 catch 블록은 무시된다. 예외에 대해 보다 자세한 정보를 출력하려면 16행처럼 예외 객체에 대해 printStackTrace 메소드를 호출하면 된다. printStackTrace 메소드가 출력하는 첫 번째 줄은 예외에 대해 toString 메소드를 호출한 결과와 동일하다. 또한 printStackTrace의 나머지 내용으로부터 예외가 발행한 위치도 확인할 수 있다.

다시 예제 9.4를 실행하여 이번에는 3을 입력하면 11행에서 ArrayIndexOutOfBounds Exception이 발생한다. 첫 번째 catch 블록은 예외의 타입이 일치하지 않으므로 건너 뛰고 18행의 두 번째 catch 블록이 실행되어 그림 9.8과 같은 결과를 얻을 수 있다.

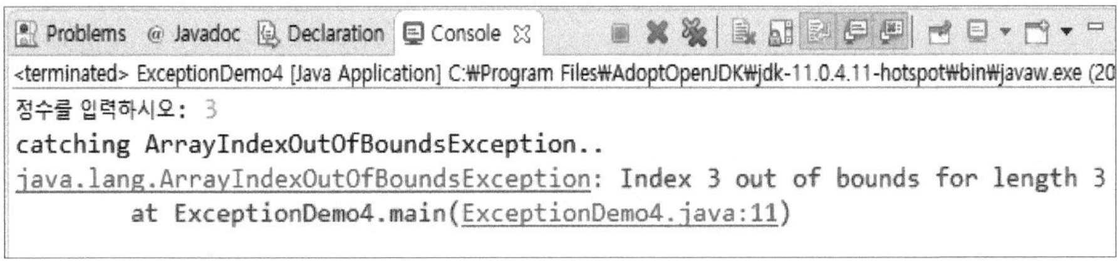

그림 9.8 예제 9.4의 실행 결과 (ArrayIndexOutOfBoundsException이 발생한 경우)

예외 던지기

자바에서 예외는 1) 프로그램이 실행을 계속할 수 없는 상황에 처했을 때 자동적으로 발생 되거나 2) 프로그램 코드에 의해 명시적으로 발생시킬 수 있다. 앞서 살펴본 예제에서는 0 으로 나눗셈을 시도하거나 배열의 인덱스가 범위를 벗어났을 때 시스템에 의해 자동적으로 예외가 발생되었다. 이와 달리 코드에서 명시적으로 예외를 발생시킬 수도 있는데, 이를 위해서는 자바의 **throw 문**을 사용하면 된다. throw 문은 try 블록 내에서 사용할 수 있다. 예를 들어 다음 문장은 Exception 타입의 객체를 하나 생성하여 예외를 발생시킨다.

```
throw new Exception("0으로 나눗셈을 시도함");
```

즉, 먼저 new에 의해 Exception 클래스의 객체를 생성한 다음, 이 예외 객체를 '던진다' (throw)고 생각하는 것이다. try 블록에서 이와 같이 예외를 던지면 catch 블록 중의 하나가 이렇게 던져진 예외를 '잡아서' 처리해야 한다. 예외를 던졌는데 잡아서 처리하는 catch 블록이 없으면 프로그램의 실행이 강제 종료된다.

new 연산자로 예외 객체를 생성할 때 Exception 생성자의 인자로 예외가 발생한 이유를 설명하는 스트링을 넘길 수 있다. 위의 예에서는 "0으로 나눗셈을 시도함"이라는 스트링이 인자로 넘겨졌다. 이 스트링은 예외 객체에 인스턴스 변수로 저장되었다가 getMessage 메소드를 호출하면 반환된다.

예제 9.3에 보였던 ExceptionDemo3의 try 블록에 throw 문을 추가하여 예외를 명시적으로 던지도록 수정하면 예제 9.5와 같이 된다.

예제 9.5 ExceptionDemo5 클래스

```java
01   import java.util.Scanner;
02
03   public class ExceptionDemo5 {
04       public static void main(String[] args) {
05           Scanner input = new Scanner(System.in);
06           System.out.print("점수 합계는? ");
07           int sum = input.nextInt();
08           System.out.print("과목의 수는? ");
09           int count = input.nextInt();
10
11           try {
12               if (count <= 0)
13                   throw new Exception("과목의 수가 잘못되었음!");
14               int average = sum / count;
15               System.out.println("평균값 = " + average);
16           }
```

```
17              catch (Exception e) {
18                  System.out.println(e);
19              }
20          }
21      }
```

예제 9.5의 12-13행에서는 count의 값이 0이하이면 명시적으로 예외를 던지고 있다. 즉, ExceptionDemo3에서는 0으로 나눗셈을 시도하면 자동적으로 예외가 발생되었지만 여기서는 count가 0이하이면 throw 문을 써서 명시적으로 예외를 던진다.

throw 문을 포함하는 코드는 예외를 발생시킬 가능성이 있기 때문에 반드시 try 블록으로 감싸고 catch 블록을 작성해야 한다. 이 말은 throw 문이 try 블록 내에 들어 있지 않으면 에러가 난다는 뜻이다. 예외가 자동적으로 발생한 것이든 throw 문을 사용하여 명시적으로 던진 것이든 프로그램의 동작은 앞 절에서 설명한 바와 같다. 즉, 생성된 예외 객체를 가지고 catch 블록을 하나씩 검사하여 타입이 일치하는 catch 블록을 실행한다. 예제 9.5를 실행하여 과목의 수를 0으로 입력하면 그림 9.9의 결과가 나온다.

그림 9.9 예제 9.5의 실행 결과

try 블록에서 Exception 타입의 예외를 던졌고 try 블록 다음의 catch 블록이 Exception 타입의 매개변수를 가지므로 이 catch 블록이 예외를 처리하게 된다. catch 블록 내의 코드인 18행에서 예외 객체 e에 대해 toString 메소드를 호출하는데, 그림 9.9의 실행 결과를 보면 13행에서 Exception 객체를 만들 때 생성자의 인자로 넘겨 주었던 스트링이 예외의 설명으로 출력된 것을 확인할 수 있다.

finally 블록

try-catch 구조 다음에 **finally 블록**을 추가할 수 있다. 그러면 가장 일반적인 형태의 try-catch-finally 구조가 완성된다.

```
try {
  ...
}
catch (ExceptionType1 e) {
  ...
}
...
catch (ExceptionTypeN e) {
  ...
}
finally {
  ...
}
```

finally 블록은 생략 가능하다. try-catch 구문에 finally 블록이 있는 경우에는 try 블록에서 예외가 발생하는지 여부에 관계없이 마지막에 항상 finally 블록의 내용이 실행된다. 일반적으로 finally 블록에는 반드시 마무리되어야 할 내용을 포함시킨다. 예를 들어 try 블록에서 데이터베이스를 열어 작업을 했다면 예외가 발생했든지 발생하지 않고 정상 처리되었든지 간에 데이터베이스를 닫고 끝내야 할 것이다. 그러므로 데이터베이스 등의 자원 (resource)을 반납하는 코드가 흔히 finally 블록에 들어간다.

자바의 try-catch-finally 구문의 구조와 동작을 정리해 보자. try 블록에는 예외가 발생할 가능성이 있는 코드가 들어간다. try 블록 다음에는 반드시 하나 이상의 catch 블록이 나와야 한다. catch 블록 다음에는 finally 블록이 나오거나 생략될 수 있다.

1) try 블록을 실행하다가 예외가 발생하면 try 블록의 실행이 중단되고 catch 블록을 차례로 검사한다. 예외 타입이 일치하는 catch 블록을 발견하면 그 catch 블록을 실행하고 마지막으로 finally 블록을 실행한 후 나머지 프로그램의 실행이 계속된다.

2) try 블록을 실행하다가 예외가 발생했지만 매개변수의 타입이 일치하는 catch 블록을 발견할 수 없는 경우에는 finally 블록을 실행하고 나서 오류 메시지를 출력하고 프로그램이 강제 종료된다.

3) try 블록의 실행에서 예외가 발생하지 않으면 catch 블록은 모두 무시되고 finally 블록이 실행된 후 나머지 프로그램의 실행이 계속된다.

try 블록에서 예외가 발생하는지 여부와 관계 없이 finally 블록은 항상 실행된다고 했다. 그렇다면 finally 블록을 없애고 finally 블록에 들어갈 코드를 try–catch 다음의 일반 코드로 두는 것과 무슨 차이가 있을까? 즉, finally 블록이 군이 필요한 이유가 무엇일까?

그것은 위의 2)와 같이 예외가 발생했는데 예외 타입이 일치하는 catch 블록이 없는 경우를 생각해 보면 알 수 있다. finally 블록에 들어 있는 코드는 예외 처리가 실패하여 프로그램이 강제 종료되는 경우에도 반드시 실행된다. 예외로 인해 프로그램이 강제 종료될 때 try–catch 블록 다음에 놓인 실행문은 (finally 블록에 포함된 것이 아니라면) 실행되지 않는다. 이를 확인하기 위해 예제 9.6을 살펴 보자.

예제 9.6 ExceptionDemo6 클래스

```
01    import java.util.Scanner;
02
03    public class ExceptionDemo6 {
04        public static void main(String[] args) {
05            int[] arr = { 11, 12, 13 };
06            Scanner input = new Scanner(System.in);
07            System.out.print("정수를 입력하시오: ");
08            int count = input.nextInt();
09
10            try {
11                int result = arr[count] / count;
12                System.out.println("result = " + result);
13            }
14            catch (ArithmeticException e) {
15                System.out.println("catching ArithmeticException..");
16                System.out.println(e);
17            }
18            finally {
19                System.out.printf("executing finally block..\n");
20            }
21
```

```
22          System.out.println("프로그램의 마지막 문장입니다.");
23      }
24  }
```

예제 9.6은 예제 9.4와 비슷하지만 이번에는 ArithmeticException을 처리하는 하나의 catch 블록만 작성되었다. count의 값이 3이라면 11행에서 ArrayIndexOutOf-BoundsException이 발생하는데 이 예외를 처리하는 catch 블록이 없다. 그러면 프로그램은 finally 블록의 코드를 실행하고 강제 종료된다. 이 때의 실행 결과가 그림 9.10이다.

그림 9.10 예제 9.6의 실행 결과

그림 9.10의 실행 결과를 보면 예외가 발생하고 그 예외를 처리할 catch 블록이 없어서 프로그램이 강제 종료되더라도 finally 블록의 코드가 실행되는 것을 확인할 수 있다. 그러나 이 경우에 try-catch 다음에 놓인 22행의 코드는 실행되지 않는다. 즉, 프로그램이 예외로 인해 강제 종료되더라도 사용한 자원을 반납하는 코드가 실행되도록 보장하려면 finally 블록 내에 작성해야 하는 것이다.

이 절에서 살펴본 간단한 예제 프로그램들은 사실 예외 처리가 군이 필요하지는 않다. 그러나 다음 절에서 공부하는 것처럼 반드시 try-catch를 써야만 하는 종류의 예외들도 있다. 그리고 큰 규모의 프로그램에서 예외 처리를 사용하면 정상적인 코드와 예외 처리 코드를 분리할 수 있어서 보다 명확하고 이해하기 쉬운 프로그램 구조를 얻게 된다.

9.2 예외의 종류와 예외 처리

확인 예외와 비확인 예외

앞 절에서 본 것처럼 프로그램에서 0으로 나눗셈을 시도하면 ArithmeticException이 발생하고, 배열의 인덱스가 범위 밖이면 ArrayIndexOutOfBoundsException이 발생한다. 앞에서는 이런 예외의 처리를 위해 try-catch 구조를 작성했지만 사실 이런 예외들은 반드시 잡아서 처리해야 하는 것은 아니다. 즉, try-catch를 작성하지 않아도 프로그램 실행은 가능하고 단지 예외가 발생하면 실행이 강제 중단된다. 실제로 이런 종류의 예외에 대해서는 프로그램을 주의 깊게 작성해서 예외가 발생하지 않도록 대비할 뿐이지 try-catch로 예외를 처리하지 않는 것이 원칙이다.

그런데 이와 달리 어떤 종류의 예외에는 try-catch의 사용이 강제되기도 한다. 예를 들어 InputStream이라는 자바 클래스의 read 메소드를 생각해 보자. (스트림을 사용한 일반적인 입출력에 관해서는 12장에서 설명될 것이고, 여기서는 예외와 관련하여 간단한 용법만 다룬다.) 이 메소드를 다음과 같이 사용하면 키보드로부터 1 바이트의 데이터를 읽어 들일 수 있다.

```
int aChar = System.in.read();
```

위 문장을 자세히 살펴 보자. System.in은 Scanner 객체를 선언할 때 다음과 같이 생성자의 인자로 사용하여 이미 익숙할 것이다.

```
Scanner input = new Scanner(System.in);
```

이 System.in은 System 클래스의 정적 멤버 변수 in을 나타내며 InputStream 클래스 타입이다. 즉, System.in에는 InputStream 타입의 객체가 할당되는데 이 객체는 시스템의 키보드 입력 장치에 연결된다. 이 객체에 대해 InputStream 클래스의 메소드 가운데 하나인 read를 호출하면 키보드 입력으로부터 1 바이트의 데이터를 읽어 int 값으로 반환한다. 그런데 이 메소드를 사용하여 문자 하나를 읽어 출력하는 프로그램을 그림 9.11과 같이 작성하면, 그림에 보는 것처럼 4행에서 컴파일 에러가 발생한다.

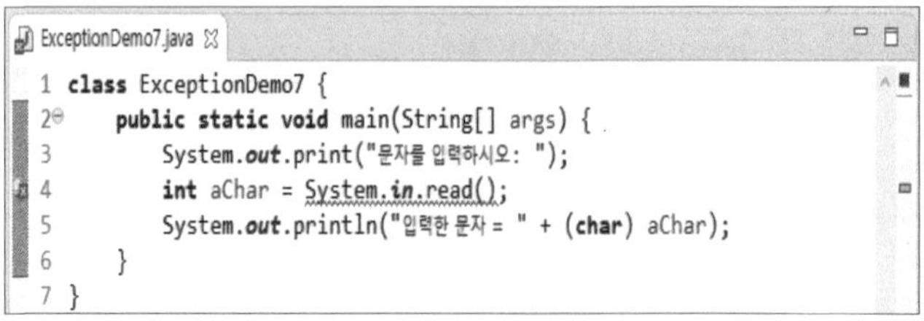

그림 9.11 ExceptionDemo7 클래스의 에러

에러가 표시된 붉은 밑줄 근처로 마우스를 이동하면 그림 9.12와 같이 에러의 내용을 확인할 수 있는데, 이는 **IOException** 타입의 예외가 처리되지 않아서 발생한 에러이다.

다시 말하면 **InputStream**의 **read** 메소드는 실행 중 **IOException**을 던질 가능성이 있는데, 이 예외를 처리하지 않으면 컴파일 에러가 난다. 그림 9.12의 두 번째 퀵 픽스는 **IOException**이 발생할 가능성이 있는 코드를 **try-catch**로 둘러 쌈으로써 컴파일 에러를 해결할 수 있음을 알려 준다. (첫 번째 퀵 픽스에 대해서는 잠시 후에 다루게 될 것이다.) **try- catch**를 추가하여 프로그램이 정상적으로 실행되도록 코드를 수정하면 예제 9.7과 같다.

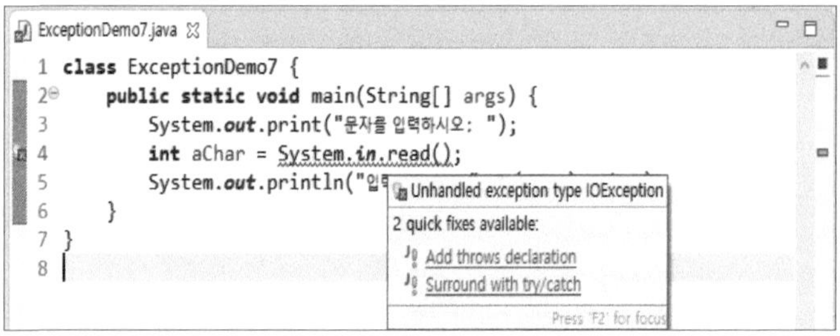

그림 9.12 ExceptionDemo7 클래스의 에러의 내용

예제 9.7 ExceptionDemo8 클래스

```java
01  import java.io.IOException;
02
03  public class ExceptionDemo8 {
04      public static void main(String[] args) {
05          System.out.print("문자를 입력하시오: ");
06          try {
07              int aChar = System.in.read();
```

```
08                System.out.println("입력한 문자 = " + (char) aChar);
09            } catch (IOException e) {
10                System.out.println("IOException 발생: " + e);
11            }
12        }
13    }
```

자바의 예외는 두 종류로 나눌 수 있다. try-catch로 잡아서 처리하지 않아도 되는 ArithmeticException, ArrayIndexOutOfBoundsException 등의 예외를 **비확인 예외**(unchecked exception)라고 부르고, 방금 나온 **IOException**과 같이 반드시 잡아서 처리해야 하는 예외를 **확인 예외**(checked exception)이라고 부른다. 이 예외들은 모두 자바가 제공하는 미리 정의된 클래스이며 Exception 클래스의 자손 클래스들이다.

자바의 예외 클래스 계층

Exception 클래스를 포함하여 자바의 예외 클래스 계층의 일부를 살펴 보면 그림 9.13과 같다.

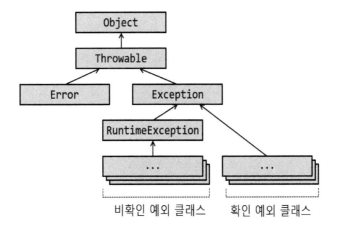

그림 9.13 자바 예외의 클래스 계층

자바의 모든 예외는 Exception 클래스로부터 파생된다. Exception 클래스의 서브클래스 가운데 하나가 RuntimeException인데, ArithmeticException과

ArrayIndexOutOfBoundsException은 이 RuntimeException 클래스의 서브클래스이거나 자손 클래스이다. RuntimeException으로부터 파생되는 모든 예외 클래스는 비확인 예외이다. 이런 이유로 비확인 예외를 **실행 예외**(runtime exception)라고 부르기도 한다. 비확인 예외는 try-catch로 잡아서 처리하지 않아도 컴파일 에러가 나지 않는다. 이런 예외는 try-catch를 작성하는 것이 아니라 예외의 원인이 발생하지 않도록 코드를 주의 깊게 작성하는 것이 원칙이다. 사실 0으로 나눔이 발생하거나 배열의 인덱스가 범위를 넘어서는 것은 코드가 잘못 작성되었음을 뜻한다. 이런 경우를 대비해서 매번 catch 블록을 작성하는 것은 코드만 지저분하게 만들 뿐이다.

RuntimeException으로부터 파생되지 않은 모든 예외 클래스들은 확인 예외에 속하며, 프로그램에서 반드시 잡아서 처리해야 하는 예외이다. IOException은 Exception의 서브클래스이며 확인 예외에 속한다. InputStream의 read 메소드에 관한 자바 문서를 확인해 보면 입출력 오류가 발생하면 IOException을 던진다고 기술되어 있다. 즉, read 메소드를 호출하면 메소드 실행 중에 입출력 오류가 발생하여 IOException 예외가 던져질 수 있다는 것이다. 이 예외는 확인 예외에 속하므로 read 메소드를 사용하는 프로그래머는 예제 9.7과 같이 IOException에 대한 예외 처리기를 작성해야 한다.

Error 클래스

예외 클래스 계층을 보여주는 그림 9.13을 보면 Error 클래스가 있다. 에러(error)라는 용어는 프로그래밍 과정의 다양한 문제점을 뜻하는 일반적인 의미로 사용되지만 여기서 '에러'는 Error 클래스의 객체라는 특정한 의미를 가진다. 자바 시스템이 특정한 종류의 심각한 문제에 직면하면 '에러'가 발생한다. 예를 들어 프로그램이 메모리를 모두 소진하게 되면 OutOfMemoryError가 발생하고 프로그램이 강제 종료된다.

Error와 Exception 클래스 둘 다 Throwable 클래스의 서브클래스이다. 둘 다 던지고 잡을 수 있는 특성을 가진다. 엄밀히 말하면 '에러'와 예외는 서로 다른 클래스의 객체로 별개의 것이지만 '에러'는 비확인 예외와 비슷한 점이 있다. 즉, 비확인 예외와 마찬가지로 원한다면 catch 블록으로 잡을 수는 있지만 반드시 잡아서 처리해야 하는 것은 아니다. 사실 Error 클래스의 객체인 '에러'는 프로그래머가 제어할 수 없는 비정상적인 상황에서 발생한다. 메모리가 모두 소진되는 것도 그러한 비정상적인 상황의 하나이다. 이런 상황에서 catch 블록은 아무런 도움이 되지 않는다. 그러므로 '에러'는 예외 처리의 대상이 아니므로 '에러'를 처리하는 catch 블록을 작성하지 말아야 한다.

throws와 예외 선언

예외를 처리하는 방법은 2가지가 있다. 첫 번째는 앞에서 설명한 대로 예외가 발생할 가능성이 있는 코드를 try-catch 구조를 감싸서 예외를 잡고 처리하는 것이다. 두 번째는 예외가 발생한 메소드에서 직접 예외를 잡아 처리하지 않고 다른 메소드에게 예외의 처리를 떠넘기는 것이다. 여기서는 두 번째 방법을 살펴 보자.

예제 9.8은 두 개의 정적 메소드로 이루어져 있다. readOneChar 메소드는 System.in.read() 메소드를 이용하여 문자 한 개를 읽어 반환하고 main 메소드는 이 readOneChar 메소드를 호출하여 읽어 들인 문자를 출력한다.

예제 9.8 ExceptionDemo9 클래스

```
01    import java.io.IOException;
02
03    public class ExceptionDemo9 {
04        public static char readOneChar() throws IOException {
05            System.out.print("문자를 입력하시오: ");
06            return (char)System.in.read();
07        }
08
09        public static void main(String[] args) {
10            try {
11                System.out.println("입력한 문자 = " + readOneChar());
12            } catch (IOException e) {
13                System.out.println("IOException 발생: " + e);
14            }
15        }
16    }
```

InputStream의 read 메소드가 확인 예외인 IOException을 발생시킬 가능성이 있으므로 원래는 예제 9.7의 ExceptionDemo8 프로그램에서 했던 것처럼 readOneChar 메소드 내에 System.in.read() 메소드 호출을 감싸는 try-catch를 작성하여 예외를 처리해야 한다. 그러나 여기서는 직접 예외를 처리하는 대신 자신을 호출한 메소드에게 예외의 처리를 떠넘기기 위해 readOneChar 메소드의 첫 줄에 다음과 같이 throws 절을 추가하였다.

```
public static char readOneChar() throws IOException {
```

메소드 헤딩에 키워드 throws와 예외의 목록을 작성하는 것을 **예외 선언**이라고 한다. (예외 선언을 위한 키워드 throws와 예외를 던질 때 사용하는 키워드 throw가 비슷하니 혼동하지 말자.) 여기서는 IOException 하나만 선언했지만 여러 개의 예외가 발생할 가능성이 있다면 예외를 콤마로 구분하여 나열하는 것도 가능하다.

```
public void someMethod() throws ExceptionType1, ExceptionType2 {
```

예외 선언은 이 메소드를 호출하면 어떤 예외가 발생할 가능성이 있는지 알려주는 역할을 한다. 이렇게 메소드 헤딩에 예외를 선언해 두면 메소드 내에서는 이 예외를 잡을 필요가 없고 대신에 이 메소드를 호출하는 메소드가 예외를 처리해야 한다. 예제 9.8의 경우에 readOneChar 메소드가 IOException 예외를 선언했으므로 이 메소드를 호출한 main 메소드가 예외를 대신 처리할 책임을 지게 된다. main 메소드는 readOneChar를 호출하는 코드를 try 블록에 넣고 catch 블록을 작성함으로써 예외를 처리하고 있다(10–14행).

정리를 해 보자. 어떤 메소드가 실행되는 중에 확인 예외가 발생할 가능성이 있다면 두 가지 방법 중의 하나를 취할 수 있다. 첫 번째 방법은 그 메소드 내에서 예외가 발생할 가능성이 있는 코드를 try 블록에 넣고 catch 블록을 작성하여 예외를 잡는 것이다. 두 번째 방법은 메소드 헤딩에 throws 절로 발생 가능한 예외를 선언하고 자신을 호출한 메소드에게 예외 처리를 떠넘기는 것이다. 두 번째 방법으로 예외를 떠넘기게 되면 이 메소드를 호출하는 메소드가 그 예외의 처리를 담당하게 되는 것이다.

물론 예외 처리를 떠안게 되는 메소드도 역시 예외를 선언하여 자신을 호출한 메소드에게로 예외의 처리를 다시 떠넘길 수 있다. 이렇게 메소드 호출 체인을 따라 계속 예외를 떠넘길 수 있지만, 궁극적으로는 catch 블록으로 예외를 잡는 메소드가 있어야 한다. 확인 예외가 던져졌는데 계속 떠넘기기만 하고 catch 블록으로 잡지 않는다면 프로그램이 강제 종료된다.

예외가 발생한 메소드에서 catch 블록으로 예외를 잡아 처리할지 아니면 예외를 선언하여 상위 메소드로 넘길지는 프로그램의 상황에 따라 결정된다. 예외가 발생한 메소드가 아니라 그 메소드를 호출한 메소드가 예외에 대응할 방법을 결정할 수 있는 상황이라면 예외를 선언하여 넘겨야 한다. InputStream의 read 메소드는 실행 중에 예외를 발생시킬 가능성이 있지만 그 예외를 직접 처리하지 않고 예외를 선언하여 예외 발생 가능성을 경고하기만 한다. read 메소드를 사용하는 사용자 코드에서 예외를 처리하도록 하는 것이다. 자바의 많은 메소드들이 이와 같이 작성되어 있다.

사용자 정의 예외 클래스

자바에는 이미 여러 종류의 예외가 정의되어 있지만 필요에 따라 사용자가 새로운 예외 클래스를 정의하여 사용하는 것도 가능하다. 하지만 사용자가 정의하는 예외 클래스는 반드시 Exception 클래스의 자손 클래스가 되어야만 한다. 다시 말하여 새로 정의되는 예외 클래스는 기존의 예외 클래스로부터 파생되어야 하는 것이다.

0으로 나눗셈을 시도했을 때 생성되는 미리 정의된 자바 예외인 ArithmeticException 대신에 DivideByZeroException이라는 예외 클래스를 새로 정의해 보도록 하자. 예제 9.9는 DivideByZeroException을 Exception 클래스의 서브클래스로 정의하고 있다.

예제 9.9 DivideByZeroException 클래스

```
01    public class DivideByZeroException extends Exception {
02        public DivideByZeroException() {
03            super("0으로 나눔!");
04        }
05    }
```

예제 9.9에서 보듯이 새로운 예제 클래스를 정의할 때에 그다지 많은 내용이 필요하지 않다. 여기서는 오직 디폴트 생성자만을 작성했고 그 정의에서 다시 수퍼클래스 생성자를 호출하고 있다. 이 때 예외의 성격을 설명하는 스트링을 인자로 넘겨주는데, 이 내용은 getMessage 메소드를 호출하면 반환된다. 이제 예제 9.5의 ExceptionDemo5 클래스를 수정하여 Exception 객체 대신 DivideByZeroException 객체를 생성하여 던지도록 하면 예제 9.10과 같이 된다.

예제 9.10 ExceptionDemo10 클래스

```java
01  import java.util.Scanner;
02
03  public class ExceptionDemo10 {
04      public static void main(String[] args) {
05          Scanner input = new Scanner(System.in);
06          System.out.print("점수 합계는? ");
07          int sum = input.nextInt();
08          System.out.print("과목의 수는? ");
09          int count = input.nextInt();
10
11          try {
12              if (count == 0)
13                  throw new DivideByZeroException();
14              int average = sum / count;
15              System.out.println("평균값 = " + average);
16          }
17          catch (DivideByZeroException e) {
18              System.out.println(e);
19          }
20      }
21  }
```

과목의 수가 0이면 13행에서 DivideByZeroException 객체를 생성하여 던지게 되고, 이 예외는 17행의 catch 블록에서 잡게 된다. 프로그램을 실행하여 예외가 발생하도록 입력을 넣어 보면 그림 9.14와 같은 결과를 얻게 된다.

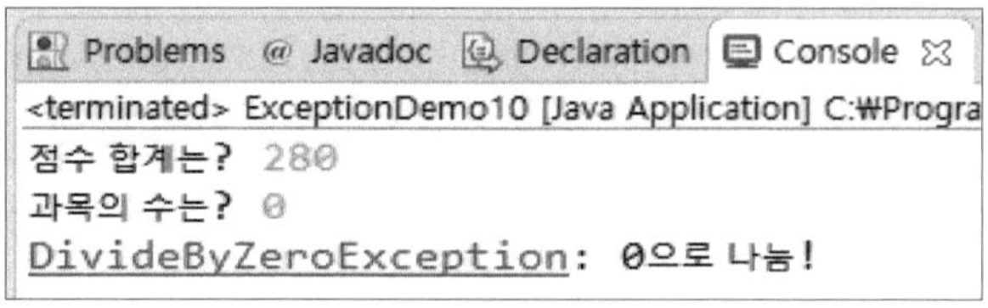

그림 9.14 예제 9.10의 실행 결과

18행에서 예외 객체에 대해 **toString** 메소드를 호출하는데, 실행 결과를 보면 예외 클래스를 만들 때 수퍼클래스 생성자의 인자로 넘겨 줬던 스트링이 출력되는 것을 확인할 수 있다.

9.3 프로그래밍 오류와 디버깅

프로그래밍 오류의 종류

초보 프로그래머든 숙달된 전문 프로그래머든 프로그래밍 과정에서 오류가 발생하는 것은 피할 수 없는 일이다. 아무리 잘 설계하고 주의 깊게 코딩을 진행한다 하더라도 오류는 발생하기 마련이다. 그러므로 프로그래밍 오류의 원인을 잘 파악하고 효과적으로 해결해 나가는 훈련이 프로그래밍에서 매우 중요하다.

프로그램의 오류는 에러(error), 예외(exception), 버그(bug) 등의 여러 가지 용어로 부르며, 프로그램에서 오류를 찾아 해결하는 과정을 디버깅(debugging)이라고 부른다. 프로그램의 오류를 다음의 세 가지 종류로 나누어 볼 수 있다.

- 문법 오류(syntax error): 프로그램이 자바 문법에 맞지 않아 컴파일러에 의해 발생하는 오류
- 실행 오류(runtime error): 프로그램의 실행 중에 비정상적인 상황을 초래하는 오류
- 논리 오류(logical error): 프로그램이 중단 없이 정상적으로 실행되지만 잘못된 결과를 만들어내는 오류

문법 오류

문법 오류는 컴파일러가 찾아 주는 문법 상의 오류를 말한다. 예를 들어 클래스나 변수 이름을 잘못 쓰거나 문장 끝의 세미콜론을 빠뜨리거나 하면 컴파일 에러가 발생하는데, 이클립스를 사용한다면 편집창에 에러가 표시된다. 그림 9.15에 보인 코드는 세 군데에 문법 오류가 있는데, 4행의 for 루프에는 세미콜론이 있어야 할 위치에 콜론이 잘못 사용되었고 5

```java
1  public class SyntaxErrors {
2      public static void main(String[] args) {
3          int n = 10;
4          for (int i=0; i<n; i++)
5              sum += i;            Syntax error on token ":", ; expected
6                                   Press F2 for focus
7          System.out.println(sum);
8      }
9  }
```

그림 9.15 문법 에러의 예

행과 7행에는 변수 **sum**이 선언되지 않고 사용되었다. 이클립스는 오류의 위치를 이와 같이 빨간색 밑줄로 표시하고 그 줄의 좌측에 빨간 **X** 표시로 나타내 준다.

또한 마우스를 에러가 발생한 위치로 가져가면 발생한 오류가 무엇인지 팝업 노트로 표시해 준다. 그림 9.15에는 4행의 오류가 나타나 있는데, 세미콜론이 있어야 하는 위치에 콜론이 와서 발생한 문법 오류임을 알려주고 있다. 물론 팝업 노트에 표시되는 것은 이클립스가 에러의 원인이라고 추정한 내용이므로 때에 따라서는 부정확할 수도 있다.

이클립스 편집 창에서 행 번호 좌측에 표시된 빨간 **X** 표시를 클릭하면 이클립스가 제안하는 오류의 해결책이 팝업 창으로 표시되는 경우도 있다. 예를 들어 그림 9.15의 5행 좌측에 표시된 X 표시를 클릭하면 그림 9.16과 같이 해결책이 팝업 창으로 표시된다. 혹은, 프로그램 소스에서 붉은 밑줄로 에러가 표시된 부분에 마우스를 옮겨 가도 동일한 해결책이 팝업 노트로 나타난다.

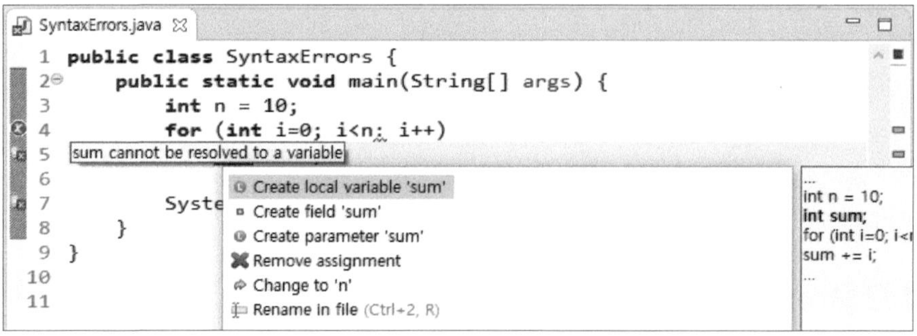

그림 9.16 이클립스가 제안하는 에러 해결책

첫 번째 줄에 제안된 해결책은 지역 변수 **sum**을 선언하는 것인데, 이 해결책을 더블 클릭하면 자동으로 그림 9.17과 같이 변수 선언이 포함되어 오류를 제거할 수 있다.

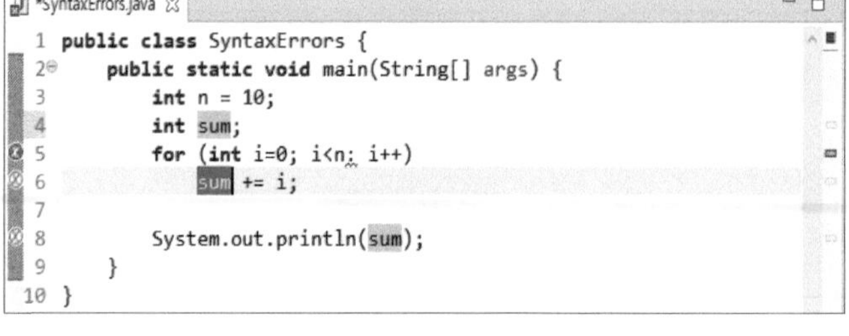

그림 9.17 이클립스에 의한 에러 교정

물론 이클립스가 제안하는 해결책이 항상 정확한 것은 아니라는 점은 유의해야 한다. 그렇더라도 문법 오류는 컴파일러가 추정한 에러의 위치와 원인이 명확히 드러나므로 찾아 수정하기가 가장 쉬운 종류의 오류에 속한다.

실행 오류

문법 오류를 다 수정하고 나면 프로그램을 실행할 수 있는데, 프로그램 실행 중에 발생하는 비정상적이거나 잘못된 상황은 **실행 오류**에 속한다. 우리가 이 장의 앞 부분에서 배운 예외와 '에러'(오류라는 일반적인 의미가 아니라 Error 클래스의 객체)가 실행 오류에 속한다. 앞에서 배운 대로 확인 예외에 속하는 예외들은 예외가 발생할 가능성이 있다면 반드시 catch 블록을 작성해야 컴파일이 되도록 정해져 있다.

그 외의 비확인 예외와 '에러'들은 catch 블록의 작성이 필수적이지 않다. '에러'는 일반적으로 프로그래머에게 고려의 대상이 되지 않는다. 정상적으로 작성된 프로그램이라면 '에러'를 예상하고 대처할 필요가 없다는 뜻이다. 예를 들어 OutOfMemoryError는 메모리를 소진하여 더 이상 메모리를 확보할 수 없을 때 발생하는데, 이런 경우에 프로그램이 할 수 있는 일은 거의 없다. 물론 프로그램이 메모리를 잘못 다루어서 생겨난 경우라면 프로그램을 수정해야 할 것이다. 즉, 프로그램이 OutOfMemoryError를 발생시키지 않도록 주의 깊게 작성되어야 하는 것은 맞지만, OutOfMemoryError에 대응하는 코드를 프로그램에 두는 것은 불필요한 일이다.

비확인 예외가 발생하면 프로그램이 강제 종료되는데, 이 때에도 대응책은 '에러'의 경우와 마찬가지이다. 즉, catch 블록을 작성하는 것이 아니라 예외의 발생 원인을 찾아 프로그램을 수정하는 것이 원칙이다. 원인을 찾을 때는 표시되는 에러 메시지를 참고하면 된다. 그림 9.18의 프로그램은 실행 중에 예외가 발생하여 강제 종료되었다.

먼저 예외의 타입과 에러 메시지를 보면 어떤 종류의 에러가 발생했는지 알 수 있다. 그림 9.18에서 발생한 예외는 비확인 예외의 일종인 ArrayIndexOutOfBoundsException이고 인덱스 3이 범위를 벗어났다고 되어 있다. 그리고 에러가 발생한 위치도 추정할 수 있는데 에러 메시지를 보면 다음과 같이 되어 있는 부분이 있다.

ExceptionDemo11.foo(ExceptionDemo11.java:13)

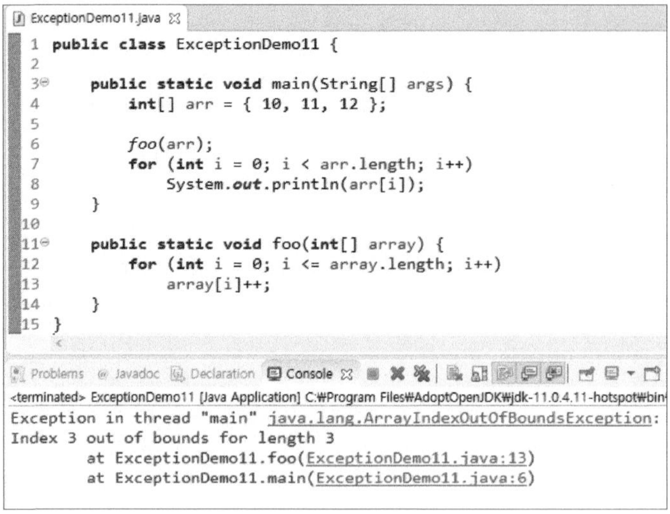

그림 9.18 프로그램의 실행 오류

이 메시지로부터 ExceptionDemo11 클래스의 foo 메소드에서 예외가 발생했고 정확한 위치는 ExceptionDemo11.java 파일의 13행이라는 것을 알 수 있다. 즉, 13행에서 배열의 요소를 증가시킬 때 인덱스 값인 i가 범위를 넘어섰기 때문에 발생한 예외인 것이다. 물론 예외의 위치는 13행이지만 이 프로그램을 수정한다면 12행에서 i의 값의 범위를 잘못 지정한 부분을 고쳐야 할 것이다.

논리 오류

논리 오류는 프로그램이 컴파일 오류도 없고 예외나 에러 없이 정상적으로 실행되지만 잘못된 결과가 나오는 경우이다. 즉, 알고리즘을 잘못 세웠거나 프로그램에 논리적인 오류가 있다는 뜻이다. 예를 들어 합을 구하기 위해 덧셈 연산자를 써야 할 곳에 실수로 뺄셈 연산자를 쓰면 프로그램은 에러나 예외 없이 실행되지만 잘못된 결과가 나올 수 있다. 논리 오류 때문에 실행 오류가 발생해서 에러 메시지가 나올 수도 있지만 그렇지 않고 프로그램이 정상적으로 실행되는 경우도 많다. 이러한 종류의 오류는 오류의 원인을 추정할 만한 실마리가 주어지지 않기 때문에 해결하기가 가장 어려운 종류의 오류이다.

프로그램이 논리 오류로 인해 기대한 결과를 내지 않는다면 어떻게 해야 할까? 이 책에서 다루는 정도의 간단한 프로그램이라면 코드와 출력을 훑어 봄으로써 쉽게 원인을 알아 낼 수도 있을 것이다. 혹은 흔히 사용되는 단순한 방법으로 프로그램의 여러 위치에서

println 문으로 메시지를 출력하여 프로그램의 각 단계에서 어떤 일이 일어나는지 추적해 보는 기법이 있다. 그러나 프로그램의 규모와 복잡도가 어느 정도 이상이 되면 오류를 찾는 과정은 결코 쉽지 않다. 다양한 입력을 넣어 실행해 보는 테스팅(testing) 과정과 프로그램의 실행을 단계별로 추적해 가는 디버깅(debugging) 과정을 통해 오류를 찾아야 하는데, 이를 위해서는 경험과 훈련이 필요하고 또한 디버깅 도구의 도움을 받는 것이 좋다.

디버깅 도구의 사용

프로그램이 커지고 복잡해질수록 코드와 출력을 보고 오류를 찾는 것이 어려워진다. 이클립스와 같은 통합 개발 환경(IDE: Integrated Development Environment)은 이런 과정을 돕기 위해 디버깅 도구를 제공한다. 디버거의 주된 역할은 프로그램을 단계별로 실행하여 각 단계에서 어떤 일이 일어나는지 프로그래머가 자세히 관찰할 수 있게 하는 것이다. 여기서는 이클립스의 디버깅 도구를 사용하는 기본적인 방법을 알아 보자.

먼저 예제 9.11의 프로그램을 살펴 보자. 이자율이 정해져 있다고 했을 때, 사용자가 기간을 입력하면 그 기간 동안 100만원의 원금이 얼마로 늘어나는지 알아 보려고 한다. 이자를 계산할 저축 기간은 사용자의 입력을 받아 howManyYears 변수에 저장하며(9행), 원금과 이자의 합계 금액에 해당하는 totalAmount 변수에는 처음에 원금에 해당하는 액수가 저장된다(11행). 메소드 updateAmount는 원금과 이자율에 해당하는 두 개의 매개변수를 받아 원금에 이자율만큼의 이자를 더하는 일을 한다. 즉, 이자율이 0.025으로 정해져 있으니 현재의 원금에 1.025를 곱하면 1년 후의 금액을 얻게 된다. 따라서 사용자가 입력한 기간이 30년이라면 updateAmount를 30회 호출하면 된다. totalAmount에 이자율에 따라 이자가 붙어서 금액이 업데이트 되면 그것이 다음 번 이자 계산의 원금이 되므로 이자는 연 복리로 붙게 되는 것이다.

예제 9.11 DebuggingExample 클래스

```
01    import java.util.Scanner;
02
03    public class DebuggingExample {
04        public static final double INTRATE = 0.025;
05
06        public static void main(String[] args) {
```

```
07          Scanner input = new Scanner(System.in);
08          System.out.print("기간을 입력하시오: ");
09          int howManyYears = input.nextInt();
10
11          double totalAmount = 1000000;
12          for (int i=0; i<howManyYears; i++) {
13              updateAmount(totalAmount, INTRATE);
14          }
15          System.out.printf("%d년 후의 금액=%.2f",
16                                       howManyYears, totalAmount);
17      }
18
19      public static void updateAmount(double amount, double rate) {
20          amount *= 1 + rate;
21      }
22  }
```

그런데 실제로 이 프로그램을 실행하고 30을 입력해 보면 실행 오류는 발생하지 않지만 그림 9.19와 같이 기대하지 않은 결과가 나온다. 이자가 전혀 붙지 않았다. 프로그램에 논리 오류가 있는 것이다.

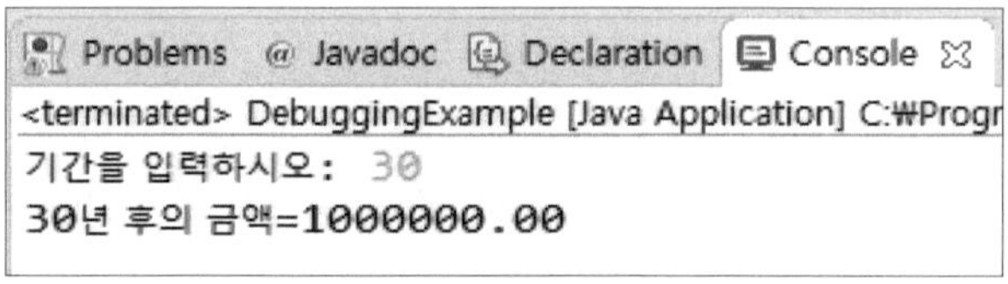

그림 9.19 예제 9.11의 실행 결과

디버깅 도구를 통해 실행 과정을 관찰하려면 코드의 특정 위치에 **중단점**(breakpoint)을 설정해야 한다. 디버그 모드에서 프로그램이 실행되다가 중단점을 만나면 실행이 중단되고 그 시점의 프로그램 상태와 변수의 값 등을 검토해 볼 수 있게 된다. 이클립스에서 중단점을 설정하려면 중단시키고자 하는 행을 편집 창에서 찾아 행 번호 좌측 부분을 더블 클릭한다. 혹은 더블 클릭하는 대신 마우스 오른쪽 버튼을 누르고 "Toggle Breakpoint"를 선택하면 된다. 그림 9.20은 이러한 방법으로 12행에 중단점을 설정하는 과정을 보여 준다.

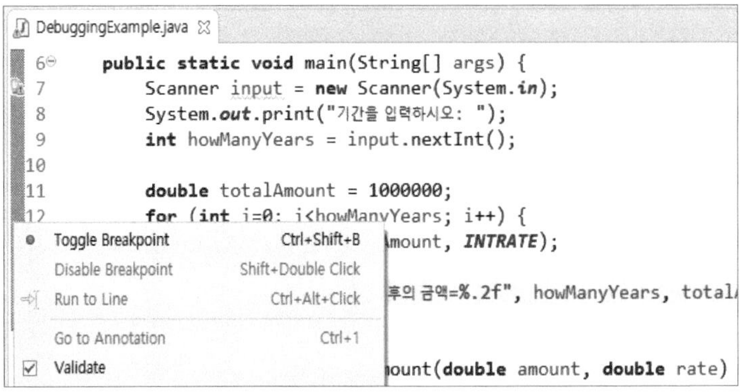

그림 9.20 중단점의 설정

중단점이 설정되면 그림 **9.21**과 같이 행 번호 좌측에 조그만 원이 표시되어 중단점을 나타낸다. 이 부분을 한번 더 더블 클릭하거나 마우스 오른쪽 버튼을 누르고 다시 "Toggle Breakpoint"를 선택하면 중단점이 해제된다. 중단점은 필요에 따라 여러 개 설정될 수 있다.

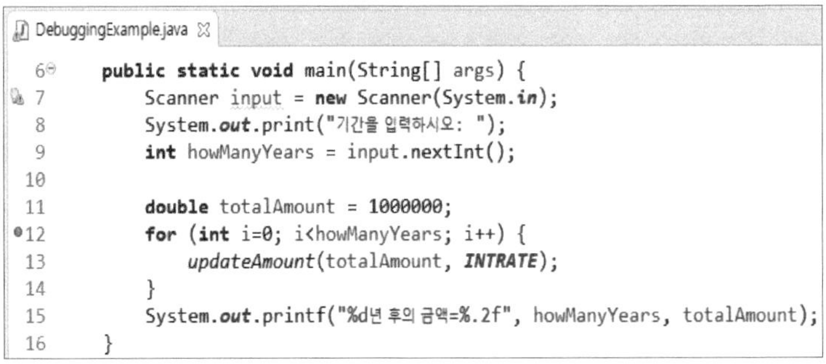

그림 9.21 12행에 중단점이 설정된 상태

중단점이 설정되었으면 프로그램을 디버그 모드로 실행한다. (중단점이 설정되었더라도 일반 모드로 실행하면 프로그램이 중단점을 무시하고 그대로 실행이 진행된다.) 디버그 모드로 실행하기 위해서는 그림 **9.22**에 보인 것처럼 이클립스 상단의 (벌레 모양으로 생긴) 디버그 아이콘을 클릭하거나, 혹은 메뉴의 Run – Debug As – Java Application을 선택하면 된다.

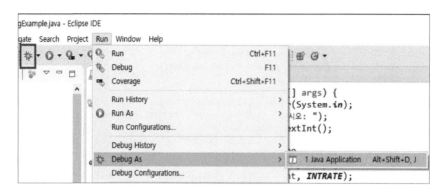

그림 9.22 디버그 모드로 실행

이 예제 프로그램은 중단점 이전인 9행에서 키보드 입력을 받으므로 이 때 콘솔 창에 값을 입력해 주어야 한다. 그리고 나면 중단점에서 실행이 중지되고 이클립스는 Debug 퍼스펙티브(Debug perspective)로 전환할지 여부를 물어보는데, 이때 그러겠다고 대답하면 그림 9.23과 같이 Debug 퍼스펙티브로 전환된다. Debug 퍼스펙티브는 디버깅을 위해 최적화된 퍼스펙티브인데 이클립스 상단 오른쪽의 퍼스펙티브 선택 아이콘을 통해서도 퍼스펙티브 간의 전환이 가능하다.

Debug 퍼스펙티브의 화면 구성은 Java 퍼스펙티브와 약간 다르다. 편집 창과 그 아래 콘솔 창은 Java 퍼스펙티브와 동일하지만 Debug 퍼스펙티브에서는 디버그 창이 추가되고 변수의 이름과 값이 나타난다. 물론 현재 실행 중인 메소드의 변수들 가운데 중단점까지 나온 변수와 값만 나타난다. 그림 9.23을 보면 12행에서 실행이 중단되었으므로 main 메소드에 속한 변수들 중 그 위치까지 정의되어 값이 주어진 변수들인 input, howManyYears, totalAmount 등이 나타났다. 만약 중단점이 11행이었다면 totalAmount 변수는 나타나지 않았을 것이다. 그림 9.23을 보면 우리가 기대한 대로 변수 howManyYears는 30으로, totalAmount는 1000000.0으로 값이 주어져 있음을 확인할 수 있다.

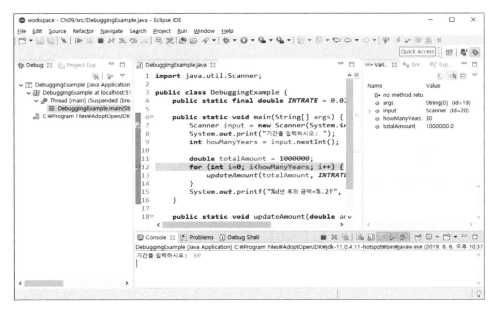

그림 9.23 디버그 퍼스펙티브

중단점에서 멈춘 프로그램의 실행을 단계별로 진행하면서 변수 값의 추이를 관찰할 수 있다. 이를 위해 사용할 수 있는 버튼들이 **Debug** 퍼스펙티브의 이클립스 상단에 나타난다. 몇 가지 버튼들은 같은 기능의 단축 키가 정의되어 있다. 상단의 **Run** 메뉴를 눌러 보면 거기에도 동일한 기능들이 포함되어 있음을 볼 수 있다. 자주 쓰는 디버깅 버튼의 기능들을 그림 **9.24**에 정리하였다.

키	기능
Step Into (F5)	현재 행을 실행하고 다음 행으로 이동하되 현재 행에 메소드 호출이 포함되어 있으면 메소드 내부로 들어감.
Step Over (F6)	현재 행을 실행하고 다음 행으로 이동하되 현재 행에 메소드 호출이 포함되어 있어도 메소드 내부로 들어가지 않음. 즉, 메소드 호출을 포함하여 현재 행을 중단 없이 실행.
Step Return (F7)	현재 메소드를 끝까지 실행하고 호출한 메소드로 돌아감.
Resume (F8)	다음 중단점까지 실행함. 더 이상 중단점이 없으면 프로그램 끝까지 실행함.
Skip All Breakpoints	이 버튼이 눌려져 있으면 중단점이 모두 무시됨. 즉, 중단점에서 실행이 멈추지 않음.
Terminate	프로그램 실행을 종료함.

그림 9.24 디버깅 버튼들과 그 기능

이 책에서 사용하고 있는 이클립스 버전에서는 디버깅 버튼들이 그림 9.25와 같이 아이콘으로 표시되어 있다. 디버깅 상태에 따라 일부의 버튼은 비활성화 되어 있을 수 있음에 유의하자.

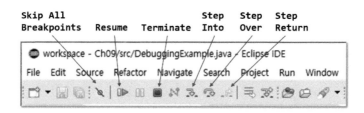

그림 9.25 이클립스의 디버깅 버튼들

지금 다루고 있는 간단한 예제의 디버깅에서는 Step Into(F5) 하나만을 사용해도 충분하다. 중단점이 설정된 12행에서 멈춘 그림 9.23의 상태에서 F5나 F6을 눌러 한 행을 진행하면 프로그램이 12행을 실행하고 13행에서 멈춘다(그림 9.26). for 루프에서 변수 i가 정의되었으므로 변수 목록에 i와 그 값이 추가되었다.

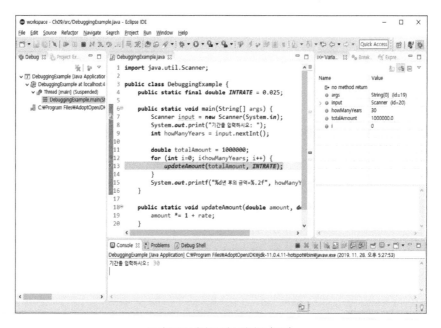

그림 9.26 디버그 퍼스펙티브 (13행)

13행에는 메소드 호출이 포함되어 있는데 여기서 F5(Step Into)를 누르면 메소드 내부로 들어가지만 F6(Step Over)을 누르면 메소드를 호출하여 모두 실행하고 돌아와 main 메소드의 다음 줄로 넘어 간다. 여기서는 F5를 눌러 updateAmount 메소드 내부로 들어가 보자. 그러면 화면이 메소드의 몸체로 이동하여 그림 9.27의 상태가 된다.

그림 9.27 디버그 퍼스펙티브 (19행)

그림 9.27을 보면 프로그램은 메소드 몸체의 첫 줄인 19행에서 멈추었다. 오른쪽의 변수 목록은 updateAmount 메소드의 변수들로 변경되어 amount와 rate가 나온다. amount는 100만원으로, 그리고 이자율은 0.025로 제대로 초기화 되어 있음을 알 수 있다. 다시 F5를 눌러 19행을 실행하면 그림 9.28의 화면이 나온다.

즉, 19행에 의해 amount의 값이 변경되었음을 상단의 변수 목록에서 알 수 있다. 변수의 값은 편집 창의 해당 변수 위로 마우스를 이동하면 뜨는 팝업 창으로도 확인할 수 있다. 다시 F5를 눌러 main 메소드로 복귀하면 for 루프의 그 다음 반복으로 진행하는데, 이 때의 상황이 그림 9.29가 된다.

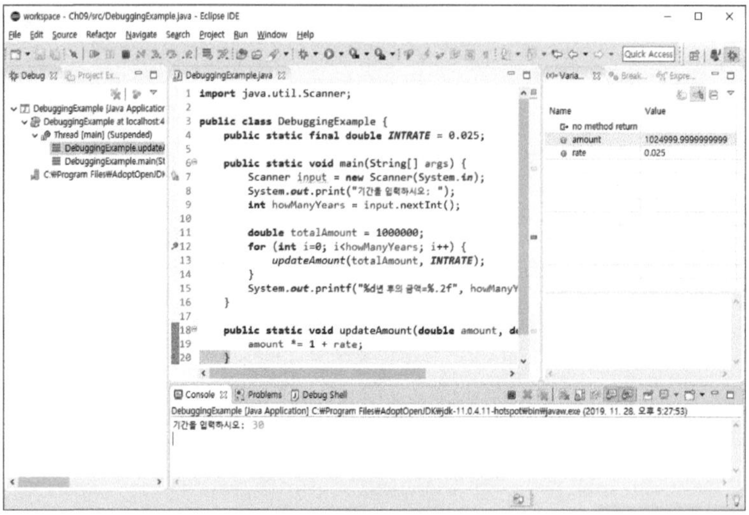

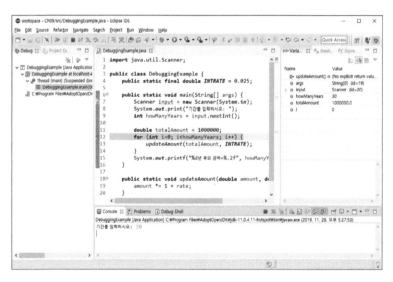

그림 9.28 디버그 퍼스펙티브 (20행)

그림 9.29 디버그 퍼스펙티브 (13행)

그런데 그림 9.29를 살펴 보면 변수 totalAmount의 값이 여전히 1000000.0으로 원래 값 그 대로임을 알 수 있다. updateAmount에서 변수 amount의 값은 변경되었지만 그 값이 main 메소드의 totalAmount에는 반영되지 않은 것이다. 이것이 프로그램이 기대한 대로 동작 하지 않았던 원인이다. 즉, updateAmount 메소드를 부를 때 마다 0.025 즉 2.5%만큼의 이 자가 붙어서 원금이 계속 늘어나야 하는데, updateAmount에서 증가된 값이 main 메소드의

totalAmount로 넘어오지 않기 때문에 totalAmount의 값은 원래의 값대로 유지되는 것이다.

이는 자바 언어의 매개변수 전달 방법인 '값 전달'(pass by value) 메커니즘의 특성에 따른 것이다. 13행의 메소드 호출에서 실 인자는 totalAmount이고 여기에 대응하는 메소드의 매개변수는 18행의 amount이다. 값 전달 메커니즘의 요지는 메소드 호출 시에 실 인자의 값이 매개변수에 복사되지만 메소드가 종료되어 복귀할 때 매개변수의 값이 실 인자에 아무런 영향을 주지 않는다는 것이다. 즉, 메소드 내에서 amount의 값을 변경하더라도 totalAmount에는 영향을 주지 않는다는 것이다.

이제 오류의 원인을 알았으니 프로그램을 올바르게 동작하도록 수정해 보자. 예제 9.12는 메소드 updateAmount를 double 타입으로 변경하고 amount 값을 반환하도록 했고, main 메소드는 updateAmount 메소드의 반환값을 totalAmount에 대입하도록 했다.

예제 9.12 DebuggingExample2 클래스

```java
01  import java.util.Scanner;
02
03  public class DebuggingExample2 {
04      public static final double INTRATE = 0.025;
05
06      public static void main(String[] args) {
07          Scanner input = new Scanner(System.in);
08          System.out.print("기간을 입력하시오: ");
09          int howManyYears = input.nextInt();
10
11          double totalAmount = 1000000;
12          for (int i=0; i<howManyYears; i++) {
13              totalAmount = updateAmount(totalAmount, INTRATE);
14          }
15          System.out.printf("%d년 후의 금액=%.2f",
16                                  howManyYears, totalAmount);
17      }
18
19      public static double updateAmount(double amount, double rate) {
20          amount *= 1 + rate;
21          return amount;
22      }
23  }
```

변경된 예제의 실행 결과는 그림 9.30과 같다. 즉, 2.5%의 이자율로 30년간 이자가 붙으면 원금의 2배가 약간 넘는 금액을 얻을 수 있음을 알 수 있다.

그림 9.30 예제 9.12의 실행 결과

큰 규모의 프로그램을 개발할 때에는 불가피하게 다수의 프로그래밍 오류를 만나게 되는데, 디버깅 도구를 사용함으로써 빠르고 효과적으로 오류를 찾고 해결할 수 있으므로 디버깅 도구에 익숙해 질 필요가 있다.

9.4 자바에서 이미지 다루기

이미지 파일을 화면에 표시하는 문제를 생각해 보자. 이는 프로그래밍에서 흔히 만나게 되는 작업의 하나인데, 이를 위해서는 먼저 이미지 파일의 내용을 읽어 프로그램 내부에서 사용할 수 있는 형태로 만들어야 하고, 그 다음으로 그 이미지를 화면에 표시하는 방법이 있어야 한다. 이미지 파일을 읽어 프로그램 내부로 적재할 때에는 읽는 방법에 따라 입출력 예외가 발생할 수 있으므로 이를 처리해 주어야 한다. 여기서는 자바 프로그램에서 이미지 작업을 할 수 있는 몇 가지 방법을 알아보는데, 우선은 예외 발생을 고려하지 않아도 되는 간단한 방법부터 살펴 보기로 하자.

JLabel로 이미지 그리기

우리에게 이미 익숙한 스윙 컴포넌트의 하나인 JLabel로 이미지를 그릴 수 있다. 이미지 레이블을 만들기 위해서는 JLabel을 생성할 때 이미지를 인자로 주면 된다. 그런데 이미지가 저장된 파일을 직접 JLabel에 인자로 줄 수는 없고, 먼저 이미지 파일을 읽어 ImageIcon 타입의 객체로 만들어야 한다. 현재 폴더에 tiger.png라는 이미지 파일이 있다면 다음과 같이 ImageIcon 클래스의 생성자에 파일 이름을 넘기면 된다.

```
ImageIcon icon = new ImageIcon("tiger.png");
JLabel label = new JLabel(icon);
```

ImageIcon 클래스의 객체를 얻으면 이것을 JLabel 생성자의 인자로 사용하여 이미지 레이블을 만든다. 이미지 레이블은 다른 컴포넌트와 마찬가지로 컨테이너에 포함시켜 윈도우에 출력하면 된다. 레이블을 생성한 후에 표시할 이미지를 변경하려면 setIcon 메소드를 사용한다.

라디오 버튼을 누르면 거기에 맞게 윈도우에 그림을 표시하는 예제를 작성해 보자. 호랑이, 사자, 고양이가 그려진 3개의 이미지 파일을 준비하자. 자바가 기본적으로 지원하는 이미지 형식은 PNG, JPG, GIF이므로 이에 맞게 준비한다. 이클립스를 사용한다면 먼저 이미지 파일을 우리가 작성하려는 프로그램이 포함된 자바 프로젝트에 복사한다. (파일을 프로젝트 이름에 마우스로 끌어다 놓거나 Ctrl+C/Ctrl+V 하여 복사하면 된다.) 폴더를 만들어서 그 안에 이미지 파일들을 모아 두고 싶다면 파일 이름을 명시할 때 폴더의 이름을 포함하면 된다. 예를 들어 자바 프로젝트 폴더에 images라는 서브폴더를 만들고 그 안에 tiger.png르 파일을 넣었다면 ImageIcon 생성자를 다음과 같이 수정하면 된다.

```
ImageIcon icon = new ImageIcon("images/tiger.png");
```

프로그램을 실행하면 그림 9.31a와 같이 3개의 라디오 버튼이 표시되고 하단에는 호랑이 이미지가 그려진다.

(a) 초기 화면

(b) "사자" 버튼을 누른 화면

그림 9.31 예제 9.13의 실행 화면

라디오 버튼을 클릭하면 버튼이 지정하는 동물로 이미지가 변경된다. 완성된 프로그램을 예제 9.13에 보였다.

예제 9.13 ImageLabelFrame 클래스

```java
// 필요한 import는 Ctrl+Shift+O를 눌러 삽입한다.

public class ImageLabelFrame extends JFrame implements ActionListener {
    private JLabel imageLabel;
    private ImageIcon imgTiger, imgLion, imgCat;

    public ImageLabelFrame() {
        setSize(340,430);
        setTitle("Image Label Demo");
        setDefaultCloseOperation(EXIT_ON_CLOSE);

        JRadioButton btnTiger = new JRadioButton("호랑이", true);
        JRadioButton btnLion = new JRadioButton("사자");
        JRadioButton btnCat = new JRadioButton("고양이");
        btnTiger.addActionListener(this);
        btnLion.addActionListener(this);
        btnCat.addActionListener(this);

        ButtonGroup group = new ButtonGroup();
        group.add(btnTiger);
        group.add(btnLion);
        group.add(btnCat);

        setLayout(new FlowLayout());
        add(btnTiger);
        add(btnLion);
        add(btnCat);

        imgTiger = new ImageIcon("tiger.png");
        imgLion = new ImageIcon("lion.png");
        imgCat = new ImageIcon("cat.png");
        imageLabel = new JLabel(imgTiger);
        add(imageLabel);
```

```
43        }
44
45        @Override
46        public void actionPerformed(ActionEvent e) {
47            if (e.getActionCommand().equals("호랑이"))
48                imageLabel.setIcon(imgTiger);
49            else if (e.getActionCommand().equals("사자"))
50                imageLabel.setIcon(imgLion);
51            else if (e.getActionCommand().equals("고양이"))
52                imageLabel.setIcon(imgCat);
53        }
54
55        public static void main(String[] args) {
56            (new ImageLabelFrame()).setVisible(true);
57        }
58    }
```

라디오 버튼을 작성하고 각 버튼에 리스너를 등록한 후 프레임의 내용창에 추가하여 화면에 표시되도록 하는 작업은 생성자의 21-36행에서 이루어진다. 생성자의 마지막 부분에서는 3개의 파일을 읽어 ImageIcon 객체로 변환하고(38-40행) 그 중에서 호랑이 그림으로 이미지 레이블 imageLabel을 생성한다(41행).

버튼이 눌리면 이벤트 처리기인 actionPerformed 메소드가 실행되는데, 여기서 눌린 버튼에 따라 표시되는 이미지를 변경한다. 이미지 레이블에 표시되는 이미지를 변경하려면 setIcon 메소드를 사용하면 된다. ActionEvent의 getActionCommand 메소드는 버튼을 만들 때 할당했던 텍스트를 반환하므로 이것을 이용하여 어느 버튼이 눌렸는지 알아낸다. 예제 9.13의 실행 결과는 그림 9.31이다.

JLabel을 이용해서 이미지를 표시하는 것은 이미지를 하나의 컴포넌트로 취급하는 것이다. 이 방법은 이미지를 조작할 수 있는 여지가 제한적이지만 사용하기에 간단하고 편리하므로 단순히 이미지를 표시하는 용도로는 이 방법을 쓰는 것이 좋다.

Graphics 클래스의 drawImage 메소드

자바의 Graphics 클래스는 이미지를 그리는 drawImage 메소드를 제공하고 있다.

```java
boolean drawImage(Image img, int x, int y, ImageObserver observer);
```

JFrame의 paint 메소드나 JPanel의 paintComponent 메소드의 매개변수가 바로 Graphics 클래스임을 기억할 것이다. 이 Graphics 클래스는 drawRect, drawOval, drawString 등 우리에게 이미 익숙한 여러 가지 그래픽 메소드를 제공하는데, drawImage도 이들과 함께 제공되는 메소드이다. 그런데 drawImage 메소드를 사용하려면 표시할 이미지를 첫 번째 인자로 넘겨야 하는데, 이 이미지가 Image 클래스 타입이어야 한다. 즉, 이미지 파일을 먼저 Image 클래스의 객체로 만들어야 하는 것이다. 앞 예제에서 나왔던 ImageIcon 클래스를 다시 이용하여 다음과 같이 파일로부터 Image 객체를 얻어낼 수 있다.

```java
ImageIcon icon = new ImageIcon("tiger.png");
Image image = icon.getImage();
```

Image 객체를 얻으면 이 객체를 첫 번째 인자로 하여 drawImage 메소드를 호출하면 된다.

```java
g.drawImage(image, 50, 50, null);
```

여기서 g는 Graphics 클래스의 객체로서 paint나 paintComponent 메소드의 매개변수로 주어지는 것이다. 즉, 이와 같은 문장은 paint/paintComponent 메소드 내에 작성된다. 두 번째와 세 번째 인자는 그림이 표시될 위치의 x, y좌표이다. 위의 호출은 이미지의 왼쪽 상단 모서리를 (50,50) 위치에 맞추어 표시한다. 마지막 인자는 그리기가 완료되었음을 통보받는 객체인데 일반적인 경우라면 무시해도 되므로 null로 지정하면 된다.

drawImage 메소드에는 여러 가지 버전이 존재하는데, 위의 기본적인 버전은 지정된 위치에 원래 크기로 이미지를 그리는 것이다. 이미지의 크기를 조정하려면 너비와 높이에 해당하는 2개의 인자를 추가하면 된다. 다음의 drawImage 메소드 헤딩에서 4번째와 5번째 인자가 이미지의 너비와 높이에 해당한다.

```java
boolean drawImage(Image img, int x, int y, int width, int height,
                                            ImageObserver observer);
```

예를 들어 다음 호출은 image를 (50,50) 위치에 100x100 크기로 그린다.

```java
g.drawImage(image, 50, 50, 100, 100, null);
```

만약 원래 크기의 반으로 이미지를 축소해서 그리려면 이미지로부터 너비와 높이를 알아내는 방법이 필요하다. 이를 위해서는 Image 클래스의 getWidth와 getHeight 메소드를 사용하면 된다.

```
int width = image.getWidth(null);
int height = image.getHeight(null);
```

getWidth와 getHeight 메소드도 인자로 ImageObserver 객체를 필요로 하지만 보통 null
이나 this를 넘겨주면 충분하다. 이제 다음의 호출은 이미지를 원래 크기의 반으로 축소해
서 그리게 된다.

```
g.drawImage(image, 50, 50, width/2, height/2, null);
```

그림 9.32 ImageResizeFrame 클래스의 실행 결과

이런 방법을 사용해서 이미지를 Small, Medium, Fullsize 등 3가지 크기로 그리는 예제를
작성해 보자. 프로그램의 실행 결과는 그림 9.32와 같다. 라디오버튼 아래에 이미지가 표시
되는데 상단의 라디오 버튼을 클릭할 때마다 이미지의 크기가 변경된다.

완성된 프로그램을 예제 9.14에 보였다.

예제 9.14 ImageResizeFrame 클래스

```java
      // 필요한 import는 Ctrl+Shift+O를 눌러 삽입한다.

12 public class ImageResizeFrame extends JFrame implements ActionListener {
13     private Image currImage;
14     private int orgWidth, orgHeight, width, height;
15     private JRadioButton btnSmall, btnMedium, btnFull;
16
17     public ImageResizeFrame() {
18         setSize(340,430);
19         setTitle("Image Resize Demo");
20         setDefaultCloseOperation(EXIT_ON_CLOSE);
21
22         btnSmall = new JRadioButton("Small");
23         btnMedium = new JRadioButton("Medium");
24         btnFull = new JRadioButton("Fullsize", true);
25         btnSmall.addActionListener(this);
26         btnMedium.addActionListener(this);
27         btnFull.addActionListener(this);
28
29         ButtonGroup group = new ButtonGroup();
30         group.add(btnSmall);
31         group.add(btnMedium);
32         group.add(btnFull);
33
34         setLayout(new FlowLayout());
35         add(btnSmall);
36         add(btnMedium);
37         add(btnFull);
38
39         currImage = (new ImageIcon("tiger.png")).getImage();
```

```
40          orgWidth = width = currImage.getWidth(null);
41          orgHeight = height = currImage.getHeight(null);
42      }
43
44      @Override
45      public void actionPerformed(ActionEvent e) {
46          if (e.getSource() == btnSmall) {
47              width = orgWidth/3;
48              height = orgHeight/3;
49          }
50          else if (e.getSource() == btnMedium) {
51              width = orgWidth*2/3;
52              height = orgHeight*2/3;
53          }
54          else if (e.getSource() == btnFull) {
55              width = orgWidth;
56              height = orgHeight;
57          }
58          repaint();
59      }
60
61      @Override
62      public void paint(Graphics g) {
63          super.paint(g);
64          g.drawImage(currImage, 20, 80, width, height, null);
65      }
66
67      public static void main(String[] args) {
68          (new ImageResizeFrame()).setVisible(true);
69      }
70  }
```

프로그램의 구조는 예제 9.13과 유사하다. 비슷한 위치에 라디오 버튼이 표시되고 리스너가 등록된다. 그러나 여기서는 JLabel이 아니라 그래픽 메소드로 이미지를 그리기 때문에 paint 메소드가 작성되어야 한다.

생성자에서는 먼저 윈도우의 구성을 처리한 후에(22–37행) tiger.png 파일을 읽어 Image 객체로 적재하고(39행), 이미지의 원래 너비와 높이를 저장해 둔다(40–41행). paint 메소드는 인스턴스 변수인 width와 height가 지정하는 너비와 높이로 이미지를 그린다(64행). 라디오 버튼이 눌렸을 때의 이벤트 처리는 어느 버튼이 눌렸는지에 따라 width와 height 변수의 값을 조정하고(46−57행) repaint를 불러 이미지를 다시 그리도록 한다.

그런데 이 예제에서 어느 라디오버튼이 눌렸는지 알아내는 방법은 예제 9.13과 약간 다르다. 예제 9.13에서는 getActionCommand 메소드를 사용하여 버튼 텍스트를 얻고 이를 직접 문자열과 비교했었다(예제 9.13의 47, 49, 51행). 여기서는 getSource 메소드를 사용하여 이벤트가 발생한 컴포넌트를 얻고, 이를 각 버튼에 대한 참조 변수와 직접 비교해서 결정하고 있다(46, 50, 54행). actionPerformed에서 width와 height 변수의 값이 변경된 후 paint 메소드가 다시 실행되면 수정된 값에 따라 크기가 변경된 이미지가 그려지게 된다. 실행해 보면 그림 9.32와 같이 동작한다.

BufferedImage와 ImageIO를 사용한 이미지 처리

자바에서 픽셀 배열로 이미지를 나타내는 기본 클래스는 Image 클래스이지만 이미지 데이터를 효과적으로 다루기 위해서는 Image의 서브클래스인 BufferedImage 클래스가 유용하다. 예를 들어 BufferedImage 클래스를 이용하면 각 픽셀의 색상 값을 추출하거나 설정할 수 있다. 여기서는 컬러 이미지를 흑백으로 변환하는 간단한 예제를 작성함으로써 BufferedImage 클래스가 이미지 처리에 어떻게 사용되는지 살펴 볼 것이다.

이미지 파일을 읽어 BufferedImage 객체로 변환하기 위해서는 javax.imageio 패키지에 속하는 ImageIO 클래스를 이용할 수 있다. ImageIO.read() 메소드는 인자로 주어진 이미지 파일을 읽어서 BufferedImage 타입의 객체로 변환한다.

```java
BufferedImage image = ImageIO.read(new File("img.png"));
```

read 메소드가 파일 이름을 직접 받지 못하므로 파일 이름을 인자로 하여 먼저 File 클래스의 객체를 생성하고 이를 read 메소드에 넘겨주는 방법을 택하고 있다. (File 클래스에 대한 자세한 설명은 12.4절에 나온다.)

그런데 ImageIO의 read 메소드가 확인 예외인 IOException을 발생시킬 수 있으므로 예외의 처리가 필요하다. 여기서는 다음과 같이 try−catch를 작성하여 예외에 대비하도록 하자.

```java
try {
    BufferedImage image = ImageIO.read(new File("img.png"));
```

```
    } catch (IOException e) {
        e.printStackTrace();
    }
```

일단 BufferedImage 객체를 얻으면 다음과 같이 drawImage 메소드를 호출하여 이미지를 그릴 수 있다. 이 때 BufferedImage 객체를 첫 번째 인자로 넘긴다.

```
    g.drawImage(image, 20, 50, null);
```

drawImage의 첫 번째 인자는 Image 타입으로 지정되어 있지만 BufferedImage가 Image의 서브클래스이므로 BufferedImage 객체를 사용해도 무방하다.

BufferedImage의 경우에도 이미지의 너비와 높이를 얻으려면 getWidth와 getHeight 메소드를 사용할 수 있다. 단, BufferedImage의 getWidth와 getHeight는 인자 없이 사용할 수도 있다.

```
    int width = image.getWidth();
    int height = image.getHeight();
```

BufferedImage로부터 특정 픽셀의 RGB 값을 얻어 내려면 getRGB 메소드를 사용하면 된다. 예를 들어 다음 문장은 BufferedImage 객체로부터 이미지의 (x,y) 위치에 있는 픽셀의 RGB 값을 얻고 있다.

```
    int rgb = image.getRGB(x, y);
```

위의 문장을 보면 getRGB 메소드가 int 값을 반환하는 것으로 되어 있는데, 이 반환 값이 무엇일까? 이미지는 2차원의 픽셀 행렬로 표현할 수 있고, (x,y)는 x번째 행, y번째 열에 해당하는 픽셀 위치를 나타낸다. getRGB는 이 위치의 픽셀로부터 색상 값을 가져온다. 픽셀의 색상은 R, G, B 세 성분의 조합으로 표현되며 각 성분은 0~255(8비트)의 범위를 가진다. getRGB는 이 3가지 성분을 하나의 정수로 만들어 반환한다. 즉, RGB 각 성분이 32비트 정수의 8비트씩을 차지하는 형식이다. 이렇게 표현된 RGB 값을 인자로 다음과 같이 Color 객체를 생성할 수 있는데, 이 색상 객체로부터 각 성분의 값을 0~255 범위의 정수 형태로 얻을 수 있다.

```
    Color color = new Color(rgb);
    int red = color.getRed();
    int green = color.getGreen();
    int blue = color.getBlue();
```

예를 들어 픽셀의 색상이 빨간색이었다면 red=255, green=0, blue=0으로 되어 있을 것이다. 이와 같은 컬러 색상을 흑백으로 바꾸려면 어떻게 하면 될까?

컬러를 흑백으로 바꾸는 방법에는 여러 가지가 있지만 가장 손쉬운 방법은 색상을 구성하는 성분들의 평균을 각 성분에 할당하는 것이다.

```java
int avg = (red + green + blue)/3;
Color avgColor = new Color(avg, avg, avg);
```

이것은 조금만 생각해 보면 알 수 있다. 표준 RGB 색상 시스템에서 검정색은 RGB=0/0/0이고 흰색은 RGB=255/255/255, 회색은 RGB=128/128/128 등으로 정의되어 있다. 즉, 흑백 색상은 3가지의 성분이 같은 값을 가지며 그 값이 클수록 밝은 색이 된다. 그러므로 픽셀 색상을 구성하는 RGB 성분의 평균을 구해 그 평균 값을 각 성분으로 가지는 색상을 만들면 이 색상은 흑백이 된다. 예를 들어 빨간색(RGB=255/0/0)을 이런 과정에 의해 바꾼다면 255÷3 = 85이므로 RGB=85/85/85인 흑백 색상이 되는 것이다. 위의 코드가 이런 과정에 해당한다.

이제 이렇게 얻은 새로운 흑백 색상을 다시 32비트 정수 포맷으로 바꾸어 원 이미지의 (x,y) 픽셀에 지정한다.

```java
image.setRGB(x, y, avgColor.getRGB());
```

이와 같은 방법으로 모든 픽셀의 색상을 변경하면 이미지가 흑백으로 변환된다.

ImageIO 클래스는 이미지를 읽어 들이는 read뿐 아니라 이미지를 출력하는 write 메소드도 제공한다. 앞에서 흑백으로 변환한 이미지를 새로운 파일에 저장하려면 다음과 같이 write 메소드를 사용하면 된다.

```java
File outfile = new File("imgout.png");
try {
    ImageIO.write(image, "png", outfile);
} catch (IOException e) {
    e.printStackTrace();
}
```

지금까지 설명한 내용을 바탕 이미지 파일을 읽어 윈도우에 표시하고 흑백으로 변환한 다음 새로운 파일에 저장하는 예제를 작성해 보자. 프로그램을 실행하면 그림 9.33과 같은 윈도우가 표시된다.

그림 9.33 BWImageFrame 클래스의 실행 윈도우

파일 이름을 입력하고 "Load" 버튼을 누르면 현재 폴더에서 이미지 파일을 찾아 BufferedImage 객체로 변환한 다음 윈도우에 표시한다(그림 9.34).

그림 9.34 이미지 로드

"Convert" 버튼을 누르면 그림 9.35과 같이 이미지가 흑백으로 변환된다.

그림 9.35 이미지를 흑백으로 변환

파일 이름 필드에 새로운 이름을 입력하고 "Save" 버튼을 누르면 변환된 이미지가 새로운 파일로 저장된다. "Exit" 버튼으로 프로그램을 종료한다.

완성된 프로그램을 예제 9.15에 보였다.

예제 9.15 BWImageFrame 클래스

```java
// 필요한 import는 Ctrl+Shift+O를 눌러 삽입한다.

16  public class BWImageFrame extends JFrame implements ActionListener {
17
18      private BufferedImage image = null;
19      private JButton btnLoad, btnConvert, btnSave, btnExit;
20      private JTextField field;
21
22      public BWImageFrame() {
23          setSize(640, 460);
24          setTitle("Color2Grey Conversion");
25          setDefaultCloseOperation(EXIT_ON_CLOSE);
26
27          field = new JTextField(12);
28          btnLoad = new JButton("Load");
```

```
29          btnConvert = new JButton("Convert");
30          btnSave = new JButton("Save");
31          btnExit = new JButton("Exit");
32          btnLoad.addActionListener(this);
33          btnConvert.addActionListener(this);
34          btnSave.addActionListener(this);
35          btnExit.addActionListener(this);
36
37          setLayout(new FlowLayout());
38          add(new JLabel("파일 이름"));
39          add(field);
40          add(btnLoad);
41          add(btnConvert);
42          add(btnSave);
43          add(btnExit);
44      }
45
46      @Override
47      public void paint(Graphics g) {
48          super.paint(g);
49          if (image != null)
50              g.drawImage(image, 20, 80, null);
51      }
52
53      @Override
54      public void actionPerformed(ActionEvent e) {
55          if (e.getSource() == btnLoad) {
56              String filename = field.getText().trim();
57              try {
58                  image = ImageIO.read(new File(filename));
59              } catch (IOException e1) {
60                  e1.printStackTrace();
61              }
62              repaint();
63          }
64          else if (e.getSource() == btnConvert) {
65              convertToBW();
66              repaint();
67          }
68          else if (e.getSource() == btnSave) {
```

```
69                String filename = field.getText().trim();
70                try {
71                    ImageIO.write(image, "png", new File(filename));
72                } catch (IOException e1) {
73                    e1.printStackTrace();
74                }
75            }
76            else if (e.getSource() == btnExit) {
77                System.exit(0);
78            }
79        }
80
81        private void convertToBW() {
82            for (int x=0; x<image.getWidth(); x++) {
83                for (int y=0; y<image.getHeight(); y++) {
84                    Color color = new Color(image.getRGB(x, y));
85                    int avg =
86                        (color.getRed()+color.getGreen()+color.getBlue())/3;
87                    Color avgColor = new Color(avg, avg, avg);
88                    image.setRGB(x, y, avgColor.getRGB());
89                }
90            }
91        }
92
93        public static void main(String[] args) {
94            (new BWImageFrame()).setVisible(true);
95        }
96    }
```

파일 이름을 입력하는 텍스트필드와 버튼 등의 컴포넌트, 그리고 이들에 대한 리스너 등록 등은 생성자에서 작성된다(27–43행). paint 메소드는 이미지가 적재되어 있으면 drawImage 메소드로 이미지를 그린다(49–50행).

actionPerformed 메소드는 각 버튼이 눌렸을 때 필요한 작업을 수행한다. "Load" 버튼이 눌리면 입력 필드로부터 파일 이름을 가져와서 현재 폴더에서 그 이름의 이미지 파일을 찾아 ImageIO.read() 메소드로 읽고 repaint를 호출하여 읽어 들인 이미지를 표시한다(55–63행). "Convert" 버튼이 눌리면 앞에서 설명한 방법에 따라 이미지를 구성하는 각 픽셀의 색상을 흑백 색상으로 바꾼다. 이 작업은 convertToBW 메소드(81-91행)에서 이루어진다. convertToBW 메소드는 이중 루프로 구성하여 이미지를 구성하는 각 픽셀의 색상 값을 얻은 다음, 흑백으로 바꾸어 원래 위치에 저장한다. "Save" 버튼이 눌리면 입력 필드에 입력된 이름의 파일로 이미지를 저장하는데(68-75행), 이 때 ImageIO.write() 메소드를 사용한다. "Convert" 버튼을 누르지 않은 상태라면 원본을 복사한 새로운 파일이 생성되고, "Convert" 버튼을 누른 이후라면 흑백으로 변환된 파일이 생성된다.

이 프로그램은 입력 필드에 파일 이름이 입력되지 않았거나 잘못된 경우, 읽을 파일이 현재 폴더에 존재하지 않을 경우나 이미지 파일이 아닌 경우 등에 대한 에러 처리를 포함하고 있지 않다. 원본 파일의 선택은 스윙 컴포넌트의 하나인 JFileChooser를 사용하면 더욱 편리할 것이다. (JFileChooser는 12.4절의 파일 관리자 예제에서 사용되었으므로 참고하라.) 이런 기능을 추가하여 프로그램을 확장하는 것은 연습으로 남겨 둔다.

프로그래밍 과제

1. 스트링의 특정 위치에 있는 문자를 얻기 위해 charAt 메소드를 사용할 수 있다. 이 때 스트링 내의 위치를 지정하기 위해 charAt의 인자로 넘기는 정수가 범위를 벗어나면 StringIndexOutOfBoundsException이라는 예외가 발생한다. 다음의 예제 프로그램과 실행 결과를 살펴 보라.

```java
import java.util.Scanner;

public class StringExceptionDemo {
    public static void main(String[] args) {
        Scanner input = new Scanner(System.in);
        System.out.print("문장을 입력하세요: ");
        String word = input.nextLine();
        System.out.print("인덱스를 입력하세요: ");
        int n = input.nextInt();

        char ch = word.charAt(n);
        System.out.println(n + "번째 문자=" + ch);
    }
}
```

```
Problems  @ Javadoc  Declaration  Console ⊠
<terminated> StringExceptionDemo [Java Application] C:\Program Files\AdoptOpenJDK\jdk-11.0.4.11-hotspot\bin\javaw.exe
문장을 입력하세요: Java Programming
인덱스를 입력하세요: 18
Exception in thread "main" java.lang.StringIndexOutOfBoundsException: String
index out of range: 18
        at java.base/java.lang.StringLatin1.charAt(StringLatin1.java:47)
        at java.base/java.lang.String.charAt(String.java:693)
        at chap09.StringExceptionDemo.main(StringExceptionDemo.java:13)
```

위의 프로그램에 이 예외를 처리하는 try-catch 구조를 추가하여 수정하라. 즉, 예외가 발생하면 문자를 출력하는 대신 다음 실행 결과와 같은 오류 메시지를 출력하고 프로그램을 종료한다.

```
Problems  @ Javadoc  Declaration  Console ⊠
<terminated> StringExceptionDemo [Java Application] C:\Pro
문장을 입력하세요: Java Programming
인덱스를 입력하세요: 18
오류: 스트링 인덱스의 범위가 벗어남,  인덱스=18
```

◇□◇□◇□◇□◇□◇□◇□◇□◇

2. 배열에 사용자가 입력한 점수의 목록을 저장하고 합계와 평균을 구해 출력하는 프로그램을 작성해 보자. 점수를 저장할 배열은 처음에 그 크기가 3인 int 타입으로 선언한다. 사용자에게 점수를 하나씩 입력 받는 루프를 작성하되, 음수 값이 입력되면 입력을 종료한다. (음수 값은 점수로 간주하지 않는다.) 만일 배열의 크기보다 더 많은 점수가 입력되고 이를 배열에 저장하려고 시도하면 ArrayIndexOutOfBoundsException이 발생할 것이다. 이 예외를 처리하는 try-catch 문을 작성하되 catch 블록에서 배열의 크기를 3만큼 증가시키고 루프가 계속 실행될 수 있도록 작성하라. catch 블록에서는 getMessage 메소드를 사용하여 예외에 대한 정보도 출력해야 한다. 다음의 실행 결과를 참조하라.

위의 실행 결과를 보면 배열의 초기 용량이 3이므로 4번째 점수를 입력 받아 저장하려고 시도할 때 예외가 발생한다. catch 블록에서는 먼저 예외에 대한 정보를 출력한 후 배열의 용량을 3만큼 증가시킨다.(용량을 증가시킨다는 메시지도 출력한다). 배열 용량의 증가는 새로운 배열을 만들어 기존 배열의 점수들을 새로운 배열에 복사한 후 배열 변수가 새로운 배열을 가리키도록 하면 된다. 그리고 나서 루프가 계속되어 새로운 점수를 읽어 들인다. 음수 값이 입력되어 입력을 종료하면 점수의 목록과 합계 및 평균을 출력한다.

프로그래밍 과제

3. 본문에서 설명했듯이 ArrayIndexOutOfBoundsException과 같은 비확인 예외들은 일반적으로 try-catch를 사용하여 처리하지 않는다. 2번에서 작성한 프로그램을 try-catch를 사용하지 않도록 코드를 수정하라. 즉, 예외가 발생하지 않도록 코드를 작성해야 한다. 실행 결과는 예외가 발생하지 않는다는 점만 제외하면 2번과 동일하다.

```
Problems  @ Javadoc  Declaration  Console
<terminated> ExceptionTest2 [Java Application] C:\Program F
점수를 입력하시오.
70
점수를 입력하시오.
75
점수를 입력하시오.
80
점수를 입력하시오.
85
increasing array size..
점수를 입력하시오.
90
점수를 입력하시오.
95
점수를 입력하시오.
-1
1:70 2:75 3:80 4:85 5:90 6:95
합계=495, 평균=82.5
```

4. InputStream의 read 메소드를 사용하여 한 줄의 문장을 입력 받아 한 단어씩 분리하여 출력하는 프로그램을 작성하라. Scanner나 기타 다른 입력 클래스를 사용하지 않고 오직 System.in.read() 메소드만 사용해야 한다. InputStream의 read 메소드는 확인 예외를 발생시킬 수 있으므로 이를 처리하여야 함에 유의하라. 단어는 공백문자로 분리된 문자열을 뜻한다. 단어와 단어 사이에는 두 개 이상의 공백문자가 연이어 나올 수 있다. 다음 실행 결과를 참고하라.

```
Problems  @ Javadoc  Declaration  Console
<terminated> ReadWordDemo [Java Application] C:\Program Files\AdoptOpenJDK\jdk-11.0
문장을 입력하시오.
  Java    is super super-easy language,    isn't it??!!
1: Java
2: is
3: super
4: super-easy
5: language,
6: isn't
7: it??!!
```

◇◻◇◻◇◻◇◻◇◻◇◻◇

5. 이미지를 읽어서 다음과 같이 라디오 버튼에 따라 이미지 크기를 변경하여 격자 모양으로 표시하는 프로그램을 작성하라. Fullsize가 선택되면 이미지를 원본의 크기로 하나 그린다. Medium이 선택되면 너비와 높이가 각각 원본의 1/2인 이미지를 격자 형태로 4개 그린다. Small이 선택되면 너비와 높이가 각각 원본의 1/3인 이미지를 격자 형태로 9개 그린다. (힌트: 예제 9.14를 참고하라. imageDraw 메소드를 사용하면 원하는 위치에, 원하는 크기를 가지도록 이미지를 그릴 수 있다.)

(초기 윈도우)

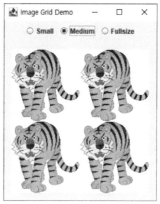
(Medium을 누르면)

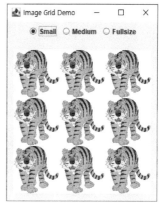
(Small을 누르면)

CHAPTER **10**

제네릭과 컬렉션

10.1 ArrayList와 타입 매개변수

배열과 ArrayList

자바의 배열은 new 연산자로 배열을 생성할 때 그 크기가 정해진다. 예를 들어 다음과 같이 배열을 선언하면 wordList의 크기는 5로 고정된다. 실행되는 중에는 배열의 크기를 늘리거나 줄일 수 없다.

```
String[] wordList = new String[5];
```

그러므로 미리 요소의 크기를 정확히 알 수 있으면 거기에 맞게 배열을 생성하면 되고, 미리 알 수 없다면 부족하지 않도록 최대의 크기를 추정해서 생성해야 한다. 그런데 만약 실행 중에 예상보다 많은 요소를 저장해야 하는 상황이 되어서 배열의 공간이 부족하면 어떻게 해야 할까? 더 큰 배열을 새로 생성하고 원래 배열의 요소를 거기에 복사하면 된다.

```
String[] newList = new String[10];
for (int i=0; i<wordList.length; i++)
    newList[i] = wordList[i];
wordList = newList;
```

그런데 ArrayList 클래스를 사용하면 이 문제를 더 간단히 해결할 수 있다. ArrayList는 자바가 제공하는 클래스로서 배열과 비슷한 용도로 사용할 수 있지만 실행 중에 크기가 변경될 수 있다. 즉, 공간이 부족하면 자동적으로 그 크기가 늘어나는 동적(dynamic)인 데이터 구조이다.

ArrayList는 java.util 패키지에 속한 클래스이므로 사용하려면 먼저 import문이 필요하다.

```
import java.util.ArrayList;
```

ArrayList를 선언할 때 한 가지 특별한 점은 요소의 타입을 지정해 줘야 한다는 것이다. 즉, ArrayList 객체는 여러 개의 요소를 저장하는 가변 크기의 배열이나 리스트로 생각할 수 있는데, 그 요소가 어떤 타입인지를 지정해줘야 한다는 것이다. 요소의 타입은 다음과 같이 ArrayList 다음에 ◇로 표시한다.

```
ArrayList<String> list = new ArrayList<String>();
```

위 선언은 요소의 타입을 String으로 지정한다. 즉, String 객체를 요소로 가지는

ArrayList 객체를 생성하여 list라는 이름의 변수에 대입한다. ArrayList 객체를 생성할 때 위와 같이 생성자에 인자를 넣지 않으면 초기 용량(capacity)이 10으로 지정된다. 10개의 요소를 위한 메모리가 초기에 할당되는 것이다. 물론 ArrayList는 동적인 데이터 구조이므로 저장할 요소의 수가 초기 용량을 넘어가면 크기가 자동적으로 늘어난다. 객체를 생성할 때 다음과 같이 특정한 초기 용량을 지정할 수도 있다.

```
ArrayList<String> list = new ArrayList<String>(20);
```

ArrayList의 실제 구현은 일반적으로 배열로 되어 있으므로 실제로 저장될 요소의 수보다 초기 용량이 너무 작으면 배열의 크기를 늘리고 기존 요소를 복사하느라 많은 실행 시간이 걸릴 수 있고, 반대로 초기 용량이 너무 크면 메모리 공간이 낭비될 수 있다. 즉, 적절한 초기 용량을 택하는 것이 효율적인 코드를 작성하는 데 도움이 된다.

한편 배열과 ArrayList는 한 가지 중대한 차이점이 있는데, 배열의 경우에는 int, double 과 같은 기본형 배열도 가능하고 객체의 배열도 가능한 반면 ArrayList의 요소는 반드시 객체여야 한다. ArrayList의 요소 타입으로는 클래스만을 사용할 수 있고 int, double 같은 기본형을 사용할 수 없다는 말이다.

요약: ArrayList 객체의 생성

ArrayList 객체의 생성은 여타 클래스와 같은 방법으로 new 연산자를 사용하여 할 수 있지만 요소의 타입(아래에서 E로 표시됨)을 기술해야 한다.

```
ArrayList<E> variable = new ArrayList<E>();
ArrayList<E> variable = new ArrayList<E>(capacity);
```

E는 클래스 이름이어야 한다. 생성자의 인자가 주어지면 초기 용량(capacity)으로 사용하고 인자가 주어지지 않으면 초기 용량은 10이 된다.

참고 | ArrayList 선언에서 요소 타입의 생략

ArrayList를 선언할 때 다음과 같이 생성자 쪽의 타입 기술을 생략할 수 있다. 요소 타입을 생략하더라도 <>는 남겨두어야 한다. 이 경우에 컴파일러는 문맥으로부터 요소 타입을 결정하게 되는데 컴파일러의 이와 같은 타입 결정 과정을 **타입 추론**(type inference)이라고 부른다.

```
ArrayList<String> list = new ArrayList<>(20);
```

ArrayList의 메소드

배열에서는 요소를 접근하기 위해 대괄호([]) 안에 인덱스를 넣어 사용한다. 하지만 ArrayList는 배열이 아니라 클래스이므로 요소를 접근하려면 메소드를 사용해야 한다. ArrayList의 기본적인 메소드들이 사용된 예제 10.1의 프로그램을 살펴 보자.

예제 10.1 ArrayListDemo 클래스

```java
01  import java.util.ArrayList;
02  import java.util.Scanner;
03
04  public class ArrayListDemo {
05      public static void main(String[] args) {
06          Scanner input = new Scanner(System.in);
07
08          ArrayList<String> list = new ArrayList<String>(5);
09          list.add("사과");
10          list.add("오렌지");
11          list.add("배");
12          list.set(1, "감");
13          list.add(2, "석류");
14          list.add("참외");
15          list.remove(0);
16
17          for (int i=0; i<list.size(); i++)
18              System.out.println(i + ": " + list.get(i));
19
20          System.out.print("찾을 내용은? ");
21          String item = input.next();
22          System.out.println(list.contains(item) ? "있음" : "없음");
23      }
24  }
```

8행을 보면 초기 용량이 5인 String 타입의 ArrayList를 선언하였다. 생성자 쪽의 타입을 생략해도 컴파일러가 타입 추론에 의해 결정할 수 있다고 했으므로 다음과 같이 간단하게 작성해도 된다.

```java
ArrayList<String> list = new ArrayList<>(5);
```

이 선언에 의해 객체가 생성되고 참조 변수 **list**가 이를 가리키게 되면 대략 그림 **10.1**과 같이 객체 내부에 크기가 5인 리스트가 할당된 상태가 된다. 물론 초기 용량이 5라는 것이 다섯 개의 요소만을 저장할 수 있다는 뜻은 아니다. 다섯 개보다 많은 요소를 저장하게 되면 자동적으로 크기가 늘어난다. **ArrayList**의 요소들도 배열과 마찬가지로 **0**부터 인덱스가 매겨지므로 다섯 개의 요소는 **0**에서 4까지의 인덱스를 할당 받는다.

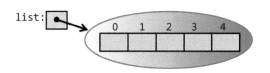

그림 10.1 예제 10.1 8행의 ArrayList 객체

ArrayList 객체에 요소를 삽입하기 위해 add 메소드를 사용할 수 있다. add 메소드를 호출하면서 삽입할 객체를 인자로 넘겨 주면 위치 **0**에서부터 차례대로 새로운 요소를 추가한다.

```
list.add("사과");
list.add("오렌지");
list.add("배");
```

즉, add를 호출할 때마다 비어 있는 위치에 차례로 새로운 요소가 추가된다. 위의 세 줄을 실행하면 list 객체에 세 개의 요소가 차례대로 추가되어 그림 **10.2**와 같은 상태가 된다.

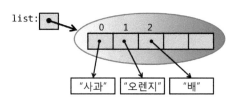

그림 10.2 예제 10.1 11행 실행 후의 ArrayList 객체

현재 **list** 객체의 용량(capacity)은 5이지만 3개의 요소가 추가되었으므로 크기(size)가 3인 상태이다. **set** 메소드는 특정 위치의 요소를 변경하는 용도로 사용한다. 즉, **set** 메소드에 변경할 위치 인덱스와 새로운 요소를 인자로 넘겨 주면 지정된 위치의 요소를 주어진 인자로 대체한다.

```
list.set(1, "감");
```

위의 문장은 list의 두 번째(인덱스 1의 위치) 요소를 새로운 스트링으로 대체하므로 객체의 상태는 그림 10.3과 같이 변한다.

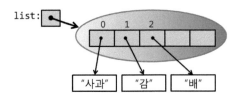

그림 10.3 예제 10.1 12행 실행 후의 ArrayList 객체

set 메소드와 비슷하게 두 개의 인자를 받는 형태의 add 메소드도 존재한다. 다음 문장은 인덱스 2의 위치에 새로운 요소를 삽입하라는 의미이다.

```
list.add(2, "석류");
```

2의 위치에 새로운 요소를 삽입하려면 인덱스 2부터 끝까지의 위치에 있던 기존 요소들을 뒤로 한 자리씩 물려야 한다. 지금 예에서는 2가 리스트의 마지막 요소의 위치이므로 그 위치에 새로운 요소가 삽입되고 2의 위치에 있던 객체는 3의 위치로 이동하여 그림 10.4의 상태가 된다.

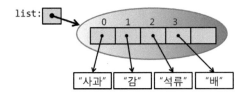

그림 10.4 예제 10.1 13행 실행 후의 ArrayList 객체

add 메소드는 새로운 요소를 삽입하는 것이므로 새로운 요소를 리스트의 끝에 삽입하는 형태(인자가 하나)이든, 특정 위치에 삽입하는 형태(인자가 두 개)이든 리스트의 크기를 증가시킨다. 그 다음 14행은 리스트의 끝에 새로운 요소를 삽입하는 add 메소드이다.

```
list.add("참외");
```

14행을 실행한 결과는 그림 **10.5**와 같다. 리스트가 초기 할당된 용량만큼 가득 찼으므로 여기에 추가적인 삽입이 이루어진다면 메모리 공간을 늘려야 한다.

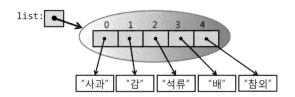

그림 10.5 예제 10.1 14행 실행 후의 ArrayList 객체

remove 메소드는 위치 인덱스를 인자로 받아서 지정된 위치에 있는 요소를 삭제한다. 지정된 위치 이후의 모든 요소들은 하나씩 앞으로 이동한다.

```
list.remove(0);
```

예를 들어 위의 문장은 인덱스 **0**의 위치, 즉 첫 번째 위치의 요소를 삭제하므로 나머지 요소들이 모두 한 자리씩 앞으로 이동하고 리스트의 크기가 **1** 줄어들게 되어 ArrayList 객체의 상태는 그림 **10.6**과 같이 된다.

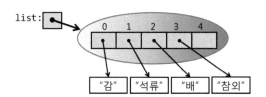

그림 10.6 예제 10.1 15행 실행 후의 ArrayList 객체

ArrayList 객체의 현재 크기를 얻으려면 size 메소드를 사용하면 된다. 즉, 그림 **10.6**의 상태에서 `list.size()`를 호출하면 현재의 크기인 4가 반환된다.

리스트의 특정 위치에 있는 요소를 접근하려면 get 메소드를 사용한다. get 메소드에 인자로 인덱스를 넘기면 해당 위치의 요소를 반환해 준다. 그러므로 리스트의 요소들을 모두 차례로 출력하려면 예제 **10.1**의 17–18행과 같이 for 루프를 작성하면 된다.

```
for (int i=0; i<list.size(); i++)
    System.out.println(i + ": " + list.get(i));
```

리스트의 현재 상태가 그림 **10.6**과 같으므로 이 루프의 실행 결과는 다음과 같다.

```
0: 감
1: 석류
2: 배
3: 참외
```

그런데 ArrayList에 저장된 요소들에 접근하기 위해 다음과 같이 for-each 루프를 사용할 수도 있다.

```
for (String item: list)
    System.out.println(item);
```

위의 for-each 루프도 이전의 for 루프와 동일한 목록을 출력한다.

```
감
석류
배
참외
```

ArrayList 객체의 리스트에 특정 요소가 포함되어 있는지 알아보기 위해서 contains 메소드를 사용할 수 있다. 다음 코드(**20-22행**)는 사용자가 입력한 스트링이 list에 포함되어 있는지 알아보기 위해 contains 메소드를 사용한다.

```
System.out.print("찾을 내용은? ");
String item = input.next();
System.out.println(list.contains(item) ? "있음" : "없음");
```

즉, 사용자가 입력한 스트링이 list 내에 저장되어 있으면 "있음"이 출력되고 아니면 "없음"이 출력된다. contains 메소드는 인자로 받은 객체가 리스트에 저장된 요소들 중의 하나와 같은지 비교하는데, 이를 위해 equals 메소드를 사용한다. 예제 **10.1**에서는 String 타입의 ArrayList가 사용되므로 String의 equals 메소드가 사용될 것이다.

그림 10.7 예제 10.1의 실행 결과

그림 10.8에 ArrayList 클래스의 주요 메소드들을 정리하였다. 표에서 E로 표시된 것은
ArrayList가 정의될 때 지정된 요소의 타입을 뜻한다. 앞의 예제에서는 String이었다.

---

public boolean add(E e)
주어진 요소 e를 리스트의 끝에 추가하고 리스트의 크기를 1 증가시킴. 필요하면 리스트의 용량이 증가됨.

---

public void add(**int** index, E e)
주어진 요소 e를 리스트에 추가하되 index로 지정된 위치에 추가하고 리스트의 크기를 1 증가시킴. index로 지
정된 위치부터 끝까지의 기존 요소들은 뒤로 한 자리씩 이동함. 필요하면 리스트의 용량이 증가됨.

---

public void clear()
리스트의 모든 요소를 삭제함.

---

public boolean contains(Object obj)
인자로 주어진 obj가 리스트에 포함되면 true를 반환함.

---

public E get(**int** index)
리스트에서 index로 지정된 위치에 있는 요소를 반환함.

---

public int indexOf(Object obj)
리스트에 obj가 포함되면 리스트에서 첫 번째 나타난 obj의 인덱스를 반환함. 리스트에 obj가 포함되지 않으면
-1을 반환함.

---

public boolean isEmpty()
리스트가 비어 있으면 true를 반환함.

---

public E remove(**int** index)
리스트에서 index로 지정된 위치에 있는 요소를 삭제하고 반환함. index 이후의 모든 요소들은 앞으로 한 자리
씩 이동하고 리스트의 크기가 1 감소됨.

---

public boolean remove(Object obj)
리스트에 obj가 포함되면 첫 번째 obj가 삭제됨. 삭제된 요소 이후의 모든 요소들은 앞으로 한 자리씩 이동하고
리스트의 크기가 1 감소함. 리스트에 obj가 포함되어 삭제되었으면 true를 반환함. 리스트에 obj가 포함되지 않
으면 리스트는 변화가 없음.

---

public E set(**int** index, E e)
리스트에서 index로 지정된 위치에 있는 요소를 e로 대체하고, 대체된 이전 요소를 반환함.

---

public int size()
리스트에 있는 요소의 수를 반환함.

그림 10.8 ArrayList의 주요 메소드들

기본형과 ArrayList

ArrayList는 그 크기가 가변적이면서 배열과 비슷하게 사용할 수 있으므로 일종의 가변 배열이라고 볼 수 있지만, 다음과 같은 점에서 배열과 다르다.

1) 배열을 사용하는 것보다 덜 효율적이고,
2) 배열과 달리 기본형을 요소 타입으로 사용할 수 없다.

첫 번째 문제와 관련해서는 특정 응용에서 ArrayList를 사용하고자 할 때 효율성의 문제가 얼마나 심각할지 미리 검토하면 된다. 즉, 프로그램을 설계할 때 배열 대신 ArrayList를 사용함으로써 얻는 유연성이 효율상의 손실보다 더 중요한지 판단해서 사용하면 된다. 두 번째 문제는 5장에서 배운 포장(wrapper) 클래스를 사용함으로써 해결할 수 있다.

예를 들어 기본형인 int를 요소의 타입으로 가지는 ArrayList를 만들 수는 없지만, int 타입 대신 그 포장 클래스인 Integer 클래스를 요소 타입으로 쓸 수 있다. (포장 클래스에 대해서는 5.3절을 참조하라.) 다음 문장은 Integer를 요소 타입으로 하는 ArrayList를 선언한 것이다.

```java
ArrayList<Integer> intList = new ArrayList<>();
```

intList에 새로운 요소를 삽입할 때에는 기본형 값을 박싱(boxing)하여 객체로 만들어 넣으면 되고, intList의 요소를 가져올 때는 객체를 언박싱(unboxing)하여 int 값을 얻으면 된다.

```java
intList.add(Integer.valueOf(12));   //박싱
int n = intList.get(0).intValue();   //언박싱
```

그러나 포장 클래스의 객체와 기본형 값 사이에는 오토박싱(autoboxing)이 이루어지므로 위의 두 문장은 valueOf나 intValue 호출을 생략하고 다음과 같이 간단히 작성할 수 있다.

```java
intList.add(12);
int n = intList.get(0);
```

다음 코드는 Integer 클래스를 요소 타입으로 하여 ArrayList 객체를 선언하고, 여기에 몇 개의 int 값을 삽입한 후 저장된 값들을 출력하는 예제이다.

```java
ArrayList<Integer> intList = new ArrayList<>();
intList.add(12);
```

```
intList.add(24);
intList.add(1, 36);
for (int i=0; i<intList.size(); i++)
    System.out.println(i + ": " + intList.get(i));
```

위의 코드를 보면 **ArrayList**를 선언할 때만 포장 클래스를 지정하고 사용할 때는 (오토박싱 덕분에) 그냥 기본형의 값이 저장된 것처럼 작성해도 되므로 코드를 작성하는 측면에서는 별 다른 어려움이 없다. 다만 박싱 및 언박싱 과정도 시간이 걸리는 작업이므로 효율의 저하가 있을 수는 있다. 실행 결과는 다음과 같다.

```
0: 12
1: 36
2: 24
```

ArrayList로 구현한 객체 리스트 예제

ArrayList를 사용하는 예제를 작성해 보자. 이 프로그램은 도서 정보를 입력 받아 **ArrayList**에 저장하고 이에 대한 검색을 지원하는 **GUI** 프로그램으로 동작한다. 먼저 도서 정보는 '제목'과 '저자'로 이루어지며 예제 **10.2**의 Book 클래스로 나타낸다. Book 클래스는 **String** 타입의 인스턴스 변수 **title**과 **author**를 가지며 이들에 대한 접근자 메소드와 **toString** 메소드를 제공한다.

예제 10.2 Book 클래스

```
01  public class Book {
02      private String title;
03      private String author;
04
05      public Book(String title, String author) {
06          this.title = title;
07          this.author = author;
08      }
09
10      public String toString() {
11          return "title=" + title + ", author=" + author;
12      }
```

```
13
14    public String getTitle() {
15        return title;
16    }
17
18    public String getAuthor() {
19        return author;
20    }
21 }
```

프로그램은 도서의 제목과 저자를 입력 받아 Book 클래스의 객체를 생성한 다음 ArrayList 에 저장했다가, 검색 질의가 있으면 리스트를 검색하여 검색 조건과 일치하는 도서 목록을 보여 주어야 한다. 등록과 검색을 위한 윈도우는 그림 10.9와 같다.

그림 10.9 도서 등록 및 검색 윈도우

상단에는 제목과 저자를 입력 받기 위한 텍스트 필드가 있다. 그 아래에 "등록"과 "검색"을 위한 2개의 버튼이 위치하고 하단에는 등록 결과 혹은 검색 결과를 보여주기 위한 텍스트 영역이 보여진다.

"제목"과 "저자" 필드에 내용을 입력하고 "등록" 버튼을 누르면 입력된 내용을 가지고 Book 객체를 만들어 저장하게 된다. 그리고 나서 리스트에 저장된 모든 도서의 정보가 하단의 텍스트 영역에 보여지도록 한다. 예를 들어 제목="벌레 이야기", 저자="이청준"으로 입력하고 "등록" 버튼을 누르면 그림 10.10과 같은 화면이 된다. 하단에 보여지는 도서 정보는 예제 10.2의 Book 클래스가 제공하는 toString 메소드의 반환값이다.

그림 10.10 도서 정보 등록 화면

계속해서 "황석영"의 "장길산"과 "이청준"의 "당신들의 천국"을 차례로 입력하여 등록하면
그림 10.11과 같이 3개의 도서 정보가 표시된 화면이 된다

그림 10.11 도서 정보 등록 화면

검색을 위해 제목="당신들의 천국", 저자="이청준"으로 입력하고 "검색" 버튼을 누르면 그
림 10.12와 같이 입력된 조건과 일치하는 도서를 리스트에서 찾아 그 정보를 하단에 표시
한다.

그림 10.12 도서 정보의 검색

검색은 "제목"과 "저자" 중 하나의 필드만 입력해도 동작한다. 예를 들어 저자="이청준"으로 입력하고 "제목" 필드는 비워둔 상태에서 "검색" 버튼을 누르면 그림 **10.13**과 같이 "저자" 필드가 일치하는 모든 도서를 검색하여 하단에 표시해 준다.

그림 10.13 도서 정보의 검색

완성된 프로그램을 예제 **10.3**에 보였다. 먼저 도서 정보를 저장할 리스트를 ArrayList로 선언하는데 타입 매개변수를 Book 타입으로 지정하여 다음과 같이 생성할 수 있다.

```
ArrayList<Book> bookList = new ArrayList<>();
```

도서 리스트인 **bookList**는 리스너 내에서도 사용해야 하므로 인스턴스 변수로 선언되고 (13행) 실제의 객체 생성은 생성자 내에서 이루어진다(22행).

예제 10.3 BookListFrame 클래스

```
      //필요한 import는 Ctrl+Shift+O로 포함

12   public class BookListFrame extends JFrame {
13       private ArrayList<Book> bookList;
14       private JTextField title, author;
15       private JTextArea msgArea;
16
17       public BookListFrame() {
18           setSize(230, 250);
19           setDefaultCloseOperation(EXIT_ON_CLOSE);
20           setTitle("BookList Example");
```

```
21
22          bookList = new ArrayList<>();
23
24          setLayout(new FlowLayout(FlowLayout.CENTER, 5, 10));
25          add(new JLabel("제목"));
26          title = new JTextField(15);
27          add(title);
28          add(new JLabel("저자"));
29          author = new JTextField(15);
30          add(author);
31          JButton register = new JButton("등록");
32          add(register);
33          JButton search = new JButton("검색");
34          add(search);
35          msgArea = new JTextArea(5, 20);
36          msgArea.setEditable(false);
37          add(msgArea);
38
39          register.addActionListener(new ActionListener() {
40              @Override
41              public void actionPerformed(ActionEvent e) {
42                  String result = "";
43                  bookList.add(new Book(title.getText().trim(),
44                                        author.getText().trim()));
45
46                  for (Book b : bookList)
47                      result += b.toString() + "\n";
48
49                  msgArea.setText(result);
50                  title.setText("");
51                  author.setText("");
52              }
53          });
54
55          search.addActionListener(new ActionListener() {
56              @Override
57              public void actionPerformed(ActionEvent e) {
58                  String result = "";
59                  String keyTitle = title.getText().trim();
```

```
60                    String keyAuthor = author.getText().trim();
61
62                    if (keyTitle.equals("") && keyAuthor.equals(""))
63                        return;
64
65                    for (Book b : bookList) {
66                        if ((keyTitle.equals("") ||
67                                b.getTitle().equals(keyTitle))
68                                && (keyAuthor.equals("") ||
69                                    b.getAuthor().equals(keyAuthor)))
70                            result += b.toString() + "\n";
71                    }
72                    msgArea.setText(result);
73                }
74            });
75        }
76
77        public static void main(String[] args) {
78            (new BookListFrame()).setVisible(true);
79        }
80  }
```

UI 컴포넌트를 사용한 윈도우의 구성은 생성자의 24-37행에서 이루어진다. 배치 관리자를 FlowLayout으로 지정하고(24행) 레이블과 텍스트 필드, 버튼, 텍스트 영역 등을 생성하여 차례로 추가한다. 리스너에서 사용되어야 하는 컴포넌트들은 인스턴스 변수로 선언된다. 등록된 도서 정보나 검색 결과를 표시하는 하단의 텍스트 영역은 사용자 입력을 받지 않고 정보 표시의 용도로만 사용할 것이므로 편집할 수 없도록 지정했다(36행). 리스너는 "등록"과 "검색" 버튼에 등록된다(39,55행).

버튼의 동작에 대응하는 리스너는 무명 클래스 방법으로 작성되었다. "등록" 버튼의 동작은 "등록" 버튼에 리스너를 등록하면서 작성되고(39-53행) "검색" 버튼의 동작은 "검색" 버튼에 리스너를 등록하면서 작성된다(55-74행).

"등록" 버튼이 눌렸을 때는 title과 author 필드로부터 도서의 제목과 저자를 얻은 다음 이 데이터를 이용하여 Book 객체를 만들고 이 객체를 bookList에 등록하면 된다(43-44행). 그리고 나서 for-each 루프로 bookList에 저장된 도서의 정보를 수집한 다음(46-47행),

이를 하단 텍스트 영역에 표시하면 된다(49행).

"검색" 버튼이 눌렸을 때 title과 author 필드에 입력된 내용은 검색을 위한 키워드이다. 즉, 입력된 내용과 일치하는 도서들을 찾아 그 정보를 화면에 표시해야 한다. 2개의 필드가 모두 비어 있으면 진행할 작업이 없으므로 바로 복귀한다(62-63행). 필드에 입력된 내용이 있다면 bookList의 객체를 순회하면서 입력된 내용과 일치하는 도서들을 찾아 그 정보를 수집해야 한다. 66-70행의 if 문은 각 Book 객체의 인스턴스 변수가 입력된 내용과 일치하는지 검사하고 있다.

```
if ((keyTitle.equals("") || b.getTitle().equals(keyTitle))
        && (keyAuthor.equals("") || b.getAuthor().equals(keyAuthor)))
```

예를 들어 그림 10.13처럼 제목 필드는 비어 있고 저자 필드만 내용이 입력되었다면 keyTitle은 ""(내용이 비어 있는 스트링)이고 keyAuthor는 "이청준"이 된다. if 문의 조건식은 && 연산자와 2개의 피연산자로 이루어져 있는데, 그 첫 번째 피연산자는 다음의 식이다.

```
(keyTitle.equals("") || b.getTitle().equals(keyTitle))
```

이 식은 keyTitle이 ""이므로 첫 번째 equals 호출에 의해 true가 된다. title을 비교하는 두 번째 equals는 계산되지 않고 && 연산자의 첫 번째 피연산자인 위의 식 전체가 true가 되는 것이다. 따라서 이제 &&의 두 번째 피연산자인 다음의 식을 검사해야 한다.

```
(keyAuthor.equals("") || b.getAuthor().equals(keyAuthor))
```

입력된 keyAuthor가 "이청준"이므로 위의 첫 번째 equals는 false가 된다. 결국 위의 식은 입력된 keyAuthor가 객체의 author 필드와 equals 메소드로 비교하여 같으면 true가 되는 것이다. 이러한 검사에 의해 일치하는 것으로 확인된 객체의 정보만 수집되어(70행) msgArea 영역에 표시된다(72행).

타입 매개변수

ArrayList를 선언할 때 ◇ 안에 요소의 타입을 명시했는데, 이와 같은 것을 **타입 매개변수**(type parameter)라고 부른다. 즉, 다음과 같은 ArrayList 선언에서 E를 타입 매개변수라고 부른다.

```
ArrayList<E> variable = new ArrayList<E>();
```

```
ArrayList<E> variable = new ArrayList<E>(capacity);
```

ArrayList는 여러 개의 객체를 저장하는 일종의 리스트를 위한 클래스인데, 만약 저장되는 객체의 타입이 무엇일지 고정하게 되면 String 객체를 위한 StringArrayList, Integer 객체를 위한 IntegerArrayList 등의 클래스를 별도로 정의해야 한다. 그러나 모든 종류의 ArrayList는 객체의 구성과 동작이 거의 동일할 것이므로 요소의 타입에 따라 클래스를 별도로 정의하는 것은 불필요한 코드의 중복을 가져온다.

더구나 프로그래머가 정의하는 사용자 클래스를 요소의 타입으로 가지도록 하려면 이런 방법으로는 불가능하다. 예를 들어 예제 10.13에서 사용한 ArrayList는 Book을 요소의 타입으로 가지는데, Book은 우리가 정의한 클래스이다. 자바가 Book을 위한 ArrayList를 미리 제공할 수는 없는 일이다. 그래서 하나의 ArrayList 정의가 있는 대신 그 정의에 타입 매개변수를 두도록 한 것이다. 즉, 타입 매개변수가 String으로 지정되면 스트링 객체의 리스트를 갖는 ArrayList 객체가 생성되고, 타입 매개변수가 Book 클래스로 지정되면 Book 객체의 리스트를 갖는 ArrayList 객체가 생성된다. 이런 의미에서 〈E〉를 타입 매개변수라고 부르는 것이고, 이 때 ArrayList를 '매개변수가 붙은' 클래스(parameterized class)라고 부르기도 한다.

타입 매개변수가 붙은 클래스를 **제네릭 클래스**(generic class)라고 부른다. ArrayList는 자바가 제공하는 제네릭 클래스의 하나이다. ArrayList가 제네릭 클래스라는 말은 ArrayList 자체는 요소의 타입이 특정한 클래스로 지정되어 있지 않다는 의미에서 포괄적(generic)이라는 뜻이다. 제네릭 클래스를 실제 코드에서 사용하려면 ArrayList〈String〉처럼 타입 매개변수를 특정한 타입으로 지정하게 되는데, 이와 같이 요소의 타입이 지정되면 구체적인(specific) 클래스 가 된다.

제네릭을 사용하는 기법을 **제네릭 프로그래밍**이라고 부른다. 프로그래머가 타입 매개변수를 가지는 새로운 제네릭 클래스를 정의하는 방법은 이 장 후반부에서 미루고, 그 전에 자바가 제공하는 중요한 제네릭 클래스가 어떤 것들이 있는지 살펴 보자.

10.2 컬렉션

자바 컬렉션 프레임워크

앞 절에서 살펴 본 **ArrayList**는 배열과 비슷하게 여러 개의 데이터를 다루는 자료구조이지만 배열이 가지는 단점을 피하려고 사용하는 클래스이다. 일종의 가변 길이 배열이라고 볼 수도 있다. 물론 배열보다는 덜 효율적이고 배열과 달리 객체만을 대상으로 한다는 차이점이 있었다. 자바에는 **ArrayList** 외에도 객체들의 집단(collection), 즉 컬렉션을 다루는 많은 클래스들이 존재하는데, 이들을 **자바 컬렉션 프레임워크**(Java Collections Framework)로 총칭한다. 자바 컬렉션 프레임워크는 자주 사용되는 여러 가지 자료구조를 제공하는 많은 수의 클래스와 인터페이스로 구성되어 있다. 또한 대부분 제네릭 기법으로 구현되어 있으므로 흔히 **ArrayList⟨E⟩**와 같이 타입 매개변수를 포함하여 나타낸다. 프로그래머는 원하는 클래스에 타입 매개변수를 명시하여 특정 타입의 객체를 다루는 컬렉션 자료구조를 얻게 된다.

---

boolean add(E e)
요소를 컬렉션에 추가함. 호출의 결과로 컬렉션이 변경되면 true를 반환함.

---

void clear()
컬렉션의 모든 요소를 삭제함.

---

boolean contains(Object obj)
인자로 주어진 obj가 컬렉션에 포함되어 있으면 true, 아니면 false를 반환함.

---

boolean equals(Object obj)
인자로 주어진 obj가 컬렉션과 같은지 비교하는 메소드.

---

boolean isEmpty()
컬렉션에 요소가 하나도 없으면 true를 반환함.

---

boolean remove(Object obj)
인자로 주어진 obj가 컬렉션에 포함되어 있으면 그 요소를 삭제함. 삭제에 성공하여 컬렉션이 변경되면 true를 반환함.

---

int size()
컬렉션에 있는 요소의 수를 반환함.

Object[] toArray()
컬렉션의 모든 요소를 포함하는 배열을 만들어 반환함.

그림 10.14 Collection 인터페이스의 주요 메소드

자바 컬렉션 프레임워크에 속하는 중요한 몇 가지 클래스들을 살펴 보면 가변 길이의 배열을 구현하는 ArrayList〈E〉, 집합을 구현하는 HashSet〈E〉, 연결리스트(linked list)를 구현하는 LinkedList〈E〉 등이 있다. 이들은 모두 자바 컬렉션 프레임워크의 최상층 인터페이스인 Collection을 구현하고 있다. Collection 인터페이스의 주요 메소드를 그림 10.14에 나타내었다.

그림 10.14에 열거된 모든 메소드들은 ArrayList에도 있다. 이것은 ArrayList가 Collection 인터페이스를 구현하고 있으므로 당연히 일이다. 자바 컬렉션 프레임워크의 다른 클래스들도 Collection 인터페이스를 구현한다면 이들 메소드를 포함하여야 한다. 물론 세부적인 구현 내용은 클래스에 따라 달라질 것이다.

ArrayList의 메소드 중에 Collection 인터페이스에 포함되지 않은 get이나 set 메소드는 List라는 이름의 또 다른 인터페이스에 속해 있다. get이나 set 메소드는 인덱스로 명시되는 특정 위치의 요소를 접근하거나 설정하는 메소드들이다. List는 Collection의 서브 인터페이스인데, 순서 제약이 없는 단순 컬렉션에 해당하는 Collection과 달리 순서가 있는 컬렉션을 나타내기 위한 인터페이스이다. 그러므로 인덱스에 의해 리스트를 조작하는 메소드들이 List에 포함되어 있다. ArrayList는 Collection뿐만 아니라 List 인터페이스도 구현하고 있다.

HashSet

자바 컬렉션 프레임워크의 클래스 가운데 Collection 인터페이스를 구현하지만 List 인터페이스를 구현하지는 않는 클래스의 예로 HashSet을 살펴 보자. HashSet은 이름에서 알 수 있듯이 집합(set)을 구현하는 자료구조를 제공한다. 집합은 요소들 간의 순서가 정의되지 않으며 중복 요소가 있을 수 없다는 특징을 가진다. 즉, ArrayList에는 값이 같은 요소들이 여러 개 포함될 수 있지만 HashSet에는 값이 같은 요소가 있을 수 없다. 그러므로 HashSet에 이미 존재하는 요소를 다시 추가해도 컬렉션이 변경되지 않는다. 또한 집합은 리스트와 달리 요소들 간의 순서가 정의되지 않는다. ArrayList의 요소가 특정 인덱스로 지정되는 위치를 가지는 것과 달리, HashSet에는 요소의 위치를 나타내는 인덱스가 사용되지 않는다.

예제 10.4는 String을 요소 타입으로 가지는 HashSet을 정의하고 여기에 사용자가 입력한 몇 개의 스트링을 저장하고 출력하는 예제 프로그램이다.

예제 10.4 HashSetDemo 클래스

```java
01  import java.util.HashSet;
02  import java.util.Scanner;
03
04  public class HashSetDemo {
05      public static void main(String[] args) {
06          HashSet<String> animalSet = new HashSet<>();
07          Scanner input = new Scanner(System.in);
08
09          System.out.println("동물의 이름을 한 줄씩 입력하시오.");
10          System.out.println("끝내려면 내용을 입력하지 말고 엔터를 누르시오.");
11          String word = input.nextLine().trim();
12          while (!word.equals("")) {
13              animalSet.add(word);
14              word = input.nextLine().trim();
15          }
16          System.out.println("저장된 동물의 목록:");
17          for (String str: animalSet)
18              System.out.println(str);
19
20          System.out.print("찾을 동물의 이름은? ");
21          String item = input.nextLine().trim();
22          System.out.println(animalSet.contains(item) ? "있음" : "없음");
23      }
24  }
```

HashSet도 Collection 인터페이스를 구현하므로 add, remove, clear, contains, size 등의 메소드는 모두 구현되어 있다. 물론 HashSet의 add는 ArrayList의 add와는 구현이 다르게 되어 있을 것이다. 또한 HashSet은 List 인터페이스를 구현하지 않고 요소의 순서가 정의되지 않는 자료구조이므로 set이나 get과 같은 메소드는 제공되지 않는다.

키보드로부터 읽어 들인 스트링을 컬렉션에 추가하기 위해 13행에서 HashSet의 add 메소드를 사용하였다. 17-18행에서는 for-each 루프를 사용하여 HashSet에 저장된 객체들을 출력하고 있고, 22행에서는 HashSet의 컬렉션에 특정 요소가 포함되어 있는지 검사하기 위해 contains 메소드를 사용하고 있다. 예제 10.4를 실행시킨 결과를 그림 10.15에 보였다.

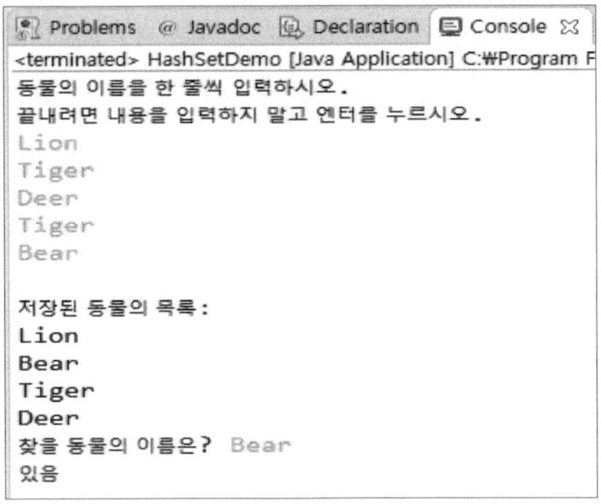

그림 10.15 예제 10.4의 실행 결과

실행 결과를 보면 같은 항목이 여러 번 추가되어도 컬렉션에는 하나만 저장되어 있음을 알 수 있다. 예를 들어 "Tiger"는 컬렉션에 2번 추가되었지만 출력된 목록을 보면 하나만 들어 있다. 2번째로 추가했을 때에는 컬렉션이 변경되지 않았다는 뜻이다. 또한 HashSet 컬렉션에서는 요소들의 순서가 정의되지 않음도 확인할 수 있다. 즉, HashSet 컬렉션에서 요소들의 출력 순서는 컬렉션에 추가된 순서와 무관하다.

Iterator를 사용한 반복

예제 10.4에서는 HashSet 컬렉션에 속한 요소들을 출력하기 위해 for-each 루프를 사용했지만, 컬렉션에 속한 자료구조를 효과적으로 반복하기 위해 제공되는 Iterator를 사용할 수도 있다. Iterator는 자바 컬렉션 프레임워크의 일부로서 java.util 패키지에 속한 인터페이스인데, 제네릭 기법으로 정의되어 있다.

Iterator를 사용하는 방법은 간단하다. 먼저 컬렉션 클래스에 정의된 iterator 메소드를 사용하여 컬렉션 객체로부터 Iterator 객체를 얻어낸다. 이렇게 얻은 Iterator 객체를 **반복자**(iterator)라고 부르는데, 컬렉션에 속한 요소들에 대해 반복 작업을 하도록 해 주는 객체이기 때문이다. 예를 들어 앞에서 살펴본 HashSet 객체로부터 Iterator 객체를 얻어내기 위해서는 다음과 같은 문장을 사용할 수 있다.

```
Iterator<String> it = animalSet.iterator();
```

Iterator의 타입 매개변수는 Iterator 객체를 얻고자 하는 컬렉션의 요소 타입과 일치해야 한다. 즉, 위에서 animalSet이 HashSet〈String〉 타입으로 정의되었기 때문에 Iterator의 타입 매개변수도 String이 되었다. Iterator의 hasNext 메소드는 컬렉션에 요소가 남아 있으면 true를 반환하고 없으면 false를 반환한다. Iterator의 next 메소드는 컬렉션의 다음 요소를 반환한다. 이 두 가지 메소드를 사용하면 컬렉션에 대한 루프를 손쉽게 작성할 수 있다.

```
while (it.hasNext()) {
    System.out.println(it.next());
}
```

예제 10.4 17-18행의 for-each 루프를 방금 설명한 Iterator 선언과 while 루프로 대체해도 프로그램은 동일하게 동작한다.

HashMap과 Map 인터페이스

자바 컬렉션 프레임워크에는 Collection 말고도 Map이라는 최상위 인터페이스가 포함되어 있다. Collection 인터페이스가 단순 객체들의 컬렉션을 대상으로 하는 것이 비해 Map 인터페이스는 '키-값'(key-value) 쌍의 컬렉션을 취급한다. 예를 들어 전화번호부를 검색한다면 '키'(key)는 이름이 되고 특정 키에 연관되어 검색되는 '값'(value)은 전화번호가 된다. 혹은 영어 사전이라면 '키'는 영어 단어가 되고 '값'은 그 단어의 뜻이 된다. 이와 같이 '키-값'의 연관 관계를 나타내는 자료구조를 **맵**(map)이라고 부른다. Map 인터페이스에는 새로운 '키-값' 쌍을 저장하는 put 메소드, '키'를 인자로 하여 연관된 '값'을 얻어내는 get 메소드 등이 명시되어 있다.

Map 인터페이스를 구현하는 HashMap 클래스는 '키-값' 쌍의 컬렉션을 저장하는 데 사용된다. HashMap 객체는 '키' 값이 주어지면 그 '키'에 연관된 '값'을 빠르게 탐색하여 찾아주므로 간단한 데이터베이스처럼 사용할 수 있다. HashMap 객체를 선언할 때는 '키'의 타입과 '값'의 타입을 모두 명시해야 한다. 즉, HashMap 클래스는 두 개의 타입 매개변수를 가진다. 흔히 HashMap〈K,V〉로 표시하는데, 여기서 K는 '키'의 타입이고 V는 '값'의 타입을 나타낸다. 그림 10.16은 HashMap 클래스의 주요 메소드들이다.

---

public void clear()
맵에서 모든 '키-값' 쌍을 삭제함.

---

public boolean containsKey(Object key)
인자로 주어진 key가 맵에 '키'로 존재하면 true를 반환함.

---

public boolean containsValue(Object value)
인자로 주어진 value가 맵에 '값'으로 존재하면 true를 반환함.

---

public V get(Object key)
인자로 주어진 key를 '키'로 하여 연관된 '값'을 찾아 반환함. 없으면 null을 반환함.

---

public boolean isEmpty()
맵에 '키-값' 쌍이 하나도 없으면 true를 반환함.

---

public Set⟨K⟩ keySet()
맵에 포함된 모든 '키' 값들의 집합(Set)을 만들어 반환함. (Set는 자바 컬렉션 프레임워크에 포함된 인터페이스로서 Collection의 서브 인터페이스이며 집합(set) 자료구조를 나타낸다. 앞에서 살펴본 HashSet이 Set 인터페이스를 구현하는 클래스이다.)

---

public V put(K key, V value)
key와 value를 '키-값' 쌍으로 맵에 추가함.

---

public V remove(Object key)
맵에서 key를 '키'로 하는 '키-값' 쌍이 존재하면 삭제함.

---

public Collection⟨V⟩ values()
맵에 포함된 모든 '값'들의 컬렉션을 반환함.

그림 10.16 HashMap⟨K,V⟩ 클래스의 주요 메소드들

HashMap 클래스의 **keySet** 메소드는 맵에 포함된 모든 '키' 값들로 이루어진 집합을 만들어 반환한다. (맵에 포함된 모든 '키-값' 쌍을 접근하려면 이 메소드가 필요하다.) 이와 달리 **values** 메소드는 맵에 포함된 모든 '값'들로 이루어진 컬렉션을 반환한다. 맵에는 중복된 '키'가 있을 수 없으므로 keySet이 '키'들로 이루어진 집합을 반환하는 반면에 '값'들은 중복될 수도 있으므로 컬렉션을 반환하는 것이다.

사람의 이름과 그 사람이 태어난 연도를 쌍으로 저장하는 HashMap 객체를 생성해 보자. '키'에 해당하는 이름은 String으로 하고 '값'에 해당하는 연도는 정수 값으로 하면 될 것이므로 다음과 같이 타입 매개변수를 ⟨String,Integer⟩로 하였다.

```
HashMap<String, Integer> hMap = new HashMap<String, Integer>();
```

HashMap에서 '키'와 '값'은 모두 객체여야 하므로 기본형 int 대신 포장 클래스인 Integer를 사용했다. HashMap의 경우에도 생성자 쪽의 타입 매개변수를 생략할 수 있고, 그럴 경우에 는 컴파일러가 요소의 타입을 추론한다.

예제 10.5는 이와 같이 HashMap 객체를 생성하고 몇 개의 '키-값' 쌍을 추가한 후, 사용자 가 입력한 이름을 '키'로 하여 연관된 값을 찾아 출력하는 프로그램이다.

예제 10.5 HashMapDemo 클래스

```
01  import java.util.HashMap;
02  import java.util.Scanner;
03
04  public class HashMapDemo {
05      public static void main(String[] args) {
06          HashMap<String, Integer> hMap = new HashMap<>();
07          hMap.put("Beethoven", 1771);
08          hMap.put("Bach", 1685);
09          hMap.put("Mozart", 1756);
10          hMap.put("Beethoven", 1770);     //이전 값을 대체
11          hMap.put("Schubert", 1797);
12          hMap.put("Haydn", 1732);
13
14          for (String key: hMap.keySet())
15              System.out.println(key + " : " + hMap.get(key));
16
17          System.out.print("\n검색할 이름은? ");
18          Scanner input = new Scanner(System.in);
19          String name = input.nextLine().trim();
20          if (hMap.containsKey(name))
21              System.out.println(name + " was born in "
22                                              + hMap.get(name)+ ".");
23          else
24              System.out.println(name + ": Not found.");
25      }
26  }
```

7-12행은 맵에 '키-값' 쌍을 추가하고 있는데, 10행과 같이 맵에 이미 존재하는 '키'가 다시 추가되면 새로운 값이 이전 값을 대체한다. 즉, "Beethoven"이라는 '키'에는 7행에서 이미 1771이라는 정수 값이 연관되었으나 10행에 의해 새로운 값인 1770으로 대체된다. 14행의 keySet 메소드는 맵에 존재하는 모든 '키'들을 Set으로 만들어 반환하는 메소드이다. 여기서는 HashMap 객체의 '키'가 String 타입이므로 Set⟨String⟩ 타입으로 반환되며 "Beethoven", "Bach", "Mozart", "Schubert", "Haydn" 등 5개의 요소로 이루어진 집합이 된다. keySet과 get 메소드를 사용하여 모든 '키-값' 쌍들을 순차적으로 반복하는 for-each 루프를 14-15행과 같이 간단히 작성할 수 있다.

나머지 17-24행은 사용자에게 이름을 입력 받고 그 이름을 맵에서 검색하여 태어난 연도를 출력한다. 맵에 특정 이름이 '키'로 존재하는지 확인하기 위해 containsKey 메소드를 사용하고, 그 '키'에 연관된 '값'을 얻어 출력하기 위해 get 메소드를 사용한다. 예제 10.5 프로그램의 실행 결과는 그림 10.17과 같다.

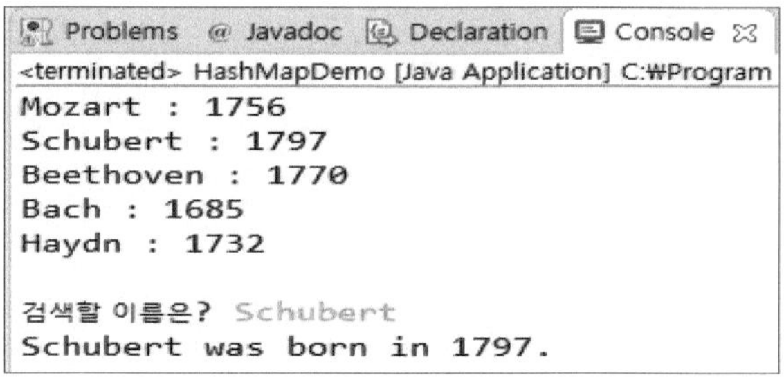

그림 10.17 예제 10.5의 실행 결과

연결 리스트

자바 컬렉션 프레임워크에 속하는 ArrayList나 이와 거의 비슷한 기능을 하는 Vector 클래스는 모두 배열을 기반으로 한다. 필요에 따라 크기가 늘어나거나 줄어들 수 있는 특징을 가지지만 기반이 되는 자료 구조가 배열이기 때문에 목록의 중간에 새로운 요소를 삽입하거나 중간에 있는 요소를 삭제할 때에는 효율이 떨어진다. 삽입 혹은 삭제되는 위치 뒤에 있는 모든 요소들을 이동시켜야 하기 때문이다. 요소의 수가 많고 목록의 중간에 요소의 삽입 및 삭제가 빈번한 응용에서는 상당한 효율 저하가 생길 수 있는 것이다. 이런 경우에는 아래에서 설명할 연결 리스트를 사용하는 것이 바람직하다.

연결 리스트(linked list)는 각 객체에 다른 객체에 대한 참조를 두는 방식으로 구성된 컬렉
션 자료구조를 말한다. 그림 **10.18**과 같은 구조가 연결 리스트이다.

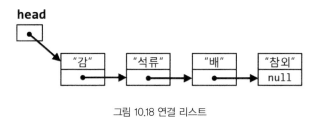

그림 10.18 연결 리스트

연결 리스트를 구성하는 각 객체를 노드(node)라고 부르는데, 노드는 데이터 부분과 링크
(link) 부분으로 구성된다. 링크는 다른 노드를 가리키는 참조이다. 그림 **10.18**과 같이 각
노드에 링크가 하나여서 한 방향으로 연결되는 구조를 **단일 연결 리스트**(singly linked list)
라 하고 각 노드에 링크가 두 개씩 들어 있어서 양 방향으로 연결되는 구조를 **이중 연결 리
스트**(doubly linked list)라고 한다. 연결 리스트에 대한 자세한 사항은 자료 구조 등의 과목
에서 자세히 다루어지므로 여기서는 생략하고, 배열 기반 컬렉션 자료 구조의 문제점이 연
결 리스트에서 어떻게 해결되는지에 대해서만 잠시 생각해 보도록 하자.

그림 **10.18**의 연결 리스트의 두 번째 위치에 "사과"라는 데이터를 갖는 새로운 노드를 삽입
해야 한다고 가정해 보자. 만약 `ArrayList`와 같은 배열 기반의 자료 구조였다면 두 번째부
터 끝까지의 위치에 있는 기존 요소들이 모두 뒤로 한 자리씩 이동해야 한다. 그러나 연결
리스트에서는 새로운 노드를 만들고 그림 **10.19**와 같이 관련된 링크만 변경하면 된다.

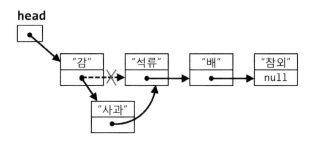

그림 10.19 연결 리스트에 새로운 노드의 삽입

즉 기존의 "감" 노드의 링크가 새로 생성한 "사과" 노드를 가리도록 변경하고, 새로 삽입되
는 "사과" 노드의 링크는 기존의 "감" 링크가 가리키고 있던 "석류" 노드를 가리키도록 하면
된다. 다른 노드들은 전혀 손댈 필요가 없는 것이다. 그림 **10.19**에서 이와 같은 방법으로

새로운 노드를 삽입하면 리스트가 그림 10.20과 같이 된다.

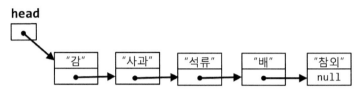

그림 10.20 새로운 요소가 삽입된 연결 리스트

중간 노드를 삭제할 때도 마찬가지이다. 그림 10.20에 보인 리스트의 중간에 위치한 "석류" 노드를 삭제한다면 그림 10.21과 같이 "사과" 노드의 링크가 "배" 노드를 가리키도록 변경 하고 "석류" 노드를 제거하면 된다.

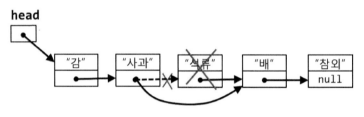

그림 10.21 연결 리스트에서 중간 요소의 삭제

연결 리스트에서는 새로운 노드를 삽입하거나 기존 노드를 삭제할 때 리스트의 다른 요소 를 옮겨야 할 필요가 전혀 없는 것이다.

더욱이 배열 기반의 자료 구조가 초기 용량만큼 배열을 할당하기 때문에 초기 용량이 실제 저장될 내용보다 클 경우에 공간을 낭비하는 것과 달리 연결 리스트에서는 불필요한 공간 이 낭비되지 않는다. 따라서 중간 위치에 잦은 삽입과 삭제가 일어나는 경우라면 연결 리스 트는 좋은 대안이 될 수 있다.

그러나 연결 리스트는 배열과 달리 인덱스에 의한 빠른 접근이 불가능하다. 연결 리스트의 특정 위치에 있는 요소를 접근하기 위해서는 헤드에서 링크들의 연쇄를 통해 순차적으로 접근해야 하므로 배열보다 접근 속도가 느리다. 또한 데이터 외에 링크를 위한 공간이 추 가로 필요하다는 단점을 가지기도 한다. 따라서 용도에 맞게 적절한 자료 구조를 선택해야 할 것이다.

LinkedList

자바 컬렉션 프레임워크에는 연결 리스트를 구현하는 LinkedList라는 클래스가 포함되어 있으므로 연결 리스트를 직접 구현하지 않고도 사용할 수 있다. 자바의 LinkedList는 양 방향으로 연결된 이중 연결 리스트를 구현하므로 그림 10.18 이하의 간단한 설명과는 약간 다르지만 기본 개념은 동일하다. 그리고 자세한 사항을 몰라도 LinkedList를 사용하는 데는 지장이 없다. LinkedList는 ArrayList와 마찬가지로 List와 Collection 인터페이스를 구현하고 있으므로 다수의 동일한 메소드를 지원한다. 그러므로 실제 프로그래밍에 있어서는 ArrayList와 거의 동일하게 사용할 수 있다. ArrayList 클래스를 사용하면 배열 기반으로 구현되고 LinkedList 클래스를 사용하면 연결 리스트 방식으로 구현되므로 응용에 따라 실행 효율 상의 차이는 있을 수 있지만, 이 두 컬렉션 클래스를 사용하는 클라이언트 코드는 거의 차이가 없다는 말이다. 예를 들어 다음의 예제 10.6은 예제 10.1에서 ArrayList를 LinkedList로 바꾼 것인데, 코드는 거의 동일하다. 단지 LinkedList는 ArrayList와 달리 생성자가 초기 용량을 인자로 받지 않는다는 차이가 있을 뿐이다.

예제 10.6 LinkedListDemo 클래스

```java
01  import java.util.LinkedList;
02  import java.util.Scanner;
03
04  public class LinkedListDemo {
05      public static void main(String[] args) {
06          LinkedList<String> list = new LinkedList<String>();
07          Scanner input = new Scanner(System.in);
08
09          list.add("사과");
10          list.add("오렌지");
11          list.add("배");
12          list.set(1, "감");
13          list.add(2, "석류");
14          list.add("참외");
15          list.remove(0);
16
17          for (int i=0; i<list.size(); i++)
18              System.out.println(i + ": " + list.get(i));
19
```

```
20          System.out.print("찾을 내용은? ");
21          String item = input.next();
22          System.out.println(list.contains(item) ? "있음" : "없음");
23      }
24  }
```

실행 결과인 그림 **10.22**도 **ArrayList**를 사용한 예제 **10.1**의 경우와 동일하다.

그림 10.22 예제 10.6의 실행 결과

HashSet과 HashMap을 이용한 예제

학생들이 프로그래밍할 수 있는 프로그래밍 언어를 조사해 보았더니 그림 **10.23**과 같았다고 하자. 즉, **Alice**는 파이썬과 C 언어를 사용할 수 있고 **Clara**는 C와 C++, 그리고 **Java**를 사용할 수 있다고 한다.

	Python	C	C++	Java
Alice	O	O	×	×
Bill	O	O	O	×
Clara	×	O	O	O
David	O	O	O	O
Eric	O	×	×	O

그림 10.23 학생별 프로그래밍 능력

이와 같이 학생과 그 학생이 가진 프로그래밍 능력을 연관시킨 자료를 저장하고 조작하는 프로그램을 작성하려고 한다. 그러려면 학생의 이름과 그 학생이 다룰 수 있는 프로그래밍 언어의 목록을 연관시켜야 한다. 예를 들면

```
"Alice" => {"Python", "C"}
"Bill" => {"Python", "C", "C++"}
```

이것은 학생의 이름을 '키'로 하고 그 학생의 능력을 '값'으로 하여 연관시키면 되므로 Hash-Map을 사용하면 된다. 그리고 HashMap의 '값'에는 다룰 수 있는 프로그래밍 언어의 목록이 와야 하는데, 이는 순서를 갖지 않는 컬렉션이므로 HashSet을 사용하면 될 것이다. 학생의 이름과 프로그래밍 언어의 이름은 모두 스트링으로 하면 되므로 타입 매개변수로는 String을 쓰면 된다. 다음 선언은 HashMap 타입의 컬렉션을 생성하는데 '키'의 타입은 String이고 '값'의 타입은 HashSet⟨String⟩이다. 즉, HashMap의 '값'은 String을 요소의 타입으로 가지는 HashSet 타입의 컬렉션이라는 뜻이다.

```
HashMap<String, HashSet<String>> map = new HashMap<>();
```

맵에 자료를 등록하고, 등록된 자료를 검색하도록 프로그램을 작성해 보자. 이 프로그램의 대략적인 구성과 동작은 ArrayList를 사용하여 Book 객체를 저장하고 리스트에 대한 검색 동작을 제공했던 예제 10.3과 유사하다. 사용자와의 상호작용을 위해 그림 10.24와 같은 모양의 GUI 윈도우를 사용하려고 하는데, 이 윈도우도 예제 10.3의 실행 윈도우인 그림 10.9와 꽤 비슷하다.

그림 10.24 예제 10.7 HashMapFrame의 실행 화면

학생의 이름은 텍스트필드로 받고, 이 학생이 다룰 수 있는 프로그래밍 언어는 4개의 체크
박스로 표시한다. 새로운 '키-값' 쌍을 등록할 때는 "등록" 버튼을 사용하고 등록된 자료로
부터 검색을 실행할 때는 "검색" 버튼을 사용한다.

예를 들어 그림 **10.24**와 같이 이름을 입력하고 체크박스를 선택한 후 "등록" 버튼을 누르면
이 '키-값' 쌍이 맵에 등록되고 등록된 결과가 윈도우 아래쪽의 텍스트 영역에 그림 **10.25a**
와 같이 표시된다.

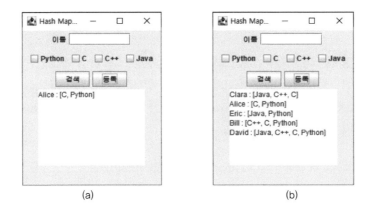

그림 10.25 HashMapFrame의 데이터 등록 화면

그림 **10.25a**의 아래쪽에 위치한 텍스트 영역을 보면 **Alice**에 연관된 데이터가 대괄호([])로
둘러 싸인 목록으로 표시되는데 이것이 HashSet이 나타내는 집합에 해당한다. 이 집합이
맵의 '값'에 해당하는 것이다. 이와 같은 방법으로 그림 **10.23**의 모든 데이터를 입력하고 나
면 그림 **10.25b**와 같은 윈도우가 표시된다.

"검색"은 2가지로 방식으로 동작하는데, 만약 "이름" 필드에 내용이 입력되었으면 입력된
이름을 '키'로 하여 연관된 '값'을 찾아 표시해 준다. 그림 **10.26a**는 "이름" 필드에 "**Eric**"을
입력하고 "검색" 버튼을 눌렀을 때의 실행 결과이다.

(a) 이름에 의한 검색

(b) 프로그래밍 능력에 의한 검색

그림 10.26 HashMapFrame의 검색 화면

만일 "검색" 버튼이 눌렸는데, "이름" 필드는 비어 있고 체크박스가 선택되어 있으면 체크
박스에 선택된 프로그래밍 언어를 다룰 수 있는 학생이 누구인지 찾으려는 것이므로, 체크
박스의 선택 내용으로 자료를 검색해야 한다. 예를 들어 그림 10.26b와 같이 C++와 Java
가 체크된 채로 "검색" 버튼이 눌리면 저장된 자료에서 C++와 Java를 포함하는 '키–값' 쌍
을 검색해 열거해 준다. 즉, C++와 Java 언어를 구사할 능력을 가진 학생들을 맵으로부터
찾아주는 것이다.

완성된 프로그램은 예제 10.7이다. 앞서 언급한 대로 이 프로그램은 예제 10.3과 비슷하게
동작한다. 두 프로그램을 비교해 보면 프로그램의 구성과 코드도 상당히 유사하다는 것을
알 수 있을 것이다. 차이점은 예제 10.7에서 사용되는 HashMap 자료구조가 예제 10.3보다
조금 더 복잡하다는 것과 리스너 작성 방식이 다르다는 정도이다. 예제 10.3에서는 리스너
를 무명 클래스 방식으로 작성하였지만 여기서는 JFrame을 상속하는 HashMapFrame 클래스
가 이벤트 리스너 역할을 하도록 구현되었다.

예제 10.7의 HashMapFrame 클래스는 주로 GUI를 작성하는 생성자 부분(25–63행)과 이벤트
처리 메소드(66–106행)로 구성된다. 인스턴스 변수로는 UI 컴포넌트들과(17–21행), 데이
터를 저장할 맵에 해당하는 HashMap 타입의 map이 있다(23행).

예제 10.7 HashMapFrame 클래스

```java
    //필요한 import는 Ctrl+Shift+O로 포함

15  public class HashMapFrame extends JFrame implements ActionListener {
16
17      private JTextField nameField;
18      private JButton search;
19      private JButton register;
20      private JTextArea msgArea;
21      private JCheckBox[] checkArray;
22
23      private HashMap<String, HashSet<String>> map;
24
25      public HashMapFrame() {
26          setSize(250, 300);
27          setTitle("Hash Map Example");
28          setDefaultCloseOperation(EXIT_ON_CLOSE);
29
30          map = new HashMap<>();
31
32          nameField = new JTextField(10);
33          checkArray = new JCheckBox[4];
34          String[] langs = { "Python", "C", "C++", "Java" };
35          for (int i=0; i<checkArray.length; i++)
36              checkArray[i] = new JCheckBox(langs[i]);
37
38          search = new JButton("검색");
39          register = new JButton("등록");
40          search.addActionListener(this);
41          register.addActionListener(this);
42
43          msgArea = new JTextArea(8, 18);
44          msgArea.setEditable(false);
45          msgArea.setLineWrap(true);
46
47          JPanel panel = new JPanel();
48          panel.setLayout(new FlowLayout());
49          panel.add(new JLabel("이름"));
```

```
50          panel.add(nameField);
51
52          JPanel checkPanel = new JPanel();
53          checkPanel.setLayout(new FlowLayout());
54          for (JCheckBox check: checkArray)
55              checkPanel.add(check);
56          panel.add(checkPanel);
57
58          panel.add(search);
59          panel.add(register);
60          panel.add(msgArea);
61
62          add(panel);
63      }
64
65      @Override
66      public void actionPerformed(ActionEvent e) {
67          if (e.getSource() == search) {
68              if (nameField.getText().trim().equals("")) { //"언어"로 검색
69                  String msg = "";
70                  for (String name: map.keySet()) {
71                      boolean isOkay = true;
72                      for (JCheckBox check: checkArray) {
73                          if (check.isSelected() &&
74                                  !map.get(name).contains(check.getText())) {
75                              isOkay = false;
76                              break;
77                          }
78                      }
79                      if (isOkay)
80                          msg += name + " : " + map.get(name) + "\n";
81                  }
82                  msgArea.setText(msg);
83              }
84              else { //"이름"으로 검색
85                  msgArea.setText(nameField.getText() + ":"
86                                      + map.get(nameField.getText()));
87              }
88
89          }
```

```
90              else if (e.getSource() == register) {
91                  HashSet<String> items = new HashSet<>();
92                  for (JCheckBox check: checkArray)
93                      if (check.isSelected()) {
94                          items.add(check.getText());
95                          check.setSelected(false);
96                      }
97                  map.put(nameField.getText(), items);
98                  nameField.setText("");
99
100                 String msg = "";
101                 for (String name: map.keySet()) {
102                     msg += name + " : " + map.get(name) + "\n";
103                 }
104                 msgArea.setText(msg);
105             }
106         }
107
108     public static void main(String[] args) {
109         (new HashMapFrame()).setVisible(true);
110     }
111 }
```

화면 구성은 생성자에서 담당하는데, 배치관리자가 FlowLayout인 패널을 만들어(47−48행) 여기에 각 컴포넌트를 추가하는 구조로 되어 있다. 단, 체크박스들을 수평으로 배치하기 위해 별도의 패널을 만들어 사용한다(52−53행). 체크박스들 자체는 **checkArray** 배열(21행)에 저장되는데, 체크박스에 표시될 텍스트를 먼저 배열로 선언하고(34행) 이 배열을 이용하여 각 체크박스를 생성하고(35−36행) 패널에 등록하였다(54−55행).

"검색"과 "등록" 버튼에 리스너가 등록되어 있으므로(40−41행), 둘 중 하나의 버튼이 눌리면 **actionPerformed** 메소드가 실행된다. 이 메소드는 "검색" 버튼이 눌린 경우(67−89행)와 "등록" 버튼이 눌린 경우(90−105행)로 나뉘어진다.

"등록" 버튼이 눌린 경우를 먼저 살펴 보자. 이 경우에는 "이름" 필드에 학생의 이름이 입력되어 있고 이 학생의 프로그래밍 능력에 해당하는 체크박스들이 체크되어 있을 것이다. 여기서 이루어져야 하는 작업은, 입력된 이름을 '키'로 하고 체크된 체크박스들의 집합을 '값'

으로 하여 맵에 새로운 '키-값' 쌍을 등록하는 것이다. 이를 위해서 먼저 '값'에 해당하는 HashSet〈String〉 타입의 객체를 생성하는데(91행), 이 HashSet 객체가 '값'에 해당하는 집합이므로 여기에 체크박스들 중 체크된 항목을 추가한다(92–96행). 이제 "이름" 필드에 입력된 이름을 '키'로 하고 이 집합을 '값'으로 하는 '키-값' 쌍을 맵에 추가하면 된다(97행).

그러고 나서는 현재까지 저장된 모든 '키-값' 쌍들의 정보를 하단의 텍스트 영역에 표시해야 하는데, 이를 위해서는 현재까지 저장된 학생의 이름들을 알아야 한다. 맵에서 특정 학생의 정보를 얻기 위해서는 그 학생의 이름을 '키'로 넣어야 하기 때문이다. 101행에서 사용된 HashMap 클래스의 keySet 메소드는 맵에 포함된 모든 '키'들을 Set로 만들어 반환하므로, 이렇게 만들어진 '키' 집합에 대해 for-each 루프를 작성하면 맵에 포함된 모든 '키-값' 쌍들을 접근할 수 있다(101–103행). 이런 방법으로 맵에 포함된 모든 데이터를 하나의 스트링으로 수집하여 윈도우 하단의 텍스트 영역(msgArea)에 표시한다(104행).

"검색" 버튼이 눌린 경우는, "이름" 필드(nameField)가 비어 있는 경우(68–83행)와 "이름" 필드에 내용이 주어진 경우(84–87행)로 다시 나눌 수 있다. 학생의 이름이 주어진 후자의 경우라면 그 학생에 연관된 정보를 맵에서 찾아 표시하면 된다. 85–86행에서 "이름" 필드에 입력된 내용을 '키'로 맵을 검색하여(get 메소드 사용) 결과를 하단 msgArea에 표시한다.

이름이 주어지지 않은 검색의 경우(68–83행)는 조금 복잡해진다. 체크박스 중의 일부를 체크하고 검색하면 해당 프로그래밍 언어를 다룰 수 있는 학생들을 모두 찾아 주어야 한다. 예를 들어 맵에 그림 10.25b에 표시된 데이터가 저장되어 있고 "C++"과 "Java"를 체크한 상황에서 "검색" 버튼을 누른다면 "Clara"와 "David"의 데이터가 나와야 한다. "C++"과 "Java"를 모두 포함하고 있는 것은 "Clara"와 "David"이기 때문이다. 이것을 처리하는 부분이 70–81행의 이중 for 루프이다.

외부 for 루프(70–81행)는 맵의 모든 '키'에 대해 반복된다. 매 반복마다 변수 name이 이 '키' 값을 가지게 되는데, 이 때 map.get(name)을 호출하면 그 '키'에 연관된 '값'을 얻을 수 있다. 이 때 '키'는 학생의 이름이고 '값'은 그 학생이 다룰 수 있는 프로그래밍 언어의 집합이다. 예를 들어 맵에 저장된 데이터가 그림 10.25b와 같다면 외부 for의 첫 번째 반복에서 '키'는 "Clara"이고 map.get(name)으로 얻는 '값'은 ["Java", "C++", "C"]라는 집합이다. 맵에 속한 이 '키-값' 쌍을 검사하여 프로그램이 찾는 대상이 맞는지 검사하는 것이 내부 for 루프(72–78행)이고, 찾는 대상이 맞으면 이를 결과 스트링에 포함한다(79–80행).

내부 for 루프(72–78행)는 특정한 '키-값' 쌍이 체크박스에 체크된 모든 항목을 가지는지 확인하는 부분인데, checkArray 배열의 요소에 대해 반복된다. 예를 들어 "C++"와 "Java"가 체크된 상태로 검색이 이루어진다면 먼저 "C++"이 '값'에 포함되어 있는지 검사하고 이어서 "Java"가 '값'에 포함되어 있는지 검사하게 되는 것이다. 두 번의 검사가 모두 성공적이라면 현재의 '키-값' 쌍이 검색 결과에 포함된다. 검사가 한 번이라도 실패하면 현재의 '키-값' 쌍은 더 이상 검사할 필요 없이 검색 결과에서 제외된다. 이 과정이 73-74행의 조건 검사로 작성되어 있다. 체크박스가 체크되어 있는데 그 체크박스에 해당하는 스트링이 map.get(name)으로 얻는 '값'의 집합에 포함되어 있지 않다면 isOkay를 false로 만들고 내부 루프를 종료한다. 이어지는 79행에서 isOkay가 false가 되어 있을 것이므로 이 '키-값' 쌍은 검색 결과에서 제외된다.

만일 모든 체크박스에 대해 내부 루프를 반복할 동안 isOkay가 true로 유지된다면 체크된 모든 체크박스에 해당하는 스트링이 '값'의 집합에 포함된다는 뜻이므로 79-80행에서 이 '키-값' 쌍이 검색 결과에 포함된다. 현재의 '키-값' 쌍이 "Clara"의 데이터이고 체크된 "C++"과 "Java"가 둘 다 '값' 집합에 포함되어 있으니 이 '키-값' 쌍은 검색 결과에 포함될 것이다.

맵에 저장된 모든 '키-값'에 대해 이런 작업이 반복된 후 검색 결과에 포함된 '키-값'의 정보를 msgArea에 표시하면 그림 10.26b와 같은 실행 결과를 얻을 수 있다.

10.3 제네릭 클래스의 정의   ◻◻◻◇◻◻◻◇

자바 컬렉션 프레임워크에는 타입 매개변수를 가지는 많은 제네릭 클래스들이 속해 있다. 앞에서는 이 중에서 ArrayList나 HashSet, HashMap 등의 제네릭 클래스들을 사용하는 방법을 살펴 보았다. 여기서는 프로그래머가 자신의 제네릭 클래스를 직접 정의하려면 어떻게 해야 하는지 알아보기로 하자.

스택

프로그래밍에서 자주 사용되는 기본적인 자료구조의 하나로 **스택**(stack)이라는 것이 있다. 스택은 여러 개의 데이터를 저장하는 일종의 컬렉션 자료구조로서 다른 말로 **LIFO**(Last In, First Out)라고도 한다. 이 용어는 마지막에 넣은 요소가 가장 먼저 나오게 된다는 뜻이므로, 스택에 요소들을 추가하는 순서와 스택에서 요소들을 꺼내는 순서가 반대라는 의미가 된다. 예를 들어 접시를 여러 개 쌓았다가 다시 꺼낸다고 생각해 보면 이러한 순서를 이해할 수 있을 것이다. 마지막에 쌓은 접시가 가장 꼭대기에 있을 것이므로 그것을 가장 먼저 꺼내게 된다.

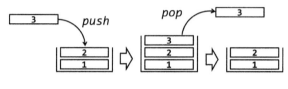

그림 10.27 스택의 동작

일반적으로 스택에는 기본적인 두 개의 연산이 정의되는데, 스택에 요소를 추가하는 *push* 연산과 스택으로부터 요소를 제거하는 *pop* 연산이 그것이다. 그림 10.27이 이를 나타내고 있다. 스택의 *pop* 연산은 가장 최근에 *push*된 요소를 제거하게 된다. 이외에도 필요에 따라 다른 연산이 추가될 수 있다. 예를 들면 스택에 저장된 요소가 하나도 없이 비어있는 상태인지 확인하는 연산(*isEmpty*) 등이 필요할 수 있다.

자바 컬렉션 프레임워크에는 스택 자료구조를 제공하는 클래스 Stack이 포함되어 있다. Stack은 Collection 및 List 인터페이스를 구현하는 클래스로 타입 매개변수를 사용하는 제네릭 클래스로 정의되어 있다. 여기서는 제네릭 클래스를 정의하는 방법을 이해하기 위해 자바가 제공하는 Stack을 사용하지 않고 스택 클래스를 직접 정의해 볼 것이다.

정수 값을 저장하는 스택을 구현한다고 생각해 보자. 예제 10.8은 정수 값을 저장하는 스택을 구현한 IntStack 클래스의 정의이다.

스택의 데이터를 저장하기 위해 다양한 자료구조를 사용할 수 있겠으나 여기서는 간단히 int 타입의 배열이면 충분하다. 또한 스택의 꼭대기를 나타내기 위한 인덱스 값이 필요하다. 이 두 가지는 인스턴스 변수 stack과 top으로 선언되었다. 생성자에서 변수 stack에 배열 객체를 생성하여 할당하고 top을 0으로 초기화한다. 메소드로는 요소를 스택에 추가하는 push와 스택에서 요소를 제거하는 pop 외에 현재 스택이 비었는지 확인하는 isEmpty를 포함하였다. push가 호출될 때마다 배열에 새로운 요소가 추가되고 top의 값이 증가된다. 반대로 pop이 호출되면 top이 감소되고 스택 꼭대기에 있는 요소가 제거되어 반환된다. (이 예제는 간단히 작성되었기 때문에 스택이 가득 찼을 때 push가 호출되는 경우와 스택이 비었을 때 pop이 호출되는 경우에 대한 대처가 생략되어 있다.)

예제 10.8 IntStack 클래스

```java
01  public class IntStack {
02      private int[] stack;
03      private int top;
04
05      public IntStack(int size) {
06          stack = new int[size];
07          top = 0;
08      }
09      public void push(int item) {
10          stack[top++] = item;
11      }
12      public int pop() {
13          return stack[--top];
14      }
15      public boolean isEmpty() {
16          return (top == 0);
17      }
18  }
```

예제 10.9는 IntStack 클래스를 사용하는 간단한 예제 프로그램이다.

예제 10.9 IntStackDemo 클래스

```java
01  public class IntStackDemo {
02      public static void main(String[] args) {
03          IntStack stk = new IntStack(5);
04          stk.push(10);
05          stk.push(20);
06          stk.pop();
07          stk.push(30);
08          while (!stk.isEmpty())
09              System.out.println(stk.pop());
10      }
11  }
```

10과 20을 추가한 후 pop을 하였으므로 20은 삭제된다. 다시 30을 추가하면 스택에는 10과

30이 저장되어 있다. 그 다음에 8-9행에서 스택이 빌 때까지 pop을 하여 출력하면 결과는 다음과 같이 될 것이다.

```
30
10
```

제네릭 스택 클래스

방금 살펴본 IntStack은 정수 값을 저장하는 데만 사용할 수 있지 다른 종류의 데이터에 사용할 수는 없다. double 값이나 다른 객체를 저장하려면 각 요소의 타입마다 새로운 스택 클래스를 정의해야 한다. 가령 double 값을 저장하기 위해서는 요소가 double 타입으로 정의된 스택 클래스가 필요하고 Book 클래스의 객체들을 저장하기 위해서는 요소가 Book 타입으로 정의된 스택이 필요하다. 그런데 그렇게 정의된 여러 종류의 스택 클래스들은 사실 요소의 타입이 다르다는 점만 제외하면 내용이 거의 비슷할 것이다. 즉, 코드의 중복성이 생긴다는 뜻이다.

제네릭 클래스는 타입 매개변수를 사용함으로써 하나의 클래스 정의가 다양한 종류의 데이터에 적용되도록 해 준다. 스택에서 요소의 타입을 타입 매개변수로 표현하면 예제 10.10과 같이 제네릭 클래스로 작성할 수 있다.

예제 10.10 제네릭 클래스 GenStack

```
01  public class GenStack<T> {
02      private Object[] stack;
03      private int top;
04
05      public GenStack(int size) {
06          stack = new Object[size];
07          top = 0;
08      }
09      public void push(T item) {
10          stack[top++] = item;
11      }
12      public T pop() {
13          return (T) stack[--top];
14      }
15      public boolean isEmpty() {
16          return (top == 0);
17      }
18  }
```

제네릭 클래스의 정의는 일반 클래스와 크게 다르지 않다. 클래스 이름 뒤의 ◇ 안에 타입 매개변수를 명시하고, 이 타입 매개변수를 클래스의 정의에 사용한다는 점에만 유의하면 된다. 제네릭 클래스 GenStack은 요소의 타입이 명시되지 않은 클래스이므로, GenStack으로부터 실제 객체를 생성할 때 이 요소의 타입이 무엇인지 명시해야 한다. 즉, 타입 매개변수는 추후에 (즉, 객체를 실제로 생성할 때) 명시될 타입을 클래스 정의에서 나타내는 용도로 사용된다. 예제 10.10에서는 타입 매개변수를 T로 표시했는데, 키워드가 아니라면 어떤 식별자를 사용해도 무방하지만 관례적으로 한 글자의 대문자로 표현한다. 일반적으로 타입 매개변수로는 다음과 같은 것들이 사용된다.

```
T Type
E Element
K Key
V Value
```

GenStack 클래스 첫 줄에 타입 매개변수를 명시했으므로, 이제 클래스 정의에서 요소의 타입을 나타내는 곳에 타입 매개변수인 T를 쓰면 된다. 그러므로 요소를 추가하는 메소드인 push의 매개변수는 T 타입이 된다. 또한 요소를 제거하여 반환하는 pop 메소드는 반환 타입이 T가 된다. 예를 들어 스트링을 저장하는 스택(즉, 요소의 타입이 String인 스택)을 만들고자 한다면 GenStack 클래스의 객체를 생성할 때 다음과 같이 타입 매개변수를 String으로 지정하면 된다.

```
GenStack<String> stack = new GenStack<>(10);
```

그러면 클래스 정의에서 T는 String으로 지정되므로 push 메소드의 매개변수나 pop 메소드의 반환 타입이 String이 되는 것이다.

그런데 제네릭 클래스의 내용을 작성할 때 클래스 타입이 사용될 수 있는 대부분의 위치에는 타입 매개변수를 쓸 수 있지만 예외적으로 허용되지 않는 경우가 있다. 예를 들어 생성자에서 요소들의 배열을 생성하는 6행을 다음과 같이 T 타입의 배열로 표현하지 못한다.

```
stack = new T[size];    //에러
```

즉, 타입 매개변수를 그대로 사용하여 객체나 배열을 생성하는 문장은 유효하지 않다. 이런 이유로 요소들의 배열은 모든 객체를 수용할 수 있도록 Object 타입으로 선언되었다(예제 10.10의 2행과 6행).

```
private Object[] stack = new Object[size];
```

Object가 자바의 최상위 클래스이므로 Object 타입의 배열에는 어떤 클래스의 객체라도 요소로 대입할 수 있다. 배열이 이와 같이 Object 타입으로 선언되었기 때문에 pop 메소드의 return 문에서 반환 값을 T로 타입 변환하는 부분이 들어간다(13행). 예를 들어 타입 매개변수가 String으로 지정되었더라도 인스턴스 변수인 stack 배열의 타입은 Object로 되어 있다. 스택의 요소들이 push 메소드에 의해 스택에 저장될 때 인자로 주어지는 스트링 값들은 String 배열이 아니라 Object 배열로 저장된다는 말이다. Object가 조상 클래스이므로 Object 타입의 배열에 String 값이 저장되는 것은 아무런 문제가 없다. 업캐스팅이 일어나는 것이다. 하지만 13행에서 pop 메소드가 종료할 때 그대로 Object 객체를 반환해서는 안 된다. pop 메소드의 반환 타입은 T로 지정되어 있기 때문에 T로 변환한 다음(즉, 다운캐스팅한 다음) 반환해야 된다. 타입 매개변수가 String인 경우라면 Object 배열에 저장되었던 값이 다시 String 타입으로 변환된 다음 반환된다는 뜻이다.

제네릭 클래스를 사용하는 방법은 앞의 두 절에서 자세히 살펴 보았다. GenStack 클래스를 이용하여 정수 값을 저장하는 스택을 생성하려면 다음과 같이 Integer를 타입으로 명시하면 된다.

```
GenStack<Integer> stk1 = new GenStack<Integer>(10);
```

ArrayList를 다룰 때 언급한 것처럼 타입 매개변수에 할당되는 타입은 반드시 클래스여야 하므로 기본형 int를 쓸 수 없고 대신 포장 클래스 Integer를 사용했다. 간단한 테스트 예제를 예제 10.11에 보였다. GenStack에 Integer 클래스를 지정했더라도 클라이언트 코드는 (자동적인 박싱과 언박싱 덕분에) 기본형 값을 그대로 쓸 수 있다.

예제 10.11 GenStackDemo1 클래스

```
01   public class GenStackDemo1 {
02       public static void main(String[] args) {
03           GenStack<Integer> stk1 = new GenStack<Integer>(10);
04
05           stk1.push(10);
06           stk1.push(20);
07           stk1.pop();
08           stk1.push(30);
09           while (!stk1.isEmpty())
10               System.out.println(stk1.pop());
11       }
12   }
```

실행 결과는 다음과 같다.

```
30
10
```

사용자 클래스의 객체를 저장하는 스택을 생성하는 것도 가능하다. 만약 Book 클래스가 예제 10.12와 같이 정의되어 있을 때 Book 객체를 저장하는 스택을 생성하고자 한다면 다음과 같이 GenStack 객체를 생성할 때 타입 매개변수에 Book을 명시하면 된다.

```
GenStack<Book> stk2 = new GenStack<Book>(10);
```

예제 10.12 Book 클래스

```
01  public class Book {
02      private String title;
03      private int price;
04
05      public Book(String title, int price) {
06          this.title = title;
07          this.price = price;
08      }
09      public String toString() {
10          return "제목=" + title + ", 가격=" + price + "원";
11      }
12  }
```

이를 사용하는 간단한 테스트 예제를 예제 10.13에 보였다.

예제 10.13 GenStackDemo2 클래스

```
01  public class GenStackDemo2 {
02      public static void main(String[] args) {
03          GenStack<Book> stk2 = new GenStack(10);
04
05          stk2.push(new Book("그리스인 조르바", 8800));
06          stk2.push(new Book("홍길동전", 15000));
07          stk2.push(new Book("로미오와 줄리엣", 11000));
08          while (!stk2.isEmpty())
09              System.out.println(stk2.pop());
10      }
11  }
```

실행 결과는 그림 10.28과 같다.

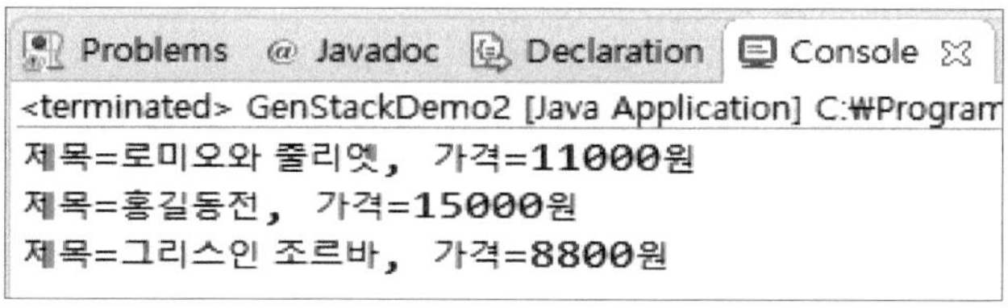

그림 10.28 예제 10.13의 실행 결과

프로그래밍 과제

1. double 타입의 값을 저장하는 ArrayList를 정의하고, 사용자에게서 일련의 실수 값을 입력 받아
   ArrayList에 저장한 후, 입력된 값의 평균을 출력하는 프로그램을 작성하라. 음수 값이 입력되면 입력
   을 종료하되 음수 값은 데이터에 포함하지 않는다. 다음의 실행 예를 참고하라.

```
Problems  @ Javadoc  Declaration  Console  ⌗
<terminated> DoubleArrayList [Java Application] C:\Program
음수가 아닌 실수 값을 입력하시오.
29.5
86.2
75
65.9
-1
입력된 4개 값의 평균은 64.15입니다.
```

2. 다음과 같이 동작하는 프로그램을 작성하라. 학생의 이름과 평균 학점을 한 줄씩 입력 받아 이를
   HashMap 자료구조에 저장한다. 학생의 수는 미리 정해져 있지 않다. 내용 없이 엔터를 치면 입력이
   끝나는 것으로 가정한다. 데이터 입력이 끝나면 이름을 하나 입력 받고 그 이름에 해당하는 평균 학점
   을 검색하여 출력하는 프로그램을 작성하라. 실행 예를 참고하라.

```
Problems  @ Javadoc  Declaration  Console  ⌗
<terminated> HashMapDemo (1) [Java Application] C:\Progr
학생의 이름과 평균 학점을 입력하시오.
( 입력을 끝내려면 내용 없이 엔터 )
홍길동 3.68
정길동 2.54
이길동 4.05

검색할 이름은?
정길동
이름=정길동, 검색된 학점=2.54
```

3. 2번과 같은 동작을 하는 프로그램을 이번에는 학생에 해당하는 Student 클래스를 먼저 정의하고, 이
   Student 클래스를 요소 타입으로 가지는 ArrayList를 사용하여 구현하라. Student 클래스는 학생의
   이름과 평균 학점을 인스턴스 변수로 가진다. 학생의 이름과 평균 학점을 한 줄씩 입력 받아 Student
   객체를 생성하고 이를 ArrayList에 저장한다. 데이터 입력이 끝나면 이름을 입력 받아 그 이름에 해당
   하는 평균 학점을 검색하여 출력하는 프로그램을 작성하라. (실행 예는 2번과 동일하다.)

◇◻◇◻◇◻◇◻◇◻◇◻◇

4. 3번과 동일한 동작을 하는 프로그램을 이번에는 Student 클래스를 요소 타입으로 가지는 LinkedList를 사용하여 구현하라. (실행 예는 2번과 동일하다.)

5. 3번을 다음과 같이 동작하는 GUI 프로그램으로 작성하라. 프로그램의 윈도우는 "이름"과 "학점"을 입력 받는 2개의 텍스트 필드와 "등록"과 "검색" 버튼 그리고 하단에 결과를 출력하는 텍스트 영역으로 구성된다. 프로그램을 실행하여 2번에서 사용한 데이터를 입력하고 등록하면 데이터가 내부 리스트에 등록되고 다음의 (a)와 같은 윈도우가 나타난다. 여기서 (b)와 같이 "이름" 필드에 "정길동"을 입력하고 "검색" 버튼을 누르면 이름이 일치하는 학생 객체를 검색하여 그 결과를 보여 준다.

(a)   (b)

6. 단어와 그 의미를 저장하는 클래스 Dictionary를 작성하라. Dictionary는 HashMap 타입의 맵을 인스턴스 변수로 가지는데, 이 맵은 스트링 형태의 '단어'와 그 단어에 연관된 '의미'를 '키-값' 쌍으로 저장한다. 새로운 '키-값' 쌍을 입력하는 add 메소드와 특정 '키'에 연관된 '의미'를 반환하는 getMeaning 메소드를 가진다. 다음과 같은 테스트 코드가 첨부된 실행 결과를 나타내도록 Dictionary 클래스를 작성하라.

```java
import java.util.Scanner;

public class DictionaryDemo {
    public static void main(String[] args) {
        Dictionary dic = new Dictionary();
        dic.add("Java", "객체지향 기반의 프로그래밍 언어의 하나");
        dic.add("android", "인간의 모습을 한 로봇");
        dic.add("mutant", "돌연변이 생명체");
        dic.add("superhero", "초인적인 능력으로 악과 싸우는 만화나 영화 속의 인물");
        dic.add("Star Trek", "1960년대 미국 NBC TV의 SF 프로그램 시리즈");

        Scanner input = new Scanner(System.in);
        System.out.print("검색할 단어를 입력하세요: ");
        String word = input.nextLine().trim();
        System.out.println(word + ": " + dic.getMeaning(word));
    }
}
```

프로그래밍 과제

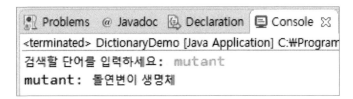

7. 6번에서 단어를 입력 받아 맵을 검색하고 그 결과를 보여주는 부분을 이번에는 GUI 윈도우로 작성하라. 다음의 테스트 코드에서는 6번과 동일한 방법으로 Dictionary 객체를 생성하는데, 이 객체를 DictionaryGuiFrame 클래스 생성자의 인자로 넘기고 있음에 유의하라. 이 클래스는 JFrame 클래스의 서브클래스이며, 첨부한 실행 윈도우와 같이 단어를 입력 받아 그 의미를 검색하여 텍스트 영역에 보여준다. 다음 테스트 코드를 실행하여 첨부한 실행 결과가 나오도록 DictionaryGuiFrame 클래스를 작성하라.

```java
public class DictionaryGuiFrameDemo {
    public static void main(String[] args) {
        Dictionary dic = new Dictionary();
        dic.add("Java", "객체지향 기반의 프로그래밍 언어의 하나");
        dic.add("android", "인간의 모습을 한 로봇");
        dic.add("mutant", "돌연변이 생명체");
        dic.add("superhero", "초인적인 능력으로 악과 싸우는 만화나 영화 속의 인물");
        dic.add("Star Trek", "1960년대 미국 NBC TV의 SF 프로그램 시리즈");

        (new DictionaryGuiFrame(dic)).setVisible(true);
    }
}
```

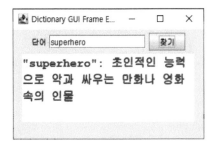

◇□◇□◇□◇□◇□◇□◇□◇

8. 영화 정보를 나타내는 Movie 클래스와 영화 정보로부터 특정한 영화를 찾아 주는 MovieFinder 클래스를 작성하라. Movie 클래스는 한 영화에 대한 정보를 저장하는데, 영화의 제목, 개봉연도, 감독, 평점 등의 데이터를 가진다. 평점은 10점 이내의 실수값이다. MovieFinder는 영화의 제목과 Movie 객체를 연관시킨 HashMap을 인스턴스 변수로 가진다. MovieFinder는 새로운 영화 정보를 받아 맵에 저장하는 addMovie, 현재까지 저장된 영화의 개수를 반환하는 getMovieCount, 평점이 가장 높은 영화를 반환하는 getBestRatingMovie, 특정 평점 이상인 영화를 모두 반환하는 getMoviesWithRatingsOver 등의 메소드를 제공한다. 다음의 MovieDemo 클래스를 살펴 보고 이 테스트 클래스가 첨부한 실행 결과처럼 동작하도록 Movie와 MovieFinder 클래스를 작성하라.

```java
public class MovieDemo {
    public static void main(String[] args) {
        MovieFinder finder = new MovieFinder();
        finder.addMovie(new Movie("바람과 함께 사라지다", 1939, "빅터 플레밍", 8.2));
        finder.addMovie(new Movie("스타워즈 4 - 새로운 희망", 1997, "조지 루카스", 8.8));
        finder.addMovie(new Movie("사운드 오브 뮤직", 1965, "로버트 와이즈", 7.9));
        finder.addMovie(new Movie("E.T.", 1982, "스티븐 스필버그", 7.9));
        finder.addMovie(new Movie("타이타닉", 1997, "제임스 카메론", 7.6));
        finder.addMovie(new Movie("십계", 1956, "세실 드밀", 7.9));

        System.out.println("저장된 영화의 수=" + finder.getMovieCount());
        System.out.println("\n최고 평점의 영화=" + finder.getBestRatingMovie().toString());
        System.out.println("\n평점 8.0 이상인 영화:");
        int i=0;
        for (Movie m: finder.getMoviesWithRatingsOver(8.0)) {
            System.out.println((++i) + ": " +  m.toString());
        }
    }
}
```

```
Problems  @ Javadoc  Declaration  Console ※        ■ ✖ ※ | ...
<terminated> MovieDemo [Java Application] C:\Program Files\AdoptOpenJDK\jdk-11.0.4.11-hotspot\bin\j...
저장된 영화의 수=6

최고 평점의 영화=제목=스타워즈 4 - 새로운 희망, 개봉연도=1997, 감독=조지 루카스, 평점=8.8

평점 8.0 이상인 영화:
1: 제목=스타워즈 4 - 새로운 희망, 개봉연도=1997, 감독=조지 루카스, 평점=8.8
2: 제목=바람과 함께 사라지다, 개봉연도=1939, 감독=빅터 플레밍, 평점=8.2
```

프로그래밍 과제

9. 8번의 MovieFinder 클래스에 적당한 메소드들을 추가하여 확장하라. 예를 들어 다음과 같은 메소드를 생각해 볼 수 있을 것이다.

- getMovieWithTitle(String title)

  영화 제목을 인자로 받아 그 영화를 반환한다.

- getMoviesDirectedBy(String director)

  감독의 이름을 인자로 받아서 그 감독의 모든 영화를 반환한다.

- getMoviesReleasedBetween(**int** fromYear, **int** toYear)

  2개의 연도를 인자로 받아 두 연도 사이에 개봉된 모든 영화를 반환한다.

추가한 메소드를 확인할 수 있는 테스트 코드를 작성하고 실행하여 보라.

CHAPTER **11**

쓰레드

11.1 쓰레드의 기초   ◇◇◇◇◇◇◇◇

프로세스

프로세스(process)라는 용어를 들어본 적이 있을 것이다. 간단히 말하자면 프로세스는 실행 중인 프로그램이라고 할 수 있다. 컴퓨터에 설치된 프로그램 중의 하나를 실행시키면, 실행 되는 동안 그것이 하나의 프로세스이다. 윈도즈 운영체제가 설치된 컴퓨터를 사용하고 있 다면 작업 관리자를 열어 현재 실행 중인 프로세스의 목록을 확인할 수 있다. 거기에는 사 용자가 실행시킨 프로그램도 있지만 운영체제에 의해서 시작된 프로세스도 꽤 많이 있음을 볼 수 있을 것이다.

이와 같이 컴퓨터는 여러 가지 작업을 동시에 진행할 수 있다. 예를 들어 미디어 플레이어 로 음악 파일을 재생하여 음악을 들으면서 문서 편집기로 문서를 편집할 수 있다. 또한 동 시에 인터넷을 통해 파일을 다운로드 할 수도 있다. 이와 같이 여러 작업을 동시에 진행하 는 것을 **멀티태스킹**(multi-tasking)이라고 부른다. 컴퓨터의 멀티태스킹에서 '작업', 즉 태스 크(task)는 프로세스를 뜻한다. 프로세스란 실행 중인 프로그램이라고 했으니, 결국 여러 개 의 프로그램이 동시에 실행 중에 있다는 뜻이다.

프로그램은 컴퓨터에게 시킬 일련의 명령을 모아 둔 것이라고 할 수 있는데, 컴퓨터에서 프 로그램의 명령을 실행하는 것은 **CPU**(Central Processing Unit, 간단히 **프로세서**processor라고 부르기도 함)이다. 그런데 CPU가 하나인 컴퓨터에서도 멀티태스킹이 이루어진다. 컴퓨터는 어떻게 하나의 CPU로 여러 개의 작업을 동시에 진행할까? 해답은 시간을 잘게 쪼개어 각각 의 작업이 차례로 CPU에 의해 실행되도록 하는 것이다. CPU가 첫 번째 작업을 짧은 시간 실 행하고 나서, 그 작업을 중단하고 두 번째 작업을 실행한다. 이런 방식으로 실행 중인 모든 작업을 차례로 짧은 시간 동안씩 실행하는 것이다. 컴퓨터의 속도가 충분히 빠르므로 이렇 게 CPU를 나누어 사용해도 사용자에게는 여러 작업이 동시에 진행되는 것처럼 느껴진다. 엄 밀히 말하면 이런 경우, 다시 말해 CPU가 하나인 컴퓨터에서 멀티태스킹이 이루어지는 경우 에는 특정 시간에는 오직 하나의 작업만이 CPU에 의해 실행되고 있는 것이다.

물론 컴퓨터에 여러 개의 CPU가 장착되어 있거나(멀티프로세서multiprocessor 시스템), 혹은 CPU는 하나이지만 그 안에 여러 개의 실행 코어(core)가 포함되어 있다면(멀티코어multicore 시스템), 각각의 CPU 혹은 코어가 하나씩 작업을 진행할 수 있으므로 실제로 같은 시점에 여러 개의 작업이 병렬적으로 실행될 수 있다. 그러나 일반적으로 컴퓨터가 가진 CPU나 코어의 숫자보다 훨씬 많은 수의 프로세스가 동시에 진행되므로 CPU 시간을 쪼개어 쓰는 멀티태스킹 방식은 여전히 유효하다.

쓰레드와 멀티쓰레딩

앞에서 설명한 멀티태스킹은 여러 개의 프로그램이 동시에 실행되는 것을 의미했다. 그런데 하나의 자바 프로그램 내에도 병렬적으로 실행되는 부분 작업을 정의할 수 있다. 즉, 멀티태스킹의 개념이 하나의 프로그램 내에 적용된 것이다. 이 때 프로그램 내에 정의되는 이 부분 작업을 **쓰레드**(thread)라고 부른다. 하나의 프로세스 내에 여러 개의 쓰레드가 존재할 수 있고 이들 쓰레드들은 동시에 실행될 수 있다. 이를 **멀티쓰레딩**(multi-threading)이라고 부른다. 멀티태스킹의 경우와 마찬가지로, 멀티쓰레딩도 여러 쓰레드가 CPU 시간을 쪼개어 공유하는 방식으로 동작한다.

애플리케이션 프로그램은 메인 쓰레드(main 쓰레드)라고 부르는 하나의 쓰레드로 실행이 시작된다. 메인 쓰레드는 main 메소드를 실행하는 쓰레드를 뜻한다. 멀티쓰레딩으로 동작하지 않는 프로그램은 이 하나의 쓰레드로 끝까지 실행된다. 메인 쓰레드가 실행 중에 새로운 쓰레드를 생성시키면 다수의 쓰레드가 동시 실행되는 멀티쓰레딩 상황이 된다. 세 개의 쓰레드로 이루어진 프로그램이 그림 11.1과 같이 동작하는 상황을 생각할 수 있다. 즉, 메인 쓰레드가 실행되다가 두 개의 쓰레드를 차례로 생성시킨다면 프로세스의 어느 시점에서는 세 개의 쓰레드가 동시에 실행될 것이다.

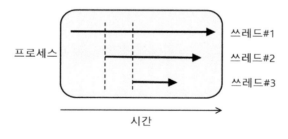

그림 11.1 프로세스와 멀티쓰레딩

멀티쓰레딩의 중요성은 GUI 기반의 프로그램을 생각해 보면 쉽게 알 수 있다. GUI 프로그램에서 사용자 인터페이스를 담당하는 부분은 일반적으로 나머지 작업과 별개의 쓰레드로 설계된다. 그렇게 해야 다른 작업이 진행되고 있을 때에도 프로그램이 사용자의 동작에 즉각

응답할 수 있다. 만약 GUI 부분이 별개의 쓰레드로 분리되어 있지 않다면 프로그램이 다른 작업을 실행하고 있을 때에는 사용자가 윈도우 버튼을 눌러도 진행 중인 작업이 끝날 때까지 프로그램이 응답하지 못한다.

쓰레드의 작성 방법

자바에서 멀티쓰레딩을 위해 쓰레드를 생성시키기 위해서는 Thread 클래스를 사용한다. 즉, Thread 클래스의 객체를 만들어 실행을 시작시키면 새로운 쓰레드가 생성된다. 그러면 그 시점부터는 원래의 쓰레드와 새로 생성된 쓰레드가 동시에 실행되는 것이다. 자바에서 쓰레드를 만들어 내는 방법은 다음과 같이 두 가지로 나누어 볼 수 있다.

1) Thread 클래스를 상속받는 방법
2) Runnable 인터페이스를 구현하는 방법

Thread 클래스를 상속 받는 첫 번째 방법은 사용하기에는 간단하지만 Runnable 인터페이스를 사용하는 두 번째 방법만큼 유용하지 않다. 각 방법을 차례로 살펴 보면서 그 이유를 알아 보자.

Thread 클래스 상속하기

첫 번째 방법에서는 새로운 클래스를 Thread 클래스의 서브클래스로 정의하고 run 메소드를 오버라이드 하면 된다. run 메소드에는 그 쓰레드가 실행할 작업 내용이 들어간다. 이 방법으로 새로운 쓰레드를 만들어 내는 방법을 예제 11.1에 보였다.

예제 11.1 MyThread 클래스

```java
01  public class MyThread extends Thread {
02      private String threadName;
03
04      public MyThread(String name) {
05          threadName = name;
06      }
07
```

```
08      public void run() {
09          for (int i=0; i<10; i++) {
10              System.out.printf("%s: %d\n", threadName, i);
11              try {
12                  Thread.sleep(10);
13              } catch (InterruptedException e) {
14                  e.printStackTrace();
15              }
16          }
17      }
18  }
```

run 메소드에 포함된 9행과 10행을 보면 이 쓰레드가 하는 일은 0에서 9까지의 수를 화면에 차례로 출력하는 것임을 알 수 있다. 이 때 숫자와 함께 쓰레드의 이름도 출력한다. 쓰레드의 이름은 쓰레드 객체가 생성될 때 생성자 인자로 주어지는 이름인데, 5행에서 인스턴스 변수에 저장해 두었다가 사용한다. 12행에서 호출되는 Thread 클래스의 정적 메소드 sleep은 인자로 주어진 시간만큼 쓰레드의 실행을 잠시 중단시키는 역할을 한다. 인자의 단위는 1000분의 1초(millisecond)이다. 그러므로 예제 11.1에 정의된 쓰레드는 각각의 수를 출력한 다음 1000분의 10초만큼을 기다린다. sleep 메소드의 호출은 확인 예외인 InterruptedException을 발생시킬 수 있으므로 try-catch 안에 넣어야 한다.

이렇게 정의된 MyThread는 여타 클래스와 마찬가지로 new 연산자를 사용하여 객체를 생성하면 된다. 그리고 start 메소드를 호출하여 쓰레드의 실행을 시작시킨다. 예제 11.2에 MyThread 클래스를 사용하여 2개의 새로운 쓰레드를 생성하고 실행시키는 예제를 보였다.

예제 11.2 ThreadDemo 클래스

```
01  public class ThreadDemo {
02      public static void main(String[] args) {
03          Thread t1 = new MyThread("First");
04          Thread t2 = new MyThread("Second");
05
06          t1.start();
07          t2.start();
08      }
09  }
```

예제 11.2의 6-7행에서 start 메소드를 호출하여 두 쓰레드의 실행을 시작시키고 있다. 쓰레드를 시작시키는 것은 일반적인 메소드 호출과 다르다는 점에 특히 주의해야 한다. 만약 6-7행이 일반적인 메소드 호출이었다면 6행 t1.start() 호출의 실행이 종료되어 복귀한 다음에 7행이 실행될 것이다. 그러나 쓰레드의 경우에 6행에서 t1 쓰레드가 먼저 시작되었다고 해서 t1 쓰레드의 실행이 모두 종료된 다음에 7행이 실행되는 것이 아니다. 6행의 start 메소드 호출은 쓰레드의 실행을 시작시키고 바로 복귀하므로 main 쓰레드는 즉시 다음 7행을 실행한다. 7행에서 t2 쓰레드를 시작시키는 것도 마찬가지이다. 그러므로 실제로 t1과 t2 쓰레드는 '동시에' 실행이 진행된다.

두 쓰레드가 병렬적으로 실행되는 것을 쉽게 확인하기 위해, 각 쓰레드가 화면에 숫자를 출력할 때마다 1000분의 10초씩 멈추었다가 진행하였다(예제 11.1의 10-15행). 또한 예제 11.2에서 MyThread 객체를 생성할 때 쓰레드의 이름에 해당하는 스트링을 생성자의 인자로 넘기는데(3-4행), MyThread의 run 메소드에서 화면에 숫자를 출력할 때 이 쓰레드의 이름을 함께 출력하고 있다. 같은 작업을 하는 2개의 쓰레드가 동시에 실행될 것이므로 어느 쓰레드의 출력인지 쉽게 알아보기 위해 이름을 붙인 것이다. 예제 11.2의 실행 결과를 그림 11.2a에 보였다. (실행 환경에 따라 실행 결과는 조금씩 다를 수 있다.)

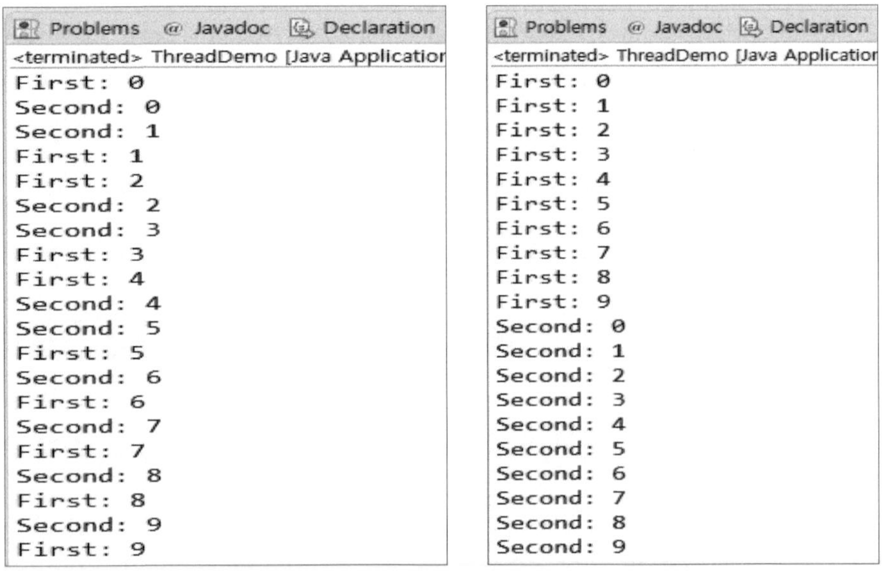

(a) start 메소드를 호출한 실행 결과	(b) run 메소드를 호출한 실행 결과

그림 11.2 예제 11.2의 실행 결과

예제 11.2에서 2개의 쓰레드를 생성할 때 각각 "First"와 "Second"라는 이름을 붙였으므로, 그림 11.2a에서 First는 t1 쓰레드의 결과이고 Second는 t2 쓰레드의 결과이다. 두 쓰레드 t1과 t2의 출력이 뒤섞여 나오는 것을 보면 t1과 t2의 실행이 병렬적으로 진행됨을 확인할 수 있다. 참고로, 예제 11.1의 sleep 메소드 호출을 제외하고 (즉, 11–15행의 try–catch 문을 제거하고) 실행해 보라. 각 쓰레드의 실행 결과가 그림 11.2a보다 뭉쳐서 나올 것이다.

멀티쓰레딩의 구현에서 특히 주의할 점은 쓰레드를 시작시킬 때 반드시 start 메소드를 호출해야지 예제 11.1에 정의된 run 메소드를 직접 호출하면 안 된다는 점이다. 실제로 예제 11.2의 6행과 7행에서 start 대신에 run 메소드를 호출한다면 어떤 결과가 나올까? 그 때의 실행 결과는 그림 11.2b와 같이 된다. 즉, 두 개의 쓰레드가 병렬적으로 실행되지 않고 일반적인 메소드 호출처럼 차례로 실행된다. t1.run() 메소드의 실행이 끝나고 나서야 main 메소드로 복귀하여 t2.run() 메소드를 호출하게 된다는 것이다. 쓰레스는 작업이 병렬적으로 진행되도록 하고자 하는 것이므로 run이 아니라 start 메소드를 호출해야 하고, 그러면 JVM이 해당 쓰레드의 run 메소드를 호출하게 된다. 이와 같이 해야 두 개의 쓰레드가 동시에 실행되는 멀티쓰레딩이 이루어진다.

Runnable 인터페이스 구현하기

Thread 클래스를 상속 받아 쓰레드를 생성하는 방법은 그 용도가 제한적이다. 일단 Thread 클래스를 상속 받게 되면 다른 클래스를 상속할 수 없게 된다. 예제 11.1에서 정의한 MyThread는 다른 클래스를 상속할 수 없다. 자바는 단일 상속(single inheritance)만을 허용하기 때문에 두 개의 수퍼클래스를 가질 수 없다. 기존의 클래스를 상속받아 새로운 클래스를 정의하는 방법은 폭넓게 사용되는 프로그래밍 기법인데, 이렇게 만들어진 클래스를 쓰레드로 동작하도록 하려면 앞에서 설명한 Thread를 상속받는 방법은 쓸 수 없는 것이다. 이런 경우에는 여기서 설명할 Runnable 인터페이스를 구현하는 방법을 쓰면 된다.

이 방법에서는 쓰레드로 동작시키려는 작업을 클래스로 만들 때 Runnable 인터페이스를 구현하게 한다. Runnable 인터페이스에는 run 메소드가 포함되어 있으므로 Runnable 인터페이스를 구현하는 클래스는 이 run 메소드를 정의해야 한다. 그리고 이렇게 만들어진 클래스의 객체를 Thread 객체를 생성할 때 인자로 넘기면 된다. 예제 11.3은 예제 11.1을 Runnable 인터페이스를 사용해 구현한 것이다.

예제 11.3 CountingTask 클래스

```java
01  public class CountingTask implements Runnable {
02      private String threadName;
03
04      public CountingTask(String name) {
05          threadName = name;
06      }
07
08      public void run() {
09          for (int i=0; i<10; i++) {
10              System.out.printf("%s: %d\n", threadName, i);
11              try {
12                  Thread.sleep(10);
13              } catch (InterruptedException e) {
14                  e.printStackTrace();
15              }
16          }
17      }
18  }
```

예제 11.3의 CountingTask 클래스는 Runnable 인터페이스만 구현하고 있지만, 클래스 설계상 필요하다면 다른 클래스를 상속할 수도 있고 추가로 다른 인터페이스를 구현할 수도 있다. 예를 들어 CountingTask가 OtherClass를 상속해야 한다고 가정하면 클래스 정의의 첫 줄이 다음과 같이 작성될 것이다.

```java
class CountingTask extends OtherClass implements Runnable {
```

이런 방식의 클래스 설계가 가능하기 때문에 Runnable 인터페이스에 의한 쓰레드 작성 방법이 쓰레드를 상속하는 방법보다 유용하다고 말하는 것이다.

이제 쓰레드를 생성할 때는 예제 11.4의 3~4행과 같이 CountingTask 객체를 만들어 Thread 클래스의 생성자에 인자로 넘겨주면 된다. 그리고 쓰레드의 실행을 시작시키는 것은 여전히 start 메소드이다(6~7행). 실행시켜 보면 그림 11.2a와 비슷하게 두 개의 쓰레드가 병렬 실행되는 결과를 확인할 수 있다.

예제 11.4 RunnableDemo 클래스

```
01  public class RunnableDemo {
02      public static void main(String[] args) {
03          Thread t1 = new Thread(new CountingTask("First"));
04          Thread t2 = new Thread(new CountingTask("Second"));
05
06          t1.start();
07          t2.start();
08      }
09  }
```

정리하자면 쓰레드를 만드는 두 번째 방법에서는 먼저 Runnable 인터페이스를 구현하는 클래스를 정의하고, 이 클래스의 객체를 Thread 객체를 만들 때 생성자의 인자로 넘겨주면 된다. 이와 같이 함으로써 다른 클래스의 서브클래스로 정의된 클래스를 쓰레드로 동작하도록 만들 수 있다.

쓰레드가 병렬 실행된다는 개념을 보다 확실히 하기 위해 한 가지만 더 확인해 보자. 예제 11.4에서 main 쓰레드가 두 개의 쓰레드를 생성하고 start 메소드를 호출하여 시작시키는데, 그러고 나서 main 쓰레드의 실행은 어떻게 될까? 예를 들어 예제 11.5와 같이 start 메소드 호출 이후에도 9행과 같이 문장이 더 있다면 이 문장은 언제 실행되는 것일까?

예제 11.5 RunnableDemo2 클래스

```
01  public class RunnableDemo2 {
02      public static void main(String[] args) {
03          Thread t1 = new Thread(new CountingTask("First"));
04          Thread t2 = new Thread(new CountingTask("Second"));
05
06          t1.start();
07          t2.start();
08
09          System.out.println("Last statement in main thread.");
10      }
11  }
```

예제 11.5의 실행 결과는 그림 11.3a와 같다. 이 결과도 상황에 따라 다소 달라질 수 있으나, main 쓰레드가 t1과 t2의 종료를 기다리는 것이 아니라 자신의 명령을 계속해서 실행한다는 점은 확실히 알 수 있을 것이다. 즉, main과 t1, t2 등 세 개의 쓰레드가 동시에 실행된다.

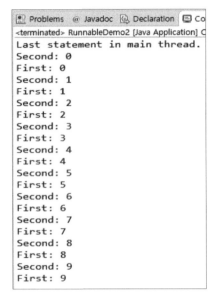

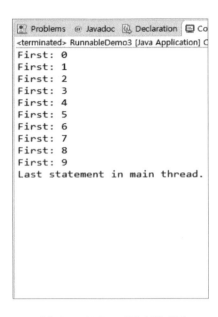

(a) RunnableDemo2의 실행 결과

(b) RunnableDemo3의 실행 결과

그림 11.3 예제 11.5와 예제 11.6의 실행 결과

그런데 어떤 경우에는 특정 쓰레드의 종료를 기다려야 하는 경우가 있다. 예를 들어 쓰레드 A가 쓰레드 B가 생성하는 최종 값을 가져다가 써야 하는 경우에는 쓰레드 B의 실행이 끝날 때까지 기다려야 한다. 이럴 때는 Thread 클래스의 join 메소드를 사용하면 된다.

예제 11.6을 보면 main 쓰레드가 t1 쓰레드를 생성하고 start 메소드를 호출하여 실행을 시작시켰다. 이때 7행과 같이 t1 쓰레드에 대해 join 메소드를 인자 없이 호출하면 main 쓰레드는 t1 메소드가 종료될 때까지 기다리게 된다. 그러므로 예제 11.6에서는 t1 쓰레드가 종료된 다음에 11행이 실행되므로 실행 결과가 항상 그림 11.3b와 같이 된다.

예제 11.6 RunnableDemo3 클래스

```
01  public class RunnableDemo3 {
02      public static void main(String[] args) {
03          Thread t1 = new Thread(new CountingTask("First"));
04
05          t1.start();
06          try {
07              t1.join();
08          } catch (InterruptedException e) {
09              e.printStackTrace();
10          }
11          System.out.println("Last statement in main thread.");
12      }
13  }
```

join 메소드도 sleep과 마찬가지로 InterruptedException을 발생시킬 수 있으므로 try-catch 안에 넣어야 한다. 한 쓰레드가 생산한 값을 다른 쓰레드가 가져다가 소비하는 상황은 생산자-소비자 문제라고 하며 이에 대한 일반적인 해결책은 11.3절을 참고하라.

카운트다운 예제

정수를 입력 받아 그 수에서 0까지 카운트다운 하는 예제를 쓰레드를 사용하여 작성해 보자. 프로그램을 실행하면 먼저 그림 11.4과 같은 화면이 나온다.

그림 11.4 카운트다운 예제 실행 윈도우

적당한 수를 입력한 다음 "시작" 버튼을 누르면 그림 11.5에 보인 것처럼 입력된 수에서 0까지 1초에 1씩 감소하면서 숫자가 화면에 표시된다.

그림 11.5 카운트다운 예제의 동작

카운트다운이 진행되는 도중에 "중지" 버튼을 누르면 카운트다운이 중지되고 화면이 초기화된다.

카운트다운 예제 프로그램에서 사용자 인터페이스 부분은 main 쓰레드가 담당하고 카운트다운을 진행하면서 표시된 숫자를 변경하는 것은 별개의 쓰레드가 담당하도록 구현한다. 이렇게 UI를 담당하는 쓰레드와 기능을 담당하는 쓰레드를 분리하여 멀티쓰레딩으로 구현하는 것은 상당히 중요하다. 이와 같이 함으로써 기능 쓰레드의 상태와 무관하게 UI 쓰레드는 사용자의 행동에 즉각적으로 응답할 수 있기 때문이다.

UI를 담당하는 main 쓰레드는 예제 11.7의 CountDownFrame 클래스로 작성되었다. CountDownFrame 클래스는 GUI 윈도우를 생성해야 하므로 JFrame을 상속하도록 작성되었고, 그림 11.4에 보인 2개의 버튼에 대해 리스너 처리를 포함한다.

예제 11.7 CountDownFrame 클래스

```java
//Ctrl+Shift+O를 눌러 필요한 import문을 포함함.

11  public class CountDownFrame extends JFrame implements ActionListener {
12      private JTextField input;
13      private JButton btnStart;
14      private JButton btnStop;
15      private JLabel outLabel;
16      private Thread thread;
17
18      public CountDownFrame() {
19          setSize(250, 200);
20          setDefaultCloseOperation(JFrame.EXIT_ON_CLOSE);
21          setTitle("CountDown Frame");
22
```

```
23            input = new JTextField(8);
24            btnStart = new JButton("시작");
25            btnStop = new JButton("중지");
26            outLabel = new JLabel();
27            outLabel.setFont(new Font("Serif", Font.BOLD, 100));
28            btnStart.addActionListener(this);
29            btnStop.addActionListener(this);
30
31            setLayout(new FlowLayout());
32            add(input);
33            add(btnStart);
34            add(btnStop);
35            add(outLabel);
36        }
37
38        @Override
39        public void actionPerformed(ActionEvent e) {
40            if (e.getSource() == btnStart) {
41                int n = Integer.parseInt(input.getText());
42                thread = new Thread(new CountDownTask(n, outLabel));
43                thread.start();
44            } else if (e.getSource() == btnStop) {
45                if (thread != null && thread.isAlive()) {
46                    input.setText("");
47                    thread.interrupt();
48                }
49            }
50        }
51
52        public static void main(String[] args) {
53            (new CountDownFrame()).setVisible(true);
54        }
55    }
```

18-36행의 생성자는 숫자를 입력 받을 텍스트필드(23행)와 두 개의 버튼(24-25행), 그리고 상당히 큰 크기의 폰트를 적용한 레이블 하나(26-27행)로 화면을 구성한다. 이 레이블에는 카운트다운 되는 숫자가 표시될 것이다.

리스너는 "시작"과 "중지"에 해당하는 두 개의 버튼에 등록되어 있다. "시작" 버튼을 누르면 텍스트필드에 입력된 수를 얻은 후에 카운트다운을 실행하는 쓰레드를 시작시킨다(41-

43행). 카운트다운 쓰레드는 예제 11.8의 CountDownTask 클래스로 작성된다. 42행에서 CountDownTask의 객체를 생성할 때 카운트다운을 시작할 정수와 숫자가 표시될 레이블을 생성자 인자로 넘긴다. CountDownTask가 Runnable 인터페이스를 구현하고 있으므로 그 객체를 Thread 클래스의 생성자로 넘겨 쓰레드를 생성하고(42행), 쓰레드의 실행을 시작시킨다(43행).

"중지" 버튼이 눌려지면 isAlive 메소드로 카운트다운 쓰레드를 검사하여 아직 쓰레드가 종료되지 않았는지 알아 본다(45행). 아직 종료되지 않았다면 interrupt 메소드로 카운트다운 쓰레드에게 인터럽트를 보낸다(47행). 카운트다운 쓰레드는 인터럽트를 받으면 카운트다운을 중지하고 쓰레드를 종료하도록 작성되어 있다(예제 11.8의 20-23행). 동시에 입력 텍스트필드를 초기화한다(46행).

카운트다운 쓰레드에 해당하는 예제 11.8의 CountDownTask 클래스는 Runnable 인터페이스를 구현한다.

예제 11.8 CountDownTask 클래스

```java
01   import javax.swing.JLabel;
02
03   public class CountDownTask implements Runnable {
04
05       private int count;
06       private JLabel label;
07
08       public CountDownTask(int count, JLabel label) {
09           this.count = count;
10           this.label = label;
11       }
12
13       @Override
14       public void run() {
15           label.setText(count+"");
16           do {
17               try {
18                   Thread.sleep(1000);
19                   label.setText(--count+"");
20               } catch (InterruptedException e) {
21                   label.setText("");
22                   break;
23               }
24           } while (count > 0);
25       }
26   }
```

예제 11.7의 42행에서 사용자가 "시작" 버튼을 누르면 UI를 담당하는 main 쓰레드가 예제 11.8에 작성된 쓰레드를 생성한다. 이 때 CountDownTask 클래스의 생성자에게 넘어간 두 개의 인자는 각각 count와 label이라는 CountDownTask의 인스턴스 변수로 저장된다. count는 카운트다운을 시작할 숫자이고 label은 카운트다운 되는 숫자를 표시할 JLabel 컴포넌트이다. main 쓰레드가 start 메소드를 호출하여 쓰레드를 시작시키면(예제 11.7의 43행) CountDownTask 클래스에 정의된 run 메소드가 실행된다.

run 메소드를 살펴 보면 먼저 레이블에 카운트다운의 시작 값인 count의 현재 값을 표시한 후(15행), 16-24행의 do-while 루프를 사용하여 count의 값을 1씩 감소시키며 0에 이르기까지 숫자를 표시하게 된다. 이때 매번 반복마다 쓰레드를 1초씩 중단시켰다가 깨어나게 한다.

만약 카운트다운 쓰레드가 실행되는 도중에 "중지" 버튼이 눌리면 main 쓰레드에서 카운트다운 쓰레드로 인터럽트가 전달된다(예제 11.7의 47행). 그러면 카운트다운 쓰레드는 InterruptedException이라는 예외를 받게 되는데, 이를 처리하는 부분이 20-23행의 catch 블록이다. 여기서는 화면에 표시된 숫자를 지우고 break를 사용하여 루프를 벗어난다. 그러면 바로 카운트다운 쓰레드가 종료된다.

11.2 쓰레드의 동기화 ◇◇◇◇◇◇◇◇

멀티쓰레딩에서 공유 자원의 접근

동시에 실행되는 여러 개의 쓰레드가 동일한 공유 자원(shared resource)을 접근할 때 문제가 생길 수 있다. 공유 자원은 클래스나 인스턴스 변수일 수도 있고 다른 자원일 수도 있다. 예를 들어 두 개의 쓰레드가 동일한 변수를 동시에 조작한다면 두 쓰레드가 공유 변수의 값을 읽고 쓰는 순서에 따라 예측하지 못한 잘못된 결과가 나올 수 있다.

은행 계좌의 예를 생각해 보자. 계좌의 현재 잔액이 10,000원인데 "입금" 쓰레드와 "출금" 쓰레드가 동시에 이 계좌를 접근하려고 한다. 예를 들어 입금 쓰레드는 7,000원을 입금하려고 하고 출금 쓰레드는 5,000원을 출금하려고 한다면, 입금 작업에 의해 7,000원이 증가되고 출금 작업에 의해 5,000원이 감소되므로 입출금의 순서가 어찌 되든 최종 잔액이 12,000원이 되면 올바른 거래가 된 것이다. 그런데 잔액에 7,000원을 더하는 입금 작업도 내부적으로는 1) 현재의 잔액을 읽어오고 2) 읽어온 잔액에 7,000원을 더하고 3) 더해진 결과값을 잔액에 다시 저장하는 세 개의 단계로 이루어질 것이다. 이런 점을 감안하여 조금 번거롭게 구현한 Account 클래스가 예제 11.9이다.

예제 11.9 Account 클래스

```
01   public class Account {
02       private int balance = 10000;
03
04       public void deposit(int amount) {
05           int cur_dep = balance;
06           cur_dep += amount;
07           balance = cur_dep;
08       }
09
10       public void withdraw(int amount) {
11           int cur_with = balance;
12           cur_with -= amount;
13           balance = cur_with;
14       }
15
16       public int getBalance() {
17           return balance;
18       }
19   }
```

즉, 5-7행은 실제로는 다음의 한 줄로 작성할 수도 있었다.

```
balance += amount;
```

11-13행도 마찬가지이다. 그러나 방금 설명한 것처럼 멀티쓰레딩 상황의 문제가 잘 드러나도록 하기 위해 이를 명시적으로 여러 단계로 나누어 작성한 것이다.

Account 클래스의 객체를 공유 자원으로 하여 두 개의 쓰레드를 실행시키는 테스트 프로그램을 예제 11.10에 보였다.

예제 11.10 DepositTask, WithdrawTask 및 SharedResourceDemo 클래스

```java
01  class DepositTask implements Runnable {
02      private Account account;
03
04      public DepositTask(Account account) {
05          this.account = account;
06      }
07
08      public void run() {
09          account.deposit(7000);
10      }
11  }
12
13  class WithdrawTask implements Runnable {
14      private Account account;
15
16      public WithdrawTask(Account account) {
17          this.account = account;
18      }
19
20      public void run() {
21          account.withdraw(5000);
22      }
23  }
24
25  public class SharedResourceDemo {
26      public static void main(String[] args) {
27          Account acct = new Account();
28          Thread t1 = new Thread(new DepositTask(acct));
29          Thread t2 = new Thread(new WithdrawTask(acct));
30          t1.start();
31          t2.start();
32
33          try {
34              t1.join();
35              t2.join();
36          } catch (InterruptedException e) {
37              e.printStackTrace();
38          }
39          System.out.println(acct.getBalance());
40      }
41  }
```

DepositTask와 WithdrawTask는 Runnable 인터페이스를 구현하는 클래스로 정의되는데, DepositTask는 7,000원을 입금하고 WithdrawTask는 5,000원을 출금하는 일을 한다. 이 두 개의 클래스를 이용하여 28-29행에서 두 개의 쓰레드를 생성하는데, 이때 27행에서 생성한 Account 객체를 DepositTask와 WithdrawTask 클래스 생성자의 인자로 넘겨주고 있다. DepositTask와 WithdrawTask의 run 메소드는 생성자 인자로 넘겨 받은 객체에 대해 deposit과 withdraw 메소드를 호출하고 있으므로 27행에서 정의한 Account 객체가 두 쓰레드의 공유 자원이 된다. 즉, 하나의 계좌 객체에 대해 두 개의 쓰레드 t1 및 t2가 동시에 조작을 시도하게 된다. 30-31행에서 두 쓰레드를 시작시키면 입금 쓰레드 t1과 출금 쓰레드 t2는 동시에 병렬적으로 실행된다. 34-35행에서 두 쓰레드가 종료하기를 기다렸다가 39행에서 계좌의 최종 잔액을 출력한다.

이제 다음과 같은 시나리오를 생각해 보자. 이 시나리오 대로 진행되면 잔액은 5,000원이 되는데, 이는 잘못된 결과이다.

1) t1 쓰레드가 balance의 현재 값 10,000을 읽어 cur_dep에 저장한다.
2) t2 쓰레드가 balance의 현재 값 10,000을 읽어 cur_with에 저장한다.
3) t1 쓰레드가 cur_dep에 7,000을 더한다.
4) t2 쓰레드가 cur_with에서 5,000을 뺀다.
5) t1 쓰레드가 cur_dep의 값 17,000을 balance에 저장한다.
6) t2 쓰레드가 cur_with의 값 5,000을 balance에 저장한다.

단계 1)에서 deposit 메소드를 실행하는 t1 쓰레드가 먼저 balance의 현재 값을 cur_dep 변수로 읽어 온다(예제 11.9의 5행). t1 쓰레드와 t2 쓰레드가 동시에 실행되므로 t1 쓰레드가 다음 작업을 하기 전에 단계 2)에서 t2 쓰레드가 balance의 값을 자신의 cur_with 변수로 읽어 오는 상황이 생길 수 있다(11행). 그 다음 단계 3)과 4)에서 t1은 cur_dep 변수에 값을 더하고 t2는 cur_with 변수에서 값을 뺀다(6행과 12행). 단계 5)에서 입금 쓰레드는 입금액을 더한 cur_dep의 값 17,000을 balance에 저장했지만(7행) 뒤이어 단계 6)에서 출금 쓰레드가 cur_with의 값 5,000을 balance에 다시 저장하였기 때문에(13행) t1 쓰레드의 작업은 무시되고 잘못된 결과가 나오게 된다. 즉, 문제의 원인은 하나의 쓰레드가 계좌에 대한 작업을 완료한 다음에 다른 쓰레드가 이 계좌에 접근해야 하는데 여기서는 그렇지 않기 때문이다. 이와 같이 공유 자원에 대한 동시적 접근을 제어하지 못하면 잘못된 결과가 나올 수 있고, 이러한 종류의 오류는 추적하기가 매우 어렵다.

자, 이제 이 프로그램을 실제로 실행하면 우리가 기대한 잘못된 결과를 확인할 수 있을까? 아쉽게도 작업이 너무 간단하고 컴퓨터의 속도가 빠르기 때문에 예제 11.9의 5-7행이나 11-13행을 실행하는 도중에 쓰레드 전환(thread switching)이 일어나기를 기대하기는 어렵다. 위의 시나리오 대로 2개의 쓰레드가 교대로 실행될 가능성이 거의 없다는 것이다. 그러므로 예제 11.11과 같이 deposit과 withdraw 메소드 내에 sleep 메소드를 사용하여 인위적인 지연을 두기로 하자.

예제 11.11 Account 클래스(인위적 지연을 둔 버전)

```java
01  public class Account {
02      private int balance = 10000;
03
04      public void deposit(int amount) {
05          int cur_dep = balance;
06          cur_dep += amount;
07          try {
08              Thread.sleep((int)(Math.random()*10));
09          } catch (InterruptedException e) {
10              e.printStackTrace();
11          }
12          balance = cur_dep;
13      }
14
15      public void withdraw(int amount) {
16          int cur_with = balance;
17          cur_with -= amount;
18          try {
19              Thread.sleep((int)(Math.random()*10));
20          } catch (InterruptedException e) {
21              e.printStackTrace();
22          }
23          balance = cur_with;
24      }
25
26      public int getBalance() {
27          return balance;
28      }
29  }
```

예제 11.11의 8행과 19행을 보면 deposit과 withdraw 메소드에서 변경된 값을 balance에 저장하기 직전에 1000분의 10초 이내에서 임의의 시간만큼 쓰레드가 중단되도록 했다. 이와 같이 함으로써 앞서 살펴본 시나리오처럼 하나의 쓰레드가 동작을 완료하기 전에 다른 쓰레드가 공유 데이터를 변경할 가능성이 생기도록 하였다. 이와 같이 수정된 프로그램을 실제로 실행한 결과의 예를 그림 11.6에 보였다.

(a)   (b)

그림 11.6 예제 11.10의 실행 결과 (예제 11.11의 Account 정의를 사용)

그림 11.6a의 결과는 앞에서 살펴본 시나리오 대로 실행 과정이 진행된 예이다. 즉, 두 쓰레드가 모두 balance의 현재 값을 읽어 와서 변경하려고 시도하지만 deposit의 결과가 먼저 저장되고 뒤이어 withdraw의 결과가 저장되어 deposit 연산의 변경 내용은 무시되고 withdraw 연산의 효과만 남아 5,000원이 출력된 경우인 것이다. 같은 프로그램을 여러 번 실행시켜 보면 순서가 반대로 되어 출금 연산이 무시되고 그림 11.6b와 같이 17,000원이 출력되는 경우도 발견할 수 있다.

여기서는 임의로 지연 시간을 조작하였지만 실제의 실행 환경에서 코드의 내용에 따라 이런 상황이 충분히 발생할 여지가 있음을 이해하는 것이 중요하다. 즉, 여러 개의 쓰레드가 동시에 공유 자원을 조작하려고 시도할 때는 항상 문제가 발생할 수 있다. 그리고 이것을 해결하는 기법이 동기화이다.

동기화

공유 자원을 조작하는 코드 부분을 **임계 코드 영역**(critical code section) 혹은 간단히 **임계 영역**(critical section)이라고 부른다. 다르게 설명한다면, 어떤 코드 영역을 여러 개의 쓰레드가 동시에 실행할 경우 쓰레드 간의 실행 순서에 따라 결과가 달라질 수 있을 때 그 영역을 임계 영역이라고 부른다. 앞에서 살펴 보았듯이, 예제 11.9에서 Account 클래스의 deposit과 withdraw 메소드에 포함된 코드는 쓰레드 간의 실행 순서에 따라 실행 결과가 달라질 수 있으므로 임계 영역이다.

쓰레드의 **동기화**(synchronization)는 한 번에 하나의 쓰레드만이 임계 영역을 실행하도록 제어하는 방법이다. 즉, 하나의 쓰레드가 임계 영역을 실행하고 있을 때는 다른 쓰레드가 임계 영역에 진입하지 못하도록 제어한다. 임계 영역은 공유 자원을 조작하는 코드를 포함하고 있으므로 동기화를 사용하면 하나의 쓰레드가 공유 자원에 대한 조작을 완전히 끝낸 다음에야 다른 쓰레드가 그 공유 자원에 접근할 수 있게 되어 앞서 살펴 본 문제를 해결할 수 있다.

동기화는 메소드에 적용될 수도 있고 특정한 코드 블록에 적용될 수도 있다. 예를 들어 앞에서 살펴본 예에서 Account 클래스의 deposit과 withdraw 메소드는 임계 영역으로 간주할 수 있었다. 이 두 메소드를 선언할 때 메소드 이름 앞에 synchronized라는 키워드를 추가함으로써 이들을 **동기화된 메소드**(synchronized method)로 만들 수 있다(예제 11.12의 4행과 15행).

예제 11.12 동기화된 메소드를 가진 Account 클래스

```
01  public class Account {
02      private int balance = 10000;
03
04      public synchronized void deposit(int amount) {
05          int cur_dep = balance;
06          cur_dep += amount;
07          try {
08              Thread.sleep((int)(Math.random()*10));
09          } catch (InterruptedException e) {
10              e.printStackTrace();
11          }
12          balance = cur_dep;
13      }
14
15      public synchronized void withdraw(int amount) {
16          int cur_with = balance;
17          cur_with -= amount;
18          try {
19              Thread.sleep((int)(Math.random()*10));
20          } catch (InterruptedException e) {
21              e.printStackTrace();
22          }
23          balance = cur_with;
```

```
24        }
25
26        public int getBalance() {
27            return balance;
28        }
29 }
```

이제 deposit과 withdraw가 동기화된 메소드로 선언되었으므로 하나의 쓰레드가 이 메소드를 실행하고 있을 때는 이 메소드의 실행이 종료될 때까지 다른 쓰레드는 동기화된 메소드를 실행하지 못한다. 예를 들어 t1 쓰레드가 먼저 deposit 메소드를 실행하게 되면 t2 쓰레드는 withdraw 메소드에 진입하지 못하고 기다리게 된다. deposit이 완전히 종료되고 나서야 withdraw가 실행되므로 앞에서 본 것과 같은 변수 값의 불일치 문제가 발생하지 않는다. 실제로 Account 클래스를 예제 11.12와 같이 수정하여 실행시켜 보면 항상 그림 11.7과 같은 올바른 결과만을 얻을 수 있다.

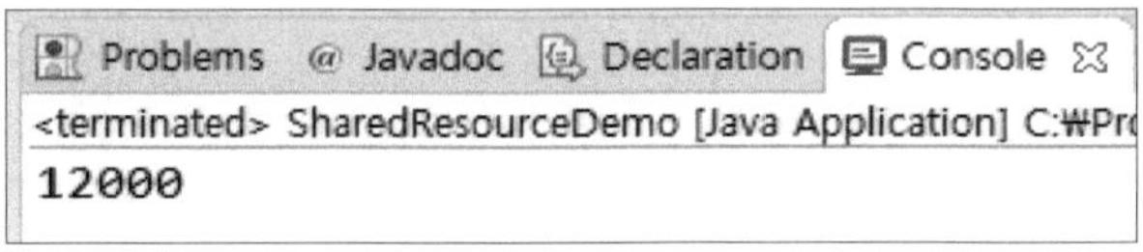

그림 11.7 예제 11.10의 실행 결과 (예제 11.12의 Account 정의를 사용)

쓰레드의 실행을 순서화하는 동기화는 멀티쓰레딩의 의도와 상충된다. 즉, 멀티쓰레딩은 여러 개의 쓰레드가 동시에 병렬적으로 실행되도록 하기 위한 것인데, 동기화에 의해 쓰레드의 실행이 순서화된다면 멀티쓰레딩의 효과가 없어진다. 그러므로 필요한 최소의 코드 영역만을 동기화하는 것이 바람직하다. 메소드 전체를 동기화할 필요가 없다면 다음과 같이 특정한 코드 블록만 동기화하면 된다. 여기서 *sync_object*는 공유 자원에 해당하는 객체이다.

```
synchronized (sync_object) {
    //공유 자원을 접근하는 문장들
}
```

동기화는 멀티쓰레딩에서 공유 자원을 동시에 조작함으로써 발생하는 문제를 해결해 주는 간단한 기법이지만 데드락(deadlock)을 포함한 몇 가지 문제를 갖고 있다. 이에 대한 자세한 논의는 이 책의 범위를 벗어나는 것이므로 생략하도록 한다.

11.3 생산자−소비자 문제와 멀티쓰레딩

생산자−소비자 관계

흔히 **생산자−소비자**(producer-consumer) 문제라고 부르는 상황을 생각해 보자(그림 11.8).
예를 들어 제품을 생산하는 측(생산자)과 생산된 제품을 소비하는 측(소비자)이 있다면 여
기서 생산자−소비자 관계가 성립된다. 생산된 제품을 저장하는 창고는 제한된 크기를 가
진다. 생산자와 소비자는 동시에 작업을 진행할 수 있지만 창고가 가득 차면 생산자는 더
이상 생산을 계속할 수 없고 제품이 소비될 때까지 작업을 중지하고 대기해야 한다. 반대로
창고가 완전히 비었다면 다음 제품이 생산될 때까지 소비자가 작업을 중지하고 대기해야
한다.

(a) 소비자가 대기하는 경우   (b) 생산자가 대기하는 경우

그림 11.8 생산자−소비자 관계

이런 관계가 멀티쓰레딩 상황에서도 발생한다. 두 개의 쓰레드가 있어서 하나의 쓰레드(생
산자)는 항목을 생산하고 다른 쓰레드(소비자)는 이 항목을 소비한다면 두 쓰레드 간에 생
산자−소비자 관계가 성립된다. 편의상 생산된 항목을 저장하는 버퍼의 크기가 1이라고 하
자. 버퍼가 비어 있다면 소비자 쓰레드는 생산자가 버퍼를 다시 채워 넣기를 기다려야 한
다. 생산자 쓰레드가 항목을 생산하여 버퍼가 채워지면 그때 소비자 쓰레드가 동작을 계
속할 수 있다. 반대로 버퍼가 채워진 상태에서 생산자 쓰레드는 버퍼가 비워지기를 기다려
야 한다. 소비자 쓰레드가 항목을 소비하여 버퍼가 비워지면 그때 생산자 쓰레드가 동작

을 계속할 수 있다. 이와 같이 생산자-소비자 관계에서는 두 쓰레드의 동작을 서로 '조정' (coordination)해 줄 필요가 있다.

생산자 쓰레드와 소비자 쓰레드 간의 동작을 제어하지 않는다면 어떻게 될까? 생산자와 소비자는 동시에 실행되는데, 생산자는 계속 항목을 생산하고 소비자는 계속 항목을 소비하므로 위에서 말한 제약이 지켜지지 않은 채 실행이 진행될 것이다. 예제 11.13을 살펴 보자. Producer(15-32행)와 Consumer(34-52행)는 각각 생산자와 소비자 쓰레드를 구현하기 위한 클래스이다. 생산자가 생산하고 소비자가 소비하는 항목은 양쪽 쓰레드에 공유되어야 하는데, 여기서는 SharedData라는 이름으로 정의된 클래스(1-13행)의 객체를 사용하고 있다. 마지막으로 테스트를 위한 ProducerConsumerDemo 클래스(54-62행)는 Producer와 Consumer 쓰레드를 만들어 시작시키는데, 이때 SharedData 타입의 객체를 하나 생성하여 각 쓰레드를 생성할 때 생성자 인자로 넘긴다. 이 객체가 Producer와 Consumer 쓰레드가 공유하는 공유 자원이 된다.

예제 11.13 SharedData, Producer, Consumer, ProducerConsumerDemo 클래스

```
01   class SharedData {
02       private int data;
03
04       public void put(int data) {
05           this.data = data;
06           System.out.println("생산자: " + data + " 항목을 생산함.");
07       }
08
09       public int get() {
10           System.out.println("소비자: " + data + " 항목을 소비함.");
11           return data;
12       }
13   }
14
15   class Producer implements Runnable {
16       private SharedData shared;
17
18       public Producer(SharedData sd) {
19           shared = sd;
20       }
```

```
21
22      public void run() {
23          for (int i=1; i<=5; i++) {
24              try {
25                  Thread.sleep((int)(Math.random()*1000));
26              } catch (InterruptedException e) {
27                  e.printStackTrace();
28              }
29              shared.put(i);
30          }
31      }
32  }
33
34  class Consumer implements Runnable {
35      private SharedData shared;
36
37      public Consumer(SharedData sd) {
38          shared = sd;
39      }
40
41      public void run() {
42          int data;
43          do {
44              try {
45                  Thread.sleep((int)(Math.random()*1000));
46              } catch (InterruptedException e) {
47                  e.printStackTrace();
48              }
49              data = shared.get();
50          } while (data < 5);
51      }
52  }
53
54  public class ProducerConsumerDemo {
55      public static void main(String[] args) {
56          SharedData sd = new SharedData();
57          Thread t1 = new Thread(new Producer(sd));
58          Thread t2 = new Thread(new Consumer(sd));
59          t1.start();
60          t2.start();
61      }
62  }
```

먼저 SharedData 클래스를 보면 data라는 int 타입의 인스턴스 변수를 가지는데, 이 예제에서는 이것이 생산자가 생산하는 항목인 동시에 소비자가 소비하는 항목이다. 생산자가 새로운 항목을 생산하여 저장할 때는 SharedData의 put 메소드를 호출하고 소비자가 저장된 항목을 소비할 때는 SharedData의 get 메소드를 호출한다.

Producer와 Consumer 클래스는 그 구조가 거의 동일하다. 단지 Producer는 공유 데이터를 생산하고 Consumer는 소비한다는 점만 차이가 있다. 57–58행에서 Producer와 Consumer 클래스로 각각 쓰레드를 생성할 때 생성자의 인자로 동일한 객체 sd가 넘어간다. 이 sd가 공유 항목을 저장하는 버퍼이므로 Producer와 Consumer는 이를 인스턴스 변수로 저장해 둔다(19,38행). Producer 클래스는 1에서 5까지 5개의 항목을 차례로 생산한다(23–30행). 생산한 항목은 공유 객체의 put 메소드를 호출하여 저장한다. 실제 상황을 흉내내기 위해 각 항목을 생산할 때 sleep 메소드를 사용하여 임의의 시간만큼 지연을 둔다. Consumer 클래스는 공유 객체의 get 메소드를 반복 호출하여 항목을 소비하는데(43–50행), 이때도 sleep 메소드를 사용하여 각 항목을 소비할 때 임의의 시간만큼 지연을 둔다. 마지막 항목이 5이므로 5가 소비되면 소비자 쓰레드의 루프가 종료된다.

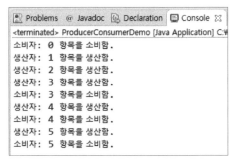

그림 11.9 예제 11.13의 실행 결과

이제 이 프로그램을 실행하면 어떤 결과가 나올까? 그림 11.9는 프로그램의 실행 결과의 예를 보인 것이다. 항목의 생산과 소비에 할당된 지연 시간이 매번 달라질 것이기 때문에 여러 번 실행해 보면 결과가 매번 상당히 달라질 것이다.

실행 결과의 첫 줄을 보면 소비자 쓰레드가 값이 0인 항목을 소비한 것으로 나온다. 생산자는 1에서 5까지의 항목을 생산하도록 작성되어 있다. 값이 0이라는 것은 SharedData의 인스턴스 변수인 data의 초기 디폴트 값이다. 즉, 이 첫 줄은 소비자가 아직 생산되지도 않은 항목을 소비하고자 한 것이다. 또한 그 아래로 가 보면 값이 항목 1이 소비되기도 전에 2

와 3이 생산되었음을 알 수 있다. 즉, 항목 1과 2는 소비되지 않았다. 이 결과에서 보는 것처럼, 생산자와 소비자가 항목을 생산하고 소비하는 과정을 상호 제어하지 않는다면 생산자–소비자 관계가 가지는 제약을 만족하도록 실행이 진행되지 않는다.

wait/notify

생산자–소비자 문제를 해결하기 위해서는 어떤 조건에 따라 쓰레드를 일시 중지했다가 조건이 해소되면 다시 실행되도록 하는 메커니즘이 필요하다. 예를 들어 소비자 쓰레드의 입장에서 생각해 보자. 버퍼가 비었음을 발견했을 때 소비자 쓰레드는 버퍼가 채워질 때까지 루프를 사용하여 계속 반복하여 버퍼를 체크하는 방법을 택할 수 있다. 이와 같은 방법을 폴링(polling)이라고 한다. 그러나 이런 방법은 컴퓨터 자원을 불필요하게 소모하므로 효율적이지 못하다. 소비자 쓰레드는 버퍼가 비었음을 인지하면 스스로 실행을 일시 중지했다가 나중에 버퍼가 채워지면 다시 깨어나서 실행을 재개할 수 있어야 한다.

자바에서 `Object` 클래스가 제공하는 `wait`와 `notify` 메소드가 이런 기능을 제공한다. 간단히 말하자면 `wait` 메소드는 쓰레드가 일시 정지(waiting) 상태에 들어가게 하고, 반대로 `notify` 메소드는 일시 정지 상태에 있는 쓰레드를 깨워 실행을 계속하도록 한다. 다시 앞의 설명으로 돌아가서 소비자 쓰레드가 항목을 소비하기 위해 버퍼를 검사했을 때 버퍼가 비었음을 발견하면 소비자 쓰레드는 스스로 `wait` 메소드를 호출하여 일시 정지 상태에 들어간다. 즉, 버퍼가 채워질 때까지 기다리는 것이다. 생산자 쓰레드가 항목을 생산하여 버퍼를 채우면 즉시 `notify`를 호출하여 기다리고 있는 소비자 쓰레드를 깨운다. 소비자 쓰레드가 깨어나면 버퍼가 채워져 있을 것이므로 실행을 계속하면 된다.

생산자 쓰레드의 동작도 마찬가지이다. 생산자 쓰레드가 새로운 항목을 생산하려고 버퍼를 검사했을 때 버퍼가 채워져 있으면 `wait`를 실행하여 일시 정지 상태에 들어간다. 항목이 소비되어 버퍼가 빌 때까지 기다리는 것이다. 소비자 쓰레드는 항목을 소비하여 버퍼를 비우는 즉시 `notify`를 호출하여 기다리고 있는 생산자 쓰레드를 깨운다. 생산자 쓰레드가 깨어나면 버퍼가 비었을 것이므로 실행을 계속하면 된다.

`wait`와 `notify` 메소드를 사용하여 예제 11.13의 `SharedData` 클래스가 생산자–소비자 문제의 제약을 만족하도록 수정하면 예제 11.14와 같다.

예제 11.14 SharedData 클래스(wait/notify를 사용한 버전)

```
01   class SharedData {
02       private int data;
03       private boolean isEmpty = true;
04
05       public synchronized void put(int data) {
06           while (!isEmpty) {
07               try {
08                   wait();
09               } catch (InterruptedException e) {}
10           }
11           isEmpty = false;
12           this.data = data;
13           System.out.println("생산자: " + data + " 항목을 생산함.");
14           notify();
15       }
16
17       public synchronized int get() {
18           while (isEmpty) {
19               try {
20                   wait();
21               } catch(InterruptedException e) {}
22           }
23           isEmpty = true;
24           System.out.println("소비자: " + data + " 항목을 소비함.");
25           notify();
26           return data;
27       }
28   }
```

먼저 버퍼가 비었는지 채워져 있는지를 알아야 하므로 이를 나타내는 boolean 타입의 인스턴스변수 isEmpty를 선언했다(3행). put과 get 메소드는 이전과 마찬가지의 역할을 하고 있지만 생산자와 소비자 쓰레드의 동작을 제어하기 위해 wait와 notify가 사용되고 있다. 생산자 쓰레드가 put 메소드를 실행하여 생산된 항목을 저장하려고 할 때 버퍼가 채워져 있다면(6행) 항목을 저장할 수 없으므로 wait 메소드를 실행하여 스스로 일시 정지 상태에 들어간다(**8**행). 나중에 일시 정지 상태에서 깨어나면 버퍼가 비었는지 검사하고,[1] 버퍼가 비었으면 데이터를 저장하고 isEmpty의 값을 false로 변경한다(**11~12**행). 그리고 notify를 실행하여 일시 정지 상태에서 기다리고 있을 쓰레드(이 경우에는 생산자 쓰레드)를 깨운다(**14**행). 쓰레드가 일시 정지에 들어갔다가 나중에 깨어나는 메커니즘은 잠시 후에 가상의 시나리오를 검토하면서 보다 자세히 살펴보기로 하자.

get 메소드의 동작도 유사하다. 소비자 쓰레드가 get 메소드를 실행하여 생산된 항목을 얻으려고 할 때 버퍼가 비어 있다면(**18**행) 생산된 항목이 아직 없는 것이므로 wait 메소드를 실행하여 스스로 일시 정지 상태에 들어간다(**20**행). 나중에 일시 정지 상태에서 깨어나서 버퍼가 채워져 있다면 생산된 항목을 가지고 복귀한다(**26**행). 물론 복귀하기 전에 isEmpty를 true로 변경하고 notify를 실행하여 일시 정지 상태에서 기다리고 있을 쓰레드(이 경우에는 생산자 쓰레드)를 깨운다(**23, 25**행).

소비자 쓰레드가 먼저 실행된다고 가정하고 가상의 실행 과정을 추적해 보자.

1) 소비자 쓰레드가 shared.get()을 호출한다(예제 11.13의 49행).

2) 소비자 쓰레드가 SharedData의 get 메소드를 실행한다. 처음에 isEmpty는 true이므로(즉, 아직 생산된 항목이 없으므로) 소비자 쓰레드는 wait을 호출하여 스스로 일시 정지 상태에 들어간다(예제 11.14의 20행).

3) 생산자 쓰레드가 shared.put(i)를 호출한다(예제 11.13의 29행). 첫 실행이므로 i=1일 것이다.

4) 생산자 쓰레드가 SharedData의 put 메소드를 실행한다. isEmpty가 true이므로(즉, 버퍼가 비어 있으므로) 생산자 쓰레드는 wait를 호출하지 않고 값을 생산하여 isEmpty를 false로 만들고 생산된 값을 저장한다(예제 11.14의 11~12행). 그리고 나서 notify를 호출하여 일시 정지된 소비자 쓰레드를 깨우고 put 메소드를 종료한다.

---

1) notify에 의해 깨어난 쓰레드는 반드시 조건을 다시 검사해야 한다. 즉, 생산자 쓰레드가 깨어났을 때 버퍼가 당연히 비었을 것으로 추정해서는 안 된다. 쓰레드는 notify가 아닌 다른 이유에 의해서도 깨어날 수 있기 때문이다(소위 spurious wake-up이라고 부르는 경우). 혹은 같은 객체에 대해 여러 개의 쓰레드가 기다리고 있다가 notifyAll 메소드에 의해 함께 깨어나는 경우도 있을 수 있다. 이 때에는 경쟁에 의해 하나의 쓰레드만이 객체를 확보하게 된다. 따라서 깨어난 쓰레드는 반드시 버퍼가 비었는지 다시 검사하여 비었을 때만 새로운 항목을 생산하여 버퍼에 저장하여야 한다. 이런 이유로 6행의 검사가 루프로 이루어졌다. 깨어난 쓰레드가 조건을 검사하여 여전히 조건이 만족되지 않았다면 루프를 벗어나지 않고 다시 일시 정지 상태에 들어가게 된다. 소비자 쓰레드의 경우도 마찬가지이다(**18**행).

5) 단계 2에서 get 메소드를 실행하다가 일시 정지되었던 소비자 쓰레드가 깨어난다. isEmpty가 false이므로 isEmpty를 true로 만들고 항목을 가지고 복귀한다(예제 11.14 23,26행). 복귀 직전에 notify를 호출하여(25행) 만약 기다리고 있는 생산자 쓰레드가 있다면 깨운다.

단계 4에서 생산자 쓰레드가 항목을 생산하고 일시 정지되었던 소비자 쓰레드를 깨우고 put 메소드를 종료하였는데, 만약 깨어난 소비자 쓰레드가 항목을 소비하기도 전에 생산자 쓰레드가 다음 항목을 생산하는 게 더 빠르다면 어떻게 될까? wait-notify를 사용하지 않은 그림 11.9의 실행 결과에서는 항목 1이 소비되기도 전에 다시 항목 2가 생산되었었다. 여기서는 이 문제가 어떻게 해결될까?

생산자 쓰레드가 새롭게 생산된 항목을 가지고 put 메소드에 진입하여 예제 11.14 6행의 조건을 검사하지만 아직 버퍼가 비어 있지 않다. 이전의 put 메소드 실행에서 isEmpty를 false로 만들어 두었고, 소비자가 실행되어 항목을 소비하지 않은 한 이 값은 여전히 false이다. 따라서 생산자 쓰레드는 wait를 호출하여 일시 정지 상태에 들어간다(예제 11.14의 8행). 단계 5에서 소비자 쓰레드가 현재의 항목을 소비하고 isEmpty를 true로 바꾼 다음에 notify를 호출해야만 생산자가 깨어나게 된다. 즉, 이전에 생산된 항목이 아직 소비되지 않았다면 새로운 항목을 생산하여 저장하려는 생산자 쓰레드는 일시 정지 상태에 들어가 기다리게 된다. 이런 방식으로 생산자-소비자의 동작이 제어된다.

예제 11.14와 같이 수정된 SharedData 클래스로 생산자-소비자 예제를 실행해 보면 그림 11.10과 같이 각 항목이 차례로 생산되고 소비되었음을 확인할 수 있다. 여러 번 실행해도 동일한 결과가 나온다.

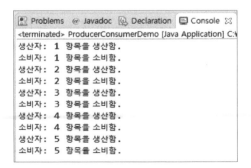

그림 11.10 예제 11.13의 SharedData 클래스를 예제 11.14로 수정한 실행 결과

wait와 notify는 Object 클래스의 메소드이므로 모든 객체에 대해 사용할 수 있다. 방금 살펴 본 예제에서는 예제 11.13의 56행에서 생성한 SharedData 객체에 대한 참조가 생산자와 소비자 양쪽에 넘겨지게 되어 생산자와 소비자 쓰레드의 인스턴스 변수로 저장된다. 즉, 생산자와 소비자의 shared 변수는 모두 동일한 이 객체를 가리키게 되는 것이다. 생산자와 소비자 쓰레드가 put과 get 메소드를 호출할 때는 모두 이 객체에 대해 메소드 호출이 이루어진다(예제 11.13의 29, 49행). 즉, 생산자가 호출한 put 메소드와 소비자가 호출한 get 메소드가 실행될 때 수신 객체가 바로 이 하나의 SharedData 객체이다. 그러므로 생산자와 소비자 쓰레드가 wait와 notify를 호출할 때는 바로 그 객체에 대해 호출하는 것이다. 쓰레드가 특정 객체에 대해 wait를 호출하면 그 객체'에 대해' 일시 정지 상태에 들어가게 된다고 생각하면 된다. 그리고 일시 정지 상태에 들어간 이 쓰레드는 바로 그 객체에 대해 notify가 호출되면 깨어나게 된다.

만약 하나의 객체에 대해 일시 정지에 들어간 쓰레드가 여러 개라면 어떻게 될까? notify 메소드는 그 가운데 하나를 임의로 택하여 깨운다. notify 대신에 Object가 제공하는 또 다른 메소드인 notifyAll을 사용하면 기다리고 있던 모든 쓰레드를 깨울 수 있다. 또한 예제 11.14에서 put과 get이 동기화된 메소드로 선언된 것에 유의하라. wait와 notify를 부르는 코드는 임계 영역에 해당하므로 반드시 동기화되어야 한다.

프로그래밍 과제

1. Runnable 인터페이스를 구현하는 PrintingTask 클래스를 작성하여 다음 예제가 첨부한 실행 결과와 같이 동작하도록 하라. PrintingTask는 생성자 인자로 받은 스트링의 각 문자를 화면에 출력하되 각 문자를 출력하기 전에 1000분의 10초 이내에서 무작위로 쓰레드를 중지시킨다. PrintingTask 생성자의 2번째 인자는 쓰레드의 id인데 id가 0이면 소문자를 그대로 출력하고 id가 1이면 대문자로 바꾸어서 출력한다. 실행 결과는 2개의 쓰레드가 병렬 실행되므로 두 쓰레드의 출력이 섞여서 나온 결과인데, 매번 실행마다 달라질 수 있다.

```java
public class RunnableThreadTest {
    public static void main(String[] args) {
        String string = "wonderful world of java programming!";
        Thread thread1 = new Thread(new PrintingTask(string, 0));
        Thread thread2 = new Thread(new PrintingTask(string, 1));
        thread1.start();
        thread2.start();
    }
}
```

```
Problems  @ Javadoc  Declaration  Console
<terminated> RunnableThreadTest [Java Application] C:\Program Files\AdoptOpenJDK\jdk-11.0.4.11-hotspot\bin\javaw
wWondOeNDErRfuFULl W OwRorLDl d Oof F JjavAaVA  pPrRoOGgRAraMMmImNiGn!g!
```

2. 다음과 같이 동작하는 멀티 쓰레딩 프로그램을 작성하라. 처음 실행하면 첫 번째 화면과 같이 "Start" 와 "Stop" 버튼이 나타난다. "Start" 버튼을 누르면 0.5초 간격으로 새로운 원이 하나씩 추가되어 그려진다. 원의 반지름은 30픽셀이고 위치와 색상은 무작위로 결정된다. 원이 30개 그려지면 모두 지워지고 다시 시작한다. 원의 위치는 Math.random() 메소드를 사용하여 x, y 좌표를 무작위로 결정하되 윈도우를 벗어나지 않아야 하고, 색상은 RGB 각 성분의 요소를 0~255 범위 내에서 무작위로 조합하여 결정하면 된다. "Stop" 버튼을 누르면 화면의 변화가 중지된다. 윈도우를 표시하고 원을 그리는 것은 main 쓰레드가 담당하도록 하고, 시간 간격을 제어하는 별도의 쓰레드를 정의하여 0.5초마다 윈도우 화면에 새로운 원이 추가되도록 하라. "Start" 버튼이 눌렸을 때 이 별도의 쓰레드를 생성하여 시작시키고 "Stop" 버튼이 눌리면 쓰레드에 인터럽트를 보내어 쓰레드를 중지시킨다. 예제 11.7-8의 카운트 다운 예제를 참고하여 비슷한 구조를 갖도록 구현하면 된다.

◇◇◇◇◇◇◇◇◇◇◇◇◇

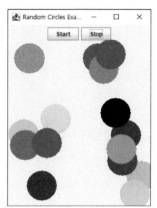

3. 다음과 같이 동작하는 멀티 쓰레딩 기반의 그래픽 프로그램을 작성하라. 처음 실행하면 다음과 같이 상단에 2개의 버튼이 표시되고 좌측 하단에 비행기가 그려진 윈도우가 표시된다.

"시작" 버튼을 누르면 비행기가 우측 상단을 향해 대각선 방향으로 날아 가는데, 0.2초(1000분의 200초)마다 위치를 이동한다. 비행기가 윈도우의 우측 상단 경계선을 벗어나면 다시 좌측 하단에 나타나서 계속 이동한다. "중지" 버튼을 누르면 비행기의 이동이 멈춘다. 예제 11.7-8의 카운트다운 예제를 참고하여 정해진 시간마다 그림의 위치가 변경되도록 제어하는 별도의 쓰레드를 정의하라.

CHAPTER **12**

파일 입출력과
네트워크 프로그래밍

12.1 스트림과 파일 ◇◇◇◇◇◇◇

스트림의 개념

키보드로부터 입력을 받는 방법과 화면으로 출력을 보내는 방법은 이 책의 첫 부분에서 이미 배웠다. 간단한 경우는 이와 같은 입출력 방법으로 해결할 수 있지만, 대량의 데이터를 다루어야 하거나 프로그램이 만들어 낸 데이터를 영구적으로 저장해야 한다면 파일(file)을 사용해야 한다. 이 장에서는 자바에서 파일을 다루는 방법, 즉 프로그램에서 파일을 생성하여 거기에 데이터를 저장하거나 디스크에 이미 존재하는 파일로부터 데이터를 읽어 들이는 방법에 대해 알아 보자.

키보드와 화면에 대한 입출력이든 파일 입출력이든 자바에서는 모두 **스트림**(stream)으로 처리된다. 스트림이란 순차적인 데이터의 흐름을 말한다. 키보드로부터 입력을 받을 때는 사용자가 입력하는 데이터가 차례로 프로그램으로 들어간다. 반대로 화면 출력을 할 때는 프로그램이 만들어 낸 데이터가 차례로 프로그램으로부터 나와 화면으로 전달된다. 파일 입출력에서도 마찬가지이다. 파일 입력에서는 파일로부터 프로그램으로 데이터가 흘러 들어가고 파일 출력에서는 프로그램으로부터 데이터가 흘러나와 파일로 들어간다. 그림 12.1에서 보는 것처럼 데이터 소스(source)에서 프로그램으로 들어가는 데이터의 흐름이 **입력 스트림**(input stream)이고 프로그램에서 목적지로 나가는 데이터의 흐름이 **출력 스트림**(output stream)이다. 즉, 스트림에서 입력과 출력은 프로그램을 기준으로 한다. 프로그램으로 들어오는 것이 입력 스트림이고 프로그램에서 나가는 것이 출력 스트림이다. 그리고 데이터 소스와 목적지는 키보드나 모니터와 같은 주변 장치나 디스크에 저장된 파일일 수도 있지만, 다른 프로그램이나 네트워크가 될 수도 있다.

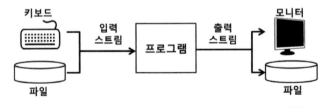

그림 12.1 입력 스트림과 출력 스트림

자바에는 입력 스트림과 출력 스트림에 해당하는 다양한 클래스들이 포함되어 있는데, 자바 프로그램은 이러한 스트림 객체를 통해 외부 장치나 파일로부터 데이터를 읽어 들이거나 혹은 데이터를 보낼 수 있다. 예를 들어 입력 스트림이 키보드에 연결되면 키보드로부터 프로그램으로 데이터가 들어가고 입력 스트림이 파일에 연결되면 파일로부터 프로그램으로 데이터가 들어간다.

텍스트 파일과 이진 파일

파일이 무엇인지는 잘 알고 있을 것이다. 이클립스에서 자바 프로그램을 작성하면 확장자가 java인 파일에 저장된다. 이런 종류의 파일을 **텍스트 파일**(text file)이라고 한다. 텍스트 파일은 문자들로만 구성되어 있어서 '메모장(notepad)'과 같은 일반적인 텍스트 편집기로 열어서 읽거나 편집할 수 있다.

텍스트 파일을 제외한 모든 파일은 **이진 파일**(binary file)에 속한다. 예를 들어 자바 프로그램을 컴파일하여 얻는 바이트 코드 파일은 텍스트 파일이 아니라 이진 파일이다. 그림이나 음악 파일들도 이진 파일이다. 이런 이진 파일은 일반적인 텍스트 편집기로 편집할 수 없다. 이진 파일을 굳이 일반 편집기로 열면 깨어진 문자만 가득 보일 것이다. 이진 파일을 읽거나 편집할 때는 특별한 전용의 소프트웨어가 필요한 경우가 대부분이다.

그런데 이런 설명은 약간 오해의 소지가 있다. 컴퓨터에서 모든 파일은 궁극적으로 0과 1의 조합인 이진수로 표현되어 바이트 단위로 저장된다. 이런 의미에서 모든 파일은 이진 파일이라고 해야 한다. 위에서 말한 텍스트 파일도 마찬가지이다. 그러면 텍스트 파일과 이진 파일의 차이점은 무엇일까? 여기서 인코딩(encoding)의 개념이 필요하다. 화면에 'a'라고 보이는 문자를 파일에 저장한다고 해도 문자 그대로 저장할 수 없다. 컴퓨터는 오직 이진수로만 저장할 수 있기 때문이다. 그래서 예를 들어 문자 'a'는 97이라고 약속을 정해 둔다. 즉, 문자 'a'를 저장해야 하는 경우에 97이라는 숫자가 이진수로 저장된다. 반대로 파일로부터 97이라는 수를 읽었을 때 이를 화면에 텍스트로 나타내야 한다면 정해둔 약속에 따라 문자 'a'를 표시한다. 이렇게 문자와 그 문자에 대응하는 숫자 코드를 정해 둔 것이 인코딩이다. ASCII나 UTF-8과 같은 것들이 대표적인 인코딩의 예이지만 이에 관한 자세한 설명은 생략하기로 하자.

텍스트 파일은 문자들로만 구성되어 있고 특정 인코딩에 따라 각 문자에 대응하는 일련의 숫자가 이진수로 저장된 파일이다. 문서 편집기나 기타 프로그램들이 이 파일의 내용을 읽을 때에는 파일이 일련의 문자로 구성되었다고 간주하므로 각각의 이진수를 거기에 대응하는 문자로 변환하여 사용한다.

그러면 데이터를 파일에 저장할 때 텍스트 파일과 이진 파일은 어떤 차이가 있을까? 1234567이라는 값을 예로 들어 보자. 이것을 텍스트 파일에 저장하면 숫자가 저장되는 것이 아니라 '1', '2', '3', '4', '5', '6', '7'이라는 7개의 문자가 차례로 저장된다. ASCII (혹은 ASCII 기반의) 인코딩이라면 문자 '1', '2',...에 대응하는 코드가 49, 50..이고 각 문자는 1바이트씩 차지하므로 그림 12.2a처럼 49에서 55까지 7개의 바이트가 저장된다. 반면에 1234567을 int 값으로 간주하여 이진 파일에 저장한다면 자바에서 int 값을 나타내는 방식 그대로 저장할 수 있다. 즉, 그림 12.2b처럼 int 값 1234567을 그대로 이진수로 저장하게 되며 4바이트를 차지한다. (그림 12.2에는 편의상 10진수로 표시했으나 실제로는 모든 값이 이진수로 저장됨에 유의하라.)

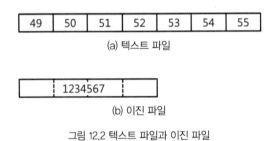

(a) 텍스트 파일

(b) 이진 파일

그림 12.2 텍스트 파일과 이진 파일

일반적으로 이진 파일이 텍스트 파일보다 저장 공간의 크기가 작고 보다 효율적인 처리가 가능하므로, 특별히 텍스트 편집기를 사용해서 읽거나 편집해야 하는 경우가 아니라면 이진 파일을 사용하는 것이 좋다.

문자 스트림과 바이트 스트림

자바의 스트림은 문자 스트림과 바이트 스트림으로 구분된다. 이것은 파일을 구분할 때 문자들로만 구성된 텍스트 파일과 그 외의 이진 파일로 구분했던 것과 유사하다. 입력 스트림과 출력 스트림이 데이터의 '방향'에 따른 구분이라면 바이트 스트림과 문자 스트림은 데이터의 '종류'에 따른 구분이다.

바이트 스트림(byte stream)은 데이터를 바이트 단위의 흐름으로 처리한다. 주로 이진 데이터의 입출력에 사용되며 자바에서 기본적인 저수준의 입출력을 담당한다. 모든 바이트 스트림 클래스는 InputStream과 OutputStream 클래스의 자손 클래스이다. 클래스 이름에서 알 수 있듯이 InputStream은 입력 바이트 스트림 클래스이고 OutputStream은 출력 바이트 스트림 클래스이다.

문자 스트림(character stream)은 데이터를 문자들의 흐름으로 처리한다. 즉, 문자들의 입출력에만 사용할 수 있다. 문자들도 궁극적으로는 2진수로 저장되므로 바이트 스트림으로

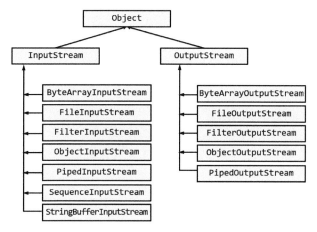

(a) 바이트 스트림 클래스 계층

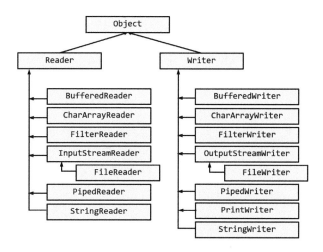

(b) 문자 스트림 클래스 계층

그림 12.3 자바 스트림 클래스의 최상위 계층

처리할 수 있지만, 문자들로만 이루어진 데이터라면 문자 스트림 클래스를 사용하는 것이
보다 편리하다. 모든 문자 스트림 클래스는 Reader와 Writer 클래스의 자손 클래스이다.
Reader는 입력 문자 스트림 클래스이고 Writer는 출력 문자 스트림 클래스이다.

자바의 스트림 클래스들은 java.io 패키지에 속하며 상당히 많은 수가 제공된다. 그림 12.3
에 바이트 스트림과 문자 스트림의 최상위 클래스들을 보였다.

12.2 텍스트 파일 입출력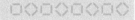

텍스트 파일 복사

그림 12.3b의 문자 스트림 클래스들을 이용하면 텍스트 파일에 대한 입출력을 구현할 수
있다. 먼저 각각 Reader와 Writer의 자손 클래스인 FileReader와 FileWriter를 사용하여
텍스트 파일을 복사하는 프로그램의 예를 살펴 보자. FileReader는 문자 입력 스트림을 위
한 클래스이고 FileWriter는 문자 출력 스트림을 위한 클래스이다.

예제 12.1 TextFileCopy 클래스

```
01   import java.io.FileNotFoundException;
02   import java.io.FileReader;
03   import java.io.FileWriter;
04   import java.io.IOException;
05
06   public class TextFileCopy {
07       public static void main(String[] args) {
08           try {
09               FileReader iStream = new FileReader("filein.txt");
10               FileWriter oStream = new FileWriter("fileout.txt");
11
12               int ch;
13               while ((ch = iStream.read()) != -1) {
14                   System.out.print((char)ch);
15                   oStream.write(ch);
16               }
```

```
17              iStream.close();
18              oStream.close();
19          } catch (FileNotFoundException e) {
20              System.out.println("파일 열기 실패!");
21          } catch (IOException e) {
22              System.out.println("파일 입출력 실패!");
23          }
24
25      }
26  }
```

원본 파일의 이름을 filein.txt라고 하고 새로 생성할 복사본 파일의 이름을 fileout.txt라고 하면, 예제 12.1은 filein.txt를 복사하여 동일한 내용의 새로운 파일 fileout.txt를 생성하는 프로그램이다. 또한 복사를 진행하면서 filein.txt의 내용을 화면에 출력한다.

자바에서 파일을 다루기 위해서는 먼저 파일을 '열어'(open) 스트림에 연결해야 한다(9–10행). filein.txt로부터 텍스트를 읽어 들이기 위해서는 다음과 같이 입력 스트림 객체를 생성하면 된다.

```
FileReader iStream = new FileReader("filein.txt");
```

즉, 파일 이름을 생성자의 인자로 해서 **FileReader** 객체를 생성하면 이 스트림 객체에 인자로 지정된 이름의 파일이 연결된다. 이제 스트림 변수 iStream을 통해 파일에 저장된 텍스트를 읽을 수 있다.

마찬가지로 복사본 파일의 생성을 위해서는 다음과 같이 **FileWriter** 객체를 생성하면 된다.

```
FileWriter oStream = new FileWriter("fileout.txt");
```

현재 폴더에 지정된 이름의 파일이 없으면 새로 생성된다. 만약 지정된 이름의 파일이 이미 존재하면 파일의 내용이 모두 삭제되고 초기화된다. 기존 파일의 내용을 지우지 않고 끝부분에 추가하려면 FileWriter 생성자에 두 번째 인자로 **true**를 덧붙이면 된다.

```
FileWriter oStream = new FileWriter("fileout.txt", true);
```

iStream 변수에 대해 **read** 메소드를 사용하면 스트림에 연결된 파일로부터 하나의 문자를 읽을 수 있다.

```
int ch = iStream.read();
```

이 read는 FileReader에 속한 메소드인데, 반환 값의 타입이 int로 되어 있음에 주의해야한다. 즉, 파일로부터 문자 하나를 읽어서 반환하지만 int 타입으로 반환한다. (정확히 말한다면 read의 반환 값은 읽은 문자에 대응하는 숫자 코드이다. 예를 들어 ASCII 기반의 인코딩이 채택되었다면 문자 'a'를 읽었을 때 read 메소드는 97을 반환한다.) 그러므로 read 메소드가 반환한 값을 화면에 문자로 출력하려면 14행에 보인 바와 같이 char 타입으로 타입 변환을 해야 한다.

```
System.out.print((char)ch);
```

FileWriter에 속한 write 메소드를 사용하면 파일에 하나의 문자를 기록할 수 있다.

```
oStream.write(ch);
```

위 문장은 oStream에 연결된 파일 fileout.txt에 문자 하나를 기록한다. write의 인자도 char가 아니라 int 타입으로 선언되어 있음에 유의하라.

13–16행의 while 루프는 원본 파일로부터 문자를 하나씩 읽어 복사본 파일에 기록한다. 이 동작은 파일의 끝을 만날 때까지 반복된다. read 메소드가 파일의 끝을 만나게 되면 –1을 반환하므로 while 루프의 제어식에서 read 메소드의 반환 값을 –1과 비교하고 있다.

파일의 복사가 끝나면 다음과 같이 스트림을 닫는다.

```
iStream.close();
oStream.close();
```

스트림을 닫으면 스트림과 파일의 연결이 해제되고 연결에 사용되었던 자원이 반납된다. 물론 스트림을 닫지 않더라도 프로그램이 종료될 때 그 때까지 열려 있던 스트림은 모두 자동으로 해제된다. 하지만 파일의 사용이 끝나면 즉시 스트림을 닫는 것이 좋은 프로그래밍 습관이다.

그런데 지금까지 살펴본 코드를 try–catch 없이 그대로 쓰면 에러가 난다. 9행의 File-Reader 선언은 인자로 지정된 이름의 파일이 없거나, 혹은 다른 어떤 이유로 파일을 열 수 없다면 FileNotFoundException이라는 확인 예외를 발생시킬 수 있다. 10행의 FileWriter 선언도 정상적으로 파일을 생성하거나 초기화하지 못하면 IOException이라는 예외를 던진다. 13행과 15행의 read와 write 메소드도 입출력 에러가 발생했을 때 IOException을 던진다. 그러므로 이 코드는 catch 블록을 작성하여 예외를 처리해야 한다. 예제 12.1의 try 블록에서 발생할 수 있는 예외는 2가지 종류인데, FileNotFoundException이 IOException 의 서브클래스이므로 catch 블록의 순서는 FileNotFoundException이 앞에 위치해야 한다.

현재 폴더에 filein.txt라는 이름의 텍스트 파일을 가져다 두고 예제 12.1을 실행시키면 fileout.txt라는 이름의 복사본 파일이 생성되는 것을 확인할 수 있다. 물론 이 예제는 문자 스트림 클래스를 사용하고 있으므로 텍스트 파일이 아닌 이진 파일에 대해서 적용하면 제대로 복사가 이루어지지 않는다.

FileReader와 FileWriter는 문자 단위로 읽고 쓰는 메소드만을 지원한다는 한계를 가진다. 예를 들어 정수 값을 파일에 기록하려고 할 때 우리에게 익숙한 print나 println과 같은 메소드가 없기 때문에 문자 단위로 쪼개어 한 글자씩 write 메소드로 기록해야 한다. 그러므로 텍스트 파일 입출력을 위해서는 보다 다양한 메소드를 지원하는 다른 종류의 스트림 클래스를 이용하는 것이 편리한 경우가 많다.

PrintWriter를 사용한 텍스트 파일 출력

텍스트 파일을 생성할 수 있는 여러 가지 클래스가 있지만, Writer의 서브클래스 중의 하나인 PrintWriter를 사용하는 것이 편리하다. PrintWriter를 사용하면 우리에게 이미 익숙한 print, println 등의 메소드를 사용할 수 있기 때문이다. PrintWriter 클래스를 사용하여 텍스트 파일을 생성하고 데이터를 기록하는 예제 12.2를 살펴 보자.

예제 12.2 PrintWriterDemo 클래스

```
01   import java.io.FileNotFoundException;
02   import java.io.PrintWriter;
03   import java.util.Scanner;
04
05   public class PrintWriterDemo {
06       public static void main(String[] args) {
07           Scanner input = new Scanner(System.in);
08           System.out.print("파일 이름은? ");
09           String fileName = input.nextLine().trim();
10
```

```
11          PrintWriter outWriter = null;
12          try {
13              outWriter = new PrintWriter(fileName);
14          } catch (FileNotFoundException e) {
15              System.out.println(fileName + ": 파일을 열지 못했습니다!");
16              System.exit(0);
17          }
18
19          System.out.println("텍스트를 입력하시오.  (끝낼 때는 입력 없이 엔터키)");
20          String line = input.nextLine();
21          while (line.length() > 0) {
22              outWriter.println(line);
23              line = input.nextLine();
24          }
25          outWriter.close();
26          System.out.println(fileName + ": 파일이 생성되었습니다.");
27      }
28  }
```

이 프로그램을 실행시키면 먼저 파일의 이름을 사용자에게 입력 받고 그 파일에 사용자가 입력하는 몇 줄의 텍스트를 기록한다. 19행에서 설명되는 것처럼 내용의 입력을 끝낼 때는 내용 없이 엔터 키를 누르면 된다. 실행 결과를 그림 12.4에 보였다.

그림 12.4 예제 12.2의 실행 결과

프로그램 실행 후에 프로젝트의 폴더를 찾아 보면 output.txt라는 텍스트 파일이 생성되었고 프로그램을 실행하면서 입력한 내용이 그대로 이 파일에 저장되어 있음을 확인할 수 있다. 그리고 이 파일은 텍스트 파일이므로 메모장과 같은 일반 텍스트 편집기로 편집할 수 있다(그림 12.5).

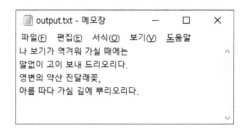

그림 12.5 output.txt 파일의 내용

예제 12.2의 프로그램 코드를 살펴 보자. 내용을 기록할 텍스트 파일의 이름을 입력 받기 위해 먼저 7행에서 Scanner 객체를 생성한다. 그리고 9행에서 파일 이름을 입력 받아 String 변수 fileName에 저장하고 있다. 이 때 스트링 앞뒤의 불필요한 공백 문자를 제거하기 위해 trim 메소드를 사용했다.

> **참고** **Scanner 클래스와 표준 입력 스트림**
>
> Scanner 객체를 생성할 때 생성자의 인자로 System.in을 넘겨 주고 있는데, 이것은 System이라는 자바 클래스에 속한 in이라는 이름의 정적 변수를 의미한다. 이 System.in을 흔히 "표준" 입력 스트림(standard input stream)이라고 부르는데 그 타입이 InputStream 클래스이다. 표준 입력 스트림은 프로그램이 실행될 때 자동적으로 열리며 보통 키보드 장치와 연결되어 있다. 프로그램은 이 표준 입력 스트림을 통해 키보드로부터 입력된 데이터를 받을 수 있게 된다.
> 한편 Scanner 클래스는 표준 입력 스트림에 대해서만 동작하는 것이 아니다. Scanner 클래스의 객체를 생성할 때 특정 파일과 연결된 입력 스트림을 인자로 넘겨 주면 그 파일로부터 데이터를 입력 받을 수 있다. Scanner를 이렇게 사용하는 방법에 대해서는 추후에 파일 입력을 다룰 때 살펴보도록 하자

지정된 이름의 파일에 사용자가 입력하는 텍스트를 기록하려면 먼저 파일을 열어 출력 스트림에 연결해야 한다. 이를 위해서는 파일 이름을 생성자의 인자로 하여 PrintWriter 객체를 생성하면 된다.

```
PrintWriter outWriter = new PrintWriter(fileName);
```

여기서 변수 outWriter가 가리키게 되는 것이 출력 스트림인 PrintWriter 객체인데, 이 스트림은 fileName이 지정하는 이름의 파일과 연결된다. 이제 스트림 변수 outWriter를 통해 텍스트 데이터를 보내면 연결된 파일에 그 내용이 저장된다.

그런데 위의 코드도 try-catch 없이 그냥 사용하면 에러가 난다. PrintWriter 클래스의 생성자를 호출하여 스트림 객체를 만드는 동작은 확인 예외를 발생시킬 수 있기 때문에 다음과 같이 예외를 처리해 주어야 한다(12-17행).

13행과 같이 PrintWriter 클래스로 파일을 열어 스트림에 연결할 때, 지정된 이름의 파일이 이미 있다면 그 내용을 전부 지우고 빈 파일로 초기화한다. 만약 존재하지 않는 파일이라면 새로 생성한다. 어떤 이유에서든 파일을 열거나 생성하는 데 실패하면 FileNotFoundException이 발생하는데, 이에 대한 처리가 catch 블록(14-17행)에 들어간다. 여기서는 파일 열기 오류를 보고하고 프로그램 실행을 종료하도록 작성하였다.

 주의

PrinterWriter 객체를 생성하는 예제 12.2의 코드와 관련하여 주의할 점이 있다. 다음과 같이 try 블록 내에서 outWriter를 선언하면 안 된다.

```java
try {
PrintWriter outWriter = new PrintWriter(fileName);
} catch (FileNotFoundException e) {
    System.out.println(fileName + ": 파일을 열지 못했습니다!");
    System.exit(0);
}
```

블록 내에서 선언된 변수는 그 블록의 지역 변수가 되므로 위와 같이 try 블록 내에 선언된 outWriter는 try 블록의 외부에서는 사용할 수 없게 된다. 즉, 22행과 25행에서 outWriter를 사용할 수 없게 되는 것이다. 이런 이유로 try 블록의 외부인 11행에서 미리 outWriter를 선언하고 null로 초기화하였다.

여기서 예외의 이름인 FileNotFoundException을 보고 의아하게 여길 수도 있겠다. PrintWriter는 주어진 이름의 파일이 없으면 새로 생성한다고 했는데 도대체 "파일이 없다"는 예외가 어떻게 발생할 수 있을까? 여기서 FileNotFoundException은 파일을 찾을 수 없다는 의미만을 나타내는 것이 아니다. 어떤 이유에서든 파일을 생성할 수 없을 때에 이 예외가 던져진다. 가령 생성하려는 파일의 이름과 동일한 이름의 디렉토리(폴더)가 이미 있다면 그 이름으로는 파일을 생성하지 못할 것이다. 이런 경우에 FileNotFoundException 예외가 발생한다.

파일에 데이터를 기록할 때는 PrintWriter 클래스의 print나 println, printf 메소드들을 사용하면 된다. 이 메소드들은 System.out.print, System.out.println, System.out.

printf 등과 동일하게 동작한다. 단지 출력이 화면에 표시되는 것이 아니라 출력 스트림에 연결된 파일에 기록된다는 차이점이 있을 뿐이다.

참고 **표준 출력 스트림 System.out**

System.in을 "표준" 입력 스트림이라고 부르는 것처럼 System.out을 "표준" 출력 스트림(standard output stream)이라고 부른다. 이것은 System 클래스에 속한 out이라는 이름의 정적 변수이며 그 타입이 PrintStream이다. 그러므로 System.out에 대해 호출하는 print, println 등은 PrintStream 클래스의 메소드이다. PrintStream은 FilterOutputStream의 서브클래스이며 OutputStream의 자손 클래스이다. System.out에 지정된 출력 스트림은 프로그램이 실행될 때 자동적으로 열리며 보통 모니터 화면에 연결되어 있다. 프로그램은 이 표준 출력 스트림을 통해 화면에 데이터를 표시하게 된다.

그러므로 다음과 같은 문장을 사용하면 사용자가 입력한 한 줄의 텍스트를 outWriter에 연결된 파일에 기록할 수 있다.

```
String line = input.nextLine();
outWriter.println(line);
```

예제 12.2에서는 사용자가 입력한 여러 줄의 내용을 기록하기 위해 20-24행에서 while 루프를 사용하고 있다. 파일에 데이터를 모두 기록하고 나면 다음과 같이 스트림을 닫는다.

```
outWriter.close();
```

비록 위와 같이 명시적으로 스트림을 닫지 않더라도 프로그램이 종료될 때에는 그 때까지 열려 있던 모든 스트림이 자동으로 해제되지만, 파일의 작성이 끝나는 대로 close 메소드를 사용하여 미리 스트림을 닫는 것이 좋다. 그 이유를 이해하기 위해서는 **버퍼링**(buffering)의 개념을 알아야 한다.

PrintWriter의 메소드 print나 println으로 파일에 데이터를 보낼 경우에 매번 메소드를 호출할 때마다 즉시 파일에 데이터가 기록되지는 않는다. 파일에 보낼 데이터를 버퍼(buffer)라는 곳에 모아 두었다가 버퍼가 가득 차면 파일에 기록하고 버퍼를 비운다. 프로그램이 디스크에 접근하여 입출력을 행하려면 상당한 오버헤드가 발생하므로, 프로그램에서 입출력 요구가 발생할 때마다 매번 디스크를 접근하지 않고 이와 같이 버퍼에 모아서 접근함으로써 파일 접근 회수를 줄일 수 있다. 이런 방법으로 오버헤드를 줄이고 평균적인 파일 입출력 속도를 높일 수 있는데, 이런 기법을 버퍼링이라고 한다.

만약 버퍼의 내용이 파일에 기록되기 전에 프로그램이 비정상적으로 중단되면 버퍼의 내용이 손실될 수 있다. 즉, print 메소드는 실행되었지만 데이터가 실제로 파일에 저장되지 않을 수 있는 것이다. 그런데 close 메소드로 스트림을 명시적으로 닫으면 그 때까지 버퍼에 남아 있던 데이터가 강제로 파일에 기록된다. 그러므로 파일 작성이 끝났으면 빨리 스트림을 닫는 것이 혹시나 있을지 모를 데이터의 손실을 최소화하는 길이다.

기존 파일에 내용 추가하기

예제 12.2는 기존에 존재하는 파일에 대해서는 항상 내용을 지우고 초기화한 다음 새로운 내용을 기록한다. 만약 기존의 내용을 그대로 두고 끝에 새로운 내용을 추가하려면 어떻게 해야 할까? PrintWriter 클래스의 생성자는 앞서 살펴본 FileWriter와 달리 기존의 내용을 그대로 두고 끝부분에 새로운 내용을 추가할지 여부를 지정하는 인자를 갖지 않는다. 즉 다음과 같이 할 수 없다.

```
outWriter = new PrintWriter(fileName, true);    //에러!
```

이럴 때에는 FileOutputStream 클래스를 이용하면 된다. FileOutputStream 클래스는 출력 바이트 스트림의 일종인데, FileOutputStream의 생성자 중에는 기존 파일에 내용을 추가할지 여부를 나타내는 boolean 값을 인자로 받는 것이 있다. 그리고 이렇게 얻어진 FileOutputStream 객체를 다시 PrintWriter 생성자의 인자로 주면 된다. 즉, 먼저 FileOutputStream의 객체를 만든 다음 이를 인자로 하여 PrintWriter 스트림 객체를 생성하면 된다. 따라서 예제 12.2의 13행을 다음과 같이 수정하면 기존의 파일의 내용을 초기화하지 않고 끝부분에 추가하도록 할 수 있다.

```
outWriter = new PrintWriter(new FileOutputStream(fileName, true));
```

예제 12.2를 위와 같이 수정한 다음 실행하여 기존 파일에 내용이 추가되는지 확인해 보라. 물론 FileOutputStream도 java.io 패키지에 소속된 클래스이므로 필요한 import 문이 추가되어야 한다.

Scanner를 사용한 텍스트 파일 입력

텍스트 파일로부터 입력을 받을 때에도 FileReader보다는 우리에게 익숙한 java.util 패키지의 Scanner 클래스를 사용하는 것이 여러 모로 편리하다. Scanner 클래스가 제공하는 nextInt, nextLine 등의 메소드를 사용하면 기본형의 값이나 스트링을 손쉽게 읽어 들일 수 있기 때문이다.

프로그램이 키보드로부터 입력을 받고자 한다면 Scanner 클래스의 객체를 키보드 장치에 연결하면 된다. 이를 위해서는 다음과 같이 System.in을 Scanner 생성자의 인자로 넘긴다.

```
Scanner input = new Scanner(System.in);
```

이것은 지금까지 우리가 줄곧 써 온 문장이다. 키보드가 아니라 텍스트 파일로부터 입력을 받기 위해서는 Scanner 객체를 만들 때 파일 이름을 인자로 넘겨야 하는데, Scanner 클래스는 직접 파일 이름을 받는 생성자를 제공하지 않는다. 즉 다음과 같이 작성하면 의도한 대로 동작하지 않는다는 말이다.

```
Scanner fileInput = new Scanner("output.txt");  //incorrect!
```

위의 선언에서 생성자 인자로 넘겨진 스트링은 입력을 위한 파일 이름으로 인식되지 않는다. 그러므로 다음과 같이 File 클래스의 객체를 통해서 Scanner 객체를 생성해야 한다. (File 클래스는 파일 이름을 표현하기 위한 자바 클래스인데, 12.4절에서 자세히 살펴 보겠다.)

```
Scanner fileInput = new Scanner(new File("output.txt"));
```

Scanner 객체를 생성하는 위의 문장도 FileNotFoundException 예외를 발생시킬 수 있으므로 try-catch로 처리해 주어야 한다. 이렇게 해서 파일과 연결된 Scanner 객체를 얻게 되면 이 객체를 통해 Scanner 메소드를 호출하여 입력을 받는 것은 이전의 키보드 입력과 동일하다. 예제 12.3은 이와 같은 방법으로 텍스트 파일로부터 줄 단위로 읽어 화면에 출력하는 프로그램이다.

예제 12.3 FileScannerDemo 클래스

```java
01  import java.io.File;
02  import java.io.FileNotFoundException;
03  import java.util.Scanner;
04
05  public class FileScannerDemo {
06      public static void main(String[] args) {
07          Scanner input = new Scanner(System.in);
08          System.out.print("파일 이름은? ");
09          String fileName = input.nextLine().trim();
10
11          Scanner fileInput = null;
12          try {
13              fileInput = new Scanner(new File(fileName));
14          } catch (FileNotFoundException e) {
15              System.out.println(fileName + ": 파일을 열지 못했습니다!");
16              System.exit(0);
17          }
18
19          while (fileInput.hasNextLine()) {
20              System.out.println(fileInput.nextLine());
21          }
22          fileInput.close();
23      }
24  }
```

19-21행의 while 루프는 키보드 입력에서 했었던 것과 동일한 방법으로 hasNextLine과 nextLine 메소드를 사용하여 텍스트 파일로부터 한 줄씩 입력을 받고 있다. 이 프로그램을 예제 12.2로 생성했던 output.txt 파일에 대해 실행하면 결과가 그림 12.6과 같이 된다.

그림 12.6 예제 12.3의 실행 결과

만약 사용자로부터 입력 받은 이름의 파일이 존재하지 않는다면 FileNotFoundException 예외가 발생하므로 예제 12.3 14–17행의 catch 블록이 실행되고 프로그램이 종료된다.

그림 12.7 예제 12.3의 실행 결과(파일이 존재하지 않는 경우)

12.3 이진 파일 입출력

이진 파일의 복사

이진 파일의 입출력을 위한 기본적인 바이트 스트림 클래스는 FileInputStream과 FileOutputStream인데, 이들은 바이트 단위의 입력과 출력을 지원하는 read 및 write 메소드를 제공한다. 이를 이용하여 이진 파일을 복사하는 간단한 프로그램인 예제 12.4를 보자.

예제 12.4 BinaryFileCopy 클래스

```java
01  import java.io.FileInputStream;
02  import java.io.FileNotFoundException;
03  import java.io.FileOutputStream;
04  import java.io.IOException;
05
06  public class BinaryFileCopy {
07      public static void main(String[] args) {
08          try {
09              FileInputStream iStream = new FileInputStream("gate1.jpg");
10              FileOutputStream oStream = new FileOutputStream("gate2.jpg");
11
12              int ch;
13              while ((ch = iStream.read()) != -1) {
14                  oStream.write(ch);
15              }
```

```
16              iStream.close();
17              oStream.close();
18          } catch (FileNotFoundException e) {
19              System.out.println("파일 열기 실패!");
20          } catch (IOException e) {
21              System.out.println("파일 입출력 실패!");
22          }
23      }
24  }
```

예제 12.4의 프로그램 구조는 FileReader와 FileWriter를 사용하여 텍스트 파일을 복사했던 예제 12.1과 거의 동일하다. 단지 여기서는 텍스트 스트림 클래스 대신 바이트 스트림 클래스인 FileInputStream과 FileOutputStream이 사용되고 있다는 점이 다를 뿐이다. FileInputStream의 read 메소드는 스트림으로부터 한 바이트의 데이터를 읽어 반환한다. 만일 스트림의 끝에 도달했으면 −1을 반환한다. FileOutputStream의 write 메소드는 인자로 주어진 한 바이트의 데이터를 기록한다. 비록 읽고 쓰는 데이터의 단위는 바이트이지만 read 메소드의 반환 타입이나 write 메소드 인자의 타입이 byte가 아니라 int임에 주의해야 한다.

현재 폴더에 gate1.jpg라는 파일이 있는 상태에서 이 프로그램을 실행하면 동일한 내용의 새 파일을 gate2.jpg라는 이름으로 생성하게 된다. 이 프로그램은 바이트 스트림을 이용하므로 이미지 파일이나 오디오 파일과 같은 이진 파일의 복사에 사용할 수 있다. 물론 텍스트 파일에 대해 실행해도 문제가 없다. 텍스트 파일의 문자들도 결국 이진수로 이루어진 바이트들로 저장되기 때문이다. 그러므로 이진 파일은 문자 스트림으로 조작할 수 없지만 텍스트 파일은 바이트 스트림으로 조작해도 문제가 없다.

FileInputStream과 FileOutputStream은 바이트 스트림을 구현하는 기본적인 클래스들로서 예제 12.1에서 사용했던 FileReader나 FileWriter와 동일한 한계를 지닌다. 즉, read와 write 같은 바이트 단위로 입출력하는 메소드만을 지원한다. 다음에서 살펴 볼 ObjectInputStream과 ObjectOutputStream 클래스는 기본형의 값이나 객체를 쓰거나 읽을 수 있는 다양한 메소드를 제공하므로 편리하게 사용할 수 있다. 예를 들면 정수 값을 읽고 쓸 수 있는 readInt와 writeInt, 또는 객체를 읽고 쓸 수 있는 readObject와 writeObject등의 메소드를 제공하고 있다.

ObjectOutputStream을 사용한 이진 파일 출력

먼저 일련의 int 값을 이진 파일에 저장하는 예제를 살펴 보자. 예제 12.5는 사용자에게 정수 n을 입력 받은 다음 n 개의 정수를 무작위로 생성하여 이진 파일에 저장한다.

예제 12.5 BinFileWriteDemo 클래스

```java
01  import java.io.FileNotFoundException;
02  import java.io.FileOutputStream;
03  import java.io.IOException;
04  import java.io.ObjectOutputStream;
05  import java.util.Random;
06  import java.util.Scanner;
07
08  public class BinFileWriteDemo {
09      public static void main(String[] args) {
10          Random random = new Random();
11          String fileName = "binfile.dat";
12
13          Scanner input = new Scanner(System.in);
14          System.out.print("저장할 정수의 개수는? ");
15          int n = input.nextInt();
16          try {
17              ObjectOutputStream oStream =
18                  new ObjectOutputStream(new FileOutputStream(fileName));
19
20              oStream.writeInt(n);
21              for (int i=0; i<n; i++) {
22                  int number = random.nextInt(1000);
23                  System.out.println((i+1) + "번째: " + number);
24                  oStream.writeInt(number);
25              }
26              oStream.close();
27          } catch (FileNotFoundException e) {
28              System.out.println(fileName + ": 파일 오픈 실패!");
29          } catch (IOException e) {
30              System.out.println(fileName + ": 파일 출력 실패!");
31          }
```

```
32
33        }
34    }
```

11행에서 기록할 파일의 이름을 binfile.dat라고 했다. 이제 ObjectOutputStream의 객체를 만들어 이 파일과 연결시키면 되는데, ObjectOutputStream 클래스도 Scanner와 마찬가지로 직접적으로 파일 이름을 받을 수 없다. 그래서 17–18행에 보는 바와 같이 먼저 FileOutputStream 객체를 만들고 이를 매개로 하여 ObjectOutputStream을 생성하고 있다.

```
ObjectOutputStream oStream =
    new ObjectOutputStream(new FileOutputStream(fileName));
```

지정된 이름의 파일이 존재하지 않으면 새로 생성된다. 지정된 이름의 파일이 있으면 내용이 모두 지워지고 초기화된다. 이것은 앞서 살펴 보았던 텍스트 파일의 경우와 같다.

일단 스트림 객체를 얻게 되면 이에 대해 writeInt, writeDouble, writeObject 등을 호출하여 파일에 기본형의 값이나 객체를 기록할 수 있는데, 여기서는 int 값만을 기록할 것이므로 writeInt만 사용한다. 예를 들어 다음과 같이 ObjectOutputStream 클래스의 객체에 대해 writeInt 메소드를 호출하면 인자로 주어진 변수 n의 값이 지정된 파일에 저장된다.

```
oStream.writeInt(n);
```

20행에서 저장할 int 값의 개수를 먼저 파일에 기록하고, 다음으로 21–25행의 for 루프에서 그 개수만큼의 정수를 차례로 기록한다. 1000 미만의 int 값을 무작위로 생성하기 위해 Random 클래스의 객체에 대해 nextInt 메소드를 호출하였다. 다음과 같이 Random 클래스의 nextInt 메소드에 1000을 인자로 주면 0에서 999 사이의 int 값이 무작위로 반환된다.

```
int number = random.nextInt(1000);
```

파일에 기록이 끝나면 close 메소드를 호출하여 스트림을 닫는다(26행).

스트림을 생성하는 17–18행이나 스트림에 값을 기록하는 writeInt 메소드의 호출(20, 24행)은 입출력 관련 예외를 발생시킬 수 있으므로 이 예외들을 처리해야 한다. 이를 위해 위의 코드를 try 블록으로 싸고 27–31행에 두 개의 catch 블록을 추가하였다.

이 프로그램을 실행시켜 9개의 정수를 파일에 기록한 결과를 그림 12.8에 보였다.

```
Problems   @ Javadoc   Declaration   Console  ☒
<terminated> BinFileWriteDemo [Java Application] C:\Progra
저장할 정수의 개수는?   9
1번째: 555
2번째: 407
3번째: 729
4번째: 843
5번째: 601
6번째: 512
7번째: 426
8번째: 784
9번째: 418
```

그림 12.8 예제 12.5의 실행 결과

폴더를 찾아 보면 binfile.dat라는 파일이 생성된 것을 확인할 수 있는데, 물론 이것은 이진 파일이므로 텍스트 편집기로 내용을 보거나 편집하지 못한다.

writeInt로 이진 파일에 기록한 내용은 그 파일을 ObjectInputStream 객체로 열어 readInt를 사용하면 읽을 수 있다. 이진 파일에 값을 기록할 때 여러 타입의 값을 섞어 기록할 수도 있지만 그럴 경우에는 어떤 타입의 값이 어떤 순서로 기록되었는지 정확히 알아야 다시 읽을 수 있기 때문에 주의해야 한다.

ObjectInputStream을 이용한 이진 파일 입력

이제 방금 기록한 binfile.dat 파일을 열어 저장된 값을 읽어 오는 예제 12.6을 살펴 보자.

예제 12.6 BinFileReadDemo 클래스

```
01   import java.io.FileInputStream;
02   import java.io.FileNotFoundException;
03   import java.io.IOException;
04   import java.io.ObjectInputStream;
05
06   public class BinFileReadDemo {
07       public static void main(String[] args) {
08           try {
09               ObjectInputStream iStream =
10                   new ObjectInputStream(new FileInputStream("binfile.dat"));
11
12               int count = iStream.readInt();
13               for (int i=0; i<count; i++) {
```

```
14                    int number = iStream.readInt();
15                    System.out.println((i+1) + "번째 수 = " + number);
16               }
17               iStream.close();
18          } catch (FileNotFoundException e) {
19               System.out.println("파일 오픈 실패!");
20          } catch (IOException e) {
21               System.out.println("파일 읽기 실패!");
22          }
23
24     }
25 }
```

프로그램의 구조는 예제 12.5과 거의 유사하다. 먼저 9-10행에서 입력 바이트 스트림인 ObjectInputStream 클래스의 객체를 생성하여 binfile.dat 파일과 연결한다. 이 때도 파일 이름을 ObjectInputStream의 생성자에 직접 넣을 수 없으므로 FileInputStream 객체를 매개로 한다. 12행에서 첫 번째로 읽어 들인 값은 파일에 저장된 정수의 개수가 된다. (예제 12.5의 20행에서 그렇게 저장해 두었기 때문이다.) 그 다음 13-16행의 for 루프가 파일에 저장된 정수 값들을 차례로 읽어 화면에 표시한다. 이 경우에도 파일을 열어 스트림을 생성하거나 스트림으로부터 값을 읽는 문장들은 확인 예외를 발생시킬 수 있으므로 이에 대한 try-catch 처리가 포함되었다(18-22행).

예제 12.6의 실행 결과는 그림 12.9와 같다.

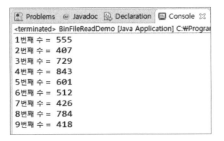

그림 12.9 예제 12.6의 실행 결과

그림 12.8과 비교해 보면 파일에 기록되었던 int 값들이 그대로 다시 읽혀진 것을 확인할 수 있다.

파일의 끝을 지나서 읽기를 시도할 경우에는 문제가 발생할 수 있다. 그러므로 파일에 저장된 모든 값을 읽어 들이려고 할 때는 저장된 값의 개수를 알거나 파일의 끝을 인식할 수 있어야 한다. 예제 12.5와 12.6의 예에서는 파일에 저장된 값의 개수를 파일 첫 부분에 기록해 두는 방식을 택했다. 즉, 처음 읽은 값이 9였으므로 나머지 부분에 9개의 int 값이 저장되어 있음을 알 수 있었다. 다른 방법으로는 마지막에 특별한 값을 둘 수도 있다. 예를 들어 저장되는 수가 모두 양수라면 마지막에 음수를 두어 데이터의 끝을 표시하는 방법을 사용할 수 있다. 그러나 저장되는 데이터에 음수도 포함된다면 이런 방법을 쓸 수 없다. 그리고 두 가지 방법 모두 데이터가 아닌 값을 추가로 저장해야 한다는 단점이 있다.

EOFException을 사용한 파일 끝의 처리

어떤 스트림의 경우에는 파일의 끝을 지나서 읽기를 시도하면 예외가 발생한다. 예를 들어 예제 12.6에서 사용한 ObjectInputStream의 경우가 그러하다. 즉, readInt와 같은 ObjectInputStream의 메소드가 파일에 대한 읽기를 시도할 때 파일의 끝을 만나면 EOF-Exception이 발생한다. 이 예외를 잡아 처리함으로써 파일의 끝을 인식할 수 있다. 이 방법에서는 저장된 데이터의 개수나 데이터의 끝을 나타내는 특별한 값을 추가로 저장할 필요가 없다. 예제 12.7은 이와 같은 방법으로 binfile.dat 파일의 내용을 읽도록 작성되었다.

예제 12.7 BinFileReadDemo2 클래스

```
01   import java.io.EOFException;
02   import java.io.FileInputStream;
03   import java.io.FileNotFoundException;
04   import java.io.IOException;
05   import java.io.ObjectInputStream;
06
07   public class BinFileReadDemo2 {
08       public static void main(String[] args) {
09           try {
10               ObjectInputStream iStream =
11                 new ObjectInputStream(new FileInputStream("binfile.dat"));
12
13               try {
14                   while (true) {
15                       System.out.println(iStream.readInt());
```

```
16                    }
17                } catch (EOFException e) {
18                    System.out.println("EOFException: 파일의 내용을 모두 읽었습니다.");
19                }
20                iStream.close();
21            } catch (FileNotFoundException e) {
22                System.out.println("파일 오픈 실패!");
23            } catch (IOException e) {
24                System.out.println("파일 읽기 실패!");
25            }
26        }
27 }
```

14–16행의 while 루프를 보면 스트림으로부터 readInt를 사용하여 int 값을 반복적으로 읽어 들이는데, 루프 전체가 안쪽 try 블록에 포함되어 있다. while 루프의 제어식에 true가 들어가 있으므로 무한 루프처럼 보이지만, readInt가 파일의 끝을 만나게 되면 EOFException이 발생되므로 루프의 반복이 중단되고 catch 블록으로 넘어간다. 그러므로 EOFException을 잡는 적절한 catch 블록을 두면 파일의 끝을 정상적으로 처리할 수 있다. 17–19행의 catch 블록에서는 EOFException이 발생했을 때 파일의 끝까지 읽었음을 알리고 스트림을 닫는다. 나머지 FileNotFoundException이나 IOException 예외는 별개의 catch로 처리된다.

예제 12.7의 실행 결과인 그림 12.10을 보면 binfile.dat에 저장된 10개의 정수 값을 모두 읽고 EOFException 예외가 발생하여 루프가 종료되었음을 확인할 수 있다. 즉, 이런 방법에서는 파일에 저장된 데이터의 개수나 데이터의 끝을 나타내는 특별한 값을 추가로 저장해 둘 필요가 없다.

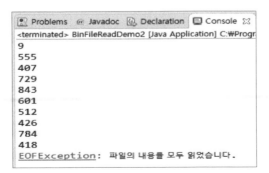

그림 12.10 예제 12.7의 실행 결과

ObjectOutputStream과 ObjectInputStream의 메소드들

ObjectOutputStream과 ObjectInputStream이 제공하는 주요 메소드들을 그림 **12.11**과 그림 **12.12**에 정리하였다.

---

void writeBoolean(**boolean** val) **throws** IOException
boolean 값을 스트림에 기록함.

---

void writeByte(**int** val) **throws** IOException
8비트 byte 값을 스트림에 기록함.

---

void writeChar(**int** val) **throws** IOException
16비트 char 값을 스트림에 기록함. 매개변수의 타입이 char가 아니라 int임에 주의할 것.

---

void writeDouble(**double** val) **throws** IOException
64비트 double 값을 스트림에 기록함.

---

void writeFloat(**float** val) **throws** IOException
32비트 float 값을 스트림에 기록함.

---

void writeInt(**int** val) **throws** IOException
32비트 int 값을 스트림에 기록함.

---

void writeLong(**long** val) **throws** IOException
64비트 long 값을 스트림에 기록함.

---

void writeObject(Object obj) **throws** IOException, NotSerializableException, InvalidClassException
객체 obj를 스트림에 기록함.

---

void writeShort(**int** val) **throws** IOException
16비트 short 값을 기록함.

---

void writeUTF(String str) **throws** IOException
스트링 str을 스트림에 기록함.

그림 12.11 ObjectOutputStream의 주요 메소드들

---

boolean readBoolean() **throws** EOFException, IOException
스트림으로부터 boolean 값을 읽어 반환함.

---

byte readByte() **throws** EOFException, IOException
스트림으로부터 8비트 byte 값을 읽어 반환함.

---

char readChar() **throws** EOFException, IOException
스트림으로부터 16비트 char 값을 읽어 반환함.

---

double readDouble() **throws** EOFException, IOException
스트림으로부터 64비트 double 값을 읽어 반환함.

---

float readFloat() **throws** EOFException, IOException
스트림으로부터 32비트 float 값을 읽어 반환함.

---

int readInt() **throws** EOFException, IOException
스트림으로부터 32비트 int 값을 읽어 반환함.

---

long readLong() **throws** EOFException, IOException
스트림으로부터 64비트 long 값을 읽어 반환함.

Object readObject() **throws** IOException, ClassNotFoundException, InvalidClassException,
    OptionalDataException
스트림으로부터 객체 하나를 읽어 반환함.

---

short readShort() **throws** EOFException, IOException
스트림으로부터 16비트 short 값을 읽어 반환함.

String readUTF() **throws** IOException, UTFDataFormatException
스트림으로부터 String 값을 읽어 반환함.

그림 12.12 ObjectInputStream의 주요 메소드를

주의해야 할 것은, 예를 들어 writeDouble로 기록한 값은 readDouble로 읽어야 한다는 점이다. writeDouble 혹은 그에 준하는 방식으로 기록하지 않은 값을 readDouble로 읽게 되면 문제가 생긴다. 다른 메소드들도 마찬가지이다. 그러므로 하나의 이진 파일에 여러 타입의 값을 섞어서 기록할 경우에는 주의해야 한다. 각 타입 별로 읽을 수 있는 메소드가 다르기 때문에 어떤 타입의 값이 어떤 순서로 기록되었는지 정확히 알아야 제대로 읽을 수 있다.

writeUTF와 readUTF는 메소드 이름에 'UTF'라는 특별한 용어를 포함하고 있지만 스트링 값 하나를 이진 파일에 기록하고 읽는 메소드로 이해하고 사용하면 된다. (UTF는 유니코드 문자세트를 인코딩하는 기법을 지칭하지만 여기서 자세한 내용을 알 필요는 없다.) 그리고 그림 12.12에 EOFException을 던진다고 명시되어 있는 메소드들은 파일의 끝을 지나서 읽기

를 시도하면 EOFException이 발생하므로 예제 12.7과 같이 예외를 통한 파일 끝의 처리가 가능하다.

객체의 입출력

객체를 이진 파일에 기록하고 또 그렇게 기록된 객체를 파일로부터 읽어 들이는 문제를 생각해 보자. 객체는 인스턴스 변수를 가질 수 있는데, 이 인스턴스 변수가 다시 스스로 객체가 될 수 있다. 그리고 그 객체가 다시 객체를 인스턴스 변수로 가질 수 있다. 이와 같이 객체 내부에 다른 객체가 인스턴스 변수로 내포되는 데는 제한이 없다. 그러므로 객체를 일련의 바이트로 나타내어 이진 파일에 기록한다는 것은 생각보다 간단하지 않다.

그림 12.11과 12.12에서 보듯이 ObjectOutputStream 클래스는 객체를 이진 파일에 기록하는 writeObject 메소드를 제공하고, ObjectInputStream 클래스는 파일로부터 객체를 읽어 들이는 readObject 메소드를 제공한다. 그런데 이 때 기록하거나 읽어 들일 객체가 **직렬화 가능한**(serializable) 클래스의 객체여야 한다는 제약이 있다. 직렬화 가능한 클래스란 java.io 패키지에 속한 Serializable 인터페이스를 구현하는 클래스를 말한다. 다시 말해 클래스를 정의할 때 다음과 같이 Serializable 인터페이스를 구현하도록 지정하면 직렬화 가능한 클래스가 된다.

```
class Book implements Serializable {
```

사실 Serializable 인터페이스에는 지정된 메소드가 없으므로 특별히 클래스에 메소드를 추가해야 할 필요는 없다. 클래스의 직렬화에 대한 자세한 사항은 여기서 다루지 않겠다. 직렬화 가능한 클래스는, 인스턴스 변수가 클래스 타입이라면 그 인스턴스 변수의 클래스 또한 직렬화 가능해야 한다는 정도만 기억하자.

예제 12.8에 정의된 Book 클래스는 Serializable 인터페이스를 구현하므로 직렬화 가능한 클래스이다. 그 점만 제외하면 특별할 것이 없는 클래스이다.

예제 12.8 직렬화 가능한 Book 클래스

```java
01  import java.io.Serializable;
02
03  public class Book implements Serializable {
04      private String title;
05      private int price;
06
07      public Book(String title, int price) {
08          this.title = title;
09          this.price = price;
10      }
11      public Book() {
12          this("", 0);
13      }
14      public String toString() {
15          return "title=" + title + ", price=" + price;
16      }
17  }
```

그리고 예제 12.9는 이 Book 클래스의 객체를 이진 파일에 기록했다가 읽어 들이는 예제 프로그램을 보이고 있다.

예제 12.9 객체를 파일에 입출력하는 ObjectReadWriteDemo 클래스

```java
01  import java.io.FileInputStream;
02  import java.io.FileOutputStream;
03  import java.io.IOException;
04  import java.io.ObjectInputStream;
05  import java.io.ObjectOutputStream;
06
07  public class ObjectReadWriteDemo {
08      public static void main(String[] args) {
09          String fileName = "books.dat";
10          Book[] books = new Book[3];
11          books[0] = new Book("자바 프로그래밍", 25000);
12          books[1] = new Book("안드로이드 프로그래밍", 28000);
13          books[2] = new Book("그리스인 조르바", 12000);
```

```
14
15            try {
16                ObjectOutputStream oStream = new ObjectOutputStream(
17                        new FileOutputStream(fileName));
18
19                for (int i=0; i<books.length; i++)
20                    oStream.writeObject(books[i]);
21                oStream.close();
22
23                ObjectInputStream iStream = new ObjectInputStream(
24                        new FileInputStream(fileName));
25
26                for (int i=0; i < books.length; i++) {
27                    Book b = (Book) iStream.readObject();
28                    System.out.println(i + ": " + b);
29                }
30
31            } catch (IOException e) {
32                System.out.println("IOException: 입출력 에러 발생!");
33                e.printStackTrace();
34            } catch (ClassNotFoundException e) {
35                System.out.println("ClassNotFoundException: 발생");
36                e.printStackTrace();
37            }
38        }
39 }
```

Book 타입의 배열 books에는 3개의 Book 객체가 생성되어 저장된다(10-13행). 먼저 books.dat라는 이름의 파일을 출력 스트림(ObjectOutputStream)으로 열었다(16-17행). books 배열에 저장된 3개의 객체를 writeObject 메소드를 사용하여 차례로 파일에 기록하고 (19-20행) 출력 스트림을 닫는다(21행). 그 다음으로 같은 파일을 이번에는 입력 스트림 (ObjectInputStream)으로 열고(23-24행) readObject 메소드를 사용하여 Book 객체를 하나씩 읽어 들여 화면에 출력한다(26-29행). 그림 12.12에 명시된 것처럼 readObject 메소드의 반환 타입은 Object이므로 파일로부터 읽어 들인 객체는 27행과 같이 Book 타입으로 변환(다운캐스팅)해 주어야 한다. 예제 12.9의 실행 결과는 그림 12.13과 같다.

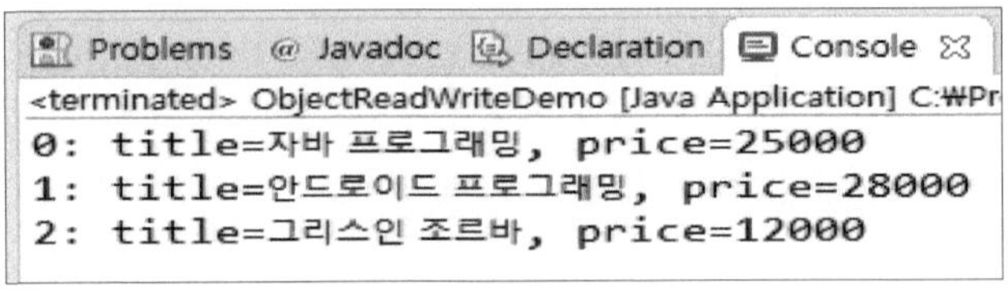

그림 12.13 예제 12.9의 실행 결과

그런데 자바에서는 배열도 클래스 타입에 속한다. writeObject와 readObject를 사용하여 배열 전체를 파일에 기록하거나 읽어 들일 수 있다. 그러므로 예제 12.9에서는 각 객체를 개별적으로 파일에 기록하고 읽어 들였지만, 예제 12.10과 같이 배열 전체를 한꺼번에 기록하고 읽도록 수정할 수도 있다.

예제 12.10 ArrayReadWriteDemo 클래스

```java
01  import java.io.FileInputStream;
02  import java.io.FileOutputStream;
03  import java.io.IOException;
04  import java.io.ObjectInputStream;
05  import java.io.ObjectOutputStream;
06
07  public class ArrayReadWriteDemo {
08      public static void main(String[] args) {
09          String fileName = "books.dat";
10          Book[] books = new Book[3];
11          books[0] = new Book("자바 프로그래밍", 25000);
12          books[1] = new Book("안드로이드 프로그래밍", 28000);
13          books[2] = new Book("그리스인 조르바", 12000);
14
15          try {
16              ObjectOutputStream oStream = new ObjectOutputStream(
17                      new FileOutputStream(fileName));
18
19              oStream.writeObject(books);
20              oStream.close();
21
22              ObjectInputStream iStream = new ObjectInputStream(
23                      new FileInputStream(fileName));
24
```

```
25              Book[] newBooks = (Book[]) iStream.readObject();
26              for (int i=0; i < newBooks.length; i++)
27                  System.out.println(i + ": " + newBooks[i]);
28
29          } catch (IOException e) {
30              System.out.println("IOException: 입출력 에러 발생!");
31              e.printStackTrace();
32          } catch (ClassNotFoundException e) {
33              System.out.println("ClassNotFoundException: 발생");
34              e.printStackTrace();
35          }
36      }
37  }
```

프로그램을 살펴 보면 19행과 25행이 예제 12.9와 다르게 작성되었음을 확인할 수 있다. 19행에서 books 배열 전체를 파일에 기록하기 위해 배열을 writeObject의 인자로 넘기고 있다.

```
    oStream.writeObject(books);
```

위와 같은 한 번의 writeObject 호출로 배열 전체가 파일에 기록되는 것이다. 마찬가지로 25행에서는 한 번의 readObject로 배열 전체가 읽혀지게 된다.

```
    Book[] newBooks = (Book[]) iStream.readObject();
```

주의할 것은 이 때 읽혀지는 것이 실제로는 배열 객체이므로 Book[] 타입으로 변환해 주어야 하고 이 결과가 대입되는 변수 newBooks도 Book[] 타입으로 선언해야 한다는 점이다. 실행 결과는 그림 12.13과 동일하다.

12.4 File 클래스와 파일 다루기

File 클래스

File 클래스는 java.io 패키지에 속한 클래스인데, 자바 프로그램에서 파일 이름을 표현하기 위해 사용한다. 객체를 생성할 때 스트링 형태의 파일 이름을 직접 받지 못하는 Scanner와 같은 클래스의 경우에 다음과 같이 File 객체를 사용했었다.

```
Scanner fileInput = new Scanner("output.txt");  //incorrect!
Scanner fileInput = new Scanner(new File("output.txt"));
```

그런데 File 클래스 생성자의 인자로 단순 스트링이 사용되면 그 파일이 "현재 폴더"에 위치하는 것으로 간주된다. 이것을 파일 시스템 상의 특정 위치로 지정하려면 단순 파일 이름 대신 **경로명**(path name)을 사용해야 한다. 이것은 File 클래스뿐만 아니라 FileInputStream이나 FileOutputStream과 같은 스트림 클래스의 생성자에도 똑같이 적용된다.

예를 들어 예제 12.9나 12.10에서는 기록할 파일 이름을 다음과 같이 지정했다.

```
String fileName = "books.dat";
ObjectOutputStream oStream =
        new ObjectOutputStream(new FileOutputStream(fileName));
```

이것을 파일 시스템의 특정 폴더에 파일을 생성하도록 수정하려면 어떻게 하면 될까? 만약 윈도우즈 시스템에서 D:\Tmp라는 폴더에 이 파일을 생성하려면 생성할 파일의 경로명이 다음과 같이 된다.

```
D:\Tmp\books.dat
```

그런데 자바에서 이 경로명을 인자로 사용하려면 다음과 같이 해야 한다.

```
String fileName = "D:\\Tmp\\books.dat";
```

스트링 내에서 백슬래시(\)를 두 개씩 썼음에 주의해야 한다. 이것은 자바에서 \가 이스케이프 문자의 시작을 나타내기 때문에 스트링 내에 \를 포함하려면 \\와 같이 써야 하기 때문이다. 그런데 백슬래시 대신 그냥 슬래시(/)를 사용하면 이렇게 할 필요가 없다. 즉, 다음과 같이 파일 이름을 지정해도 백슬래시를 사용한 위의 선언과 똑같이 동작한다.

```
String fileName = "D:/Tmp/books.dat";
```

File 클래스의 메소드들

File 클래스는 파일을 다룰 수 있는 여러 가지 메소드를 제공한다. 예를 들어 어떤 파일이 존재하는지 알고 싶다면 **exists** 메소드를 사용하면 된다. 그러므로 다음과 같은 코드를 사용하면 새로운 내용을 파일에 기록하기 전에 동일한 이름의 파일이 이미 있는지 알아볼 수 있다.

---

boolean canRead()
프로그램이 파일을 읽을 권한이 있는지 검사하여 반환함.

boolean canWrite()
프로그램이 파일을 변경할 권한이 있는지 검사하여 반환함.

boolean delete()
파일을 삭제함. 삭제에 성공하면 true를 반환함.

boolean exists()
지정된 이름의 파일이 있는지 검사하여 있으면 true를 반환함.

String getName()
파일의 이름을 반환함.

String getPath()
파일의 경로명을 반환함.

long length()
파일의 길이를 바이트 수로 반환함.

boolean mkdir()
지정된 이름의 디렉토리(폴더)를 생성함. 생성에 성공하면 true를 반환함.

boolean renameTo(File newName)
파일의 이름을 newName으로 변경함. 이름 변경이 성공하면 true를 반환함.

그림 12.14 File 클래스의 메소드들

```
File file = new File("D:/Tmp/books.dat");
if (file.exists())
```

```
System.out.println(file.getPath() + ":  파일이 이미 존재합니다!");
```

만약 D:\Tmp 폴더에 books.dat이라는 이름의 파일이 이미 존재한다면 다음과 같은 실행 결과가 나온다.

D:\Tmp\books.dat: 파일이 이미 존재합니다!

즉, getPath는 파일의 경로명을 스트링으로 반환하는 메소드이다. 전체 경로명이 아니라 파일의 이름만 필요하다면 getName을 사용할 수 있다. 그 외에도 자주 사용되는 몇 가지 메소드들을 그림 12.14에 보였다.

간단한 파일 관리자 예제

지금까지 배운 내용을 사용하여 GUI로 동작하는 간단한 파일 관리자를 만들어 보자. 이 프로그램은 파일의 복사, 삭제, 이름 변경 기능을 지원한다. 먼저 프로그램을 실행하면 그림 12.15와 같은 화면이 나타난다.

그림 12.15 간단 파일 관리자의 초기 화면

어떤 동작을 하기 위해서는 먼저 "파일 선택" 버튼을 눌러 파일을 선택해야 한다. "파일 선택" 버튼을 누르면 "현재 폴더"의 내용이 나열되어 파일을 선택할 수 있게 된다(그림 12.16). 이와 같은 파일 선택 기능은 Swing 패키지의 JFileChooser를 사용하면 된다.

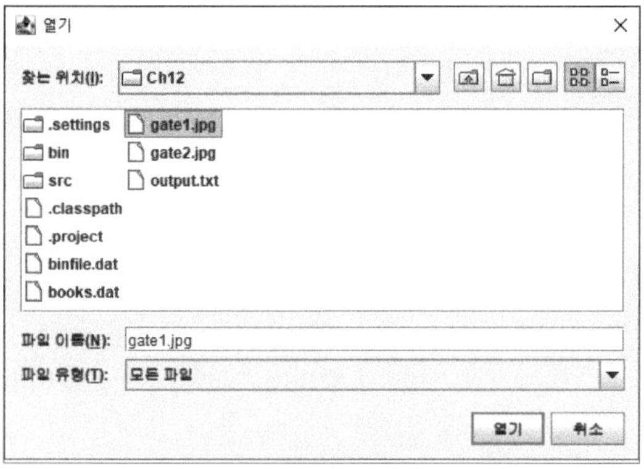

그림 12.16 파일 관리자("파일 선택" 대화창)

파일을 선택하고 "열기" 버튼을 눌러 원래 창으로 돌아오면 선택된 파일의 경로명이 "파일" 항목에 표시된다(그림 12.17).

그림 12.17 파일 관리자(파일이 선택된 화면)

이제 여기서 "삭제" 버튼을 누르면 선택된 파일을 삭제할 수 있다. 또한 "복사" 버튼을 눌러 복사본을 만들거나 "이름 변경" 버튼을 눌러 파일의 이름을 변경할 수 있는데 이를 위해서는 먼저 "입력" 필드에 새로운 이름을 입력해야 한다. 만약 원본 파일을 선택하지 않고 동작 버튼을 누르거나, 원본 파일은 선택했지만 새 이름을 입력하지 않고 "복사"나 "이름 변경" 버튼을 누르면 동작이 진행되지 않고 창 아래쪽에 적절한 경고 메시지가 나타난다(그림 12.18).

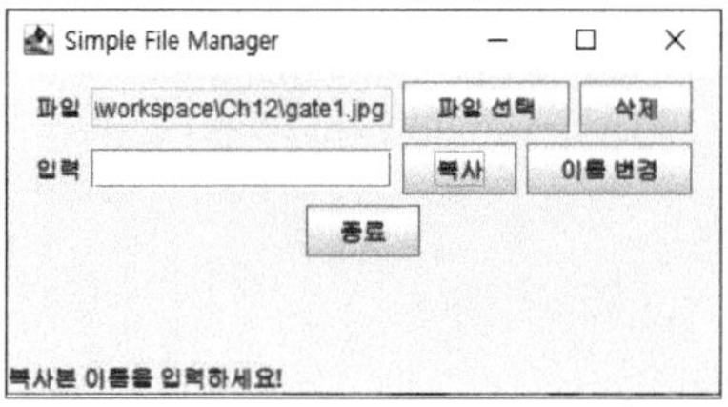

그림 12.18 파일 관리자(경고 메시지가 나타난 화면)

그림 12.19와 같이 새로운 이름을 입력하고 "복사" 버튼을 누르면 새로운 이름의 복사본이 현재 폴더에 생성되고 윈도우 하단에 완료 메시지가 표시된다.

그림 12.19 파일 관리자(파일 복사 화면)

이 프로그램을 예제 **12.11**에 보였다. `SimpleFileManager` 클래스는 객체를 생성하여 윈도우를 표시하는 `main` 메소드를 제외하면 인스턴스 메소드로는 생성자와 이벤트 처리 메소드인 `actionPerformed` 등의 2개만을 가진다. 나머지 멤버들은 필요에 따라 설정된 인스턴스 변수들이다(21–29행). 이 중 `mSrcFile`은 "파일 선택"을 통해 사용자가 선택한 원본 파일을 저장하기 위한 `File` 타입의 인스턴스 변수이고, `mMsg`는 하단에 표시되는 메시지를 위한 것이다. 2개의 텍스트 필드와 5개의 버튼이 모두 인스턴스 변수로 선언되어 있다.

생성자(31–56행)는 윈도우 화면 구성을 위한 컴포넌트의 생성과 배치를 포함한다. 선택된 원본 파일의 경로명을 나타내는 텍스트필드인 `mSrcName`은 직접 텍스트를 입력하기 위한 컴포넌트가 아니므로 편집이 불가능하도록 하였다(39행). 하단에 표시할 메시지 레이블인 `mMsg`를 제외한 모든 컴포넌트들은 하나의 패널에 넣고(38–47행) 이 패널을 내용창에 붙인다(49행). 내용창의 배치 관리자를 따로 지정하지 않으면 디폴트인 `BorderLayout`이 되는데, 여기에 49행처럼 위치 상수를 지정하지 않고 컴포넌트를 등록하면 `BorderLayout.CENTER`에 지정되는 것으로 간주된다. 그러므로 패널은 화면의 가운데에, 메시지 레이블은 패널 하단에 배치된다(50행).

예제 12.11 간단 파일 관리자

```java
// 필요한 import는 Ctrl+Shift+O를 눌러 삽입한다.

19  public class SimpleFileManager extends JFrame implements ActionListener {
20
21      private File mSrcFile = null;
22      private JTextField mSrcName = new JTextField(15);
23      private JTextField mCpyName = new JTextField(15);
24      private JButton mSrcBtn = new JButton("파일 선택");
25      private JButton mCpyBtn = new JButton("복사");
26      private JButton mDelBtn = new JButton("삭제");
27      private JButton mRenBtn = new JButton("이름 변경");
28      private JButton mDonBtn = new JButton("종료");
29      private JLabel mMsg = new JLabel();
30
31      public SimpleFileManager() {
32          setSize(380,200);
33          setTitle("Simple File Manager");
34          setDefaultCloseOperation(EXIT_ON_CLOSE);
35
36          JPanel panel = new JPanel();
37          panel.setLayout(new FlowLayout());
38          panel.add(new JLabel("파일"));
39          mSrcName.setEditable(false);
40          panel.add(mSrcName);
41          panel.add(mSrcBtn);
42          panel.add(mDelBtn);
43          panel.add(new JLabel("입력"));
44          panel.add(mCpyName);
45          panel.add(mCpyBtn);
46          panel.add(mRenBtn);
47          panel.add(mDonBtn);
48          Container container = getContentPane();
49          container.add(panel);
50          container.add(mMsg, BorderLayout.SOUTH);
51          mSrcBtn.addActionListener(this);
52          mCpyBtn.addActionListener(this);
53          mDelBtn.addActionListener(this);
54          mRenBtn.addActionListener(this);
```

```java
55              mDonBtn.addActionListener(this);
56      }
57
58      @Override
59      public void actionPerformed(ActionEvent e) {
60          if (e.getSource() == this.mSrcBtn) {
61              File current = Paths.get(".").toFile();
62              JFileChooser open = new JFileChooser(current);
63              int option = open.showOpenDialog(this);
64              if (option == JFileChooser.APPROVE_OPTION) {
65                  mSrcFile = open.getSelectedFile();
66                  mSrcName.setText(mSrcFile.getPath());
67                  mMsg.setText("");
68              }
69          }
70          else if (e.getSource() == mDelBtn) {
71              if (mSrcFile == null)
72                  mMsg.setText("먼저 파일을 선택하세요!");
73              else if (mSrcFile.delete())
74                  mMsg.setText("파일이 삭제되었습니다");
75              else
76                  mMsg.setText("파일을 삭제할 수 없습니다!");
77          }
78          else if (e.getSource() == mCpyBtn) {
79              if (mSrcFile == null)
80                  mMsg.setText("먼저 파일을 선택하세요!");
81              else if (mCpyName.getText().trim().equals(""))
82                  mMsg.setText("복사본 이름을 입력하세요!");
83              else {
84                  String cpyFile = mCpyName.getText().trim();
85                  try {
86                      FileInputStream iStream = new FileInputStream(mSrcFile);
87                      FileOutputStream oStream = new FileOutputStream(cpyFile);
88                      int b;
89                      while ((b = iStream.read()) != -1) {
90                          oStream.write(b);
91                      }
92                      iStream.close();
93                      oStream.close();
94                      mMsg.setText("복사가 완료되었습니다.");
```

```
95                  } catch (IOException exception) {
96                      System.out.println("Problem in file I/O!");
97                  }
98              }
99          }
100         else if (e.getSource() == mRenBtn) {
101             if (mSrcFile == null)
102                 mMsg.setText("먼저 파일을 선택하세요!");
103             else if (mCpyName.getText().trim().equals(""))
104                 mMsg.setText("변경할 이름을 입력하세요!");
105             else {
106                 String newName = mCpyName.getText().trim();
107                 if (mSrcFile.renameTo(new File(newName)))
108                     mMsg.setText("파일 이름이 변경되었습니다.");
109                 else
110                     mMsg.setText("파일 이름을 변경할 수 없습니다!");
111             }
112         }
113         else if (e.getSource() == mDonBtn) {
114             System.exit(0);
115         }
116     }
117
118     public static void main(String[] args) {
119         (new SimpleFileManager()).setVisible(true);
120     }
121 }
```

다음으로 이벤트 처리 메소드인 actionPerformed를 살펴 보자. 리스너가 등록된 컴포넌트는 "파일 선택", "삭제", "복사", "이름 변경", "종료" 등 5개의 버튼이므로 actionPerformed의 몸체도 클릭된 버튼에 따라 다중 if-else 문에 의해 5개의 부분으로 나뉜다.

먼저 "파일 선택" 버튼이 눌렸을 때는 JFileChooser라는 컴포넌트를 사용한다(61-68행). JFileChooser의 객체를 만들 때는 파일 선택을 진행할 폴더 위치를 생성자 인자로 넘겨 주어야 하는데, 이 때도 그냥 파일명을 스트링으로 넘기는 것이 아니라 File 타입의 객체를 넘겨야 한다. 그러므로 "현재 폴더"에서 파일을 선택하고자 한다면 먼저 "현재 폴더"에 해당하는 File 객체를 얻어야 한다. 자바의 Paths 클래스를 사용하면 폴더의 경로를 얻고 이를 File 객체로 변환할 수 있다(61행).

```java
File current = Paths.get(".").toFile();
```

스트링 "."은 현재 폴더를 나타내므로 이 스트링을 인자로 Paths.get 메소드를 호출하면 현재 폴더의 경로(즉, Path 클래스의 객체)를 얻게 된다. 그리고 toFile 메소드는 이 경로를 File 객체로 변환해 준다. 그러므로 current는 현재 폴더에 대한 File 객체가 된다. 이제 이 객체를 생성자의 인자로 하여 JFileChooser 객체를 생성한다(62행).

```java
JFileChooser open = new JFileChooser(current);
```

이제 이 JFileChooser 객체에 대해 showOpenDialog 메소드를 호출하면(63행) 그림 12.16 과 같은 파일 선택 대화창이 열리고 "현재 폴더"의 내용이 표시된다(63행).

```java
int option = open.showOpenDialog(this);
```

사용자가 파일 선택 창에서 파일을 선택하고 "열기" 버튼을 누르면 showOpenDialog 메소드가 종료되어 복귀하는데, 이 때 JFileChooser.APPROVE_OPTION이 반환되므로 64행에서 이를 검사한다. 선택된 파일은 JFileChooser 객체에 대해 getSelectedFile 메소드를 호출하면 얻을 수 있다(65행).

```java
mSrcFile = open.getSelectedFile();
```

반환되는 파일의 타입이 File이므로 이를 mSrcFile에 저장하면 된다. 그리고 이 File 객체로부터 getPath 메소드를 사용하여 선택된 파일의 경로명을 얻고 이를 원본 "파일"을 표시하는 텍스트필드에 표시한다(66행).

```java
mSrcName.setText(mSrcFile.getPath());
```

파일을 삭제하거나(70행) 복사하거나(78행) 이름을 변경하는(100행) 동작이 진행되려면 먼저 "파일 선택" 버튼에 의해 파일이 선택되어 mSrcFile에 저장되어 있어야 한다. 만약 아직 파일이 선택되지 않았다면 mSrcFile에는 null이 저장되어 있을 것이다(21행). 그러므로 이 3가지 동작의 경우에는 먼저 mSrcFile 변수를 검사하여 null이면(71, 79, 101행) 윈도우 하단에 적절한 경고 메시지를 표시한다.

"삭제" 버튼이 눌리면 71-76행의 if 문이 실행된다. 원본 파일이 선택되어 있다면 File 클래스의 delete 메소드를 호출하여 파일 삭제를 시도한다(73행). 파일이 성공적으로 삭제되면 delete 메소드는 true를 반환한다. 따라서 delete 메소드의 반환 값이 true가 아니면 파일 삭제에 실패한 것이므로 적절한 경고 메시지를 표시한다(76행).

"이름 변경" 버튼이 눌리면 101-111행이 실행된다. 파일의 새로운 이름을 mCpyName에서 얻어야 하는데, 아무 것도 입력되지 않았다면 하단에 경고 메시지를 표시한다(103-104행). 파일 이름을 성공적으로 얻으면 File 클래스의 renameTo 메소드를 호출하여 파일 이름의 변경을 시도한다(107행). renameTo 메소드의 인자는 File 타입이어야 하므로, 파일의 새 이름을 텍스트 필드인 mCpyName으로부터 얻어 File 객체로 변환한다. renameTo 메소드의 반환 값이 false이면 이름 변경을 할 수 없는 것이므로 적절한 에러 메시지를 표시한다.

"복사" 버튼이 눌리면 실행되는 코드는 79-98행이다. 먼저 원본 파일이 선택되지 않았거나 복사본 파일의 이름이 입력되지 않았으면 적절한 에러 메시지를 표시한다(79-82행). 84행에서 복사본 파일의 이름을 얻고 나면 85-97행의 try-catch 블록이 파일의 복사를 담당한다. 즉, FileInputStream과 FileOutputStream 클래스를 사용하여 입력 이진 스트림과 출력 이진 스트림을 열고 read와 write 메소드를 사용하여 바이트 단위의 복사를 진행한다.

마지막으로 "종료" 버튼이 눌리면 114행의 System.exit(0) 메소드가 호출되어 프로그램을 종료한다.

BufferedInputStream과 BufferedOutputStream

예제 12.11을 실행하여 비교적 큰 크기의 파일을 복사해 보자. 예를 들어 수 MB(메가바이트) 정도 되는 그림 파일을 복사하면, 컴퓨터 사양에 따라 다르겠지만 제법 시간이 걸릴 것이다. 이것은 예제 12.11에서 파일 복사를 위해 사용한 FileInputStream과 FileOutputStream이 버퍼링을 하지 않는 기본적인 스트림이기 때문이다. 버퍼링을 하지 않는다는 말은 한 바이트를 읽고 쓸 때마다 시스템을 통해 파일 입출력을 하게 된다는 뜻이다. 버퍼를 사용하게 되면 버퍼에 일정량을 모았다가 한꺼번에 파일 입출력을 하게 되므로 실행 속도를 상당히 개선할 수 있다. 예제 12.11의 86-87행을 다음과 같이 BufferedInputStream과 BufferedOutputStream으로 수정하고 같은 크기의 파일을 복사하는 데 걸리는 시간을 비교해 보라.

```
BufferedInputStream iStream = new BufferedInputStream(
                              new FileInputStream(mSrcFile));
BufferedOutputStream oStream = new BufferedOutputStream(
                              new FileOutputStream(cpyFile));
```

예제 **12.11**에 비해 파일 복사 시간이 현저하게 단축됨을 확인할 수 있을 것이다. 복사 시간의 차이를 체감할 수 없다면 조금 더 큰 파일을 대상으로 시도해 보라. BufferedInputStream과 BufferedOutputStream은 각각 FilterInputStream과 Filter-OutputStream의 서브클래스이다. BufferedInputStream과 BufferedOutputStream은 프로그래머가 버퍼의 크기를 지정할 수 있는 생성자도 제공하고 있다.

12.5 네트워크의 기초와 URL 처리

컴퓨터 네트워크는 컴퓨터들이 서로 데이터를 주고 받을 수 있도록 연결된 조직을 뜻하고, 네트워크 프로그래밍은 네트워크를 통해 데이터를 주고 받는 프로그램을 작성하는 것을 말한다. 사실 자바의 네트워크 프로그래밍은 파일 입출력 기법의 연장선 상에 있다. 네트워크 위치로부터 데이터를 읽거나 쓰는 것도 스트림(stream)으로 처리되기 때문이다. 즉, 앞에서 설명한 스트림 클래스들과 스트림을 다루는 기법이 그대로 사용된다. 자바의 네트워킹 기술에는 여러 가지가 포함되지만 여기서는 이 절에서 다루는 URL을 사용한 웹 자원 접근과 다음 절에서 설명할 소켓을 사용한 클라이언트−서버 프로그래밍이라는 2가지의 주제에 한정하여 다루도록 하겠다.

네트워크와 프로토콜

네트워크에 대한 자세한 사항은 관련된 전문 서적을 참고해야 한다. 여기서는 이 장의 설명을 이해하는 데 필요한 기초적인 개념들만 간단히 살펴 보자. 네트워크의 예로는 기업이나 기관 내의 컴퓨터들을 상호 연결한 랜(LAN)을 들 수 있다. 또는 우리가 일상적으로 사용하는 인터넷도 네트워크의 일종이다. 인터넷은 전 세계의 수많은 컴퓨터나 기기들이 서로 연결된 거대한 네트워크들의 집합체를 말한다.

네트워크 상의 컴퓨터들이 서로 데이터를 주고 받으려면 미리 정해진 약속이나 규약에 따라야 하는데, 이러한 규약을 **프로토콜**(protocol)이라고 부른다. 수많은 네트워크 프로토콜이 존재하고 이들은 여러 유형과 수준으로 나뉘어 설명되지만 여기서 이런 내용을 이해할 필요는 없다. 단지 우리가 늘 사용하는 인터넷이 TCP/IP라고 부르는 일련의 프로토콜에 기반하고 있다는 정도만 기억하자.

서버와 클라이언트

네트워크에서 동작하는 프로그램은 **서버**(server)와 **클라이언트**(client)로 나눌 수 있다. 서버는 서비스를 제공하는 프로그램이고 클라이언트는 서비스를 이용하는 프로그램이다. 예를 들어 크롬 브라우저로 네이버 웹사이트에 접속하여 웹 페이지를 읽는다고 하자. 이 때 일어나는 일을 약간 단순화시켜서 설명하면 다음과 같다: 사용자 컴퓨터의 브라우저에서 인터넷을 통해 네이버에 웹 페이지에 대한 요청을 보낸다. 네이버에 있는 프로그램이 이 요청을 받아 요청된 페이지를 결과로 보내준다. 그러면 그 결과가 다시 사용자 컴퓨터로 돌아와서 브라우저에 웹 페이지가 표시된다. 이 과정에서 적용되는 프로토콜이 HTTP(Hypertext Transfer Protocol)이다. 즉 웹 페이지를 요청하고 받을 때는 HTTP라는 약속을 준수해야 한다는 뜻이다.

이 때 웹 페이지를 제공받는 브라우저가 클라이언트이다. 그리고 네이버에는 이런 요청에 대응하여 웹 페이지를 보내주는 프로그램이 있는데 이 프로그램이 서버가 된다. 이런 종류의 서버 프로그램을 웹 서버(web server)라고 부른다. 서버와 클라이언트라는 용어는 서버 프로그램과 클라이언트 프로그램이 실행되는 컴퓨터를 가리키기도 한다. 즉, 브라우저가 실행되는 사용자 컴퓨터를 클라이언트라고 하고, 네이버의 컴퓨터를 서버라고 부르기도 한다.

그런데 서버/클라이언트의 이런 구분은 기능적인 것이다. 예를 들어 웹 서버가 웹 요청을 처리하는 동안은 서버의 역할을 하지만, 웹 요청을 처리하기 위해 데이터베이스 서버로부터 필요한 데이터를 받아야 한다면 같은 웹 서버가 데이터베이스 서버에 대해서는 클라이언트가 되는 것이다.

IP 주소와 호스트 이름

네트워크 상의 컴퓨터가 다른 컴퓨터와 통신하려면 각 컴퓨터가 '주소'에 해당하는 것을 가져야 한다. 그래야 수많은 컴퓨터가 연결되어 있는 인터넷에서 클라이언트가 서버에 요청을 보낼 때, 혹은 서버가 응답을 보낼 때 대상을 정확히 지정할 수 있다. 이런 용도로 쓰이는 것이 **IP 주소**(IP address)이다. IP 주소는 네트워크에 연결된 각 컴퓨터에 할당되는 유일한 숫자인데, 예를 들면 202.179.177.21과 같이 4개의 숫자의 조합으로 나타낸다.

그런데 컴퓨터 프로그램은 IP 주소에 포함된 숫자를 사용하여 대상을 식별하면 충분하지만, 이 IP 주소는 숫자로만 되어 있어서 사람에게는 상당히 불편하다. 그래서 문자열을 사용한 이름을 함께 가지는데 이것이 **호스트 이름**(host name)이다. 예를 들어 네이버의 호스트 이름은 www.naver.com이다. 우리가 브라우저로 웹사이트를 접근할 때에는 보통 호스트 이름을 사용한다. 웹 브라우저는 이 호스트 이름을 IP 주소로 변환하고 나서야 해당 웹사이트에 요청을 보낼 수 있다. 이 때 브라우저는 필요하다면 DNS(Domain Name System) 서버에게 호스트 이름에 대응하는 IP 주소를 물어보게 된다.

포트

네트워크에 연결된 각 컴퓨터가 IP 주소라는 유일한 주소를 가진다는 것은 이해했을 것이다. 그런데 컴퓨터는 보통 하나의 물리적인 전송선으로 네트워크에 연결되므로, 해당 IP 주소를 목적지로 하여 배달되는 모든 데이터가 같은 전송선으로 들어올 것이다. 그러나 한 컴퓨터에 여러 개의 네트워크 프로그램이 실행 중이라면 각 프로그램이 자신에게 향하는 데이터를 구분할 수 있어야 한다. 이런 용도로 사용되는 것이 **포트**(port)이다.

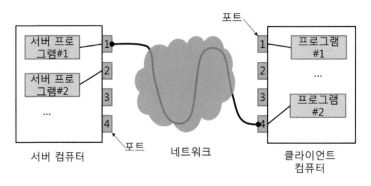

그림 12.20 네트워크 프로그램과 포트

네트워크 상의 컴퓨터는 하나의 IP 주소를 가지지만 그 안에 여러 개의 포트를 둔다. 그리고 네트워크 프로그램들은 모두 자신만의 고유한 포트를 가진다. 예를 들어 웹 서버는 일반적으로 **80**번 포트를 사용한다. 이외에도 모든 서비스에는 각자 고유한 포트 번호가 할당된다. 그러므로 네트워크를 통한 접근은 IP 주소뿐만 아니라 포트 번호를 지정해야 한다. 가령 클라이언트가 웹 서버에 요청을 보낼 때는 IP 주소와 함께 포트 번호로 **80**을 지정해야 요청이 웹 서버 프로그램에게 전달된다. 그림 **12.20**은 서버 컴퓨터의 1번 프로그램과 클라이언트 컴퓨터의 2번 프로그램 간에 각각 지정된 포트를 통해 연결이 확보되어 있는 모습을 나타내고 있다.

포트 번호를 지정할 때에는 다음과 같이 호스트 이름이나 IP 주소 다음에 콜론과 함께 포트 번호를 명시하면 된다.

```
www.naver.com:80
202.179.177.21:80
```

포트 번호는 16비트 정수를 사용하므로 0에서 65535까지가 가능한데, 1023 이하의 포트는 잘 알려진 서비스에 대해 사용하도록 미리 예약되어 있다. 그러므로 사용자 프로그램은 이 영역의 포트를 사용하지 말아야 한다. 알려진 서비스에 대한 포트 번호는 생략될 수 있다. 예를 들어 웹(World Wide Web)의 기본 프로토콜인 HTTP의 디폴트 포트가 80번이므로 웹 브라우저를 통해 웹 서버에 요청을 보낼 때는 포트 번호를 명시하지 않더라도 80번 포트에 대한 요청으로 전송된다.

URL

URL(Uniform Resource Locator)은 인터넷 상에 존재하는 자원(resource)의 위치를 나타내는 방식이다. 자원이라는 것은 이미지, 문서, 프로그램 등 여러 가지를 의미할 수 있는데 그 대부분은 파일의 형태로 되어 있다. 그러므로 URL이란 인터넷에서 파일의 위치를 나타내는 방식이라고 생각하면 쉽게 이해할 수 있을 것이다. (물론 파일이 아닌 자원도 있다는 점은 기억해 두자.) 사실 용어는 생소하더라도 URL은 인터넷을 일상적으로 사용하는 우리에게는 이미 익숙한 것이다. 예를 들어 웹 서핑을 하다 보면 브라우저에 다음과 같은 형식의 웹 페이지 주소가 나오는데, 이것이 URL이다.

```
http://www.example.com/mall/index.html
```

이 URL을 브라우저에 제출하였기 때문에 브라우저가 그 URL이 나타내는 웹 페이지를 인터넷에서 찾아 우리에게 보여주는 것이다. 물론 우리가 직접 URL을 입력한 것이 아니라 다른 페이지의 링크를 눌러 넘어온 경우가 더 많겠지만, 그 경우에도 링크에 지정된 URL을 브라우저에 제출하고 그 파일을 브라우저가 인터넷에서 찾아 보여주는 과정은 동일하다.

URL은 "://"를 중심으로 두 부분으로 나눌 수 있는데, 앞 부분은 이 자원을 접근하기 위한 프로토콜을 나타내고 뒷부분은 자원의 이름을 나타낸다. 위의 경우에 프로토콜은 HTTP이고 자원의 이름은 www.example.com/mall/index.html이다. 일반적으로 표현한다면 URL의 형식은 다음과 같다.

    protocol://host_name(혹은 IP주소):port/path

자원의 이름은 위와 같이 호스트 이름과 포트 번호, 그리고 그 컴퓨터에서 자원에 이르는 완전한 경로로 구성된다. 프로토콜의 디폴트 포트를 사용하는 경우에는 포트 번호를 생략할 수 있다.

URL 클래스

자바에는 URL을 나타내는 클래스가 있는데 바로 java.net 패키지에 속하는 URL 클래스이다. 이 URL 클래스를 사용함으로써 URL로부터 데이터를 읽거나 URL에 데이터를 쓸 수 있다. 이 경우에도 모든 입출력은 스트림으로 처리된다.

URL 객체는 다음과 같이 URL을 나타내는 스트링을 생성자 인자로 넘겨서 생성할 수 있다. (예로 사용된 URL에서 HTTPS는 HTTP의 보안성을 개선한 프로토콜이다.).

    URL url = new URL("https://www.naver.com/");

URL 객체를 얻으면 여기에 openStream 메소드를 호출하여 해당 URL에 연결된 입력 스트림을 얻는다. 이 때 입력 스트림의 타입은 InputStream이 된다.

    InputStream in = url.openStream();

예제 12.12는 URL 클래스를 사용하여 지정된 웹 페이지의 내용을 읽어 화면에 보여주는 프로그램이다.

예제 12.12 URLReaderDemo 클래스

```
01    import java.io.BufferedReader;
02    import java.io.IOException;
03    import java.io.InputStreamReader;
04    import java.io.PrintWriter;
05    import java.net.MalformedURLException;
06    import java.net.URL;
07
08    public class URLReaderDemo {
```

```
09
10      public static void main(String[] args) {
11          try {
12              URL url = new URL("https://www.naver.com/");
13              BufferedReader reader = new BufferedReader(
14                      new InputStreamReader(url.openStream()));
15              PrintWriter writer = new PrintWriter("test.html");
16
17              String line;
18              while ((line = reader.readLine()) != null) {
19                  System.out.println(line);
20                  writer.println(line);
21              }
22              reader.close();
23              writer.close();
24          } catch (MalformedURLException e) {
25              e.printStackTrace();
26          } catch (IOException e) {
27              e.printStackTrace();
28          }
29      }
30  }
```

여기서는 InputStream을 그대로 사용하지 않고 BufferedReader를 만들어 사용한다(13-14행). 이는 우리에게 친숙한 readLine 메소드를 사용하기 위함이다. 예제 12.12를 실행하면 지정된 URL로부터 데이터를 읽어 콘솔 윈도우에 출력하는데 그 결과가 그림 12.21이다. HTML 태그가 포함된 웹 페이지의 내용이 그대로 출력되므로 알아보기는 조금 어렵다. 예제 12.12 프로그램은 URL로부터 읽은 데이터를 별도의 파일에 저장하는 코드도 포함하고 있으므로(15, 20행) 실행이 끝난 후 생성된 파일을 찾아 브라우저로 열어 보면 좀 더 쉽게 내용을 확인할 수 있을 것이다.

그림 12.21 예제 12.12의 실행 결과

예제 **12.12**는 인터넷 상의 위치를 나타내는 URL로부터 데이터를 읽어 들이는 예제이지만, URL과 이에 연관된 **URLConnection** 클래스를 사용하면 URL에 데이터를 쓰는 것도 가능하다. 이를 위해서는 지정된 URL이 프로그램이 보낸 데이터를 받아 처리할 수 있어야 한다. 서블릿(servlet)과 같은 서버 프로그램이 이러한 역할을 한다. 이러한 양방향 통신은 웹 프로그래밍에서 주로 다루어지므로 여기서는 생략한다.

12.6 소켓과 클라이언트-서버 프로그래밍

소켓

자바에서 일반적인 클라이언트-서버 프로그램을 작성하려면 **소켓**(socket)을 이용한다. 소켓은 TCP 프로토콜을 이용하여 네트워크 상에 위치한 두 컴퓨터 사이의 연결을 제공한다. 그림 **12.22**와 같이 두 컴퓨터 사이에 전용의 연결선이 마련된다면 연결선의 양쪽 끝점에 소켓이 위치하고 있는 셈이다. 소켓은 특정 포트에 연결되어 있으며, 응용 프로그램과 포트 사이에 위치하고 있는 것으로 이해할 수 있다.

클라이언트와 서버의 통신은 클라이언트 프로그램이 연결선의 클라이언트 측 끝점을 담당할 소켓을 만들어 서버에 연결을 시도함으로써 시작된다. 연결이 이루어지면 서버도 서버 측 끝점을 담당할 소켓을 만든다. 일단 연결이 이루어지면 클라이언트와 서버 프로그램은 소켓으로부터 데이터를 읽거나 소켓에 데이터를 씀으로써 서로 통신하게 되는 것이다.

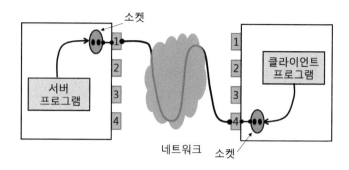

그림 12.22 클라이언트-서버 연결과 소켓

네트워크 상의 두 컴퓨터 간에 이와 같은 신뢰성 있는 전용 연결을 제공하는 것이 TCP(Transmission Control Protocol)라는 프로토콜이다. 여기서 '신뢰성 있는 전용' 연결을 제공한다는 것은 한 쪽에서 보낸 데이터가 빠짐 없이, 보낸 순서대로 다른 쪽에 전달되도록 보장한다는 뜻이다. TCP는 IP(Internet Protocol)라는 또 다른 프로토콜과 함께 묶어서 흔히 TCP/IP라고 부르는데, 인터넷이 이 TCP/IP에 기반하고 있다는 점은 이미 설명했었다. 인터넷에서 사용되는 HTTP나 FTP(File Transfer Protocol)와 같은 응용 수준의 프로토콜들이 모두 TCP가 제공하는 신뢰성 있는 연결을 필요로 하기 때문이다.

프로그램이 단지 웹에 있는 자원을 접근하고자 한다면 앞에서 배운 것처럼 URL과 URLConnection 클래스를 이용하여 간단히 해결할 수 있다. 그러나 일반적인 클라이언트-서버 응용을 자바로 작성하려면 소켓을 써야 한다. URL과 비교하면 소켓은 URL보다 저수준의 통신 방법이고 실제로 URL 연결도 내부적으로는 소켓을 사용하여 구현된다고 한다.

> **참고 UDP(User Datagram Protocol)**
>
> UDP는 TCP와 같은 수준에 위치한 또 다른 프로토콜이다. TCP가 신뢰성 있는 전용 연결을 제공하는 것에 비해, UDP는 데이터를 패킷 단위로 쪼개어 독립적으로 보내는 비연결성(connection-less) 프로토콜이다. UDP 통신에서는 패킷이 누락될 수 있고 패킷의 도착 순서도 보장되지 않는다. 즉, TCP와 달리 신뢰성 있는 연결을 제공하지 않는다. 대신 TCP보다 오버헤드가 적고 전송 속도가 빠르므로 TCP 연결의 신뢰성이 필요하지 않은 실시간 스트리밍과 같은 응용에서 흔히 사용된다. 자바는 TCP 뿐만 아니라 UDP 소켓도 지원하지만 이 책에서는 다루지 않는다.

소켓 프로그래밍

자바에서 TCP 연결을 위해 제공하는 클래스는 java.net 패키지의 Socket과 ServerSocket 등 2가지가 있다. 그림 12.22에 보인 TCP 연결의 양쪽 끝점을 담당하는 클래스가 Socket 이다. ServerSocket은 클라이언트의 연결 요청을 기다리고 있다가 요청을 받으면 서버 측 Socket을 만들어 연결을 시작하는 역할을 한다. TCP 연결을 위해 ServerSocket과 Socket 이라는 2개의 클래스를 두는 이유가 무엇일까? Socket을 이용하여 서버와 클라이언트의 연결이 이루어지더라도 서버 측의 ServerSocket은 새로운 요청을 처리하기 위해 대기해야 하기 때문이다.

서버와 클라이언트 간에 소켓을 이용하여 TCP 통신이 이루어지는 단계를 살펴 보자.

1) 서버 프로그램이 ServerSocket 객체를 생성한다. 이 때 서버가 사용할 포트 번호를 명시해야 한다.

```java
ServerSocket serverSocket = new ServerSocket(9000);
```

위의 문장은 9000번 포트를 사용하는 ServerSocket 객체를 생성한다. 서버 프로그램 이 9000번 포트를 사용한다는 말은 9000번 포트를 통해 들어오는 연결 요청에 응답한 다는 뜻이므로 클라이언트는 서버 컴퓨터의 9000번 포트를 지정하여 연결 요청을 보내 야 한다.

2) 서버는 ServerSocket 객체에 대해 accept 메소드를 호출하여 클라이언트의 연결 요 청을 기다린다. accept 메소드는 클라이언트와 연결이 이루어질 때까지 복귀하지 않고 대기한다.

```java
Socket connSocket = serverSocket.accept();
```

3) 클라이언트가 서버의 호스트 이름과 포트 번호를 명시하여 Socket 객체를 생성하고 서 버에 연결을 시도한다. 이 단계는 서버가 accept 메소드를 실행한 2)번 단계 이후에 진 행되어야 한다. 즉, 서버가 기다리고 있지 않은 상태에서 클라이언트가 실행되면 연결에 실패한다.

```java
Socket clientSocket = new Socket("localhost", 9000);
```

서버 컴퓨터 이름으로 localhost를 사용한 위의 선언은 서버 프로그램이 같은 컴퓨터에서 실행되는 경우이고, 서버가 네트워크 상의 다른 컴퓨터에 있다면 그 컴퓨터의 호스트 이름을 써야 한다. 서버가 연결 요청을 수락하여 연결이 이루어지면 위의 생성자가 새로운 소켓 객체를 가지고 복귀한다.

4) 연결이 이루어지면 클라이언트는 3)에서 생성한 소켓(clientSocket)을 가지고 서버와 통신할 수 있다. 또한 연결이 이루어지면 서버 프로그램 쪽에서는 2)번에서 실행했던 accept 메소드가 새로운 Socket 객체를 생성하여 복귀하는데, 이 소켓(connSocket)이 클라이언트 소켓과 연결된 것이므로 서버는 이 소켓을 사용하여 클라이언트와 통신할 수 있다.

5) 연결 후의 클라이언트−서버 간 통신은 소켓으로부터 입출력 스트림을 얻어 진행한다. 각 소켓이 입력과 출력 스트림을 모두 가지며, 클라이언트의 출력 스트림이 서버의 입력 스트림과 연결되고 서버의 출력 스트림이 클라이언트의 입력 스트림에 연결된다. 따라서 클라이언트가 출력 스트림에 쓴 데이터를 서버가 입력 스트림으로부터 읽고 서버가 출력 스트림에 쓴 데이터를 클라이언트가 입력 스트림으로부터 읽는다.

6) 전송이 끝나면 close 메소드를 호출하여 스트림과 소켓을 닫는다.

이와 같은 시나리오에 따라 작성된 서버와 클라이언트 프로그램을 살펴 보자. 먼저 예제 12.13은 서버 쪽 프로그램이다.

예제 12.13 TCPServer 클래스

```
01   import java.io.BufferedReader;
02   import java.io.IOException;
03   import java.io.InputStreamReader;
04   import java.io.PrintWriter;
05   import java.net.ServerSocket;
06   import java.net.Socket;
07   import java.net.SocketTimeoutException;
08
09   public class TCPServer {
10
11       public static void main(String[] args) throws IOException {
12           ServerSocket serverSocket = new ServerSocket(9000);
```

```
13          serverSocket.setSoTimeout(60000);  // 60초 후에 타임아웃 지정
14          System.out.println(">>서버 시작..");
15          String message = null;
16
17          while (true) {
18              try {
19                  System.out.println(">>연결 요청을 기다림..");
20                  Socket connSocket = serverSocket.accept();
21                  System.out.println(">>클라이언트가 연결됨. 클라이언트="
22                          + connSocket.getRemoteSocketAddress());
23
24                  BufferedReader incoming = new BufferedReader(
25                      new InputStreamReader(connSocket.getInputStream()));
26                  PrintWriter outgoing = new PrintWriter(
27                          connSocket.getOutputStream(), true);
28
29                  message = incoming.readLine();
30                  System.out.println(">>클라이언트 메시지=" + message);
31                  outgoing.println(">>메시지 받았음. 메시지=" + message);
32                  connSocket.close();
33              } catch (SocketTimeoutException e) {
34                  System.out.println(">>서버 소켓 시간 종료!");
35                  break;
36              } catch (IOException e) {
37                  e.printStackTrace();
38                  break;
39              }
40          }
41
42          serverSocket.close();
43      }
44  }
```

예제 12.13의 서버 프로그램은 먼저 9000번 포트를 지정하여 ServerSocket 객체를 생성한다(12행). 다음으로 setSoTimeout 메소드를 호출하여 ServerSocket이 1분 후에 타임아웃되도록 지정한다(13행). 즉, 서버가 accept 메소드로 클라이언트 연결을 기다릴 때 1분 동안 연결이 없으면 SocketTimeoutException 예외가 발생하도록 지정한다는 뜻이다. 17-40

행의 while 루프는 무한 루프의 형식으로 되어 있지만 소켓 시간이 종료(타임아웃)되거나 입출력 예외가 발생하면 catch 절에서 break를 실행하므로(35, 38행) 루프를 빠져 나와 프로그램이 종료된다.

서버는 while 루프 내에서 서버 소켓에 accept 메소드를 호출하여 클라이언트 연결을 기다린다(20행). accept 메소드는 클라이언트가 연결을 요청할 때까지 복귀하지 않고 대기한다(blocked). accept 메소드 호출이 실행을 끝내고 복귀하면 연결의 서버 쪽 끝점을 담당하는 소켓이 새로 생성되어 connSocket 변수에 저장된다. 그러므로 21행이 실행된다는 것은 클라이언트의 연결 요청이 들어와서 연결이 확립되었다는 뜻이다. connSocket에 getRemoteSocketAddress 메소드를 호출하면 연결된 클라이언트의 정보(호스트 이름과 포트 번호)를 출력할 수 있다.

연결이 확립되었으므로 클라이언트와 연결된 소켓(connSocket)으로부터 입력 스트림과 출력 스트림을 얻는다(24-27행). 입력 스트림으로부터 클라이언트가 보낸 메시지를 읽어 들여 화면에 출력하고(29-30행), 메시지를 받았다는 응답을 출력 스트림을 통해 클라이언트에게 보낸다(31행). 그 다음에 connSocket을 닫아 연결을 해제한다(32행). 그러면 다시 루프의 첫 부분으로 돌아가서 새로운 연결 요청을 기다리게 된다.

다음으로 예제 12.14의 클라이언트 쪽 프로그램을 살펴 보자.

예제 12.14 TCPClient 클래스

```
01  import java.io.BufferedReader;
02  import java.io.IOException;
03  import java.io.InputStreamReader;
04  import java.io.PrintWriter;
05  import java.net.Socket;
06  import java.util.Scanner;
07
08  public class TCPClient {
09
10      public static void main(String[] args) {
11          Scanner input = new Scanner(System.in);
12          try {
13              Socket clientSocket = new Socket("localhost", 9000);
14              System.out.println("서버에 연결됨. 서버="
15                      + clientSocket.getRemoteSocketAddress());
```

```
16
17              BufferedReader incoming = new BufferedReader(
18                  new InputStreamReader(clientSocket.getInputStream()));
19              PrintWriter outgoing = new PrintWriter(
20                  clientSocket.getOutputStream(), true);
21
22              System.out.println("서버에 보낼 메시지를 입력하세요.");
23              String message = input.nextLine().trim();
24              outgoing.println(message);
25
26              System.out.println("서버가 보낸 메시지:");
27              String reply = incoming.readLine();
28              System.out.println(reply);
29
30              System.out.println("클라이언트가 연결을 종료함.");
31              clientSocket.close();
32          } catch (IOException e) {
33              e.printStackTrace();
34          }
35      }
36  }
```

클라이언트 프로그램은 소켓 객체(clientSocket)를 만들어 서버에 대한 접속을 시도하는
데(13행), 이 때 Socket 생성자에 서버의 호스트 이름과 포트 번호를 명시한다. 여기서는
localhost 컴퓨터의 9000번 포트로 연결 요청이 들어간다. 예제 12.13의 서버 프로그램이
미리 실행되어 ServerSocket의 accept 메소드가 연결을 기다리고 있어야 한다.

연결이 이루어지면 Socket 생성자가 복귀하여 clientSocket 객체를 얻게 된다.
clientSocket은 연결의 클라이언트 쪽 끝점을 담당한다. 여기서도 clientSocket에 대해
getRemoteSocketAddress 메소드를 호출하면 clientSocket에 연결된 서버 쪽 정보(호스
트 이름과 포트 번호)를 출력할 수 있다(14-15행).

연결이 이루어졌으므로 소켓(clientSocket)으로부터 입력과 출력 스트림을 얻는다(17-20
행). 사용자에게 한 줄의 메시지를 입력 받아 출력 스트림을 통해 서버에 보낸다(22-24행).
즉, 소켓으로부터 얻은 출력 스트림에 데이터를 쓰면 이 내용이 서버로 보내진다(24행). 그
리고 나서 서버로부터 응답 메시지를 읽어 화면에 출력하고(26-28행) clientSocket을 닫

아 연결을 해제한다.

프로그램을 실행시켜 보자. 일반적으로 클라이언트−서버 프로그램이라면 클라이언트와 서버가 서로 다른 컴퓨터에서 실행될 것이다. 예제 **12.13**과 **12.14**의 예제도 물론 네트워크에 속한 서로 다른 컴퓨터에서 실행될 수 있으나 여기서는 편의상 클라이언트와 서버 프로그램을 동일한 컴퓨터에서 실행하였다.

서버 프로그램을 반드시 먼저 실행시켜야 한다. 서버가 실행되면 그림 **12.23**과 같은 화면이 나오면서 서버가 대기할 것이다.

그림 12.23 TCPServer 실행 화면

이 상태에서 클라이언트 프로그램을 실행한 화면이 그림 **12.24**이고 서버 프로그램의 결과 화면은 그림 **12.25**와 같이 된다.

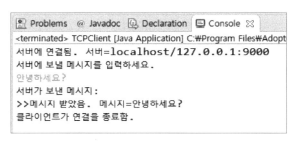

그림 12.24 TCPClient 실행 화면

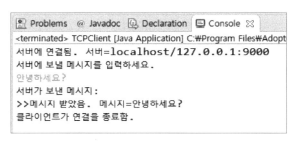

그림 12.25 TCPServer 실행 화면 (2)

클라이언트가 연결을 시도하여 연결이 이루어지면 그림 12.24의 클라이언트 쪽 화면에는 서버의 정보(localhost의 9000번 포트)가 출력되고 그림 12.25의 서버 쪽 화면에는 연결된 클라이언트의 정보(127.0.0.1의 56363번 포트)가 출력된다. 이미 설명했듯이 프로그램이 실행되고 있는 컴퓨터 자신을 나타내는 호스트 이름이 localhost이고 IP 주소로는 127.0.0.1 이다. 그러므로 클라이언트와 서버가 동일한 컴퓨터에서 실행되고 있음을 알 수 있다. 서버는 TCPServer 프로그램에서 지정한 대로 9000번 포트를 사용하고 있고, 클라이언트는 연결을 시도할 때 시스템에 의해 자동적으로 부여된 포트를 사용하는데 여기서는 56363번 포트이다. 이 클라이언트 포트 번호는 실행할 때마다 달라질 수 있다.

클라이언트는 사용자가 키보드에 입력한 "안녕하세요?"라는 메시지를 서버로 보낸다. 서버는 이를 받아 화면에 출력하고 "메시지 받았음. 메시지=안녕하세요?"라는 새로운 스트링으로 응답 메시지를 구성하여 다시 클라이언트로 보낸다(예제 12.14의 31행). 클라이언트는 이 메시지를 받아 화면에 표시하고 연결을 종료한다. 그러면 현재의 클라이언트-서버 연결이 종료되었으므로 서버는 다시 새로운 연결을 기다린다. 여기까지가 그림 12.24와 그림 12.25에 나타난 실행 결과이다.

이 상태에서 서버가 타임아웃 되기 전에 다시 클라이언트를 실행시키면 새로운 클라이언트가 새로운 연결을 시도하게 되는데, 이 두 번째 클라이언트의 화면이 그림 12.26이다.

그림 12.26 두 번째 TCPClient의 실행 화면

이 결과는 첫 번째 클라이언트 출력과 거의 동일하다. 서버에 성공적으로 연결되어 서버 정보를 출력하고 키보드로부터 메시지를 받아 서버에 보낸다. 서버로부터 메시지를 받아 화면에 출력하고 연결을 종료한다.

그러면 서버의 실행 화면은 어떻게 되었을까? 그림 12.27을 보자.

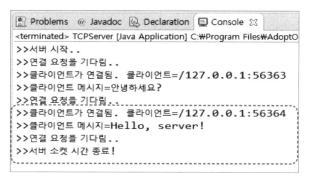

그림 12.27 TCPServer의 실행 화면 (3)

서버 프로그램은 아직 종료되지 않고 대기하고 있는 상황이었다. 클라이언트로부터 새로운 요청이 들어와 연결이 확립되고 클라이언트 정보를 출력한다. 두 번째로 연결된 클라이언트 프로그램이 사용한 포트는 시스템이 자동적으로 부여한 56364번이다. 아까와 마찬가지로 클라이언트로부터 받은 메시지를 화면에 출력하고 응답 메시지를 만들어 클라이언트에게로 보낸다. 이후에 연결이 해제되면 다시 연결을 기다린다. 소켓에 지정된 타임아웃 시간이 흐른 후 예외가 발생하고 서버 프로그램이 종료된다. 그림 12.27에서 사각형으로 표시된 부분이 이 두 번째 클라이언트 연결의 진행 과정을 보여주고 있다.

여기서는 클라이언트-서버 프로그램을 간단한 샘플로 살펴 보았지만 실제 응용에서는 서버가 수많은 클라이언트 요청을 처리해야 하므로 쓰레드를 사용하여 동시에 여러 클라이언트 요청에 대응하도록 구현되어야 한다.

참고

이클립스를 사용하여 클라이언트-서버 프로그램을 테스트한다면 각각의 프로그램을 실행시킬 때 하단에 별도의 콘솔 윈도우가 나올 것이다. 실행 중인 다른 프로그램의 콘솔을 보려면 콘솔 윈도우 우측의 아이콘 (Display Selected Console이라고 되어 있다)을 눌러 콘솔 윈도우를 변경할 수 있다.

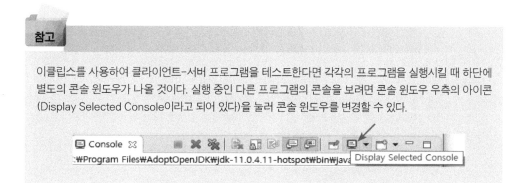

프로그래밍 과제

1. 두 개의 텍스트 파일을 한 줄씩 교대로 읽어 새로운 텍스트 파일을 작성하는 프로그램을 작성하라. 입력과 출력을 위한 파일들의 이름은 사용자에게서 읽어 들인다. 각 입력 파일로부터 한 줄씩 읽어 교대로 출력 파일에 기록하되, 하나의 입력 파일이 더 길면 남은 내용은 그대로 새로운 파일의 끝에 기록한다. 예를 들어 file1.txt와 file2.txt가 다음과 같을 때 프로그램을 실행하면, 실행 결과와 생성된 파일의 내용은 그 다음에 첨부한 내용과 같아야 한다.

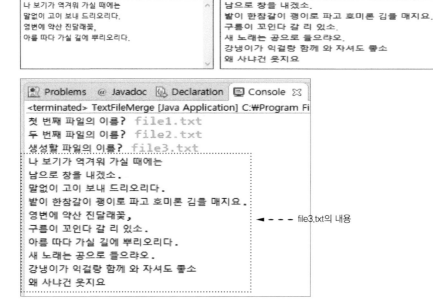

2. 여러 개의 텍스트 파일 이름을 입력 받아 그 내용을 하나의 새로운 파일로 병합하여 기록하는 프로그램을 작성하라. 즉, 파일이 입력된 순서대로 파일의 내용이 새로운 파일의 끝에 추가된다. 입력 파일의 개수는 미리 정해져 있지 않으며, 파일 이름을 입력하지 않고 엔터를 누르면 종료되도록 하라. file1.txt와 file2.txt가 1번과 동일한 내용을 가졌다고 가정하면 (a)와 같은 실행 결과가 나와야 하고 file4.txt의 내용은 (b)이다.

◇□◇□◇□◇□◇□◇□◇□◇□◇

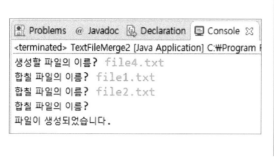

(a)

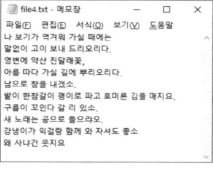

(b)

3. 먼저 도서 정보를 나타내는 Book 클래스를 작성하라. Book 클래스는 도서의 제목과 저자를 데이터로 가진다. 그리고 일련의 도서 정보를 읽어 들여 Book 객체를 생성한 다음 이 객체를 파일에 저장하는 프로그램을 작성하라. 프로그램은 생성할 파일의 이름을 먼저 입력 받은 다음, 도서 정보를 한 줄씩 차례로 입력 받아 Book 객체를 생성하고 객체 형식으로 이진 파일에 기록한다. 동시에 도서 정보를 Book 클래스의 toString 메소드를 사용하여 화면에도 출력한다. 도서 정보는 제목과 저자를 한 줄에 입력하되, 제목과 저자는 콜론(:)으로 분리하도록 한다. 내용 없이 엔터 키를 누르면 입력이 종료된다. 다음의 실행 결과를 참고하라. (파일에 제대로 기록되었는지는 4번 문제로 확인하라.)

```
Problems  @ Javadoc  Declaration  Console
<terminated> ObjFileWrite [Java Application] C:\Program File
저장할 파일 이름을 입력하시오: books.dat
도서 정보를 입력하시오("제목:저자" 형식으로 입력).
자바 프로그래밍:홍길동
제목=자바 프로그래밍, 저자=홍길동
마시멜로 이야기:데 포사다
제목=마시멜로 이야기, 저자=데 포사다
벌레 이야기:이청준
제목=벌레 이야기, 저자=이청준
안드로이드 프로그래밍:김길동
제목=안드로이드 프로그래밍, 저자=김길동

파일이 생성되었습니다.
```

4. 3번에서 생성한 파일을 열어 Book 객체를 읽어 들여 도서 정보를 화면에 출력하는 프로그램을 작성하라. 프로그램은 읽어 들일 파일의 이름을 먼저 입력 받아야 한다. 파일의 내용은 객체 형식으로 읽어 들여야 하며, 읽어 들인 도서의 정보는 Book 클래스의 toString 메소드를 사용하여 출력한다. 3번에서 저장된 파일에 대해 실행한 다음의 실행 결과를 참고하라.

프로그래밍 과제

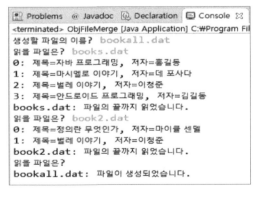

5. Book 타입의 객체들이 저장된 여러 개의 이진 파일을 읽어 그 내용을 통합하여 새로운 하나의 파일에 기록하는 프로그램을 작성하라. 즉, 각 파일에 속한 Book 객체를 모두 모아서 하나의 파일에 기록하면 된다. 먼저 새로 생성할 파일의 이름을 입력 받고, Book 객체가 저장된 파일을 하나씩 읽어서 객체로 읽어 들인 다음, 이를 새로운 파일에 기록한다. 새로운 Book 객체를 읽어 들일 때마다 도서 정보를 화면에도 출력한다. 파일의 이름을 넣지 않고 엔터를 누르면 종료되도록 하라. (a)의 실행 결과는 Book 객체를 저장한 2개의 이진 파일 books.dat와 book2.dat의 내용을 합쳐서 bookall.dat라는 새로운 파일에 저장한 것이다. 여기서 생성된 booksall.dat 파일을 4번에서 작성한 출력 프로그램으로 실행하면 (b)와 같이 모든 도서 정보가 포함된 결과가 나와야 한다.

(a)   (b)

6. 5번의 실행 결과를 보면 각 파일에 기록되어 있는 Book 객체의 정보를 읽어 들여 새로운 하나의 파일에 기록할 때 동일한 객체인지 검사를 하지 않는다. 따라서 "이청준"의 "벌레 이야기"라는 도서는 양쪽 파일에 모두 들어 있기 때문에 결과에도 두 번 포함되었다. 5번을 수정하여 동일한 도서가 중복 포함되지 않도록 작성하라. 두 도서는 제목과 저자가 각각 동일하면 같은 객체로 간주한다.

◇□◇□◇□◇□◇□◇□◇

7. Book 객체가 저장된 이진 파일을 열어서 내용을 읽고, 키워드를 입력 받아 도서 정보를 검색하는 GUI 프로그램을 작성하여라. 프로그램을 실행하면 (a)와 같은 윈도우가 나온다. "로드" 버튼을 누르면 (b) 와 같이 도서 정보를 적재할 이진 파일을 현재 폴더에서 찾아 프로그램 내부로 읽어 들인다. (힌트: JFileChooser를 사용하라.) 이 때 Book 객체들을 저장한 이진 파일을 선택한다. 그러면 선택된 파일 내에 저장된 Book 객체들을 읽어 들여 내부의 컬렉션에 저장한다. 일단 파일로부터 객체를 성공적으로 읽어 들이면 (c)와 같이 적재된 이진 파일의 경로명이 "파일" 필드에 표시된다. 이 필드는 입력을 받지는 않으므로 편집 불가능하게 설정된다. "입력" 필드에 키워드를 입력하고 "검색" 버튼을 누르면 입력된 키워드로 도서 정보를 검색하여 해당하는 도서의 목록을 (d)와 같이 하단의 텍스트 영역에 보여준다. 키워드가 도서의 "제목"이나 "저자"에 (어느 한쪽이라도) 포함되어 있으면 검색 결과에 포함되어야 한다. (d)의 실행 결과에서는 키워드인 "이야기"가 제목에 포함된 도서들이 검색되었다.

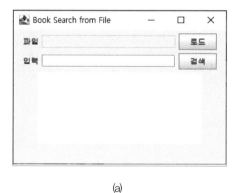

(a)

(b)

프로그래밍 과제

(c)

(d)

8. 소켓을 이용하여 다음과 같은 클라이언트−서버 프로그램을 작성하라. 서버가 클라이언트로부터 "27 * 2.5"와 같은 데이터를 받으면 계산 결과를 다시 클라이언트에 보낸다. 서버에 보내는 계산식은 이 예와 같이 오직 두 개의 피연산자와 하나의 연산자만 가진다고 가정한다. 연산자는 +, −, *, /의 4가지가 가능하다. 클라이언트는 다음의 (a)와 같은 GUI 윈도우로 구성하라. 프로그램을 실행한 후 "연결" 버튼을 눌러 서버와 연결을 시도한다. 연결이 확립되면 (a)의 윈도우 상태가 된다. 서버의 콘솔에는 (b)와 같이 클라이언트 정보가 나온다. 상단의 입력 필드에 계산식을 입력한 상태가 (c)이며, 여기서 엔터키를 치면 그 내용이 서버로 보내지고 서버의 응답을 받아 하단의 텍스트 영역에 출력한다(d). 서버와 연결되지 않은 상태에서 계산식이 입력되면 먼저 연결을 하라는 메시지를 하단 영역에 출력한다. 하단 영역에는 이전 내용이 지워지지 않고 새로운 내용이 계속 추가된다. "종료" 버튼을 누르면 서버와의 연결을 해제하고 프로그램을 종료한다.

Simple Calculator Client
>>Server is ready.
연결
종료
Problems
Javadoc
Declaration
Console
CalcServer [Java Application] C:₩Program Files₩AdoptOpenJDK₩
>>Starting CalcServer..
>>Client connected:/127.0.0.1:56662
Simple Calculator Client
283 * 2.5
>>Server is ready.
연결
종료
Simple Calculator Client
>>Server is ready.
>> 707.5
연결
종료

(a) (b) (c) (d)

CHAPTER **13**

데이터베이스
프로그래밍

프로그램에서 데이터를 영구적으로 저장하기 위해서 **12장**에서 설명한 것처럼 파일을 사용할 수 있다. 간단한 응용에서는 파일을 사용하면 충분하지만 대량의 데이터를 효과적으로 다루기 위해서는 일반적으로 데이터베이스를 사용해야 한다. 이 장에서는 자바에서 데이터베이스를 사용하는 방법을 알아 보자.

13.1 데이터베이스의 개요와 MySQL

관계형 데이터베이스

데이터베이스는 대량의 데이터를 효과적인 접근이 가능하도록 체계적으로 조직화하여 저장한 것이다. 데이터베이스는 **데이터베이스 관리 시스템**(DBMS: Database Management System)이라는 소프트웨어에 의해 관리되고, 사용자는 이 DBMS를 통하여 데이터베이스를 만들고 접근하게 된다. 여러 종류의 데이터베이스 시스템이 있지만 가장 널리 사용되는 것은 **관계형 데이터베이스**(RDBMS: Relational Database Management System)이다. 데이터베이스에 대한 자세한 것은 관련 과목이나 전문 도서에서 배워야 할 내용이고, 여기서는 자바 프로그램에서 관계형 데이터베이스를 어떻게 접근하고 사용할 수 있는지를 중심으로 알아 볼 것이다.

그러면 먼저 관계형 데이터베이스의 기본적인 개념들을 살펴 보자. 관계형 데이터베이스에서는 데이터를 '행'과 '열'로 이루어지는 테이블 형태로 저장한다. 예를 들어 학생에 대한 정보를 그림 **13.1**과 같은 테이블의 형태로 저장할 수 있을 것이다.

SID	NAME	DEPT	GPA	YEAR
1	홍길동	컴퓨터공학	3.12	2019
2	정길동	소프트웨어	4.12	2019	← 행
3	김길동	전자공학	2.72	2016
4	이길동	소프트웨어	1.12	2018
5	박길동	경영학	3.72	2017

↑
열

그림 13.1 STUDENT 테이블

그림 13.1의 STUDENT 테이블은 학생에 대한 정보를 나타내는데, 각 **행**(row)이 한 학생에 대한 정보에 해당한다. 데이터베이스 테이블의 한 행을 **레코드**(record)라고 부르기도 한다. 예를 들어 STUDENT 테이블의 첫 번째 레코드는 이름이 "홍길동"이라는 학생의 정보를 나타내는데, 소속 전공이 "컴퓨터공학"이며 평균 학점은 3.12, 그리고 입학연도가 2019년이다. 이와 같이 테이블의 각 **열**(column)은 정보를 나타내는 속성(attribute)에 해당한다. STUDENT 테이블의 경우는 레코드의 일련 번호(SID), 이름(NAME), 소속 전공(DEPT), 평균 학점(GPA), 입학연도(YEAR) 등 5개의 열로 구성되어 있다.

그림 13.1의 테이블에서 각 레코드는 SID 열의 값으로 구분할 수 있다. 어느 2개의 레코드도 SID 열의 값이 동일할 수 없기 때문이다. 이와 같이 유일한 값을 가져서 테이블에 속한 레코드들을 구분하는 용도로 사용되는 열을 **주 키**(primary key)라고 부른다. 주 키의 값은 유일할 뿐만 아니라 null이 아니어야 한다. 레코드의 특정 열의 값이 비어 있으면 null이라고 표시하는데, 어떤 열의 값이 null이 될 수 있는지 여부는 보통 테이블을 정의할 때 지정한다. 주 키로 사용되는 열의 값은 null이 될 수 없다.

SID	NAME	DEPTID	GPA	YEAR
1	홍길동	1	3.12	2019
2	정길동	2	4.12	2019
3	김길동	3	2.72	2016
4	이길동	2	1.12	2018
5	박길동	4	3.72	2017

(a) STUDENT 테이블

DEPTID	DNAME	COLLEGE
1	컴퓨터공학	공과대학
2	소프트웨어	공과대학
3	전자공학	공과대학
4	경영학	경영대학
5	경제학	사회과학대학

(b) DEPT 테이블

그림 13.2 STUDENT 테이블과 DEPT 테이블

어떤 열의 값은 다른 테이블의 열을 가리키도록 지정될 수 있다. STUDENT 테이블에서 학생의 소속 전공을 나타내는 DEPT 열을 예로 들어 보자. 그림 13.1과 같이 소속 전공을 STUDENT 테이블에 직접 문자열로 기록하는 것이 아니라, 그림 13.2와 같이 전공 목록을 나타내는 DEPT 테이블을 따로 두고 STUDENT 테이블에는 DEPT 테이블의 DEPTID를 기록하게 할 수 있다.

이런 경우에 STUDENT 테이블의 DEPTID를 **외래 키**(foreign key)라고 부른다. 외래 키를 사용함으로써 테이블 간의 '관계'가 표현된다. 그리고 이런 관계를 통해 정보가 조직화된다. 그림 13.2a의 STUDENT 테이블만으로는 각 학생이 어느 단과대학에 속하는지 알 수 없지만, 외래 키인 DEPTID를 통해 DEPT 테이블을 참조함으로써 STUDENT 테이블의 처음 4개의 레코드가 모두 "공과대학" 소속임을 쉽게 알아낼 수 있다.

SQL

SQL(Structured Query Language)은 관계형 데이터베이스 시스템을 위한 언어이다. 즉, SQL 언어를 사용하여 관계형 데이터베이스의 테이블을 생성하거나, 테이블에 레코드를 삽입하고 검색하는 등의 조작을 수행할 수 있는 것이다.

그림 13.1에 보인 STUDENT 테이블과 같은 데이터를 데이터베이스에 저장한다고 생각해 보자. 그러려면 먼저 STUDENT 테이블 자체를 생성해야 하고(이 때 테이블에 어떤 열이 포함되는지 명시해야 한다), 그 다음에 각 레코드에 해당하는 데이터를 STUDENT 테이블에 삽입해야 한다. SQL에는 이러한 2가지 종류의 명령들이 모두 포함되는데, 전자와 같이 테이블 자체를 생성하거나 변경하는 역할을 하는 명령어들을 **DDL**(Data Definition Language)이라고 부르고 테이블에 데이터를 삽입, 삭제, 수정, 검색하는 등의 역할을 하는 명령어들을 **DML**(Data Manipulation Language)이라고 부른다. 여기서는 이 장을 공부하는 데 필요한 정도의 기본적인 SQL 명령들만 살펴보기로 하겠다. 보다 자세한 것은 SQL 웹사이트나 관련 도서를 참고하라.

예를 들어 그림 13.1의 STUDENT 테이블을 생성하려면 다음과 같은 SQL DDL 명령이 필요하다.

```
CREATE TABLE STUDENT (
    SID INT NOT NULL,
    NAME VARCHAR(30),
    DEPT VARCHAR(50),
```

```
        GPA FLOAT,
        YEAR INT,
        PRIMARY KEY (SID)
    );
```

위의 CREATE TABLE 명령은 STUDENT라는 이름의 새로운 테이블을 생성하는데, 괄호 안에는 이 테이블이 가지는 열(column)과 열의 타입이 함께 나열되어 있다. SID 열은 정수형(INT) 값을 가지며 null이 될 수 없다. NAME과 DEPT 열은 문자열(VARCHAR) 값을 가지며 괄호 안에 표시된 숫자는 문자열의 최대 길이를 의미한다. 즉, NAME 열은 30자까지의 문자열을, DEPT 열는 50자까지의 문자열을 값으로 가질 수 있다. GPA 열은 실수형(FLOAT) 값을 가지고 YEAR 열은 정수형 값을 가진다. 마지막 줄은 SID 열이 테이블의 주 키임을 지정한다.

일단 이렇게 STUDENT 테이블을 생성하고 나면 여기에 레코드를 삽입할 수 있는데, 이를 위해서는 SQL DML 명령의 하나인 INSERT 명령을 사용하면 된다.

```
    INSERT INTO STUDENT(SID, NAME, DEPT, GPA, YEAR)
        VALUES(1, '홍길동', '컴퓨터공학', 3.12, 2019);
```

이것은 STUDENT 테이블에 새로운 레코드를 삽입하는 명령인데, INSERT INTO 다음에 삽입할 테이블의 이름이 온다. 테이블 이름 다음에는 열의 목록이 괄호 안에 명시되고 VALUES 절에는 각 열의 값이 지정된다. 만약 모든 열의 값을 빠짐 없이 삽입하는 경우에는 다음과 같이 테이블 이름 다음에 열의 목록을 명시하지 않아도 된다.

```
    INSERT INTO STUDENT VALUES(2, '정길동', '소프트웨어', 4.12, 2019);
```

이와 같은 방법으로 그림 13.1에 보인 모든 레코드들을 삽입했다고 가정하자. 테이블에 레코드를 삽입했으면 SELECT 명령을 사용하여 검색할 수 있다. 다음은 STUDENT 테이블의 모든 레코드를 검색하는 SQL 명령이다.

```
    SELECT * FROM STUDENT;
```

SELECT 다음에는 반환할 열의 목록이 나열되는데 *는 모든 열을 선택한다는 의미이다. 따라서 위의 SELECT 명령은 모든 열을 나열한 다음 명령과 동일하다.

```
    SELECT SID,NAME,DEPT,GPA,YEAR FROM STUDENT;
```

위의 명령을 실행하면 STUDENT 테이블에 저장된 모든 레코드가 반환되고 모든 열이 선택되었으므로 다음과 같은 결과가 나온다.

```
+----+-------+----------+------+------+
| SID | NAME  | DEPT     | GPA  | YEAR |
+----+-------+----------+------+------+
|  1 | 홍길동 | 컴퓨터공학 | 3.12 | 2019 |
+----+-------+----------+------+------+
|  2 | 정길동 | 소프트웨어 | 4.12 | 2019 |
+----+-------+----------+------+------+
|  3 | 김길동 | 전자공학   | 2.72 | 2016 |
+----+-------+----------+------+------+
|  4 | 이길동 | 소프트웨어 | 1.12 | 2018 |
+----+-------+----------+------+------+
|  5 | 박길동 | 경영학     | 3.72 | 2017 |
+----+-------+----------+------+------+
```

특정한 조건으로 검색하려면 SELECT 명령에 WHERE 절을 덧붙인다. 예를 들어 DEPT 열의 값이 '소프트웨어'인 레코드만 검색하는 명령은 다음과 같다.

```
SELECT * FROM STUDENT WHERE DEPT='소프트웨어';
```

위 SELECT 명령의 실행 결과는 다음과 같다. 소속 전공이 '소프트웨어'인 2개의 레코드가 반환되었음을 알 수 있다.

```
+----+-------+----------+------+------+
| SID | NAME  | DEPT     | GPA  | YEAR |
+----+-------+----------+------+------+
|  2 | 정길동 | 소프트웨어 | 4.12 | 2019 |
+----+-------+----------+------+------+
|  4 | 이길동 | 소프트웨어 | 1.12 | 2018 |
+----+-------+----------+------+------+
```

만약 동일한 SELECT 명령에서 다음과 같이 2개의 열만 지정했다면

```
SELECT NAME,GPA FROM STUDENT WHERE DEPT='소프트웨어';
```

반환되는 레코드의 집합은 동일하지만 실행 결과로는 이름과 평균 학점만 출력된다.

```
+-------+------+
| NAME  | GPA  |
+-------+------+
| 정길동 | 4.12 |
+-------+------+
| 이길동 | 1.12 |
+-------+------+
```

자주 사용되는 SQL 명령을 그림 13.3에 보였다.

구분	명령	설명
DDL	CREATE TABLE	새로운 테이블을 생성한다. 테이블의 이름과 열의 목록, 열의 타입 등을 지정해야 한다.
	ALTER TABLE	테이블을 변경한다. 즉 열을 추가하거나 삭제한다.
	DROP TABLE	테이블을 삭제한다.
DML	INSERT	테이블에 새로운 레코드를 추가한다.
	UPDATE	테이블의 레코드를 변경한다.
	DELETE	테이블의 레코드를 삭제한다.
	SELECT	테이블에서 레코드를 검색하여 출력한다.

그림 13.3 자주 사용되는 SQL 명령들

MySQL의 설치

자바 프로그램에서 데이터베이스를 사용하는 법을 실습하려면 우선 데이터베이스가 설치되어 있어야 한다. MySQL은 널리 사용되고 있는 관계형 데이터베이스 시스템(RDBMS)의 하나로, 무료로 다운로드 하여 사용할 수 있다. 이 책에서도 MySQL을 사용하니 먼저 MySQL을 설치해 보자.

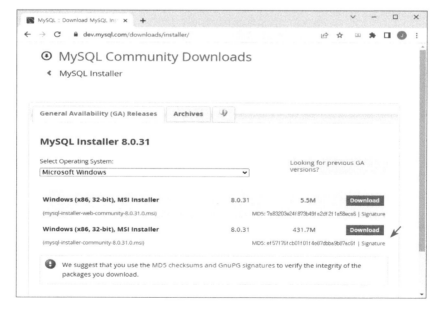

그림 13.4 MySQL Installer 다운로드

MySQL의 웹사이트(http://www.mysql.com/downloads/)에서 MySQL Community Edition(GPL)
을 운영체제에 맞는 것으로 찾아 설치하면 된다. 여기서는 윈도즈용을 설치하는데,
Windows MSI Installer라는 것을 선택하여 설치하는 것이 가장 간편하다. 그림 13.4에서
크기가 큰 아래쪽 항목을 눌러 다운로드 하고 실행하면 된다.

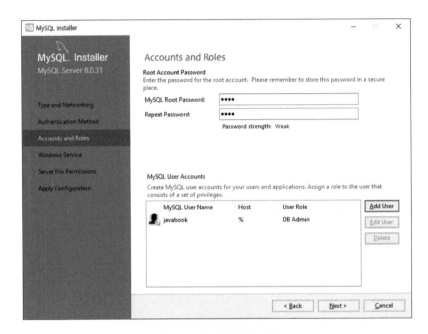

그림 13.5 계정과 비밀번호 설정

설치와 설정은 대체로 디폴트 옵션을 그대로 선택하면 된다. 특히 방화벽을 사용한다면 지
정된 포트(3306)에 대한 방화벽 접근을 허용하여야 하는데 이것도 보통 디폴트로 지정되어
있으므로 그대로 두면 된다. 그림 13.5의 화면이 나타나면 관리자(Root) 비밀번호를 설정한
다.

데이터베이스를 일상적으로 사용할 때 관리자 모드로 접근하는 것은 바람직하지 않으므로
실습에서 사용할 새로운 사용자를 추가해 두자. 그림 13.5 하단의 "Add User" 버튼을 누르
면 나타나는 그림 13.6의 윈도우에 적당한 사용자 이름과 비밀번호를 등록한다. 여기서는
"javabook"이라는 이름의 사용자를 추가했다. "OK" 버튼을 누르면 새로운 사용자 계정이
생성되어 그림 13.5와 같이 표시된다.

그림 13.6 사용자 추가

나머지 설정도 대부분 설치할 때 나오는 기본값으로 설정하면 된다.

MySQL 워크벤치

설치가 끝났으면 MySQL 워크벤치를 사용해 보자. 이 장의 목적은 자바 프로그램에서 데이터베이스를 접근하는 것이지만, 데이터베이스와 SQL 명령에 익숙해 지기 위해 워크벤치를 이용한 약간의 실습을 해 보는 것이 유익할 것이다. 시작 메뉴에서 MySQL Workbench를 찾아 실행하면 그림 13.7과 같은 화면을 만나게 된다.

그림 13.7 MySQL 워크벤치

상단의 **MySQL Connections**라는 구절 옆의 + 버튼을 누르면 그림 **13.8**과 같이 새로운 커넥션을 추가할 수 있는 윈도우가 나타난다.

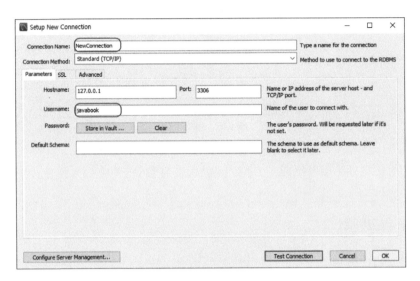

그림 13.8 새로운 커넥션의 생성

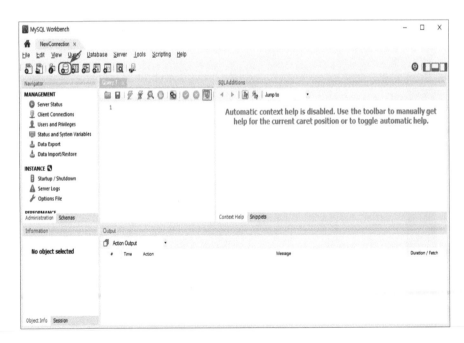

그림 13.9 NewConnection의 워크벤치 화면

여기서 새로운 커넥션의 이름을 입력하고 사용자는 앞에서 만든 **javabook**을 입력한다. 호스트 이름으로 지정된 **127.0.0.1**은 프로그램이 실행되는 컴퓨터 자신(**local host**)을 가리키는 주소이고 포트 번호는 설치할 때 지정된 디폴트 값이므로 변경하지 않는다. "**Test Connection**"을 눌러 데이터베이스와의 연결을 테스트해 보고(이 때 앞에서 정한 **javabook**의 비밀번호를 입력한다), 성공적이면 **OK** 버튼을 눌러 새로운 커넥션을 생성한다.

새로운 커넥션이 생성되면 워크벤치 화면에 표시되므로 이것을 클릭하여 새로운 커넥션을 열도록 하자. 그러면 그림 **13.9**와 같은 화면이 나온다.

먼저 왼쪽 하단의 스키마(**SCHEMAS**)라고 표시된 부분에 우리가 사용할 스키마를 생성하자. 스키마는 일련의 테이블들을 모아 둔 것으로 데이터베이스의 일부 영역을 나타낸다. 즉, 전체 데이터베이스를 스키마들로 나누어 쓰는 것이다.

워크벤치 상단의 스키마 생성 아이콘(그림 **13.9**에 화살표로 표시되어 있다)을 누르면 나타나는 그림 **13.10**의 설정 탭에 새로운 스키마 이름을 입력하고 "**Apply**" 버튼을 누른다. 여기서는 스키마 이름으로 "**javastudy**"라고 입력했다.

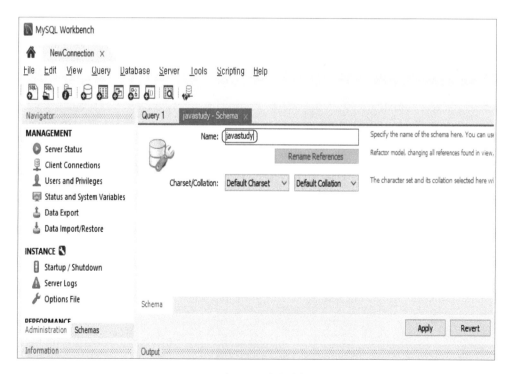

그림 13.10 스키마 생성

몇 단계를 거쳐 스키마 생성을 완료하자. 워크벤치 왼쪽 Navigator 하단의 Schemas 탭을 누르면 방금 생성한 **javastudy**라는 새로운 스키마가 나타날 것이다. 그림 **13.11**과 같이 javastudy를 마우스 오른쪽 버튼으로 눌러 나오는 메뉴에서 "**Set as Default Schema**"를 선택하여 **javastudy**를 디폴트 스키마로 지정한다. (혹은 스키마 이름을 더블 클릭해도 디폴트 스키마로 지정된다.) 그러면 이후의 작업들은 이 디폴트 스키마 내에서 이루어지게 된다.

그림 13.11 디폴트 스키마 지정

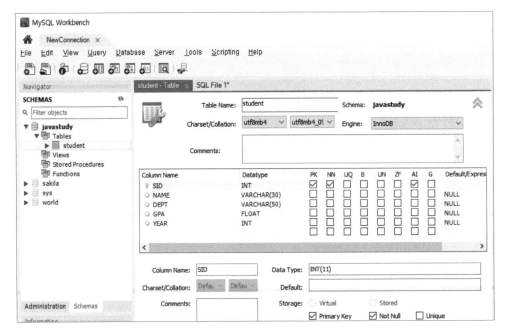

그림 13.12 STUDENT 테이블 생성

다음으로 우리에게 필요한 STUDENT 테이블을 생성해 보자. javastudy 스키마 왼쪽의 역삼 각형 아이콘을 눌러 목록을 열면 스키마 내의 Tables, Views 등의 항목이 나타난다. 다시 Tables에 마우스 오른쪽 버튼을 누르고 "Create Table.." 항목을 선택하면 새로운 테이블을 생성할 수 있는 탭이 그림 13.12와 같이 표시된다.

테이블의 이름을 입력하고 그 아래 열(column) 목록 부분을 눌러 각 열의 이름과 타입, 속성 등을 지정하여 테이블을 생성한다. 오른쪽 속성 체크박스를 보면 첫 번째 열인 SID는 주키(PK: Primary Key)이며 null이 아니고(NN: Not Null) 자동 증가(AI: Auto Increment)하는 속성을 가지는 것을 확인할 수 있다. 이러한 생성 과정은 앞에서 설명했던 SQL DDL 명령 중에서 CREATE TABLE과 동일한 역할을 하는 것인데, 워크벤치를 사용하면 SQL 명령을 직접 작성하는 것보다 편리하게 데이터베이스를 사용할 수 있다. 물론 워크벤치의 Query 탭에 다음과 같은 SQL 명령을 입력하고 실행해도 동일한 결과를 얻을 수 있다.

```
CREATE TABLE STUDENT (
    SID INT NOT NULL auto_increment,
    NAME VARCHAR(30),
    DEPT VARCHAR(50),
    GPA FLOAT,
    YEAR INT,
    PRIMARY KEY (SID)
);
```

위의 CREATE TABLE 명령에서는 STUDENT 테이블의 첫 번째 열인 SID에 auto_increment 속성을 명시했는데, 이것은 그림 13.12에서 AI로 표시된 체크박스를 체크한 것에 대응한다. 이렇게 하면 테이블에 레코드가 추가될 때 SID 열의 값은 자동으로 증가하면서 지정된다. 그러므로 테이블에 레코드를 삽입할 때 auto_increment로 지정된 열의 값은 지정하지 않아도 된다. SID는 레코드의 일련 번호가 들어가도록 하기 위한 열이므로, 이와 같이 자동 증가되도록 지정하는 것이 상당히 편리하다. 이런 설정이 워크벤치에서는 체크박스의 형태로 간단히 제공된다.

실제로 그림 13.12의 테이블 생성 화면에서 "Apply" 버튼을 누르면 위와 거의 동일한 SQL 명령이 구성되어 실행되는 것을 확인할 수 있다. 테이블이 생성되면 왼쪽 하단의 javastudy 아래에 student라는 이름의 테이블이 생성되었음을 확인할 수 있고, 테이블이 어떤 열들로 구성되는지도 검토할 수 있다.

워크벤치의 SQL 에디터를 이용하면 SQL 명령을 작성하여 실행할 수 있다. 워크벤치 File 메뉴의 "New Query Tab"을 실행하면 새로운 SQL 편집기가 열린다. 여기에 다음과 같은 INSERT 명령을 입력하고 실행하면 테이블에 레코드를 삽입할 수 있다.

```
INSERT INTO STUDENT(NAME, DEPT, GPA, YEAR)
VALUES('홍길동', '컴퓨터공학', 3.12, 2019);
```

위의 명령은 STUDENT의 5개 열 가운데 SID를 제외한 나머지 열의 값을 명시하여 레코드를 삽입하고 있다. SID 열은 auto_increment로 지정했으므로 값이 자동적으로 1씩 증가되면서 할당된다. 하나의 INSERT 명령으로 여러 개의 레코드를 삽입할 수도 있는데, 그림 13.13 이 이런 방법으로 그림 13.1의 5개 레코드를 STUDENT 테이블에 추가하고 있는 화면이다.

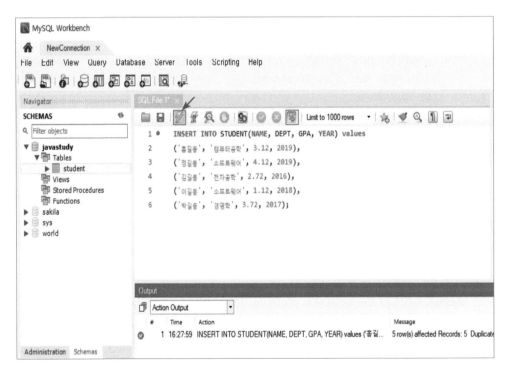

그림 13.13 워크벤치에서 SQL 명령의 사용

SQL 명령을 모두 입력하고 나서 편집기 상단의 번개 모양 아이콘(그림 13.13에 화살표로 표시되어 있다)을 누르면 편집기에 작성된 SQL 명령이 실행되고 실행 결과가 하단의 창에 나타난다. 혹시 문제가 있어서 실패했다면 여기에 에러 메시지가 보일 것이다.

이제 편집기에 다음과 같은 **SELECT** 명령을 작성하여 **STUDENT** 테이블의 레코드를 모두 검색하여 출력해 보자.

```
SELECT * FROM STUDENT;
```

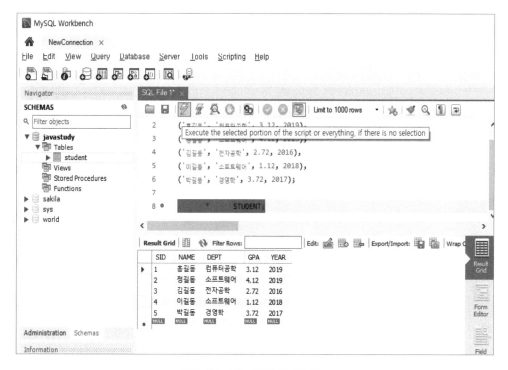

그림 13.14 SQL 명령의 작성과 실행

그림 **13.14**를 보면 **SQL** 편집기에 위의 **SELECT** 명령을 추가로 작성하였다. 마우스로 이 줄 (8행)만 선택하고(선택 부분이 반전되어 내용이 잘 안 보이지만 위의 **SELECT** 명령과 동일하다) 다시 번개 모양의 실행 버튼을 누르면 이번에는 선택된 영역의 **SQL** 명령만 실행된다. (즉, 번개 모양의 실행 버튼은 선택 영역이 없으면 작성된 **SQL** 명령 전부를 실행하고 선택 영역이 있으면 그 영역만 실행한다.) 실행하고 나면 **SQL** 편집기 하단에 검색 결과가 표시된다. 검색 결과를 보면 레코드를 입력할 때 **SID** 열의 값을 주지 않았지만 자동적으로 일련 번호로 생성되었음을 확인할 수 있다.

이번에는 **SELECT** 명령에 다음과 같이 **WHERE** 절을 추가하여 **DEPT** 열의 값이 '소프트웨어'인 일부의 레코드만 검색하도록 고쳐서 실행해 보자.

```
SELECT * FROM STUDENT WHERE DEPT='소프트웨어';
```

그림 13.15의 실행 결과를 보면 검색 조건을 만족하는 2개의 레코드만 반환되었음을 알 수 있다.

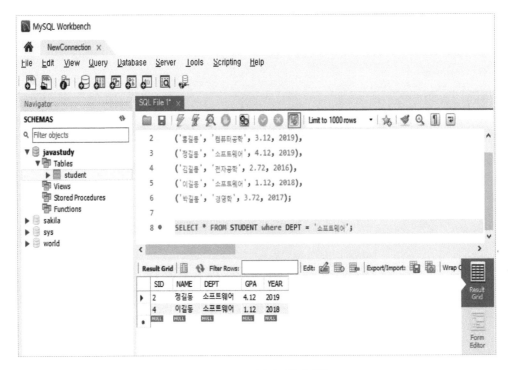

그림 13.15 SQL 명령의 작성과 실행

이렇게 SELECT 명령의 결과로 반환되는 레코드의 집합을 결과 집합(result set)이라고 부르는데, 자바에는 이러한 결과 집합에 해당하는 클래스가 마련되어 있어서 프로그램에서 검색 결과를 효과적으로 다룰 수 있다.

이제 워크벤치를 사용하여 다른 SQL 명령들도 테스트해 보면서 SQL 언어와 MySQL 워크벤치의 사용 방법에 익숙해지도록 하자.

13.2 자바 데이터베이스 프로그래밍 ◻◻◻◇◇◇◻◻◇

JDBC

JDBC(Java Database Connectivity)란 자바 프로그램에서 데이터베이스에 대한 접근을 제공하는 표준화된 인터페이스로서 자바에 포함되어 있다. 자바 프로그램은 이 JDBC를 사용하여 데이터베이스를 접근하고 SQL 명령을 실행하며 그 결과를 처리할 수 있다. 그런데 자바 프로그램에서 특정 데이터베이스를 사용하려면 먼저 그 데이터베이스 회사가 자바의 JDBC API를 만족하는 드라이버를 제공해

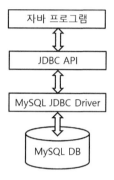

그림 13.16 자바 프로그램에서 데이터베이스의 접근

야 한다. 자바 프로그램에서 MySQL 데이터베이스를 접근하는 동작을 간략히 표시하면 그림 13.16과 같이 나타낼 수 있다. 그림을 보면 알 수 있듯이 MySQL 데이터베이스를 접근하려면 MySQL의 JDBC 드라이버가 먼저 설치되어야 한다.

대부분의 데이터베이스 업체가 JDBC 드라이버를 제공하고 있으므로 이를 설치하면 자바 프로그램에서 데이터베이스를 사용할 수 있게 된다. 이 책에서는 MySQL 데이터베이스를 사용하고 있으므로 MySQL이 제공하는 JDBC 드라이버를 설치하면 된다.

JDBC 드라이버 설치

앞 절에서 MySQL을 설치할 때 자바용 드라이버(MySQL에서는 Connector/J라고 부른다)를 포함시켰다면 JDBC 드라이버가 이미 다운로드 되어 MySQL 설치 폴더에 포함되어 있을 것이다. 필자의 경우에는 다음 위치에 MySQL JDBC 드라이버 파일이 저장되어 있었다.

```
"C:\Program Files (x86)\MySQL\Connector.J 8.0"
```

그림 13.17에서 보듯이 MySQL JDBC 드라이버는 파일 이름이 "mysql-connector-java-.." 로 시작하는 jar 아카이브 파일인데 정확한 이름은 버전에 따라 다소 차이가 있을 것이다. 만약 다운로드 해야 한다면 MySQL 웹사이트에서 "MySQL Connectors"라는 드라이버 페이지

를 찾아 Connector/J를 다운로드 하면 된다.

그림 13.17 MySQL JDBC 드라이버

JDBC 드라이버를 설치한다는 것은 JVM이 위의 드라이버 파일을 찾을 수 있도록 해 준다는 뜻이다. 이를 위한 방법은 몇 가지가 있는데, 시스템의 환경 변수 CLASSPATH에 드라이버 파일이 들어 있는 폴더를 추가하거나, 드라이버 파일을 JRE(자바 실행 환경)의 라이브러리 폴더에 복사해 넣을 수도 있다. 아니면 이클립스 프로젝트의 Build Path에 드라이버 파일을

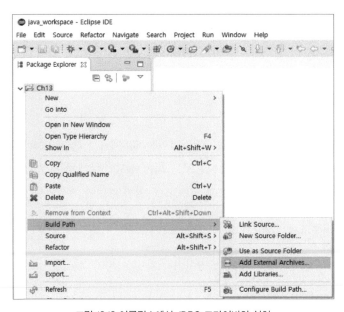

그림 13.18 이클립스에서 JDBC 드라이버의 설치

추가하는 방법도 있는데, 여기서는 이 마지막 방법을 택하도록 하자. 그림 **13.18**과 같이 프로젝트 이름을 마우스 오른쪽 버튼으로 눌러 **Build Path** – **Add External Archives** 메뉴를 선택하고 드라이버 파일을 추가하면 된다.

이렇게 하고 이클립스의 **Package Explorer**를 보면 해당 프로젝트에 외부 라이브러리의 하나로 **MySQL** 드라이버 파일이 보일 것이고 이제 이 프로젝트에서 데이터베이스를 사용할 수 있게 된다.

자바 프로그램에서 데이터베이스 접근

예제 **13.1**은 STUDENT 테이블의 레코드를 접근하여 모든 레코드를 출력하는 자바 프로그램이다. STUDENT 테이블과 거기 포함된 레코드는 앞 절에서 MySQL 워크벤치를 이용하여 데이터베이스에 생성해 두었다.

예제 13.1 JDBCDemo 클래스

```
01  import java.sql.Connection;
02  import java.sql.DriverManager;
03  import java.sql.ResultSet;
04  import java.sql.SQLException;
05  import java.sql.Statement;
06
07  public class JDBCDemo {
08      public static void main(String[] args) {
09          System.out.println("JDBC 드라이버 적재 시도..");
10          try {
11              Class.forName("com.mysql.cj.jdbc.Driver");
12              System.out.println("JDBC 드라이버 적재 완료!");
13          } catch (ClassNotFoundException e1) {
14              System.out.println("드라이버를 찾을 수 없음!");
15              System.exit(0);
16          }
17
18          String url = "jdbc:mysql://localhost/javastudy";
19          String username = "javabook";   //사용자 계정
20          String password = "12345";      //패스워드
21          Connection connection = null;
```

```
22
23          System.out.println("MySQL 데이터베이스 접속 시도..");
24          try {
25              connection = DriverManager.getConnection(url,username,password);
26              System.out.println("데이터베이스 연결 성공!");
27          } catch (SQLException e) {
28              System.out.println("데이터베이스 연결 실패!");
29              System.exit(0);
30          }
31
32          String query = "select * from STUDENT";
33          Statement stmt;
34          try {
35              stmt = connection.createStatement();
36              ResultSet rs = stmt.executeQuery(query);
37              while (rs.next()) {
38                  System.out.println(rs.getInt(1) +
39                          ":이름=" + rs.getString(2) +
40                          ", 학과=" + rs.getString(3) +
41                          ", 학점=" + rs.getFloat(4) +
42                          ", 입학년도=" + rs.getInt(5));
43              }
44              stmt.close();
45          } catch (SQLException e) {
46              e.printStackTrace();
47          } finally {
48              System.out.println("연결을 닫음..");
49              if (connection != null) {
50                  try {
51                      connection.close();
52                  } catch (SQLException e) { }
53              }
54          }
55      }
56  }
```

예제 **13.1** 프로그램의 내용은 잠시 후에 자세히 설명하도록 하고, 먼저 코드를 그대로 작성해서 실행해 보면 그 결과가 그림 **13.19**와 같다.

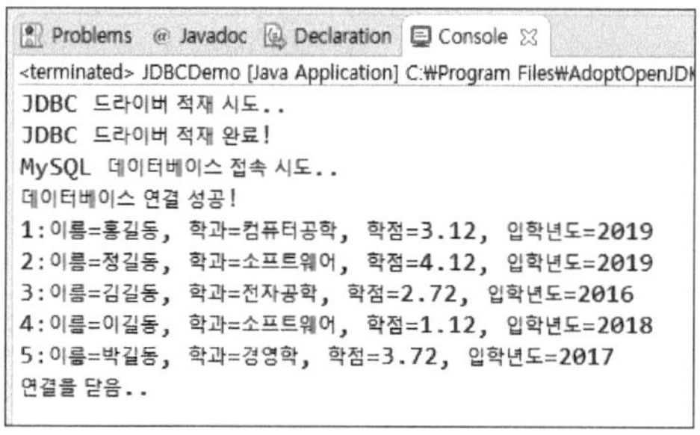

그림 13.19 예제 13.1의 실행 결과

그림 13.19의 실행 결과를 대략 훑어 보면 프로그램은 먼저 JDBC 드라이버를 적재하고 데이터베이스에 접속한 다음 STUDENT 테이블에 저장된 모든 레코드를 찾아 출력한다. 그리고 마지막에 연결을 해제하고 프로그램이 종료된다. 그러면 자바 프로그램이 어떤 과정을 거쳐 데이터베이스를 접근하는지 좀 더 자세히 살펴 보자.

예제 13.1의 JDBCDemo 클래스는 두 부분으로 나눌 수 있다. 9-30행은 JDBC 드라이버를 적재하고 데이터베이스에 대한 연결을 얻는 부분이다. 자바 프로그램 내에서 데이터베이스에 대한 '연결'은 Connection 타입의 객체로 얻게 된다. 그리고 32행부터 끝까지가 앞에서 얻은 Connection 객체를 통해 데이터베이스에 접근하여 레코드들을 얻고, 그들을 화면에 출력한 후 연결을 해제하고 종료하는 부분이다. Connection을 포함하여 이 프로그램에서 사용된 데이터베이스 관련 클래스와 인터페이스들은 모두 java.sql 패키지에 속하므로 프로그램 첫 머리에 import 문이 필요하다.

데이터베이스에 연결하기

데이터베이스에 대한 연결은 2단계로 이루어지는데, 1) 먼저 드라이버를 적재하고(9-16행) 2) 그 다음에 DriverManager 클래스를 통해 커넥션 객체를 얻는다(18-30행).

프로그램은 먼저 다음 문장으로 MySQL의 JDBC 드라이버를 적재해야 한다(12행).

```
Class.forName("com.mysql.cj.jdbc.Driver");
```

인자로 사용된 스트링은 MySQL 드라이버가 제공하는 클래스를 나타내므로 정확히 입력해야 한다. 이 문장은 ClassNotFoundException 예외가 발생할 수 있으므로 try-catch 안에 넣는다(10-16행).

드라이버가 성공적으로 적재되면 데이터베이스에 대한 연결을 얻기 위해 다음과 같이 DriverManager 클래스에 대해 getConnection 메소드를 호출한다(25행).

```
Connection connection = DriverManager.getConnection(url,username,password);
```

DriverManager 클래스는 JDBC 드라이버들을 관리하는 클래스인데, DriverManager의 정적 메소드인 getConnection을 호출하여 Connection 객체를 얻을 수 있다. 이 때 인자로 데이터베이스 URL과 사용자 계정, 패스워드를 넘긴다. 데이터베이스 URL은 연결할 데이터베이스에 대한 정보를 나타내는 스트링을 말하며 MySQL의 경우에는 다음과 같은 형식을 가진다.

```
jdbc:mysql://host_name:port/schema
```

여기서 *host_name*은 데이터베이스가 설치된 컴퓨터 즉, 서버의 주소이고 *port*는 포트 번호이다. *schema*는 연결할 스키마(데이터베이스) 이름이다. *host_name*은 도메인 이름일 수도 있고 IP 주소일 수도 있다. 로컬 컴퓨터에 데이터베이스가 설치되어 있는 지금과 같은 상황이라면 localhost 혹은 127.0.0.1로 지정하면 된다. 표준 포트(3306)을 사용한다면 포트 번호는 생략이 가능하다. 연결할 스키마는 앞에서 생성한 javastudy를 지정하면 된다. 따라서 예제 13.1에서 사용할 URL은 다음과 같이 구성된다(18행).

```
String url = "jdbc:mysql://localhost/javastudy";
```

사용자 계정과 패스워드는 MySQL을 설치할 때 설정했던 대로 넣어 준다. 이제 25행의 문장이 에러 없이 실행되면 Connection 객체를 얻게 되는데, 이 객체를 통해 데이터베이스를 접근할 수 있다.

Statement를 이용한 SQL 명령의 실행

Connection 객체를 얻었으면 이를 통해 데이터베이스에 연결하여 SQL 명령을 실행할 수 있는데, 이를 위해서는 Statement 객체가 필요하다. 예를 들어 SQL의 SELECT 명령을 실행하여 STUDENT 테이블의 모든 레코드를 가져 오려면 다음과 같은 코드가 필요하다.

```
String query = "select * from STUDENT";
Statement stmt = connection.createStatement();
ResultSet rs = stmt.executeQuery(query);
```

커넥션 객체에 createStatement 메소드를 실행하면 Statement 객체를 얻고 이 Statement 객체를 통해 SQL 명령을 실행할 수 있다. 이 때 실행할 SQL 명령의 종류에 따라 다음의 2가지 메소드 중의 하나를 선택하면 된다.

① executeQuery

SELECT와 같이 다수의 레코드를 반환하는 SQL 명령에 대해서는 executeQuery를 호출한다. 결과는 검색된 모든 레코드를 포함하는 ResultSet 타입의 객체로 반환된다.

② executeUpdate

INSERT, DELETE, UPDATE 등과 같이 레코드를 추가, 삭제, 변경하는 SQL 명령에 대해서는 executeUpdate를 호출한다. 결과는 처리된 레코드의 개수가 int 타입으로 반환된다.

예제 13.1에서는 SELECT 명령을 사용하므로 다음과 같이 executeQuery 메소드를 사용한다 (36행). 스트링으로 표현된 SQL 명령을 메소드 인자로 넘기면 데이터베이스에 대해 이 명령을 실행한 결과가 ResultSet 타입으로 반환된다.

```
ResultSet rs = stmt.executeQuery(query);
```

ResultSet

SQL SELECT 명령을 실행하면 ResultSet 객체가 반환되는데, 이것은 데이터베이스에서 추출된 레코드들의 집합을 가리킨다. 예제 13.1에서는 SELECT 검색 명령이 STUDENT에 포함된 모든 레코드를 추출하므로 이 때 반환되는 결과 집합은 그림 13.20과 같이 5개의 레코드로 구성된다.

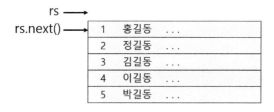

그림 13.20 결과 집합

executeQuery 메소드를 통해 SELECT 명령을 실행하여 그 반환 결과를 받은 것이 rs인데,

이 rs는 결과 집합의 레코드를 가리키는 커서(cursor) 역할을 한다. 그런데 주의할 점은 rs 가 가리키는 것이 반환된 레코드 집합의 첫 번째 레코드가 아니라 그림 13.20과 같이 첫 번 째 레코드의 직전 위치라는 사실이다. 결과 집합의 다음 레코드로 커서를 이동시키기 위해 next 메소드를 호출할 수 있다. 그러므로 결과 집합을 받으면 next 메소드를 한 번 호출해 야 첫 번째 레코드로 커서가 이동한다. 그리고 next 메소드는 결과 집합의 끝에 도달하면 false를 반환하므로 이 메소드를 다음과 같이 사용하여 결과 집합에 속한 레코드들을 순 차적으로 처리하는 루프를 구현할 수 있다.

```
while (rs.next()) {
    //여기서 rs를 통해 각 레코드를 처리
}
```

ResultSet에는 next 이외에도 커서를 직전 레코드로 이동시키는 previous나 결과 집합의 첫 레코드로 이동시키는 first, 마지막 레코드로 이동시키는 last 등 여러 메소드가 제공된다.

커서가 어떤 레코드를 가리키고 있을 때 getXxx 메소드를 사용해서 그 레코드의 특정 열 (column)의 값을 얻을 수 있다. getXxx의 'Xxx'에는 데이터의 타입이 들어간다. 예를 들어 열의 타입이 정수형이라면 getInt가 되고 열의 타입이 스트링이라면 getString이 된다. getXxx 메소드의 인자로는 열의 이름이나 열의 번호를 사용할 수 있다. 다음의 두 문장은 이런 방법으로 rs가 가리키는 레코드로부터 첫 번째와 두 번째 열의 값을 얻고 있다.

```
int id = rs.getInt("SID");        //혹은 rs.getInt(1);
String name = rs.getString(2);    //혹은 rs.getString("NAME");
```

즉, 첫 번째 문장은 현재 레코드로부터 SID라는 이름의 열의 값을 추출하는데, 열의 타입이 정수형이므로 getInt를 사용했다. 즉, 레코드의 SID 열에는 정수 값이 저장되므로 getInt 를 사용하여 정수를 반환하는 것이다. getInt의 인자로 "SID" 대신에 첫 번째 열임을 의미 하는 정수 1을 넣어도 동작은 동일하다. 두 번째 문장은 현재 레코드로부터 두 번째 열의 값을 추출하는데, 두 번째 열의 이름이 "NAME"이므로 getString 메소드의 인자로 2 대신 "NAME"을 넣어도 동작은 동일하다. 열의 타입이 스트링이므로 getString을 사용하여 스트 링 값을 반환한다. (열의 번호가 0이 아니라 1에서부터 시작한다는 점에 특히 주의하자.) 커 서가 그림 13.20의 첫 번째 레코드를 가리키고 있다면 변수 id에는 1이 대입되고 name에는 "홍길동"이 대입될 것이다.

예제 13.1에서 사용된 다음 루프는 결과 집합을 next 메소드로 순차적으로 순회하면서 모든 레코드의 내용을 출력하고 있다.

```java
while (rs.next()) {
    System.out.println(rs.getInt(1) +
            ":이름=" + rs.getString(2) +
            ", 학과=" + rs.getString(3) +
            ", 학점=" + rs.getFloat(4) +
            ", 입학년도=" + rs.getInt(5));
}
```

Statement나 Connection 객체의 사용이 끝났으면 close를 호출하여 닫는다(44, 51행). 특히 Connection 객체는 시스템의 제한적인 자원이므로 데이터베이스 접속이 끝나면 반드시 닫아서 반납해야 함을 기억하자.

레코드 삽입 예제

Connection 객체를 통해 SQL 명령을 실행할 때 SELECT 명령의 경우에는 Statement 객체에 executeQuery를 실행하지만 INSERT, UPDATE, DELETE 등의 명령에 대해서는 executeUpdate를 실행해야 한다. 사용자에게 데이터를 입력 받아 STUDENT 테이블에 새로운 레코드를 삽입하는 예제를 통해 이 메소드를 사용해 보자.

프로그램을 실행하면 그림 13.21과 같은 윈도우가 표시된다.

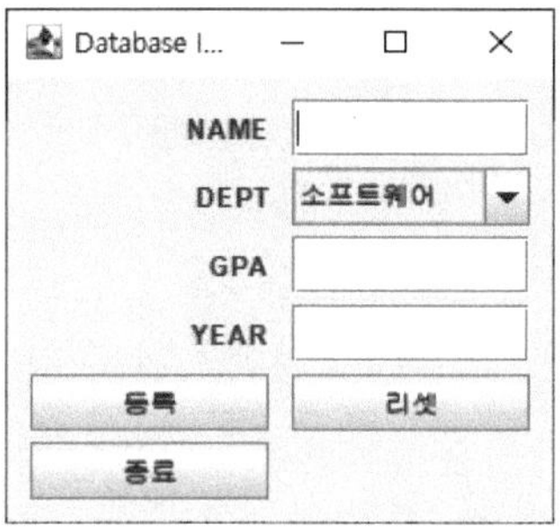

그림 13.21 DBInsertFrame 실행 윈도우

윈도우는 STUDENT 테이블의 각 열에 해당하는 입력 컴포넌트를 가지고 있는데, 이름(NAME), 학점(GPA), 입학년도(YEAR)는 텍스트 필드로 구현되었고 소속 학과(DEPT)는 콤보박스

(JComboBox)로 구현되었다. 콤보박스는 오른쪽에 위치한 역삼각형 아이콘을 누르면 그림 13.22와 같이 드롭다운 리스트 형태로 확장되어 정해진 항목 가운데 하나를 선택할 수 있는 컴포넌트이다. 입력할 내용을 미리 정해준 목록에서 선택하는 것이라면 텍스트필드로 직접 입력하는 것보다 콤보박스가 효과적인 입력 수단이다.

그림 13.22 콤보박스

그림 13.23과 같이 모든 항목에 데이터를 입력하고 "등록" 버튼을 누르면 입력된 데이터로 레코드를 구성하여 데이터베이스에 삽입한다.

그림 13.23 데이터베이스에 레코드 삽입

"리셋" 버튼은 모든 입력 필드의 값을 초기화 시키는 역할을 하고, "종료" 버튼은 자원을 반납하고 프로그램을 종료한다.

예제 13.2는 위와 같이 동작하는 프로그램을 작성한 것이다. 소스가 조금 길지만 차근차근 살펴보도록 하자.

예제 13.2 DBInsertFrame 클래스

```java
//필요한 import는 Ctrl+Shift+O로 포함

17  public class DBInsertFrame extends JFrame implements ActionListener {
18      private Connection connection = null;
19      private Statement stmt = null;
20
21      private JTextField mName, mGpa, mYear;
22      private JComboBox<String> mDept;
23      private String[] depts = {"소프트웨어", "컴퓨터공학", "전자공학",
24                                "경영학", "물리학"};
25      private JButton btnRegister, btnReset, btnExit;
26
27      public DBInsertFrame() {
28          setTitle("Database Insert Example");
29          setDefaultCloseOperation(EXIT_ON_CLOSE);
30
31          JPanel panel = new JPanel();
32          panel.setLayout(new GridLayout(0, 2, 10, 5));
33
34          mName = new JTextField(10);
35          mDept = new JComboBox<>(depts);
36          mGpa = new JTextField(10);
37          mYear = new JTextField(10);
38
39          btnRegister = new JButton("등록");
40          btnRegister.addActionListener(this);
41          btnReset = new JButton("리셋");
42          btnReset.addActionListener(this);
43          btnExit = new JButton("종료");
44          btnExit.addActionListener(this);
45
46          panel.add(new JLabel("NAME", SwingConstants.RIGHT));
47          panel.add(mName);
48          panel.add(new JLabel("DEPT", SwingConstants.RIGHT));
49          panel.add(mDept);
50          panel.add(new JLabel("GPA", SwingConstants.RIGHT));
51          panel.add(mGpa);
52          panel.add(new JLabel("YEAR", SwingConstants.RIGHT));
53          panel.add(mYear);
54
55          panel.add(btnRegister);
56          panel.add(btnReset);
57          panel.add(btnExit);
```

```java
58
59          setLayout(new FlowLayout(FlowLayout.CENTER, 10, 10));
60          add(panel);
61          pack();
62
63          connect();
64      }
65
66      private void connect() {
67          try {
68              Class.forName("com.mysql.cj.jdbc.Driver");
69          } catch (ClassNotFoundException e) {
70              e.printStackTrace();
71          }
72
73          String url = "jdbc:mysql://localhost/javastudy";
74          String username = "javabook";
75          String password = "12345";
76
77          try {
78              connection = DriverManager.getConnection(url,username,password);
79              stmt = connection.createStatement();
80          } catch (SQLException e) {
81              e.printStackTrace();
82          }
83      }
84
85      private void disconnect() {
86          try {
87              if (stmt != null)
88                  stmt.close();
89              if (connection != null)
90                  connection.close();
91          } catch (SQLException e) {
92              e.printStackTrace();
93          }
94      }
95
96      private void reset() {
97          mName.setText("");
98          mDept.setSelectedIndex(0);
99          mGpa.setText("");
100         mYear.setText("");
101     }
102
```

```
103     @Override
104     public void actionPerformed(ActionEvent event) {
105         if (event.getSource() == btnRegister) {
106             String sql = "INSERT INTO STUDENT(NAME,DEPT,GPA,YEAR) values('" +
107                 mName.getText().trim() + "','" +
108                 mDept.getSelectedItem().toString().trim()+ "'," +
109                 mGpa.getText().trim() + "," +
110                 mYear.getText().trim() + ")";
111
112             try {
113                 stmt.executeUpdate(sql);
114             } catch (SQLException e) {
115                 e.printStackTrace();
116             }
117             reset();
118         } else if (event.getSource() == btnReset) {
119             reset();
120         } else if (event.getSource() == btnExit) {
121             disconnect();
122             System.exit(0);
123         }
124     }
125
126     public static void main(String[] args) {
127         (new DBInsertFrame()).setVisible(true);
128     }
129 }
```

여러 개의 인스턴스 변수가 설정되었는데, 데이터베이스 접근을 위해 필요한 Connection 과 Statement 타입의 두 변수 외에는 모두 GUI와 관련된 것들이다. GUI 윈도우를 구성하기 위해서는 JFrame을 상속하고 스윙 패키지에 속한 각종 컴포넌트를 사용하면 된다. 윈도우 구성과 관련된 코드는 생성자(27-64행)에 모여 있다. GridLayout 배치 관리자를 가지는 JPanel을 생성하고 여기에 JLabel과 JTextField, JButton 등의 컴포넌트를 생성하여 각 셀을 채웠다. 그리고 이벤트 처리가 필요한 3개의 버튼에 리스너가 등록되었다.

조금 자세히 살펴 볼 것은 JComboBox 클래스로 작성하는 콤보박스이다. 콤보박스에는 표시할 항목의 목록이 필요한데, 여기서는 이를 스트링 배열로 제공하고 있다. 즉 다음과 같이 스트링 배열 depts를 정의하고 이를 생성자 인자로 넣어 JComboBox 객체를 생성하면 된다(22-24,35행).

```
String[] depts = {"소프트웨어", "컴퓨터공학", "전자공학", "경영학", "물리학" };
JComboBox<String> mDept = new JComboBox<>(depts);
```

위의 선언에서 볼 수 있듯이 JComboBox는 표시할 항목의 타입을 타입 매개변수로 가지는 제네릭 클래스이다. 여기서는 표시할 항목이 스트링이므로 String으로 지정하였다.

예제 13.2는 드라이버를 적재하고 데이터베이스를 연결하는 connect와 데이터베이스 연결을 해제하는 disconnect 등 2개의 보조 메소드를 가지는데, 이는 이전 예제에서 다루었으므로 특별히 새로울 게 없는 내용이다. 생성자에서 윈도우를 구성한 후 connect를 호출하여(63행) 데이터베이스 연결을 얻고, "종료" 버튼이 눌려서 프로그램을 종료할 때 disconnect를 호출한다(121행).

생성자에서 connect를 호출하므로 윈도우가 표시되는 시점에는 이미 데이터베이스가 연결되어 있다. "등록" 버튼이 눌리면 입력된 데이터를 수집하여 데이터베이스에 레코드를 삽입하면 되는데, 이 작업은 "등록" 버튼에 대한 이벤트 처리 코드인 105-118행이 담당한다. 그림 13.23에 보인 데이터로 데이터베이스에 레코드를 삽입하려면 SQL 명령이 어떻게 구성되어야 할까? 최종적으로 다음과 같은 SQL 명령이 데이터베이스에 전달되면 된다.

INSERT INTO STUDENT(NAME,DEPT,GPA,YEAR) values('오길동','컴퓨터공학',2.55,2018)

그런데 values 절에 나열되는 값들은 사용자가 텍스트필드나 콤보박스에 입력한 값을 얻어와서 구성해야 하므로 위의 명령을 코드에다 직접 작성할 수는 없다. 그래서 SQL 명령에다 입력 컴포넌트로부터 얻은 값을 편집하여 완전한 SQL 스트링을 얻는 다음의 코드(106-110행)가 필요하다. 즉, 그림 13.23과 같은 데이터가 각 컴포넌트에 입력되었다면 다음의 코드는 정확히 위의 SQL 명령을 만들어낸다. 조금 주의해야 할 부분이 스트링 내의 몇 군데에 들어간 단일 따옴표(')들인데, 이것은 위의 SQL 명령에서 문자열 값 앞뒤로 들어간 단일 따옴표에 해당하는 것이다.

```
String sql = "INSERT INTO STUDENT(NAME,DEPT,GPA,YEAR) values('" +
            mName.getText().trim() + "','" +
            mDept.getSelectedItem().toString().trim()+ "'," +
            mGpa.getText().trim() + "," +
            mYear.getText().trim() + ")";
```

이제 이 SQL 스트링을 Statement 객체를 통해 데이터베이스에 보내면 된다. 앞서 설명한 것처럼 INSERT나 DELETE와 같이 데이터를 변경하는 SQL 명령을 보내기 위해서는

executeUpdate 메소드를 사용해야 하고, 메소드 실행 후에는 처리된 레코드의 개수가 정수 값으로 반환된다. 따라서 다음과 같은 문장을 작성하면 된다.

```
Statement stmt = connection.createStatement();
int rc = stmt.executeUpdate(sql);
```

예제 13.2에서는 Statement 객체를 얻는 문장은 connect 메소드에 속해 있고(79행), SQL 명령을 실행하는 두 번째 문장만 "등록" 버튼에 대한 이벤트 처리 코드에 포함되어 있다 (113행). 여기서는 executeUpdate의 반환 값은 사용하지 않고 있다. 데이터베이스를 다루는 문장들이 확인 예외를 발생시키는 경우가 많기 때문에 예제 13.2는 여러 곳에 try-catch를 포함하고 있음에 유의하라.

예제 13.2를 실행하여 레코드가 데이터베이스에 성공적으로 삽입되더라도 아무런 가시적인 결과가 나오지는 않는다. 예제 13.2로 그림 13.23의 데이터를 포함하여 2개의 레코드를 에러 없이 삽입한 후에 예제 13.1을 다시 실행시켜 STUDENT 테이블의 내용을 확인해 보면 그림 13.24와 같이 2개의 레코드가 성공적으로 추가되었음을 확인할 수 있다.

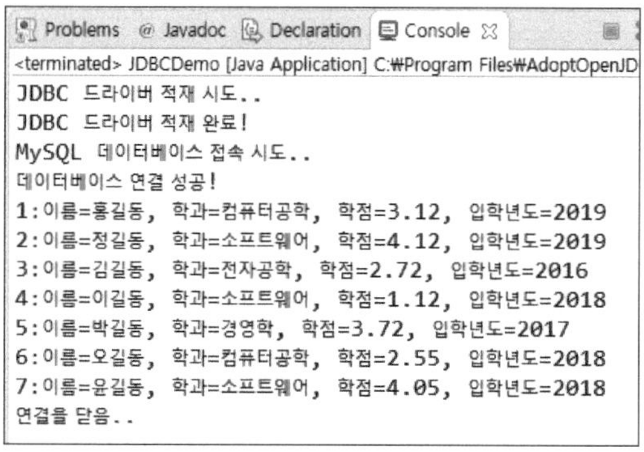

그림 13.24 예제 13.2 실행 후의 STUDENT 테이블

PreparedStatement

Statement 객체를 통해 SQL 명령을 실행할 때는 예제 13.2의 106-110행과 같이 SQL 명령의 뼈대에 사용자가 입력한 값을 결합하여 스트링으로 편집해야 하므로 코드가 깔끔하지 못하다. Statement 대신 PreparedStatement를 사용하면 이런 문제를 다소 완화할 수 있다. PreparedStatement도 SQL 명령을 실행하는 용도로 사용된다는 점에서 Statement

와 비슷하지만 사용되는 방식이 약간 다르다. 커넥션 객체로부터 PreparedStatement 객체를 얻으려면 (createStatement가 아니라) prepareStatment 메소드를 사용하는데, 이 때 SQL 명령을 메소드의 인자로 넘겨 준다. 예를 들어 예제 13.2의 INSERT 명령을 PreparedStatement 방식을 사용하여 실행하려면 먼저 다음과 같이 PreparedStatement 객체를 얻는다. (즉, 예제 13.2의 79행을 다음과 같이 변경한다. 물론 19행에서 pstmt의 타입도 PreparedStatement로 변경되어야 한다.)

```
String sql = "INSERT INTO STUDENT(NAME,DEPT,GPA,YEAR) values(?,?,?,?)";
pstmt = connection.prepareStatement(sql);
```

삽입할 레코드의 각 열의 값은 사용자가 입력한 값이 들어가야 하므로 PreparedStatement 객체를 얻는 시점(예제 13.2에서는 79행)에서는 알 수 없다. 이와 같은 변수 자리에는 물음표를 넣어 자리만 표시해 두면 된다. "등록" 버튼이 눌려져서 실제로 레코드를 삽입하는 시점에는 모든 값이 사용자에 의해 입력되어 있을 것이므로 그 때 물음표를 실제의 값을 대체하기 위해 setXxx 메소드를 사용한다. 예를 들어 다음은 PreparedStatement에 저장된 SQL 명령의 첫 번째 물음표를 '홍길동'으로 대체하는 문장이다.

```
pstmt.setString(1, "홍길동");
```

ResultSet의 getXxx 메소드와 마찬가지로 PreparedStatement의 setXxx 메소드도 'Xxx'에 다양한 타입이 들어갈 수 있다. 즉, setXxx는 대체할 값의 타입에 따라 다양하게 정의되어 있다. 그런데 예제 13.2에서 SQL 명령의 첫 번째 물음표를 대체할 값은 사용자가 "NAME" 텍스트 필드에 입력한 값이므로 실제로는 다음과 같이 작성되어야 할 것이다.

```
pstmt.setString(1, mName.getText().trim());
```

PreparedStatement를 통해 SQL 명령을 실행하는 문장은 다음과 같다.

```
int rc = pstmt.executeUpdate();
```

Statement 객체에 대한 실행(예제 13.2의 113행)과 비교한다면 PreparedStatement 객체에는 SQL 명령이 이미 저장되어 있으므로 executeUpdate를 호출할 때 인자를 넘기지 않는다는 점이 다르다. Statement 대신 PreparedStatement를 사용한다면 예제 13.2의 106-116행은 다음과 같이 변경되어야 한다.

```
try {
```

```
        pstmt.setString(1, mName.getText().trim());
        pstmt.setString(2, mDept.getSelectedItem().toString().trim());
        pstmt.setString(3, mGpa.getText().trim());
        pstmt.setString(4, mYear.getText().trim());
        pstmt.executeUpdate();
    } catch (SQLException e) {
        e.printStackTrace();
    }
```

PreparedStatement를 사용한 이러한 코드는 스트링 결합을 행하는 예제 13.2의 106-110 행보다는 훨씬 명확하고 이해하기 쉽다는 것을 알 수 있다.

SELECT 명령에 대해서도 다음과 같이 PreparedStatement를 사용할 수 있다.

```
    PreparedStatement pstmt =
        conn.prepareStatement("select * from STUDENT where DEPT=?");
    pstmt.setString(1, getName());
    ResultSet rs = pstmt.executeQuery();
```

Statement의 경우와 마찬가지로 SELECT 명령을 실행할 때는 executeQuery 메소드를 사용한다. 그리고 이번에도 SQL 명령을 메소드의 인자로 넘기지는 않는다.

PreparedStatement도 사용이 끝나면 close 메소드로 닫아 주면 된다.

```
    pstmt.close();
```

데이터베이스 검색 예제

SELECT 명령으로 데이터베이스의 STUDENT 테이블을 검색하고 검색된 레코드를 하나씩 볼 수 있게 해 주는 GUI 프로그램을 작성해 보자. SQL 명령의 실행을 위해서는 Statement 대신 PreparedStatement를 사용한다.

먼저 프로그램을 실행하면 그림 13.25와 같은 윈도우가 표시된다.

그림 13.25 DBSearchFrame 실행 윈도우

"검색" 버튼의 좌측 입력 필드에는 키워드를 입력한다. 키워드는 이름과 소속 학과 양쪽으로 매칭되도록 한다. 즉, 키워드가 이름이나 학과 둘 중의 하나와 매치되면 검색 결과에 포함된다는 뜻이다. 키워드를 입력하고 "검색" 버튼을 누르면 데이터베이스가 검색되어 레코드의 집합이 반환되고 그 첫 번째 레코드의 정보가 윈도우에 표시된다. 그림 13.26은 검색 필드에 "소프트웨어"를 입력하고 "검색" 버튼을 누르면 나오는 윈도우이다. 검색된 레코드의 집합 중에서 첫 번째 레코드의 정보가 표시되었다.

그림 13.26 검색 결과

"Next" 버튼을 누르면 결과 집합의 다음 레코드의 정보를 표시하고 "Prev" 버튼을 누르면 결과 집합의 이전 레코드의 정보를 표시한다. 그림 13.27은 "Next" 버튼을 눌러 다음 결과가 표시된 윈도우이다.

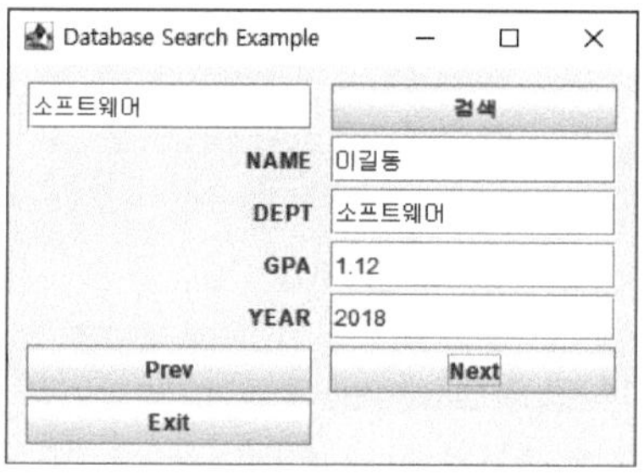

그림 13.27 Prev/Next 버튼에 의한 레코드 이동

그림 13.27에서 "Prev" 버튼을 누르면 다시 그림 13.26의 윈도우로 돌아간다. 데이터베이스가 그림 13.24와 같은 상황이므로 "소프트웨어"를 키워드로 검색한 결과는 3개의 레코드로 구성되었을 것이고, "Prev"와 "Next" 버튼은 이 3개의 레코드를 순차적으로 보여줄 수 있다. 결과 집합의 처음에서는 "Prev" 버튼이 동작하지 않고 결과 집합의 끝에 도달하면 "Next" 버튼이 동작하지 않는다. 즉, 예를 들어 첫 번째 레코드가 표시된 그림 13.26에서는 "Prev" 버튼을 눌러도 변화가 없다.

이 프로그램을 구현한 예제 13.3을 살펴 보자.

예제 13.3 DBSearchFrame 클래스

```java
        //필요한 import는 Ctrl+Shift+O로 포함

18  public class DBSearchFrame extends JFrame implements ActionListener {
19      private Connection connection = null;
20      private PreparedStatement pstmt = null;
21      private ResultSet rs = null;
22
23      private JTextField mKeyword, mName, mDept, mGpa, mYear;
24      private JButton btnSearch, btnPrev, btnNext, btnExit;
25
26      public DBSearchFrame() {
27          setTitle("Database Search Example");
28          setDefaultCloseOperation(EXIT_ON_CLOSE);
29
30          mKeyword = new JTextField(15);
31          mName = new JTextField();
32          mDept = new JTextField();
33          mGpa = new JTextField();
```

```java
34          mYear = new JTextField();
35          btnSearch = new JButton("검색");
36          btnSearch.addActionListener(this);
37          btnPrev = new JButton("Prev");
38          btnPrev.addActionListener(this);
39          btnNext = new JButton("Next");
40          btnNext.addActionListener(this);
41          btnExit = new JButton("Exit");
42          btnExit.addActionListener(this);
43
44          JPanel panel = new JPanel();
45          panel.setLayout(new GridLayout(0, 2, 10, 3));
46          panel.add(mKeyword);
47          panel.add(btnSearch);
48          panel.add(new JLabel("NAME", SwingConstants.RIGHT));
49          panel.add(mName);
50          panel.add(new JLabel("DEPT", SwingConstants.RIGHT));
51          panel.add(mDept);
52          panel.add(new JLabel("GPA", SwingConstants.RIGHT));
53          panel.add(mGpa);
54          panel.add(new JLabel("YEAR", SwingConstants.RIGHT));
55          panel.add(mYear);
56          panel.add(btnPrev);
57          panel.add(btnNext);
58          panel.add(btnExit);
59
60          setLayout(new FlowLayout(FlowLayout.CENTER, 10, 10));
61          add(panel);
62          pack();
63
64          connect();
65      }
66
67      private void connect() {
68          try {
69              Class.forName("com.mysql.cj.jdbc.Driver");
70          } catch (ClassNotFoundException e) {
71              e.printStackTrace();
72          }
73
```

```
74          String url = "jdbc:mysql://localhost/javastudy";
75          String username = "javabook";
76          String password = "12345";
77
78          try {
79              connection = DriverManager.getConnection(url,username,passwo
    rd);
80              String sql = "SELECT * FROM STUDENT WHERE NAME=? OR DEPT=?";
81              pstmt = connection.prepareStatement(sql);
82          } catch (SQLException e) {
83              e.printStackTrace();
84          }
85      }
86
87      private void disconnect() throws SQLException {
88          if (pstmt!= null)
89              pstmt.close();
90          if (connection != null)
91              connection.close();
92      }
93
94      private void showRecord() throws SQLException {
95          mName.setText(rs.getString("NAME"));
96          mDept.setText(rs.getString("DEPT"));
97          mGpa.setText("" + rs.getFloat("GPA"));
98          mYear.setText("" + rs.getInt("YEAR"));
99      }
100
101     @Override
102     public void actionPerformed(ActionEvent event) {
103         try {
104             if (event.getSource() == btnSearch) {
105                 String word = mKeyword.getText().trim();
106                 pstmt.setString(1, word);
107                 pstmt.setString(2, word);
108                 rs = pstmt.executeQuery();
109                 rs.next();
110                 showRecord();
111             } else if (event.getSource() == btnPrev) {
112                 if (!rs.isFirst()) {
113                     rs.previous();
```

```
114                            showRecord();
115                        }
116                } else if (event.getSource() == btnNext) {
117                    if (!rs.isLast()) {
118                        rs.next();
119                        showRecord();
120                    }
121                } else if (event.getSource() == btnExit) {
122                    disconnect();
123                    System.exit(0);
124                }
125            } catch (SQLException e) {
126                e.printStackTrace();
127            }
128        }
129
130        public static void main(String[] args) {
131            (new DBSearchFrame()).setVisible(true);
132        }
133 }
```

먼저 인스턴스 변수들을 살펴 보면 19–21행의 3개는 데이터베이스 처리를 위한 것이고, 나머지는 GUI 컴포넌트들이다. 윈도우 구성은 생성자(26–65행)가 담당하는데, 예제 13.2와 대체로 유사하다. 기본적인 배치는 열의 개수가 2인 GridLayout에 기반하고 있고(45행), UI 컴포넌트로는 5개의 텍스트 필드와 4개의 버튼, 그리고 4개의 레이블이 사용되었다. 4개의 버튼에는 리스너가 등록되었다.

생성자의 마지막 부분에서 connect 메소드를 호출하여 데이터베이스를 연결하는 것이나, "Exit" 버튼이 눌리면 disconnect를 호출하여 연결을 해제하는 것도 예제 13.2와 동일하다. connect와 disconnect 메소드의 내용도 이전과 거의 동일하다. 차이점은 예제 13.2의 connect에서는 Statement가 아니라 PreparedStatement의 객체를 생성한다는 것과(81행) 사용되는 SQL 명령이 다르다는 정도이다(80행). disconnect 메소드는 그 동작은 예제 13.2와 동일하지만 예제 13.3에서는 예외 처리를 직접 하지 않고 throws 절로 예외 선언을 한다는 점이 다르다.

disconnect(87행)와 showRecord(94행) 메소드는 둘 다 SQLException 예외가 발생할 수 있는 문장을 몸체에 포함하고 있는데, 직접 try-catch로 처리하는 대신 throws 절로 선언하여 호출(caller) 메소드에게 예외의 처리를 미루고 있다. 이 두 메소드는 모두

actionPerformed에서 호출되므로, actionPerformed가 모든 예외의 처리를 담당한다
(103−127의 try−catch).

버튼이 눌렸을 때 실행되는 이벤트 처리기인 actionPerformed는 눌린 버튼에 따라 동작이
나뉜다. "Exit" 버튼이 눌리면 disconnect로 데이터베이스 연결을 끊고 프로그램을 종료한
다(121−124행). "검색" 버튼이 눌리면 먼저 입력 필드로부터 검색어를 얻고(105행) 얻은 검
색어로 SQL 명령을 구성한다. PreparedStatement 객체에는 다음과 같은 SQL 명령이 저장
되어 있다(80−81행).

```
String sql = "SELECT * FROM STUDENT WHERE NAME=? OR DEPT=?";
pstmt = connection.prepareStatement(sql);
```

2개의 물음표를 입력된 검색어로 바꾸기 위해 다음의 두 문장을 실행한다(106−107행).

```
pstmt.setString(1, word);
pstmt.setString(2, word);
```

입력된 검색어가 "소프트웨어"라면 SQL 명령이 다음과 같이 구성될 것이다.

```
"SELECT * FROM STUDENT WHERE NAME='소프트웨어' OR DEPT='소프트웨어'"
```

즉, 레코드를 추출할 때 검색어를 이름(NAME) 열과 소속 학과(DEPT) 열 양쪽에 매칭을 시도
한다는 뜻이다. executeQuery 메소드를 실행하여 검색 결과를 받으면(108행) 커서를 첫 번
째 레코드로 옮기고(109행) 커서가 가리키는 레코드의 데이터를 화면에 표시한다(110행의
showRecord 호출).

"Prev"와 "Next" 버튼이 눌렸을 때에는 추출된 결과 집합에서 이전 혹은 이후 레코드로 이
동하여 레코드의 정보를 표시하면 된다. 그런데 커서가 첫 번째 레코드에 위치하고 있다면
(112행의 isFirst 메소드) "Prev" 버튼에 대응하지 않아야 하고, 마찬가지로 커서가 마지막
레코드에 위치하고 있다면(117행의 isLast 메소드) "Next" 버튼에 대응하지 않아야 한다.

이제 완성된 예제 13.3을 실행하여 보면 그림 13.25−27과 같이 동작함을 확인할 수 있다.
그런데 이 프로그램은 한 가지 문제점을 갖고 있다. 만약 검색 결과가 하나의 레코드도 포
함하지 않는 공집합이라면 실행 에러가 발생한다. 여기서는 지면 관계상 이에 대한 처리를
포함하지 않았으니 프로그래밍 과제에서 이 문제의 해결을 시도해 보기 바란다.

프로그래밍 과제

1. 예제 13.2를 Statement 대신 PreparedStatement를 사용하도록 수정하라. 실행 결과는 동일해야 한다.

2. 예제 13.3의 문제점을 해결하라. 검색 결과로 반환되는 결과 집합이 공집합일 때, 즉 레코드가 하나도 추출되지 않았을 때에도 검색, Prev, Next 버튼이 실행 에러를 일으키지 않아야 한다. 검색 결과가 없으면 윈도우의 각 필드가 공백으로 표시되어야 한다.

3. 예제 13.3을 수정하여 검색된 레코드의 개수와 그 중에서 현재의 레코드가 몇 번째인지를 보여주도록 하라. 즉, 다음 실행 결과 윈도우와 같이 검색 결과가 3개이고 지금 보여 주는 것이 첫 번째 레코드이면 "1/3"과 같은 형식으로 표시하고, Prev와 Next 버튼을 누를 때에도 이 값이 업데이트 되도록 하라. 검색 결과가 하나도 없으면 메시지를 출력하고 각 필드는 공백으로 표시한다.

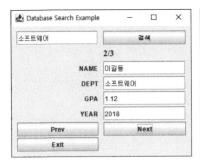 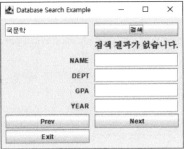

4. MySQL 워크벤치를 사용하여 도서 정보를 나타내는 데이터베이스 테이블 BOOK을 생성하라. BOOK 테이블의 열로는 '제목'(TITLE), '저자'(AUTHOR), '출판년도'(YEAR), '장르'(GENRE) 등을 두도록 하라. 열의 값을 입력 받아 데이터베이스에 삽입하는 GUI 프로그램을 작성하라. '장르'는 "소설", "비소설", "외국어", "IT" 등의 4가지 가운데 하나를 콤보박스로 입력 받도록 하고 나머지 열은 텍스트 필드로 입력 받도록 하라. (데이터베이스 등록 결과는 워크벤치로 확인하거나 프로그래밍 과제 5번을 실행시켜 확인해 보아야 한다.)

◇□◇□◇□◇□◇□◇□◇

5. BOOK 테이블에 저장된 모든 레코드를 검색하여 보여 주는 프로그램을 작성하라. 콘솔 프로그램으로 구성하면 되고 각 레코드의 정보를 한 줄에 하나씩 출력하면 된다.

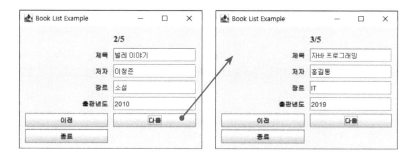

6. 5번의 프로그램을 GUI 프로그램으로 작성하라. 프로그램을 실행하면 데이터베이스에서 BOOK 테이블의 모든 레코드를 검색하여 첫 번째 레코드의 정보를 보여 준다. 다음의 실행 예와 같이 전체 레코드의 수와 현재 레코드 번호를 표시하라. "이전"과 "다음" 버튼으로 검색된 레코드를 앞 혹은 뒤로 순회할 수 있도록 하라.

7. BOOK 테이블에 저장된 레코드를 제목, 저자 및 출판년도의 값으로 검색하는 GUI 프로그램을 작성하라. 윈도우에 BOOK의 열에 해당하는 입력 필드를 두고, 각 필드에 지정된 값으로 테이블을 검색한다. 여러 개의 입력 필드가 채워져 있으면 AND 조건으로 간주한다. 즉, 모든 열의 값이 일치하는 레코드가 검색된다. 검색된 도서의 목록을 윈도우 하단의 텍스트 영역에 표시하라.

INDEX

양재형
- 서울대학교 컴퓨터공학과 졸업
- 서울대학교 대학원 컴퓨터공학과 석사 및 박사
- 미국 스탠퍼드대학교 CSLI 연구소 방문연구
- 현재) 강남대학교 ICT융합공학부 교수

〈개정판〉 자바 프로그래밍

1판 1쇄 발행 2017년 01월 20일
개정 1판 1쇄 발행 2020년 03월 02일
개정 1판 4쇄 발행 2023년 02월 06일
저   자 양재형
발 행 인 이범만
발 행 처 **21세기사** (제406-2004-00015호)
경기도 파주시 산남로 72-16 (10882)
Tel. 031-942-7861   Fax. 031-942-7864
E-mail : 21cbook@naver.com
Home-page : www.21cbook.co.kr
ISBN 978-89-8468-710-3

정가 35,000원